기업보안관리론

BUSINESS SECURITY MANAGEMENT

최선태, CPP

도서출판 진 영 사

기업보안관리론

최선태, CPP

2011년 07월 15일 초판인쇄
2011년 07월 20일 초판발행
발행인 박 진 영
발행처 도서출판 진영사
인천광역시 부평구 갈산동 16-22번지
전화 : 032)505-4207
팩스 : 032)505-4206
E-mail : 0183734207@hanmail.net
등록 : 122-91-77317

ISBN 978-89-6541-042-3 93320
값 28,000원

기업보안관리론 개정에 부쳐

21세기 개방경제환경의 가속화에 따라 글로벌화를 지향하는 한국기업에서 보안관리의 중요성에 대해선 모두가 인식하고 있으나, 보안관리와 비즈니스의 지향하는바가 상충되므로 이에 대한 적절한 해결책을 제시하기에는 가변적인 변수가 너무나 많다.

필자가 2005년 초에 기업손실예방론(산업보안실무)이란 이름으로 기업보안관리에 관한 전반적인 내용을 다룬 책을 출간한 지도 6년이 지났다. 기업손실예방론은 기업보안관리에 관하여 필자의 박사학위논문에서 다루었던 내용을 중심으로 당시에는 생경한 내용을 출판사의 도움으로 출간하게 되였다.

출간 당시 출판사에서 책의 분량이 많으므로 상하권 2권으로 분리하여 출간하였으면 하였으나 필자의 주장으로 한권으로 출간되었다. 그 동안 많은 독자로부터 내용에 대한 질문과 더불어 좀 더 가벼운 핸드북 형태를 요청하여 이에 초판 내용의 수정 없이 기업보안관리에 필요한 주요 내용만을 간추려 개정판을 출간하게 되었다.

기업손실예방론 발간 이후에 기업보안관리전략, 기업보안핸드북, 21세기 산업보안론의 책을 출간하였지만 역시 처음 출간한 기업손실예방론의 아류에 머무른 것 같다. 필자는 기업손실예방론을 출간한 이후에 수많은 기업체 특강과 세미나를 통하여 선진 다국적기업의 보안관리시스템을 소개하며 한국기업보안관리의 변화를 역설하였으나, 그 동안의 한국기업보안관리의 관행은 거의 변화하지 않았다.

최근 들어 여러 금융기관의 보안시스템의 문제점으로 보안을 바라보는 경각심은 일시적으로 제고되었으나, 이러한 막대한 손실이 발생한 이후에 법적으로 보안규정을 강제한다고 하더라도 보안문화가 변화지 않는 한 시간이 지나면 곧 무관심으로 변하게 될 것이다. 이러한 무관심은 더 큰 손실을 발생하게 하는 원인이 제공하게 될 것이고, 계속적인 악순환의 이벤트가 펼쳐지게 될 것이다.

명확하게 보안은 구성원의 의식과 문화의 반영이다. 구성원들이 자신의 자산에 대한 상대적인 안정성을 유지하기 위하여 어떤 생각을 견지하고 있는가에 따라서 자산의 안정성은 좌우되므로 구성원의 생각이 변화지 않으면 보안문화는 변화지 않는다.

초판본과 비교하여 한 가지 수정한 내용은 처음 출간시 시큐리티를 우리나라 어휘에서 가장 유사하다고 생각한 안전으로 사용하였으나, 근자에는 시큐리티를 일반적으로 보안으로 칭하므로 독자의 이해를 돕기 위하여 보안으로 수정하였다.

필자의 게으름으로 좀 더 향상된 내용의 기업보안관리 전문서를 출간하지 못함을 아쉽게 생각하면서, 아무쪼록 기존의 내용을 편집한 미흡한 내용이지만, 언제나 그랬듯이 기업은 다양한 리스크와 불확실성을 효과적으로 관리함으로써 성장하므로 변동성이 구조화된 오늘날 기업성장에 부합하여 기업의 보안리스크도 적절하게 관리하는데 도움이 되었으면 한다.

2011년 7월 저자 씀

머 리 말

메즈로우의 주장처럼 인간이 살아가는데 필수적인 생리적 욕구 다음으로 인간의 삶에 중요한 요소는 안전에 대한 욕구로서 살아있는 생명체인 인간이 불안전성에 대한 두려움을 극복하고서 살고자 하는 욕망은 세상의 어느 것하고도 대체가 불가능한 생명체가 가진 생존의 본능으로서, 이러한 불안전성에 대한 두려움은 죽음에 대한 공포와 더불어 인간이 느끼는 공포 중에 어느 것보다도 우선한다. 원시인들은 자연에 대한 공포와 맹수로부터의 두려움이 그들이 대항하여야 할 가장 어려운 상대였으나 오늘날 지구촌의 인간이 생존에 위협을 느끼는 가장 두려워하는 대상은 무엇보다도 같은 종에 속하는 인간이며, 더불어 인간 이기심의 부메랑인 기상이변이다.

오늘날 현대인이 생존하는데 필요한 안정성의 확보에 대한 비용의 지불은 구조화된 변동성과 경쟁이 심화되는 현대인의 삶에서 선택이 아니라 필수적인 기회비용이 되었다. 따라서 어떠한 보안에 대한 판단의 기준에서도 보안 시스템에는 상충관계가 적용됨으로서, 안정감, 편리함, 안락함이나 자유와 같은 달콤함을 얻기 위해서는 피할 수 없는 비용이 부가된다.

현대인들은 일상의 생활에서 자연스럽게 상황의 변화에 따라서 보안에 대한 최고의 선택을 하면서 살아간다. 그러므로 현명하게 이러한 상충관계를 이해하는 것이 보안에 대한 더 명확한 이해를 가능하게하고 결과적으로 최상의 보안에 대한 결정을 가능하게 할 것이다.

2001년에 발생한 9·11테러는 오늘날 지구촌을 살고 있는 현대인들의 보안에 대한 사고를 재고하는 계기가 되었다. 9·11 테러리스트의 작전은 지금까지의 어떤 테러보다도 소규모의 인력으로서 상대적으로 저급한 기술이지만 매우 엄격한 훈련, 고도로 구획화되고 혁신적인 방법으로 최고의 효과를 내었다. 따라서 여기에 대한 현대인의 대응책도 가장 적은 비용으로 최대의 성과를 내는 가장 비용효과적인 방법으로서 불안전성의 두려움으로부터 해방되어야 할 것이다. 이러한 상충관계나 기회비용을 의미하는 트레이드오프(trade-off)는 현대인 일상의 어디에서나 적용된다.

우리는 매일 충치를 예방하려는 목적으로 귀찮지만 몇 번의 양치질을 하고, 집을 나

설 때 외부인의 침입을 방지하려는 목적으로 문을 잠근 다음 불편함을 감수하고 열쇠를 소지하고, 차를 살 때도 차체가 튼튼한가가 선택기준에서 매우 중요한 역할을 하는데, 이것은 사고시 자신의 생명에 위험성이 적은 차량을 선택하려는 생명보호가 최상의 목적이기 때문이다. 이러한 사례는 일상의 우리의 삶에서 거의 매순간 일어나는 일상사로서, 우리는 본능적으로 그리고 최대한 현명하게 기회비용을 지불하려고 고민하고 선택을 한다.

21세기를 살고 있는 우리들의 삶의 토대를 경쟁사회라고 표현한다.

경쟁의 심화나 무한 경쟁이라는 어휘가 우리에게 주는 의미는 경쟁에서 승리하지 않으면, 스스로의 삶을 도모하기가 어려울지도 모른다는 두려움이다.

경쟁이 심화되면 될수록 우리가 타인에게 보여주는 아량이나 여유로움은 사라지게 될 것이고, 오직 내 몫을 차지하려는 경쟁자로 여기게 될 것이다.

사실상 인간들이 태어나서 엄청나게 긴 교육과정과 훈련에 투자하여 얻고자하는 것도 학문의 도야와 인격의 완성보다는 사회의 구성원인 생활인으로서 경쟁사회에서 좀더 유리한 위치를 차지하고, 학문이나 첨단기술이라는 것도 본질적으로는 타인과의 경쟁에서 좀더 효과적으로 경쟁자를 물리치는 기법을 배우는 것인지도 모른다. 이와 같은 경쟁의 대열에서 낙오되지 않기 위해서는 경쟁이 주는 치열함을 견디고 이기는 능력이 요구된다.

현대인의 보안 기회비용에 대한 선택도 우리의 생활 속에서 연속되며, 현대인의 본질적인 삶의 토대를 이루고 있다. 따라서 우리가 보안에 대하여 논할 경우에 불안정성에 대한 두려움은 무지와 이해의 중간에 위치한 장벽과 같다. 미지의 두려움에 대해 우리가 완벽하게 이해한다면 가장 현명한 대응책을 취하게 될 것이나 두려움의 존재에 대한 무지는 매우 어리석은 선택을 하게 될 것이다. 그러므로 현대인들은 이러한 막연한 두려움을 극복하고 안전감을 얻기 위해서 투자되는 기회비용에 대한 분별력 있는 사고를 하여야 한다. 우리는 위해요소나 공격으로부터 보호되거나 위험으로부터 자유스러울 경우에 안전함(시큐리티)을 느끼듯이 안정감은 정신적인 면과 현실적인 면 모두를 포함하고 있다. 이러한 경우에 시큐리티는 단지 정신적인 상태를 의미할 수도 있으나 실제적으로 현실에서의 시큐리티는 우리가 느끼는 정신적인 것과는 상관이 없이 실제적으로 현실에서 보호되어야 우리는 안전성을 확보하게 된다.

21세기 지구촌의 경쟁에서 첨병은 기업이다. 기업의 경쟁력이 국가의 경쟁력이고 기업이 무너지면 국가가 위태로워지는 것이 현대국가의 특징이다. 따라서 국민들은 이러한 기업경쟁력의 바탕에서 생활의 편안함을 향유할 수 있다. 이러한 전면적인 경쟁을 우리는 경제전쟁이라고도 부르며, 우리의 삶에서도 계획이 필요하듯이 경제전쟁에서 이기기위해서는 전략이 필요하다.

오늘날 수많은 불안요소에 휩싸인 현대인은 보안에 대한 선택의 권리를 가지고 있으나, 투자 없는 성과가 없듯이 우리가 누리는 모든 편안함에는 상응하는 비용이나 대가가 요구되며, 무한경쟁사회에서 기본적으로 자신의 재산(인적, 물적, 지적)을 보호할 힘이 없는 개인이나 조직은 재산을 소유할 권리를 상실한 것과 마찬가지이다.

본서의 내용은 저자가 기업에서 보안 실무자로 근무하면서 그리고 대학생과 기업체 임직원에게 가르치면서 정리한 자료와 저자의 학위논문 '기업 안전관리 업무의 전문화에 관한 연구'가 토대가 되었다. 바라건대 누군가 졸저의 부족한 내용들을 보완하여 우리나라 보안 분야의 발전의 토대가 된다면 조금은 위안이 될 것이다.

2005년 3월 저자 씀

차 례

제1장 보안관리의 기초

제2장 보안조사와 감사

제3장 기업보안 프로그램

제4장 직원선발과 인사관리

제5장 내부 위협요인과 대책

제6장 외부 위협요인과 대책

제7장 보안조직의 운영

제8장 보안요원의 운영

제9장 보안교육과 서비스

제10장 화재와 재난관리

제11장 리스크관리와 보험

제12장 절도와 사기

제13장 화물보안관리

제14장 21세기 보안 이슈와 대책

제1장

보안관리의 기초

제1장 보안관리의 기초

오늘날 기업보안조직의 구성과 규모는 조직의 다양한 특성에 의해서 결정된다. 특히 조직의 구체적인 보안업무의 필요성, 고유의 고려사항과 취약성이 보안조직의 규모를 결정짓는데 가장 주요한 요소이고 조직의 구조와 역할에 기여하는 정도에 대한 보안업무의 가치에 대한 경영진의 인식이 또 하나의 결정적인 요소가 될 것이다. 더불어 기업구조조정과 같은 경제적인 트렌드의 변화는 보안업무의 역할에 상당한 영향을 미친다.

특히 오늘날과 같은 치열한 기업 간의 경쟁 속에서의 기업조직의 효율성에 대한 경영진의 관심은 절대적이므로, 증가된 위협요소와 리스크에 대하여 좀 더 적은 비용으로 좀 더 많은 성과를 기대하는 것은 보안조직에도 예외가 아니다. 오히려 이러한 구조조정의 과정에서 보안조직의 효율성이나 전문성에 대한 인식에 의구심이 들 경우에는 보안조직은 일차적인 구조조정 대상으로 선택되기도 한다.[1)]

따라서 오늘날의 보안업무는 그 동안의 규모와 인력위주의 보안활동에서 첨단보안기기를 활용한 뛰어난 보안조직운영을 통하여 조직에 기여하는 바를 항상 객관적으로 제시하는 역량이 필요한 시기이다. 이러한 추세는 이미 오래전부터 선진국의 보안조직의 운영에 관한 MBA과정이 다양하게 제공되어 기업의 어떤 조직보다도 생산성과 업무의 효율성이 높은 활동으로 전이되고 있다.

일반적으로 GDP의 3분의 1을 담당하고, 세계무역의 3분의 2를 수행하는 다국적기

---

1) 기업보안핸드북, 최선태, 2008, 진영사, pp. 22~26.

업과 같은 거대기업의 보안조직은 뛰어난 보안전문가로 구성된 독립된 조직으로 운영되는 것이 보편적인 추세이다. 이것은 보안활동이 다른 조직의 예속되어 있는 경우에 조직의 부정적인 활동에 대한 객관성을 담보하기 어렵고 타 조직의 방해에 의해서 업무의 공정성에 심각한 우려가 발생하는 것을 방지하기위한 방침이다. 이러한 독립된 보안조직에서는 기업보안정책의 이행확인, 손실예방활동, 기업연속성기획, 부정행위감사, 산업안전, 소방, 기업윤리규정의 이행여부 확인 등을 다루게 된다. 이에 반하여 우리나라 기업들의 보안업무는 출입통제, 기밀보호와 같은 상당히 편협하고 단순한 업무가 대부분의 기업의 보안영역이다.

소규모 기업의 경우에는 보안업무에 징계의 이행업무가 연계되기도 하나, 일반적으로 중소기업의 경우에는 독립된 보안실무자에 의한 보안활동보다는 총무나 인사부서 또는 업무지원부서에서 부수적인 업무의 하나로 치부되기도 한다. 그러나 이러한 중소기업일수록 보안리스크에 취약하므로 독립적인 보안실무자가 없다하더라도 경영진에서 기업의 보안업무의 중요성에 대하여 인식하고 조직의 리스크를 관리하지 않으면 기업의 수명과 안정성은 그만큼 줄어들 것이다.

중소기업의 경우에는 뛰어난 보안전문가를 고용하는데 한계가 있으므로 많은 경우가 겸직부서이거나 유사한 경력을 가진 높지 않은 임금의 보안실무자가 업무를 수행하는 것이 일반적이다.

특히 오늘날 많은 기업들은 기업의 보안필요성에 따라서 출입통제와 물리적인 순찰활동은 대부분이 전문 보안업체에 위탁하여 운영하는 것이 추세이다. 그러나 일반적인 물리적인 보안활동은 외주에 의한 운영이 비용측면에서 이익이나 내부적인 위협요소를 외주 보안업체가 관리하는 것은 한계가 있으므로 구성원에 의한 리스크(내부부정행위조사나 핵심정보보안)는 반드시 내부인력에 의하여 관리하는 것이 훨씬 효과적이다.

대체적으로 기업의 경영진은 치열한 경쟁에서 비용절감을 위하여 외부 보안업체를 선호하는 것은 보안을 항상 비용측면에서 먼저 생각하기 때문이다. 이 경우 보안관리자가 보안조직의 기업에 기여정도를 객관적인 데이터에 의해서 경영진을 설득하지 못하는 경우에는 매우 어려운 상황에 처하기도 한다.

비즈니스 환경의 변화에 따라 기업보안관리의 주요한 관심도 전략적으로 변화를 계속하고 있다. 2004년 MORI 결과에 따르면 97%의 응답자가 보안이 그들의 관심사항이라고 응답하였고, 응답자의 50%는 매우 큰 관심사항이라고 응답하였다.[2] 더불어 응답자의 82%는 보안에 5년 전보다 더 많은 투자를 하며, 57%는 앞으로 5년간 더 많은 투자를 보안에 할 것이라고 응답하였다.

이러한 결과로 볼 때 현대기업들은 보안업무가 전반적인 비즈니스의 관심사항에 대하여 기여하고 있음을 인정하고 있는 것처럼 보인다. 아래의 〈표 1-1〉와 같이 구체적인 항목에 대한 조사결과는 효과적인 보안관리가 다양한 기업의 핵심적인 목표에 기여하고 있는 것에 대한 응답이다.

〈표 1-1〉 기업보안관리의 핵심적인 영향력의 관심사항[3]

항목과 영향력	최고의 영향	약간의 영향	영향력 없음	평가 불가
기업 브랜드와 평판의 보호	74	18	7	1
구성원의 안전성 보장	69	26	5	0
구성원의 채용/유지 보장	26	52	22	0
지적재산의 보호	44	41	14	1
고객신뢰의 유지	79	14	6	1
주주신뢰의 유지	70	23	5	2
생산과 운영의 연속성	80	15	4	1

이 조사에서는 투자자의 중요한 고려사항으로 기업보안역량에 대한 관심이 획기적으로 증가하고 있음을 보여주고 있다. 투자자의 87%는 만약 어떤 기업이 보안사고를 신속하고 효과적으로 다루지 못한다면 기업에 대한 투자자의 인식이 변하게 될 것이라고 응답하였다. 또한 61%는 보안사고가 발생하는 경우에 기업브랜드와 평판에 영향을 미치게 될 것이며, 50%는 주가에 유사한 영향을 미치는 반면에, 단지 과반에 미치지 못하는 45%는 고객충성도(Customer Loyalty)에 영향을 미치게 될 것이라고 생각했다.

위와 같은 기업의 다양한 가치를 보호하기 위해서는 기업의 경쟁력에 부합하는 최

2) Business Security Survey 2004, MORI, IPSOS and the CBI in association with QinetiQ.
3) Rachel Briggs/Charlie Edwards, The Business of Resilience, 2006, Demos, p. 27.

상의 보안전문가를 채용하고 전문성을 유지하며 다른 어떤 부서의 업무와 마찬가지로 글로벌 비즈니스 트렌드에 부합하는 역량을 가진 인재를 선발하고 이에 상응하는 보상을 하여야 한다.

현대기업의 자산을 효과적으로 보호하기 위해서는 먼저 해당 조직의 보안시스템에 대한 취약성의 파악과 구성원의 보안의식 수준의 평가가 선행되어야 한다. 이러한 보안평가에는 보안리스크조사, 취약성평가, 역취약성평가 등의 방법이 있다. 이러한 보안평가의 일환으로 모든 조직에서 보안관리 프로그램을 실시하기 전에 실무자에게 필요한 권한을 부여함과 더불어 체계적인 기획은 절대적으로 필요하다. 이러한 기획의 과정에는 조직이 직면한 위협수준에 따라서 요구되는 보안의 필요성(needs)이 먼저 규명되어야 한다.

예를 들어 소매업은 일반적으로 내부절도와 좀도둑으로 인한 손실이 많이 발생하며 화재와 사고 또한 심각한 위협 요인이다. 따라서 보안계획을 수립하는 사람은 첫째 조직의 취약성을 정확히 발견하고, 다음 단계의 계획과 대책을 세우는데 이러한 정보를 이용한다. 따라서 계획과정에서의 신중함과 조직이 직면하고 있는 위협의 평가가 부족하면, 어떠한 보안프로그램의 기초도 취약하게 될 것이므로 아무리 잘 프로그램이 실시될지라도 먼저 잘 계획되어야 한다.

이 장에서는 보안프로그램의 기초를 강화하는데 도움이 되는 위험분석 · 계획 · 평가 · 연구와 기준이 포함된 5가지 방법에 중점을 둔다.

또한 여기에서는 보호계획을 시행하는 자체 보안관리조직의 개략적인 내용을 설명한다. 철저한 계획과 안정된 보안관리 조직은 성공적인 보안업무의 수행과 손실예방활동의 최고의 초석이 될 것이다.

제1절 리스크분석

일반적으로 위험분석(risk analysis)이란 용어는 위험사정(risk assessment)이나 위험평가(risk evaluation)와 상호 유사한 의미로서 사용된다.

다음의 3단계는 구체적인 위협으로부터 예상되는 손실을 측정하는 도구로서 규정되고 ① 손실예방의 조사, ② 취약성의 규명, ③ 가능성과 빈도 그리고 비용의 결정으로 구성된다.

위험분석에서의 첫번째 단계는 위협에 대한 인식으로서 기업에서 재산과 인명을 보호하고 구조물을 건설하는데 드는 비용을 엄청나다.

그러나 과거에는 기업의 미래를 위한 투자로서의 연구와 개발에 드는 비용과 비교하여, 손실을 예방하는데 투입하는 비용은 단지 원치 않는 사고를 예방하는데 사용되는 비용을 의미하였다.

비록 양쪽의 투자가 위험을 내포하고 있다고 하더라도 제품에 투자되는 비용은 유동적이며 모험적이고 감수할 수 있는 위험을 포함한다. 과거에는 일반적으로 재산에 대한 위험은 간과되거나 또는 필요악으로서 간주되기도 하였으며 심지어 위험이 발견되더라도 관리자들은 계산된 위험을 감수하면서 계속 조직을 운영하는 것을 선호하기도 하였다. 이러한 과정에서 종종 간과되는 것을 "위험"이라고 불렀다.

그러나 최근의 기업들은 기업이 가지고 있는 보안에 대한 위험의 잠재적인 과정을 감수하거나 대응책을 강구하는 두 가지 대안으로서 첫째, 손실예방 기법에 대한 투자, 둘째, 보험으로 보충된다.

오늘날 유능한 경영자들은 기업재산에 대한 위험들은 기업의 생존에 매우 위협적이므로 반드시 관리되어야 한다는 것을 알고 있다. 그러므로 위험관리는 손실 후의 기업의 후속조치 대신에 손실 전에 가장 효율적인 대비로서 규정되어야 한다. 이러한 후속조치로서 훌륭한 보험 프로그램과 보안이나 손실예방 프로그램이 필요하게 된다. 여기에 따른 위험관리의 개념은 이러한 복잡한 문제들에 대한 현명한 접근을 보여주는 것으로서 이것은 장기적인 관리 원칙을 이용하여 논리적이고 체계적인 방법으로 위험이 관리되는 것을 가능하게 한다. 반면에 보험은 본질적으로 보험만으로는 주요한 기업들이 직면한 보안문제들에 대하여 더 이상 부합하지 못한다.

이러한 어려움을 타개하기 위하여 선진국의 보험회사들은 매우 뛰어난 손실예방

기법과 프로그램을 개발하였다. 이런 뛰어난 손실관리 프로그램은 다음의 네 가지 기본적인 조치를 포함하여야 한다.

첫째, 위험이나 특정한 취약성의 규명.

둘째, 사건의 위험정도나 가능성을 포함한 위험에 대한 연구와 분석.

셋째, 위험관리 대안의 최적화. ① 위험의 회피, ② 위험의 감소, ③ 위험의 분산, ④ 위험의 전가, ⑤ 위험의 수용, ⑥ 상기 사항의 조합.

넷째, 보안 프로그램의 계속적인 연구

이러한 접근방법은 종합적으로 진행되어야 하고 여기에는 어떠한 요령이나 편법도 적용되지 않는다.

위와 같이 위험분석의 첫번째 단계는 조직이나 기업의 위협과 취약성을 규명하는 일이다. 각종 업무에 있어서 많은 위협들에 대한 보안관리가 중요하나, 그 중에서 특히 중요한 요소들이 있다. 이것의 핵심은 주어진 상황에서 특정한 취약성들에 대하여 고려하는 것으로서 각각의 기업들은 기업특유의 위협이나 문제점을 가지고 있다. 예를 들어 소매기업은 플라스틱 제품을 생산하는 기업보다는 화재의 위험에 대해서 덜 관심을 가질 것이다. 그 반면에 종업원의 절도는 소매업에서의 큰 문제점이다. 그리고 오늘날에는 네트워크의 취약성과 악용은 거의 모든 기업에서 큰 문제가 되고 있다.

그러나 특정한 위협들이 항상 명확하게 규명되는 것은 아니다. 문이나 자물쇠, 출입 통제된 출입구를 확인하는 것은 상식적으로 여겨지나, 취약한 재료로 만들어진 담장을 통한 접근이나 허술하게 만들어진 문이나 문틀의 취약성은 간과하기 쉬운 부분이다. 그러므로 이러한 모든 가능성에 대한 인식이 뛰어난 보안관리자의 특징이 될 것이다. 따라서 철저한 분석만이 포괄적이고 정확하며 효과적인 대책들을 이끌어낸다. 그리고 한번 이러한 취약성분석과 보안조사나 감사가 끝나게 되더라도 일정한 기준으로 주기적으로 실시해야 한다.

1. 보안실사 영역

보안실사의 목적은 정확하게 해당 조직의 취약성을 발견하여(불안전한 보안시스템과 취약성) 더 향상된 보호를 위한 계획을 개발하는 것이다.

이 실사는 해당 영역이나 분야의 독특한 필요성에 따라서 그 의문점과 해결책이 제시되어져야 한다.

본질적으로 이러한 실사는 손실예방 프로그램을 요구하는 장소의 주간과 야간의 물리적인 실사를 포함한다. 다음 항목은 실사를 위한 문제의 출발점이며 많은 시간과 전문성이 필요하다.[4)]

① 지리와 기온(자연재해의 가능성)
② 시설물 주위의 사회적 · 정치적 환경(높은 범죄율과 사회적 불안)
③ 손실의 원인이 된 과거의 사고들
④ 물리적 보안과 화재 안전조치의 상태
⑤ 위험한 물질과 보호조치
⑥ 정책과 절차들의 이행 상황
⑦ 보안요원들의 자질(지원자 실사, 훈련, 감독, 적절한 등록과 자격)
⑧ 사람과 재산에 대한 보호
⑨ 정보나 정보시스템에 대한 보호
⑩ 통신시설에 대한 보호(전화나 팩스)
⑪ 공공시설물에 대한 보호
⑫ 주차장에 대한 보호

실사기록은 취약성이나 기획전략을 세분화하거나 실사하기 위하여 위원회나 손실예방 근무자에게 환기되는 질문의 형태로 체크리스트를 기록한다.

인력 · 자금 · 장비항목은 첨부된 목표치를 포함하여 실사되며, 이것은 손실예방 부서에 의해 현재의 전략으로서 보호되어야 한다. 그리고 재산을 보호하는데 사용될 수 있다면 시설물의 청사진이나 주변 환경의 지도들도 도움이 된다.

2. 취약성의 규명

보안관리에서 취약성의 명확한 규명은 보안관리의 효과를 극대화하는데 핵심적인 사항이다. 노련한 전문가에 의한 체계적인 실사가 실시되면 조직의 취약성은 도출될 수 있다. 예를 들면 소매점에서 상품을 너무 높게 쌓아두면 그것은 좀도둑들에게 은폐장소로 이용될 것이며, 부실한 장부기록이나 책임감은 내부 절도자들에게 도움이

---

4) Jay B. Crawford, "Security, Heal Thyself," Security Management, May 1995, pp. 85~90.

될 것이다. 따라서 이러한 취약성의 발견은 손실예방조치에 따라서 최소화될 수 있으며, 매장의 배치계획과 책임감을 향상시킨다. 또 다른 예로서 석유화학 공장에서 안전절차가 지켜지지 않을 경우 이러한 느슨한 환경에서 화재와 폭발은 심각한 결과로 연결된다. 이러한 취약성은 안전정책이나 절차와 정기적인 실사의 엄격한 적용과 같은 손실예방 전략으로서 최소화될 수 있다.

3. 가능성과 비용의 결정

리스크분석의 세번째 조치로는 각각의 손실에 대한 가능성의 분석과 빈도 그리고 비용의 분석이 요구된다. 좀도둑이나 직원의 절도는 소매상에서는 일상적인 일이나 또 다른 수많은 사고들이 심각한 소실을 초래하기도 한다.

화재와 폭발은 석유화학시설에서 잠재적인 위험요소이고 단 한번의 사고가 기업의 재정적인 파탄을 초래할 수도 있다. 소매상에서의 좀도둑이나 직원 절도의 빈도가 석유화학시설에서의 화재나 폭발의 빈도보다 높다. 따라서 손상의 가능성이나 빈도 그리고 비용에 대한 문제점이 발생시, 실무자들은 그들 자신의 경험이나 기록과 통계, 특별한 컴퓨터 프로그램과 다른 동료 실무자들과 대화나 출판물에서 얻은 정보 등에 의지하게 된다.

대부분의 손실예방 실무자들은 손실을 유발한 사고의 횟수에 대한 통계기록을 보유한다. 이러한 통계들은 보고된 직원들의 절도의 횟수, 직·간접적인 손실, 손실예방 전략들의 성패 그리고 또 다른 정보를 보여준다.

이러한 기록들이 언제, 어디서, 얼마나 손실을 발생시킬지를 정확하게 예상하기는 불가능하나 이러한 정보는 보안기획수립에 도움이 된다.

제2절 보안기획

일반적으로 기획(planning)[5]은 최적의 수단으로 목적을 달성할 수 있도록 미래의 활동을 예정하고 준비하는 일련의 정책결정의 준비과정이다.

기획은 모든 종류의 손실예방 활동에서 손해가 되는 편협한 견해에 집착하기 보다는 우리가 목표한 지점에서 어디쯤 가고 있으며 그곳에 어떻게 갈 것인가를 아는 것이 더 현명하다.

제한된 합리성과 같은 편협한 믿음에서 비롯된 결과는 심각한 손실발생시 혼란스런 분위기가 조성되게 되며, 이성적이지 못한 판단은 손실예방장치나 서비스가 쉽게 얻어질 경우에 발생한다.

이러한 조직의 기획은 혼란 중에 희생양이 되는 조심성이 부족한 구성원을 위해서 세워진다. 기획수행의 중요한 목적은 조직의 목표와 목적을 달성하는 것이다. 따라서 이러한 보안기획을 기안하는 사람들은 조직과 기획의 필요성에 대한 완벽한 이해가 선행되어야 한다. 오늘날 기업들은 세계적인 경쟁, 조직축소, 기업구조 재조정(Restructuring) 때문에 끊임없는 변화와 리엔지니어링이[6] 진행되고 있다.

이러한 치열한 경쟁에서 살아남기 위해서 또한 이러한 기능을 잘 수행하기 위해 보안부서는 기업구성원의 한 부분이 되어야 하며, 변화에 빠르게 적응하여 긍정적이고 창의적인 방법으로서 변화에 대응함으로써 기업의 목적에 기여하여야 한다.

보안예산은 보안기획을 수행하기 위해 요구되는 자금과 관련이 있기 때문에 기획과 밀접하게 관련되어 있다.[7] 부가가치의 개념은 모든 기업체의 부서가 사용하는 비용을 기본손실의 수식으로 변환하여 부서의 가치를 증명하는 것이다.

기업재정 담당자는 "보안부서는 기업의 업무와 이익의 달성에 어떻게 기여하는

---

5) Planning을 기획으로 Plan을 계획으로 일반적으로 번역하나 때때로 혼용되기도 한다. 다만, 기획은 계획을 세워 가는 활동과 과정을 가르치는데 중점을 두는 포괄적이며 계속적인 개념으로 파악할 수 있는 반면, 계획은 보다 구체적이고 개별적인 개념으로 이해될 수 있다(이규정, 신고 행정학원론, 법문사, 1993, p. 233).

6) 기업의 체질 및 구조와 경영방식을 근본적으로 재설계하여 경쟁력을 확보하는 경영혁신기법으로서 1990년 마이클 해머가 제창한 기업체질 및 구조의 근본적인 변혁을 가리킨다. 비용, 품질, 서비스, 속도와 같이 핵심이 되는 경영성과의 지표들을 비약적으로 향상시킬 수 있도록 사업활동을 근본적으로 다시 생각하여 조직구조와 업무방법을 혁신시키는 재설계방법이다.

7) Richard D. Roberts, "Changing of the Guard: Corporate Downsizing's Effect on Security," Security Technology and Design, October 1996, pp. 8~12.

가?” 에 대한 답변을 요구할 것이다.

여기에 대한 대응으로서 손실사고에서의 직·간접적인 손실을 종합적으로 계산한 것을 포함한 보안부서의 재정적인 영향력들에 대한 예로서는 “절도뿐만 아니라 약물의 남용과 보안문제들을 정확히 발견·예방하기 위하여 내부 감시인을 운영하며, 급여의 7~8배의 역할을 하는 불량수표 전문가를 고용하며, 시간을 절약하고 출근 기록을 관리하는 등 여러 가지 역할을 수행하는 출입통제장치를 구매·운영하며, 실사활동에 도움이 되는 것뿐만 아니라 효율은 증가하고 비용은 감소시키는 제품의 문제를 찾아내는데 도움이 되는 CCTV 장치를 설치하여 운영한다”라고 보안부서 예산의 당위성을 설명하여야 한다.

위험분석은 보호계획에 정보를 제공하는 과정이다. 그리고 일반적으로 보안전략은 사람, 하드웨어, 정책과 절차의 형태로 구성된다.

다음은 계획과정의 많은 요소 가운데 중요하게 고려할 몇 가지 사항이다.

① 기업 내·외의 문제점은 주의깊고 정확하게 규명되었는가?

② 기업의 현존하는 문제점을 바로 잡기 위해서는 얼마의 비용이 필요하며, 이 특별한 전략에 얼마정도의 예산이 배정되었는가?

③ 이 손실예방전략은 실행 가능한가?

④ 이 전략은 비용효과적인가? 예를 들어 손실예방관리자는 손실예방근무자를 늘리는 것과 CCTV시스템을 구입하는 것에 대해 비교 검토한다. 직원의 증원에 드는 비용은 1인당 2천만원(3명의 직원X2천만원 = 6천만원/년)인 반면에 CCTV의 구입비용은 7천 5백만원이다. 각각의 장점과 비용을 고려한 다음에 손실예방관리자는 2년째부터 직원을 고용하는 것보다 CCTV를 구입하는 것이 더 비용이 적게 들기 때문에 CCTV로 결정을 하였다.

⑤ 이 전략에 사용되는 비용이 잠재적인 손실을 초과하지는 않는가? 예를 들어 10만원의 소액의 도둑을 방지하기 위해서 5백만원을 소비하는 것은 비용효과적이지 않다.

⑥ 이 전략이 기업의 전반적인 필요성과 관련이 있는가? 가끔 어떤 전략이 하나의 장소에는 효과적이나 다른 장소에는 부적합한 경우가 있다.

⑦ 이 전략은 전체적인 손실예방 프로그램과 연관되어 있는가? 여기에서는 시스템적인 접근법이 현명하다. 그리고 각 전략의 서로 밀접한 관계들이 고려되어야

한다. 더욱이 고품질의 CCTV시스템은 여러 장소에서 감시원을 대체함으로써 비용을 줄일 수 있을 것이다.

⑧ 조직이나 기업의 목표나 목적이 손실예방 프로그램에서 수행하고자 하는 적절한 전략과 상충되지는 않는가?

⑨ 계약 손실예방 프로그램과 비교하여 조직 자체전략은 어떠한가? 이 전략은 어떤 계약 서비스와 대립되지는 않는가?

⑩ 실시하려는 보호계획에 대한 보험회사의 반응은 어떠한가?

⑪ 만약 기업의 업무범주에 정부와의 계약이 포함되어 있다면, 어떤 관련 규정이 고려되어야 하는가?

⑫ 이 전략이 예방의 효과보다도 더 큰 잠재적인 손실을 발생시키지는 않는가? 예를 들어 이중문 손잡이 안쪽에 자물쇠와 체인을 설치하는 것은 도둑의 침입을 어렵게 하나, 만약 화재의 발생시 직원들의 탈출을 방해하지는 않는가?

⑬ 이러한 전략은 다른 손실예방전략들의 효율성을 저하시키지는 않는가? 예를 들어 연결고리와 높은 담장을 따라서 색깔있는 플라스틱 체인고리 담장은 외부사람들이 회사내부의 재산을 보는 것을 방지하고 침입자의 침투를 방지하나, 이러한 전략은 또한 순찰하는 경찰의 시야를 방해하는 원인이 된다.

⑭ 손실예방전략의 범위가 생산성을 방해하지는 않는가? 예를 들어 높은 위험이 있는 근무환경에서 점심시간에 나가고 들어오는 직원들은 실사하는데 얼마 정도의 시간이 필요한가? 만약 천명의 직원들이 점심을 먹으러 나갔다면 어떻게 할 것인가? 다른 예로서 만약 손실예방관리자가 각각 3명이 나누어서 선적되는 상품을 상세히 확인한다면 이러한 전략은 선적하는 과정을 매우 더디게 만들어 업무를 지연시키지는 않겠는가?

⑮ 이 전략은 경영진, 직원들, 고객들 그리고 방문객으로부터 협조를 받아야 하는가? 이 경우에 예상되는 어떤 부작용은 없는가?

⑯ 이 전략은 지방 법률이나 조례, 혹은 법을 따라야 하는가? 예를 들어 어떤 사법권 관할에서는 구내 담장은 특정한 높이 이하로 제한이 되고 가시철사의 사용 또한 제한되기도 한다.

⑰ 이 전략이 직원들의 사기를 저하시키고 경영진의 불신을 초래하지는 않는가?

⑱ 손실예방전략이 시민의 자유를 침해할 어떤 문제발생의 가능성은 없는가?

⑲ 이 전략에 대한 노동조합의 반응은 어떠한가?
⑳ 경영진의 참가는 이 전략의 계획에 도움은 주는가?
㉑ 이 전략은 현재의 손실예방 직원만으로 효과적으로 시행될 수 있는가?
㉒ 이 전략을 수행하는 개인의 시간에 피로를 가중시키는 원인은 아닌가?
㉓ 손실예방 전략을 적용할 주위의 환경의 특성은 어떠한가? 이러한 특성들은 전략의 특성을 향상시키기 위해서 고려되어야 한다. 예를 들어, 만약 손실예방 전략이 제조공장에 계획되었다면 공장외부에서 고려될 사항은 무엇인가? (범죄, 화재, 사고율이 고려될 사항이다) 또한 근처에 재해의 가능성이 있는 것: 원자력 공장, 공항, 철도(위험 물질의 운송), 교육시설(학생들의 불안), 숲(화재), 위험한 산업(화학), 군사시설, 기후상태도 또한 중요하게 고려할 사항이다. 여러 가지 자연현상에 대한 고려로서 폭풍은 경보를 작동시키고, 폭우는 홍수의 원인이 되므로 손실이 발생한다. 또한 폭설은 많은 손실의 원인이 되며 지진과 화산 활동도 추가적으로 고려할 사항이다.
㉔ 도둑이나 화재경보와 같은 손실예방전략을 고려할 경우에, 경찰, 소방서, 응급 의료기관과 같은 공공기관의 대응하는 시간은 얼마나 걸리는가? 해당 각 기관들의 가장 가까운 시설은 어디에 있는가?
㉕ 손실예방전략은 지역 범죄, 갱, 조직범죄와 같은 활동을 제어할 수 있는가?
㉖ 이 전략은 실제로 필요한가? 그렇다면 왜 필요한가?
㉗ 이 전략은 "완벽한 손실예방"과 모든 손실을 없애려고 시도하는가? 그러나 이것은 가끔 도달하기에 불가능한 목표이다. 때때로 손실예방 실무자들에게 만병통치약처럼 알려진 이러한 전략은 실패로 귀결되기도 한다.
㉘ 만약 전략이 시행되지 않는다면, 예상되는 손실의 위험은 무엇인가?
㉙ 같은 목표를 달성하기 위하여 더 비용이 적게 드는 전략은 무엇인가? 예를 들어, U.S. General Service Administration의 조사에 의하면, 24시간 근무하는 경비원 한명이 담당하는 장소의 급여 · 유지비용 · 제복 · 장비 · 보너스 · 보험을 포함하여 일년에 10만 달러의 비용이 든다. 그러므로 CCTV나 경보장치와 같은 전자적인 기기의 도입으로 경비원의 인원은 줄일 수 있을 것이다.[8)]

---

8) Wayne Siatt, "Doubled Systems Promise Documented Savings," Security World 17 (January 1980), p. 30.

㉚ 새로운 전략이 실시됨으로써 어떤 현재의 전략이 없어지지는 않는가?
㉛ 여러 전략 중 더 중요한 것은 무엇인가? 이것의 우선순위가 정해졌는가?
㉜ 이 전략의 문제점과 보완사항을 연구하기 위해서 시범적인 프로그램이 실시되었는가?(모든 공장에 실시되기 전에 하나의 공장에 우선 시범적으로 실시한다)
㉝ 전략의 시행 후에 어떻게 이 전략의 성패를 평가할 것인가?

1. 시스템적인 계획

시스템적인 관점이란 연관된 하부 여러 시스템 사이의 구체적인 상호작용을 관찰하는 것이다. 하나의 하부 시스템이 작동할 때에 연관된 다른 하부 시스템은 부지불식간에 영향을 받는다.

예를 들어 형사사법시스템은 경찰·법원·교정기관의 3가지의 주요한 하부 시스템으로 구성된다. 만약 하루에 100명의 사람이 경찰에 의해 음주운전으로 체포되었다면, 틀림없이 하부 시스템인 법원과 교정기관은 이러한 피체포자를 수용하여야 할 것이다. 그리고 손실예방 기관 · 기업 · 정부 · 학교 · 자동차 · 인간 · 기타 등등의 많은 다른 시스템의 예들도 존재한다.

모든 시스템들은 긴밀하게 다른 시스템에 상호작용하고 영향을 주는 하부 시스템을 가지고 있다. 그러므로 각각의 시스템에서 하부 시스템은 종합적인 시스템의 목적과 목표를 달성하기 위해서 유기적으로 연결되어야 한다.

예를 들어 손실예방 시스템에서 조사 하부시스템은 정보와 조력을 얻기 위하여 순찰활동의 하부시스템에 의존한다. 그리고 순찰시스템은 면밀한 조사를 위해서 조사하부시스템에 의존한다.

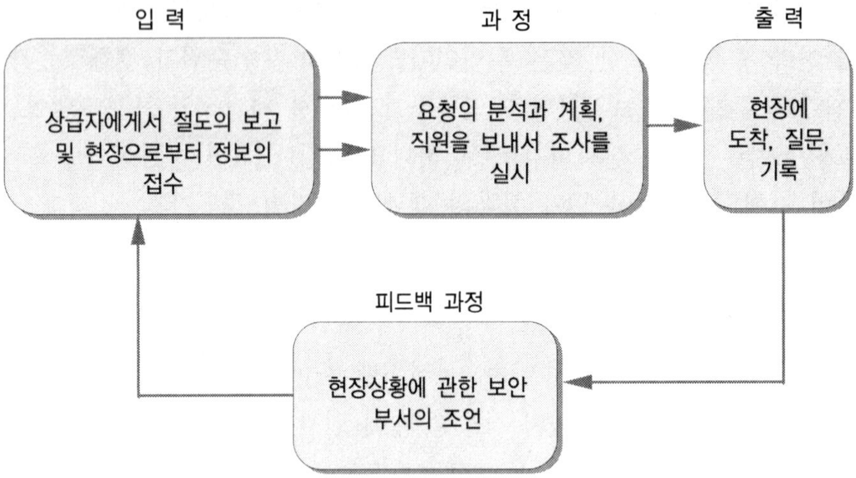

〈그림 1-1〉 단기계획과 보안부서의 대응

다른 시스템과 유사하게 보안부서는 입력, 과정, 출력, 되돌림(feedback)의 견지에서 분석된다. 예를 들어서 보안부서의 신속한 반응과 직원 절도에 관한 단기계획〈그림 1-1〉을 보자. 보안부서는 감독관으로부터 직원이 절도를 하다가 붙잡혔다는 전화(입력)를 받았다. 여기서 과정은 전화(요청)를 분석하는 것이다. 그런 다음 계획과 행동이 취해지고 보안부서 직원을 재빨리 해당 장소로 보낸다. 출력(현장에서의 활동)은 직원의 도착 · 질문 · 기록 · 피드백은 현장에서 보안부서 직원의 보안부서로의 교신을 포함한다. 이것은 현장에서의 활동이 적절한가 혹은 교정이 필요한가에 도움을 준다. 예를 들어 현장에서의 체포가 필요한가를 생각해 본다. 그런 다음 추가적인 대응이 필요하다면 가능하다면 지역 경찰서로부터 도움을 요청하는 것을 포함할 수도 있을 것이다.

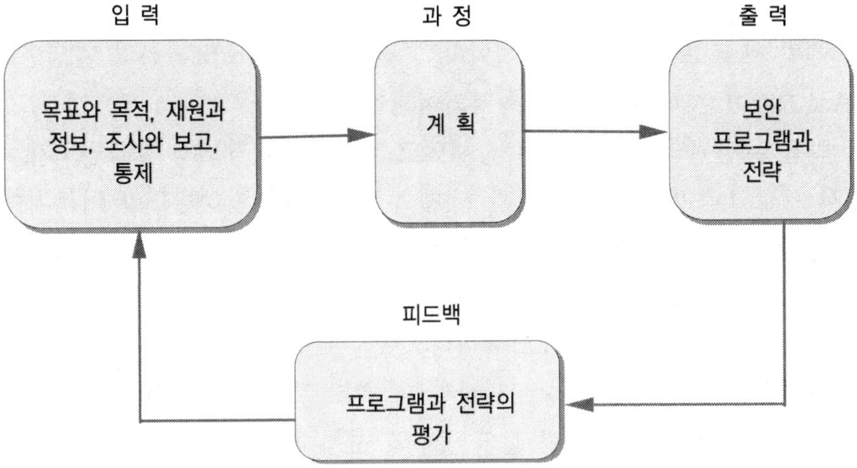

〈그림 1-2〉 시스템적인 관점의 보안관리계획

〈그림 1-2〉에서 목표와 목적의 입력은 보안기능의 상부 경영자의 기대와 관련되어 있다. 기업의 재원은 기본적으로 자금·재료 그리고 직원이다.

기획과 관련된 정보 · 연구 · 보고 그리고 통계들은 계획과정에서 판단의 결정에 상당한 도움을 준다. 출력은 기업의 이익을 증가시키기 위해서 손실을 줄이고 방지하는 계획과정을 포함하는 손실예방 프로그램의 전략이다.

피드백은 가끔은 간과되기 쉬운 활동이나 효과적인 계획을 위해서 필수적인 과정이며, 평가도 피드백의 필수적인 부분이다. 여기에서 효과적이지 못한 프로그램과 전략은 제거되어야 한다. 평가 후 다른 프로그램과 전략들은 수정을 필요로 할 것이며, 이러한 평가는 해당 프로그램과 전략을 정당화하는데 도움을 줄 것이다.

2. 보안 프로그램의 평가

그러면 어떻게 보안 프로그램을 평가할 수 있는가?

첫째로, 연구계획은 평가를 도울 수 있어야 하므로 단순화된 몇 개의 연구계획을 일람하면 어떻게 손실예방 프로그램이 성공적인지 혹은 실패로 귀결되었는지를 보여주어야 한다.

일반적인 과정과 마찬가지로 보안관리에서의 하나의 계획은 사전 테스트와 사후 테스트 두 가지 구도(design)로 구성된다.

강도 예방 프로그램이 하나의 예이다. 첫째로, 강도(robbery)의 발생빈도가 강도 예방 프로그램이 시행되기 전에 측정되어져야 한다.

그런 다음 보안관리 프로그램이 시행되고 나서 다시 강도의 발생빈도가 측정된다. 여기에서 프로그램이 시행되기 전과 시행 후의 강도의 발생빈도가 비교되어진다. 그러므로 만약 강도의 발생빈도가 줄어들었다면, 강도 예방 프로그램은 강도의 원인을 제거하는 요소가 되었다는 의미일 것이다.

또 다른 사례는 보안 교육프로그램이다. 보안 교육프로그램 실시 이전에 보안 근무자들은 시험을 실시하고 결과를 보관한다. 그리고 보안 프로그램이 실시되고 난 후에 비슷한 시험이 시행된 다음 시행 전의 점수와 시행 후의 점수가 비교되어진다. 결과적으로 더 높아진 사후 점수는 이 교육프로그램이 효과가 있다는 것을 나타내는 것이다.

또 다른 평가안이나 연구기법은 실험적 통제집단 안건이라 불린다. 예를 들면 회사 내에서 범죄예방 프로그램은 성과는 비교평가에 좌우된다. 우선 회사에서 특징이 비슷한 두 개의 공장이 선택된다. 하나의 공장(실험공장)은 범죄예방 프로그램을 적용하고 다른 공장(통제공장)은 적용하지 않았다. 이 프로그램이 실시되기 전에 두 개의 공장의 범죄율이 측정된다. 그리고 프로그램 실시 후 미리 정해진 기간에 효과에 대하여 각각의 공장에 대하여 범죄율을 측정한다. 만약 범죄율이 통제된 공장에서 범죄율이 같은 수준에 유지하는 동안에 실험적인 공장에서 감소되었다면 범죄예방 프로그램은 성공적인 것이다. 그러나 공장에서의 범죄예방 프로그램은 연구원이 알지 못하는 또 다른 이유 때문에 범죄가 감소할 수도 있으므로 현명한 연구원은 결론을 도출할 때 신중하여야 한다.

예를 들면 시험적인 공장에서 범죄자들은 범죄예방 프로그램이 주위에 알려지면서 일시적으로 범죄를 저지르는 것을 중단한다. 그리고 초기의 프로그램의 영향력 이후 그 프로그램에서 관심이 사라졌을 때 범죄자들은 그 프로그램에 적발됨이 없이 다시 범죄를 저지른다. 다시 말하면 그 프로그램이 초기에는 효과적이나 곧 효과가 없어진다. 그러므로 평가의 계속성은 연구결과를 향상시키기 위하여 반드시 필요하다.

3. 보안에 관한 연구

보안활동에 관한 계획과 연구를 돕기 위하여 과학적인 방법이 사용되어야 한다. 이것에는 문제의 설명 · 가설 · 시험 · 결론의 4가지 단계가 포함된다. 예를 들어 직원의 절도가 문제로서 주어졌다면 가설은 문제와 가능한 해결책(예, 보안전략)의 기록에 대한 설명이다. 시험은 전략이 문제점을 감소시킬 수 있는가를 연구하는 시도가 포함되고, 여기에서 몇 가지 연구기안들이 가능하다. 다음은 과학적 방법론 형태에 따른 문제 제시의 예이다.

① 문제 : 직원의 절도

② 가설 : 직원의 절도는 CCTV의 사용에 의해 줄일 수 있다.

③ 시험 : 통제집단(A공장 ; CCTV 없음), 시험적인 집단(B공장; CCTV 가동)

④ 결론 : 몇 달간의 시험 후에 A공장은 직원의 절도가 전과 같은 수준을 유지된 반면에 B공장은 직원의 절도가 줄어들었다. 그러므로 CCTV는 직원의 절도를 줄이기 위한 효과적인 보안 전략이다.

연구결과를 강화하기 위해서는 계속적인 시험이 필요하다. 예를 들면 CCTV가 다른 비슷한 장소에서도 시험될 수 있다. 더욱이 CCTV와 함께 다른 전략이 결합된다면 문제점을 더 효과적으로 줄일 수도 있을 것이다.

따라서 보안의 전문성을 향상시키기 위해서는 연구인력과 관련 시설에 대한 지원이 선행되어야 할 것이다. 현대인의 삶의 안전성이 위협받는 오늘날은 명백하게 더 많은 보안에 대한 연구의 필요성이 존재하나 현실적으로 연구는 제한되어 있다. 그러므로 국가의 일관성 있고 지속적인 노력이 필요하다.

보안 연구에 도움이 되는 다섯 가지 주요한 요소는 기업·대학·공공기관·개인 컨설팅 그리고 보험회사가 있다.

기업에서의 연구는 자체 직원이 즉시 기업 고유의 문제에 대해서 익숙하기 때문에 최고로 유리하다. 그러나 비용이 문제가 될 수 있으나 석사학위 이상을 가진 보안 실무자가 보안 계획과 프로그램에서의 재원으로 활용된다.

그러나 기업에서의 연구는 경영자가 그들이 기호에 따라 결과를 기대하기 때문에 연구원에 따라서 편견이 증대되기도 한다.

대학에서의 연구는 때때로 가장 뛰어난 자격요건을 가지고 있다. 많은 교육자들은 공동체에 기여하기를 요구되어지며 또한 연구결과의 공개를 원하며 여기에 소요되는 비용은 아주 적다. 공공기관의 연구는 경찰, 소방서, 긴급의료서비스, 다른 공공서비스 기관에서 조력을 필요로 한다.

그러나 이러한 기관들은 때때로 적은 예산의 압박을 받기 때문에 조력을 얻기는 쉽지 않으나, 만약 보안 실무자들이 공공기관의 연구의 도움이 공공보안 문제들과 비용을 줄이면서 민간부문의 손실을 줄이는 것이 가능하다는 것을 보여준다면 도움이 가능할 것이다.

민간컨설팅회사는 일반적으로 가장 뛰어난 능력을 가진 인재를 보유하고 있다. 이러한 재원은 개별기업의 이익을 목적으로 하기 때문에 가장 비용이 많이 든다. 컨설팅회사를 선정할 경우에는 주의 깊게 여러 가지를 고려하고 컨설팅 직원의 사려 깊은 고려와 조사가 요구된다.

보험회사들 또한 손실을 줄이기 위한 위험조사나 권고전략(예, 리스크관리)을 만드는 것에 적극적이다. 그들은 또한 범죄·화재·산업안전과 관련된 연구 계획 등 다양한 분야에 참가한다.

4. 보안기준

표준(standard)은 통일성과 품질을 향상시키기 위하여 문서화되고 시험되어진 지침이다. 그러므로 제조업자들은 보안 제품의 생산에서 기준을 준수해야 할 것이며, 같은 산업에서의 기업들은 회사(구내)에서의 사람이나 재산의 적정한 보호의 수준을 보장하기 위해서 관련기준을 따라야 한다.

미국의 제조업자들은 오랜 기간 동안 안전기준에 따라 그들의 제품을 생산해왔다. 예를 들어 1920년대에 보험업자연구소(UL)[9]는 독립적인 시험기관으로서, 경보기 제품과 설치를 위한 시스템의 등급을 설정하기 위해 보험업체와 같이 일해 왔다. 이 시스템은 고객을 위한 보험료의 설정에서 보험기관에 도움을 주었다. 하나의 경보기회사가 경쟁사보다도 더 높은 기준의 서비스를 고객들에게 보여줄 수 있다.

그러나 UL은 다양한 리스트를 가지고 있으며, 경보기회사는 이 리스트를 과장하지

9) UL은 Underwriter's Laboratory의 약어로, 최초 미국 보험업자들이 전기기구/전자제품의 안전도를 평가하는 수단으로 그들 나름대로의 기준을 확립, 안정성을 평가하기 시작한 후로 날로 사업영역을 확장해 왔으며, 오늘날에는 미주지역은 물론 타 지역에도 UL mark가 없으면 시장진입 자체가 어려울 정도로 큰 영향력을 행사하고 있다.

않고 광고하도록 요구되어진다. 또한 어떤 회사에서 주거지에 적합한 감시장치로서 등록된 것과 확연하게 다른 중앙집중식 침입경보기 회사로서 등록을 얻기 위해서 그 회사는 내연 건축시공의 제공·예비 전원·출입통제·경보에 따르는 적절한 대응시간과 같은 몇 가지를 갖추어야 한다.

일반적으로 소비자들은 수천가지 소매상품의 전자적인 안전을 증진하는 조직으로써 UL에 매우 익숙해져 있다. 그러므로 유명한 UL라벨은 가끔 제품에 붙어지기도 한다. 또 다른 제품의 기준을 정하는 조직은 National Fire Protection Association (NFPA)이다. 이 단체는 정부기관에 의해 채택된 소방장비와 건축의 기준을 확립하였고 더불어 민간부문의 기업에서도 채택되었다. 1898년 초에 보험산업과 협력하여 NFPA에서는 스프링클러, 소방호스 그리고 방화문과 화재방지에 관련된 것들을 포함하는 기준을 만들었다.

1898년에 조직된 American Society for Testing and Material(ASTM)은 전 세계에서 가장 큰 자발적 기준개발 시스템의 하나로 성장하였다. ASTM은 비영리기관으로써 생산자, 소비자, 정부를 위한 공개토론회의 개최·재료·제품·시스템·서비스의 표준을 개발하기 위한 학술적인 모임을 가진다. 여기에서는 132개의 표준문서위원회 가운데 보안과 산업안전 그리고 소방에 관한 위원회에 중점을 둔다.

1918년에 조직된 American National Standards Institute(ANSI)[10] 는 미국의 자발적 국가표준과 동격이며, 표준화를 위한 국제조직으로서 국제기준 단체에서 미국을 대표하는 비영리 기관이다. ANSI는 안전·건강·정보처리·은행과 원유와 같은 현존하는 모든 산업의 기준을 개발하는 노력을 기울이며 민간과 공공부문 모두에게 기준을 제공한다.

또 하나의 안전기준은 또한 기준의 실행을 통한 직장에서의 안전을 증진시키는 법률인 OSHA(Occupational Safety and Health Act, 1970)가 미국 의회를 통하여 공표되었다.

미국의 보안산업에 관한 획기적인 보고서인 Report of the Task Force on Private Security(1976)를 기억해야 한다. 이 보고서는 미국의 형사사법의 기준과 목표에 관해 국가자문위원회에 의해서 준비되었고, 보고서는 보안산업이 더욱 전문화

---

10) 미국표준협회(American National Standards Institute)는 미국의 공업제품 표준의 통일을 위하여 설립한 협회로서 약칭은 ASA이다. 2000년 현재 1,000여 개 단체가 회원으로 가입하였으며, 본부는 미국 워싱턴에 있다.

하기 위한 기준을 설정하려고 노력하였다.

다른 몇 가지 보안기준은 은행보호법에 의한 은행, 연방항공관리국(FAA)을 통한 공항, 미 국방부와 계약한 회사와 같이 특정한 산업의 보호에 통일적 기준에 초점을 맞추고 있다. 특정한 안전의 유형은 이런 색다른 산업들을 특징지웠다. 그러나 불행하게도 소매사업·호텔·음식점·업무용 건물·제조공장과 같은 많은 산업의 유형과 단체들의 통일화된 보호기준이 없다.

더욱이 보안을 소홀히 함에 기인한 소송에서도 법원에서는 일관성 없는 판결을 하고 있다. 따라서 하나의 재판관할에서는 받아들여진 보안기준이 다른 곳에서는 받아들여지지 않는 경우도 존재한다. 그러므로 보안기준은 이러한 문제들의 억제하고 민간부문과 법원의 통일된 보안기준을 증진시킬 것이다. 그러나 보안 인증비용과 논쟁을 유발하는 사항들의 보안기준을 표준화한다는 것은 각각의 장소나 업무가 독특하기 때문에 쉽지가 않다.

제3절 자체 보안관리

자체보안조직에 관한 가장 기본적인 세 가지 질문사항에 대한 답변이 자체(기업) 보안관리 프로그램의 상황을 나타낸다.

세 가지 질문은 첫째, 자체 보안관리 프로그램은 경영진으로부터 지속적인 지원을 받고 있는가? 둘째, 자체 보안관리 프로그램은 적절한 예산을 운영하고 있는가? 셋째, 자체 보안관리 프로그램은 주어진 직무를 성취하기 위한 적절한 권한을 가지고 있는가?

위와 같은 질문에 대하여 어느 보안 관리자든지 모두 긍정적인 답변을 하기를 원할 것이나, 실제적으로 많은 기업의 경우에는 그렇지 않은 경우가 있다. 실제로 많은 기업체에서 비용을 절약하기 위해서 자체 보안부서를 점차적으로 축소하거나 계약 보안서비스로 대체하거나 혹은 자체조직은 소수로 하고 나머지 단순한 출입관리 업무는 외주를 주는 방법으로 운영하고 있다.

그러나 기업의 지원이나 재원이 충분하든 부족하든 간에 자체 보안프로그램 그리고 계약경비서비스에 의해 제공된 보안프로그램은 조직의 조건과 실제적인 관리도구에 의해서 특성 지워진다.

1. 용어의 정의

보안관리 업무에서도 모든 조직구성업무와 유사하게 업무가 분장되어 수행되며 이러한 업무에서 가장 주요한 업무의 내용을 보면 다음과 같이 정의된다.

① 업무의 분장(Division of work); 업무는 기능 · 고객 · 시간 · 장소와 같은 요소에 따라서 직원들에게 업무가 분장된다.

② 권한(Authority); 주어진 업무를 수행할 수 있는 강제력.

③ 책임(Responsibility); 지정된 업무를 수행해야 할 의무.

④ 힘(Power); 직무를 수행할 수 있는 역량.

⑤ 권한의 위임(Delegation of authority); 상급자가 하급자에게 업무를 분장시키기 위해 권한을 위임한다. 그러나 상급자는 권한을 위임할 수는 있으나 반드시 책임은 자신이 져야 한다. 결국 책임은 위임되지 않는다. 예를 들면 조장이 보안 직원에게 직원들이 공장을 떠날 때 직원들의 도시락을 확인하도록 권한을 위임하나 책임은 조장이 진다.

⑥ 명령의 연결고리(Chain of command) ; 모든 업무지시는 질서와 효율성을 목적으로 조직된 위계사회에서 위로 혹은 아래로 전달된다.

⑦ 통제의 범위(Span of control) ; 1명의 상사가 적절하게 관리할 수 있는 부하직원의 숫자로서 넓은 통제범위의 예는 1명의 상급 조사원이 20명의 조사원을 관리할 수 있으나, 좁은 범위의 통제의 예는 1명의 상급 조사원이 5명의 조사원을 관리한다. 적절한 관리의 범위는 면밀한 관리의 필요성과 업무의 난이도와 같은 요소에 의해 좌우된다.

⑧ 명령의 통일성(Unity of command) ; 체계화된 임무중의 혼란을 방지하기 위해서 부하 직원은 한 명의 상사에게만 지시를 받는다.

⑨ 직계 직원(Line personnel) ; 명령의 연결고리 안에서 권한과 기능이 조직화된 위계질서 안에 있는 직원으로 직계 직원은 제복 입은 보안 직원·조장·대리·주임·다른 상급자를 포함한다.

⑩ 참모 직원(Staff personal) ; 직계 직원에게만 권고할 수 있는 제한된 권한을 가진 전문가로서, 예를 들면 보안 전문가는 손실을 줄이기 위한 더 효율적인 방법에 대해서 실무자에게 조언한다.

⑪ 비공식적 조직(Informal organization) ; 특정한 관심을 가진 직원들에 의해 비

공식적으로 생성된 조직으로 예를 들어 직장 동료들은 회사의 같은 볼링 팀에 소속되어 있으므로 몇몇의 직원들이 휴식시간이나 점심시간 중에 같이 시간을 보낸다.

⑫ 조직도(Organization chart) ; 공식적인 조직을 시각적으로 나타낸 차트를 말하며, 많은 "조직의 기본"은 실제적으로 조직도로 나타낸다.

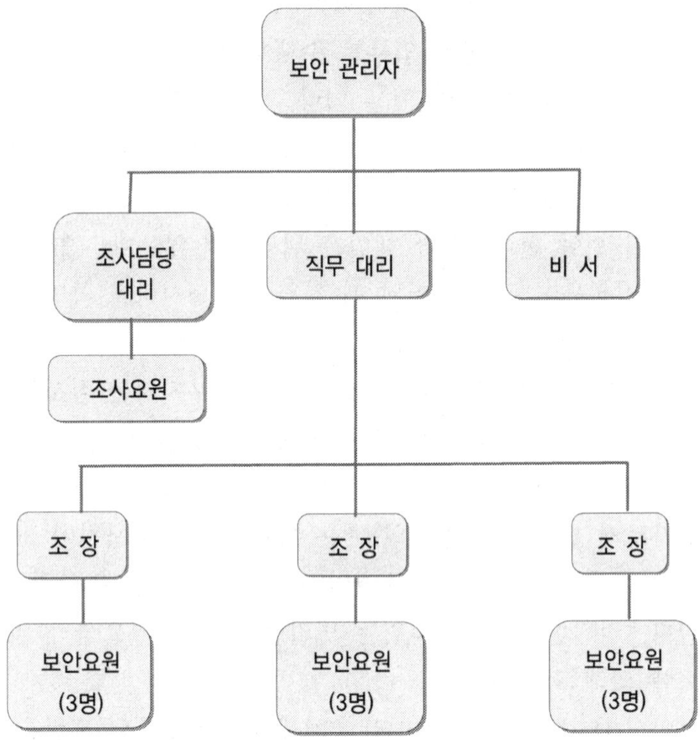

〈표 1-3〉 중소기업의 보안부서 조직도

2. 실질적 관리방법

① 공식적인 지배조직은 조직화된 집단 내에서 정보를 교류하기 위하여 관리도구를 사용한다. 교류는 서류나 말을 사용하고 구두로 지시하는 것은 상급자가 하급자에게 무슨 일을 해야 하는지를 지시하는 것으로 단순하다. 또한 공식적인

구두지시 방법은 공식모임에서 구두로 의사가 교환되는 것이다.

② 정책은 직원들의 의사결정을 통제하는 관리도구이다. 따라서 정책은 관리의 목표나 목적을 반영한다.

③ 절차는 관리도구가 무언가를 실시해야 하는 특별한 방법을 나타내며, 그것이 행동의 방향을 제시한다. 많은 절차들이 정책에서 요구되는 것을 충족시키기 위한 실제적인 계획이므로 보안 관리자는 정책이나 절차를 포함하는 피드백이 있을 경우에는 절대로 편견이 없는 균형감각을 유지해야 한다.

④ 소책자는 조직화된 집단을 위한 "규정집"과 같으며, 이것에는 정책과 절차들이 포함된다.

⑤ 참여하는 관리방법은 하급 직원들이 관리진의 결정과정에 참여함으로써 사기와 동기가 향상되고, 뛰어난 하급 직원의 아이디어가 참여적인 관리방법에 이용된다. 이것은 여러 가지 관리방법의 하나로서 이용방법은 다양하다.

제2장

보안조사와 감사

제2장 보안조사와 감사

기업이나 조직에서 보안부서의 목적과 책임 중에 한 가지는 조직에 적합한 보안정책을 개발하여 적용하고 잠재적인 손실분야를 규명하고 예방대책을 수행함으로써 조직의 연속성을 확보하고 보안관리임무를 계속적으로 수행하는 것이다.

이러한 과정에 대한 연구를 위험분석(Risk Analysis)이라고 부른다. 이러한 접근방법이 함축하고 있는 것은 조직의 포괄적이고 통합적인 기능으로서 보안의 개념이다. 이러한 포괄적이고 통합적인 업무의 한 부분이 잠재적인 문제점을 규명하는데 이용되는 것이 보안조사(Security Survey)이다. 이러한 보안조사에 관한 상세한 내용이 이장에서 설명하게 될 것이다.

이러한 보안 기능의 포괄적인 관점은 다음에 나열된 더욱 제한된 보안대응과 대비될 것이다.

① 일차원적인 보안 ; 보안요원과 같은 한 가지의 억제책에 의존한다.

② 단편적인 보안 ; 포괄적인 계획이 없이 보안 기능의 필요성이 생길 때마다 단편적으로 기능이 부가된다.

③ 대응적인 보안 ; 단지 특정한 손실발생의 경우에 대응한다.

④ 통합적인 보안 ; 특정한 위협과 관련이 없이 기본적인 보안시스템(장비·인력 등)을 조직하고 모든 상황에 대응할 수 있도록 통합시스템은 어떤 문제점이 발생하더라도 조치할 수 있도록 한 조직이다. 이것은 광역 항생물질이 환자에게 존재하는 모든 바이러스를 치유하는 것과 같이 환자에 대한 진단 없이 치료에

대한 처방을 하는 것과 유사하게 기업에 잠재된 위험요소를 사전에 방지하고 손실을 예방하는 기능을 하게 된다.

그러나 보안에 대하여 통합적이거나 시스템적인 접근이 항상 바람직한 해결책은 아니다. 특히 소규모의 잠재적인 손실이나 상대적으로 대비가 쉬운 소규모의 기업은 규모에 맞게 문에 적절한 자물쇠를 설치하거나 경보시스템 또는 계약 보안요원의 순찰과 같이 상황에 맞게 적용되어야 할 것이다.

그러나 점차 손실분야가 증가하거나 더욱 복잡하게 전개될 경우와 급격하게 성장하는 기업을 보호하기 위한 역량으로서는 일차원적인 대응을 가지고 이러한 손실문제에 대응하기에는 역부족이므로, 더욱 포괄적인 보안프로그램의 채택 필요성이 증가하게 된다.

따라서 만약 보안조직이 일차원적이거나 단편적·대응적·통합적인 조직을 구성하기 어렵다면, 여기에는 반드시 종합적인 잠재위험에 대한 분석이 필요하다. 다시 말해서 범죄나 사고, 자연재해로부터의 손실에 대응하기 위한 대책을 세우기 위해서 조직의 잠재된 위험의 평가와 현상에 대한 규명이 반드시 선행되어야 한다.

제1절 보안조사

보안 컨설턴트인 Charles A. Sennewald는 보안조사를 보안평가에서 사용되는 주요한 도구로서 이 보안조사는 특정한 상황에서 존재하는 데이터를 육하원칙에 의거하여 수집하는 과정으로 사실확인 과정이라고 정의하였다.[1)]

또한 R. M. Momboisse는 종합적인 보안관리 수준을 향상시키기 위한 권고사항을 만들거나 보호대책이 필요한 부분을 발견하거나, 허술하거나 과도한 점을 규명하기 위해서 현 상태의 보안관리 사정(status)을 알기 위하여 산업체, 기업, 가정, 공공기관이나 민간시설을 현장에서 시험하고 분석하는 결정적인 과정이라고 정의하였다.[2)]

이와 같이 위험분석과정은 특정한 위험을 포함하거나 또는 방지하기 위하여 고안된 보안대책의 선정을 위하여 위협요소의 규명(threat assessment ; 위협 원인의 규

1) Charles A. Sennewald, CPP, *Security Consulting*, 3rd ed. BH, 2003.

2) Momboisse, R. M., Industrial Security for Strikes, Riots and Disasters. (Springfield,Ⅲ. : Chas. C. Thomas, 1968), p. 13.

명)에서부터 위협평가(threat evaluation ; 위험한 상태와 그러한 위험에 드는 비용에 대한 고려)까지 진행되는 것으로 보안조사는 관리진의 가장 핵심적인 대응책의 하나이다.[3)]

이러한 보안조사는 해당 구역의 철저한 물리적인 조사(examination)와 모든 운영시스템과 절차에 대한 철저한 검사(inspection)가 필수적이다.

따라서 이러한 검사와 조사는 현존하는 보안의 상태에 대해 고려하는 것, 대응책에 대한 취약점을 찾아내는 것, 보호가 필요한 정도를 고려하는 것과 같은 전반적인 목표시설물의 분석과 궁극적으로는 종합적인 보안프로그램을 정착시키기 위한 권고사항을 이끌어내는데 목적이 있다.

그러므로 기업의 기본적인 경영활동에 보안조사를 정착하기 위한 원동력은 최고경영진으로부터 임무를 적절히 수행할 수 있는 충분한 자금을 보장받고 기업 내의 모든 구성원들의 협력이 보장되어야 한다. 그리고 철저한 조사는 통상적인 절차의 조사와 정기적인 운영에서의 일상적인 업무나 물리적인 공장과 주변 환경의 검사를 필요로 하고 무엇보다도 보안조사 프로젝트에 대한 경영진의 관심이 최고로 필요한 우선순위이다.

이러한 업무의 중요성과 전문성에 따라 보안조사는 보안부서 요원이나 이 업무를 위해서 고용된 자격 있는 보안전문가에 의해서 수행되어야 한다.

여기에 대해서는 어떤 분야나 관행을 당연한 것으로 여기는 경향이 내부인보다 덜 할 것이므로 외부 보안전문가가 더 객관적으로 업무를 수행할 것이라는 생각 때문에 내부인보다 현재상태에 대하여 더 객관적인 평가를 내릴 것이라는 것이 일반적이다.

그러나 누가 이 조사를 수행하던 간에 이 분야에 대한 훈련이 필요하고 또한 높은 수준의 능력이 요구된다. 더불어 조사팀의 최소한의 몇 사람은 해당 시설물과 운영에 대하여 완벽하게 능숙하여야 할 것이다. 이러한 전문성이 없으면, 조사계획에 대한 명확한 체계를 세우는 것이 어려울 것이므로, 이 조사 자체는 반드시 사전에 인력의 활용방안과 모든 단계에서의 운영에 대한 연구가 계획되어야 할 것이다.

보안조사에서 계획부분은 사전연구와 건의로부터 시작되므로 조사요원은 그들에게 제공된 어떤 유용한 정보라도 치밀하게 연구하여야 한다. 조사계획의 또다른 부분은 실제적인 조사를 위해서 조사팀에 의해서 준비된 체크리스트가 사용되는 것이 효과

---

3) Robert J. Fisher, Introduction to Security, BH, 1998, p. 169.

적이다. 이 리스트는 조사지침서로서 도움이 되고 반드시 조사해야 할 분야를 생각나게 하는 것으로 활용되므로, 한번 체크리스트가 작성이 되면 보안조사는 체계적으로 진행되게 된다.

조사도중 처음 체크리스트 준비과정에서 누락된 영역이나 절차의 경우는, 나중의 검사에는 반드시 포함되어야 하고 이러한 사항은 평가와 보고서의 권고란에 기록한다. 조사자는 유사한 두 개의 시설이나 심지어는 같은 업무에서도 조사목적에 공통적으로 적용되는 동일한 체크리스트는 존재하지 않는다는 것을 명심한다.

1. 시설물 보안

보안리스크를 분석할 경우에, 보안관리자는 기업의 수많은 면을 조사해야 하고, 다음의 사항들을 잠재적인 보안문제로서 고려되어야 한다.

① 경계구역인 펜스·게이트·배수관·도랑·조명(예비조명과 전원을 포함)·돌출물, 그리고 은폐장소를 확인한다. 차량이 펜스로 돌진할 가능성은 없는가?

② 주차장에서 직원들의 차량들이 적절하게 절도나 파괴행위로부터 보호되는가? 보호된다면 어떻게 보호되는가? 그리고 감독되지 않은 앞뒤로 왔다 갔다 하는 차량들로부터 보호하기 위하여 공장이나 사무실은 충분하게 주차장과 떨어져 있는가? 필요할 경우에 차량을 조사하기 위하여 게이트나 십자형 회전식 문은 설치되어 있는가? 조사하는 장소의 조명은 적절한가? 물건들이 주차장이나, 주차장 밖으로 담장을 통하여 이동될 수 있는가?

③ 근처 모든 건물의 창문이나 지붕에 대한 고려로서, 근처에 접근할 수 있는 공간이 존재하지는 않는가? 이러한 공간은 어떻게 보호되는가?

④ 지면상으로부터 5.4M 이내에 있는 모든 문이나 창문들은 어떻게 보호되는가?

⑤ 지붕에 접근하는 것을 방지하기 위한 대책은 무엇인가?

⑥ 건물에 입주해 있는 모든 임차인들의 주출입구 열쇠에 대한 관리로서 얼마나 자주 출입구 자물쇠를 변경하는가? 열쇠가 불실되거나 반환되지 않을 경우에, 해당 건물의 조치절차는 무엇이며, 얼마나 많은 인원의 임차인들이 건물에 살고 있으며, 그들의 업무는 무엇인가?

⑦ 업무용 건물로서 공동으로 이용되는 공간에 대한 관리. 건물에서는 근무시간 이외에 출입자에 대하여 출입기록을 남기도록 적절히 감독되고 있는가? 엘리베이

터는 수동으로 변경이 가능하고, 근무시간에 외부로부터의 접근에 대비하여 바닥 층에서 멈출 수 있는가? 언제 엘리베이터가 작동되고, 누가 이것을 작동하는가? 누가 쓰레기를 수거하며, 언제 어떻게 쓰레기가 건물 밖에서 옮겨지는가? 로비와 복도의 조명은 적절한가? 건물은 어떠한 보호장치를 가지고 있으며, 어떻게 이것에 접근할 수 있는가? 화장실은 일반인들도 출입이 가능한가? 장비실은 잠겨져 있는가? 메스터키 시스템은 활용중인가? 어떻게 열쇠들은 통제되고 보존되는가? 로비에는 안내원이나 보안요원이 상주하는가? 지하 주차시설로부터 계단이나 엘리베이터를 이용하여 건물로 접근할 수 있는가?

⑧ 귀중품을 보관하고 있는 모든 구역에 대한 고려로서 금고나 금고실, 그리고 귀중품을 보관하는 공간은 적절한 경보장치가 설치되어 있는가? 도둑과 강도 · 화재 · 부정한 침입에 대하여 보호하기 위한 장소의 경보장치는 무엇인가?

⑨ 시설물이 운영되지 않는 시간과 모든 야간시간. 하루의 다양한 시간동안에 몇 명의 보안요원이 근무를 수행하는가? 보안요원의 근무태도는 효율적이고 항상 긴장되어 있는가? 보안요원은 어떤 장비로 무장되어 있는가? 주변을 몇 번 정도 순찰을 하며, 몇 명이 순찰을 실시하는가? 순찰 중에 무슨 업무를 하며, 보안요원의 통신시스템은 무엇인가?

⑩ 시설물 출입시의 통제와 감독. 무슨 방법으로 직원임을 확인하는가? 직원을 채용하기 전에 어떻게 지원자를 사전 조사하는가? 어떻게 방문객(판매원 · 공급업자 · 고객들을 포함)을 통제하는가? 어떻게 자가용을 통제하는가? 언제 오전중 우편물을 배달하고 누가 배달하는가? 어떻게 빈 우편물 꾸러미를 처리하는가? 시설에서 자선활동의 요청자나 판매원의 출입을 허용하는가? 어떻게 그들을 통제하는가? 그들의 신분은 확인하는가? 누가 청소업무를 수행하며, 그들은 열쇠를 가지고 있으며, 누가 열쇠에 대한 책임자인가? 그들은 보증인이 있는가? 누가 유지보수나 서비스업무를 수행하는가? 그들의 공구상자는 그들이 떠날 때 검사되는가? 누구에 의해서 그들의 신분이 확인되는가? 경보장치나 통신회사 사람에게 무제한의 출입을 허용하는가? 그들의 서비스 요청은 누가 확인하는가? 어떻게 가구나 장비들은 시설에서 출입되는가? 이것이 밤이나 주말에 실시될 경우에 어떻게 보안조치가 실시되는가? 문서전달자는 직접적으로 수신자에게 전달하는 것이 허용되는가? 어떻게 그들을 통제하는가? 어느 구역이 최고로

교통채증이 발생하는가? 시설물이나 소방점검과 같은 공무원들의 방문요청은 자유스럽게 허용되는가? 누가 그들의 신분을 확인하는가?

⑪ 열쇠와 열쇠의 관리로서 사용되지 않을 경우에 열쇠는 안전하게 보관되는가? 열쇠가 분실될 경우에 기록의 유지나 복구는 되는가? 열쇠나 잠금장치는 해당 목적에 적합한가? 모든 열쇠들은 책임소재가 분명하고 기록이 되는가? 마스터 시스템과 보조 마스터키에는 무슨 시스템이 사용되는가?

⑫ 소방에 관한 고려로서, 시설물 전역에 거쳐서 소화전은 충분하게 설치되어 있는며 장소는 적합한가? 소화기의 수량과 유형은 적합한가? 소방시설물은 종종 점검되는가? 가장 가까운 소방서는 거리가 얼마나 되는가? 시설물을 점검하기 위해서 소방관을 요청한 경험이 있는가? 시설물에는 자동 스프링클러와 자동 경보장치가 설치되어 있는가? 건물내부에는 적절한 방화벽이 설치되었는가? 소속 종업원으로 구성된 자율소방대는 조직되었는가? 방화문은 적절한가? "금연" 표지판에 대한 규정은 준수되는가? 인화성물질은 적절하게 보관되는가? 화재예방 교육프로그램은 있는가? 정기적으로 소방훈련은 실시되는가?

⑬ 컴퓨터 접속과 잠재적인 장비의 손실은 무엇인가? 만약 컴퓨터가 작동하지 않을 경우에 어떤 서비스가 중단되는가? 만약 컴퓨터에 저장된 데이터가 손상된다면 조직체 이윤의 손실의 원인이 되는 컴퓨터에 저장된 정보는 무엇인가?

이렇게 장황하게 보이는 항목은 단지 어떤 시설을 점검할 때 반드시 확인되어야 할 일례로서, 상기 항목은 조사시에 포함되어야 할 단지 일반적인 사항의 견본에 불과하다.

2. 기업 부서별 평가

기업체에서 각 부서는 잠재적인 손실의 관점에서 개별적으로 평가되어야 한다. 이러한 부서별 평가는 결국은 최종 권고나 결정시에 종합조사에 통합 정리된다.

다음의 내용은 기본적인 평가에 대한 질문이다.

① 부서의 기능 중에 자금의 횡령과 같은 취약성은 없는가?

② 부서에 직접적으로 현금을 가지고 있거나 양도할 수 있는 방법을 가지고 있는가?

③ 부서 안에 비밀스런 기록을 가지고 있는가?

④ 부서가 과도한 내부나 외부의 거래가 있는가?

⑤ 부서의 대상 항목이 마약, 보석이나 모피를 취급하는가? 부서나 이웃한 지역의 특별한 화재위험은 무엇인가?

⑥ 부서로부터 훔쳐질 수 있는 장비·도구·보급품 또는 상품은 무엇인가?

이러한 질문들은 각각의 부서를 조사하는데 특별한 위험분야에 초점을 맞추어 조사를 행하는데 도움이 될 것이다. 그러므로 특별한 위험이 상존하는 곳에서는, 이것을 제거하는데 해당부서의 반발을 방지하기 위해서 많은 고려가 있어야 한다.

1) 인사부서

특별한 안전에 관한 문제가 인사부서와 관련되어 있다. 여기에서 고려될 사항들은 다음과 같다.

① 근무시간 이외에 건물이나 동일 층의 나머지 지역으로부터 인사부서가 보호되는가?

② 어떻게 문이나 파일 키는 보관되는가?

③ 사용하지 않을 경우에 파일은 잠겨져서 보관되는가?

④ 직원을 고용하거나 고용관계가 종료 시에 임금대장을 관리하는 부서에 관하여 뒤따르는 추가 시스템은 무엇인가?

⑤ 인사부서와 임금대장관리 직원간의 관계는 어떠한가?

⑥ 직원 채용절차는 어떠하며, 지원자는 신원은 사전에 어떻게 확인되는가?

⑦ 직원 채용절차에서 보안업무와 관련된 인사부의 업무는 긴밀하게 수행되는가?

⑧ 누구에 의해서 신규채용자에 대한 보안에 관한 간략한 교육이 실시되는가?

⑨ 기업은 사고보고 시스템을 갖추고 있는가? 직원들은 프로그램에 대하여 인식하고 있는가? 기업에서는 추가적인 보안의식의 제고를 위한 훈련 프로그램을 갖추고 있는가?

인사파일의 보안은 극히 중요하다. 일반적으로 이러한 파일은 사장에서 말단직원까지의 모든 직원들의 과거와 현재의 중요한 정보를 포함하고 있다. 그러므로 이러한 정보는 극비로 취급되어야 하며, 이러한 원칙에 예외가 되는 기업은 없다.

2) 회계부서

회계부서는 기업의 자금에 대한 모든 관리감독을 하므로 전반적으로 범죄에 대하여 가장 취약한 분야이다. 그리므로 반드시 이러한 분야의 보호시스템들을 기업이 설치하여 운영하며, 또한 이러한 시스템은 효율과 보안을 증가시키기 위한 방법을 찾기 위하여 계속적인 방안으로서 규칙적으로 재평가를 실시하여야 한다.

(1) 회계원

회계원(cashier)과 관련하여 고려할 사항을 다음의 내용을 포함한다.

① 복도 · 계단 · 승강기에서 어떻게 현금의 취급장소로 접근이 가능한가?
② 회계원이 근무하는 시간과 장소에 확실한 출입금지 표지를 하였는가?
③ 일반적으로 현금취급장소에는 종업원들의 관심을 끌만한 충분한 현금이 있으며, 또한 무장한 강도가 흥미를 가질 만한가?
④ 현재 감사와 통제시스템은 존재하는가? 그리고 어떠한 형식이 사용되는가?
⑤ 회계원의 횡령에 대한 통제는 무엇인가?
⑥ 이러한 운영에서 공모의 기회는 어떤 것이 있는가?
⑦ 위험에 대한 적절한 보안대책은 있는가?
⑧ 회계원 사무실에는 강도에 대비한 경보기와 방탄유리는 설치되어 있는가? 그리고 다른 물리적인 대책은 무엇이며, 강도침입시의 지침은 마련되었는가?

(2) 수취계정

수취계정의 사기행위를 사정(査定)하기는 어렵다. 그러므로 여기에서는 현재 운영상의 계산서에서부터 신용계정에까지 모든 절차의 단계에 대하여 조사하기 위한 측면에서 모든 가능성에 대한 고려가 필요하다. 모든 정보의 흐름과 활동기록은 만약 범죄를 목적으로 이용될 수 있으므로 어떠한 결점이나 흠결을 발견하기 위해서 반드시 세밀하게 조사하여야 할 것이다.

① 특별한 관심을 가지고 계산서의 처리절차의 사용된 형태와 당국이 요구하는 것에 대하여 확인한다.
② 기업에서 지급해야 할 수표를 현금화하는 것이 얼마나 힘든가에 대한 고려가 필요하다.
③ 계산서나 보관목록과 현금화된 수표의 기록을 훼손시킬 수 있는 기회는 얼마나 되는가?
④ 지급할 금액을 줄이기 위해서 송장을 변경시킬 가능성은 얼마나 되는가?

(3) 지급계정

지급할 항목으로서 지급계정은 다른 분야보다도 절도자들의 관심을 끄는 부분이다. 여기에는 특히 여러 가지로 내부적인 침입에 취약하다. 이러한 가장 일반적인 방법으로는 존재하지 않는 계정에 돈이 지급되도록 위조된 기관에서 만든 가짜 송장에 의하여 이루어진다. 그러나 이것은 사려 깊은 보안이 제공된 시스템에서 근무하는 치밀한 직원에 의해서 쉽게 극복될 것이다.

① 기본적인 단계로서 모든 형식과 시스템을 조사한다.
② 새로운 계정의 근거가 분명한가를 확인한다.

(4) 임금대장

임금대장(payroll) 시스템에서는 다음과 관련된 질문들에 대한 필요성이 고려되어야 한다.

① 신입직원이 임금대장에 기록될 경우에 어떠한 시스템이 사용되는가?
② 개인 신상에 대한 기록과 임금대장은 일치하는가? 이러한 기록은 어떻게, 누구에 의해서 상호 확인되었는가?
③ 직원이 임금대장을 관리하는 직원과 공모하여 허위의 직원의 기록을 만들어 내지는 않는가? 이럴 경우 어떻게 이것을 방지하는가?

(5) 기업 은행계정

기업의 은행계정과 관련하여서는 다음과 같은 사항에 대하여 고려하여야 한다.

① 한사람이 자금을 제한 없이 보낼 수가 있는가?
② 기업자금을 인출하는데 제한이 있는가?
③ 어떤 지침이 누구에 의해서 주어졌으며, 이러한 지침의 책임자는 누구인가?
④ 기업 은행계정의 감사는 누가 실시하며, 얼마나 자주 실시하는가?
⑤ 회계담당자나 통제자가 기업 은행계정을 가지고 도주가 가능한가?

여기에서 특히 고려되어야 할 내용은 회사원의 정직성에 대한 고려이다. 보안조사의 수행은 범죄행위가 일어날 수 있는가를 판단하는 것이 아니라 범죄행위가 일어났는가를 조사하는 것이다. 이러한 조사의 특징은 회계담당자가 기업자금을 가지고 도망갈 가능성에 대하여 단정할 수 없다. 그러므로 여기에서는 간단하게 그들에게 절차를 준수하였는가에 대해서 질문하는 수밖에 없다. 만약 조사에서 이러한 가능성에 대해서 발견하게 된다면, 확실하게 연서(連署)와 같은 보안대책이 수립되어서 현재나 미래에 회계담당자들이 어떠한 부정한 행위를 할 수 없도록 방지하도록 권고되어야 한다.

3) 데이터 처리

오늘날 컴퓨터와 관련된 보안문제들은 기업들에서 전자적인 데이터처리의 증가로 인하여 중요성이 증가하고 있다. 실제적으로, 오늘날 경쟁적인 기업 환경에서 대부분의 기업들은 주요한 업무를 컴퓨터를 활용하여 처리하고 있다. 그러므로 보안관리자는 다음의 사항에 대하여 고려하여야 한다.

① 모든 프로그램에 효과가 있는 적절한 감사절차가 있는가?

② 내부적인 정보의 인쇄출력은 어떻게 관리되는가?

③ 특정한 장소에서 떨어져 있는 데이터 저장의 절차는 무엇인가? 그리고 어떻게 이러한 파일은 업데이트되는가?

④ 시스템관리 프로그램에 대한 접근은 어떻게 하는가?

⑤ 어떻게 컴퓨터 사용기록은 남기는가? 이러한 기록의 정확성은 어떻게 확인하는가?

⑥ 컴퓨터를 사용하는 장소의 열쇠는 누가 가지고 있는가? 얼마나 자주 열쇠소유자에 대하여 평가하는가?

⑦ 접근에 대한 통제에는 어떤 것이 시행되는가? 얼마나 자주 이러한 권한의 목록에 대하여 업데이트되는가?

⑧ 효과적인 화재예방과 소방철차는 무엇인가? 종업원에게 화재예방과 소방절차에 대하여 어떤 훈련이 실시되는가? 소화기의 상태나 기본적인 소화시스템의 장소나 숫자는 얼마나 되는가?

⑨ 원격지에 예비보관(backup)을 위한 하드웨어는 있는가? 그곳의 보안은 어떠한가?

4) 구매부서

구매부서는 매우 다양한 유혹이 상존하는 부서이다. 이러한 부정행위에는 구배부서 직원들에 대한 모든 종류의 호의들-무료로 제공되는 현금, 값비싼 선물, 호화로운 향응, 고급 여행과 같은 것들이 종종 발견된다. 그러나 일반적으로 말해서 이것은 직원들이 결코 이러한 뇌물을 수뢰하거나 하나의 송장에 두 번씩 지급을 하지 않는 것과 같이 유혹에 굴복하지 않는다면 보안문제가 아니다. 만약 구매요원들이 공급업체로부터의 불공정한 구매의 문제들에 모든 관심을 기울인다면, 보안활동에 대한 경영진의 관심은 큰 의미가 없을 것이다.

그러나 몇 가지 분야에서는 구매기능에 대해서 보안부서의 역할이 포함되어야 한다.

① 송장에 대하여 중복적으로 자금이 지급되는 것과 부정한 송장, 존재하지 않는 송장을 방지하는 절차는 무엇인가? 그리고 얼마나 자주 이 분야에 대해서 감사가 실시되는가?

② 모든 구매시에 모두 경쟁입찰을 실시하는가? 그리고 반드시 가장 낮게 응찰한 업체와 계약되는가?

③ 주문시에 사용되는 양식은 무엇인가? 대금의 지급은 공인되어 있으며, 어떠한 경로를 통하게 되는가?

④ 작은 조각들의 판매, 폐휴지, 그리고 다른 재활용 목록들의 구매에 대한 책임에 대한 실제적인 수량이 싣고 나가는 것을 누가 확인하는가? 누가 이러한 폐지들이나 조각제품의 판매에 대해서 협상하는가? 여기에는 여러 개의 성실한 구매자들이 입찰하는가? 어떻게 낡은 장비나 가구들은 판매되는가? 누가 이러한 판매기록들은 유지하는가? 이러한 시스템에 대해서 감사가 실시되는가? 이러한 판매자들의 권한에 대한 어떤 통제가 있는가?

5) 선적 및 검수

화물과 재품을 관리하는 분야는 특히 가장 큰 잠재적인 절도의 문제점이 잠재되어 있다. 이러한 문제점을 개선하기 위해서는 반드시 면밀한 관심과 노력이 현재의 운영에 대해서 계속해서 집중되어야 한다.

① 이 영역을 직원들이 입출입시에 어떠한 검사가 실시되는가?

② 이 영역에 어떻게 차량은 들어오며, 통제되는가? 이러한 영역들은 다른 시설물들과 펜스나 장벽으로서 구별되어 있는가?

③ 상품의 선적전이나 수령 후에 어디에 보관되는가? 이 영역에 대한 보안장치는 무엇이며, 감독의 특성은 무엇인가?

④ 선적과 수령에 대한 책임추적성(accountability)의 시스템은 무엇인가?

⑤ 이 영역에 보안요원은 있는가?
⑥ 이 영역에서 경험한 손실은 무엇이며, 이러한 손실의 유형(형태, 평균 수량, 시간)은?
⑦ 이 영역에서 확인되지 않고 내버려 둔 상품은 무엇인가?
⑧ 트럭운전자들에게는 선적장소와 구별된 장소에 휴게시설이 제공되는가? 그들은 항상 공모를 방지하기 위하여 격리되는가?
⑨ 이 안전한 보관영역에서 활동이 허가된 사람은 몇 명이고 누구인가?

6) 조사보고서

조사가 실시된 다음에는 모든 조사영역에 대하여 기록이 되어야 하며, 이 보고서에는 보안에 취약한 분야에 대한 지침과 시설물의 보안을 향상시키기 위한 수용될 수 있는 합리적인 수준의 대책들이 권고되어야 한다. 이러한 조사의 상황에 기초하여 권고사항이 고려되며, 지금의 보안계획이 입안된다.

몇 가지 경우에는 절충안이 만들어지기도 한다. 예를 들어, 해당 구역이나 시설물을 포함하는 장소에 모든 우발상황을 완벽하게 보호할 수 있는 이상적인 보안프로그램을 만들기 위해서는 실제적으로 너무나 비용이 과다하다. 그러므로 이런 경우에는 실제적인 계획은 합리적인 한계 내에서 수용할 수 있는 보안기준에 최대한 만족할 수 있는 방법을 찾기 위해서 다시 연구되어야 한다.

보안책임자는 좀처럼 알기 어려운 구성원이 원하는 모든 것을 이해하려고 해야 한다. 각각의 서로 다른 부서로서 그들은 가능한 테두리 내에서 업무를 수행해야 한다. 만약 어떤 장소에 추가적인 인원을 충원할 수 없다면, 반드시 인력을 대체할 수 있는 하드웨어를 찾아야 할 것이다. 또한 CCTV에 의하여 보완이 필요한 더 많은 부분에 대한 요청이 거절될 경우에는 반드시 조사절차나 담장 같은 것을 개발하여 유사한 용도로서 보완하여야 할 것이다. 만약 어느 부분에 보안비용이 삭감되어 그들의 목적을 달성할 수가 없을 때에는 경영진과 상의하여 원래의 목적을 줄이거나 추가적인 자금을 보장받아야 할 것이다. 그러나 보안책임자는 이러한 결정을 요구하는 의견을 경영진과 상의하기 전에 모든 적용 가능한 대안을 연구하는 것이 중요하다.

7) 운영감사와 프로그램화된 조사

수행된 보안조사에 의한 메커니즘은 조사양식 그 자체만큼 중요하다. 보안조사는 물리적인 보안대책이나 절차에 중점을 두어야 하고 주기적으로 수행되어야 한다. 운영감사(OA)는 연속성에 근거하여 모든 측면의 보안운영을 고려하여야 한다. 그러므로 운영감사는 운영의 방법론적인 조사이며 감사이다. 이 조사의 목적은 ① 확립된 보안기준과 실제적인 운영에서의 차이를 발견하고, ② 보안관리의 허점을 찾아내며, ③ 효율성과 보안수준을 저하시키지 않으면서 운영관리를 향상시키는 방법을 고려하는 3가지로 구성된다.

이러한 감사는 프로그램의 감시를 통하여 공정이 계속되는 과정에서 이루어지는 것이므로 상대적으로 비용이 적게 든다. 운영감사는 감사가 단순한 보안조사에 지나지 않게 되도록 프로그램화된 조사의 개념에 기초한다. 이 프로그램화된 조사(PS)는 감독관이나 다른 종업원들이 규정된 조사내용을 통하여 그들이 책임지고 있는 업무가 적절하게 수행되기 위한 기능과 절차를 알고 있는가를 확인하는 방법이다. 이런 식으로 감독관들은 연속성의 토대에서 그들이 책임지는 영역의 평가에 의해 운영감사를 실시한다. 그러므로 실제적인 운영감사의 성공은 감독관이 단순한 기록인 “예”, “아니요”의 기록이 아닌 필요한 조사를 하며 특정한 다시 확인해야 할 사실을 기록해야 한다. 예를 들어, 적재구역에서의 감독관은 선적과 수령의 모든 단계를 확인해야 한다. 여기에서 확인할 사항으로는, 트럭운전자가 적재나 하역을 어느 장소에 허가를 받았는가? 정확한 화물의 수량 확인에는 어떤 절차로 진행되는가? 파손된 소화물을 어떻게 관리되는가? 이러한 모든 의문에 대하여 감독관은 주의 깊고 완벽하게 확인하여야 한다. 이상의 과정에서 감독관은 단순하게 “예”, “아니요”라고 기록하여서는 안 된다. 결과적으로 몇 가지 분야의 운영감사의 집합은 부분적인 운영감사로 귀결되며, 집합에서 부분적인 운영감사로 고려된 내용들은 전반적인 기업의 운영감사이다.

이러한 운영감사는 좀더 단순한 보안조사와 구별되어야 한다. 보안조사는 보안팀이 중요하다고 생각하는 확인항목의 목록들의 개발에 의해 시작된다. 예를 들어, 어떤 특정한 장소에 자물쇠, 경보기, 보안순찰이 적절한가? 문이나 창문의 틈새는 적절하게 보호되며, 이것들은 견실한 재료로 되어 있는가? 그러나 비록 몇 가지의 보안조사가 절차의 확인을 포함하기도 하나, 대부분은 그렇지 못하다. 예를 들어 건물의 출입절차가 적절하게 수행되는가를 확인되는 것이 바람직하다.

운영감사는 이러한 보안조사의 토대위에서 확립된다. 많은 조직체의 운영에서, 보안조사는 일년에 한번 정도 실시되거나, 더 간헐적으로 실시된다. 그러나 운영감사는 정기적으로 그리고 좀더 빈번하게 실시되어야 한다. 한번 운영감사가 시작되면, 의사결정권을 가진 사람이 더 이상 운영감사가 필요치 않다고 결정할 때까지 계속된다. 프로그램화된 조사의 과정을 통한 감사에서는 감독관은 정기적으로 절차가 제대로 수행되고 있는지와 절차가 적절하지에 대하여 보고를 요구한다. 그러므로 몇 가지 절차들은 업무의 변화에 따른 새로운 요구에 부응하기 위하여 개정될 필요가 있다. 그리고 운영감사 역시 정기적으로 감독관은 물리적인 상태에 대하여 보고를 요구한다.

보안조사는 약간의 효과가 있는 반면에 운영감사는 빈번한 조사를 능가하는 효과가 있다. 보안조사는 대부분이 자체 보안조직이나 계약에 의하여 실시되는 반면에 운영감사는 기업의 경영진의 재원을 활용한다.

취약성분석이나 보안조사, 운영감사로부터 획득된 정보를 활용하여 보안관리자는 기업의 포괄적인 보안기획을 개발할 수 있을 것이다.

8) 손실가능성

만약 하나의 취약성이 보안조사의 과정이나 운영감사를 통하여 규명되었다면, 손실가능성에 대하여 고려하는 것이 중요하다. 예를 들어 한 가지의 취약성이 영업비밀의 절도를 포함하고 있다고 가정하자. 그러면 영업비밀 분야 안에서 종업원의 이직과 업무태만을 통하여 연구개발로부터의 정보손실을 포함한 취약성의 하위범주가 규명되어야 한다. 그러면 이러한 잠재적인 손실이 존재하는데 보안비용을 줄여야 하는가 하는 의문이 생긴다. 여기에 대한 해답은 손실의 가능성이 정확히 평가될 때까지는 불가능하다. 만약 확실한 손실발생이나 발생하지 않는 것에 대한 사항이 불변할 수가 있는가? 보안관리자들이 연속적인 문제에 직면할 경우에, 그들은 반드시 어떤 문제점이 즉각적인 주의를 필요로 하는지 고려해야 한다. 가능성이란 어떤 사건이 일어날 수 있는 가능성에 대한 산술적인 기술이다. 그러면 이러한 가능성을 이용하여 산술적인 방정식에 의한 보안리스크를 줄이는 것이 가능한가? 그러나 불행하게도 이러한 산술적인 정확성은 반드시 다양한 주관적인 보안대책들이 수치화될 때까지 기다려야 하며, 아직 이러한 다양한 변수들은 수치화되지 않았다.

오늘날 할 수 있는 최선의 방법은 가능성에 대하여 주관적인 판단을 내리는 것이다. 그러므로 이러한 판단은 반드시 조사된 취약성의 물리적인 면과 같은 데이터를 근거로 하여야 한다. 예를 들어 공간적인 관련성, 위치, 구조물의 구성이 고려된다.

또한 반드시 절차적인 고려사항들이 연구되어야 한다. 더불어 어떤 정책들이 존재하는가도 고려사항이다. 그리고 해당산업과 관련된 과거의 이력은 매우 중요하다. 특히 취약성에 대한 연구가 필요하다. 이전에 생산품이 외부의 목표물이 된 적은 없는가? 현재의 절도의 기술은 무엇인가? 여기에 대비한 다양한 물리적인 보안장치들이 논의되어야 하고, 각각의 보안장치에 대하여 침입자들은 이것들을 무력화시키는 연구를 하게 될 것이다. 그러면 현재의 보안장치를 무력화시키려는 잠재적인 침입자의 기술을 어떻게 알 것인가에 대한 것도 중요한 고려사항이 되어야 한다.

9) 손실위험성

가능성 한 가지만 가지고는 보안관리자가 보안문제를 처음으로 접근하여 분석할 수가 없다. 예를 들어 어떤 기업의 식당에서 누군가가 돈을 훔칠 것이라는 확실성과 비교하여 누군가가 기업의 재고나 구매 그리고 주문정보를 유지하는데 사용되는 소프트웨어를 훼손시킬 가능성이 극히 적다고 하더라도 전자는 즉시 관심을 기울일 만큼 중요하지가 않다. 이러한 취약성을 세분화하기 위하여 보안관리자들은 위험성의 원리를 이용한다.

위험성(criticality)이라는 용어의 의미는 손실의 영향이 돈으로 환산되는 것을 의미한다. 또한 이러한 개념은 조직체의 존재가 무엇이던 간에 해당 분야의 업무가 얼마나 중요한가도 포함한다. 이러한 손실금액은 단순하게 손실된 항목의 가격뿐만이 아니라 대체비용, 일시적인 대체, 고장으로 인한 가동 정지시간, 할인된 현금, 보험요율의 변화, 시장이익의 손실의 사항들을 포함한다. 이러한 위험성은 보안관리자가 이해해야할 매우 중요한 개념이다. 일반적으로, 대부분 비용효과분석의 견지에서 생각하는 기업경영자는 만약 잠재적인 손실금액보다 보안을 위해서 투자되는 비용이 더 클 경우에는 보안을 위해서 돈을 투자하는 것을 꺼리게 된다.

그러나 불행하게도 대부분의 보안책임자들이 직접적인 항목들의 손실보다 잠재적인 위험성이 더 중요하다는 것을 경영자에게 설명하지 못한다. 새로운 구입가격에 포함될 대체비용에는 운송비용, 설치비용, 그리고 새로운 장비나 설비를 설치하는 동안에 필요한 추가적인 재료들과 같은 많은 간접비용들이 필요하다는 것을 인식하여야 할 것이다.

두번째의 주요한 비용은 일시적인 대체로 인한 비용이다. 이러한 예로서, 전자적인 데이터처리장치에 대한 공격이 있다. 만약 주 컴퓨터가 파괴나 화재에 의하여 손상을 입게 되었다면, 해당기업은 임차된 전자적 데이터 처리장치에 의하여 데이터를 처리해야 하거나 컴퓨터회사나 다른 기업과 함께 시간을 공유하는 조정을 통하여 해결하여야 한다. 이러한 일시적인 대책들의 비용이 고려사항에 포함되어야 한다.

세번째로 일어날 수 있는 간접비용은 고장으로 인한 업무의 정지로 컴퓨터가 작동하지 않는 동안에 기업은 업무가 중단되는 것과 관련되는 비용이다. 이러한 항목에서 한 가지 발생가능한 비용은 기업의 근로자가 일을 하지 않을 경우에 비용에 관한 것으로 다양한 정책과 노동계약에 따라 다를 것이다.

네번째 비용의 요인으로는 증권이나 다른 투자로부터 투자된 자금이 회수될 경우에 자금의 손실이 발생한다. 예를 들어 만약에 증권이 조기에 운송이나 설치비용을 지급하기 위해서 현금화한다면 여기에 상당하는 예금증권 수입에 해당하는 이율의 손실을 고려하여야 한다.

다섯번째의 비용은 손실문제와 관련이 있는 보험료율의 증가에 대한 문제로서, 보험료율은 손실이 증가하면 높아지게 될 것이다.

여섯번째의 비용은 사보타주나 작업의 지연과 같은 요인으로 인한 제품시장의 손실에 의한 시장에서의 잠재적인 우위를 상실하는 것이다.

만약 소비자가 원하는 제품을 사고자 하는데 해당 제품을 구입할 수가 없으면, 소비자는 대안으로서 경쟁사의 제품을 구입하게 되고 계속해서 경쟁사의 제품을 구입하게 될 가능성이 크다.

이러한 여섯 가지 모두의 요인들이 합쳐져서 위험성 종합비용이 된다.

그러나 대부분의 기업의 보안관리자들은 이러한 위험성 비용이 어떤 항목에서는 산정된 비용의 두 배에 이른다는 사실을 알아야 한다.

이와 마찬가지로 기업경영자들의 대부분이 이러한 간접비용에 대한 고려에 대하여 무지하므로 더 큰 손실을 자초하기도 한다.

10) 가능성/위험성/취약성 매트릭스

가능성과 흡사하게 위험성도 주관적인 척도이나 변수중의 하나가 된다. 〈표 2-1〉은 위험성과 가능성의 변수에 대하여 고려한 것이다. 가능성과 위험성에 의해 산출된 순위와 다양한 취약성의 매트릭스 시스템의 개조에 의하여, 다소간의 보안리스크들을 수치화하는 것이 가능하고 어떤 취약성이 즉시 주의를 기울여야 하는가를 결정하는 것을 가능하게 한다. 비록 어떤 분야의 중요성이 명백하다는 것을 알고 있는 몇몇의 보안책임자들도 그들이 처음에 가장 중요시했던 분야보다도 더 위험한 분야를 발견하고는 놀라기도 한다.

〈표 2-1〉 가능성/위험성의 매트릭스4)

가능성		위험성	
1	실제적으로 발생가능성이 확실	A	치명적인 위험
2	발생가능성이 높음	B	매우 심각함
3	보통의 발생가능성	C	전반적으로 심각함
4	발생가능성이 있음	D	심각함
5	발생가능성이 없음	E	상대적으로 중요하지 않음
6	가능성을 알 수 없음	F	위험성을 알 수 없음

예를 들어, 〈표 2-2〉의 현금절도 취약성 매트릭스에서 보이는 것을 고려해보자. 현금절도는 위험성 비용을 계산하기 위해서 간단하게 보여진다. 기업의 총매출과 현재의 자산을 고려하여 각 분야에서의 현금손실에 의한 영향력의 목록을 결정할 수가 있다. 더불어 손실의 이력과 횟수, 그리고 보안장치들의 수준을 고려하면, 현금절도 가능성을 추정하는 것이 가능하다.

이러한 시스템을 이용하면 〈표 2-2〉에 나타난 것과 같이 수치적인 가치가 각 취약분야에 지정될 수 있다. 예를 들어 관리자 사무실은 A4로 분류되는데, 이것은 기업이 현재 보유하고 있는 총자산인 30만 달러에서 20만 달러의 손실이 여기에서 발생하므로 "치명적인 위험"에 속하고 손실이 발생할 가능성은 현재의 보안의 수준과 절도자가 노리는 돈의 액수를 고려할 경우에 "발생 가능성이 있음"에 해당한다.

4) Richard J. Healy and Timothy J. Walsh, Industrial Security Management(New York: American Management Association, 1971), p. 17.

〈표 2-2〉 현금절도 가능성 매트릭스 (단위: 달러)

	현재 현금의 양		책임자 기록		물리적인 구역 설정		자물쇠 설치		입장시 적극적 인통제		경보기 설치		감시 장치 설치		보관소에 현금보유		미끼 돈 보관		현금손실경험	
	근	비	근	비	근	비	근	비	근	비	근	비	근	비	근	비	근	비	근	비
관리자 사무실	20만	4만	Y	Y	Y	Y	N	Y	N	Y	Y	Y	N	Y	Y	Y	Y	Y	N	Y
관리자 비서실	3백	3백	Y	Y	N	N	N	Y	Y	N	N	N	N	N	Y	Y	N	N	Y	Y
구내식당	2천	0	Y	N	Y	Y	N	N	N	N	N	N	N	N	Y	Y	N	N	Y	N
화물적재 도크	천5백	5백	Y	Y	Y	Y	N	N	N	N	N	N	N	N	Y	Y	N	N	Y	N
방문자 접견장소	백	백	N	N	N	N	N	N	N	N	N	N	N	N	N	N	N	Y	N	Y

이 기업의 일년간 총매출은 31만 달러이고 총 현재자산은 30만 달러이다.
(근: 근무시간, 비: 근무시간 외 시간, Y=예, N=아니오)

이렇게 각각의 분야는 같은 형태로서 분류된다. 그런 다음 대체적으로 가장 중요한 변수로서 위험성을 이용하여 각각의 영역의 침입의 중요성을 순서를 매기는 것이 가능하게 된다. 예를 들어, 〈표 2-3〉에서처럼 A1, A5, B3, B4, C1, D4, E2와 같이 나타내질 것이다.

〈표 2-3〉 가능성/위험성 평가와 순위

	위험성		가능성	
	근무시간	근무 외 시간	근무시간	근무 외 시간
관리자 사무실	A	B	2	4
관리자 비서실	D	D	2	2
구내식당	C	–	1	–
화물적재 도크	C	D	1	2
방문자 접견장소	C	D	2	1

여기의 순서에서 단 한 가지의 예외는 위험성과 가능성을 알 수 없는 경우이다. 만

약 보안책임자가 특정한 영역에 관한 가능성과 위험성에 대하여 규정할 수가 없다면, 위험성은 치명적이라고 가정하고 가능성은 실제적으로 발생할 가능성이 있음이라고 가정한다. 그렇게 하지 않으면 기업 스스로 자멸할 수도 있다.

그런 다음 결정이 내려졌으면 위험성은 가능성보다 우선하여 고려하여야 한다. 이러한 분석을 토대로 보안책임자는 위협의 발생가능성이 없는 수준으로 줄이기 위한 대책들을 비용효과적인 방법으로 실시하여야 한다.

3. 현장 보안조사 절차

보안조사 업무의 가장 큰 부분의 50% 이상은 현장에서 수행되며, 나머지 50%는 이러한 현장조사에 대한 기획과 최종 보고서의 작성에 균등하게 배분된다. 그러나 소수의 보안 컨설턴트(security consultant)는 이러한 현장에서의 조사업무를 수행하는 것보다 보고서를 작성하는데 특히 복잡한 사항을 검토하는데 더 많은 시간을 투자하기도 한다.

여기에서 고려되는 현장업무는 어디에서 발견되었던 간에 절차와 데이터를 분석·기록·정리·수집하는 것으로 구성되며, 이 과정은 조사의 결과로서 운영에 영향을 미칠 것이다. 이것을 간단한 용어로서 축약하면 현장업무는 특정한 상황의 검토에 의하여 프로그램의 효율성의 평가와 측정으로 대별된다.

이것이 의미 있는 결과가 되려면 측정은 반드시 목적표준의 토대를 가져야 한다. 여기에서의 표준(standard)이란 측정된 것이 비교할 수 있고 수용될 수 있는 수준을 의미한다. 각각의 조사는 반드시 수용할 수 있는 관행이나 기준에 의거하여 객관적으로 비교될 수 있는 특성을 고려한 효율성을 우선시하는 사고로서 접근하여야 한다.

만족할 만한 결과는 단지 이러한 기준(criteria)을 활용하여 분별 있고 객관적으로 측정할 수 있을 것이다. 만약 실사자가 인정된 기준이나 허용된 관행의 토대하에서 측정이 불가능한 경우에는 보고서가 객관적이지 못하고 실사자의 주관적인 관점에 좌우되게 되므로 특히 세심한 주의가 요구된다.

또한 기준이나 수용가능한 관행이 존재하지 않을 경우에는 명확하게 실사자가 이것을 먼저 정립한 다음 조사를 행한다.

마찬가지로 만약 기술적인 기준만이 존재한다면 기술적인 자격을 갖춘 사람의 판단에 의해서 평가가 확인되어야 할 것이다.

조사자가 허용된 기준이나 관행을 적용하게 되면, 비록 이것이 구식이더라도 평가하는데 주저하지 말아야 한다. 기준이나 납득할 관행이 없이는 의미 있는 측정이 되지 않으며, 측정 없이는 현장업무는 추측에 불과하지 숨겨진 사실을 발견하지 못한다. "만약 어떤 사실이 측정되면 이것을 사실이나 그렇지 않으면 그것은 의견에 불과하는"것과 같이 조사과정에서 취급된다는 것을 기억해야 한다. 현장업무를 수행하는 여러 가지 방법과 접근법이 존재하는데, 이것은 조사를 수행하는 사람의 개인적인 접근법에 따라 달라진다.

그럼에도 불구하고 대체적인 현장업무는 순서가 꼭 필요하지는 않지만 관찰, 질문, 분석, 사실 확인, 조사, 평가의 과정으로 구성된다.

이러한 측정은 대체적으로 특성, 신뢰성, 비용의 세 가지의 보안관리 운영의 측면을 고려한다. 그러나 명확한 결과를 원하는 경우에는 조사에서 3가지 이상이 프로그램 되기도 한다. 얼마나 많은 운영의 측면이 고찰되는가에 상관없이 주요한 질문은 절차, 기술, 하드웨어, 전자적인 장비가 효과적으로 사용되었는가 하는가이다. 이미 알려진 신뢰성의 정도에 의거하여 적절한 문제에 대한 논의와 해결책이 존재하는가? 전반적인 목적과 원하는 결과와 직면한 문제에 관하여 단지 효과적이었던 다른 것보다 더 적은 비용으로 업무수행이 가능한가?

이 측정평가의 목적은 현존하거나 제안된 시스템의 적합성과 효율성, 유용성을 추구하는 것이다. 이것은 현장에서 6가지 기본적인 형태나 방법이나 적용에 의해 성취된다.

1) 관 찰

관찰하는 것(observing)의 의미는 단지 피상적인 겉모습만을 살펴보는 것이 아니라, 주의 깊게 전반적인 내용을 검사하여 숨겨진 사실을 발견하는 것이다.

즉, 관찰이란 사람이나 사물에 대하여 주의 깊게 식견을 가지고 검사하는 것으로, 이것이 다른 것들과 어떻게 관련되었는가를 알아내는 것이다.

또한 관찰이란 목적을 가진 시각적인 조사이고 관행과 기준에 근거한 정신적인 비교로서 관찰하고 평가하는 능력이다. 따라서 경험이 풍부할수록 여러 가지 표준과의 차이점을 쉽게 알아낼 수 있다.

2) 질 문

모든 단계의 진행과정에서 실사도중에 질문하는 것은 포함된다. 질문은 직접 말로서 하거나 문서의 형태로 하는 것 두 가지로 대별된다. 물론 직접 말로서 질문하는 것이 가장 보편적인 방법이나 때때로 가장 어려운 것에 해당하기도 한다. 실사과정에서 관련된 사람들을 당황하지 않게 하면서 사실을 알아내는 것은 쉬운 업무가 아니다. 특히 여기에서 다루어지는 주제가 교차신문이거나 엄숙한 신문하는 분위기가 감지되면, 당사자는 즉시 방어적인 태도로 돌변하게 되며, 이것은 의사소통의 단절이나 장벽으로서 연결된다.

그 결과는 진행이 잘못되거나 불충분한 답변 또는 상황을 악화시키거나 전혀 답변을 얻지 못하기도 한다. 그러므로 성공적인 실무자들은 경험을 통하여 면접기법을 개발하고 이러한 기법을 현장에서 활용하는 것이 가장 효율성이 높은 보편적인 방법이다.

3) 분 석

분석하는 것(analyzing)은 각각의 개별적인 부분의 실체를 확인하기 위하여 복잡한 현상을 상세하게 조사하는 것이다.

이러한 분석은 숨겨진 특성이나 원인, 영향, 동기 그리고 또 다른 가능성들을 발견하려는 의도를 미루어 추측하는 과정이다.

반면에, 만약에 전반적인 운영상태를 한꺼번에 조사하면 상이한 전반적인 활동이나 복잡한 기능을 구성한 다양한 요소들과 여러 가지 복잡한 관계를 인식하기는 어렵다. 그러나 어떠한 복합물도 규모와 복잡성에 상관없이 관찰하는 경향과 세분화된 요소로소 분리되고, 부분으로써 분석이 가능하며, 이것을 상호 비교하여 상식을 벗어난 업무처리나 상황을 알 수 있다. 그러나 이러한 분석과정은 다른 특별한 방법으로 진행되는 것은 아니다.

4) 사실 확인

보안과 조사의 문제의 정당성과 진실성, 정확성, 진리를 증명하려고 구체적인 사실 확인(verifying)을 한다. 사실 확인은 다양한 주장의 진실이나 정확성을 확립하기 위한 신중한 노력의 과정이다. 이러한 예로서는 다른 확인할 수 있는 사실이나 원형(原型) 그리고 또 다른 납득할 수 있는 관행이나 기준과의 비교과정이다. 사실 확인은 대체적으로 어느 곳이든지 발견할 수 있는 객관적인 관행이나 기준에 의하여 확인되거나 또 다른 사람의 진술과 같은 확증을 포함하게 될 것이다.

5) 조 사

조사는 사실을 확인하기 위한 증거를 수집하거나 사실을 밝히려는 목적에서 행한다. 어떤 조사는 부분으로서, 결과의조사나, 실사로서 실시되나, 조사는 단지 몇 가지 잘못된 것에 한정하는 것이 아니다.

만약 조사가 잘못된 것에만 한정되는 것이 사실이라면, 이러한 조사는 즉각적으로 실사(survey)로부터 분리되어야 하고, 실사를 적절하게 관리할 수 있는 부서에서 적절한 권한을 가지고 수행하도록 조정하여야 할 것이다.

보안실사의 과정에서 의심이 되는 사기행위를 발견하려고 조사하는 것은 일상의 과정이다. 예로서 보안전문가는 대형 병원이나 의료기관 등 여러 산업시설의 보안실사과정에서 이러한 조사를 행하게 된다.

이런 의료기관의 검수부서에는 환자들의 귀중품을 훔치는 절도자가 존재한다면, 이러한 절도자를 색출하려면 조사와 실사를 분리하여 실시할 필요가 있으며, 이것이 성공적으로 진행되면 절도자를 색출하여 법적인 처벌을 구하는 것이 가능할 것이다. 이러한 결과로 사기행위자를 적발하게 되면, 반드시 법집행기관 같이 사실확인을 해야 한다.

6) 평 가

평가하는 것(evaluating)은 최종적인 판단을 결정하는 것이다. 이러한 평가는 분석되었던 것과 적합성, 효율성, 정확성을 고려하여 비교 평가하는 것으로서, 그 동안 축적된 사실로부터 이끌어 낸 결론을 단순한 의견을 넘어선 공식적으로 실사과정의 결과를 정리하는 것이다.

결과적으로 보안평가는 보안전문가의 판단을 제시하는 것이다. 이러한 전문가의 판단은 보안실사의 전반의 과정을 통하여 전체의 옷감을 실로서 완성하는 것과 같은 의미를 가진다. 이러한 평가는 일회성 행사가 아니라 프로젝트 전반의 과정을 통하여 상시적으로 행해진다.

실사과정의 초기에 전문가들은 어떤 프로그램과 절차가 검토되어야 하는지 반드시 고려하고 이러한 과정과 운영은 순차적으로 점검되어져야 하고, 표본신뢰성의 정도를 달성하기 위하여 필요한 충분한 사례를 해당 시험을 위해서 반드시 활용되어야 한다.

끝으로, 평가가 없는 단순한 사실의 발견은 전문가의 업무가 아닌 사무원의 기능에 불과하게 될 것이므로, 축적된 실사의 결과로서 보안전문가는 반드시 이러한 결과가 무엇을 의미하는지를 평가하여야 한다.

이러한 평가과정에는 경험이 많은 보안전문가의 판단이 요구되고, 이러한 판단의 정확성이 전문가 여부를 결정한다. 만약 보안서비스 기업이 이러한 현장보안조사 과정에서 아무것도 발견하지 못했다면, 해당 기업은 이 업무를 수행할 능력이 없으므로 이 업무에서 떠날 준비를 하는 것이 현명할지도 모른다.

보안평가에서의 실제적인 기술은 어디에 거짓이 존재하는지 알아내는 것으로서 한 번 이러한 의문점을 인식하게 되면, 해결책은 의외로 쉽게 찾을 수 있을 것이다. 이것은 환자의 병을 진단하는 의사와 같이, 문제에 대한 적절한 규명을 할 수 있는 전문가만이 해결책을 제시할 수 있을 것이다.

능숙한 전문가들은 거의 직감적으로 결과를 평가하며, 이러한 정확성은 상당히 높다. 따라서 경험이 부족한 사람은 평가에 대하여 더 체계적이고, 공식적이며, 구체적으로 접근함으로써 더 향상된 결과를 얻을 수 있을 것이다.

예를 들어 특정한 기준이나 수용할 수 있는 관행에 부합하기 위하여 실패에 대한 평가에서 다음과 같은 의문점을 가져야 한다.

① 보안조사 결과와 규정과의 차이는 얼마나 중요한 의미를 가지는가?
② 이러한 과정의 수행에서 목표나 임무를 달성할 수 있는가?
③ 보안조사에 실패할 경우, 누구 또는 무엇이 피해를 입게 되는가?
④ 이러한 피해가 기업에 치명적인가?
⑤ 첫 단계에서 나타난 피상적인 문제점은 무엇인가?
⑥ 문제점의 원인은 무엇이고 실패의 원인이 된 사건이나 사건의 조합은 무엇인가?
⑦ 사건이나 사건의 조합은 매번 발견된 결과와 실패의 원인이 되었는가?
⑧ 만약 대응책이 실시되지 않았다면, 이러한 일탈은 다시 발생할 것인가?

여기에 대한 명확한 대응책을 제시하기 위해서, 기업에서는 반드시 가장 기본적인 의문점에 해결책을 제시하여야 할 것이다.

다음의 절차들은 실사요원 자신이 평가시 계속적으로 추구해야 할 자세이다. 실사에 대한 검토과정에서 실사요원은 계속적으로 모든 과정에 대하여 다음과 같은 사항에 대한 의문점을 제시하여야 한다.

① 문제의 실체는 무엇인가? (경영진이 생각하는 문제점은 중요하지 않으며 문제의 본질이 무엇인가가 중요하다)

② 여기에 관련된 진실은 무엇인가? 공정, 시스템, 절차, 정책, 조직구조, 구성원은 무엇인가? 이러한 상황은 과거와 미래에 어떻게 전개될 것인가?

③ 동일기업의 다른 장소에서 이 문제에 대해서 어떻게 진행되었으며, 다른 기업의 상황은 어떠한가?

④ 원인은 무엇인가? 원인의 다양함과 몇 가지로 구성되어 있는가? 표면적인 원인뿐만 아니라 근본적인 원인은 무엇인가? 언제 어떻게 이러한 원인들이 기업의 전반적인 문제로서 영향을 미쳤는가?

⑤ 가능한 해결책, 대안, 비용, 문제에 대한 해결책은 무엇인가? 그리고 제시된 해결책에서 발생가능한 부작용이나 장점 그리고 단점은 무엇인가?

결과적으로 계속적인 탐구, 문제점의 조사, 분석, 평가가 실사자에 의해서 행해진 때 시스템과 운영시 문제점이 발견되고 조직의 신뢰성이 확보되며, 문제점을 발견한 기업에 대한 비용효과적인 해결책을 제시할 수 있을 것이다.

제2절 보안감사

오늘날 기업도산의 원인 중에서 중요한 요소 중에 하나가 회계부정이거나 부정한 회계기록을 감사해야할 회계감사들의 결탁이나 묵인 그리고 이러한 행위에 대한 책임추적성의 한계이다. 아직까지 기업의 관행이나 보안실무자의 전문성의 한계로 인하여 우리나라 기업에서 보안부서에서 회계부정이나 회계실사를 회계감사와 교차적으로 시행하는 기업은 적다.

그러나 보안전문가에 의한 보안감사는 기업성패를 좌우할 정도로 핵심적인 업무로써, 이미 대부분의 다국적기업에서 실시하고 있는 보안감사의 중요성은 강조되고 있으므로 이절에서는 어떻게 회계와 감사·책임추적성이 기업 보안의 주요한 전략이며, 기업이나 조직의 생존의 열쇠인가를 알아본다.

1. 회계와 감사

일반적으로 기업에서의 회계(Accounting)는 비즈니스 언어라고 칭하며, 비즈니스 거래와 관련된 기록·분류·요약·보고·해석된 결과에 관한 구체적인 내역을 말한다. 구체적으로 회계는 특정의 경제적 실체에 관하여 이해관계를 가진 사람들에게 합리적인 경제적 의사결정을 하는데 유용한 재무적 정보를 제공하기 위한 일련의 과정 또는 체계이다.

오늘날 사회에서의 경제활동은 기업·국가·단체 등 일정한 사회적 조직을 통하여 이루어지는데, 이들 사회적 조직에 대하여는 이해관계를 가지는 개인이나 조직이 존재한다. 회계가 회계실체에 있어서 실제로 존재하거나 발생한 현상을 화폐액으로 나타내 주는 과정에서 수행되는 기능에는 식별·측정 및 전달 등이 있다.

회계정보는 의사결정과정에서 기업의 경영진에게 도움을 준다. 실제적으로 모든 업무관련 사항에서 회계기록을 요구한다. 회계는 대부분 매일의 업무결과의 기록으로 장부계원에 의해 수행된다. 회계원은 회계기록 내용을 고안하고 보고서를 준비하며 내역을 해석한다. 예를 들어 업무에서 장부계원은 현금을 계수한 다음 현금판매 영수증을 확인하고, 현금 영수증 일지에 총량을 기록한다. 혹은 회계기록에 근거하여 종류에 따라 재고보고서 담당회계원은 특정한 업무에서 손실분이 너무 높다고 판단하면 보안부서에 보고한다.

예를 들어 기업의 경리부서는 업무운영에서 중요한 재정문제들을 관리한다. 경리부서의 공통적인 요소는 현금의 운영·수입계정·지출계정·임금대장·회사 은행 계좌의 관리하며, 경리부서의 각 요소는 기업의 제정적인 상황을 관리자가 살펴보고 이해할 수 있는 회계기록들을 유지할 책임이 있다.

이러한 중요한 영역에서의 적절한 보안전략이나 통제가 없다면 기업이나 협회, 조직들은 살아남지 못할 것이다.

경리 부서를 통한 잠재적인 손실도 가능하므로 현금 운용은 절도나 강도뿐만 아니라 직원으로부터 보호되어야 하고 수취계정은 직원들이 계산서를 훼손하거나 자신의 쌈짓돈으로 만드는 기회를 방지해야 한다.

지급계정 또한 보호가 필요한 이유는 경리직원들이 공급업체 직원과 결탁하여 자금을 착복하기 위해 송장을 바꾸는 것을 방지해야 하기 때문이다.

또한 종종 소수의 급여관리 사원의 부정행위로 존재하지 않는 허위의 직원을 관리하면서 급여를 그들의 급여계좌에 입금되도록 조작하기도 하며 회사 은행계좌도 조작이나 착복의 위험이 많다. 따라서 회계는 사원이나 장부계원에게 회계 결과를 논리적인 방법으로 기록하게 만드는 원칙이나 절차를 정한 시스템이어야 한다.

개개인의 거래의 기록은 업무보고서나 회계명세서의 거래들의 합과 비교하여 영향력이 적으나 요약된 회계명세서들은 관리자들의 의사 결정에 도움을 준다. 보안 실무자들은 이러한 명세서가 손실을 의미할 경우에는 담당자에게 확인하여야 한다.

회계명세서는 관리자에게 다음과 같은 재정상태에 대한 많은 정보를 제공한다.

① 관심을 기울이고 있는 사항에 대한 재정상태는 어떠한가?

② 해당분야의 재정적인 가치는 어떤가?

③ 해당분야는 수익이 있는가, 손실이 있는가?

④ 회사의 어떤 부서가 잘(못) 되고 있나?

⑤ 범죄 · 화재 · 불안전은 얼마나 심각하게 손실을 초래하는가?

비록 손실들이 주어진 모든 질문에 영향을 받을지라도, 여기에서 중요하게 고려되는 것은 마지막 질문이다. 따라서 보안 분야에서 자신의 경력을 관리하는 실무자들이나 회계기록과 관련된 범죄수사에 관심이 있는 사람은 경리절차와 기록의 해석을 포함한 조사임무를 수행하기 위하여 대학수준의 회계과정의 학습이 권고된다. 반면에 회계감사(Auditing)는 특정한 사실을 확인하거나 검사하는 일련의 과정이므로 이런 감사의 주요한 목적은 사전에 주어진 기준과의 차이점을 발견하는 것이다. 일반적으로 회계감사는 독립의 제3자가 타인이 작성한 회계기록을 검토하고 회계기록의 적부(適否) 또는 정부(正否)에 대하여 비판적인 의견을 제시하는 일로서 감사의 일종으로 넓은 뜻의 경영감사 또는 업무감사에 포함되나 일반적으로 감사라고 할 때는 회계감사를 가리키는 경우가 많다. 이러한 회계감사는 단순할 수도 혹은 복잡할 수도 있다.

예를 들면 보안 근무자가 CCTV 장치가 잘 작동하는지 감사(조사)한다. 혹은, 감사요원이 회사의 회계기록과 보고서가 공정하고, 신뢰성 있고, 회사의 원칙이나 절차를 따르는지를 감사한다.

회계감사의 중요성은 최근 들어 급증하는 기업의 분식회계에 의한 기업의 도산과 외부회계감사 기관과의 유착으로 인한 부정행위 적발의 어려움으로 인하여 2중 3중의 감시와 교차확인의 중요성이 부각하고 있다.

회계감사에서 일상화되고 편리한 방법은 감사질문서를 통해서다. 전형적인 감사질문서는 그 사람이 관계하는 특정한 분야에 주의를 집중하여, 감사를 실시하는 내용을 다시 기억해내도록 질문의 항목이 구성되어 있다. 이러한 질문서의 결과는 세밀한 차이와 부족분을 바로 잡는 것에 도움이 되는 피드백을 제공한다. 다음은 회계관련 간행물에서 인용한 감사질문서의 예이다.[5)]

이 내부통제 질문서는 중소기업을 위해 고안되었으나, 질문들의 대부분은 여러 기업과도 관련이 있다.

1) 내부통제 질문서

(1) 일반적인 것

① 회계기록들은 매일 최근의 기록을 유지하며 매달 균형이 잡혀 있는가?
② 계정차트는 사용되는가?
③ 수입과 비용을 감시하기 위해서 기업주는 예산시스템을 사용하는가?
④ 현금 운용설계는 만들어졌는가?
⑤ 월별 혹은 분기별 재정보고서들은 기업주에게 유용하게 이용되는가?
⑥ 기업주는 직접적이고 활동적으로 재정적인 문제에 대해서 관심을 가지며 보고서들은 여기에 부합하는가?
⑦ 기업주의 개인적인 자금과 그의 개인적인 수입이나 지출은 기업계정에서 완전하게 분리되었는가?
⑧ 기업주는 모든 직원들의 정직성에 대해 만족하는가?
⑨ 장부계원은 연차 휴가를 요구하는가?

(2) 현금영수증

① 기업주는 모든 우편물을 공개하는가?
② 기업주의 자금사용내역의 영수증들은 기업주에게 넘겨지기 전에 장부계원이 먼저 확인하는가?
③ 현금영수증 목록들은 그 후에 현금영수증 일지에 의해 추적되는가?
④ 현금등록 테이프, 계산대 영수증, 기타 여러 가지 장외 거래영수증은 관리되는가?

---

5) "A Small Business Internal Control Questionnaire," The Journal of Accountancy (July 1978), p. 54. Copyright © 1978 by the American Institute of Certified Public Accountants.

⑤ 영수증은 매일 본래대로 보관되는가?
⑥ 자금을 다루는 직원들은 재정보증이 되어 있는가?
⑦ 서로 다른 사람이 은행기록과의 일치여부와 예입전표를 확인하는가?

(3) 현금지급

① 모든 현금지급은 확인되는가?
② 사전 번호가 부여된 수표를 사용하는가?
③ 수표에 소유자의 서명이 요구되었는가?
④ 현금지급을 보장하는 모든 서류를 소유주가 승인 또는 취소하였는가?
⑤ 무효가 된 모든 수표들은 보유하고 이유가 설명되는가?
⑥ 기계식 위조수표 방지기는 사용되고 관리되는가?
⑦ 소유주는 은행과의 거래 일치를 재검토하는가?
⑧ 선급 소액 지급자금이 사용되는가?
⑨ 소유주는 사용자가 비어있는 수표에는 절대 서명하지 않는가?
⑩ 다른 사람이 은행기록과 수표를 적는 것을 일치시키는가?

(4) 수취계정과 판매

① 작업지시와 판매 송장은 사전에 번호가 부여되며 관리되는가?
② 고객의 장부는 규칙적으로 대조하는가?
③ 월간명세서는 모든 고객들에게 보내는가?
④ 소유주는 명세서가 발송되기 전에 검토하는가?
⑤ 단지 소유주에 의해서만 계정에서 삭제되고 할인되는가?
⑥ 소유주에 의해서만 신용이 보장되는가?

(5) 재 고

① 장부계원보다 재고관리에 책임이 있는 사람은 누구인가?
② 주기적인 재고조사가 실시되는가?
③ 재고 수량에 대한 물리적인 통제가 있는가?
④ 연속적인 재고기록들이 유지되는가?

(6) 재 산

① 재산과 감가의 허용에 관한 상세한 기록은 있는가?
② 회사의 소유주는 회사가 소유한 재산에 대하여 잘 알고 있는가?
③ 퇴직은 소유주에 의해 승인되는가?

(7) 지급계좌와 구매

① 구매주문절차는 잘 지켜지는가?
② 장부계원이 아닌 다른 사람이 항상 주문을 하는가?
③ 공급업체의 월간명세서와 기록된 채무가 규칙적으로 비교되는가?
④ 만약 지출이 단지 송장에 의해서만 이루어진다면, 공급업체의 월간명세서가 소유주에 의해 주기적으로 확인되는가?

(8) 임금대장

① 소유주에 의해 직원들이 채용되는가?
② 어떤 직원의 결근에 대해서도 소유주는 관심을 가지는가?
③ 월급명세서가 개개인에게 배부되도록, 소유주가 승인 및 서명을 하는가?

2) 보안감사

보안감사는 단지 보안 서비스 들, 장치, 정책과 절차에만 중점을 두고 실시됨과 더불어 이것에는 모든 정책이나 절차들과 운영 활동들(예, 현금 관리 · 선적과 수령 · 창고 · 생산 · 구매)을 포함한다.

관리자는 보안 근무자들에게 무슨 감사가 실시되는가를 상기시키기 위해 감사 양식을 준비한다. 이러한 질문들에서 물질적인 검사에서는 자물쇠의 상태 · 경보기 · 문 · 창문 · 소화기에 중점을 두고 유사한 내용이나 이상한 사건의 보고서에 대해서도 질문을 한다.

감사양식이 제출되면, 감독자들은 서류를 재검토 한 후에 직원들에게 피드백을 제공하므로 이것은 직원들의 훈련기법으로서 도움이 될 것이다. 보안 근무자들은 근무유형은 일반적으로 고정근무와 유동근무로서 구성되므로 보안부서에 대한 감사에서 많은 근무자들이 근무 중에 "정신적으로 잠들어 있다"는 것에 대한 감사가 실시된다. 이러한 감사 실시에 의한 결과들은 업무에서 유용한 자료로 활용됨으로써 그들의 직무로부터 향상된 만족감을 얻을 것이다.

3) 회계의 전산화

오늘날 대부분의 회계관리도 비용 절감과 업무수행의 효율성, 처리속도 때문에 컴퓨터에 의존하는 경향이 증가하고 있다. 이러한 컴퓨터의 기능으로는 재고를 확인하며, 구매지시서를 발행하고, 고객에게 계산서를 발행하는 것과 같은 업무들을 정리하는 것을 수행한다.

전산자료의 조작이나 삭제에 대한 기록을 확인하는 과정은 특별한 기술이 요구되고 수작업과 같이 증거를 남기지 않는 것이 가능하므로 수동 회계시스템과 마찬가지로 전산화된 회계시스템도 관리와 감사는 필수적이다.

또한 전산화된 회계 시스템들이 모든 면에서 수동적인 활동이 배제되는 것은 아니고 전산화된 회계시스템도 처음의 데이터(예, 현금 영수증과 수령보고서)는 필히 손수 컴퓨터에 입력되어야 한다. 그러나 인간의 역할이 컴퓨터 회계시스템에 개입되면 실수, 조작 그리고 손실의 가능성 등이 발생한다.

예를 들면, 송장보다 높은 가격을 지급하거나 높은 가격의 공급업체를 선호하도록 컴퓨터에 지시되기도 한다. 따라서 통제와 감사가 전산화된 회계시스템에 필요하며, 특히 많은 시스템들이 보호적인 사고보다 효율성만을 고려하여 고안됨에 따라서 무수히 많은 통제들이 권한을 가진 사람 이외에는 시스템을 변경하지 못하게 하며, 한 사람이 어떤 거래의 진행을 완성을 책임지는 것이 아니라는 것을 명심하고, 주기적으로 근무자를 이동 근무시킨다. 수동 회계시스템에 사용되는 대부분의 통제는 마찬가지로 전산화된 회계시스템에도 동일하게 적용된다.

전산화된 회계시스템에 대한 감사는 다양한 방법으로 실시되는데 이러한 전산화된 재고 시스템에서의 한 가지 감사기술의 예를 들면, 직원들이 물리적으로 재고를 파악한 수량과 컴퓨터의 수량과 비교해 보는 것이다. 또한 소프트웨어 프로그램의 다양화는 전산 회계 시스템의 통제와 감사를 실시하는데 유용하다.

이와 같이 현대문명에서 인간이 고려하여야 할 것은 과학기술의 발전에 따라 사용되는 많은 기기의 사용으로 인한 편리성의 향상에 따라 인간은 점차적으로 기기에 의존하게 되고 이에 따라 인간감각의 취약성은 일반적으로 비례하여 증가한다는 평범한 진리이다.

2. 책임추적성

책임추적성(Accountability)은 어떤 업무에 대한 책임과 행위에 대한 기록(서술)으로 정의된다. 예를 들면 어떤 관리자가 공장에서의 모든 완성품의 책임(예를 들면, 책임질 수 있는)을 지고 있으며, 재고가 얼마나 있는가에 대한 정확한 기록들(예, 기술)을 유지하여야 한다.

다른 예로는 손실예방 근무자는 제한구역에 사람들의 출입기록부를 보관하여야 한다. 아니면 트럭이 물건을 선적하는 동안 기록원들은 선적된 총 수량을 기록한다. 두 가지 예에서, 직원들은 그들의 이름으로 그 서류에 서명하고 그들이 책임을 지고, 계속적으로 책임감을 유지하여야 한다.

공식적인 책임추적성에 대한 정의는 문서의 제시나 해당업무에 대한 기록이고 책임추적성이 없는 것은 대체로 말이나 기록문서가 없는 결과물이다. 예를 들어 손실예방 관리자는 직원들에게 소화기는 확인(감사)이 실시되었냐고 물을 경우에, 그 직원은 확인되었다고 말함으로써 손실예방 장비에 대한 기본적인 감사는 수행된 것으로 치부된다.

그러나 만약 몇 주일이 지난 다음에, 특정한 소화기가 있는 근처에서 불이 났을 때 소화기가 작동되지 않는 것이 발견되었다면 작동되지 않는 소화기로 불을 끄려고 했던 직원은 관리자에게 이러한 사실을 보고할 것이며, 손실예방 관리자에게 상급 감독자는 확인이 실시되었냐고 물을 경우에 손실예방 관리자는 실시되었다고 답할 것이며, 그 다음 감독자는 말로 한 책임은 존재하지 않기 때문에 진술을 확인할 서류를 요구할 것이다.

그때부터 손실예방 관리자는 공식적인 책임의 가치를 깨달으며 기록과 서류의 적절한 체제를 개발할 것이다. 그러나 명백하게 모든 활동에 대한 기록을 남기는 것을 비현실적이다. 또한 때때로 언제 말에 대한 책임보다 공식적인 기록이 실용적인지 판단하는 것은 쉽지 않다. 따라서 의심이 갈 경우에는 손실예방 실무자는 공식적인 책임에 무게를 두고 서류화 작업을 하며, 기록물이 다른 곳으로 보내질 것이면 복사본을 보내고 원본은 보관한다.

이와 같이 책임감의 중요성은 절대 간과하여서는 안 되며 이것이 업무에 관한 생존전략의 핵심이고 서류화된 문서는 많은 종류의 손실예방 활동의 결과이다. 따라서 손실예방 근무자들이 업무에 관한 주장시 뒷받침이 되는 도움뿐만이 아니라, 서류는 계획·예산·주요한 보고서의 준비, 일반적인 참고에 도움이 된다.

1) 증거 수집

물리적인 증거에 위한 책임은 특히 이것이 법정에까지 가기 전에도 경우에 따라서 중대한 영향을 가진다.

증거의 관리가 다른 사람으로 이관되는 때에는 "소유의 연결고리(chain of custody)"로서 특히 잘 관리되어야 하며, 손실현장은 증거에 누군가가 손대기 전에 보존되며, 사진을 찍거나 비디오로 기록되며, 스케치되어야 한다.

그리고 증거의 보관에서는 적절한 이름·포장도 동일하게 중요하다. 증거에 의한 책임은 가끔 법정에서 발생하므로 변호사들은 확실하게 증거와 관련된 절차나 서류를 꼼꼼하게 살펴보아야 한다.

법정에서 자주 물어보는 내용으로는 ① 누가 이 증거를 최초로 보았는가, ② 누가 이것을 최초로 만졌는가, ③ 어디서 이것을 가져 왔는가, ④ 누가 가져 왔는가, ⑤ 어떻게 보관되었는가, ⑥ 저장장소는 잠겨 있었는가, ⑦ 누가 열쇠를 가지고 있는가, ⑧ 현장에는 몇 개의 열쇠가 있었는가 등이 있다.

2) 주요한 보안관리 기록물

다음의 기록들은 보안관리부서의 활동결과이므로 적절하게 보관 · 유지하여 보안부서업무의 수행에 필수적으로 활용되어야 할 기록들이다.

〈표 2-4〉 보안부서 기록물

① 사고보고서, ② 보안 서비스, ③ 경보(장소 · 사고), ④ 직원들과 모임과 기록, ⑤ 지원자 조사기록, ⑥ 감독자와의 모임과 기록, ⑦ 감사와 감소량 보고서, ⑧ 송장(내 · 외), ⑨ 불량수표(사본), ⑩ 예산, ⑪ 산업안전공단(노동부)보고서, ⑫ 건축 건설계획, ⑬ 정기 간행물, ⑭ 절도보고서, ⑮ 신상기록부, ⑯ 컴퓨터 보안 전략, ⑰ 계획과 위험관리, ⑱ 서신(내 · 외), ⑲ 정책과 절차, ⑳ 거짓말 탐지기 시험보고서, ㉑ 비상과 재해시 계획, ㉒ 경찰보고서, ㉓ 외부보안계획, ㉔ 대외 관계와 기록, ㉕ 소방 계획, ㉖ 구매 보고서, ㉗ 사고 보고서, ㉘ 연구기록, ㉙ 보험 계약, ㉚내부 보안 계획, ㉛ 금고, ㉜ 조사 보고서, ㉝ 보안 전략, ㉞ 소송 보고서, ㉟ 선적과 수령 시 손실보고서, ㊱ 자물쇠와 열쇠, ㊲ 조사, ㊳ 보안장치, ㊴ 교통량기록, ㊵ 보안조직과 기록, ㊶ 훈련과 교육보고서, ㊷ 보안 프로그램(범죄 · 화재 · 보안 전략), ㊸ 제복과 장비, ㊹ 방문자 목록과 업무일지, ㊺ 강도사건보고서 등

3) 구매관리

구매물품이 다양한 만큼 구매절차도 다양하고 오늘날 여러 가지 유형의 컴퓨터 프로그램이 구매체계를 향상시키기 때문에, 여기에서는 가장 일반적인 구매의 방법으로서 네 가지 형태로 연속되는 구매체계에는 구매청구 · 구매주문 · 송장 · 수령보고서가 있다.

기업에서 상품이나 장비, 보급품을 주문할 때, 주문은 어떠한 오해도 피하기 위하여 기록으로 보존되어야 한다. 예로서 정비부서의 관리자가 공장에서 무엇인가를 주문한다고 가정할 때, 일반적으로 서류화 과정은 주문이 구매청구라고 알려진 기본적인 형식에 쓰일 때 시작된다. 이러한 형식의 목록에는 주문자 · 날짜 · 항목 · 기술 · 필요성 · 단가를 기록한다.

① 한번 주문자가 구매청구서를 작성하면 서류철에 보관을 위해 복사를 하며 감독자가 주문을 승인 혹은 취소한 다음 원주문서에 서명한다.
② 만일 주문이 승인되면 구매부서에서는 구매청구를 재검토한 후 적절한 공급업자를 선정한 다음 구매부서 직원들에 의해 구매주문은 번호가 주어지며 완성된다.
③ 구매주문의 사본은 주문자와 수령부서, 지급계좌부서에 보내지고 원구매주문서는 구매부서에 보관된다.
④ 해당 구매주문은 다른 것과 같이, 주문자 · 항목 · 수량 · 항목 코드 번호 · 가격이 포함되고 구매주문서는 우편으로 공급자에게 부친다.
⑤ 주문이 완성되면, 공급업자는 송장을 지급계좌부서로 보낸다. 송장에는 구매자와 공급자의 이름과 주소와 가격 · 항목 · 수량 · 날짜 · 선적방법이 포함된다.
⑥ 지급계좌부서에서 송장을 받으면 구매주문과 비교하여, 가격 · 항목의 형태 · 적정한 수량 · 구매자의 주소가 확인된다.
⑦ 구매자 측의 구매부서와 수령부서는 구매내역의 정확성을 확인하기 위해 송장의 복사본을 받는데 실수(공모)의 가능성을 줄이기 위하여 구매주문과 송장은 수령부서로 보내지고, 이때 항목의 숫자가 지워지게 된다.
⑧ 그런 다음 상품이 도착하면, 수령부서 직원은 항목의 숫자와 형태를 기록하고 또한 불량을 확인한다. 이러한 형식은 수령보고서가 된다.
⑨ 그런 다음 복사본을 만들어서 구매부서와 지급계좌부서에 보낸다.
⑩ 구매부서는 수령보고서와 송장을 비교하고 계좌지급부서에서는 구매주문 · 송장 · 수령 보고서를 확인한 후에 이상이 없으면 공급자에게 돈을 지급한다.

이와 같은 일련의 체계는 복잡하게 보임에도 불구하고 이러한 책임의 추적성이 없으면 각종 눈속임이나 공모에 따라 손실이 증가할 것이다.

이와 반대로 다음의 좋지 않은 책임체계에서의 손실의 예를 생각해 보자.

회사의 구매자와 수령부서의 직원이 외부 공급회사의 직원과 공모를 한다. 그들의 계획은 몇 개의 항목에서 구매주문을 하고 돈이 지급되나 물건을 배달되지 않는다는 공모로서 이 세 명이 배달되지 않은 항목의 돈을 나누어 가진다.

공모자들은 부적절한 책임 체계를 이용하여, 구매자가 구매 주문을 완성하여 공급업자에게 우편으로 보낸다. 그리고 공급업자는 송장을 구매자에게 보낸다.

구매자는 송장에 추가적인 수량이나 가격을 부풀려서 고친 다음, 계좌지급부서는 구매자로부터 변경된 송장의 사본을 받는다. 그리고 수령부서의 직원이 구두로서 공급업자에게서 상품이 수령되었다고 확인하면 계좌지급부서는 공급업자에게 상품대금을 보낸다.

이러한 과정의 결과로 기업이나 조직은 실제 수령한 물품보다 더 많은 항목의 돈이 지급된다. 상기의 예는 손실이 발생하는 계획된 여러 가지의 유형 중에 단지 한 가지 변형된 사례에 불과하며, 이러한 사례의 경우의 수는 침입자의 상상력의 한계에 달려 있다. 또 다른 구매시에 광범위하게 손실을 유발하는 것은 리베이트(kickback)[6]의 결과이다.

구매자가 판매자로부터 자신의 상품이나 서비스를 이용한 대가로 돈이나 여러 가지 호의를 받는다. 특히 재품이나 서비스가 비교되는 경쟁사보다 비싸거나 저질일 경우 손실이 많이 발생하게 될 것이다.

이러한 손실을 예방하기 위한 구매시에 보안 전략은 다음과 같다.

① 특별히 필요한 분야에서는 익숙하고 효과적인 책임체계를 만든다.
② 구매관리체계와 관련되는 적절한 훈련을 확립한다.
③ 구매부서를 통하여 모든 구매를 집중화한다.
④ 문서(기본 양식) · 서명 · 정교하게 고안된 컴퓨터 프로그램을 통하여 책임추적성을 유지한다.
⑤ 개개인이나 부서가 다른 사람의 업무를 교차 확인할 수 있도록 직무와 책임을 분리한다.

---

6) 리베이트(rebate)는 지급대금이나 이자의 일부 상당액을 지급인에게 되돌려주는 일 또는 그 돈으로 대금·요금 자체를 감액하는 것은 에누리 할인이며, 리베이트는 대금의 지급 수령 후 별도로 이루어진다. 일반적으로 리베이트 율은 관습에 의하거나, 비용효과의 정도에 따라 정해진다.

⑥ 고의적으로 실수를 가장하여 보안관리 시험을 한다.
⑦ 기록물의 교체나 삭제를 방지하기 위한 교체가 불가능한 종이를 사용한다.
⑧ 사전에 주어진 번호에 의한 구매주문 양식들(필요시 다른 양식)을 사용한다.
⑨ 수령시에 구매예금계좌를 만든다.
⑩ 예고 없이 보안 확인을 실시한다.
⑪ 구매부서에 대하여 주기적인 감사를 실시한다.
⑫ 경쟁력 있는 입찰을 요구하여 품질을 향상시킨다.
⑬ 정실(Favoritism)이나 리베이트를 막기 위하여 구매부서를 조사한다.
⑭ 공급업자들로부터 선물이나 호의의 제공을 방지한다.
⑮ 보안부서에 불법행위를 보고한다.
⑯ 역량 있는 비밀조사원들을 이용한다.
⑰ 채용할 지원자들의 신원확인을 한다.
⑱ 필요할 경우에는 감시장치(예, CCTV)들을 이용한다.
⑲ 명확한 기업보안정책이나 절차들을 개발한다.

4) 재고관리

도매나 소매사업에서 상품은 계속적으로 구매되고 팔린다. 이러한 상품의 판매는 기업의 주요한 소득원이며 기업재원의 실질적인 역량은 판매할 수 있는 상품에 투자되며, 이러한 상품은 기업의 가장 큰 재산이므로 이러한 재산은 보호되어야 한다. 재고에는 팔고 있는 상품, 원재료와 생산중인 상품을 포함하며 이러한 재고는 기업자산으로서 대차대조표[7]상에 차변[8]에 기록된다.

감소량(Shrinkage)은 절도에 의해 없어지거나, 파손이나 손상에 의해 쓸모없어지며 엉터리 기록으로 파악되지 않은 것에 대한 상품손실의 총량으로 이것은 일반적으로 퍼센트(%)로 표시된다.

---

7) 대차대조표(balance sheet)는 일정시점에서의 기업의 재정상태를 일람할 수 있게 나타낸 것으로 손익계산서와 함께 재무제표의 중심을 이루는 것이다. 일반적으로 그 시점에서의 모든 자산을 차변(借邊)에, 그리고 모든 부채 및 자본을 대변(貸邊)에 기재하는 데서 대차대조표라는 말이 생겼다. 한국의 기업회계기준에는 유동성 배열법에 의하도록 규정하고 있다.
8) 자산·부채·자본 및 수익비용의 발생·증가와 감소·소멸을 기록하는 계정상 표시의 양별 구분이다. 대차대조표의 차변에는 자산이, 대변에는 부채와 자본이 표시되며, 손익계산서의 차변에는 비용이, 대변에는 수익이 표시된다.

많은 기업에서 3%보다 많은 감소량은 심각한 기업생존의 문제이므로 보안 관리자들의 대부분은 그들 업무의 주요한 목적이 감소량을 줄이는 것이라고 생각한다. 감소량의 정확한 측정은 재고체계의 특성에 좌우되며 이 결과는 모든 보안 프로그램과 관리자에게 명확한 영향을 준다.

재고관리 시스템에는 주기적인 것과 영속적인 체계, 두 가지로 대별되며 주기적인 재고체계는 일정한 기간 동안, 대체적으로 일년 동안 상품의 물리적인 양의 변동결과이다. 이런 시스템이 이용될 경우, 판매된 하루 매출은 회계기록부에 기록되나 판매된 사실을 반영하기 위한 재고계정을 조절하기 위하여 기록되는 처리는 없으므로 주기적인 시스템으로 감소량을 정확하게 측정하기에는 어렵다. 그러나 특별한 사업을 위하여 월간·분기간 재정명세서가 필요할 때 주기적인 재고시스템을 이용하고, 때때로 관리자들은 실질적인 수량 파악이 없이 재고를 추정하기도 한다.

반면에 영속적인 재고시스템은 최근의 재고 수량을 유지하는 회계기록을 이용하는데 이러한 시스템은 대체적으로 전산화되어 있다.

여기에서 손에 쥘만한 마이크로컴퓨터 기술과 판매서점(POS) 정보관리 시스템이 바코드 스케닝을 통하여 데이터를 받아들인다. 그리고 매일 판매된 수량의 기록과 더불어, 개별 재고기록이 각 종류별 상품의 판매에 따라 유지되고, 이것은 계속해서 수량파악을 가능하게 한다. 그러므로 회계기록은 판매된 상품의 가격과 재고량을 반영한다. 이러한 정보는 주기적인 재고시스템보다 감소량을 측정하기에 더 좋은 결과를 제공한다. 재고의 정확성과 감소량의 통계를 향상시키기 위해서 다음의 전략들이 권고된다.

① 체계적이고 구체적인 재고관리시스템을 유지한다.
② 각 단계별로 구체적인 책임자와 책임을 확립한다.
③ 수량 파악을 위한 표준화된 양식과 절차를 확립한다.
④ 직원들이 수량을 정확하게 파악하는지 확인한다.
⑤ 가능하다면, 직원들이 한꺼번에 너무 많은 재고를 파악하게 하지 않는다.
⑥ 손에 쥘 수 있는 마이크로컴퓨터 기술을 이용하여 상품의 바코드를 통하여 데이터가 자동으로 파악되게 한다.
⑦ 일정하지 않는 시간에 특정한 상품에 대해 갑자기 수량을 파악한 다음, 컴퓨터의 기록과 비교해본다.

⑧ 가능하다면 상품이 오래된 재고로부터 순서대로 판매되도록 사전에 번호가 부여되도록 청구한다.

⑨ 불필요한 사람(트럭 운전자·서비스 맨·다른 직원들)이 상품 저장장소에 들어가는 것을 방지한다.

⑩ 재고수량을 파악할 경우에 비밀 조사원을 참가시킨다.

⑪ 보안 관리자는 공식화된 감소량 통계에 사용된 방법을 조사하여야 하므로 특별히 이것은 그들의 업무나 보안 프로그램에 반영되어야 하기 때문이다.

또 다른 형태의 재고는 장비 · 도구 · 공급품 들에 초점을 맞추는 것으로 회사나 단체의 소유인 재산이 어디에 매 시간동안 있는가를 아는 것이 보호 프로그램에서 중요하다. 이러한 업무는 바코드와 같은 혁신적인 기술의 적용에 의하여 편리해졌으며 이러한 방법을 가지고 각각의 재산의 지정된 수량이 추적된다. 소프트웨어는 각 항목의 재산인식 번호를 갖고 입력이 된 바코드 택(각 제품에 부착됨)을 만들어낸다.

그 번호는 어떤 사람에게 지정된 항목이나, 그것의 장소 · 이동의 제한 · 가격 · 공급업체 · 정보를 보유한 전자 파일에 각각의 항목이 연결되어 있는데, 이러한 시스템은 재산에 대한 보고서를 자동으로 만들어 내고 조사에 도움을 준다.[9]

9) Frederick C. Herdeen et al., "Get a Lock on Inventory," Security Management (October 1996), pp. 71~76.

제3장

기업보안 프로그램

제3장 기업보안 프로그램

이장에서는 종업원을 신규로 채용하는 과정의 중요성과 모든 조직에서의 보안관리 활동이 왜 중요한가를 설명한다. 일반적으로 제한된 재원을 가진 보안실무자들에게 점차 복잡해지는 기업의 문제들을 관리·통제하도록 요구될 경우에 모든 가능한 지원부서에 도움이 필요하다는 것을 인식하는 것이 중요하다. 따라서 여기에서는 보안부서와 손실을 줄이기 위하여 보안활동에 공헌하고 근무하는 다른 부서와의 관계를 증진시키는 이러한 방법들을 기술하고 있다. 내부적인 관계는 특히 보안에 기여하는 조직내부의 개인이나 집단의 협력적인 활동을 말한다.

여기에 반하여 외부적인 관계는 보안의 목적에 도움을 주는 외부의 개인이나 집단의 협력적인 활동을 의미한다.

내·외부의 관계를 상세하게 설명하기 위한 차트〈그림 3-1〉, 〈그림 3-2〉에서는 연락라인이 보안 프로그램을 향상시키기 위해서는 중요하다.

예를 들어 시계방향으로 〈그림 3-1〉의 내부관계 차트에서 상급 관리자가 보안의 목표를 지시한다. 그러면 실무자나 보안부서 모두는 지원자의 선발과 징계적인 활동과 관련된 사항을 동일한 업무로서 수행하여야 한다. 그리고 노동문제(예, 소요나 파업)의 발생이 예상시에는 손실이 최소화되어야 함과 더불어 노동조합 계약에서 보안활동(예, 의심되는 직원에 되한 질문)의 한계를 규정한다. 이에 따라 보안 실무자는 정규적·비정규적 집단으로부터의 비난과 피드백을 현명하게 조정하여야 할 것이다. 이러한 구성원의 여러 의견의 경청과 기본적인 욕구(예, 깨끗한 화장실, 잘 운영되는 식당, 오락 프로그램)가 충족된 직원들에 의하여 기업의 손실은 줄어들 것이다.

새로운 보안시설들이 잘 계획되고, 건축가, 기술자, 그리고 보안 실무자가 합동으로 시설물 계획시에 예방전략을 고안하고 이것에 의해서 건축이 끝난 다음에 불필요한 장비(예, 경보기)를 설치하지 않음으로써 추가적인 경비를 절약하게 할 것이다.

더불어 거래의 비밀이나 여러 자체 정보는 절대로 철저한 보안하에 유지되며, 특히 연구와 개발에 관한 정보의 보안은 중요하다. 회계원과 감사는 손실에 대하여 협동적인 전략을 수행하는데 도움이 된다.

더욱이 보안 관리자는 그들의 결과를 확인하기 위한 기회를 주어야 한다. 보험전문가는 가끔 예방전략의 수립이나 보험료를 줄이는데 도움을 되고 또한 법무부서의 여러 분야의 법률적인 조언이 보안부서에 필요하다.

그러나 무엇보다도 보안 실무자들이 보안프로그램의 중심이므로, 보안 관리자는 실무자들의 요구사항을 만족시키기 위해서 모든 것을 가능하게 하여야 한다. (사례로서 직원들을 칭찬해주고 급여를 올려주며 보안관리업무에 참여하는 기회를 만든다)

적절한 보안정보를 보장하는 외부의 관련 부서와의 좋은 신뢰감은 외부기관에서 전해지며, 이러한 정보는 조직이나 기업이 최고로 관심을 가지는 것이다. 그러므로 일반적으로 경영진과의 원활한 의사소통은 많은 이유에서 지극히 중요하다. 예를 들어, 보안 프로그램의 목적이 관리자 모임을 통하여 모든 직원들에게 전달되고 생산성이나 이익을 숨기지 않는 관리자로부터의 피드백 또한 보안전략을 세우는데 도움이 된다.

외부와의 관계에 관한 차트 시계방향으로 〈그림 3-2〉에서 본 바와 같이 법집행 기관에서 시작하여 공공서비스 기관들은 민간부문의 보안 프로그램에 필수적인 요소이다.

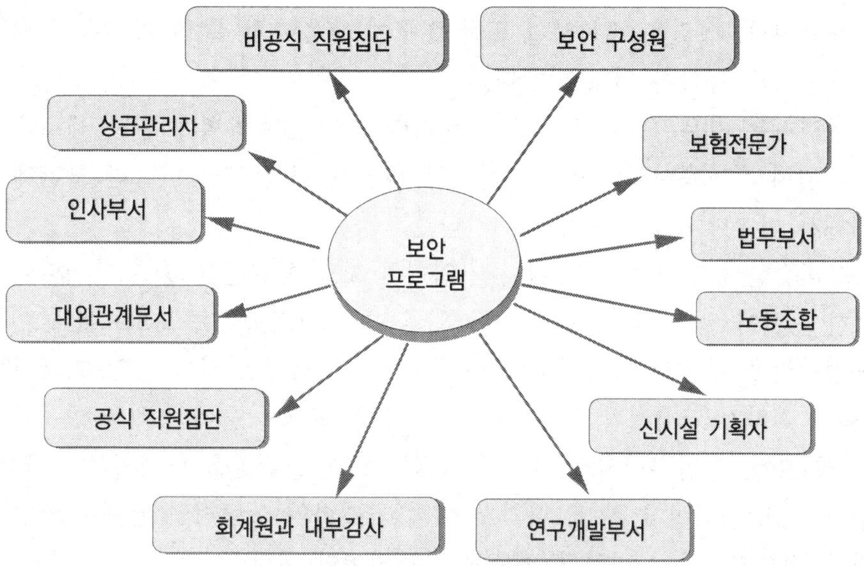

〈그림 3-1〉 보안프로그램과 내부관계

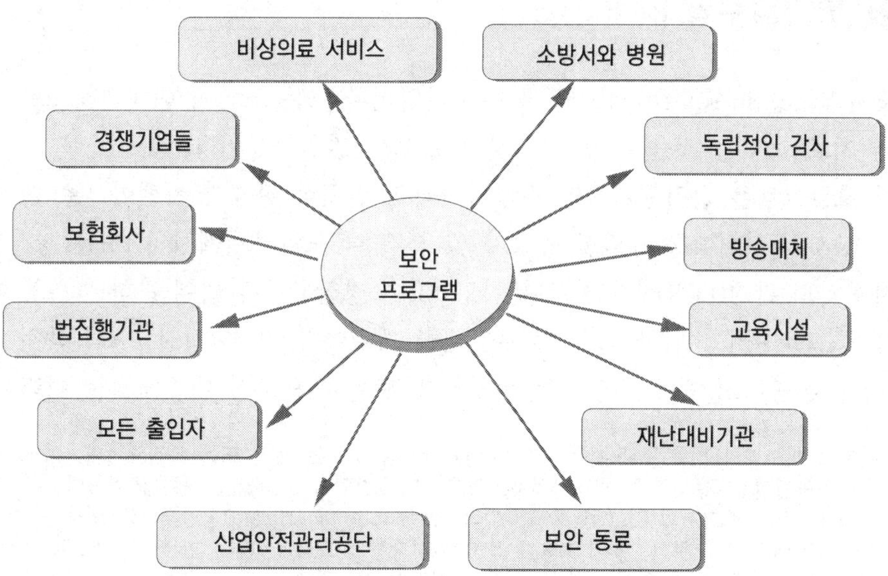

〈그림 3-2〉 보안프로그램과 외부관계

보안과 관련된 기업외부의 조직이나 기관과의 좋은 교류와 협력은 범죄나 재난의 발생시 중요하다. 이것은 교육시설 또한 연구에 도움이 될 뿐만 아니라 잠재적인 보안부서 직원들의 공급처 역할을 한다.

보안 관리자는 자문위원회에 도움을 주거나 보안관리 방법에 관한 새로운 기법을 전달하기 위해서 교육시설에서 가르치기를 원한다. 또한 가능하다면 보안에 도움을 주기 위해서 방송매체를 이용하기도 한다.

그리고 비슷한 문제점을 가진 다른 기업이나 보안 동료들은 좋은 아이디어의 교류에 중요한 원천이 된다. 국제 보험전문가와 같은 보험회사들은 보험료를 줄이는 방법으로 예방전략을 향상시키는 정보를 제공하고 독립적인 감사나 공인 회계사는 보안 프로그램의 취약점을 저적할 수 있다. 외부인(예, 고객들)들이 조직을 방문했을 경우에, 보안장치(예, 출입관리시스템)에 의해 심각하게 불편함을 느껴서는 안 되나 동시에 손실 또한 방지되어야 한다. 따라서 친절한 대화와 협력적인 활동은 보안 프로그램에 다른 정부기관들이 관련될 경우에 강조되어야 한다.

제1절 보안업무와 P. R.

공중관계(public relations)[1]의 목적은 기업이나 모든 조직이 대내외적으로 긍정적인 이미지로 보이는 것을 개발하는 것이 주요한 관심사항이다.

보안 프로그램은 법집행기관인 경찰기관과의 밀접한 관계가 특색이므로 여기에 어울리는 부서의 이미지를 개발할 필요가 있다. 또한 보안부서에서의 PR은 경찰기관과 지역사회와의 관계(PCR)[2]가 한 부분이고 PR은 경찰활동과 법에 관하여 공동체의 거주자에게 교육시키기 위한 조직 외부에 대한 계획이다. 다른 경찰 PR의 목적은 경찰의 활동을 존중하고 법에 순응하는 환경을 만드는 것으로서 대중매체는 이러한 경찰

---

1) PR 광고나 퍼블리시티 등은 PR활동의 일부이다. PR의 주체는 개인 또는 조직체이며, 이 조직체에는 정부·공공사업체·자선사업체·영리사업체, 기타 모든 기업이 포함된다. 제3대 미국대통령 T.제퍼슨이 의회에 제출할 교서의 초고를 쓰고 있다가, 'public sentiment(공중의 감정)'라는 말 대신에 'public relations'로 고쳐 쓴 것이, PR이 쓰이기 시작한 최초라고 한다. 한국에는 제2차 세계대전 후 미국을 통해 도입되었으며 현재는 단순한 광고·선전이라는 뜻으로 쓰이고 있다.

2) PCR(police community relation)은 지역주민의 편의에 바탕을 둔 경찰활동을 전개함으로써 지역사회 문제를 해결할 수 있는 기법을 개발하는 것으로 경찰과 지역사회관계를 증진시키기 위한 전략들을 개발한다.

기관의 PR목적을 달성하는데 도움이 될 것이다.

그러나 이러한 PR 접근방식은 경찰부서에서 공동체로 흘러가는 일방통행식의 교류이며, 진보적인 경찰기관은 PR을 단지 PCR의 한 부분으로써 생각한다.

따라서 PCR은 양방향 교류를 개발하려는 시도에서 PR과 다르며, 이것의 기본적인 전제조건은 경찰과 공동체 양 집단간에 자유로운 교류의 흐름이다. PCR은 각각의 다른 문제에 상호간의 이해와 협력과 관심 그리고 경찰에 의한 것뿐만 아니라 공동체에 의하여 범죄에 대응하는 광범위한 기본적인 활동에 관심을 기울인다. 이러한 접근은 공동체의 치안유지를 목표로 발전하였으며, 이것은 경찰과 시민과의 협력을 통하여 범죄를 통제하는 것을 목표로 한다.

따라서 효과적인 자산보호 관계를 개발하기 위해서는 PR, 양방향 교류, 공동 협력이 중요하다. 이러한 전략들은 조직 내외부적으로 이용할 수 있다. 좋은 내부관계는 보안 실무자와 직원과의 모임에서 다양한 조직의 취약성, 예방 전략과 관련된 문제에 관하여 이야기하는 것이다. 그리고 좋은 외부관계는 보안 실무자와 공공서비스 공무원인 경찰과의 모임에서 공통된 문제의 해법을 찾는 것이다.

이와 같이 보안활동을 효과적으로 수행하기 위해서는 보안 업무와 관련된 대내외 조직과의 유기적인 관계의 정립과 유지가 상당한 영향을 미친다.

다음의 사항은 왜 보안 프로그램에 좋은 내·외부 관계가 중요한가에 관한 이유이다. 이와 같은 좋은 관계의 유지는 다음의 사항들을 가능하게 만들 것이다.

① 보안부서의 목적과 실무자들을 존중하도록 만든다.
② 손실을 방지하기 위한 정책과 절차에 순응하도록 관계를 강화한다.
③ 프로그램과 조사와 같은 보안활동의 조력을 촉진한다.
④ 기업의 취약성에 대해서 공동으로 대응하는 것이 손실을 최소화 하고 보안전략의 영향력을 증대시키며 추가적인 비용을 절약하게 한다.
⑤ 직원들과 지역 주민, 그리고 다른 관련된 사람들도 교육시킨다.
⑥ 보안 프로그램의 이해를 향상시킨다.
⑦ 잘못된 정보나 루머를 수집하고 분석한다.
⑧ 복잡한 보안문제의 이해를 향상시킨다.
⑨ 보안과 관련된 의식의 확대를 가져온다.
⑩ 보안 직무를 좀더 쉽게 만든다.

제2절 내부관계

지금까지의 여러 가지 보안 관련 교재나 실무의 관점에서 외부와의 관계는 강조되는데 비하여 내부의 관계는 종종 무시되었다. 그러나 많은 보안전문가들의 분석에 의하면 조직이나 기업에서의 최고의 위협은 보안활동을 통하여 채용이 된 직원이나 내부인으로부터 기인한다고 하므로 보안 프로그램은 오히려 내부관계에 초점을 맞추는 것이 현명하다.

1. 직무에서의 인간관계

여러 다른 분야의 부서 사람들과 더불어 업무를 수행하는 것이 거의 모든 업무의 주요한 부분을 차지하고 대부분의 사람들이 그의 업무의 반 정도가 타인과의 관계를 통하여 수행된다. 이러한 취지의 결과 협력이 증가하고 더 부드러운 업무 환경이 조성된다. 다음의 제안들은 개인에게 좋은 인간관계를 개발하는데 도움을 줄 것이다.

① 성취 가능한 목표의식과 더불어 모든 직원들과 같이 업무를 수행한다. 그러면 이러한 협력은 생산성을 증대시킨다.
② 타인을 잘 모르더라도 가능하면 많은 직원들에게 인사를 한다.
③ 타인과의 만남에서 미소를 짓는다.
④ 자신의 의사를 말하기 전에 생각한다.
⑤ 신체언어(body language)인 얼굴 표정과 같은 말로 전달하지 않은 상대방의 의사를 감지하고, 상대방에게 말로 설명되지 않은 것이 음색에 나타난다.
⑥ 대화시 타인의 의사를 경청한다.
⑦ 대화시 유머감각을 유지한다.
⑧ 개개인으로서 각각의 인격체를 보려고 노력한다. 또한 모든 사람을 동일시하는 것을 피한다(집단의 이미지를 집단구성원의 이미지로 확대하여 적용하지 않는다).
⑨ 모든 사람마다 개인의 특성이 다르다는 것을 인식한다.
⑩ 수줍음을 많이 타는 사람을 냉담한 사람이라고 생각하지 않는다.
⑪ 다른 사람에게 말을 할 때 자신이 가끔 같은 말을 반복한다는 것을 주의한다.
⑫ 루머와 험담에 대하여 신중하게 고려하고, 이러한 루머정보는 대체로 부정확하다는 것을 알아야 한다.

⑬ 긍정적인 태도는 인간관계를 향상시키고 많은 다른 활동에 영향을 주므로 가능하다면 부정적인 사고를 가진 사람을 피한다(예, 승진의 기회).
⑭ 타인에게 자신의 이력을 과시하지 않는다.
⑮ 모든 사람은 실수를 할 수 있다. 그러나 항상 긍정적인 태도를 견지하고 실수로부터 배운다.

2. 경영진의 지원

기업이나 조직에서 경영진의 지원은 효과적인 보안 프로그램을 위하여 필수 불가결한 것이며, 경영진의 지원은 좋은 인간관계를 고양시킨다. 그러므로 보안 실무자와 경영진의 빈번한 대화는 매우 중요하다.

경영진의 흥미를 이끄는 방법 중에 하나는 조직체의 이익을 증가시키는 투자로서 보안을 강조하는 것이다. 사업의 원칙과 실무의 좋은 지식은 효율적인 교류를 위하여 "기업관리 언어"로써 표현됨으로써 실무자에게 도움을 준다. 그러므로 기업관리 언어를 알지 못하는 보안 실무자는 대학과정의 관리와 회계과정에 등록하여 업무능력을 배우는 것이 현명할 것이다.

어떤 대기업에서는 경영진의 지원을 얻기 위한 보안부서의 전략은 외부 보안 서비스보다 더 효율적인 서비스를 제공한다는 것을 증명하고 보안부서의 가치를 정량화(수치화)하는 것이다. 이것이 아웃소싱과 기업축소의 흐름에서 살아남기 위한 자체(기업) 보안부서의 현실이다.

이런 기업의 보안부서는 조사가 실시되었던 경우부터 경비원의 이직률에 대한 것까지 모든 것을 추적하여 자료화한다. 이러한 정보는 기업내부 고객(직원)들에게 보안부서의 기능이 긍정적으로 평가되고 서비스를 향상시키는데 도움이 된다.

이러한 내부 고객의 만족상황은 서면과 전화조사를 통해서 더 잘 측정되기도 한다. 더불어 보안활동에 기인한 보안대책으로서 내부손실을 최소화한다.

예를 들어, 보안부서의 조사를 통하여 수년 동안 근로자가 기업을 속여서 보상요구에 지급하였던 금액을 절약하게 된 경우나, 또 여러 기업경영진의 지원을 받는 방법은 연봉 5만 달러의 조사원이 평균 50만 달러의 재고손실을 회복시키는 성과를 결과물로서 경영진에게 보여주는 것이다.[3)]

3. 오리엔테이션

새로운 직원이 업무를 시작할 때, 그들에게 보안의 중요성에 대하여 강조한다. 더불어 채용시 면접이나 오리엔테이션, 훈련을 통하여 보안전략을 활용한 기업손실을 줄이는 것의 중요성에 관한 의식이 확대되도록 신입 직원에게 보안관리 중요성의 분위기를 강조한다.

특히, 오리엔테이션과 훈련기간은 범죄·화재·사고를 포함한 보안 계획을 설명한다. 여기에서는 프로그램의 목적, 직원들에게의 이점, 어떻게 직원들이 손실을 줄이는데 기여를 하는가와 관심이 있는 주제에 대해서도 교육을 시킨다. 또 다른 가능한 주제는 비리직원의 고발의 원칙, 사진이 첨부된 신분증 카드, 비상구 그리고 다양한 보안 서비스 장비와 절차들이 포함된다.

4. 보안 모임

상급자나 보안 관리자와 같은 직급의 직원, 부하 직원과의 모든 모임은 교류를 증진시키기 때문에 내부관계를 강화한다. 보안 관리자가 상급자와 모임을 가질 때는, 관리자에게 모임의 목적과 목표가 전달되어야 한다. 특히 관리자는 구성원의 의견을 많이 경청한다. 경청한 다음 종종 관리자는 경영진의 기대에 부응하는 보안 프로그램의 필요성을 설명할 기회를 갖게 될 것이며, 이러한 양방향 대화는 서로 이해를 촉진시키는데 중요한 역할을 한다.

다양한 다른 업무를 수행하는 관리자와의 모임은 조직의 유형에 달려 있다. 예를 들어 인사관리자와 보안 관리자의 모임은 관련문제를 해결하는데 도움을 준다. 여기에서 하나의 중요한 갈등은 징계결정의 문제이다. 또 다른 문제는 직원 선발시 신원확인의 문제이다. 그러므로 관련 부서는 자주 만나서 같이 일하고, 협력적인 계획을 세우는 것이 중요하다.

보안 관리자가 부하 직원을 만날 경우에도 내부적인 유대관계가 더욱 향상된다. 사기와 생산성은 부하 직원들에게 자신의 생각이나 의견을 표현할 기회를 주는 것으로서 고양된다. 그러므로 부하 직원의 말에 귀를 기울이는 관리자가 내부관계를 향상시킬 것이다.

---

3) Brian R. Holstein, "Internal Security and the Corporate Customer," Security Management (June 1995); pp. 61~63.

5. 보안 게시물

보안 게시물과 같은 방법은 내부관계를 증진시키고 교류를 향상시킨다. 게시물은 상급자, 보안 실무자, 그리고 전반적인 모든 사내 근로자에게 전달될 것이다.

상급자를 위한 보고는 매 3개월마다 준비하는 것이 효과적이다. 여기에 포함될 내용으로는 조직의 취약성과 과거의 손실, 보안전략과 보안부서의 성과들을 강조한다. 기업의 취약성에 대한 언급은 상급자에게 미래의 손실에 대한 예측을 가능케 한다. 그리고 과거 손실에 대한 기록의 직·간접적으로 발생한 손실의 양은 상급자의 관심을 증대시킬 것이다. 이러한 보안부서의 성과는 경영진에게 보안부서의 필요성을 재인식하게 할 것이며 이러한 다양한 예방 전략에 대한 간략한 설명은 교육적인 자료로서 활용될 것이다.

자신의 업무활동을 타인들에게 보여주는 것이 단순한 과시로서 인식되어서는 안 되며, 다른 사람에게 보안부서의 활동의 효과와 과거의 예산 배정이 타당하다는 것을 보여주는 것이다. 예를 들어, 감소량의 감소와 이익의 증대, 낮은 사고율, 범죄음모의 적발, 신속한 화재의 진압, 공공기관의 호의적인 평가보고서를 포함하는 성과가 여기에 해당할 것이다. 따라서 상급자를 위한 보고는 모임·예산·보안과 관련된 결정을 위해서 더욱 철저하게 준비되어야 한다.

보안 실무자를 위한 게시물도 상당한 가치가 있다. 이것의 두 가지 주요한 목적은 정보의 전달과 사기의 증진이다. 교육적인 주제의 예는 기업의 보안정책과 절차, 형법, 실제 사고에 대한 토론, 예방전략, 실제적인 도움의 사례, 관심 있는 통계, 범죄와 관련된 여러 가지 정보, 화재와 산업안전이 있다. 이러한 정보의 전달은 또한 보안의 전문성을 강화한다. 더불어 게시물의 내용은 구성원간의 친밀감을 향상시키며 직원들의 사기를 고양한다. 예를 들어, 승진·이 달의 우수 사원·개인의 성취·생일·기념일이 내용에 포함될 것이다.

전체 직원들을 위한 게시물은 근무환경의 중요한 부분으로서 보안에 기여할 것이다. 여기서는 범죄에 관하여 직원들을 교육하고, 화재, 사고의 위험, 비상시 대응절차의 확인, 그리고 차량의 잠금장치와 같은 일반적인 보호방법이 논의될 수 있다.

만약 게시판이 사용될 수 없다면 기업신문의 한 부분을 이용할 수 있을 것이다. 그리고 정보를 전달하거나 내부관계를 향상시키는 다른 방법은 게시판을 사용하고 이용자가 서명을 하게 하는 것이다.

6. 참여 프로그램

참여 프로그램의 본질은 직접적으로 보안부서의 보안목적에 참가하지 않는 사람들에게 동기를 부여하는 것이다. 그러면 어떻게 이 프로그램의 목적을 달성될 수 있을 것인가? 여기에 대해 다음의 아이디어가 제안된다.

여러 경쟁부서 중에서 가장 낮은 감소량(shrinkage)을 기록한 책임을 맡은 직원에게 20만원을 지급하고 하루의 휴가를 실시한다. 그리고 매달 가장 좋은 보안 아이디어를 제안한 직원에게 3만원을 지급한다.

또한 매달 가장 좋은 보안 질문을 한 직원에게 만원을 지급한다. 그러면 여기에 참가한 사람들은 다른 사람에게 보안의 관심의 이익을 보여주기 위해서 보안 게시물에 관심을 가질 것이다.

제3절 외부관계

외부 조직과 집단에 관한 논의에서 보안의 목적에 도움이 되는 사항과, 법 집행기관과 여러 공공서비스 기관을 중요시하며, 공동체와 미디어, 그리고 외부 보안 동료들이 외부관계에 포함된다.

1. 법집행기관

만약 공공 법집행기관의 도움이 없으면 민간부문에 의해 발의된 범죄혐의자의 처벌은 불가능할 것이다. 그러므로 경찰과 검찰관은 공공 법집행의 주요한 요소이다. 경찰은 대체적으로 "법집행 공무원의 우두머리"라고 불리는 검찰관에 의해 지시되고 해당 검찰관은 형사사건을 발의하는데 넓은 결정권을 가지고 있다. 그러나 공동체의 정서와 힘있는 압력집단은 거의 언제나 검찰관의 결정권에 영향을 미친다. 그러나 업무에 따라 다양한 재량권이 검찰관에게 열려 있다.

만약 증거가 충분하다면, 검찰관은 개인을 기소할 수 있다. 때때로 미국에서의 기소는 피고인이 적은 형기를 받기 위해서 유죄를 인정하는데 동의한 다음에 형량이 감소하는데, 이것을 유죄 답변 거래(plea bargaining)[4]라고 한다. 이러한 거래로 검찰관은 유죄의 판결을 얻고 많은 피고인은 소송비용을 절약하게 된다.

그러나 민간경비원이 관할 사법지역에서 기본적인 요구조건을 따르지 않는다면, 사건은 성공적으로 기소되지 못할 것이다. 좀도둑 사건을 예를 들어보자. 관련법과 검찰관의 요구에 따라서, 매장 안에서 체포하기보다는 범행자가 물건을 가지고 매장을 떠난 다음에 좀도둑의 체포를 요구하는데 대부분의 검찰관은 이것이 사건의 구성을 확실하게 한다고 생각한다.

이와 같이 법집행기관과의 외부관계는 보안 프로그램에서 중요하며 상호의존과 협력은 향상된 범죄대응능력을 기를 것이다. 그리고 정보의 공유는 이러한 업무관계를 향상시키는데 주요한 요소이고, 법집행기관들은 가끔 민간부문에 도움이 되는 정보를 제공하는데 전문적인 범행의 다발지역의 존재, 불량 수표 위반자, 위조자, 사기꾼에 대한 중요한 정보는 민간부문의 손실을 방지하는데 도움을 줄 것이다.

2. 공공서비스 기관

법집행기관과 더불어 여러 공공서비스 기관인 소방서, 응급의료단, 구조대는 보안 프로그램에 매우 유용하다. 이러한 서비스의 분석은 새로운 시설을 계획할 때 특히 중요하며, 비상시 대응시간과 효율에 관련된 요소는 보안 프로그램의 비용절감과 정보는 계획수립에 도움을 준다.

다음은 공공서비스 기관과의 좋은 관계를 유지하는데 도움이 되는 몇 가지 방법이다.

① 외부 기관과 좋은 관계를 유지하려고 할 경우에도 너무 적극적으로 접촉을 시도하지 않는다.

② 자신과 대화하는 사람과 같은 수준의 어투를 사용한다.

③ 공공기관 근로자에게 자신의 학력과 이력을 자랑하지 않는다.

④ 공공서비스 실무자들을 비난하지 않아야 하나 이들에 대한 비난(예, 불친절이나 관료주의)은 가끔 되풀이되기도 한다.

⑤ 공무원에게 자신을 소개할 때 친구와 같은 제3자의 입장을 취한다.

---

4) 사정형량조정제도로서 유죄를 인정하는 대신 협상을 통해 형량을 경감받거나 조정하는 것으로, 보통 플리 바겐(plea bargain)으로 부르며, 형량에 대해 흥정하는 것을 플리 길티(plea guilty)라고 하는데, 주로 미국에서 많이 행해지고 있는 제도다. 한국에서는 이 사전형량조정제도를 채택하고 있지 않으며, 법적 근거도 없는 대신, 기소에 대한 검사의 재량을 폭넓게 인정하는 기소독점주의와 기소편의주의를 채택하고 있어 이와 비슷한 형태의 수사가 암묵적으로 이루어지고 있다.

⑥ 공공서비스 직원들이 소속된 모임에 가입한다.
⑦ 가능하면 공공서비스 조직에 자원한다(예, 자율소방대나 자율방범대).
⑧ 여러 시민집단과 교류하면서 유대를 강화한다.
⑨ 특별 훈련프로그램에 참가를 요청하고 훈련에 도움을 준다.
⑩ 지역범죄 정보모임에 참가하고 범죄를 해결하는 정보를 공유한다.
⑪ 민간부문과 공공부문이 참여하는 친선경기를 만들고 시즌이 끝나면 간단한 야유회를 간다. 이러한 활동에 필요한 경비를 회사에 요청한다.
⑫ 대학의 형사사법, 보안과 자산보호, 소방학교 프로그램과 같은 자문위원회의 직위를 갖는다.
⑬ 외부 보안 자문위원회를 만들고 지역 공공서비스 기관의 장이 참가하도록 권유한다. 그리고 회사에서 그들의 저녁식사의 비용을 후원한다.
⑭ 공공서비스 실무자의 공식적인 감사와 조사를 받는다.
⑮ 지역 민·관 서비스실무자협회와 같은 조직을 운영하고 공통의 목표를 추구한다.

3. 지역공동체

새로운 기업이 어떤 지역에 설립을 계획할 경우에 지역공동체와의 관계는 특히 중요하게 된다. 특히 기업이 외부환경을 바꾸려고 하거나 오염문제의 원인일 경우에는 좋은 관계는 필수적이다. 그러므로 거주자들에게는 기업의 산업안전 계획에 관해서 정보를 주어야 한다. 이러한 기업체의 산업안전은 도덕적인 의무일 뿐만 아니라, 기업의 생존과 제한된 손실을 보장하기 위해서 필요하다. 만약 대중매체에 계속해서 해당 기업에 관한 기사가 실리게 되면, 지역 거주자들은 그 기업들이 지역공동체에 강력한 역량을 가지고 있다고 생각할 것이다.

결과적으로 환경에 악영향을 끼친 경험이 있는 기업은 거주자에게 문제점을 최소화 한다는 것과 보안을 향상시키고 극히 적은 사고의 가능성에 대해서도 보장으로서 주민과의 관계를 개선하여야 한다. 보안 관리자는 기업을 대표하여 혼자 일하는 경우에는 이러한 업무수행은 극히 어렵다. 그러므로 엔지니어, 과학자, 상위 관리자, 그리고 다른 지원자들의 다양한 정보와 해결책을 가진 지역 거주자, 정치인, 지역집단에 응하기 위해서 좋은 관계의 설정은 필요하다.

공동체를 안심시키는 것을 포함하는 또 하나의 배려는 추가적인 문제를 발생하지 않기 위해서 공공서비스 기관과 좋은 관계를 유지하는 것이고 이러한 유기적인 치밀한 계획이 지역경찰의 비용증가의 원인이 되는 범죄문제를 억제시킬 것이다. 이와 같은 배려가 화재, 의료, 그리고 여러 비상서비스기관에도 적용된다.

만약 기업이 직접적으로 지역공동체를 돕기 위해서 특별한 프로그램에 참여한다면 외부와의 관계는 더욱 향상될 것이다. 미국 Massachusetts, Quincy에서 실시된 Earn-It 프로그램은 범죄피해자들에게 피해를 보상해 주는 것을 가능하게 해줌으로써 비행 청소년들의 재활을 도왔다. 이러한 회복 프로그램을 통하여 보호관찰을 담당하는 공무원이 피해자들과 접촉하여 손실을 확인한다. 이 프로그램은 75개가 넘는 기업체로 구성되어 있고, 이 기업체에서 Earn-It 프로그램을 가능하게 하는 일자리를 제공함으로써 실행되었다.[5)]

4. 대중매체

대중매체는 경우에 따라 보안 프로그램에 도움이 되기도 하고 방해가 되기도 한다. 그러므로 대중매체를 자신의 지지자로 만드는 노력을 기울여야 한다. 그러나 가끔은 회견에서 제공된 정보를 넘어선 정보에 관심을 갖는 대중매체의 구성원들 때문에 어려움이 발생하므로 긍정적인 관계를 유지하는 것은 상당히 가치 있는 일로서 대중매체와의 부적절한 관계는 서로를 상호 비방하는 악순환을 발생시키며 기업의 이미지에 상당한 부담이 되기도 한다.

따라서 거의 대부분의 큰 기업들에서는 잘 교육되고 경험이 많은 대외 홍보담당이 대중매체를 관리한다. 보안 실무자도 이러한 대중매체의 생리를 잘 이용하는 것이 효과적으로 대중매체로부터 보안부서를 보호하게 한다. 사전에 기업정책에서 대외 홍보부서의 지정된 사람만이 대중매체에 정보를 제공할 수 있다고 지정해 두고 모든 보안 실무자들이 이러한 대중매체에 대한 정책을 이해하고 있을 때, 실수나 당황하는 일이 최소화될 것이다.

이와 같은 실수의 예로는 젊은 경찰이 살인사건에 관하여 취재하려는 열성적인 방송기자들과 대치하고 있었다. 이때 한명의 혐의자의 발견된 신발이 현장에 남겨진 신발 자국과 동일한 것을 알고 있는 경찰이 이러한 정보를 기자에게 알려주어서 지역신

5) International City Management Association, "Businesses Provide Jobs for Juvenile Offenders," Target (May 1978), pp. 4~5.

문에 그 신발에 관한 내용이 발표되었다. 마침 혐의자가 이 기사를 읽고 난 후에 그 신발을 없애 버렸다. 그 후로 이 사건을 더욱 해결하기가 힘들게 되었다. 그러나 아쉽게도 이 조직에는 대중매체와 관련한 명확한 정책이 수립되어 있지 않았다. 이와 같이 대중매체의 방송으로 인한 정보의 유출은 같은 장소에서 미래의 범죄의 원인을 제공하는 것이다.

Security Management의 기사에서[6] "대중매체로부터의 스트레스에 어떻게 그것과 대처할 것인가"에서 많은 대중매체와 관련된 유용한 생각들에 관하여 지적하고 있다. 이 기사에서는 준비의 중요성, 자신이 어떻게 말할 것인가를 아는 것, 대략적인 질문에 대비하는 것, 조심스럽게 대답하는 것에 대하여 강조하고 있다. 오늘날 수많은 기업들이 경영진에게 효과적인 대화의 기술에 대하여 훈련하고 있고 이러한 과정은 매우 다양하나, 대부분의 참가자들은 적대적인 의도를 가진 질문에 대하여 어떻게 대응할 것인가를 비디오테이프의 도움으로 지도 받고 교정을 받는다. 이러한 과정은 일반적으로 하루에서 삼일 동안 진행되며 참가자들은 여기에 소요되는 수천달러의 비용을 기꺼이 지급한다.

다음의 내용은 대중매체와의 인터뷰에서 지켜야 할 몇 가지 권고사항이다.

① 회견자에게 어떤 적개심도 보이지 않으며, 친절하고 따뜻한 호의적인 태도를 보인다.

② 항상 청중들을 잊지 말아라. 자신이 집에서 인터뷰를 하더라도 청중의 유형을 기억한다.

③ 할말이 없음(No comment)이라고 말하지 마라. 일반대중들은 이것을 부정직이나 기만한다고 생각한다. 그러므로 만약 질문에 대답할 수가 없으면 최소한 청중들에게 이유를 말한다.

④ 답변을 인위적으로 꾸며내지 마라. 만약 대답을 알지 못하면 모른다고 한다.

⑤ 보도되지 않는다는 전제로 회견하지 않는다(off the record). 동일한 질문이 되풀이되는 것을 원치 않으면 원치 않는다고 한다.

⑥ 개인적인 의견을 조직의 의견으로서 제시하지 않는다. 방송에서는 자신이 회사의 대표하는 것이므로, 모든 자신이 말하는 것은 회사정책으로서 비쳐진다.

---

6) "Stress from the Press-and How to Meet It," Security Management 24, No. 2 (February 1980), pp. 8~11.

⑦ 간략한 3개에서 5개의 문장으로 된 소개문을 준비한다.
⑧ 육하원칙에 의거하여 대답한다.
⑨ 열린 마음으로 비판에 대응할 것을 준비한다.
⑩ 미리 질문을 예상하고 답변을 준비한다.
⑪ 질문 후에는 잠시 시간을 두었다가 천천히 답변을 한다.
⑫ 답변은 짧게 하고 효과적으로 침묵하는 것을 활용한다.
⑬ 잘 이해되지 않는 질문에 대해서는 질문자에게 이해가 되도록 묻는다.
⑭ 솔직하게 대답하나 정확하게 말한다.
⑮ 시간의 제한이나 마감시간에 대하여 민감해야 한다.
⑯ 질문에 답하기 전에 질문에 대해서 미리 리허설이나 반복하여 연습한다.
⑰ 대중매체와의 대화 중에 상황을 리드하여야 한다.
⑱ 인터뷰 도중에 기자의 이야기를 들으면서 먼저 말을 꺼내지 않는다.
⑲ 모든 대중매체가 자신에게 호의적이지 않다는 것을 명심한다.
⑳ 질문에 대하여 자신이 답을 못하는 것에 대한 두려움을 갖지 않는다.
㉑ 고도의 기술적인 특수한 용어를 사용하지 않는다.
㉒ 만일 자신의 지위를 손상시키더라도 경쟁자의 이름은 언급하지 않는다.
㉓ 자신의 대답으로 인하여 빌미를 제공하는 언급을 하지 않는다.
㉔ 광고에 의하여 대중매체의 사설에 영향을 끼치려고 시도하지 않는다.
㉕ 대답에 따른 추가적인 조치를 이행한다.
㉖ 기본적인 답변을 요구하는 기자들을 실망시키지 않는다.
㉗ 기자들이 바라는 주제로부터 벗어나거나 자신이 원하는 문제에 대하여 초점을 변경하기 위해서 "의사전달을 교량으로서 이용"하는 전술을 활용한다.

5. 보안관리 동료

보안실무자들은 가끔 학생이 교실에서 강의에 주목하지 않는 것과 같이 공허한 상태로 업무를 수행하므로 업무에서 아무런 지식이나 자극도 얻지 못한다. 따라서 공식적이거나 비공식적인 동료들과의 모임을 통하여 실무자는 당연히 상당한 지식을 배우는 기회를 가진다. 동료들과의 이러한 관계는 보안 프로그램을 향상시키는 정보원 역할을 한다.

보안영역의 광활함과 복잡성의 증대로 한명의 전문가가 보안에 대한 모든 것을 알지는 못하므로 만약 전문가집단이 같이 어울리면 다양한 범주의 생각들이 나온다. 현장에서 보안 실무자가 어떤 특정한 문제에 대하여 해결방법을 찾지 못할 경우에 동료들에게 도움을 요청하라. 여기에서의 서비스나 장비의 선택, 보안예산의 준비, 심지어는 경영진에게 보고하는 내용에 대한 기법까지 동료들은 도움이 될 것이다.

보안에 대한 이러한 많은 지식을 얻을 수 있는 많은 공식적인 조직들이 실무자에게 열려 있는데, 오늘날 대부분의 모든 실무자들에게 알려진 조직의 하나는 미국산업보안협회(ASIS)이다. 이 조직은 구성원들의 교육과 전문성의 향상에 의해 보안과 보안분야를 향상시키는 선두에 있고 전 세계적인 지회, 전국적인 모임, 전문화된 세미나, 그리고 여러 활동들이 전 세계 산업보안분야 동료들 모두에게 상호 도움을 주고 있다.

제4절 고소여부와 보안요원의 복장

보안조직의 내·외부 관계에서 특별히 고려될 중요한 분야로써 실무자들이 간과되고 있는 두 가지 중요한 분야는 보안정책과 규정에 반하는 침입자의 고소여부의 판단과 보안요원의 복장이다.

1. 고소의 판단

대체적으로 범행을 저지른 직원이나 때때로 침입자에 대한 고소여부의 판단은 경영진에게는 어려운 문제이다. 이 어려움은 현명한 관리자가 고소여부의 결정에 따라 다양한 가변상황을 생각해야 하기 때문에 발생한다. 그러나 판단이 어떻게 내려지건 간에 기업은 약간의 번거로움을 겪게 된다. 그 상황은 "기업이 고소를 하여 침입자를 처벌하는 것과 기업이 고소를 하지 않고서 처벌하지 않는 것이" 결과적으로 유사하다.

다음은 고소를 할 경우의 장점들이다.

① 고소는 여러 동료들에게 본보기의 확립으로 미래의 범행의도를 주저하게 하며 이것은 잠재적인 미래손실을 줄일 것이다.
② 기업은 전에 범행을 저지른 직원을 기업에서 배제한다.
③ 기업은 구성원에게 강력하게 보일 것이며 이것은 직원들이 기업정책을 매우 존

중하게 만들 것이다.

④ 직장에서 “부패한 직원”이 제거되면 직원들의 사기는 올라갈 것이다.

⑤ 회사의 정책에서 모든 범법자는 고소된다고 알려지고, 다음에 각 사안에 대해서 고소가 된다면 직원들은 기업정책이 실제로 적용된다고 알게 되며 정책을 어기지 않을 것이다.

⑥ 기업은 형사사법제도를 도와주는 것이 되며 공동체에서 범죄를 방지하는데 도움이 될 것이다.

⑦ 지역 법집행기관은 해당 기업에 대해서 범죄에 대해서 단호하다는 것을 느낄 것이고 이것은 그들의 협력을 강화시킬 것이다.

⑧ 침입자에 대한 강력한 대응책이 회사 내·외부로 알려지게 될 것이며, 범행을 계획하고 일자리를 찾는 사람은 그 회사에 지원하는 것을 단념하게 될 것이다.

다음의 사항은 고소를 하지 않음으로서의 장점들이다.

① 기업은 범행자에게 동정심을 보여줄 수 있다. 그 결과로 직원들은 회사에도 따뜻한 마음이 있다고 느낄 것이며, 사기는 증진될 것이다.

② 고소를 하지 않은 경우에 고소를 진행하고 도와야 할 목격자와 조사원의 시간, 여비, 급여가 절약될 것이다.

③ 만약 범행자가 모든 손해를 회사에 배상을 하고 해고를 시키지 않는다면, 회사는 그 직원에게 투입된 교육비와 경험을 절약하게 될 것이다.

④ 다른 사례에도 형사사법제도가 부담이 되지 않을 것이다.

⑤ 고소함으로써 가능한 노동문제와 소송을 피하게 된다.

⑥ 그러나 때때로 회사에서 범법자를 체포를 한 후에 고소를 한 다음, 경영진이 고소를 취하하면 법집행기관과 마찰을 발생하게 될 수도 있다.

⑦ 고소는 가끔 공공기관이나 실무자 그리고 보안부서와 마찰을 발생하게 된다.

⑧ 재정적인 후원자·주주·고객·공동체에 좋지 않은 소식이 전해지는 것이 방지된다.

고소의 결정은 무엇보다도 복잡하므로 고소에 관한 기업정책의 내용은 경영진에 의해 신중하게 적용되어야 한다. 그러나 모든 사건에 적용할 수 있는 완벽한 성명서는 있을 수 없으며 엄격한 정책성명서는 이러한 문제점을 보여준다. 예로서 한기업의 정책에서 범죄를 저지른 모든 직원은 공평하고 엄격하게 고소된다고 가정하자. 그런 다음 뛰어난 근무기록과 숙련된 회사의 모든 훈련을 받은 15년간 근무한 직원이 한 상자의 봉투를 훔치다가 걸렸다면 어떻게 할 것인가? 명백하게 강력한 정책성명서에 따라 불이익을 줄 수도 있다.

또 하나의 회사의 고소결정에 영향을 미치는 것은 고소의 한계이다. 이것은 고소를 하기 전에 범죄의 금전적인 액수를 말한다. 이러한 경향은 절도의 예를 들면 개인이 범행을 저지르는 금액이 점점 증가하고 있는 것을 보여준다. 미국에서 1970년대에는 직원이 10,000 달러의 물품을 훔치면 고소가 되었으나, 오늘날에는 그 금액으로는 고소하지 않는다.[7)]

2. 보안요원의 복장

보안요원의 겉모습은 사람들의 보안관리 프로그램에 대한 인식에 중요한 영향을 준다. 이들의 겉모습에서 중요한 부분은 복장(예, 유니폼)이다. 근무자의 구겨지고 더러운 유니폼은 보는 사람에게 보안의 목적이 별로 중요하지 않는다는 것을 보여주는 것과 같다. 직원 · 고객 · 방문객 · 판매원 · 트럭 운전사 · 법집행 공무원, 그리고 공동체의 일반인들과 같은 많은 사람들이 보안 근무자를 지켜본다. 그러면 이러한 사람들이 효과적인 보안 프로그램에서 원하는 것은 어떤 것인가? 명백하게, 깔끔하고 단정한 복장이 이들의 재산이며, 복장은 두 가지의 주요한 이미지인 정교함과 선명함을 보여주어야 한다.

정교한 복장은 스포츠 재킷이나 블레이저(blazer) 코트로 구성된다. 이것은 따뜻하고 덜 위협적이며 덜 권위적인 모습을 준다. 시각적으로 잘 보이거나 엄격한 이미지는 전통적인 유니폼을 통해서 나타난다. 그러나 이런 전통적인 유니폼은 경찰의 복장과 비슷하게 보이지 않는 것이 중요하다. 이것은 시민들이 도움을 청할 경우에 실수의 원인이 되기도 하므로 경찰은 민간 보안요원이 이러한 유니폼을 입는 것에 대해 반대한다. 결과적으로 보안 프로그램과 특별한 필요성의 유형에 따라 적합한 복장을 작용하는 것이 합리적이다.

---

7) "Finding Where the (Financial) Bodies Are Buried," Security Management Bulletin (August 25, 1993), pp. 4~5.

3. 정책위반자에 대한 조치

미국의 한 제조공장에서 비밀조사원이 7명의 경력이 많은 직원들이 일을 시작하기 전에 마리화나를 피운다는 것을 적발했다.

회사의 보안 관리자가 상급 관리자를 만나서 어떻게 할 것인가를 논의하였다. 하나의 방법은 해고시키는 것이다. 그러나 이 직원은 그동안 좋은 근무기록과 상당히 많은 경험이 있었고 회사에서 그들의 훈련에 많은 비용이 들었기 때문에 어려움이 있다. 그래서 보안 관리자가 그 직원에게 해고하는 대신에 지역 알코올과 약물남용 프로그램에 참가하도록 제안하였다.

상위 관리자도 지역의 다른 기업도 공공기관과 협력하여 이러한 프로그램을 운영한다는 것을 알고 있었으므로 이러한 아이디어에 찬성하였다. 그 후에 그 직원이 모든 것을 인정하고 해고당하는 대신 자신의 업무를 계속하면서 그 재활 프로그램에 참석하는 것을 받아들였다. 이 시기에 지역 알코올과 약물남용위원회에서도 이러한 직원들에게 프로그램을 실시하는 것에 동의하였다. 지역 경찰서장이나 검찰에서도 이러한 프로그램을 형사사법제도의 혁신적인 전환으로 선호 하였다.

이러한 조치에 대해서 경영자도 만족하였으며, 부서의 내 · 외부 관계도 향상되었고, 회사에서는 경험 있는 근로자를 계속 고용하게 되어 더 이상의 훈련비용을 투자하지 않아도 되었다.

제4장

직원선발과 인사관리

제4장 직원선발과 인사관리

우리들은 흔히 '기업은 사람이다' '경영이란 사람의 관리이다'라고 말한다. 이는 기업에 있어서 모든 일은 사람이 행하며 개인 또는 조직이 최선을 다함으로써 비로소 기업이 발전할 수 있다는 것을 의미하는 것이다. 따라서 기업의 성패는 구성원인 사람에 의하여 좌우된다고 말할 수 있으므로 그 기업에서 어떠한 사람을 채용하느냐는 가장 중요한 문제인 것이다. 이와 같이 조직체에서 가장 중요한 자산 중의 하나가 사람이다. 지원자 선발의 목적은 특정한 임무에 가장 적합한 사람을 찾는 것이며, 지원자 선발에는 면접이나 시험과 같은 몇 가지 유용한 방법들이 있다.

지원자 선발과정의 마지막 결정이 지원자의 채용이다. 이러한 측면에서 조직체에서는 최고의 결과를 위해 이미 상당한 인력과 시간을 투자한다. 다음 단계에는 생산적인 근로자를 만드는 것이다. 그것은 적절한 사회화(socialization)[1] 과정과 같이하며, 업무를 배우는 과정으로서 근로자가 조직에 도움이 되게 교육훈련시키는 것이다.

사회화의 주요한 두 가지 방법은 근로자 교육프로그램과 뛰어난 표상(表象)을 만드는 것이며 모든 조직에서 지원자의 선발과 직원의 사회화는 주요한 보안 전략이다. 만약 조직이 정직하고 생산적인 사람을 선발한다면 자연스럽게 손실은 예방될 것이다. 그리고 만약 직원들이 안전하게 행동하고 회사의 재산을 지키도록 사회화된다면 기업보안과 보안전략은 더욱 더 향상될 것이다.

---

1) 개인이 타인과의 사회적 관계를 통해 사회나 문화에 적절하고 바람직한 가치 규범을 내면화하여, 자신이 속한 사회 · 문화 또는 조직 · 집단에 알맞은 행동양식을 취할 수 있게 되는 과정을 의미한다.

제1절 직업선택과 관련법규

법과 규정은 구성원의 조직과정에서 주요한 영향을 미친다. 따라서 이러한 주요한 법률과 법원의 판결은 고용관계의 지침이 될 것이다.

대한민국 헌법 제15조에는 "모든 국민은 직업선택의 자유를 가진다"고 직업선택의 자유를 명기하고 있으며, 동법 제32조 제1항에는 "모든 국민은 근로의 권리를 가진다. 국가는 사회적 · 경제적 방법으로 근로자의 고용의 증진과 적정임금의 보장에 노력하여야 하며, 법률이 정하는 바에 의하여 최저임금제를 시행하여야 한다"고 규정하고 있다.

여기서 사회적 방법이라 함은 사회정책에 의한 고용의 증진을 말하고, 경제적 방법이라 함은 경제정책에 의한 고용기회의 확대를 말한다.[2] 다음은 직업선택과 관련된 우리나라의 법률이다.

① 1953년 제정된 근로기준법의 목적은 헌법에 의하여 근로조건의 기준을 정함으로써 근로자의 기본적 생활을 보장 · 향상시키며 균형있는 국민경제의 발전을 도모함을 목적으로 한다고 명시하고 근로조건의 기준 · 결정 · 준수와 균등처우, 강제노동의 금지, 폭행의 금지, 중간착취의 배제, 공민권 행사의 보장 등을 규정하고 있다.

② 1987년 제정된 남녀고용평등법의 목적은 헌법의 평등이념에 따라 고용에 있어서 남녀의 평등한 기회 및 대우를 보장하는 한편, 모성을 보호하고 직장과 가정생활의 양립과 여성의 직업능력개발 및 고용촉진을 지원함으로써 남녀고용평등 실현을 목적으로 한다.

③ 1990년 장애인고용촉진등에관한법률로 제정되어 2000년 법명이 개정된 장애인직업촉진및직업재활법의 목적은 장애인이 그 능력에 맞는 직업생활을 통하여 인간다운 생활을 할 수 있도록 장애인의 고용촉진 및 직업재활을 도모함을 목적으로 한다.

④ 1991년 제정된 고령자고용촉진법의 목적은 55세 이상의 "고령자가 그 능력에 적합한 직업에 취업하는 것을 지원 · 촉진함으로써 고령자의 고용안정과 국민경제의 발전에 이바지함을 목적으로 한다"고 명시하고 있다. 또한 정부는 2008년

---

2) 권영성, 신고 헌법학개론, 법문사, 1993, 416면.

부터 정년을 60세 이상으로 유도할 계획이며, 이를 위해 연령차별금지법안을 제정하고 2005년부터 2007년까지 정년연장을 유도하며 2008년부터는 연령차별금지법을 통해 60세 정년을 받아들이도록 유도한다는 계획을 발표하였다.

⑤ 1993년 제정된 직업안정법의 목적은 모든 근로자가 각자의 능력을 계발·발휘할 수 있는 직업에 취직할 기회를 제공하고, 산업에 필요한 노동력의 충족을 지원함으로써 근로자의 직업안정을 도모하고 균형있는 국민경제의 발전에 이바지함을 목적으로 하고, 제2조에는 "누구든지 성별 · 종교 · 사회적 신분 또는 혼인여부 등을 이유로 직업소개 · 직업지도 또는 고용관계의 결정에 있어서 차별대우를 받지 아니한다"고 명기하고 있다.

⑥ 1993년 제정된 고용정책기본법 제19조에는 "사업주는 근로자를 모집·채용함에 있어서 성별, 신앙, 연령, 사회적 신분, 출신지역 또는 출신학교 등을 이유로 차별을 하여서는 아니되며, 균등한 취업기회를 보장하여야 한다"고 규정하고 있다.

⑦ 1999년 시행된 남녀차별금지및구제에관한법률은 헌법의 남녀평등이념에 따라 고용, 교육, 재화·시설·용역 등의 제공 및 이용, 법과 정책의 집행에 있어서 남녀차별을 금지하고, 이로 인한 피해자의 권익을 구제함으로써 사회의 모든 영역에서 남녀평등을 실현함을 목적으로 한다.

제2절 미국의 법규지침

1. 미연방 법률

① 1963년 동등급여법에서는 남성과 여성이 같은 장소에서 비슷한 업무를 하였다면 같은 급여를 지급할 것을 규정하고 있다. 그러나 생산의 질이나 양에서 기인한 수입의 차이나 실적 본위의 임용과 승진, 선임자에게는 예외가 인정된다. 이 법은 고용기회균등위원회(EEOC)에 의해 시행된다.

② 1964년 시민권리법에서는[3] 인종이나 피부색, 종교, 성별, 국적에 기인한 고용

3) 공민권법 (Civil Rights Act)은 미국의 흑인보호법으로 이 밖에 1965년 8월에 흑인의 투표권등록에 관한 차별철폐를 중심으로 한 공민권법이 성립되었고, 또 1968년 4월 흑인에 대한 주택면에서의 차별대우를 금지한 공민권법이 킹목사의 암살사건을 계기로 성립되었다. 1960년대 후반에는 이 공민권법도 지상평등(紙上平等)에 지나지 않는다고 하여 흑인해방운동이 다시 격화했으나, 1970년대에 들어오면서부터 가라

차별을 금지한다. 권리 Ⅶ 에서는 채용·선발·고용·훈련·보상·평가·승진·처벌과 해고를 포함한 어떠한 고용 상태에 관한 차별을 금지하였고 의회에서는 권리 Ⅶ 를 시행하기 위해서 동등고용기회 위원회를 설립하였다.

③ 1967년 연령차별금지 고용법에서는 직장에서 40살 이상인 개개인에 대하여 연령에 의한 차별을 금지한다. 이 법도 EEOC에 의해 시행된다.

④ 1972년 고용기회균등법(EEO)의 목적은 (부당경쟁·부당노동 행정에 대한 행정기관) 정지명령과 고소와 같은 추가적인 집행력에 의해 EEOC에서 제공한 권리 Ⅶ를 강화하는데 있다. 더욱이 EEO는 적용범위를 연방과 주정부의 근로자, 교육기관, 15명 이상을 고용하는 민간 고용주에게로 확대하였다. EEO프로그램은 작업장에서 고용주의 차별을 방지하기 위해 시행되었으며 과거 고용의 차별도 상계하였다.

⑤ 1973년 복직법에서는 정신적·신체적 장애를 가진 사람들을 고용하기 위하여 차별 철폐 조치를 연방정부와 관련된 계약자와 주정부기관에 요구한다. 이 법은 연방계약 준수절차 부서에 의해 시행된다.

⑥ 1990년 미국 무능력자보호법에서는 무능력한 개인에게 차별과 서비스나 업무에서 과도한 노동이 금지되며, 이 법은 EEOC에 의해 시행된다.

⑦ 1991년 시민권리(공민권)법에서는 종교적으로 구성원들이 소수인 사람이 배심원 소송이나 고소를 통하여 그들이 의도적인 고용과 직장에서의 차별을 증명하려고 하려는 여성이나 무능력한 사람에게 기회를 준다. 또한 기업들에게 업무와 관련하여 기업에서 어떠한 차별을 적용하지 않았다는 것을 증명할 것을 요구하며, 이 법은 EEOC에 의해 시행된다.

⑧ 1993년 가족과 의료휴가법에서는 근로자가 직장을 유지하면서 가족이나 건강상의 문제로 12주간의 무급 휴가를 고용주에게 요구할 수 있도록 하고 있다. 이 법은 노동부에 의해 시행된다.

2. 미국 대법원 판례

법이 의회에서 통과될 경우에 법원에서 법이 의미하는 것이 무엇인가를 법의 적용

않는 방향으로 나아갔다. 한편 흑인의 선거권 등록자수는 급속하게 증가하였고, 연방 하원의원이나 시장 등에 선출되는 흑인의 수도 눈에 띄게 증가하고 있다.

을 통하여 정의하는데 도움이 되는 역할을 한다. 예를 들어 여기에 포함된 판례는 EEOC가 그들이 법에 기초하여 지침을 적용하는 가운데 발생한 것이다.

법을 어떻게 해석할 것인가의 혼란은 많은 소송과 법정의 결정에 약간의 갈등을 야기하였으나 미국 대법원은 하급 법원에서의 사례를 통제하는 지침을 제공한다.

① Griggs vs. Duke power (1971). 1968년에 Duke power 사에 근무하는 몇 명의 직원들의 노동자들에게 필기 적성검사가 실시되었다. Willie Griggs와 12명의 다른 흑인 노동자가 1964년 시민권리법의 직업 차별을 근거로 고용주를 고소하였다. 그들의 주장은 필기시험이 그들의 근로능력을 판단하는 것과는 아무런 관련이 없다는 것이다. 대법원에서는 그 시험이 만일 성별, 인종, 종교에 기초한 차이거나 업무와 관련이 없다면 본질적으로 차별이라고 결정하였다. 더욱이 고용주는 그의 채용방법이 업무와 관련되었다는 것을 증명하라고 요구하였다.

② Washington vs. Davis (1976). 이 사건은 1968년부터 1971년까지 워싱턴 D.C. 경찰서에서 채용시험에서 백인은 13%가 탈락하는 것과 비교하여 흑인이 57% 탈락률을 기록하는 것에서 비롯되었다. 법원의 결정에 의하면 경찰서는 차별을 행하지 않았다는 것이다. 시험이 업무와 관련되었다면 소수 인종이 채용시험에 높은 비율로 탈락하더라도 불법이 아니라는 것이다. 이 사례로 같은 선발방법을 사용하는 다른 몇 개의 경찰서도 이러한 소송에서 벗어나게 되었다.

③ Bakke vs. University of California (1978). 이 사례에서는 역차별이 주요한 쟁점이었다. 백인인 Allen Bakke가 Davis 의과대학을 수정헌법 14조의 "동등한 보호"조항의 위반으로 고소하였다. 이 의과대학은 100명중 16명의 입학 정원을 소수 인종을 위하여 따로 정해놓고 그들에게는 다른 기준에 따라 평가를 한다는 것이다. 법원은 인종에 따른 할당은 법의 동등한 보호인 Bakke의 권리를 무시하였기 때문에 받아들일 수 없다고 결정하였다. 차별 철폐조치 프로그램은 개인의 기본능력과 따로 엄격하게 인원을 정하지 않고 지원자를 평가하는 경우에만 수용할 수 있다는 것이다.

④ Adarand vs. Pena (1995). 미국 대법원은 소수집단을 돕는 것을 목적으로 하는 계약, 직업, 교육의 기회를 주는 것에 대한 정부조치에 대한 합헌성에 의문을 제기했다. 이 사례는 최저가로 입찰을 하는데도 불구하고 계약을 실패하고 소수집단이 경영하는 기업과 계약이 체결됨으로써 Adarand 소송의 발단이 되었다. 대

법원은 하급 법원에 "엄격한 조사"를 적용하도록 지시하였다. 정부는 각각의 프로그램이 모든 소수 집단을 돕기보다는 과거에 차별의 희생자였던 사항을 증명한 사람만을 돕는 것인가에 대한 구체적 자료를 제시해야 한다고 하였다.

연방 법률과 법원의 판례와 더불어 미국 대통령이 차별문제에 관하여 집행명령을 할 수 있다. 더욱이 모든 주들이 한 가지 이상의 평등고용법을 가지며, 주 법원의 결정이 이러한 주법에 근거하여 적용된다.

그런데 어떻게 모든 이런 법들이나 판례들이 지원자 선발과 관련이 있는가? 기본적으로 모든 선발방법은 틀림없이 업무와 관련되고, 확실한 근거가 있고, 차별적이지 않아야 하고 이러한 강제 규정이 면접·이력 조사와 시험을 포함한다. 간단하게 말해서 EEOC는 지원자들에 반한 차별에 관한 모든 선발방법에 관한 권한을 가지고 있다. EEOC에 따르면 1995회계연도에 87,500건의 사례 중에 50%가 직원들의 주장이 승리하게 되었다. 고용사례의 평균적인 법적 비용과 법원의 비용은 대략 12만5천 달러를 포함하여 사건당 배심원 평결의 평균은 84만2천 달러였다. 만약 사건들이 법원까지 가지 않는다면 EEOC와 같은 행정 기관에 의뢰하기 전에 해결된다면 1만~2만 달러 사이의 변호비용이 든다.[4]

이러한 소송을 방지하기 위해서 인력관리의 관행에 대한 감사가 시행되며, 적용되는 법률과 인사 정책이나 절차에 관심을 기울여야 한다.

3. 고용과 관련법률

동등 고용기회(EEO), 차별철폐 조처(AA), 그리고 할당[5]이 직원조직에 관련된 중요한 사항이다. EEO는 모든 지원자들이나 직원들이 인종이나 성별과 같은 특성에 관계없이 동등하게 대우되어야 한다는 것이다. 예를 들어, 공석인 자리에 지원자를 선발하기 위하여 필기 직업지식의 시험과 면접을 실시한다고 가정하자. 그러면 누구나 자유스럽게 이 자리에 지원할 수 있고 모두에게 똑같이 시험과 면접이 주어져야 할 것이다. 두 가지 모두의 선발방법이 얼마나 잘 수행되었는지, 그래서 모든 지원자들

4) Donald Caruth and Gail Handlogton, "Effective Human Resource Management: An Antidote for Costly Lawsuits," Security Dealer (August 1996), pp. 32~34.

5) Herbert G. Heneman et al., Staffing Organizations, 2nd ed. (Middleton, WI: Irwin Pub., 1997), pp. 62~64.

이 동등한 기회를 갖고 편견 없는 평가에 따라서 직업이 기회가 제공되어야 한다.

AA는 고용주가 과거의 소수 집단구성원, 여성, 그리고 다른 집단의 사람들에게 차별적인 고용관행을 버리고 똑바르게 적용하도록 절차에 중점을 두고 발언권이 적은 집단의 고용과 승진에 목표를 둔다.

또한 AA는 고용주나 혹은 법원의 명령에 의해 자발적으로 의무를 진다. 전례를 보면, 만약 여성이나 소수 집단구성원의 채용에 실패하거나 혹은 직장시험이 편파적이었으면, 경영진은 어떤 고용의 목표에 도달하기 위하여 신뢰성 있는 노력을 다해야 하며, 그들의 고용을 향상시켜야 한다.

할당은 정해진 인원의 고용과 승진의 요구이다. 전례를 보면 고용방식에 특정한 숫자나 여성이나 소수집단을 고용의 비율이 정해져 있었다.

직장에서 적용되는 이러한 개념은 실제적으로 성공적으로 차별을 바로 잡았다 하더라도 상당한 법적인 혼란과 논쟁을 일으켰다. 여기에 "역차별" 문제는 논쟁을 가중시켰다. 그러나 모든 법원의 결정은 고용주에게 지침을 제공하는 역할을 하였다.

4. 성희롱

1991년 10월 전 EEOC 의장 토마스(Clarence Thomas)는 미 대법원 판사 인준 청문회 동안에 격렬한 내용의 텔레비전 방송을 시청자들은 보았다. 전 EEOC 의장 토마스의 보좌역인 힐(Anita Hill)은 토마스의 성희롱[6]에 대해 자세하게 증언하였다. 비록 그는 상원에 의해 인준이 되었으나, EEOC에 보고 된 성희롱 불만자는 1991년에 6,883건에서 1992년에 10,532건으로 50% 이상 증가하였다.

1995년에 그 숫자는 15,549건으로 늘었으며 희생자들의 금전적인 보상은 2,430만 달러에 이르렀다. 성희롱에 관련된 몇 가지 조사에서는 성희롱이 매우 심각하고, 광범위한 사회적인 문제라는 것을 보여주나, 성희롱의 단지 5%의 경우만이 보고된다.[7]

EEOC는 성희롱을 개인의 직무수행에서나 혹은 협박하거나, 적의가 있거나, 또는 모욕적인 작업환경에서의 부당한 간섭의 결과 혹은 목적을 가진 원치 않는 성적인 행

---

6) 성희롱(sexual harassment)은 직장 등에서 상대방 의사에 반하는 성과 관련된 언동으로 불쾌하고 굴욕적인 느낌을 갖게 하거나 고용상의 불이익 등 유무형의 피해를 주는 행위를 말한다.

7) Dawn D. Bennett-Alexander and Laura B. Pincus, Employment Law for Business (Chicago: Irwin Pub., 1995), pp. 193~194.

동이라고 정의한다. 비록 시민권리법이 1964년에 통과하였지만, 1970년대에 법원은 권리 Ⅶ에 의하여 성적 차별의 형태로서 성희롱을 인식하기 시작했다. 그런 다음 EEOC는 어떤 행동이 성희롱인가 지침을 정하고 발표하였으며, 이 지침이 법원의 결정에 영향을 주었다.

성희롱의 행동에 관한 두 가지 의견이 있다. 하나는 대상물(Quid pro quo)은 직장에서의 이익의 대가로서 성행위를 요구하는 직원을 포함한다. 예를 들어 남성 관리자가 그의 여성 조수에게 만약 그와 성행위를 하면 그녀의 승진과 급여를 인상해준다고 말한 경우이다. 성희롱의 두번째 행동은 적개심을 가진 작업환경에서 발생하는데 한편에서 성적으로 도전적인 행동을 시도할 경우 상대방을 피하게 되거나 같은 직장에서 일하는 것이 어렵게 된다. 예를 들어 원치 않는 외설적인 표시나 접촉, 지나치게 외설적인 농담, 성적인 모습의 사진이 여기에 포함된다.

다음의 내용은 성희롱의 문제에 대한 지침이다.

① 최고경영자가 성희롱에 관한 어떤 행위도 허용하지 않는다는 경영방침을 확립한다.
② 모든 직원들에게 성희롱 관련정책과 보고절차에 대해 전달한다.
③ 성희롱과 관련된 훈련과 교육을 실시한다.
④ 보고된 사고는 심각하게 받아들여지고, 만약 주장이 사실이라면 철저한 조사가 진행되고 적절한 조치가 취해질 것이다.
⑤ 인사 부서는 각 불만자에게 대해서 결과를 통지하여야 한다.
⑥ 제공된 정보에 대해서는 단지 관련된 사람만이 알도록 기밀을 유지한다.

고용주는 절대적으로 신속하고 적절히 바로잡는 행동을 취하며, 그렇지 않으면 민·형사소송이 상황을 더 어렵게 만들 것이다. 1991년의 공민법에 의해서 성희롱으로 고소한 직원은 30만 달러까지 보상과 징계적 손해배상금, 무제한의 의료배상금, 그리고 배심원 소송을 요구할 수 있다. 더욱이 이러한 불법행위(tort)[8]에 대한 소송은 폭행과 구타, 의도적 감정의 고통을 가함, 잘못된 구금 등의 사항을 포함하여 개시된다.

8) '토트(tort)'는 범죄는 아니지만 고의나 과실로 남에게 손해를 끼치는 행위를 말한다. 미국에서 소송 남발로 인한 비용(tort cost)이 미국 국내총생산(GDP)의 2%인 2,500억 달러에 달하며, 특히 제조업체의 경우 전체 비용의 4.5%가 소송 남발에 따른 비용이다. 이는 제조업체의 전체 비용 중에서 노동과 임금비용이 17.5%에 달하는 것을 고려할 때 엄청난 규모다.

제3절 직원선발 방법

최근 선진국 및 기업들의 채용방식이 학력철폐, 필기시험 폐지, 다차원 면접 등 다양한 수단을 도입해 우수한 인재를 모집하는 방향으로 바뀌고 있다. 시험방법도 창의력, 협동심, 인성 등 인간으로서의 모든 면을 평가할 수 있는 직무능력평가방식을 채용하고 있다. 중앙인사위원회는 이와 같은 추세를 반영하여 고등고시 1차시험에 공직적격성테스트(Public Service Aptitude Test, PSAT)를 도입하기로 하였다.

민간기업의 적격성 테스트의 구성은 크게 두 가지로 나눌 수 있다. 첫째, 능력적 측면평가는 기초직무(지식)능력을 평가하며 하위검사 항목은 언어추리검사, 기계추리검사, 수리력검사, 창의력검사, 판단력검사, 공간지각검사(지각력 검사), 지각속도 검사 등이다. 둘째, 성격적 측면평가는 주로 적성(인성)을 평가하며 구체적인 측정항목은 정서적 안전성, 지도성, 사교성, 책임성, 반사회성, 자율성 등이다. 이와 같이 선발방법은 조직과 예산에 따라서 후보자들을 조사할 수 있는 직원의 숫자나 채용할 부서의 종류에 따라 매우 다양하다. 어떤 고용주는 법적인 장벽을 의식하여 적절한 선발을 위해 최소한의 노력만을 기울인다. 반면에 또다른 고용주들은 법적인 지침을 따르면서 신중하게 선발한다.

미국은 EEOC · 인사관리국 · 법무부 · 노동부에서 직원선발절차의 통일된 지침을 발간하였다. 이것에서는 시험의 적절한 사용에 관한 규정과 고용, 승진, 좌천, 정직, 훈련, 전보와 같은 다양한 고용판단에 관한 여러 선발절차의 지침을 제시하였다. 또한 이러한 지침에는 기술적인 기준과 미국 심리학협회나 여러 단체에 의해 제공된 교육적 · 심리적 시험의 기준에서 기술된 선발절차의 정당함을 보여주는 서류상의 요구조건을 포함한다.

법원에서는 사례를 판단할 경우에 이러한 지침에 의존한다.

법원은 또한 기업측의 태만한 사례로서 선발기준을 확립하였으며, 예를 들어 고소된 희생자에게 포상이 주어졌거나, 폭력 전과의 같은 직원의 이력에 관해 상당한 조회를 실시하지 않은 태만함으로 고용주가 클레임을 당한 사례가 있다. 여기에서 사용되는 상당한 조회(reasonable inquiry)의 용어는 다양하게 정의된다. 그러나 고용주는 지원자를 선발하기 위해 몇 가지 단계를 밟아야 한다.

첫째로, 사려 깊은 계획이 요구된다. 유능한 법률가로부터의 조력은 선발과정의 적법성을 강화시켜 줄 것이다. 한 가지만의 선발 방법으로는 지원자를 평가하기는 적절하지 못하다. 그러므로 항상 다양한 방법들이 최선의 대책이 될 것이다. 또한 직무와 자격이 명확하게 규정되는 것이 중요하다. 도움을 줄 사람을 구한다는 광고(구인광고)는 항상 그 직무에 맞는 사람을 찾기 위하여 조심스럽게 광고 되어야 한다. 이것은 또한 이직이나 차별의 소송비용을 방지하는 것이 된다. 선발과정에서의 예산을 절약하기 위한 것이라 할지라도 형식적인 선발방법은 마지막으로 시행되어야 한다. 결과적으로 지원서를 검토하는데 사용되는 시간과 노동력은 실제적인 이력을 실사하는데 소모되는 비용보다는 적게 들 것이다.

1. 이력서와 지원서

때때로 구직자들은 자신의 이력을 과장하거나 심지어 거짓말을 하는 것으로 유명하므로 지원자의 지원서는 주의 깊게 검토되어야 한다. 뉴욕(New York)과 뉴저지(New Jersey)의 부두기관에서 지원자들에게 존재하지 않은 장비에 대한 훈련을 받은 적이 있는지 질문을 통하여 조사하였는데, 놀랍게도 1/3 이상의 지원자들이 존재하지 않는 장비에 관한 훈련을 받았다고 답변을 하였다.[9)]

FBI가 1981년에 광범위하게 졸업증서에 대하여 조사를 실시하였는데 680개의 허위의 기관에서 졸업증서를 발급한 것으로 나타났다. 이러한 졸업생 중에서 171명이 연방정부나 주정부의 직원이었다. 이중에는 32,000명의 오래건(Oregon)대학의 가짜 졸업장이 적발되었고 하버드(Harvard)대학이나 캘리포니아 주립대학(UCLA)도 많이 적발되었다.[10)] 1990년의 조사에 의하면 단지 1/3 정도의 이력서가 가짜였으나, 이러한 문제는 계속 증가하고 있다.[11)]

이력서나 지원서의 사기의 신호는 일관성 없는 말이나 서류의 내용과 경력의 기록을 포함한다. 어떤 지원자는 자영업을 했던 기간들을 단체나 조직에서 근무한 것으로 속인다. 지원서에 서명을 하지 않는 것은 또 다른 사기의 징후이다. 사회보장 번호가 주정부에 의해 발행되고, 이것이 과거 거주지에서 확인이 되어야 한다. 그러므로 지

9) "Lying on Job Applications May Be Widespread," Security (February 1988), p. 13.
10) Bogus Diplomas Present Hiring Danger," Creative Management (August 1987), p. 7.
11) Christopher J. Bachler, "Resume Fraud: Lies, Omissions, and Exaggerations," Personal Journal (June 1995), pp. 51~60.

원자가 제출한 이력서의 배경을 조사하는 것은 경력을 확인하는데 필수 불가결한 것이다.

2. 면접내용

지원자들에게 근무 경험과 교육에 관한 일반적인 질문을 할 때, 편견이 없는 질문들이 지원자가 장황하게 말하지 않도록 명확하게 준비되어야 한다. 따라서 "직장에서 당신의 업무는 무엇이었습니까?" 라고 질문하는 것이 "예, 아니요"라는 답변보다 더 많은 정보를 이끌어 낼 것이다. 그런 다음 질문에 대한 답변을 지원서와 이력서에 비교하여 살펴본다.

어떤 고용주들은 면접을 하기 전에 지원자에게 메일을 보내서 지원서의 내용을 확인하기 위해서 질문을 한다. 지원자들이 사무실에서 기다리는 동안 면접을 실시하기 전에 또 다른 지원서에 관하여 질문이 되고 완성이 되므로 지원서 모두는 면접 전에 비교되었을 때 여기에는 일관성이 있어야 한다.

질문에 관한 다음의 정보는 모든 선발과정에서 금지된다. 또한 EEO법률 하에 법원의 결정은 모든 질문이나 시험이 직무와 관련되어야 한다는 것을 반복적으로 강조한다. 이러한 법적인 요구사항을 선의의 직업자격(BFOQ)이라고 불린다.

또한 체포가 유죄를 표시하는 것은 아니므로 체포기록에 관련된 질문은 일반적으로 불법이다. 법원에서는 소수집단의 구성들은 다른 집단보다 불균형적으로 더 많은 체포로 고통을 받고 있다고 말한다. 그러나 유죄판결에 대하여 질문하는 것은 가능하다. 그것은 단순히 법정에 출두하는 것을 의미하는 것은 아니다.

일반적으로 소수집단 구성원은 미국사회에서 훨씬 많은 유죄판결을 받은 기록을 가지고 있다. 그러나 특별한 직무에 따라서 어떤 범법자는 고용주가 지원자에서 배제하려는 사유가 있다. 그러므로 유죄판결에 대한 질문은 틀림없이 업무와 관련(예, 보안과 관련된 업무)되고 조심스럽게 고려되어야 한다.

"업무상 필요"라는 것이 보여주지 않으면, 신용기록에 관한 질문, 고소 기록, 자신의 집을 소요하고 있는가에 대한 질문은 소수집단 구성원은 대체로 다른 사람들보다 가난하기 때문에 명백한 차별이다. 또한 특정한 업무에 절대적으로 필요한 경우가 아니면, 키·체중 그리고 다른 신체적인 요구사항에 대한 것은 어떤 소수집단에 대해서는 차별이다(예로서, 미국에서 라틴 · 아시안, 그리고 여성 지원자들은 대체적으로 다른 지원자들보다 신체적으로 왜소하다).

또 다른 불법적인 질문은 업무와 관련되지 않으면 나이 · 성별 · 피부색 · 인종 · 지원자 아내의 결혼 전의 이름, 어머니, 조직에서의 회원자격과 같은 것은 인종, 종교, 혹은 출신국가를 드러내게 된다. 지원자들이나 지원서에 의해서 요구될 수 있는 질문들은 이름과 주소 · 전화번호 · 신분 보장 번호 · 과거 경력과 급여 · 이직 사유 · 교육 · 유죄판결 · 자국 시민 여부 · 군대 경험과 취미이다.

면접과정에 대한 광범위한 연구에 의하면 적절한 주의를 기울이지 않으면 면접과정은 신뢰할 수 없으며, 낮은 타당성과 어떤 집단에 대한 면접관의 편견을 보여준다. 이것에 관한 연구에서는 직원선발 면접의 효용성을 향상시키기 위해서 구체적인 조치들이 취해져야 한다고 지적한다.

첫째로, 면접은 체계화되고, 표준화되며, 특정한 인재의 선발(예, 사교적이며 자기자신을 잘 표현할 능력을 가진 사람)에 중점을 둔다.

둘째로, 특정한 상황(예, 보안요원으로서 자신이 근무 중에 강도를 발견할 경우에 어떻게 할 것인가?)을 가지고 질문을 한다.

셋째로, 다양한 면접관을 활용하고 여성이나 소수집단의 구성원은 그들의 시각에서 말하는 경향이 있다는 것을 명심해야 한다.[12)]

3. 시험방법

지원자들의 시험방법은 다양하게 고려되어야 하는데 다음 사항들이 다양한 시험형태의 요약이다.

① 태도시험(aptitude tests)은 개인의 업무수행이나 학습능력(화술, 수리력, 사고력)을 측정한다. 이러한 시험은 가끔 업무와 관계없는 질문을 포함하고 있기 때문에 소수집단의 채용에 부정적인 영향을 미치므로 고용주들은 이러한 시험방법의 사용을 줄여야 한다.

② 직무에 대한 지식시험(job knowledge tests)은 필기시험이나 구두로서 직업과 관련된 지식을 측정한다. 능숙도시험은 지원자가 얼마나 그 업무를 잘 알고 있는가를 측정한다. 예를 들면 비서업무에는 문서작성 시험이 실시되며, 그 외의

12) Raymond A. Noe et al., Human Resource Management: Gaining a Competitive Advantage (Chicago: Irwin Pub., 1997), pp. 320~321.

업무에는 그 업무와 관련된 것이 시험된다.

③ 인성시험(personality tests)은 개인의 성격이나 성향과 같이 지원자의 선호도나 긍정적 자세나 의식을 가지고 측정한다. 지원자들에게 그들의 성적인 관념이나 집단소송제[13]에 대한 인식에 대한 생각을 알아보는 질문에 답하도록 한다. 그러나 이 시험은 타당성이 의문시되고 낮은 신뢰도를 갖는다고 비평된다.

④ 건강진단(medical examinations)은 주어진 업무를 수행하는데 적합한 지원자의 육체적인 능력을 측정한다. 장애인법에서 미국인들은 고용주에게 즉시 지원자의 업무와 관련된 임무의 수행에 대한 의학적인 질의와 장애인 개개인이 업무를 수행하도록 적절한 편의시설을 제공하도록 요구할 수 있다. 이 법에서는 건강진단이 사전에 지원자들에게 건강진단을 실시될 수 없다고 요구하고 있다.

⑤ 정직성시험(honesty tests)은 필기시험으로 신뢰도와 정직에 대한 태도를 측정한다. 수천 개의 회사에서 수백만의 근로자에게 이 평가가 실시되고 있으며 거짓말탐지기 사용의 법적인 제한에 따라서 고용주의 사용이 증가하고 있다. 이러한 시험은 고용주가 지원자의 선발하는데 도움이 되며, 정직성시험의 타당성과 신뢰도 연구에 관하여 학술간행물이 발간되었다.

⑥ 약물시험(drug testing)은 약물이 범람하는 세상에서 비약적으로 증가하였다. 고용주들은 근로자들이 중독성 약물의 영향으로부터 자유로이 그들의 업무를 수행하고 사고가 예방되기를 원한다. 전직 미국의 공중위생국 장관인 C. Everett Koop는 어떤 특정한 날에 18~40세의 근로자의 불법 약물에 대한 시험을 실시하면 14~25%의 근로자가 양성으로 나올 것이라고 주장했다. 이러한 문제로부터의 생산성의 손실의 비용은 매년 340억 달러에 달하며, 이것이 왜 1992년 한해에만 2,200만명의 근로자가 약물검사를 받았는가에 대한 이유가 된다.[14] 개인의 프라이버시 권리의 침입에 대한 보호에서는 이러한 조치에 반대하는 관점도 있다. 이런 약물검사는 비용과 품질, 정확성에서 매우 다양하다.[15] 약물검사가 약물을 사용하지 않은 사람에게서 "잘못된 양성" 반응이 나올

13) 같은 집단으로 묶을 수 있을 정도로 이해관계가 밀접한 다수의 피해자 중에서 그 집단을 대표하는 대표당사자가 나와서 소송을 수행하고, 피해자 중에서 별도로 제외신고(opt-out)를 하지 않는 한 당연히 판결의 효력이 피해자 전체에 미치게 하는 집단구제(일괄구제) 제도이다.

14) Bennett-Alexander and Pincus, Employment Law, p. 386.

15) Erich Goode, Drugs in American Society, 3rd ed. (New York: Alfred A. Knopf, 1989).

경우도 있고, 약물을 사용한 사람에게서 "잘못된 음성" 반응이 나오는 경우도 있다. 약물검사에서 또다른 문제는 검사자를 속이는 행위이다. 쉽게 설명해서 소변 샘플이 요구되었는데 당사자가 나타나지 않고, 다양한 방법들이 고용주를 속이는 방법으로 약물남용자에 의해 자행된다. 예를 들면 약물을 사용하지 않은 사람의 소변이 대신하여 제출된다. 이러한 속임수는 큰 문제이므로 약물을 시험하기 위한 다른 방법은 소변대신에 머리칼을 이용하는 방법이다. 몇몇의 전문가들은 이러한 방법이 소변검사보다 더 정확하다고 생각한다.

4. 배경조사

거짓말 탐지기의 사용에 대한 제한에 따라서 고용주들은 지원자들의 정보를 확인하기 위해서 다양한 방법으로 지원자의 배경조사를 실시하고 있다.

지원자의 범죄경력은 만일 있다면 고용주의 주요한 고려사항이 될 것이다. 특히 지원자가 보안 부문에 지원할 경우에는 이것은 결정적인 문제가 된다. 지원자의 체포전과에 대하여 문의하는 것은 일반적으로 불법이나 유죄판결 기록을 얻는 것은 대부분의 사법부에서 합법적으로 얻을 수 있다. 과거 근무경력은 과거 업무수행을 나타내는 것이므로 조사의 주요한 분야이다.

조사원은 지원자의 과거경력을 전화나 개별적으로 조사해야 하나, 기업의 인사부서에서는 잠재적인 변형된 소송을 우려하여 개인정보의 제공을 꺼려한다.

대체적으로 개인적인 관련사항은 지원자가 자신에게 호의적인 답변을 하는 경향이 있다. 그러므로 만약 조사원이 관련사항으로부터 추가적인 참고사항을 얻었다면 지원자에 대하여 더 많이 알 수 있을 것이다.

대부분의 대학에서는 지원자의 출석과 학위에 대해 전화로 확인해준다. 대학 사본은 지원자의 위임에 의하여 봉인하여 전달된 우편물의 제출로서 확인할 수 있다.

이것은 개별적인 법률에 따르며 교육기록을 접수시 조사원은 특징(이름, 사회보장번호)을 살펴보고 불일치를 찾아본다. 또한 지원자의 재정상태는 절도에 대한 잠재성을 나타내므로 업무상 필요가 없더라도 재정상태는 면밀히 확인되어야 하며 신용과 관련된 질의나 고용판단은 식별력이 있으나 미국에서 어떤 소수 민족은 다른 민족보다 대체적으로 가난한 경향이 있다.

제4절 채용 전 적격심사

신입사원 채용 전 적격심사(Pre-employment Screening)는 신규직원의 장래에 대한 자질에 대한 기업의 평가로서 신입사원을 채용하려는 기업은 선발에 필요한 최적의 테스트를 하고 가장 적절한 인재를 구하는 것이 여러 가지 매우 중요한 이유로서 기업에 도움을 줄 것이다.[16)]

실제로 기업에 손해를 입히는 거의 대부분의 원인은 구성원에서 시작되어 구성원에서 끝난다는 것이 기업에서 구성원의 중요성을 나타내는 것이다.[17)]

채용 전 적격심사를 통하여 조직은 다음 3가지의 비용을 절약할 수 있을 것이다.[18)]

① 범죄경력, 폭력성향, 약물 의존자, 불안요인을 갖은 사람을 제외시킴으로서 기업은 절도나 사고, 추가적인 의료비 등을 줄일 것이다.

② 공석인 자리에 적절한 지식과 기술을 가진 사람을 선발함으로써 훈련과정에서의 비용을 줄인다.

③ 잠재적으로 장기간 근무할 것을 보여주는 지원자는 이직으로 발생하는 비용을 줄인다.

기업구성원은 기업을 실질적으로 움직이는 동력이고 업무결과를 만들어 내므로 기업이 수행하는 모든 것의 성패가 구성원임은 부정할 수가 없다.

따라서 신규직원을 채용하는 과정에서 지원자에 대한 정확한 정보를 얻는 것은 최적의 사람을 채용하는 것을 보증할 뿐만 아니라 잠재적인 문제를 가진 사람을 채용하지 않음으로써 기업에 도움을 줄 것이다.

이러한 점에서 채용시 면접관이 지원자와 관련된 가장 적절한 질문을 하지 않는다면 지원자와 관련된 정보를 얻을 수 없을 것이다. 일반적으로 지원자는 자신에게 불리한 내용은 숨기려는 경향이 있기 때문이다.

---

16) John W. Kennish, CPP, http;//kennish.com/screen/.

17) 정보통신부 산하 한국정보통신수출진흥센터(ICA)가 2004년 6월 1일부터 7월 20일까지 770개 기업을 대상으로 조사한 'IT기술 해외유출 방지 실태조사 보고서'에 따르면, 유출을 시도하는 사람은 퇴직사원이 69.4%, 현직사원이 16.7%로 나타나 기업체의 인사관리의 중요성이 드러났다.

18) John J. Fay, *op. cit.*, p. 235.

1. 적격심사의 이유와 목적

1) 채용 전 적격심사 이유

피터 드러커는 지식경제에서 '제너럴리스트'는 그 자신이 지식을 관리하고 또 지식근로자(knowledge technologist)[19]를 관리하는 전문가가 되는 경우에만 존재가치가 있다고 하였다. 그것은 또한 아무리 '충성심'을 강조할지라도 앞으로 지식근로자는 자신의 정체성을 확인시켜 주고 개별적인 특성을 강조해 주는 대상으로서 자신이 몸담고 있는 조직이 아닌 자신의 전문분야를 택하게 되리란 것을 의미하기도 한다.[20]

따라서 뛰어난 지식근로자일수록 청렴성(integrity)을 유지하지 못하는 경우에는 기업에 더욱 치명적인 타격을 줄 것이다. 그러므로 기업에서 핵심적인 역할을 수행하거나 중요정보에 접근이 가능한 구성원의 선발에 있어서는 배경에 대한 정확한 실사와 더불어 당사자의 인성에 대한 확인까지도 실시하여야 한다.

지원자에 대한 채용 전 적격심사는 관련된 법률적인 기준이나 계약기준의 요구 등 다양한 상황에 따라 다르게 적용된다. 부수적으로 이러한 적격심사는 지원자나 현 직원들에게 조직이 개개인의 능력에 관하여 계속적으로 관심을 기울이고 있다는 메시지를 보내는 긍정적인 역할을 한다.

이것은 면접자에게 무언가를 숨기는 지원자에게 경고의 의미와 현직원의 조직에 대한 자부심과 능력의 발휘를 촉진하는 역할도 한다.

또한 어떤 유형의 범죄성향을 가진 신규채용자의 과거나 잠재적인 미래의 범죄 그리고 기업이 수용하기 어려운 행동으로 기인한 중요한 직책에 부적합한 사람이 선발되는 것을 방지하게 할 것이다.

일반적으로 채용 전 적격심사에서 요구되는 선발과정은 수많은 사람이 관련되어 중복적으로 평가업무에 참여한다. 이러한 선발과정에서의 증가된 인원의 참여는 더 좋은 판단과 기업의 관심을 더하게 하는 긍정적인 역할을 하게 된다.

---

19) 지식근로자라는 용어는 의사, 변호사, 회계사, 화학 기사 등의 상당한 수준의 이론적 지식을 갖고 있고 또 교육을 받은 사람을 지칭할 때 폭넓게 사용된다. 앞으로 가장 뚜렷하게 증가할 부류는 지식기술자일 것이다. 지식기술자들은 지식근로자인 동시에 육체노동자이기도 하다. 하지만 그들의 육체작업은 도제방식으로가 아니라 오직 정규교육을 통해서만 획득될 수 있는 이론적 지식에 실질적으로 기초하고 있다. 대체로 그들은 스스로를 '전문가'로 인식하고 있으며, 다음 수 세대에 걸쳐 사회 및 정치 측면에서의 지배적 세력으로 존재할 가능성이 높다(피터 드러커/이재규 옮김, Next Society, 한국경제신문, 2002, 23면).

20) 피터 드러커/이재규 옮김, 프로페셔널의 조건, 청림출판, 2001, 17면.

또한 지원자에 대한 평가정보의 증가에 따라 측정과정의 효율성도 증가한다. 이러한 추가적인 시간은 주어진 직위에 최적의 사람을 선발하고 지원자를 서로 비교 평가할 수 있게 한다. 더불어 이러한 향상된 객관성은 채용과정의 어떠한 의도적·비의도적 차별의 가능성을 줄이게 할 것이다.

2) 채용 전 적격심사의 목적

① 기업의 입사지원서 양식에 의거하여 제공된 지원자의 정보의 정확성과 완전성을 면접의 진행과정 동안에 확인한다.

② 선발하려는 지원자의 자질에 관한 과거의 문제에 대한 증거를 확인하고 과거 행위의 유형이 미래의 행동에 미치는 것에 관하여 사려 깊은 예상을 가능케 한다.

③ 치밀한 적격심사에 근거하여 채용 여부를 결정한다.

④ 신규채용자의 직위에 가장 어울리는 궁극적인 적성의 증거들을 규명한다.

2. 적격심사의 범위와 방법

1) 적격심사의 범위

모든 채용 전 적격심사는 상당한 시간과 재원이 필요하다. 따라서 이 과정에 더 복잡한 과정이 요구될수록 여기에는 더 많은 시간과 비용이 소요되게 될 것이다.

또한 최근의 취업난으로 인한 엄청난 수의 지원자로 인하여 이러한 과정이 배가될 경우에 이 비용과 시간은 기업에 상당한 부담을 끼치게 될 것이다.

그러나 부적절하게 이러한 시간과 비용을 아끼려고 채용 전 적격심사에 대하여 비용을 투자하지 않는 것은 미래에 더 많은 비용을 지급하는 것을 예약하는 것과 같다. 따라서 이러한 과정의 목적에 의거하여 기업이 특정한 목적으로 채용하려는 인력의 특징에 근거하여 충분한 적격심사의 수준을 보장하여야 한다. 기업보안의 관점에서 구성원에 대한 잠재적인 위험성향의 분석은 이러한 방식에서 핵심적으로 고려될 사항이다.

채용 전 적격심사의 정도는 채용하고자 하는 직책과 관련된 위험의 수준과 잠재성의 직접적인 비율에 따라 적절하게 배려되어야 한다.

이것은 적격심사의 수준이 채용될 직위의 상태에 따라 가감되어야 한다는 의미이다. 예를 들어 무장 보안요원이나 핵심 연구원 지원자는 상대적으로 일반사무직에 지원하는 사람보다 더 상세하고 중첩적으로 적격심사가 이루어져야하며 회계나 경리부서 근무자의 신용상태확인[21]은 필수적이다.

그리고 어린이 치한유괴의 경력이 있는 자는 어린이 보호시설에서 일하는 것을 허용하지 않는 것은 당연하며, 심각한 운전사고 경험이 있는 사람은 배송업무와 같은 회사차량의 운전과 같은 업무에 고용되어서는 안 되며, 허용되지 않는 약물거래에서 유죄 경험이 있는 자는 병원에서 일하는 것을 금한다. 그리고 성폭행범은 택시운전에 고용되거나 여성이 많이 근무하는 조직이나 호텔에서 고객서비스 업무에 종사하게 해서는 안 되는 것은 상식적인 사항에 속하나 종종 간과되기도 한다.

이상의 사례는 명확하게 지켜져야 하나 실제로 고용시 적격심사가 가끔 무시되어 또다른 미래의 잠재적인 비용을 지급하게 되는 결과로 연결되기도 한다.

2) 적격심사의 방법

이러한 적격심사의 과정에서 가장 중요한 기법은 면접이다. 따라서 면접을 수행하는 사람은 면접기법에 관하여 훈련되고 익숙하여야 할 것이다.

또한 면접관은 어떻게 명료한 답을 유도할 수 있는가에 대한 질문기법에 대하여 알아야 한다. 더불어 질문에 대한 답변과 몸짓이 의미하는 것의 의미를 분별할 수 있어야 한다.

이러한 면접과정은 신문과정은 아니나, 면접관들은 특히 지원자의 중요한 관련 정보에 대한 진실을 알아내기 위한 체계화된 질문을 하여야 할 것이다.

대체적으로 지원자들은 결코 그들에게 부정적인 면에 대해서는 질문을 받지 않으면 말하지 않으므로 면접자는 채용될 자리에 어울리지 않는 지원자의 특성인 언행의 불일치성, 태도, 행동유형에 대해서 주의깊게 살펴야 한다. 따라서 제한된 관련정보에서 정확한 결론을 도출해 내는 면접자의 능력은 가장 중요한 평가도구이다.

이러한 면접과정과 가장 밀접한 관련이 있는 것이 기업의 지원서 양식이다. 이 양식은 면접자와의 면접과정의 효율성에서 중요한 역할을 하므로 면접관은 이 양식에서의 정확한 정보, 적절한 순서, 유용한 적합한 수준의 정보를 도출해 내야 한다. 이 양식은 인사부서, 기업의 법률담당과 보안 부서가 공동의 협력으로 구성한다.

---

21) 현행 신용정보의이용및보호에관한법률 제24조 제6항에는 "채권추심이나 고용, 인·허가의 목적 등 대통령령이 정하는 목적으로 사용하기 위해 개인정보를 제공할 수 있다고"규정되어 있다.

여기에서 요구되는 기본적인 정보는 지원자의 현재와 이전의 거주지 주소, 주민등록번호, 군 경력, 개인관련 사항, 교육과 훈련 성취정도, 연락처, 범죄 관련 사항, 운전경력, 전 직장과 현재의 근무기업과 직속상관 현황 등이 포함되어야 한다. 학력에 대한 신뢰성은 해당 학교에 확인하고 경력에 관해서는 전 직장의 고용주에게 확인하며 근무기간과 급여 그리고 행하였던 업무에 대해서도 확인한다. 그리고 지원서에 기재된 모든 관련 내용이 사실인지를 확인하고 이 지원서에는 미래에 부적격한 지원자에 대한 서류로서 또한 평가과정에서 발견되는 부정직한 상황에 대하여 기록해 두면 고용관계의 종료시 자료로서 활용될 수 있을 것이다. 따라서 이 지원서 양식에 날짜, 서명, 확인자를 반드시 기록한다.

지원자의 지문은 매우 귀중한 적격심사 과정의 도구로서 금융기관과 같은 매우 한정된 기관에서는 활용될 수 있을 것이다.

범죄기록에 관해서는 단지 지원자의 유죄판결이 확인된 경우에만 질문이 가능하고 단지 채포되었던 경험은 질문의 대상이 되지 않아야 하며, 전문성이 요하는 문제는 기업 법률자문에게 지원자가 언급한 현재 계류 중인 법률문제와 같은 여러 가지 상황에 관해서 자문을 구한다. 그리고 지원자에게 이전 직장에서의 비밀누설에 관한 것에 대해서 질문하여 확인하고 지원자의 부정직에 관련된 어떤 경험에 관한 정보도 중요하게 취급하여야 한다. 그리고 추가적인 질문의 확인은 과거 범행에 관한 정보를 관련기관을 통해서 알 수 있다.

여기에 관련된 수많은 경미한 범죄에 해당하는 음주운전, 폭행, 절도, 매춘, 약물복용에 대한 것도 채용시 평가과정에서 중요하게 고려되어야 할 것이다. 그러나 이러한 범죄관련 정보의 획득은 각 상황별로 확인이 쉽지 않을 것이므로 이러한 기록을 얻지 못하거나 지원자가 이러한 기록을 지원서에서 숨길경우에 나중에 고용관계에 관한 고려로서 언급하고 지원자에게 이것에 대한 책임을 지게 한다.

그리고 이러한 사전 채용 전 적격심사에 대한 고려시에 가장 중요시되는 것이 모든 요구사항들이 모든 지원자에게 동등하게 적용되어야 한다는 것이다. 그러나 대체적으로 상이한 직책은 위험분석과 같은 모순이 없는 기준하에서 상이한 적격심사 기준이 적용될 수 있을 것이다.

결론적으로 여기에서 가장 중요한 점은 모든 주어진 동일한 자리에는 반드시 통일된 기준으로 모든 지원자에게 동등하게 처리되어야 한다는 것이다.

3) 여러 적격심사 기법

채용 전 적격심사에는 시간과 비용 그리고 법적인 고려에 따라서 매우 다양한 추가적인 평가기법이 존재한다.

이러한 기법에는 아직 한국기업에서는 사용되지 않으나 미국에서 사용되는 민사소송, 세금관련 자료, 파산, 근로보상 기록, 음성분석, 약물복용 확인을 위한 화학실험, 필체분석, 필기시험, 평가원의 시험 등 매우 다양한 기법들이 존재한다. 이러한 각각의 기법들은 한국기업에서도 필요에 따라 반드시 구성원의 찬반에 대한 평가가 실시된 다음 적용되어야 할 것이다.

3. 적격심사 프로그램의 기준

적격심사 과정에서의 기업의 적격심사 프로그램은 반드시 문서화되고 사회법규와 관습 등에 적합하여야 할 것이다. 그리고 조직의 적격심사는 정확하고 공정하며 효율적으로 실시됨과 더불어 모든 기록은 기밀이 유지되어야 한다.

채용과정에서의 법률적인 자문과 검토는 이러한 적격심사의 성공에 필수적이다. 따라서 이러한 과정은 반드시 관련 법률에 부합하도록 해야 한다.

그리고 모든 지원자 개개인의 권리는 모든 과정에서 최고의 우선순위로서 보호된다는 것을 강조하고 면접시 맨 먼저 지원자에게 이와 같은 사실을 공지해야 한다. 더불어 이러한 프로그램 기준은 지속적이고 통일되게 적용 유지되어야 한다. 따라서 만약 이러한 기준과 방침에 일관성이 없으면 기업에 많은 문제점이 발생하게 될 것이다.

마지막으로 이러한 모든 과정의 결과는 비밀로서 조직 내부에서만 단지 필요한 사람만이 알도록(need-to-know)하는 원칙하에 엄격하게 통제해야 한다는 것을 명심해야 한다.

〈표 4-1〉 신입사원 채용시 신뢰도 측정 프로그램(미국)[22]

항 목	특 징	장 점
이력서	지원자의 배경에 관한 주관적인 서술	해당 업무에서 요구하는 조건과의 일치 여부에 대한 신속한 검토.
회사 지원서 양식	지원자의 이력에 관한 객관적인 서술	일관성, 대조, 거짓말을 이력서와 비교하고, 신속한 평가를 통하여 채용과정을 계속할 것인가 중지하여 손실을 방지할 것인가를 판단.
	각각의 질문에 대한 답변과 거주지, 경력, 교육은 지원자의 진실된 상황을 나타내고 지원자가 서명하고 날짜가 기록된다.	제출된 서류에 대한 치밀한 검토와 확인이 가능하게 되고 전화, 컴퓨터, 편지에 의하여 면접이 가능하고 지원자와 관련된 추가적인 정보를 얻을 수 있다.
	지원자의 서명에 의한 신뢰성의 확보	법적인 서류로서, 적절하고 정직하게 기록되었을 경우에, 지원자의 거짓이나 잘못된 정보에 대하여 자유로울 수 있다.
1차 면접	복장, 태도, 화술, 면접에 임하는 자세, 몸가짐의 단정여부를 보여준다.	기본적인 질문으로서 해당기업의 이미지와 어울리는가? 필수적인 요구조건에 부합하는가? 이력서와 지원서가 일치하는가? 사람과 기업에 대한 지원자의 태도는 어떠한가?
2차 면접	배경조사, 심리학적 시험으로서 약물검사에 대한 통과 후에 실시된다.	각종 고용관련 법률을 적용하여 위반된 것이 없는가를 확인하고, 지원자의 잠재적인 능력에 초점을 맞추어 시간과 비용을 절약한다.
기능측정	지원자에게 요구된 기능의 객관적인 확인	지원자를 채용하기 전에 해당 직무에서 요구되는 훈련의 범위를 고려하여 시간과 돈을 절약하게 한다.
정직성과 성실성의 평가	거짓말과 절도를 범할 가능성에 대한 표준화된 시험, 다른 사람의 부정을 보고하지 않음으로써 타인에게 피해를 끼칠 경향, 폭력 성향	지원자의 확인이나, 상기에 언급한 사항에 대한 징조를 조기에 발견함으로써 기업의 이미지를 보호하고 돈과 시간을 절약하게 되고, 궁극적으로 기업 재산을 보호하게 된다.
사전기초 채용전 조사	지원자에 의해 작성된 문서의 확인	지원자의 교육과정, 경력, 운전면허 등 관련 사항의 확인.
	공공기관을 통한 이력의 확인	지원자의 범죄(민·형사) 기록의 확인.
	지원자의 신용 정보	지원자의 재정상태에 관한 관련 기관을 통한 확인.
배경조사	지원자의 개인적인 관계를 조사	파산, 담보, 재판관련 상황의 확인, 재산의 기록, 전화 면접을 통해서도 가능함.
최종결정	평가, 분석, 고용여부의 객관적인 결정과 더불어 추가적인 정보의 요청여부를 판단	① 객관적이고 확인된 정보를 근거로 경영진이 결정한다. ② 사전조사의 태만으로 인한 잘못된 고용에 따른 법적 위험성을 감소하게 한다. ③ 인적자원으로 인한 시간과 돈을 절약하게 한다.

22) Peter Pitorri(1998), Counterespionage for American business, BH, pp. 59~60.

제5절 사회화와 학습

1. 사회화와 인사관리

사회화는 직원들이 무엇에 의하여 고용주에 대한 지식을 얻고 어떻게 생산적인 근로자로서 적응해가는 가로 훈련 프로그램이나 오리엔테이션보다 광범위한 영역을 포함한다. 사회화 과정을 이해하는 고용주들은 조직에서 직원들의 가치를 향상시키기 위해서 많은 투자를 할 것이며, 사회화된 근로자는 또한 조직의 보안전략에 충실함에 따라 기업의 손실은 줄어들 것이다.

기업비밀 보호의 주체는 임직원이므로 임직원의 신분상의 불안은 기업경쟁의 핵심인 기업비밀을 개인의 신분변동에 대비하여 사유화하거나 재취업의 수단으로 사용하기 위하여 유출과 부정취득 및 부정사용이 증가하는 경향이 있다. 특히 IMF 구제금융 이후에 퇴직자들에 의한 정보유출이 급증하고 있는데, 이중에서는 재직중에 퇴직 후를 대비하여 기업의 기술을 사유화하는 경향이 증가하고 있다.[23] 이렇듯 기업비밀의 생산과 유지관리 및 활용 등 모든 과정은 임직원이 보호의 주체이며 제3자의 침해에 대한 책임도 임직원의 책임일 수밖에 없으며 기업비밀의 유출 및 침해의 80% 이상이 임직원과 퇴직자에 의한 사건이 대부분이다.

또한 이러한 내부자에 의한 사건이 빈번한 이유는 기업비밀의 특성상 기업비밀을 보호하는 임직원을 스스로 유출하는 경우와 산업스파이들이 매수하거나 취급자의 약점을 이용한 협박, 공갈 등 모든 수단을 동원하여 임직원 및 퇴직자에게 접근하여 부정취득하고 있기 때문이다. 그 외는 연구소나 기업에 출입이 가능한 하청업체 직원 및 접근이 용이한 컨설턴트 등이 침해하는 경우이므로 결국 사람관리를 어떻게 할 것이냐 하는 문제로 귀결된다.

이를 방지하기 위해서는 다음의 내용들이 이행되어야 할 것이다.

① 비밀관리 규정과 비밀보호계약 등 제도적인 장치가 완벽해야 한다.

② 비밀보호를 하는 임직원에 대한 체계적인 교육프로그램과 정기 또는 수시로 지도하고 교육하여 그 중요성과 필요성을 인식하고 자발적으로 참여할 수 있도록 하여야 한다.

---

23) 첨단 IT기술유출방지대책 세미나, ICA, 2003, 10, 16면.

③ 임직원에 대한 개성과 자질을 파악하여 비밀누설의 위험성이 있는 인물은 인사관리 측면에서 기업비밀에 접근할 수 없도록 차단한다.

④ 기업에 출입을 인정한 외부하청업체 등 외래인 관리를 철저히 하여야 한다.

1) 보안 지도

보안 프로그램에서 가장 중점을 두어야 하고 가장 효과가 있는 구성원이 신입사원이고 이러한 신입사원들의 근무에 대한 지도를 할 때, 지도기간은 사회화 과정에서의 중요한 역할을 한다. 예를 들어 출발선에서의 프로그램의 구성은 미래의 문제들과 손실을 예방하는 장기적인 방향을 제시한다. 따라서 지도 프로그램은 신입 사원들에게 보안에 대한 큰 그림을 그릴 수 있도록 고안되어야 한다. 이와 관련된 토론은 보안 프로그램의 목적에 대한 직원들의 이해와, 어떻게 직원들이 도움을 줄 것이며, 구성원 모두에게 이익이 될 것인가를 고양시킨다.

2) 직원들의 훈련

이 토론은 사람의 보호와 교육에 중점을 두며, 따라서 다양한 부류의 직원들을 위해서 여러 가지 교육 프로그램을 실시한다. 오늘날 증가하는 이 분야의 실무자들은 교육의 중요성을 인식한다. 그러므로 계속적으로 훈련의 기준과 프로그램이 정복 근무자나 조사원 감독위치에 있는 사람들을 위해 끊임없이 향상되어야 한다. 이것은 전통적인 보안의 개념이 오늘날 여러 가지 손실을 예방하기 위하여 수행된 화재와 산업안전 전략과 같은 넓은 자산보호의 개념으로 확장되었기 때문에 중요하다.

그러나 불행하게도 많은 자체 보안부서나 업무는 무장이나 정복의 근무자가 총을 사용하여 상해를 입히거나 누군가를 죽게 하는 부적절한 대응과 같은 참사 후에 향상된 훈련프로그램을 실시한다. 더불어 교육 부족으로 인한 잘못된 체포는 또 하나의 문제이며, 관련된 소송은 기업에 커다란 손실을 발생시킨다.

그러므로 비록 훈련비용은 많이 들더라도 보안에 대한 투자는 그만한 가치가 있다. 이러한 훈련은 이러한 치명적인 사건이나 소송을 방지하게 한다. 훈련은 개개인에게 업무에서 무엇을 얻을 수 있는가에 대한 이해를 향상시키고, 도덕성과 동기를 높이게 하며, 징계적인 문제들을 감소시킨다. 그러나 모든 이러한 이익들은 교육에 관한 경영자의 지원이 없이는 불가능하다.

3) 훈련계획

① 첫 단계(훈련의 필요성)에서는 몇 가지 질문에 대한 답이 요구된다. 첫번째, 누가 이 훈련의 대상자인가? (보안 담당자, 정규직 근로자들, 신입직원이나 경험이 많은 근로자) 둘째, 무슨 훈련프로그램이 이용되는가? 셋째, 근로자의 평가에서 무슨 문제점이 발견되었는가? 넷째, 상급자로부터 무슨 제안이 있었는가? 다섯째, 근로자들로부터 무슨 제안이 있었는가? 이상의 직무에서 요구되는 기능을 정확하게 파악하기 위해 직무와 업무분석을 실시하는 것이 특히 중요하다.

② 두번째 단계(예산)는 훈련프로그램이 준비되기 전에 예상되지 않는 비용은 사용할 수 없으므로 미리 사용될 비용을 확보하는 것이 필요하다.

③ 세번째 단계(행동의 목적)는 각각의 행동의 목적은 학생들이 훈련을 통하여 행동의 변화를 상태를 나타낸다.

④ 네번째 단계(훈련프로그램의 개요)는 행동의 목적을 이용하여 훈련개요가 준비되고, 이것은 훈련의 단계별 순서에 적용된다.

⑤ 다섯번째 단계(매체를 통한 학습)는 주제 발표의 방법에 대하여 기술하고, 강의 · 토론 · 전시 · 사례방법 · 역할수행 등 다양한 전략이 필요하다. 여기에서시청각교제의 활용은 학생들의 흥미를 증가시키며, 보도자료는 학생들의 지도에 도움을 준다.

⑥ 여섯번째 단계(평가, 피드백 그리고 개정)는 훈련이 끝난 후에 학생들은 강사에게 귀중한 피드백을 제공해야 한다. 평가질문은 학생들에 의해 완성되고 강사에게 훈련프로그램을 개정하는데 도움이 된다. 이러한 모든 훈련이 장래에 참가자들이 그들의 업무를 효율적으로 수행하는데 도움이 되는가의 여부는 몇 달 후 감독자나 참가자의 면담을 통하여 확인된다.

〈표 4-2〉 보안요원 훈련(Ohio 훈련프로그램)24)

항 목	시 간	항 목	시 간
등록과 지도	1	청소년의 관리	5
법의 집행의 역할	4	정신병, 마약, 알코올 중독	6
기록	1	자기 방어	10
보고서 작성	3	구급법	12
형법과 절차들	4	감시 기술	4
체포법	4	성적인 공격자와 공격들	2
조사와 압류	4	기업체의 순찰활동	2
증거의 역할	4	집단과 군중의 통제	4
체포의 기술과 기교	4	화재 관리 기술	4
면접 기술	2	총기사용훈련	16
법정에서 증언	4	교통법과 통제	4
범죄의 구성요소	4	마무리 시험	2
법적 양상과 정의	2	총 프로그램 시간	114
자동차 범죄	2		

2. 학습의 원칙

① 학습은 행동의 변화를 가져오며, 학습의 목적은 특정한 행동에 의하여 설명된다. 학습자가 훈련프로그램을 실시하기 전에 임무를 수행하지 못한 것을 학습 후 수행하게 되었다면 행동이 변화된 것이다.

② 시험은 변화된 행동을 측정하기 위하여 사용된다.

③ 학습을 위한 적절한 상황이 주어지면 학습이 진행되며, 지도자는 효과적인 지도방법을 통하여 학습이 촉진되도록 학생들을 도와야 한다.

④ 지도 프로그램은 기초적인 정보를 소개하는 것에서 시작하여 발전된 정보로 발전하게 한다.

⑤ 지도자는 학생들의 반응이 옳은가, 옳지 않은가를 알아서 피드백하는것이 중요하다.

---

24) Wayne Siatt, "Curing the Ills of Hospital Security," Security World 17, no. 7 (July 1980), p. 31, Cahners Publishing Co., Division of Reed Holdings, Inc.

⑥ 지도 프로그램은 학생들이 정보를 이해하는가를 고려해야 한다.
⑦ 학생들은 정보가 그들의 업무와 관련된 경우 더 잘 이해한다.
⑧ 상황은 학습과정에 도움이 된다. 상황은 무언가 계속적인 연습을 통한 학생의 준비나 모형의 방식으로서 인식된다. 예를 들면, 불이 났을 때 어떻게 하는가를 정확하게 알기 위해 직원들은 계속적인 훈련을 실시한다.
⑨ 만일 연습이 단기간이 아닌 충분한 기간이 투자된다면 향상된 학습이 이루어진다.
⑩ 학습되거나 이해가 된 내용은 암기에 의하여 학습된 것보다 훨씬 오래 기억된다.

1) 훈련의 효과

경영관리의 기사에 의하면, "훈련에 쓸데없는 비용을 소비하지 않는 방법은 무엇인가?"라는 글에서 토스티(Donald J. Tosti)는 미국 기업이나 정부기관은 매년 훈련에 70억 달러 정도의 비용을 구성원의 훈련에 소모하며, 최소한 그 중의 반 정도가 효과 없는 것이라고 말했다.[25] 또한 그는 기업의 훈련교관들은 전통적인 칠판에 필기하는 방법을 이용하는데, 이러한 방법은 근로자의 태도를 바꾸는데 거의 영향을 주지 못한다고 한다.[26] 여기에서 토스티는 "훈련에서의 치명적인 잘못 일곱 가지"를 부연 설명하였다.

① 동기적인 문제들을 해결하기 위해 훈련을 이용한다.
② 실제적으로 필요한 것보다 더 복잡하게 훈련을 실시한다.
③ 예를 들어, 모든 조직의 직원들에 대한 훈련의 프로그램이 2년간에 걸쳐서 수립되는 것은 같은 내용을 훈련 받는 사람들에게 신선함을 주지 못하고 있다.
④ 소매점의 판매원에게 소매점의 중요한 절차를 설명하기 전에 그들의 업무에 대한 이론적인 것을 가르치는 것은 실용적인 면에서 쓸모가 없다.
⑤ 훈련의 실제 비용에 대한 이해의 부족.
⑥ 훈련을 비용효과적인 원칙에서 계산하는 것의 실패. 훈련 프로그램에 대한 평가는 이 점을 예상하는데 도움을 준다. 여기서 관심을 가져야 할 질문은 직원들이 배운 다음 새로운 정보를 업무에 적용하는가? 손실을 줄어들었는가? 훈련은 투자의 가치가 있는가?
⑦ 훈련이 일시적 유행이나 필요에 따라 좌우되는 것.

---

25) Donald J. Tosti, "How Not to Waste Your Training Dollars," Administrative Management 41, no. 2 (February 1980), p. 44.
26) *Ibid.*, p. 45.

2) 상급자의 역할

많은 조직에서 잘못된 사례의 설정이 만연되어 있다. 그리고 모든 조직들이 활동의 지침으로서 비공식적인 규칙을 가지고 있다. 주어진 15분 동안의 휴식시간은 조직 내에서 다양하게 이용할 수 있으며, 허용된 시간도 먼저 다양하게 고려한다. 보안규정을 어긴 미성년자인 구성원들에게는 다른 조직과 다르게 사전에 엄격한 훈계적인 행동이 주어지고 감독자의 행동은 하급자의 행동에 엄청난 영향을 미치므로 감독자는 선임자로서 명백하게 모범이 되는 모델로서 보여져야 한다. 따라서 좋지 않은 감독은 낮은 하급자의 생산성과 손실의 발생을 예고하는 것이다.

감독자는 사회학자들이 사회화 요인(agent of socialization)이라고 부르는 것이 무엇인가를 인식하고, 개개인의 사회화 속에서 지배적인 역할을 수행하므로, 우리는 사회의 구성원으로서, 부모로서, 선생님으로서, 성직자로서 사회화 기관이 된다. 기업조직에서는 신입 직원과 업무관계를 확립한 후에 상급자는 신입사원의 사회화 기관이 된다. 먼저 상사는 신입 직원이 어느 정도의 소속감을 갖도록 하고, 어색한 신입 직원을 안정시켜 준다. 그리고 상급자가 능숙하게 어려운 문제들을 해결하면 새로운 신입 직원도 자연스럽게 학습이 되어 앞으로의 업무를 잘 수행해 나갈 것이다. 처음 조직에서 익힌 것은 오랫동안 지속되기 때문에, 사회화 과정에서의 첫 인상은 매우 중요하며, 상급자의 좋은 모범은 출발의 동인을 결정하는 요인이 된다.

3) 근로자의 욕구

사회화과정뿐만 아니라 손실에서도 근로자의 욕구에 대한 조직의 대응은 근로자에게 커다란 영향력을 가지고 있다. 근로자의 욕구가 만족되었을 때, 근로자 또한 고용환경에 대해서 적극적으로 배우게 된다. 더불어 그들은 관리나 감독의 고려사항을 배운다. 근로자가 조직의 손실을 줄이는 것에 도움을 주는 동안 고용 환경에 대해 감사하고 존경하는 것을 배운다.

그러면 근로자의 욕구는 무엇인가? 심리학자 아부라함 매즈로우는 1950년대 초기에 욕구의 단계에 대해 입안하여 유명하게 되었다.[27)]

매즈로우의 관점[28)]은 욕구란 인간은 항상 무언가를 바라는 상태이고, 인간의 각각의

---

27) Motivation and Personality (New York: Harper and Row, 1954).

28) 매즈로우(Maslow, Abraham H., 1908~1970)는 미국의 심리학자·철학자로서 인간욕구의 5단계설을 제시하여 인본주의 심리학의 창설을 주도하였으며, 기본적인 생리적 요구에서부터 안전, 사랑, 존중

욕구단계에서 그들의 수준에 따라 인간이 원하는 것은 변화한다는 것이다. 이러한 욕구단계에서 하위 수준의 욕구는 상위 수준의 욕구 전에 만족되어야 한다.

① 생리적 욕구 ; 음식이나 물, 그리고 쓰레기의 제거 등과 같은 생존에 필요한 것은 고용주의 지원에 의하여 만족될 수 있다. 잘 운영되는 식당이나 깨끗한 세면장이 예이다.

② 안전의 욕구 ; 이 욕구는 인간 생명의 질서와 관련이 있다. 사람들은 공포나 불안으로부터 자유스럽기를 원한다. 적절한 급여와 의료보험, 작업장의 안전은 이러한 욕구를 만족시킨다.

③ 사회적 욕구 ; 사랑 받거나 친구를 갖거나 존경을 받는 것은 상급자에 의해 만족될 수 있다. 상급자는 하급자가 일을 잘할 경우 칭찬을 하여야 한다. 직원들은 일을 잘했을 경우에 상을 받거나 인정을 받아야 한다. 이것은 직원의 사회화에 도움이 된다.

④ 존경과 지위의 욕구 ; 상황에 대한 만족과 성취하는 것, 승인과 존경을 얻고자 하는 욕구가 여기에 해당한다.

⑤ 자아실현의 욕구 ; 이 욕구는 욕구단계의 최상위의 것이다. 이러한 욕구는 수위·주부·의사 어느 누구든 간에 그 자신의 잠재적인 능력을 성취하는 것이 중요하다. 조직과 그들의 상사들은 직원들의 그 욕구를 만족시키는데 도움이 되도록 많은 도움(훈련·승진 등)을 주어야 한다.

직원들은 자신의 욕구를 충족되든 좌절되든 간에 이러한 상황에서 조직에 대하여 무언가를 느끼게 될 것이다. 더러운 식당이나 세면장·적은 급여·한정된 의료보험·부적절한 안전 프로그램·권위적인 감독·조악한 훈련과 승진의 기회 등을 생각해보아라.

메즈로우의 인간의 욕구에 의거하여 이 직장은 다른 곳과 비교하여 얼마만큼의 손실을 보겠는가? 결과적으로 유능한 경영자라면 이러한 근로자의 욕구를 합리적으로 수렴하여 조직의 운영에 반영하여 구성원의 기본적인 욕구를 충족시키는 것이 기업의 생산성의 향상에 기여하게 될 것이다.

그리고 궁극적으로 자기실현에 이르기까지 충족되어야 할 요구에 위계가 있다는 욕구 5단계설을 주장하였다.

제5장

내부 위협요인과 대책

제5장 내부 위협요인과 대책

급변하는 기업환경에서 기업의 생존은 외부적인 환경의 적응도 중요하지만 내부구성원의 의식과 내부적인 기업운영시스템의 문제에서 기인한다.

오늘날 어떠한 조직이나 손실의 대부분은 내부요인이므로 조직내부의 보안은 조직내부로부터의 위협요인에 초점을 맞추어야 한다.

절도 · 화재 · 사고는 주요한 내부 손실의 원인이나 또 다른 여러 가지 원인들도 존재한다. 기업의 생산성 손실은 잘못된 공장의 배치나 직원들의 약물의 남용에서도 기인하고 또 다른 생산성의 손실의 원인으로는 종업원들이 일을 하지 않고 빈둥거리는 것, 작업장에 늦게 도착하는 것, 빨리 퇴근하는 것, 쉬는 시간을 많이 갖는 것, 과도하게 사회화 되는 것, 잔업을 만들기 위해 일을 질질 끄는 것 등도 낭비이며 이것은 시간의 절도로 간주되어야 한다.

또한 공장에서의 측정장치들(도량형)의 운영은 이것이 직원들에게 알려졌든 않았던 또 다른 손실의 원인이다. 저울이나 내용물의 일정한 양을 내보내는 장치들은 트럭의 중량으로부터 구리선의 길이까지를 측정하는 것이 예이다. 이렇듯 내부적인 위협의 범위는 광범위하다.

제1절 내부인의 절도

1. 내부인 절도의 심각성

내부절도는 직원의 절도(employee theft) · 좀도둑질(pilferage) · 위탁금 횡령(embezzlement)[1] · 훔치기(stealing) · 위탁물 사용(peculation) · 위탁금 유용(defalcation) 등과 관련되어 있으며, 직원절도는 그들의 고용주로부터 회사의 재산을 직원들에 의해 무단으로 훔쳐지는 모든 행위를 의미한다.

좀도둑질은 작은 양을 훔치는 것을 말하며, 위탁금 횡령은 돈이나 재산을 그들의 관리하에 맡겨둔 사람들에 의해 발생한다. 이것은 신의칙의 위반, 즉 신뢰의 위반으로 발생하며 위탁금 무단사용(Peculation)과 위탁금 유용(defalcation)은 위탁금 횡령(embezzlement)과 유사한 의미이다.

여기에서 사용되는 용어가 어떤 식으로 적용되던 간에 이러한 문제는 단체나 경영조직들의 생존에 치명적인 위협요인이다. 더구나 이러한 위협은 직원들이 훔치는 것이 무엇이든지 간에 완벽하게 통제하는 것이 불가능하므로 많은 기업경영의 심각한 문제이다.

직원들의 절도에 의한 추정된 총금액은 절도의 규정과 통계가 여러 가지로 다르기 때문에 매우 다양하나 미국 홀크레스트 보고서는 미국기업에서 연간 1,000억 달러 정도로 보고 있다.[2]

그러나 공인 부정조사가협회(Association of certified fraud examiners)에 따르면 조직 매출의 6% 정도가 직원들의 속임수나 낭비에 기인하며, 그 금액은 연간 총 4,000억 달러에 이른다고 주장한다.[3]

또 다른 주장으로는 새퍼드(Shepard)와 더스톤(Duston)은 몇 가지의 연구를 분석하여 직원들의 절도로 기인한 미국 내의 총 연간 경제적인 업무손실은 150억 달러에서 250억 달러에 이른다고 하였다.[4]

---

1) 타인의 재물을 보관하는 자가 그 재물을 횡령하거나 반환을 거부하는 범죄(형법 355조 1항)로서 타인의 재물을 보관하는 자만이 범할 수 있는 신분범이며, 객체는 자기가 보관하는 타인의 재물이다.

2) William C. Cunningham and Todd H. Taylor, Private Security and Police in American: The Hallcrest Report (Portland, OR: Chancellor Press, 1985), p. 243.

3) Robert King, "Employee Screening-Key for Today's Business," Security Concepts (October 1996), p. 15.

그럼에도 불구하고 이러한 수치는 직접적인 것과 간접적인 것의 합계에서는 빙산의 일각에 불과하다. 간접적인 손실은 생산의 지체나 소송 후의 보험료의 급격한 할증을 포함해야 한다. 베이커(Baker)와 웨스틴(Westin)의 연구에서는 주요한 내부 범죄들에 따르는 직원들의 도덕성과 일반인에 대한 기업이미지의 손상은 또 다른 엄청난 간접적인 손실이라고 언급하였다.[5)]

2. 내부인 절도의 원인

왜 직원들이 자신이 소속된 기업의 재산을 훔치는가에 대한 원인은 한 가지 이유만 있는 것이 아니다.

그럼에도 불구하고 직원들의 절도의 주요한 두 가지 원인은 직원 개인적인 문제들과 환경적인 것이 있다. 여기에서 직원들의 개인적인 문제들은 직업의 행동에 직접적인 영향을 미친다.

개인적인 원인에는 주요한 재정적인 문제들, 가정적인 불협화음, 약물의 남용, 과도한 도박은 절도를 저지르는 근본적인 원인이 되기도 한다.

이러한 문제들을 가지고 있는 직원들이 모두 절도를 범한다고 하기에는 부적절하나 실시 빈도나 훔치는 것에 대한 유혹은 강해질 수밖에 없다. 따라서 현명한 고용주는 문제가 있는 직원들을 경계해야 하며, 심하면 관련기관의 도움을 받아야 할 것이다. 더불어 기업환경은 아마 내부 절도 이면의 가장 강력한 요인일 것이다.

정치가들, 기업체 경영자들이나 사회의 주요 인물들은 끊임없이 범죄의 형태로서 범죄자를 만들어 내는 부적절한 사회화의 결과로서 좋지 않은 예를 보면서 직원들은 자신의 관리할 수 있는 불법을 보고 난 후 비슷한 행위를 한다.

어떤 업무에서는 대부분의 사람들은 훔치는 것은 훔치지 않는 사람이 비정상적인 사람이거나 이방인으로 취급되기도 하며, 몇몇의 어리석은 관리자들은 직원들의 절도가 도덕성을 향상시키고 단조로운 업무를 흥미롭게 한다고 생각하기도 한다.

때때로 많은 직장에서 직원들은 실제적으로 부정직하라고 지시되기도 한다. 이러

4) Ira M. Shepard and Robert Dustin, Thieves at Work: An Employer's Guide to Combating Workplace Crime (Washington, DC: Bureau of National Affairs, 1988), p. 19.

5) Michael A Baker, Alan F. Westin, and U.S. Department of Justice, Employer Perceptions of Workplace Crime (Washington, DC: U.S. Government Printing Office, 1987), p. 12.

한 사례로는 상품을 검수하는 부서에서 상관들이 판매인에 대한 통지 없이 배달된 트럭의 검수시 추가금액을 받으라고 하는 것을 볼 수 있다.

직원들이 물건을 훔칠 경우에, 이성적인 합리화(rationalization)[6]는 죄의식을 완화하도록 정신적으로 행위자의 죄의식을 경감시키게 된다. 이러한 이성적인 합리화의 부분에는 "모두가 훔치는데", "이것은 부수입이야", 아니면 "고용주는 나에게 충분한 급여를 주지 않아", "지도층이라는 놈들도 그러는데"와 같은 것이 있다.

도날드 R. 크래씨 박사는 수천명의 범법자들을 분석한 결과 이들은 절도를 상식적인 요소로 생각한다는 것과[7] 절도를 하기 전의 마음속에 다음과 같은 세 가지 특징을 발견했다.

동기(Motivation) +기회(Opportunity) + 합리화(Rationalization) = 절도(범죄)

동기는 개인적인 채무나 유흥비, 약물문제에 돈이 필요하거나 다른 사람으로부터 승인을 얻음으로써 시작된다. 절도의 기회는 대부분 무방비로 방치된 장소에서 발생하며(현금등록기나 하역장 같은 곳), 시행 후의 합리화는 죄의식을 경감시킨다. 이 공식은 적절한 보안 활동과 정직한 근무환경의 필요성을 보여주는 좋은 예이다.

3. 내부인 절도의 수법

종업원이 고용주로부터 돈이나 상품을 훔치는 방법은 직원들의 상상력에 달려있을 만큼 무궁무진하다. 전통적으로 직원들은 훔치는 항목들을 직원들이 퇴근 시 그들의 옷 속에 물품을 숨기는 것이다. 오늘날 보편화된 더욱 지능적인 방법은 회계 기록을 치밀하게 조작하는 것을 포함한다. 이러한 경우에는 몇몇의 직원들이(외부인) 공모하는 것도 일반적인 방법이다. 소형 라디오는 사람의 주머니나 속옷 속에 숨기며, 피아

6) 합리화란 정신분석학의 방어기제의 하나로서, 정신분석이론에서 불합리하고 수용하기 어려운 행위에 대한 이유나 자기정당화를 설명하기 위하여 진실한 동기나 감정을 숨기려는 사람의 시도를 방어기제라 한다. 방어기제란 자아가 위협받는 상황에서, 무의식적으로 자신을 속이거나 상황을 다르게 해석하여, 감정적 상처로부터 자신을 보호하는 심리 의식이나 행위를 가리키는 정신분석 용어로 합리화, 억압, 전치, 취소, 투사, 퇴행, 등이 있다.

7) Banning K. Lary, "Thievery on the Inside," Security Management(May 1988), p. 81.

노는 일년 이상에 걸쳐 한 가지씩의 부품을 훔친 다음 자신의 창고에서 조립되듯이 훔쳐지는 물건의 종류(소형 라디오 · 피아노 · 현금)와 방해물(보안 전략들)은 절도의 방법들을 알려준다.

부정직한 몇몇의 직원들은 다음의 방법을 이용한다.

① 작업장을 떠날 때 생산된 물품을 입고 간다. 예를 들어, 훔친 속옷이나 소품들은 그들의 몸에 부착되어 표시가 나지 않는다.

② 도시락·작은 책·작업복 꾸러미·라디오·우산·신문·모자·머리카락 속에 물건을 숨기고 몰래 가지고 나간다.

③ 쓰레기통이나 대형 쓰레기 수납기, 쓰레기 더미 속에 숨긴 다음 나중에 가지고 간다.

④ 근무시간 후에 열쇠를 가지고 직장에 되돌아와서 물건을 가지고 간다.

⑤ 트럭 운전자가 연료나 수리비용으로 가짜 영수증을 고용주에게 재출하고 나중에 돈으로 수령한다.

⑥ 트럭 운전자와 검수 직원이 결탁한다.

⑦ 임원들의 부풀린 비용청구서를 재출한다.

⑧ 공금자로부터 높은 가격의 제품을 구매한 다음 구매부서의 뇌물을 받는다.

⑨ 판매원들의 현금 판매금액의 거래장부에 기록 누락한다.

⑩ 근무시간과 급료지급명세서 지급비율을 부풀린다 .

⑪ 경리부서 직원이 존재하지 않거나 해고된 직원의 급료지급명세서를 유지하고 나중에 자신이 수령한다.

⑫ 엉터리 계산에 의한 직원들에게 지급될 가짜 청구서를 만든 다음 그들 자신이 이용한다.

4. 절도의 징후

일반적인 제조회사에서 다음 상황들의 절도가 발생한다.

① 재고조사기록과 물리적 계산이 다름.

② 부정확한 회계기록.

③ 선적과 입고된 상품의 차이.

④ 특정한 양의 동일한 상품을 생산하는데 필요한 원재료 양의 증가.

⑤ 상자로부터 분실된 상품(예를 들어, 완성된 상품은 각각의 팔레트에 20상자가 있어야 하는데, 몇몇의 상품은 적어도 몇 상자가 부족함).
⑥ 부적절한 장소에 있는 상품(완성품이 출구 근처에 숨겨져 있음)
⑦ 보안장비가 손상이 되거나 작동되지 않는 것.
⑧ 잠겨져야 할 창문이나 문들이 열린 경우.
⑨ 허가되지 않는 구역에서의 근로자들(직원들·트럭 운전자들·수선공)
⑩ 빨리 출근하거나 퇴근하는 근로자.
⑪ 그들의 책상에서 점심을 먹거나 휴가 가는 것을 거부하는 근로자.
⑫ 어떤 특정한 직원에게만 서비스를 원하는 손님들.
⑬ 그들 자신의 열쇠를 가지고 있는 감시되지 않는 퇴근 후의 청소요원.
⑭ 자신의 업무와 관련된 일상적인 질문에 민감한 직원들.
⑮ 자신의 수준보다 분에 넘치게 생활하는 근로자.
⑯ 정상에서 벗어난 과도한 외부의 청구서.

제2절 정책적 보안대책

내부절도의 문제는 다음과 같은 성공적인 예방전략으로 줄일 수 있다. 이러한 전략에는 관리적 지원 · 효과적인 기획과 예산 체계 · 좋은 내외부의 관계 · 지원자의 적격 심사와 직원의 사회화 · 책임 · 회계 그리고 감사 · 정책과 절차의 통제 · 신호 · 무료 사용번호와 보상 · 조사 · 자산의 손실과 절도의 감지 · 보험과 보증 · 의심스런 직원의 면담 · 고소 · 사례연구 등이 있다.

① 관리적인 지원 ; 경영진의 관리적인 지원이 없으면 손실을 줄이는 노력도 어렵게 되므로 좋은 관리팀의 구성은 치밀한 전략적 기초와 절도를 용인하지 않는 분위기를 조성하고 예산지원의 요구와 적절한 정책 · 절차는 매우 중요하다.
② 효율적인 계획과 예산 ; 내부 절도에 대한 조치를 취하기 전에 문제에 대한 철저한 분석이 필요하다. 여기에는 다음 사항에 대한 질문을 포함해야 한다. 문제의 심각성은 얼마나 되나? 감소량의 통계는 얼마나 되나? 전번 재고조사의 정확성은? 또 다른 재고조사가 실시되었는가? 어떤 전략이 비용효율적인가?
③ 내외부의 관계 ; 적절한 내외부의 관계는 직원들의 절도를 막는데 중요한 역할

을 한다. 보안 실무자의 적절한 행실과 태도, 복장이 직원들에게 존경되어야 하고 사고들에 대한 즉각적인 조사는 손실이 주요한 관심사항이란 것을 나타낸다. 작업장에서의 엄격한 예방분위기는 외부에서의 평가가 따르게 되며, 이러한 분위기는 불순한 동기를 가진 외부인이 해당 업무에 지원하기 전에 다시 한번 생각하게 한다.

④ 지원자의 선발과 직원의 사회화 ; 정식직원으로부터 시간제나 임시직 직원들의 선발과정은 주요한 절도예방 기술이다. 따라서 어떤 단계이든지 지원자의 첫 인상부터 기업체의 손실예방의 분위기를 느끼게 한다.

⑤ 책임감, 회계 그리고 감사 ; 책임감은 책무이며 무엇인가에 대한 소명이다. 예를 들어, 어떤 사람은 공장의 모든 완성품에 대한 책임이 있으며, 그는 저장되어 있는 것에 대한 정확한 기록(설명)을 유지해야 한다. 회계는 기록과 분류, 요약, 보고, 업무결과에 대한 해설과 관계가 있다. 예를 들어, 업무기록들은 작년에 감소량이 증가되었다는 것을 보여줄 수도 있다. 감사는 목표나 기준과의 차이를 발견하기 위한 조사나 시험이다. 보안요원이 CCTV나 경보기 등의 확인에 의해 물리적인 보안을 감사하고 회계감사는 횡령이 일어나지 않았는가를 확인하기 위해 회사의 회계기록들을 감사한다.

⑥ 정책과 절차들의 관리 ; 정책과 절차의 관리는 책임감, 회계, 감사와 동일하다. 각각의 이 3가지 기능들과, 정책이나 절차들은 설명서나 메모를 통하여 직원들에게 설명된다. 정책은 직원들의 판단결정과 관리의 목적이나 목표를 반영하는 관리의 도구이고 절차는 정책이 요구하는 것을 이행하기 위한 행동을 유도한다. 예를 들어, 어떤 회사의 정책에 쓰레기가 외부의 쓰레기장에 버려지기 전에 보안 실무자들이 훔쳐진 항목이 있는가를 확인하기 위해 조사해야 한다고 기술되었으면 절차는 청소업체의 책임자가 쓰레기가 외부로 나가기 전에 보안 실무자를 기다리고 확인해야 하는 것을 명시하고 있다.

⑦ 구호 ; 구호는 보안에 관한 목표를 전달하기 위한 또 다른 방법이다. 구호의 메시지는 간략하고, 요점만을 다양한 독자들을 위한 언어로 전달되어야 한다. 하나의 메시지를 예를 들면 “손실을 줄이고 업무를 경감하기 위해 다 함께 일합시다”라고 구호를 외친 후에 업무를 진행한다.

⑧ 무료번호와 보상체제 ; 많은 조직들이 손실보고를 쉽게 하는 것을 촉진하기 위하여 무료 번호를 준비하고 있으며 보상체제는 손실보고를 강화하기 위한 또 다

른 방법이다. 하나의 방법은 전화를 걸어온 사람에게 비밀번호를 주고 제보자가 편안한 시간에 은행통장에 보상금을 요구하면 제보자의 통장에 입금을 시켜서 그의 익명성을 보장해 줄 것이다.

⑨ 조사 ; 직원에 의한 절도는 조직운영의 내부와 외부의 업무에 익숙하여 절도를 쉽게 숨길 수 있다. 결론적으로 비밀조사원은 능숙한 직원 절도자와 그들의 음모를 알아내고 의표를 찌르는데 효과적인 방법이다.

⑩ 재산의 손실과 절도의 감지 ; 기업체에서 자산과 도구의 손실을 방지하기 위해서 다음의 세 가지가 권고된다.

첫째, 재고조사 체제를 확립한다. 둘째, 기업재산에 표시를 한다. 셋째, 금속 탐지기를 사용한다.

재고조사 체제는 재산과 도구에 대한 책임감을 유지케 하므로 직원이 장비나 도구를 빌릴 때는 항목을 기록하고 그것의 일련번호, 직원의 이름 날짜를 기록하고 그 항목이 반납될 때 날짜와 기록자와 사용자를 포함한 기록이 유지된다. 재산에 표시(도구나 컴퓨터·가구)를 하는 것이 몇 가지의 유용한 목적으로 사용된다. 재산에 일련번호가 주어졌을 때나 회사 이름이 새겨졌을 때, 도둑들은 그들이 잡혔을 때 그것이 회사 소유라는 것이 나타나기 때문에 주저하게 된다. 또한 재산에 표시를 하는 것을 여러 사람에게 공개하면 절도를 방해하는 효과를 강화하게 되므로 형광성 물질은 재산에 표시하기 위하여 사용되며 자외선은 이러한 보이지 않는 표시들을 확인하기 위하여 필요하며, 이것은 침입자를 놀라게 할 것이다. 수많은 기업체들은 때때로 꽤 많은 현금의 절도를 경험한다. 따라서 절도자를 잡기 위해 형광물질·분말종류·크레용·액체들이 돈에 표시하기 위해 사용한다. 일반적인 시나리오에는 퇴근 후에 많은 돈에 접근할 수 있는 몇몇의 혐의자를 감시하기 위해 의심가는 근로자가 퇴근 후 돌아오기 전에 조사원이 보이지 않는 형광물질을 현금에 묻혀놓고 봉해놓는다. 그 돈에 보이지 않는 형광 크레용으로 표시해 두면 표시된 돈은 자외선 빛 아래서만 구별된다. 그리고 돈의 일련번호가 조사원에 의해 기록되고 보관되어진다. 직원들이 그 표시된 돈을 가지고 떠나기 전에 조사가 되고 만약 없어졌다면 직원들의 손을 자외선 빛 아래서 조사한다.

제3절 물리적 보안대책

물리적인 보안대책인 출입 통제 · 자물쇠와 열쇠 · 열쇠 관리 · 경보기 · CCTV · 순찰 · 금고와 금고실 · 서류들과 같은 항목이 효율적으로 적절히 사용되면 충분한 보안대책으로서 가치가 있다.

1. 출입통제

출입통제는 건물이나 시설의 안이나 밖으로 드나드는 사람이나 차량, 물품항목 등을 관리한다. 이것이 효율적으로 적용이 되면 각 조직의 규정에 따라 재산들을 쉽게 보호할 수 있다. 만약 트럭이 시설에 쉽게 들어올 수 있고 트럭 운전자가 값비싼 물건을 불법적으로 적재하고 가버린다면 기업의 운영은 더 이상 지속될 수 없을 것이다. 대신에 시설물의 출입구에서 트럭이 정지되고, 정복을 입은 근무자에 의해 통행증이 발급되고 면허나 다른 정보들이 기록이 된다. 또한 적절한 서류작업이 적재시설에서 감시인의 감독에 의하여 통제된 상태에서 이루어지고 철저하게 시설물에 운전자의 접근을 통제하는 것이 손실을 예방한다.

출입통제는 직원들 · 손님들 · 공급업자 · 서비스 인원 · 계약자들 · 정부 조사원들의 이동을 매일 실시하는 것은 매우 중요하며, 이상의 누군가가 절도를 할 수 있다. 더불어 상품이나 비밀스러운 정보, 분류된 기업 서류, 직원이나 고객들의 정보는 엄격히 보호되어야 한다.

출입 통제는 간단한 것에서부터 복잡한 것까지 다양하다. 간단한 것은 열쇠나 자물쇠, 보안요원의 인식표의 확인, 출입구에서의 기록하는 것이 있다. 좀더 복잡한 체제는 CCTV가 입구에서 관찰되는 상황에서 전자 잠금장치에 작동하는 출입카드를 사용한다. 주요한 요소는 필요에 따라 사용되는 체제의 종류가 달라진다. 따라서 새로운 제품을 개발하는 연구소는 철저한 출입통제가 요구되는 반면, 소매업에서는 최소한의 통제만이 요구된다.

직원들을 통제하는 방법으로서 출입구를 최소한 하는 것이 최고의 방법이다. 이러한 출입의 허용은 보안요원들이 지켜보는 상태에서 입 · 출입이 가능하다. 가능하다면 직원들은 귀중한 재산으로부터 멀리 떨어진 작업장에 가장 가까운 곳을 통행로를 이용하게 한다.

허가되지 않은 출구는 화재나 여러 가지 위험의 경우에 위협을 만들어내므로 항상 잠금장치를 잠근다. 조그만 손실이라도 안전을 도모하기 위하여 각각의 잠겨진 문에 비상출구 경보기는 가치있는 투자가 될 것이다.

이러한 장치는 비상시 지체 없이 빠르게 탈출하도록 도와주며, 수평 막대기(push bar)에 압력이 가해졌을 때 안전하게 문을 통과하게 한다. 이러한 문들이 작동시 경보음이 울리게 되며, 이것은 허가 없이는 사용을 할 수 없게 한다.

2. 직원들의 조사

직원들을 조사하는 것은 매우 민감한 문제이기 때문에 정책이나 절차를 공표하기 전에 관리자는 근로자의 대표들과 논의를 하여야 하고, 주의 깊은 계획과 법률적인 도움은 직원을 조사하기 전의 중요한 선결요건이다. 그리고 조사정책을 강화하기 위해 근로자들에게 작업장을 떠날 때 간단한 조사를 실시한다는 것에 대하여 사전에 동의서에 서명하도록 한다.

대부분의 업무에서 직접적인 몸수색은 금지되나, 모든 휴대용 물건(도시락 등)은 조사된다. 그러날 출입자의 확인시에 차별에 대한 책임을 피하기 위해 모든 구성원에게 일관성 있게 수색이 실시되어야 한다. 직원들의 보관함에는 때때로 그곳에 훔친 물건이나 마약을 숨겨두는 장소로 이용되므로 불시에 수색을 실시한다.

3. 방문객의 관리

방문객에는 고객과 판매원 · 공급업자 · 서비스 인력 · 계약자 그리고 공무원들을 포함되며, 다양한 기술들이 방문객의 접근통제에 적용된다. 여기에서 설명하는 장치는 방문객을 위하여 준비하는 것을 가능하게 한다.

만약 방문객이 사전 약속 없이 방문하였을 때, 안내하는 근무자가 대기실로 안내한다. 그리고 특정한 구역으로 가는 가장 짧은 길로 유도하는 것은 방문하는 이유가 무엇이던 간에, 귀중한 재산이나 위험한 상태에서 격리시켜 도둑이나 부상을 방지할 수 있다.

때로는 임대한 특별한 장비인 헬멧과 같은 것도 필요할 경우가 있다. 출입자의 기록이나 출입대장은 방문객을 통제하기 위한 좋은 본보기이다. 출입대장에는 방문객의 이름, 방문 날짜, 입장과 퇴장한 시간, 목적, 방문한 특별한 장소, 방문객을 안내한 직원의 이름, 임시 휴대한 번호가 관련 정보가 되고 이러한 기록들은 조사에 도움이 된다. 출입자에게 배정된 임시 배지는 반드시 수거되어서 방문객의 이름과 날짜, 시간, 방문한 특정한 장소 그리고 배지 번호에 대해 기록되어야 한다.

가능하다면 보안절차는 직원과 방문객의 접촉의 최소화해야 할 것이다. 이것은 특히 선적이나 검수 부서에서 중요한데, 트럭운전자와 직원이 친밀하게 되면 공모에 빠지게 된다. 각종 기기의 암호들은 더 잘 숨길 수 있는 트럭 운전사나 여러 방문객에게서 전화기나 화장실, 자판기는 공장에서 멀리 떨어져야 한다.

4. 보안순찰

보안조직은 잠들어 있으면 안된다. 제복을 입은 보안요원이 시설물 내부를 걸어서 순찰하면서 시설의 운영상황이 감시될 때, 생산라인의 저장소·선적·입고·사무실·판매구역의 안전한 분위기는 한층 강화될 것이다. 그리고 보안요원의 순찰시간이나 경로가 노출되지 않고 내부자의 예상하지 않은 불규칙적인 순찰은 직원의 절도를 방지하는데 중요한 역할을 한다.

일상적인 순찰을 통하여 노련한 보안요원은 상품이 정상적이지 않는 이상한 장소에 적재되어 있는 것을 발견하거나, 보안장치(자물쇠 · 경보기 · CCTV)의 이탈적인 모습을 쉽게 발견할 수 있다. 실제적으로 매너리즘에 빠져 간과하기 쉬운 반복되는 일상적인 순찰활동의 효과에 대해서는 아무리 강조하여도 지나침이 없다.

잡동사니와 쓰레기 보관 장소의 철저한 조사를 통해서도 일반적인 장소에 직원들이 숨겨놓은 물건들을 방지할 수 있다. 또한 손실은 보안요원이 사람이나 물품, 접근이 용이한 위치에 있는 차량 등을 확인하고 검사할 때 예방될 것이다.

제4절 기술적 보안대책

1. 생체인식 시스템

생체인식 보안 시스템[8]은 오늘날 주요한 접근통제장치의 주요한 발전으로 각광받고 있다. 이 장치는 지문, 손의 기하학, 눈 망막의 혈관, 음성 형식, 물리적 필기 동작, 자판 치는 동작, 기타 방법 중에서 개개인을 신원을 확인하는 것으로 목소리나 수기의 인식에 대한 실수를 줄이기 위해 연구가 계속되고 있다. 기본적으로 이 장치들은 출입을 요구하는 주체를 저장된 자료와 비교하는 것이다. 이것의 적용은 무한하며 문 · 컴퓨터 · 차량 등에 적용된다. 비록 생물측정 장치들이 강력하게 주의를 끌지만 보안은 여기에서 끝나는 것이 아니다. 예를 들면 은행 관리자의 손가락을 자른 테러리스트들은 지문인식 접근 통제장치를 통하여 들어갈 수 있다.

〈표 5-1〉 생체인식 접근통제의 장단점

종류	장점	단 점	활용분야
지문인식	보안성이 우수하고 가격이 저렴함	손상되거나 건조한 지문은 인식이 어려움(신뢰성 높음, 효율성 낮음)	범죄수사와 산업 전반
얼굴인식	인식이 빠르고 쉬우며 가격이 저렴함	주위 조명에 민감하고 표정, 수염 등 변장에 약함 (신뢰성 낮음)	일반적인 분야
정맥인식	인식률이 높고 편리성이 우수함	시스템이 크고 가격이 높음	일반적인 분야 산업체
장문 손 모양	인식하기 위한 데이터 처리용량이 적고 작동이 간편함	지문에 비해 속도가 느림, 정확도가 낮음	산업체
홍체 · 망막	복제가 불가능함	거부감이 생기고 사용상 불편함	의학센터 연구소
음성인식	원격지에서 사용 가능, 가격이 저렴함	신체적인 감기, 감정에 따른 변화에 취약함	폰뱅킹 데이터베이스 접근
서명인식	사용이 편리하고 가격이 저렴함	정확도가 낮음, 도용우려	일반 분야

8) 생체인식(Biometrics)은 개인의 독특한 생체정보를 추출하여 정보화시키는 인증방식으로서 지문 · 목소리 · 눈동자 등 사람마다 다른 특징을 인식시켜 비밀번호로 활용하는 것이다.

생체인식 시스템과 비교하여 비디오 인식은 또다른 긍정적인 효과를 촉진할 수 있는 전략이다. 사진 ID 배지와 이미지 저장과 복구장치의 두 가지 형태가 있다. 경비원은 저장되어 있는 개인정보를 주 컴퓨터에 연결된 모니터나 화상 단말기를 통해 이미지를 확인한다. 이러한 출입통제는 몇 가지 기술을 이용한다. 예를 들면, 자석 형식이나 스마트카드 기술은 하나의 카드보다 상호 취약점을 보완해준다. 하나의 장소에서 카드와 개인 인식번호를 요구하거나 손가락의 스캔과 카드를 요구한다.

많은 장치는 누군가가 희생을 당하게 되면 조난 신호로서 안으로 들어갈 수 있다. 또 다른 형식은 허가되지 않은 자가 들어가려고 시도하면 경보가 울리는 것이다. 출입장치는 시간·날짜·장소에 따라 출입을 가능하도록 프로그램되어있다. 기록하는 것은 시간·날짜·더 다양한 자료에 의해 개인의 위치를 확인하는 것이다. 우리는 미래에 출입통제장치나 생체측정 기술의 증가하는 복합기술을 보게 될 것이므로 잃어버리거나 도둑맞은 카드는 신경 쓰지 않아도 된다. 사람들은 그가 출입장소에 접근함에 따라 생체측정을 통하여 금방 인식될 것이다. 더불어 CCTV 장치와 결합한 디지털 이미지 기술은 궁극적으로 저장된 디지털 이미지를 통하여 인식될 것이다. 또한 우리는 더욱더 많은 현금을 결제하거나, 신용카드나 여러 거래에서 생체측정의 예로서 받아들여진 판매시점(POS)[9] 판독기를 보게 될 것이다. 오늘날 생체측정 장치들의 은행·교정기관·복지 통제 프로그램 등에 광범위하게 이용된다.

2. 자물통과 열쇠

자물통과 열쇠장치의 기본적인 목적은 권한이 없는 사람의 입장을 방지하는 것이며 안전한 장소로 들어가려는 목적으로서 건물에 창이나 문을 만들며 건물 내부의 여러 곳에 문을 만든다. 결과적으로 자물통은 외부인이나 내부인의 허가되지 않는 입장을 막는 것이다.

---

9) 판매시점 관리시스템 (POS system)은 소매점이나 슈퍼마켓 등에서 매상이 발생하는 시점에서 막대 부호나 광 문자 인식(OCR) 문자 등 기계가 판독할 수 있는 형태로 표현된 상품명이나 가격 등에 관한 데이터를 기계에 판독시켜서 데이터 처리를 수행하는 시스템. 포스시스템이라고도 한다. 최근에는 개인용 컴퓨터(PC) 기반의 판매시점관리(POS) 시스템도 판매되고 있어서, 종래의 POS 단말 전용의 운영체계(OS)뿐만 아니라 윈도즈를 이용한 시스템도 나와 있다. 1994년에는 POS와 전자 발주 시스템(EOS)을 결합한 시스템도 도입되었다. 이것은 일정한 비율의 상품이 판매되면 자동적으로 추가 발주하는 자동 온라인 발주시스템으로 본·지점 간 또는 도·소매점 간의 발주·납품 데이터 처리를 간소화하는 이점이 있다.

우리가 많이 보는 자물통은 침입의 방지보다는 단지 시간을 지연시키는 장치로서, 그것을 부수는데 쓰이는 시간만큼의 가치가 있는 것이다.

자물통은 기계적이거나 전자기계적인 것으로 분류되기도 한다. 이러한 대부분의 모든 자물통장치는 열쇠나 숫자의 조합·카드·전기적으로 작동한다.

3. 침입경보장치

침입경보장치는 침입사고를 감지하여 상황실이나 관련기관에 보고하거나 감지된 구역에서 경보음을 내는 장치이다.

경보음으로서 보고된 문제를 바로잡기 위하여 즉각적인 대응이 필수적이다. 여기에서 중요한 것은 직원 절도의 위협을 감지하는 것이다. 또한 주변의 보호하기 위한 적절한 센서가 중요하다. 이러한 침입 경보장치의 가장 기본적인 요소는 감지기와 통제부, 신호표시기가 주요한 기본적인 요소이다.

감지기[10]는 느낌(압력 매트·접촉 스위치)에 의한 것, 소리(진동 감지), 시각(광선)에 의한 침입을 감지하는 것이며, 통제부는 감지기로부터 경보신호를 받은 다음 신호표시기(벨이나 사이렌)를 작동하며 가끔은 사람의 대응을 필요로 한다.

1) 내부 감지기의 종류

① 자석 스위치(balanced magnetic switch)는 문이나 창 프레임에 스위치를 장치하거나 움직이는 문이나 창에 자석을 장치하는 것으로 구성되며 문이 닫혀있을 때 자석이 스위치에 붙어서 회로를 형성한다. 문이 열리거나 회로가 떨어질 경우에는 경보기가 작동한다. 일반적인 자석 스위치는 균형식과 비슷하나 단순형이나 값이 싼 것은 낮은 수준의 안전을 제공한다. 이 스위치들은 문이 열리는 것에 대하여 훌륭한 보호를 제공하는 반면에 교활한 침입자는 문이나 창을 통하여 감지기를 절단하기도 한다.

② 접촉 스위치(mechanical contact switch)는 접촉면에서 떨어지면 스위치를 작동시키는 푸쉬버튼(push button)을 포함한다. 이 기기의 표면이 들어간 곳에

10) 감지기(sensor)는 온도·압력·습도 등 여러 종류의 물리량을 검지·검출하거나 판별·계측하는 기능을 갖춘 소자 센서(sensor)라고도 한다. 사람의 눈·코·귀·혀 등과 같은 역할을 하며, 감지한 정보를 인간의 두뇌에 해당하는 정보처리부에 전달, 판단을 내리게 한다. 즉 인간의 오감에 해당되는 것이 감지기이고 컴퓨터는 뇌에 해당된다.

스위치가 위치하면서 경보 회로를 구성하며, 이 기기가 들어올려져서 회로를 방해하면 경보기가 작동한다.

③ 압력감지 매트(pressure-sensitive mat)는 고무나 다른 부드러운 물질 부분에 의해 분리된 금속선이나 표면이 2개의 층으로 구성된다. 사람이 매트 위를 걸으면서 압력이 가해지면, 2개의 층이 만나게 되고 회로가 연결이 되면서 경보음이 울리게 된다. 이러한 매트들은 문이나 창문, 주요한 통행로 그리고 귀중품의 근처에 내부 함정으로 설치하나 가격이 싼 것은 감지율이 떨어진다. 만일 침입자에 의해 발견이 되면 침입자는 매트 주변으로 우회함으로서 무력화된다.

④ 쇠창살 감지기(grid wire sensor)는 두 개의 회로로 구성된 쇠창살 형태의 표면에 절연이 잘된 철사를 표면을 보호하기 위하여 붙이고, 하나는 수직으로 다른 하나는 수평으로 하여 2개가 서로 겹치도록 설치하고 둘 중에 하나만이라도 방해를 받으면 신호가 울린다. 이러한 형태의 감지기는 격자 모양으로 만든 곳이나 바닥·천장·문·기타의 장소에 사용된다. 이러한 감지기가 침입자에 의해 발견되기는 어려울지라도 설치비가 비싸며 침입자가 회로를 뛰어넘을 수가 있다.

⑤ Trip wire sensors는 보호할 구역을 가로질러 와이어를 펼쳐서 부착한 용수철 집적형(spring-loaded) 스위치를 사용한다. 와이어가 스위치에서 잡아 당겨져 헐거워지면 침입자가 경보기를 건드린(trip) 것이다. 이러한 감지기는 관(duct)에 많이 사용되나 만일 침입자에게 발견이 되면, 침입자는 이것을 회피할 수도 있다.

⑥ 진동감지기(vibration sensors)는 구조물의 공격으로 작용된 힘의 결과로 발생된 낮은 진동에너지를 감지한다. 이러한 감지기들은 벽이나 바닥 천장에 이용되며 적절한 선택을 위해 다양한 감지기 모델들이 필요하다.

⑦ 용량감지기(capacitance sensors)는 금속물질 주변의 전기적 영역이 방해를 받을 때 경보음을 발생한다. 이러한 감지기는 금고나 서류보관함, 개구부의 그릴(창문)과 같은 여러 금속물질에 적용한다. 하나의 감지기는 많은 대상을 보호할 수 있으나, 절연체(heavy gloves)의 사용으로 무력화될 수 있다.

⑧ 적외선 광전자 광선(Infrared photoelectric beam sensors)감지기는 보이지 않는 적외선 빛이 방해되었을 때 감지기가 작동한다. 만약 이 장치가 발견되면 침입자는 광선을 뛰어넘거나 밑으로 기어서 피할 수 있다.

⑨ 초음파 동작감지기(Ultrasonic motion detectors)는 감지기에 의하여 수집되거나 그 영역으로 투사되는 들리지 않는 소리 흐름의 형태를 만들어 낸다. 이러한 감지기는 도플러[11] 효과에 의해 작동되는데 이것은 침입자의 움직임에 따라 주파수가 변한다. 이러한 감지기는 벽이나 천장 그리고 은밀하게 사용되는 곳(다른 물체 내부에 숨겨짐)에 설치된다. 그러나 이 감지기는 큰 소음이나 공기의 흐름에 오경보가 울리기 쉽고 감지기를 막는 물체나 빠르거나 느린 움직임으로 무력화된다.

⑩ 초단파 동작감지기(Microwave motion detectors)는 도플러 주파수 이동원리에 의해 작동한다. 에너지가 감지영역으로 구역으로 보내지고 주파수[12]의 변화를 감지하며 그 결과 경보를 울리게 한다. 극초단파 에너지는 다양한 건축물을 통과하기 때문에 위치나 조준의 주의가 요구된다. 그러나 이 감지기는 하나의 감지기로 다양한 공간이나 넓은 영역을 보호할 수 있는 장점이 있으나 이 감지기는 초음파 감지기같이 무력화될 수 있다.

⑪ 열선 침입감지기(Passive infrared intrusion sensors)는 침입자가 방사하는 적외선 에너지에 의해 수동적으로 작동하며, 이는 별도의 송신기와 수신기를 사용하여 작동하는 적외선 감지기와 구별하여 수동 적외선 감지기라 부른다. 열선감지기의 원리는 움직이는 적외선 방사(인체로부터 방출되는 적외선 파장)는 공간의 방사환경에 대하여 감지되는데, 침입자가 공간에 들어왔을 때 감지공간의 적외선 에너지의 수준은 변화되고 경보기가 작동한다. PIR은 초음파나 극초단파 감지기들로서 많은 귀찮은 경보음에 좌우되지 않으며, 열원이나 에너지를 반사하는 표면에는 조준하지 않아야 한다. 이러한 PIR 감지기 표면을 가려버리면 열을 감지할 수 없기 때문에 무력화된다.

⑫ 음향감지기(Passive audio detectors)는 침입자가 발생한 소리를 감지한다. 다양한 기종들이 강제적으로 침입하려는 소리와 자연적으로 발생한 소리들을 걸러준다. 이러한 감지기는 침입자를 감지하는 확성기와 같은 역할을 하므로 건물

11) 도플러효과 (Doppler effect)는 파원에 대하여 상대속도를 가진 관측자에게 파동의 주파수가 파원에서 나온 수치와는 다르게 관측되는 현상으로, 1842년 C. J. 도플러가 음향현상에 대하여 발견하였다. 예를 들면, 기차가 서로 다가올 때 상대 기차의 기적소리는 크게 들리고, 서로 멀어질 때의 기차의 기적소리는 낮게 들리는 것은 도플러효과에 의한 것이다.

12) 주파수(frequency)는 일정한 크기의 전류나 전압 또는 전계와 자계의 진동(oscillation)과 같은 주기적 현상이 단위 시간(1초)에 반복되는 횟수를 의미한다.

내에서 공공에게 전달하는 장치의 확성기로 사용할 수 있다. 침입자의 실제의 대화는 이러한 장치에 의하여 감지·기록된다. 더 뛰어난 장치인 CCTV는 경보기 상태를 시각적으로 확인할 수 있게 하며 실시간 화면과 정지 영상은 디지털 방식으로 보안부서나 경찰에 증거로서 제공된다. 이 음성 장치는 양방향으로 보안 근무자가 침입자에게 경고도 가능하다. 이러한 시청각 장치들은 사생활과 비밀성 그리고 중요정보를 보호하기 위해 각별한 주의를 해야 한다.

⑬ 섬유광학[13] (Fiber optics)은 침입감지와 경보신호의 전달분야에서 유행적으로 성장하였다. 이것은 광학섬유소에서 유도 불빛의 파장을 통한 정보의 전달을 포함하고 이 감지기는 보호가 요구되는 많은 것들에 부착되거나 내장된다. 섬유광학은 케이블에 압력이 가해질 때 적외선 빛이 펄스파를 발생하여 케이블이 압력에 반응하게 되고 경보를 울리게 된다.

2) 두 가지의 복합기술

감지기 기술의 두 가지 복합형태는 오경보를 줄이기 위한 장소나, 감지기가 무력화되는 것을 방지하기 위한 특별한 필요성을 충족시키려고 설치된다.

초음파와 수동 적외선 감지기의 결합은 두 가지 기술을 적용한 일반적인 예이다. 각각의 기술은 보호하는 환경에서의 서로의 장점과 단점을 위해 독립적으로 고려되어야 한다. 이러한 장치는 양쪽 감지기가 침입을 감지할 때나 둘 중에 하나가 침입을 감지할 경우 신호가 되어 경보가 울리도록 설계되어야 한다.[14]

3) 운영지역

지역의 운영(operational zoning)은 건물의 구획된 지역이 경보장치들에 의하여 보호되는 것을 말하며 사용법에 따라서 특별 구역 내에서 해당 경보기가 작동하거나 꺼져있는 것이다. 예를 들어 어느 이른 아침에 청소요원들이 공장의 북쪽 끝에 있으면 다른 구역의 경보기는 작동하고 그 구역만 꺼지게 한다. 더불어 이러한 방법은 영역설정으로 침입자가 어디로 들어왔는지 정확히 알 수 있다.

---

13) 섬유광학 (fiber optics)은 광학적으로 투명한 물질로 된 관 모양의 섬유를 사용해서 광속이나 화상을 전송하는 섬유광학계를 취급하는 분야이다.

14) Douglas R. Kunze, "Selecting the Right Bells and Whistles," Security Management (May 1996), pp. 63~67.

4. 폐쇄회로

폐쇄회로 또는 CCTV는 방해 · 감시 · 체포 · 고소 등에 도움을 준다. 이러한 폐쇄회로는 비록 가격은 비싸다 하더라도 CCTV는 감시요원보다는 여러 장소를 동시에 볼 수 있기 때문에 인건비를 줄여준다. 간단한 CCTV 장치는 텔레비전 카메라, 모니터, 그리고 동축 케이블[15]로 구성된다. 카메라와 모니터는 플러그에 꽂고 케이블은 이 두 가지를 켜기 전에 연결한다. 더 확장된 장치는 수많은 카메라들이 조직적으로 위치한다.

예를 들면 전 제조공장을 통하여 많은 카메라의 움직임을 관제용 모니터에 앉아 볼 수 있다. 줌렌즈와 원거리 팬(수평으로 이동), 틸트(상하로 이동)조작은 움직이면서 관찰하는 것을 가능하게 하고, 어떤 의심되는 행동을 근접하여 관찰하는 것을 가능하게 한다. 저광도 수준의 장비는 빛이 제한적인 곳에서도 자세하게 관찰하는 것을 가능하게 한다.

기술의 변화는 CCTV카메라의 진공관(tube)을 대신하도록 고안된 작고, 감광성이 높고, 고체촬상관인 CCD(charged coupled device) 혹은 칩(chip)카메라로 발전하게 되었다. 이러한 CCD[16]기술은 캠코더에 주로 이용되며, CCD 카메라는 진공관 카메라의 장점을 가지고 있다. 또한 CCD 카메라는 여러 가지 상황에 더 잘 적용되고, 더 긴 사용기간, 텔레비전에서 정상적인 수신상 외에 유령과 같이 희미한 상이 오늘쪽에 이중 또는 다중으로 겹쳐서 나타나는 현상인 이중화상(ghosting)의 문제가 적으며, 빛에 잘 견디며, 적은 전력소모와 적은 열의 발산하고 적은 환기가 필요하므로 많은 장소에 설치가 가능하다.

카메라들은 보통 입구나 통행로, 선적이나 검수지역, 상품 저장 구역, 계산대, 각 부

---

15) 동축케이블(coaxial cable)은 데이터통신에 사용되는 전송선로의 일종. 긴 원통 모양의 외부도체와 그 중심축에 놓인 1개의 내부도체로 이루어진 전송선로로서 선로의 단면을 보면 외부도체와 내부도체가 동심원을 이루고 있다. 직류를 포함한 저주파에서 수십 MHz의 고주파까지의 전기신호를 전송할 수가 있으며, 동일 케이블 속에 복수의 동축케이블을 수용해도 상호간의 신호누설이 적은 이점이 있다. 또한 동축케이블보다 더욱 발전된 것으로는 광케이블이 있다.

16) 전하 결합 소자 (charge-coupled device, CCD)는 1970년 벨 연구소에서 발표한 반도체 소자이다. N형의 반도체 기판의 표면에 0.1m 정도 두께의 절연층을 형성, 금속 전극을 배열하여 이 금속 전극의 전압을 제어함으로써 반도체 표면 전위의 낮은 부분을 좌우로 이동시켜 축적된 전하를 이에 맞추어 순차로 전송시킬 수 있기 때문에 자리 옮김 레지스터(shift register)나 기억장치로 응용된다. 전하 결합 소자(CCD)는 MOS 트랜지스터와 유사한 단순한 구조의 소자로, 전하의 축적에 의한 기억과 전하의 이동에 의한 전송이라는 2가지 기능을 갖고 있어서 고집적화가 가능하다. CCD는 현재 디지털 카메라 및 많은 종류의 비디오카메라의 고체 촬상 소자(이미지 센서)로 사용되고 있다.

서, 컴퓨터실, 서류 감시, 금고, 금고실 그리고 생산라인에 설치된다. 그러나 카메라가 어디에 설치되던 간에 직원들의 사기를 해치지 않는 주의 깊은 계획은 필수적이다.

본능적으로 종업원들은 생산라인에서 자신의 행동이 관찰되어지는 것에 거부감을 가지며, 작업장에서의 감시는 감시하는 사회(Big brother) 분위기를 만들므로 이런 감시행위(spying)에 대한 관리는 직원들의 사생활에 대한 감시보다 더 중요하다. 그러나 반대적인 관점에서는 경영진은 이러한 대책으로 기업손실이 없이 생산성이 유지되길 원한다. 따라서 노동자의 동의를 구한 합리적인 종류의 감시는 합법적인 것이나 노동조합은 이 문제에 관하여 장차 논쟁의 대상으로 삼으려 할 것 같다.

CCTV 장치를 통한 계속적인 감시는 보안 능력을 높인다. 그러나 모니터 요원을 주기적으로 교대하지 않으면 너무 많은 CCTV를 감시해야 하므로 피로하게 된다. 이러한 것들이 간과되는 것은 심각한 문제이다.

어떤 교활한 직원들은 가방이나 작은 조각으로 카메라를 가린 다음 이 장치가 감시되고 있는지 실험을 하고 심지어는 카메라 렌즈에 페인트를 칠하기도 한다.

만일 보안 직원들이 거기에 대해 반응이 없는 것을 알게 되면 CCTV는 가짜로 판명되게 될 것이다. 직원들이 가짜 카메라를 발견했을 때 보안은 멍청한 광대 짓거리가 되므로 가짜 카메라의 이용은 자제되어야 한다.

CCTV 장치와 결합된 VCR(video cassette recorder)은 시각적인 증거를 확보하는 것을 가능하게 한다. 이것은 침입자의 고소에 도움이 되고 법정에서도 이용된다. 더욱이 만약 직원이 정책이나 철차를 위반한 경우에는 해고가 되며, 이 기록은 청문 조정이나 소송에 도움을 준다. 필름에 기록된 날짜나 시간은 사례를 보강하게 한다.

VCR의 광범위한 사용은 구식의 VTR의 성능을 능가하게 되었다. VCR은 일반적으로 2, 4, 6시간 동안 기록되고 저속도 촬영기록기(예를 들어, 비디오 하나의 구성에 시간의 연장된 기간보다 더 많이 저장하는 것)는 총 수백 시간을 넘게 저장한다. 추가적으로 녹화기에 경보방식이 추가된 것은 경보상황이 존재할 때 실시간으로 되돌아간다.

실시간 설정기록기는 1초당 30개의 화면을 기록하고, 저속도 기록기는 1초당 한 화면에서 8초당 한 화면까지 기록한다. 저속도 기록기의 특징은 되돌릴 때 비상상황을 빨리 찾는 기능을 갖고 있으며, 사용자가 입력한 시간에 따라 기록된 비디오 화면이 시행되며, 모든 사람들의 출입 비디오 기록을 보장하기 위한 출입 통제장치와 같은 다른 보안장치와 공유한다.

이와 같이 폐쇄회로 텔레비전은 한 사람이 여러 장소를 관찰하는 것을 가능하게 하였으며, 이것은 인건비를 줄일 수 있으므로 시설물의 주변을 방호할 때 가장 뚜렷한 장점이다. 내·외부를 포함하는 전체 시설을 미래의 관련 자료로서의 기록기능을 가진 CCTV 감시하에 둘 수 있다. 텔레비전이나 영화에서는 가끔 침입자들이 CCTV 카메라가 잠시 다른 방향으로 회전할 때 주변 장벽을 뚫고 침입하는 것을 보여준다. 이와 같이 카메라는 침입자가 바로 통과한 후에 입구로 돌아올 때 침입자를 놓치게 된다. 그러나 이와 같은 가능성은 카메라 적용범위를 겹치게 함으로써 피할 수 있다. 만약 카메라가 다른 카메라를 관찰할 수 있으면, 실무자가 방해·파괴·사보타주나 다른 문제점을 확인할 수 있다. 견고하게 만들어진 틀(Housing)은 카메라를 손상시키는 것을 방지할 것이고, 여러 종류들은 총알·폭발·먼지나 심각한 날씨에 견디며, 틀은 전열기·서리 제거기·앞 유리의 와이퍼·세척기·햇빛 가리게와 같이 제작된다. 그리고 저광도 카메라는 매우 적은 빛만이 있을 때도 외곽을 관찰하는데 이용한다.

CCTV의 가장 핵심적인 면은 적절한 감시이므로 피로를 줄이고 양질의 관찰을 위하여 가능하다면 매 2시간마다 근무자를 교대하며, TV모니터의 수를 10개 이하로 제한하고, 모니터를 근무자의 정면에서 둥그렇게 배치하고, 필요하다면 모니터를 경사지게 하거나 모니터 화면의 번쩍이는 것을 방지하기 위해 조명을 계기판 위로 조절하고, 카메라 장소를 쉽게 인식하기 위해 모니터를 순서대로 배치하고, 모니터 요원이 조는 것을 방지하기 위해 회전의자를 사용하고, 근무자에게 임무를 지정(통신이나 일지의 기록)하는 것이 좋은 방법이다.

CCTV의 활용은 비디오 동작감지기에 의해 더욱 향상된다. 비디오 동작감지기(video motion detector)는 카메라로부터 기억 비교된 정적인 사진을 보낸 것에 의해 작동한다. 움직임과 같은 사진에 어떠한 변화라도 있으면 경보기가 작동한다. 이러한 장치는 보안요원들이 위협에 대응하도록 도와준다. 이것은 VCR에도 적용할 수 있으며, 오늘날에는 정보의 증가에 따라 컴퓨터를 이용한 CCTV 장치를 개발하게 되었다.

비디오 다중송신(Multiflex)은 하나의 통신채널로 많은 신호를 보내는 것을 말하며, 이 장치는 보안업무 근무자가 하나의 화면으로 16개의 카메라를 볼 수 있도록 모니터의 숫자를 최소화한 장치이다.

녹화기의 사진들은 압축되나 전체 사진은 각각의 개별적인 사진으로 보이며 만일 경보가 발생하면 전체 화면이 나타난다.

디지털[17] 다중송신 기록기는 사용자가 시간 지연기록기 없이 직접적으로 하드 드라이브에 상황을 기록하게 한다. 디지털적으로 수집된 이미지는 화상의 질을 향상시키고 빠른 저장과 정보의 복구를 가능하게 하고 테이프가 손상되는 것을 막는다.

이러한 기술은 비디오 모니터에서 컴퓨터 모니터로 이동을 촉진시키고, 사용자들이 안전 화면을 데스크 탑 모니터나 원격 모니터를 이용하는 것을 증가시킨다(수마일 떨어진 곳에서 업무를 원격 감시하는 것을 가능하게 한다).

정보감시라 불리는 CCTV 기술은 12개의 카메라를 실시간으로 감시하는 문제를 줄였으며 이것은 인간의 업무용량을 초과하는 것이다.

첨단화된 기계 시각기술의 이용으로 이러한 컴퓨터화된 장치들은 비디오 이미지를 디지털화하고, 특별히 고안된 소프트웨어를 통하여 자동적으로 목표들을 인식하고 사람이나 차량들을 추적한다. 또한 이 장치는 음성통보를 통해 보안의식을 경각시키고, 스크린으로 실시간의 화상을 불러내며, 비디오 이미지들을 디스크에 저장한다.[18]

그러나 현대사회에서의 비밀감시 카메라의 무분별한 범람에 따라 이에 대한 적절한 대처가 어려우며, 특히 많은 개개인들은 작업장의 이러한 카메라의 존재를 알지 못한다.

핀홀(pinhole) 렌즈는 비밀감시 카메라의 주요한 요소이다. 핀홀렌즈는 이것들의 이름을 외부 렌즈 개구부로부터 얻었으며(핀처럼 작으므로), 직경은 1/8~1/4 인치 정도이므로 육안으로 쉽게 찾기는 어렵다. 이런 카메라는 시계·서류 보관소·컴퓨터·스프링클러 헤드 그리고 마네킹과 같은 거의 모든 장소에 설치되어 감시사회의 첨병역할을 할 수 있다.

---

17) 디지털(digital)은 데이터를 수치로 바꾸어 처리하거나 숫자로 나타내는 일로서 디지트(digit)는 사람의 손가락이나 동물의 발가락이라는 의미에서 유래한 말이다.

18) Robin Thompson, "Intelligent Surveillance Provides Security Uplift," National Defense (May-June 1997), p. 52.

5. 시스템통합

시스템의 통합은 모든 보안관리 기능의 수행을 단지 하나의 장치로 인식한 다중 장치를 한 명의 작동자가 운영과 통제를 한다.[19)]

이러한 컴퓨터를 이용한 장치들은 접근 통제, 경보 감시, CCTV, 전기 소자 감시, 화재 방지와 보안장치들, HVAC[20)], 주변 감시, 라디오 비디오 미디어, 인터콤, 판매시점 거래, 재고조사관리 등을 포함한다. 이러한 장치들은 세계적으로 설치가 증가하고 있으며, 운영자에 의해 관리·감시되며 중앙 집중화된 워크스테이션이나 멀리 떨어진 장소에서 관리한다.

시스템통합의 장점은 적은 비용과 인원의 축소, 효율성의 증대, 중앙집중화, 이동시간 비용의 감소가 있다. 마찬가지로 본사에서 소매업의 경영진은 각 매장과 특별한 전시 · 판매시점 거래 · 고객들의 행동 · 재고조사 · 감소량과 손실예방을 볼 수 있다.

이러한 통합장치의 전 세계적인 보급으로 사무실을 앉아서도 멀리 떨어진 사업장의 운영을 확인할 수 있다.

시스템통합은 주의 깊은 계획과 다음과 같은 많은 질문에 대한 명확한 답변을 요구한다.

① 통합장치는 분명하게 분리된 장치들보다 운영과 유지에서 쉽고 비용이 절약되는가? 통합된 장치와 분리된 장치에 각각의 질문에 대한 답을 얻는다.

② 공급자는 분명하게 모든 적용에 대하여 전문가인가?

③ 통합 소프트웨어는 공신력 있는 기관과 같은 제3자의 실험에 의해 승인되거나 목록에 있는 것인가?

④ 권한이 있는 기관이 어떤 시스템의 통합에 대해 반대하지는 않는가? 즉, 소방서에서 화재경보장치를 다른 장치들과 통합하는 것은 반대하지 않는가?[21)]

---

19) James Keener, "Integrated Systems: What They Are and Where They Are Heading," Security Technology and Design (May 1994), pp. 6~9.

20) Heating, Ventilating, and Air Conditioning의 약자로서 난방, 통기, 공기 조절을 의미한다.

21) "Hard Questions to ask in Integration Projects," Security (August 1996), p. 54.

6. 금고실과 서류함

보호용기들은 귀중품(현금·비밀 정보)을 지키는 역할을 한다. 이러한 장비들은 화재나 강도질로부터 손실을 보존하기 위해 설계된다. 그러므로 설계 명세서는 다양하고 필요성에 대한 측정은 주의깊게 계획되어야 한다. 관리는 때때로 내화구조로 설계된 금고가 도둑의 침입을 받았을 경우에, 그것은 단지 화재에 대해서만 설계되었을 경우 매우 당황하게 될 것이다.

1) 금고실

전통적인 내화금고는 사각형(직사각형) 문과 단열체를 포함한 얇은 금속벽을 가지고 있다. 내화금고는 조립되는 동안 젖은 절연재가 금속벽 사이에 넣어지고 그 혼합물이 마를 때 습기가 남아 있게 되면서 화재시에 단열체가 습기를 만들게 되고 일정한 시간 동안 금고를 섭씨 177도(종이의 발화점) 이하로 유지시켜 준다.

컴퓨터 테이프나 디스크를 위한 기록금고는 섭씨 66도에 손상이 되고 이러한 기록은 더욱 습기에 취약하므로 더 뛰어난 보호성능을 요구한다. 그리고 화재금고는 한번의 화재에만 견딜 수 있으므로 그 후로는 단열이 되지 않는다.

전통적인 절도방지금고는 두껍고 둥근 문과 두꺼운 벽으로 되어 있다. 둥근 문이 저항력은 강하나, 오늘날 많은 절도방지금고는 직각이나 직사각형의 문으로 되어있으며 절도방지금고는 내화금고보다 더 비싸다.

더 좋은 품질의 금고는 UL(underwriters laboratory)의 등급을 가져야 한다. 이것은 제작자들이 UL시험을 위한 금고를 제출해야 하는 것으로, 이 시험은 금고의 내화나 절도방지 특성들을 고려하여 등급이 매겨진다.

걸어서 내부로 들어갈 수 있는 금고실은 실제로 큰 규모의 금고이다. 그러나 금고실은 금고와 유사하게 불이나 침입으로부터 취약하다.

걸어서 들어가는 금고실을 너무 크고 비싸기 때문에 일반적으로 단지 문만 쇠로 만들어지고 나머지 금고실을 강화 콘크리트로 구성되어 있다.

금고실을 건물 내에 특별한 보강장치를 하기에는 너무 무거우므로 건물에 압력을 피하기 위하여 일반적으로 건물의 바닥에 설치된다.

2) 서류함

보안전문가인 힐리(Richard Healy)에 의하면 "화재에 의한 피해와 경영의 실패는 상호 밀접한 관계가 있다"고 하였다. 이와 관련된 통계에 따르면 기업의 중요한 기록들을 손실한 기업 중 거의 반이 경영에서 퇴출되었다.[22] 이와 같이 기업의 중요기록들은 보험소송에서도 소실을 보존하는데 커다란 도움을 준다.

여기에서 고려할 기업의 가장 중요한 기록은 수취계정, 재고목록, 법적인 기록, 계약·연구와 개발, 개인 인사 기록이 포함된다.

서류함들은 화재나 절도에 대하여 잘 보호될 수 있도록 절연이 되고 잠겨져 있어야 한다. 보안성이 요구되는 중요한 기록들은 보관비용은 금고나 금고실보다 저렴하나 금고실이나 금고에 보관되어야 한다.

컴퓨터 미디어를 파괴할 수 있는 불법침입이나 화재, 그리고 습기로부터 보호되도록 전산기기에 대한 특별한 컴퓨터용 금고의 제작도 고려되어야 한다.

7. 침입방법

숙달된 도둑은 금고를 공격하기 전에 금고의 방어방법을 연구하게 된다. 그러므로 내부 정보(금고의 조합)의 관리는 중요하다. 직원들의 근무행태나 침입당한 회사의 전 직원이 절도자와 연루되기도 한다. 침입시의 두 가지 형태의 주요한 침입기술은 물리력을 사용하는 것과 사용하지 않는 두 가지가 있다.

1) 물리력을 이용한 침입방법

① 찢거나 벗겨내는 것(Rip or peel): 가장 일반적인 침입방법으로서 가벼운 금속성을 가진 내화금고에 이용하는 방법이다. 통조림 깡통을 열듯이 금속을 구석에서부터 벗겨낸다. 이 벗겨내는 기술은 침입자에게 내부를 엿보기 위해 문의 가장자리를 따라 자물쇠에 도달해야 한다.

② 구멍 뚫기(Punch): 조합 다이얼은 햄머를 가지고 부순다. 펀치는 노출된 주축(spindle)위에 위치한 다음 자물쇠 박스를 부수기 위해 뒤에서 망치질을 한다. 그 손잡이는 다음 문을 여는데 사용되고 이 방식은 구형 금고에 대해 효과적이다.

---

22) Richard J. Healy, Design for Security (New York: John Wiley & Sons, 1968), p. 174.

③ 절단(chop): 이것은 금고의 내화금고를 바닥에서 침입하는 것이다. 금고는 뒤집어 지고 구멍을 내기 위해 도끼나 망치로 친다.

④ 구멍 뚫기(drill): 숙련된 절도자는 자물쇠 장치를 노출시키기 위해 문을 드릴로 뚫는다. 자물쇠의 날름쇠는 문을 열기 위해 손으로 조정된다.

⑤ 불꽃(torch): 이 방법은 절도방지 금고에 대해 사용된다. 산소 아세틸렌 절단 토치(torch)는 금속을 녹인다. 장비는 금고로 가지고 가거나 또는 침입자가 현장의 장비를 사용한다.

⑥ 가지고 가기(Carry away): 침입자는 침입구역에서 금고를 옮긴 다음 편안한 장소에서 부순다.

2) 물리력을 이용하지 않는 침입방법

① 사무실 뒤지기(office search): 간단하게 침입자는 숨겨진 장소에서 금고 조합번호를 찾는다(예, 책상 서랍 밑에 테이프로 붙여짐).

② 조작(manipulation): 침입자는 느낌이나 소리, 관찰과 같은 뛰어난 기술로서 조합번호 없이 금고를 연다. 때때로 절도자는 소유자의 생일이나 집 주소, 전화번호를 비슷한 숫자를 이용하여 운 좋게 금고를 열기도 한다.

③ 관찰(observation): 침입자들은 길 건너편에서 쌍안경이나 망원경을 이용하여 금고가 열리는 것을 지켜본다. 이러한 것은 방지하기 위해서는 비밀번호는 다이얼의 표면보다 다이얼의 상단 끝에 위치해야 한다.

④ 일일 조합(day combination): 사용의 편리함을 위해, 다이얼이 직원들의 금고 사용이 끝날 때까지 완전히 돌려지지 않은 상태로 두게 되면 이것은 순식간에 침입자에게 접근의 기회를 준다. 침입자들은 때때로 그날의 번호조합이 효과가 있기 전에 다이얼을 조작한다.

⑤ 엑스레이 장비(X-ray equipment): 야금술의 엑스레이 장비는 금고 조합번호의 사진을 찍는데 이용된다. 사진 속에 하얀 점이 나타나면 이것은 숫자 조합을 알아내는데 도움을 준다. 그리고 이 장비는 이동이 귀찮으므로 오늘날 이 기술의 사용은 드물다.

다음의 조치는 금고나 다른 용기들의 보안을 강화하는데 권고되는 사항이다.

① 경보기나 CCTV를 설치하고 적절한 조명을 사용한다.

② 금고를 경찰이나 보행자들이 볼 수 있는 창문근처에 조명에 잘된 장소에 위치한다. 반대로 숨겨진 장소는 침입자에게 좋은 작업환경을 제공한다.

③ 건물내에서도 금고를 지켜야 한다(이것은 또한 현금등록기에도 적용되며, 이것은 대낮에도 강탈당할 수 있다). 금고의 바닥을 볼트로 고정하고, 시멘트 바닥에 부착한다. 금고에는 어떠한 바퀴라도 없어야 한다.

④ 절도범은 토치나 사다리를 구역 내에서 사용될 수 있으므로 구역 내에서 절도범에게 어떠한 도구도 사용할 수 있는 기회를 주어서는 안되며 모든 잠재적인 도구들은 숨겨져야 한다.

⑤ 시간 자물쇠는 단지 정해진 시간에만 열리게 된다. 이것은 만일 조합이 알려지더라도 접근이 쉽지가 않다. 지연된 작동자물쇠는 조합이 그 시간에 이용하여 자물쇠 기계장치가 작동하는 때로부터 자동적으로 대기하는 시간(15분)을 제공한다.

⑥ 특별한 조합이 사용되어 금고가 열릴 때 소리 없는 신호가 경보기를 작동시킨다.

⑦ 그날의 마지막에는 다이얼을 같은 방향으로 여러 차례 돌려둔다.

⑧ 기록해 놓은 조합번호는 위험하다. 그러므로 공장에서의 조합을 가능한 빨리 변경하고, 그 조합을 알고 있는 근무자가 퇴사 시 즉시 변경하라.

⑨ 금고 속에 귀중품의 양을 제한하고 은행을 이용하라.

⑩ 금고 측면에 UL 등급이 표시된 것을 선택하고, 만일 절도자가 외부에서 그 등급을 안다면 쉽게 침입할 수 있을 것이다.

제6장

외부 위협요인과 대책

제6장 외부 위협요인과 대책

외부적인 보안은 내부적인 위협과 반대로 조직 밖으로부터의 위협에 초점을 두고 외부로부터의 침입을 방지하는 조치에 중점을 둔다. 만일 어떤 조직에서 허가되지 않은 침입이 허용되었다면, 절도 · 강도 · 무차별 파괴 · 방화와 첩보행위 등과 같은 범죄로 조직에 엄청난 손실의 가능성이 있다.

일반적으로 이러한 침입은 외부인 뿐만 아니라 직원 혹은 내부인과 공모되어 저질러진다. 만일 침입자가 고객이거나 수선공이라면 합법적으로 목표물에 접근이 가능하다. 따라서 효과적인 내 · 외부적인 대처는 손실을 최소화하기 위해서 상호공조의 역할을 필요로 한다.

그러나 내부와 외부의 대응에 대하여 명확하게 구분하는 것은 서로 연관된 관계이기 때문에 구분에 많은 어려움이 따른다.

제1절 불법침입의 방법

불법침입 또는 허가되지 않은 침입을 방지하는 것에 대한 가장 좋은 방법은 침입자들이 이용하는 방법을 역으로 연구하는 것이다.

따라서 순찰 · 방벽 · 경보기 · 자물쇠 · 창문 · 문의 특성을 관리자(침입을 방지하는 것)와 침입자(성공적으로 침입하는 것)의 양자의 입장에서 연구되어야 하므로, 그리고 자기 자신을 침입자(절도자)와 같이 생각하고, 그것에 대한 대책을 보안 관리자의 입장에서 생각한다. 이 두 가지 침입과 방어에 대한 고려가 방어대책의 설계에 도움을 줄 것이다.

강제적인 침입(forced entry)은 허가되지 않은 침입에서 가장 일반적인 방법으로서, 창문이나 문들은 강제적으로 침입하기에 특히 취약하며 침입자들은 반복적으로 문이나 창문의 유리창을 부수거나 절단하여 내부의 빗장이나 자물쇠 해지장치에 접근한다. 또한 침입자들은 유리창이 떨어지면서 나는 소리를 없애려고 창문을 깨뜨릴 때 흡입 컵이나 테이프를 이용한다. 보통 소매점에서 상점 전시용 유리를 깨뜨리는, 깨고 훔치는 공격(smash and grab attacks)에 당하기 쉽고 침입자들은 상품을 탈취한 후 재빨리 도망을 간다.

전문 절도범에게는 복잡한 자물쇠도 침입자가 망치나 끌 그리고 톱과 같은 도구를 이용하여 방비가 허술한 문을 통하여 침입할 때 의미가 없어진다. 또한 강제적인 침입자는 벽이나 바닥 · 천장 · 천장에 난 채광창 · 공공설비의 통로 · 하수구나 큰 배수구 · 환기통을 통한 침입을 시도한다.

비록 침입자의 침입시도가 성공하지 못했을지라도 침입에 따른 건물의 파손이나 자물쇠의 손실은 피할 수 없다.

만일 침입자들이 보안장치가 강력하여 침입을 할 수 없다는 생각이 들게 한다면 침입의 시도는 감소할 것이다. 이것은 순찰이나 경보기와 같은 보안조치들의 강화에 대하여 여러 사람들에게 알려주는 행위를 통하여 성취된다. 또한 허가되지 않은 침입은 물리적인 공격 없이 성취되기도 하는데, 자물쇠가 어떤 곳에 있든 간에 적절하게 잠금 되지 아니하면 침입은 가능하다. 따라서 창문이나 문들이 잠기지 않는 상태로 남겨지는 것은 상식에 벗어난 일이며 자물쇠를 여는 것이나 분실된 열쇠나 전산화된 출입카드의 습득은 침입자에게 강제적인 침입의 필요성을 요구하지 않는다.

부정직한 직원들은 자물쇠를 열어두거나 창문이나 문의 열쇠를 공모자에게 제공하고 기술적인 정보로서 범죄를 돕는 역할을 한다. 어떤 침입자들은 건물 안에서 일과가 끝날 때까지 건물 안에 머물러 있다가 노리고 있던 물품을 훔친 다음 달아난다.

같은 부류에 끼어들기(tailgating)는 들어가는 직원들 부류에 침입자가 섞이는 수법이며 통제되지 않는 진입과 같은 이러한 교활한 방법은 부정한 침입에 포함되나 적발하기는 쉽지 않다.

제2절 환경적인 보안대책

조직에서 불법침입의 다양한 기법을 적절하게 방어하는 것은 만만치 않은 일이나 다음의 사항은 구내 구역의 측면에서 불법침입을 막는 전략으로 건축과 환경적인 보안설계, 주변 경계의 보안 · 장벽 · 창문 · 문 · 침입 경보 장치들 · CCTV · 조명, 주차장과 차량의 통제 · 경비원 · 통신 및 통제 중앙본부 · 경비견 · 손실예방의 분위기 등이 여기에 해당한다.

1. 환경적인 보안설계

새로운 건물을 설계할 때 건축물의 안전성을 위하여 건축가와 보안 전문가의 협조가 필요하며 지역 경찰과 소방공무원의 협조도 간과할 수 없다.

이러한 생각과 관점들의 결합은 손실의 기회를 줄여서 시설물의 가치와 안전성을 향상시킬 것이다. 더욱이 실제로 건축이 되기 전에 방어의 계획이 실시되면 차후에 건물에 추가적인 보안대책을 추가할 필요가 없어질 것이다.

그러나 얼마 전까지만 하더라도 건물을 설계할 때 보안의 문제는 오늘날과 비교하여 기획의 과정에서 고려할 조그만 부분에 불과하였다.

따라서 오래된 건물은 대부분이 쉽게 침입할 수 있는 구형의 자물쇠와 같은 허술한 보안대책을 사용하고 있으며 오늘날과 같은 공조기가 사용되기 전까지는 적정한 환기를 위해서 많은 창문을 필요로 했으므로 이것은 침입자에게 더 많은 기회를 제공하였다.

오늘날의 건물도 불법침입시 문제점을 가지고 있다. 예를 들면 매달려 있는 천장타일은 천장과 바닥 사이에 공간이 있으며 침입자가 쉽게 타일을 밀치고 천장공간을 통하여 침입할 수 있으므로 타일 위의 공간은 한 사람이 기어서 같은 층의 다른 공간으로 이동할 수 있게 하는 침입통로가 된다.

이웃하고 있는 건물의 지붕을 통한 침입은 오래된 건물이나 새로운 건물이나 마찬가지로 동일한 취약성이다. 이러한 많은 취약점은 적절한 시설대책에 의해 보완이 되고, 지붕으로 통하는 개구부에는 자물쇠나 경보기가 설치되어야 한다.

지난 30년 동안 미국 건축가들은 건물의 계획단계에서 범죄예방 설계의 역할을 증가하였고, 환경적인 보안설계는 주차장이나 보도의 자연적·전자적인 감시를 포함하였고, 시계(視界)를 향상시키는 창문이나 조경, 밝은 조명, 여러 건축적인 설계는 범죄예방 능력을 증진시킨다.

더불어 울창한 수풀과 같은 은신처는 침입자가 몸을 숨길 장소를 없애기 위해서 잘라져야 하고, 바둑판식 도로는 침입자가 쉽게 도망하는 것을 방지하기 위해 통행 차단 방호물을 이용하여 막힌 길(cul-delsacs)로 바꾸어야 한다.

1960년대 말부터 1970내 초 사이에 뉴먼교수(Oscar Newman)는 건축적인 설계와 범죄예방의 상관관계에 대한 혁신적인 연구를 시행하였으며 방어적 공간(defensible space)[1] 이란 개념을 만들어냈다.

뉴먼은 100개가 넘는 건축물 설계를 연구하였으며 설계적인 요소가 범죄를 방지한다는 것을 규명하였다. 예를 들면 뉴먼은 거주지의 창문을 통한 감시의 기회를 만드는 것을 선호하였으며, 이러한 이웃을 통한 감시가 거주자나 이웃들의 안전에 영향을 준다고 인식하였다.

방어적인 공간의 가장 중요한 요소는 범죄의 공포를 줄이기 위하여 거주자들이 사용하는 공공의 공간을 변경하는 설계를 하는 것으로, 이것은 엄청난 기대효과를 갖게 한다. 뉴먼교수는 공공을 위한 건물의 물리적인 설계의 모습이 거주자의 범죄희생율과 그들의 보안 인식에 영향을 준다는 것을 알았다.

이러한 환경적인 설계를 통한 범죄 예방(CPTED)[2]은 거주자에게는 지역의 모습과 설계를 통해 관심을 이끌어내고, 이웃과의 접촉을 가져오며, 더 나아가 지역의 개선활동을 이끌어내고 범죄의 통제와 감소를 위한 참여를 가능케 할 수 있다. 범죄자에

---

1) 방어적 공간(Defensible Space)이란 물리적 설계를 통한 환경의 변화를 의미하는 것으로, 거주자를 범죄로부터 보호하는 환경을 조성해 놓은 주거공간을 말한다. 주택, 통행로, 마당, 놀이터, 주변거리 등 주민들의 생활공간을 방어적 환경으로 조성하는 것을 의미한다. 방어공간을 조성하기 위한 설계는 거주자가 공간을 통제할 수 있도록 주변 환경에 실제적 또는 상징적 방어물을 설치하고, 특히 영역설정과 자연감시가 환경설계에서 중요하게 고려되면, 아파트 단지 대규모 주택단지 개발에 있어서는 부지설계, 거리설계 등의 작업이 부수적으로 필요하다.

2) CPTED(Crime Prevention Through Environmental Design)의 기본개념은 뉴먼(Oscar Newman)의 '방어공간(defensible space)' 개념에서 출발하여 널리 알려지게 되었으며, 물리적 환경과 범죄를 연결시킨 주요 이론가들은 뉴먼(Oscar Newman), 제퍼리(C. Ray Jeffery), 그리고 가디너(Richard A. Gardiner)가 있다. 뉴먼은 공간의 4가지 기본적인 요소를 제시하면서 CPTED 전략의 이론적 기초를 마련하였다. 그 후 CPTED의 개념을 체계적으로 정립한 사람은 제퍼리이다. 그는 건축환경을 적절히 이용한다면 범죄에 대한 공포가 감소하고 범죄발생율이 낮아져 결국 삶의 질을 높이는 결과가 나타난다고 생각했다. 제퍼리는 CPTED란 물리적 설계, 주민의 참여, 경찰활동 등 3요소를 종합적으로 접합시키는 방법을 통해서 지역사회를 범죄로부터 안전하게 보호하고 범죄에 대한 공포를 제거하는 방범기법이라고 하였다.

게는 지역의 물리적 개선과 관심을 통해 합법적인 사용자의 존재에 따른 위험의 증가와 사용에 따른 감시수준의 증가, 그리고 범죄감소에 있어서의 지역사회의 관심에 대한 인상을 느끼게 되어 범죄실행을 억제하게 되는 것으로 공공의 건축물뿐만 아니라 업무용 · 산업용 · 관공서 · 수송체계 · 학교 등도 적용된다.

지난 기간 동안 미 법무성에서는 몇몇의 도시에 CPTED 프로그램 기금을 만들었다. 그리고 오늘날에도 어떻게 물리적인 환경이 인간의 행동에 영향을 주는가의 연구는 계속되고 있다.

범죄자들은 다음의 사항을 고려한 다음 범죄의 시행여부를 판단하게 된다.

① 얼마나 쉽게 목표물에 침입할 수 있는가?

② 목표물의 모습이 얼마나 잘 보이며 매력적이며 침입에 취약한가?

③ 어떠한 가시적인 기회가 있는가?

④ 관찰할 수 있다면, 그 구역의 사람들은 무엇을 하고 있는가?

⑤ 목표한 장소로 가는 빠르고 직접적인 길은 있는가?[3)]

또한 새로운 건물을 계획할 때 절대로 보안의 중요한 요소로서 화재나 산업안전에 관한 중요성을 간과하지 말아야 한다.

2. 주변의 안전

주변이란 외부의 경계와 개인 자산의 경계로서 허가되지 않은 접근에 대하여 첫번째 방어구역으로서의 역할을 한다.

건물의 접근부분으로서 출입문이나 창문과 같은 것도 많은 장소에서 주변 방호의 부분으로서 고려되며 이러한 전형적인 주변의 안전요소는 담장과 자물쇠·경보기·조명·CCTV·순찰을 포함한다.

다음의 사항은 여러 가지 주변안전 설계의 고려사항이다.

① 주변 안전방법이 계획될 때 무엇이든 간에, 계획은 종합 보안 프로그램과 연관되어야 한다.

② 주변 안전방법은 비용효과적이어야 하므로 이러한 계획이 발표될 때 관리자들은 "어떤 방법이 이러한 투자에 대하여 최선의 결과를 낳는가?"라는 물음에 대

3) Ralph B. Taylor and Adele V. Harrell, Physical Environment and Crime (Washington, DC: National Institute of Justice, May 1996), pp. 1~32.

하여 설명하여야 할 것이다.

③ 비록 최소한의 인원으로서 주변의 안전을 강화한다고 하더라도, 이 계획이 일상적인 업무나 응급사항을 방해해서는 안 된다.

④ 주변 보안요원은 잠재적인 침입자들에게 심리적인 영향력을 주어야 하고 이것은 외부인들에게 구역으로 침입한 것을 방지하는 경고의 신호이므로 침입자들은 실제적으로 더 침입하기 쉬운 장소를 물색할 것이다.

⑤ 비록 재산 경계선이 잘 방어된다 하더라도, 불법침입의 가능성이 완전히 없어지는 것은 아니다. 예를 들면 장벽은 위로 밑으로 아니면 통과되어 뚫릴 수도 있다.

⑥ 만일 침입자가 재산 경계선 내에서 발견되면, 이것은 취약한 경계구역의 증거이므로 주변 경계구역 안전의 침입시도를 방지하기 위하여 최선을 다해야 하고, 이러한 시도의 성패여부를 떠나서 침입 자체가 미래의 재난을 예고하는 것이다.

⑦ 주변 안전은 대체로 방어시스템의 첫번째 라인으로서 조직의 안전성에 기여한다.

⑧ 특히 도시지역에서의 건물의 경계는 대체로 건물의 외벽이다. 그러므로 침입자는 이웃한 건물의 벽을 통하여 침입할 수 있다.

⑨ 주변 경계선의 통과는 내부에서도 가능하다. 이러한 수법으로는 상품을 내부에서 장벽위로 던지거나 창문 밖으로 던진다. 또한 여러 가지 종류의 물건들이 경계를 통하여 밖으로 나갈 때 차량을 이용하거나 걸어서 훔친 물건을 가지고 갈 수 있다.

⑩ 시야가 방해 받지 않게 하기 위해서 시설물 주변의 양쪽은 차량이나 장비 그리고 잡목 같은 것은 깨끗하게 치워져야 하고, 이것은 방해받지 않는 구역(clear zone)을 나타내는 것이다.

⑪ 경계구역 보안요원은 주기적으로 외곽의 상태를 검사해야 한다.

3. 장 벽

포스트(Post)와 킨스버리(Kinsbury)는 물리적인 보안의 과정은 많은 장벽체제를 이용해야 한다고 주장하였으며, 그것들은 모두가 특별한 필요에 기여한다.

이러한 체제는 자연적·구조적·인간·동물·에너지 장벽을 포함한다.[4)]

4) Richard S. Post and Arthur A. Kingsbury, Security Administration: An Introduction, 3rd ed. (Springfield, IL: Charles C Thomas Publishing Co., 1977), pp. 502~503.

자연적인 장벽(Natural barriers)은 강·언덕·벼랑·산·군엽(foliage)·극복하기 어려운 여러 가지 자연구조물들을 말하며, 담장·벽·문·건물의 건축상 배열은 구조적인 장벽이다.

인간장벽은 조사업무 보안요원·차량·시설물에 출입하는 물품을 포함한다. 그리고 전형적인 동물장벽은 개이며, 에너지 장벽은 보호조명과 경보기이다. 가장 일반적인 형태의 장벽은 가시철사(barbed wire)가 합쳐진 철사가 파도 모양으로 엮은 울타리(chain-link fence)이다.

체인 링크 펜스의 한 가지 장점은 양쪽 모두에서 관찰할 수 있는 것으로, 보안요원은 밖을 볼 수 있고 경찰은 안을 볼 수 있다. 반면에 울타리에 있는 수풀과 플라스틱으로 구성된 장식은 시야를 방해하고 침입자에게 도움을 준다. 그리고 경영자들은 자신의 시설물이 외부에서 보이는 것을 원하지 않기 때문에 체인 링크 펜스에 비하여 발전된 것으로 비싸지만 장식이 있는 벽돌장벽으로 대체되었다.

체인 링크 펜스는 적어도 9게이지(gauge) 이상이거나 2인치X2인치 다이아몬드 모양의 그물망 형태의 갖은 무거운 철사로 구성될 것을 권장하고 적어도 높이는 7피트 이상 되어야 한다.

펜스의 기둥은 콘크리트에 고정이 되며 기둥간의 간격은 10피트 이상 되어서는 안되고 기초는 2인치 이내에 단단한 토대가 있어야 하며, 만일 그 기초가 연약할 경우는 기초면으로 몇 인치 더 연장되는 것이 더욱 안전하게 할 것이다.

정상부에는 탑가드(top guard)가 요구되며, 단단한 가시철사를 포함한 약 1~2피트 길이의 지지대가 6인치 정도 떨어져서 45도 각도로 밖으로 향하게 하는 것이 안전하다.

① 가시철사 담장(Barbed wire fences)은 덜 효과적이므로 체인링크 펜스보다 사용빈도가 적다. 가시철사 각각의 가닥은 두 개의 12게이지 와이어가 꼬여서 각 4인치마다 가시철사가 엮어진다. 적절한 보호를 위해서는 수직 지지기둥이 6피트 간격으로 위치하고, 수평적 철사가시의 가닥이 2인치에서 6인치 간격으로 있어야 하며 이것은 8피트가 최상의 높이이다.

② 콘서티나 펜스(concertina fences)[5]는 약 55파운드 무게의 실린더 모양으로 만

5) 가시철사를 6각형 모양으로 만든 철사로 실린더 모양의 클립으로 고정되어진 강철철사를 감은 것으로, 신속하게 설치가 가능한 장점 때문에 원래 군부대에서 주로 사용하였으나, 오늘날에는 많은 기업체나 대규모 산업시설의 외곽펜스에 주로 사용된다.

들어져서 강철 면도날 철사와 함께 철해져서 감아놓은 것으로 윤형철조망이라고 부른다. 각각의 실린더는 3피트 직경과 50피트 길이의 코일 형태의 장벽이 된다. 50피트 코일의 끝은 움직이지 않게 하기 위해 다음 코일에 철해져야 한다. 말뚝은 이 장벽에 안정감을 주는 것이며 콘서티나 펜스는 신속하게 장벽을 설치하기 위하여 군대에 의해 처음 개발되었다. 하나의 코일이 다른 하나 위에 설치될 때 그것은 6푸트(foot) 높이의 장벽이 된다. 기초의 외양이 피라미드 모양으로 보이는 두개의 코일 위에 하나의 코일을 설치될 때 침투하기가 더욱 어려우며 콘서티나 장벽은 손상된 장벽을 임시적으로 신속하게 복구하는데 특히 도움이 된다.

③ 면도날 리본이나 꼬아진 가시 테이프(Razor ribbon or coiled barbed tape)는 계속적으로 사용이 증가하고 있고 이것은 여러 가지 방법 중에서 콘서티나 장벽과 유사하다. 코일을 따라서 매 몇 인치마다 날카로운 못이 있으며, 이것은 마치 날카로운 활 매듭같이 보인다. 출입구는 담장을 통한 통행을 위하여 필요하고 창문이나 문과 같이 주변을 따라있는 출입구는 취약점이므로, 출입구는 적을수록 더 좋고 출입구는 대체적으로 체인이나 자물쇠로서 지켜져야 한다. 그리고 제복은 입은 보안요원은 각각의 출입구에 위치하며, 출입구를 개방하는 절차는 사람이나 차량을 조사하는 것을 가능하게 하여 시설물 내부의 보안을 강화시킨다.

④ 차량장벽(Vehicle barriers)은 차량통행을 통제하고 주변으로부터 침투하는 차량을 정지시키는 많은 차량장벽의 사용은 차량에 의한 사격과 차량폭탄의 문제가 발생한 결과로 기인한다. 이러한 방벽은 보호의 수준에 따라 관련기관이 공인 등급을 배정한다. 그러나 이 등급체제는 정부기관마다 다양하다. 예를 들면, 미국에서 적용되는 어떤 기관은 시속 50마일로 돌진하는 15,000 파운드 트럭에 대응하는 장벽시험을 하고, 또다른 기관은 같은 속도로 돌진하는 10,000 파운드 트럭에 대하여 시험을 한다.

⑤ 수동적인 차량장벽(Passive vehicle barriers)은 장식된 보호기둥, 커다란 콘크리트 장식용 화분, 특별하게 설계되어 고정된 공원의 벤치, 강화된 담장, 케이블로 보강된 담장, 수목을 포함하고 바닥에 견고하게 고정한다.

⑥ 적극적인 차량장벽(Active vehicle barriers)은 문이나 장벽무기, 펑 튀어나오는(pop-up) 유형의 방법을 포함하고 일반적으로 출입구에 사용되며, 이것은 지

하에 설치되었다가 작동이 되면 튀어 나와서 차량을 막는다.[6] 그러나 상식적으로 알고 있듯이 보안의 방법에는 절대 보안이란 없으므로 주의 깊은 보안계획이 필수적이다. 1997년에 정부정책에 항의하기 위하여 환경 단체인 그린피스가 워싱턴에서 정부 안전라인을 돌파한 다음 의사당 건물 밖에 4톤의 석탄을 부려 놓았다. 이때 트럭 운전사는 장벽이 없는 건물의 일방도로를 거슬러서 돌진하였으나 아무런 제지를 받지 않았다.

⑦ 벽(Walls)은 만약 철망담장을 사용하는 것을 반대할 경우에 담장으로서 좋은 대안이 벽이다. 매력적인 벽은 주위 담장과 같은 보안기능을 낼 수 있도록 주변 건축물과 어울리게 설계될 수 있다. 벽은 벽돌·콘크리트 블록·돌·시멘트와 같은 다양한 재료로 만들어진다. 설계에 따라, 6~7피트 높이의 벽 상부에 가시철사나 못, 시멘트에 깨어진 유리를 포함할 수 있다. 그러나 침입자들은 부상을 방지하기 위하여 벽을 기어오르기 전에 벽 상부에 담요나 옷을 이용한다. 많은 관할 기관들은 미관상 장벽 상부의 조잡한 모습을 금지하므로 설치 전 관련법령을 확인해야 한다. 벽의 장점은 외부인들이 내부를 들여다보는 것을 방지하는 반면에, 경찰이 순찰하는 동안의 감시를 방해하므로 이것은 침입자에게 도움이 된다.

⑧ 산울타리 나 수풀(Hedge or shrubbery)도 장벽으로서 유용하다. 가시가 난 수풀은 방해물과 같은 가치가 있고 이것에는 호랑가시나무, 매발톱나무, 다양한 꽃의 장미 숲을 포함하며 이 모든 것은 많은 수분을 필요로 한다. 쥐똥나무 울타리는 어느 곳에서나 잘 자라며 조금만 주의를 기울이면 되고 울타리와 장벽의 결합도 유용하다. 울타리는 보통 3피트가 넘지 않아야 하며 통행자의 부상을 방지하기 위해서 안쪽에 위치하고 누군가가 담장을 기어오르는 것을 방지하기 위해 추가적인 장애물을 만들어야 한다. 수풀이 너무 크거나 건물에 가까이 있는 어떤 식물은 오히려 침입자가 기어오르는 장소를 제공하기도 하고, 침입자들이 숨거나 훔친 물건을 숨기는 장소가 되기도 한다. 더불어 지역의 관련 법령은 위협적인 인상의 장벽이 없는 매력적인 환경을 유지하기 위하여 담장과 벽, 울타리의 높이를 제한하기도 한다.

이와 함께 다음의 항목은 보안 관리자가 주변이나 장벽의 약점을 없애는데 도움이

6) Tim True, "Raising the Ramparts," Security Management (October 1996), pp. 49~53.

될 것이다.

① 침입자들은 사용가능한 기둥·나무·상자·팔레트·지게차·도구·건물밖에 있는 기타 물건은 장벽을 기어오를 때 사용할 수 있다.

② 외부에 있는 이동식 사다리는 침입자를 기쁘게 할 것이므로 고정된 사다리는 자물쇠가 딸린 철재 보관함에 넣어서 침입시 접근을 어렵게 하여야 할 것이다.

③ 지붕은 쉽게 통과할 수 있으며 드릴이나 톱 같은 몇 가지의 도구만을 가지고도 침입자는 지붕을 통과하기 위해 방해물을 자를 수 있다. 조명이나 경보기, 순찰이 지붕을 포함하는 것은 드물기 때문에 이러한 약점은 도둑들을 유인하는 요소이다. 또한 로프형 사다리는 지붕에서 내려올 때 이용되거나 지게차는 지붕으로 물건을 올리는데 이용됨으로 차량의 열쇠는 숨겨져야 하고 다른 예방책이 취해져야 한다. 따라서 침입을 방지하기 위한 경보기·조명·순찰 그리고 지붕의 울타리는 이웃한 건물의 지붕으로부터 침입자가 접근하는 것을 방지한다.

④ 지붕으로 통한 개구부, 천장에 낸 채광창, 지하실 창문, 공조기나 다른 배출구와 닥트 장치, 지붕과 건물 사이의 기어 다닐 수 있는 공간, 공공시설물의 덮개는 자물쇠와 경보기, 철 막대기, 단단한 그물망, 울타리, 조사확인 등과 결합을 필요로 한다. 일반적으로 선호되는 기준은 어떠한 개구부도 96스퀘어 인치가 넘을 경우에는 더 보강된 방호조치를 요한다.

제3절 물리적 보안대책

1. 창 문

① 투광성 물질(glazing)[7] ; 방호 유리 중 두 가지 기본적인 종류는 방탄유리와 방범유리이다. 보험업체 연구소(UL)에서는 방탄유리를 8가지 방호수준으로 분류하였다. 이 분류는 권총에 대하여는 1~3등급을 요하며, 소총에 대하여는 4~8등급을 요한다. 여기에서 레벨 4이상의 창문은 정부기관이나 군대에서 적용한다. 방호창문은 유리나 플라스틱이거나 두 가지를 혼합하여 만든다. 얇은 조각으로 된 유리(Laminated glass)는 총알이 여러 유리 층을 통과하여 지나가므로 보호기능을

---

7) 빛을 통과시키는 문이나 유리창에 사용되는 투명이나 반투명의 재료들을 말한다.

제공한다. 이 유리의 장점은 보수하는데 있으며, 청소하기가 쉽고 플라스틱보다 덜 긁힌다. 그러나 이것은 단위면적 당 플라스틱보다 저렴하나 무겁고, 더 많은 작업자와 튼튼한 창틀이 필요하고 유리는 총알에 의해 깨어지기가 쉽다. UL752 항목의 유리는 3발의 총알에 견딜 수 있으나 계속되는 사격으로 깨어지기 시작한다. 창문에 사용되는 두 가지 종류의 플라스틱은 아크릴과 폴리카보네이트이다. 두 가지 모두 두께가 매우 다양하며 가벼우나 유리보다 쉽게 긁힌다. 아크릴(Acrylic)창은 깨끗하고 하나의 단위로 이루어지며, 유리나 폴리카보네이트 창이 얇은 조각으로 된 반면에 다른 것의 위에 또 하나를 접착한 재료의 층으로 구성된다. 아크릴은 때때로 프렉시그라스(Plexiglas)의 상표명으로 사용되며, 총알을 한 쪽으로 비끼나가게 하거나 계속적인 사격하에서도 유리 내부에 총알을 보유한다. 그러나 약간의 깨어짐이 발생하기도 한다. 폴리카보네이트(Polycarbonate)[8]창은 강력한 무기에 대하여 아크릴보다 더 강하다. 또한 보호창과 더불어 사격 중에 고용원들이 창문 아래로 고개를 숙이므로 벽면 방비도 중요하며 이러한 강철이나 섬유유리판 또한 등급이 있다.[9] 절도방지창(Burglar-resistant windows)도 UL 등급이 있으며, 아크릴이나 폴리카보네이트 재료가 이용되며, 해머·불꽃·물리력이나 잡아채는 것과 같은 다양한 공격에 대하여 보호되어야 한다. 방탄과 방범창이 결합된 것도 이용된다. 창문에 방호설비를 하는 것은 너무 비싸기 때문에 이러한 투자를 정당화하는 것은 쉽지 않으나 보험업체는 이러한 장치를 한 기업에 대하여 보험료를 할인해준다.

② 비산방지막(Shatter-resistant film) ; 오클라오마 시의 폭발에 따라 폭발뿐만 아니라 사고나 자연적인 재해로 인해 비산하는 유리의 취약성에 관하여 많은 관심이 집중되었다. 이에 비하여 뉴욕시의 세계무역센터 빌딩의 폭발기록에 의하면 파괴된 창이 치명적인 가스를 밖으로 내보내어 거주자를 생존하게 하였다. 이러한 상황에 따른 장단점이 시장에서 다양한 유리막이 한정된 재료시험의 결과 데이터에 따라서 미국 해병대 공학자들은 폭발 비산이 일어나는 동안 얼마나 여러 종류의 재료들이 작용하는가를 연구하였다.[10]

---

8) 폴리카보네이트는 고분자 플라스틱의 일종으로 모든 열가소성 수지중에서 가장 내열성이 우수하고, 투명하고, 견고하며 충격에 강하나 높은 가격 때문에 보안유리나 방탄방패와 같은 특수한 용도에만 사용된다.

9) Sharon Durst, "Dodging the Bullet," Security Management (October 1996), pp. 55~58.

③ 창문의 보안성을 강화하기 위하여 쇠창살이나 보안망을 가지고 창문을 보호하기 위해서는, 부정직한 직원들에 의하여 물건들이 밖으로 던져지거나 침입자의 들어옴을 방지하기 위해 추가적인 조치가 있어야 한다. 창문에 쇠창살을 하는 것은 창문을 가로질러서 설치한 금속 막대기로 설치되며 이러한 막대기는 효과적인 보호를 위하여 수평과 수직으로 연결된다. 비록 이러한 막대기들이 미적으로 볼품은 없지만, 여기에 매력적인 장식 도안을 설치할 수 있다. 보안망(Security screen)은 틀에 용접이 된 금속이나 스테인리스 철사(그물망)로 구성되고 이러한 망은 창문 쇠창살보다 분명한 장점이 있으며, 직원들은 보안망보다는 창문 막대기를 통하여 쉽게 훔친 물건을 유출할 것이다. 보안망은 일반적인 망처럼 보이지만, 그러나 시공시 상당히 무겁기 때문에 고정장치나 다른 물체의 요동을 멈추게 하는 장비가 필요하다. 그러나 창문에 방호장치를 계획할 때는 반드시 비상시 탈출이나 환기의 필요성에 대해 고려해야 하며 보안을 확보하기 위해서 어떤 창문들은 업무시간에는 창문 방호장치를 해지해 놓는다.

④ 창문잠금은 사무실이나 연구소에는 열리지 않는 창문을 포함하고 있으므로 이러한 창문을 열기 위해서는 내부에서 자물쇠나 빗장을 해제하여야 한다. 가끔 주거시설에서 적용되는 이중으로 매달린 창은 창문방호의 기본을 보여준다. 이것은 상부와 하부창으로 구성되었으며 사용자의 편리를 위해 올라가거나 내려오게 된다. 상부창이 밀어 올려지면 하부창은 내려오고, 양쪽 창문이 만나는 곳의 문틀 자물쇠 밑으로 칼을 집어넣어서, 침입자가 자물쇠를 잡을 수 없는 곳의 걸쇠를 쇠지레로 비집어 열 수 있다. 만일 침입자가 창문을 부수게 된다면 내부로 손을 뻗어서 문틀 자물쇠를 해지시킬 것이며 이와 같은 단순한 침입기법들은 침입자에게 널리 알려져 있으므로 보다 정교한 대비가 필요하다.

⑤ 창문의 전자적인 방호장치는 전자적인 방호를 위한 4가지 유형은 박(箔)[11]·진동·유리파괴·접촉 스위치 감지기이다. 창문 박(window foil)은 일반적으로 많이 사용되지는 않으나 1인치보다 작은 넓이와 종이 두께의 납 박 테이프로 구성되며 창문 끝부분의 오른쪽에 부착한다. 경보가 울리지 않는 상태에서는 전기가 박을 통하여 흘러서 폐쇄회로를 형성하고 박이 파괴될 경우 경보가 울린다. 창

10) "Farming the Debate on Window Safety," Security Management (August 1996), p. 13.
11) 금·은·주석·동 등을 두드려 종이같이 얇고 판판하게 늘인 것을 말한다.

박은 비싸지 않고 쉽게 유지할 수 있다는 장점대신에 단점으로는 침입자가 박의 방해 없이도 유리를 자를 수 있고 진동감지기(Vibration sensors)는 진동이나 충격에 반응하며 그것은 창문틀이나 유리창의 오른쪽에 부착한다. 이 감지기는 낮은 오 경보율로 주목을 받으며 울타리나 담장, 귀중한 예술품, 기타 여러 곳에 적용된다. 창 파괴 감지기(Glass-breakage sensors)는 유리가 파괴될 때 경보를 울리고 큰 동전만한 크기의 감지기는 직접 유리에 부착하고 몇 피트 떨어진 곳에서 유리의 파괴를 감지할 수 있다.

몇몇의 종류는 돌리는 포크와 같은 것에 의해 작동하는데, 이것은 유리 파괴에 의해 발생한 진동수에 의해 돌아가고 다른 것은 마이크로폰이나 전기 확성기를 사용한다. 접촉 스위치는 창문이 열리는 것에 따라 접촉상태가 해지되면 경보가 울린다.

다음은 창문 방호를 위하여 추가적으로 요구되는 제안사항이다.

① 강한 창문틀은 지렛대로 움직이거나 창문 전체를 제거하는 것을 막기 위해 건물에 단단하게 고정한다.

② 1층 창은 특히 침입에 취약하므로 강화된 방호 조치가 요구된다.

③ 침입자에게 관찰되는 것을 방지하기 위해 창문유리에 엷게 불투명의 색상을 넣은 것을 고려한다.

④ 창문들(다른 개구부)은 벽돌과 같이 쉽게 파손되는 재질로서 시공된다면 더 이상 보호장치로서 효용성이 없다.

⑤ 창문 옆에 놓여진 귀중품은 위험을 야기한다.

⑥ 침입자가 침입한 경우의 선명한 지문을 얻기 위하여 주기적으로 창문이나 창받침을 청소한다.

2. 출입문

중심이 빈 출입문(Hollow-core doors)은 침입자가 바로 문을 부수고 들어올 수 있기 때문에 복잡한 자물쇠도 쓸모없게 되며 문 위의 두꺼운 나무 패널과 유리의 부착은 추가적인 약점이 될 것이다. 따라서 조금은 비싸지만 중심이 견고한 출입문(Solid-core doors)은 취약한 부분이 없이 단단한 나무(1인치가 넘는 두께)로 만든다. 속이 빈 문이나 중심이 견고한 문을 강화하기 위하여 16게이지 강철판을 한 방향 나사못을 사용하여 붙인다. 이것의 대안으로서는 모두 금속으로 된 문을 설치하는 것으로 알루미늄 문은 일반적으로 업무용이나 기관에서 사용한다. 이것은 알루미늄 틀로 구성되고 문의 대부분은 유리로 덮혀있다.

그러나 적절한 방호조치 없이는 유리는 취약하며, 지렛대를 이용하는 것은 약한 알루미늄 문을 제거하기에 어려운 것이 아니다. 또한 가능한 문의 경첩은 언제나 내부 쪽에 있어야 한다. 문의 경첩이 밖으로 되어 있으면 침입자가 쉽게 부수고 들어갈 수 있다. 침입자는 드라이버나 망치를 이용하여 문을 들어내기 위해 경첩에서 핀을 빼내므로 경첩의 핀을 보호하기 위해서는 그것을 용접하는 것이다. 이러한 방법으로는 핀을 제거할 수 없으므로 좋은 대책이 될 것이다.

또 하나의 방법으로는 경첩의 양쪽 면에서 두 개의 나사못을 제거해야 분리되게 하는 것이다. 나사못이 반 인치 정도만 통과하게 하기 위해 핀이나 나사못을 경첩의 한쪽 면에서 넣은 다음, 문이 닫혔을 때 반대편 구멍으로 핀을 맞추기 위해 드릴로 구멍을 뚫는다. 이러한 방법으로 경첩의 상부와 바닥 면에 시공하면, 만일 경첩의 핀이 제거되더라도 문은 경첩으로부터 떨어지지 않을 것이다.

또한 접촉 스위치는 문에 전기적인 방호를 위하여 적용되나 더 향상된 보호를 위해서는 접촉 스위치가 문이나 틀의 가장자리 깊숙이 위치하는 것이 좋다. 또 다른 종류의 전자감지기는 진동감지기와 압력 매트를 포함한 문에 적용되고 다양한 종류의 동작 감지기들은 문 주위를 강화하기 위해서 사용된다.

문의 보안대책을 위한 추가적인 조치는 다음과 같다.

① 문(창)은 야간에 체인 폐쇄기 같은 것으로 추가적인 방호를 할 수 있고, 이것은 개방된 상점의 정면이나 범죄율이 높은 지역을 보호하기 위해서다.

② 침입이 쉬운 출입구로부터 침입자가 내부에 숨어있는 것을 방지하기 위해(문을 닫은 이후까지 건물 내부에 숨어 있는 자) 내부뿐만 아니라 외부에서도 열쇠로 작동하는 자물쇠를 가지고 문이나 창을 개방하는 것이 필요하다.

③ 대부분의 모든 소방서에는 강력한 톱을 준비되어 있으며, 건물주들이 소방 트럭에 비치할 열쇠를 제공하므로 소방관들은 쉽게 구역 내 건물로 들어갈 수 있다. 비록 이것이 안전에 위험을 내포하고 있다 할지라도 화재가 발생할 경우에 치명적인 손실을 줄일 수 있을 것이다.

④ 쓰레기장과 활송장치(sliding)·천장·체인이나 전기로 작동되는 문을 포함한 모든 문들은 적절한 방호장치가 필요하다.

3. 경보신호방식

경보신호장치(Alarm signaling systems)는 방호되는 구역으로부터의 신호를 방송장치로 전달하는 역할을 한다. 미국에서 경보장치와 관련된 법령이나 조례는 경보장치들에 대해 엄격한 규제를 하며, 또한 그 경보음이 누구에게 전달되는가를 지정하거나 경보음의 소리의 길이를 제한하기도 한다.

① 구역경보(Local alarm)장치는 소리나 빛으로 알리는 것이며, 사람이 신호 내용을 보거나 들을 수 있으나, 이것은 침입자가 달아나게 하는 원인이 되기도 한다. 일반적으로 벨은 건물의 외부에서 울리며, 가끔 구역경보기는 아무런 대응도 만들어 내지 못한다. 도시지역에서는 행동이 취해지지 않을 경우의 책임을 물을 수 있지만, 시골지역에서는 아무도 경보음을 듣지 못할 수도 있다. 이러한 경보기는 다른 신호체제보다 저렴하나 쉽게 파괴되며 구역경보기가 절도 중에 작동되더라도, 현장 확인자가 아무런 보호대책 없이 경보현장을 확인할 경우에는 피해를 당할 수도 있다.

② 중앙집중식(central station) 경보장치는 침입이나 화재신호를 받거나 보호되는 장소에서 멀리 떨어진 곳에서 감시되거나 원거리에 설치된 컴퓨터 게시판으로 송신한다. 경보신호의 접수시 중앙관제실 근무자는 경찰서·소방서·대응요원과 교신한다. 중앙관제실 서비스는 판매·설치·서비스·감시·대응 요원을 제공한다. 자체 감시장치는 중앙관제장치와 유사하며, 자체 감시장치는 자체 조직에 의해서 경보장치가 운영되고 감시되며 다양한 데이터 전송장치들이 경보신호로서 이용된다.[12] 전화선의 여러 해 동안 이러한 용도로서 사용되었다.

③ 자동 다이얼식(Automatic telephone dialer)은 두 가지가 있는데 테이프식과 디지털식이 있다. 테이프식 장치는 오늘날에는 거의 사용되지 않으며, 사전에 기록되거나 분류된 메시지를 관련부서(중앙관제실·경찰서)에 보내면 관련 부서에서 대응하는 방식이다. 디지털식 장치는 기록된 테이프 메시지를 사용하지 않으며 암호화된 전기 신호를 전송하면 전기단말기가 메시지를 해독하여 판넬이나 텔레타이프 통신으로 송신한다.

④ 직접 연결식(Direct connect system) 침입방지장치는 선으로 직접 경보시 수신

---

12) Robert L. Barnard, Intrusion Detection Systems, 2nd ed. (Boston: BH, 1988).

기가 위치한 구역이나 경찰서 또는 여러 장소에 연결된다. 그러나 미국에서 관련 규정은 가끔 경찰서로 직접 보고 되는 것을 금지하기도 하므로 이러한 방식의 변화가 버디(buddy) 경보장치로서 이것은 경보신호를 직접 선을 통하여 이웃에 전달되고 이웃이 경찰에게 신고하는 방식이다. 그러나 이러한 장치들은 가끔 대응이 없는 공허한 경보가 되기도 한다.

⑤ 라디오 주파수(Radio frequency)와 극초단파(microwave)데이터 전송장치는 전화선을 사용할 수 없는 곳에 사용되거나, 설비라인이 없는 곳에 이용된다. 구성요소에는 전송기 · 송수신기 · 축전기 저장장치 · 태양전지와 전송구역을 확장하는 반복기도 포함된다.

⑥ 광섬유(Fiber optic)[13]데이터 전송장치는 얇은 유리섬유 안에서 빛의 파동을 이용하여 전송된다. 이러한 선로들은 땅 밑이나 땅 위에 설치된다. 이런 전송장치의 구성요소에는 전송기 · 수신기 · 자동중계장치 · 축전기 저장장치와 태양전지가 있다. 섬유광학 장치는 컴퓨터를 이용한 다중 송신방식 데이터 통신 장치들을 지원하고 이것은 직접 연결된 선보다 안전하다.

또한 경보 감지의 기술발전에는 원거리 프로그래밍이 있으며 이러한 방법으로 중앙관제센터에서 각 구역을 방문할 필요 없이 다양한 기능을 수행한다. 이러한 기능에는 시스템의 무장과 해제, 출입문의 잠금장치의 해제, 진단과 교정 그리고 출입장치로서 카드내용을 지우거나 보충한다.[14]

다중송신(Multiflexing)이란 경보장치들은 다중 송신되거나 통합되어서 여러 가지 정보신호들을 하나의 채널을 이용하여 전송하는 방법이다. 이러한 단일 통신채널은 많은 보호된 시설들로부터 단일 송신선로의 사용 요구를 줄여준다. 이 기기의 두 가지 장점은 감지기가 경보상태를 알리는 것과 같은 더욱 정밀한 정보를 전달할 수 있으며, 전송라인의 보안은 암호를 사용함으로써 더욱 강화된 것이다.

13) 빛의 전송을 목적으로 하는 섬유 모양의 도파관으로 광학섬유라고도 하고, 광섬유를 여러 가닥 묶어서 케이블로 만든 것을 광케이블이라고 한다.

14) Kerry Lydon, "Alarm Monitoring: What's New, What's Next," Security (August 1988), pp. 52~55.

4. 조 명

비즈니스적인 견지에서 보면 조명은 영업이나 상품을 더욱 매력적으로 보이게 함으로써 판매를 증가시키고, 안전을 향상시키며 소송을 방지하고, 직원들의 사기와 생산성을 향상시키고, 부동산의 가치를 증가시키므로 충분한 가치가 있다. 반면 보안의 측면에서 보면, 침입을 심리적으로 단념시키게 하고 감지를 가능하게 하는 두 가지의 주요한 목적이 있다. 좋은 조명은 효과적인 범죄관리 방법으로서 고려되며 법규상에서도 많은 장소·건물은 적절한 조명을 요구한다.

조명의 취약한 점을 분석하는 하나의 방법은 야간에 해당 건물에 가서 부적절한 조명이 침입자에게 도움이 되는 장소나 침입 가능한 방법이 있는가에 대하여 연구한다. 그러나 방문 전에 한 사람은 침입자로 잘못 오인될 수 있는 것을 방지하기 위해서 경찰서에 연락하고 그들을 도울 사람을 뽑아 조명의 취약점을 찾는다.

어떤 조명수준이 침입자에게 도움이 되는가? 상식적으로 많은 사람들은 어두운 상태하에서 범죄자는 범행을 더 안전하게 수행한다고 믿는다. 그러나 이러한 생각은 잘못된 것이며, 사람은 어두운 곳에서는 일반적으로 업무를 할 수 없다.

세 가지 가능한 조명수준은 밝음·어두움·희미함이다. 밝은 조명은 침입자가 일을 하는데 충분하나 다른 사람에게 쉽게 발견될 수 있으므로 이것은 범행을 방해한다. 빛이 없으면(암흑) 침입자는 문의 자물쇠나 빗장을 열 짧은 도구를 찾기 어려우며, 무슨 일을 하던 간에 입구를 찾아야 한다. 그런 반면에, 희미한 조명은 감시인의 감시를 피하는 동안, 단지 침입하거나 돌파할 하기에는 충분한 빛이다. 보름달 상태 동안의 범죄연구는 이러한 관점을 뒷받침하며, 희미한 조명일 때 침입이 많이 발생하는 것으로 나타났다.

이러한 연구는 3개의 경찰서에서 2년 동안 순찰하는 동안 972건의 기록을 분석하여 보름달인 상태와 보름달이 아닌 상태를 9가지의 다른 범죄로 비교하였다. 그 결과는 보름달 상태와 보름달이 아닐 때에 침입이나 파괴에서 굉장한 차이를 보여주었다.

비록 많은 관련법에서 안전한 환경을 제공하기 위한 노력의 척도로서 일정한 조명의 수준을 유지하도록 하고 있으나, 보안 전문가들은 조명에 대한 일반 통념에 의문을 제기한다.[15] 일반적으로 너무나 많은 야간 조명이 사용되지 않으므로 조명을 줄

15) Henri Berube, "New Notions of Night," Security Management (December 1994), pp. 29~33.

이거나 소등이 되어야 하는가? 침입자는 조명 아래서 아니면 손전등을 휴대한 상태에서 어두운 곳에서 더 의심을 받는가? 움직이면 작동하는 조명을 많이 사용하여야 하는가? 이러한 접근법은 보안과 비용효과에 얼마나 영향을 미치는가? 이러한 질문들에 대한 연구를 보안전문가들은 더욱 심도 있게 해야 할 것이다.

빛의 양을 나타내는 조도(illumination)는 Watt(입력)당 Lumens(빛의 출력)으로 전등의 효율성을 측정한다. 초기의 lumens/watt 결과는 전등에서 나오는 빛에 기초를 두나, 산출된 빛은 사용하면서 감소한다. 조도는 표면을 비추는 빛의 강도이고, foot-candles나 lux로 측정된다. Foot-candle(FC)는 전등으로부터 1피트 떨어진 곳에 도착한 빛이 얼마나 밝은가를 측정한다.

1룩스는 0.00929FC와 같다. 맑은 날에 직사광선에 의한 빛은 약 10,000FC 이고 구름이 낀 날은 100FC, 보름달일 때는 0.0 FC이다. 북미 조도 공학회의 외부 조명조도의 사례에서 자가 주차 공간은 1FC, 부속 주차장은 2FC, 지붕이 덮인 주차장은 5FC, 혼잡한 장애인 출입구 5FC, 건물 주변 1FC가 권고된다.

사람을 식별할 곳이나 일이 진행되는 출입구나 문은 적어도 2FC가 권고치이고 사무실의 빛의 수준은 50FC가 되어야 한다. 빛이 비추는 면이 수평인가 수직인가와 같이 FC를 조사할 때는 많은 주의를 필요로 한다.

수평적인 조도는 표시나 열쇠구멍과 같은 수직적인 물체의 시야에는 도움이 되지 않는다. FC는 전등과의 거리나 각도에 따라서 매우 다르며, 유지보수와 전구의 교체는 높은 품질의 조명수준을 유지시켜 줄 것이다.

1) 여러 가지 조명[16)]

① 백열등(Incandescent)은 주거지에서 일반적으로 사용되며, 전류가 텅스텐 선을 통하여 흐를 때 텅스텐이 하얗게 되면서 빛을 낸다. 이러한 전등은 1와트 당 10~20 루멘의 빛을 발생하나 사용하기에 가장 비싸며 비효율적이고, 1,000~2,000 시간 정도로 수명이 짧다.

16) National Lighting Bureau, Lighting for Safety and Security (Washington, D.C.: National Lighting Bureau, n.d.), pp.1-36; Mary S. Smith, Crime Prevention Through Environmental Design in Parking Facilities (Washington, D.C.: National Institute of Justice, April 1996), pp.1-4; Dan M. Bowers, "Let There Be Light," Security Management (September 1995): 103-111; Douglas R. Kunze and John Schiefer, "An Illuminating Look at Light," Security Management (September 1995), pp. 113~116.

② 할로겐[17]과 석영 할로겐(Halogen and quartz halogen)등은 백열등에 할로겐 가스를 넣어서 백열등보다 25% 정도의 효율과 수명을 향상시킨 것이다.
③ 형광(Fluorescent)등은 가스가 밀봉된 유리관을 통하여 전기가 흐를 때 빛이 발산되고, 와트당 40~80 루멘을 생산한다. 이것은 백열등보다 같은 와트에서 1/2 정도 적은 열을 내고 2배의 빛을 발산하며, 가격은 5~10배 정도 비싸다. 형광등은 빛의 발산의 수준이 높지 않으며, 수명은 10,000~15,000시간이고 신호등을 제외하고는 실외에서는 잘 사용되지는 않는다.
④ 수은(Mercury vapor)등은 가스를 통하여 전기를 통과시킨다. 와트 당 30~60 루멘이고 수명은 약 2만 시간이다. 금속 할로겐화합물(Metal halide)등은 가스 형식이고, 와트 당 80~100루멘을 생산하고, 수명은 10,000시간 정도이다. 이것은 그 빛이 자연광과 유사하고 낮과 같은 상황을 만들므로 스포츠 경기장에 이용됨과 더불어 이것은 CCTV 장치의 보완제로 쓰이나 설치나 유지하기가 가장 비싼 전등이다.
⑤ 고압 나트륨(high pressure sodium)등은 가스식이고 와트 당 약 100루멘을 생산하고, 수명은 약 2만 시간 정도이며 에너지 효율이 좋다. 이것은 길거리나 주차장에 설치되고 안개를 통과하므로 굉장히 먼 거리에서도 상세하게 볼 수 있도록 고안되었다. 저압 나트륨(Low pressure sodium)등은 가스식이고, 와트 당 150루멘을 생산하고 수명은 약 만 오천 시간정도이며 고압 나트륨 등보다 더 효율적이나 고압나트륨등은 유지비가 많이 든다.

이상과 같이 각각의 형태의 조명은 서로 다른 색을 연출하며, 이것이 색에 대한 인간의 인식에 영향을 미친다. 백열등, 형광등, 특수한 형태의 금속 할로겐 등은 뛰어난 색을 연출한다. 수은등은 좋은색을 주나 빛이 너무 강력하다.

고압 나트륨 등은 외부에서 광범위하게 사용되나 조악한 색을 내며 물체들을 노랗게 보이게 만든다. 저압 나트륨 등은 색을 잘 구별할 수 없게 만들며 목표물에 노랑이나 회색으로 비친다. 사람들은 때때로 나트륨 등을 방범등이라 부르며 나트륨등은 이상한 노란 아지랑이를 만들어 내므로 눈에 거슬린다.

미적인 가치와 배치되는 이러한 등들은 불만을 야기하고 수면 습관에도 영향을 미

---

17) 할로겐(halogen)은 주기율표 제7족 원소 중 플루오르 F 염소 Cl 브롬 Br 요오드I 아스타틴 At의 5원소의 총칭이다. 할로겐족원소라고도 한다.

친다. 많은 예로서 많은 사람들이 낮에 공원에 주차를 한 후에 밤에 차를 찾으려고 할 때 나트륨 등의 좋지 않은 색 때문에 장소를 찾지 못하고, 가끔 그들의 차가 도난 당했다고 신고를 한다. 또 다른 문제는 목격자가 침입자를 정확하게 식별할 수 없다는 것이다.

또한 수은등이나 금속 할로겐, 고압 나트륨 등은 완전한 빛을 발산하기까지 몇 분이 걸린다. 소등 시에는 이것을 냉각시켜야 되기 때문에 더 많은 시간이 걸린다. 그러므로 이것을 보안측면에 적용하기는 힘들다. 백열등과 할로겐이나 석영 할로겐은 전기를 넣었을 때 즉시 빛이 발생하는 장점이 있다. 제작자들은 등의 이러한 전등의 특성에 대하여 소비자들에게 점등시간과 제차 점등시간을 포함한 정보를 제공해야 하고 구매시 필수적으로 확인해야 한다.

2) 좋은 조명을 강화하는 방법 들

다음은 좋은 조명상태를 유지하기 위한 방법들이다.

① 주변 경계조명은 장벽의 양면을 비추는 장소에 위치하도록 해야 한다.

② 조명은 시설물로부터 멀리하거나 아래로 향하게 하여 침입자가 눈부시도록 하여야 하고 조정된 조명은 순찰하는 경비원들의 감시를 방해하지 않아야 한다는 것을 명심한다.

③ 밝은 곳에 있는 침입자가 숨을 수 있는 어두운 공간을 내버려두어서는 안 된다. 그리고 조명을 빛이 서로 겹치도록(사각 구역이 없도록) 고안한다.

④ 조명장치를 보호하기 위해서 조명을 장벽 안쪽에 위치하게 하고, 등 주변에 보호 커버를 설치하며, 높은 기둥에 조명을 장치하고, 전원선은 묻어두며, 스위치 박스를 보호한다.

⑤ 광전지는 자연광에 따라서 자동적으로 등이 점·소등 되게 한다. 그리고 수동 작동은 예비적으로 도움이 된다.

⑥ 내부나 외부의 움직임에 따라 작동하는 조명을 고려한다.

⑦ 너무 강렬한 조명으로 이웃에게 피해를 주지 않도록 주의한다.

⑧ 이동식 공급품과 비상 조명에 전원이 차단될 것에 대비하여 사용할 보조 전원을 준비한다.

⑨ 좋은 내부 조명은 침입자를 방지한다. 그리고 금고·값비싼 상품·다른 귀중품을

비추는 조명과 큰 깨끗한 창문(특히 소매점의 시설들)들은 순찰자가 감시하는 것을 가능하게 만든다.

⑩ 보안등의 증설이 가능하다면 기업체 경계구역의 안전을 도모하기 위해서 다른 기업체들과 공동으로 정부기관에 보안등의 증설을 요청한다.

5. 경비견

대표적인 동물 장벽으로 알려진 경비견은 재산보호가 필요한 지역 주변의 안전을 강화시킨다. 기록에 의하면 개들은 12,000년 이전부터 인간에게 서비스를 제공하였다. 그리고 이집트에는 기원전 3천년 경에 개의 번식에 관한 기념비적인 증거가 남아있다.[18] 일반적으로 개는 12년 정도 생존하는데 영양이 잘 공급되고 관리되면 20년 이상을 살기도 한다.

인간과 개는 유사한 기본적인 감각을 지니고 있는데, 특정한 개들은 상당히 고도의 감각이 발달되었다. 따라서 개를 재산보호의 목적으로 사용하게 될 경우에는 개들의 감각에 대하여 아는 것이 중요하다.

경보용 개(alarm dog)는 장벽이나 건물의 안쪽을 순찰하며 낯선 사람이 접근 시 짖게 되나 공격은 하지 않는다. 이렇게 짖는 것은 침입자를 놀라게 하여 그들을 도망가게 한다. 경비용 혹은 공격용 개(guard or attack dog)는 경보용 개와 유사하나 침입자를 공격하는 특성을 가진다. 그러나 만일 개가 도망가거나 누군가를 공격하게 되면 심각한 문제를 야기한다.

경비견에 의한 소송 가능성을 최소화하기 위해서는 이러한 개들을 선택적으로 적용하고, 적절하게 울타리 내부에서만, 그리고 제자리에 있으라는 경고 신호를 한다. 또한 항상 경험이 있는 사람이 비상시 대응에 필요하다.

또 다른 종류의 공격용 개는 보초용 개(sentry dog)로서 이 개는 끈으로 묶여서 제복 보안요원과 같이 순찰을 하다가 명령에 따르고 이 개의 청각과 후각의 뛰어난 감각은 숨어있는 침입자(폭발물이나 마약)의 위치를 찾을 때 엄청난 장점을 가진다.

개들은 긴장하는 사람에게서의 미세한 발한작용(땀)이라도 감지하며, 그들이 찾는 것에 대한 개별적인 특징을 식별할 수 있다. 침입자의 긴장감에 의한 발한 성분은 더

---

18) Timothy J. Walsh, *Protection of Assets*, Volume Ⅳ, 1997, p. 28-1.

욱더 개들을 자극하게 되고, 이것은 겁먹을 사람을 더욱 공격에 취약하게 만든다.

"공격" 명령이 떨어지면, 독일산 세퍼트의 턱은 사람의 팔을 부러뜨릴 수 있는 힘을 가지고 있다. 더불어 만일 개가 누군가를 공격했을 때 소송의 가능성은 개의 이용으로 인한 단점이다.

만일 개가 보안관리팀의 일부라면, 사람이나 개집 시설들은 개를 위해서 주의가 필요하다. 이것은 개의 구입을 포함한 그들의 훈련, 의료비, 음식물에 지급될 비용이다. 계약 경비 서비스를 이용할 시 이러한 비용들은 추가되지 않을 것이며 더 쉬울 것이다. 또 다른 단점은 개가 병이 들거나 활동성이 마비되어 죽을 가능성이다.

그러나 우습게도 침입자들 또한 개와 쉽게 친해질 수 있다. 개들은 음식물을 가지고 있는 사람에게서 음식을 받아먹는다. 또 다른 문제점으로는 보호구역 주변의 이웃들은 가끔 개 짖는 소리를 듣게 되나 단지 여러 가지 이유 때문에 거주지들은 개들이 짖는다고 무시해버린다.

1) 후 각

개가 냄새를 감지하는 능력은 인간보다 백배 정도 뛰어나다. 이러한 후각능력은 개들에게 행동의 발단과 인식의 대부분을 제공하는 통로이다. 인간이 시간적인 방향감각으로 공간을 이동하는 것과는 다르게, 개들은 후각에 의해서 동일한 공간을 이동한다. 이와 같이 개에게는 냄새가 주요한 요인이고 코는 가장 중요한 감각기관이다.

따라서 냄새들은 구별하는 능력은 개들이 대규모 건물이나 열린 공간에 숨겨진 물건이나 사람을 찾아낸다. 일반적으로 감추어진 냄새도 이러한 능력을 감소시키지 못한다. 공기 속에 포함된 냄새가 나는 입자가 개가 숨을 쉴 때 코에 감지되어 넓은 지역의 냄새를 감지하게 된다.

예를 들어 훈련된 개는 250야드 이상 거리의 침입자의 공기 중의 냄새를 감지하는 놀라운 냄새감지 능력을 가지고 있다. 연구에 의하면 개는 인간이 감지하기 불가능한 한도로 희석된 모든 알려진 종류의 냄새에 반응하여 추적하는 것이 가능한 것으로 알려져 있다. 더욱이 개는 인간에게 특별하게 나는 냄새를 여러 가지 냄새 중에서 구별할 수 있다. 이러한 역량은 개들은 훈련시켜서 다양한 종류의 냄새를 감지하게 하는데 이용하게 한다. 인간의 냄새, 아편과 다른 약물, 연소촉진제, 폭발물과 알코올과 같은 종류들을 현재 개들이 냄새를 감지하는데 활용하고 있다.

2) 청 력

개의 청력의 예민함은 음역(range)과 음률의 높이(pitch)에서 인간의 한계를 훨씬 능가한다. 개가 감지할 수 있는 상위 주파수의 한계는 약 인간의 2배로서 3만Hz 혹은 그 이상에 달한다. 개는 인간의 귀로 쉽게 감지할 수 없는 소리에 대하여 항상 경계하고 있는 상태를 유지한다. 한번의 시험에서 인간은 40야드 거리의 소리를 감지할 수 없는데 반하여 개는 180야드 거리가 떨어진 곳에서의 소리를 감지하였다.

청각은 개를 조련하는 조련사들이 개와 소리가 주요한 전달매체이기 때문에 개에게는 또한 중요하다. 어떠한 개는 조련사의 목소리로 전달되는 느낌이나 바람을 정확하게 이해하는 것으로 나타났다. 이와 같이 개는 조련사가 원하는 행동에 따른 말의 톤(tone)과 소리에 쉽게 익숙해진다.

3) 시 야

일반적으로 개의 시력을 일반적인 인간의 시력과 비교하는 것은 불가능하다. 개의 시력에 대한 연구가 계속되고 있으나 지금까지 과학자들이 알아낸 개의 시력에 대한 특징은 개는 색맹이고 시야의 명확성이 크게 떨어진다는 것이다. 개에게는 물체의 모든 것은 초점에서 벗어나 보이고, 더군다나 개는 모든 색상을 검정과 흰색이나 회색의 색상으로 인식한다. 그러나 개는 물체가 약간만 움직일 경우에도 움직임을 감지하고 경고의 신호를 나타낸다.

4) 감 각

개를 만질 때의 민감도는 다른 동물들을 훈련시키는 동안에 물리적으로 칭찬하고 개선하는데 주요하게 이용되는 것과 같이 활용된다. 개를 접촉할 경우의 반응은 개의 종류에 따라서 매우 다양하다. 어떤 개는 쓰다듬거나 물리적인 교정으로서 반응하고 어떤 개는 둔감한 경우도 있다. 어떤 개는 말로 하는 것보다 물리적인 칭찬이나 교정에 반응이 빠르다. 개의 만지는 경우의 민감도는 애환용이나 개의 행동을 교정할 경우에 많이 고려된다.

5) 지 능

개의 지능은 영장류를 제외한 어떤 종류의 동물보다도 높다. 비록 개의 지능이 인간보다는 훨씬 떨어지지만 개는 훈련 시에 수많은 어휘에 효과적으로 반응한다. 통상적으로 개를 지시하는 데에는 20단어 정도가 필요하지만 어떤 개들은 100단어에 반응하도록 훈련된다. 개의 지능은 개가 훈련된 내용을 유지하고 사용하는 범위와 학습에 대한 준비성을 토대로 등급을 매긴다.

어떤 개는 경험에 의하여 독특한 업무수행을 할 수 있을 경우에 지능 면에서 높은 등급을 받는다. 약간의 개는 그들이 원하는 경우에는 매우 빨리 상황을 습득하나 싫어하는 경우에는 매우 훈련시키기에 어렵다. 그리고 개들은 조련사의 말은 잘 듣는 반면에 낯선 사람들은 경계하는 경향이 있다.

6) 민감도

민감도는 주어진 자극에 대한 반응의 정도나 유형을 말한다. 과도하게 민감한 개는 조그만 자극에도 펄쩍 뛰게 된다. 이와 같은 민감한 개의 반응은 대체적으로 놀래거나 부끄러워하는 것 중에 하나이고, 반면에 둔감한 개는 동일한 자극에 단순히 머리를 돌리거나 또는 전혀 아무런 반응도 하지 않는다. 그리고 소리와 접촉에 대한 민감도는 개들마다 매우 상이하다. 따라서 어떤 개는 둔감한 반응에 대해서 말로서 꾸짖으면서 심한 신체적 교정을 가하게 되면 겁을 먹게 된다. 이러한 민간도 유형의 개는 소리에 대하여 과민하게 되거나 물리적인 교정에 대하여 둔감하게 된다.

따라서 이러한 개들을 다루는 조련사의 성격과 개의 민감도가 잘 조화되어야 한다. 이것은 조련사마다 각각 적절한 목소리의 톤(tone)과 음역이 다르므로 개의 청력을 통한 조련사의 지시를 알아듣는 것이 어렵기 때문이다.

그럼에도 불구하고 같은 조련사가 개에게는 근육의 통제와 조화에 의한 교묘한 솜씨가 있기 때문에 개를 뛰어나게 조련할 수 있다.

제4절 관리적 보안대책

1. 주차장과 차량의 통제

잘 고안된 주차장은 시공시기부터 보안에 대하여 주요하게 사전에 고려하여야 하고, 도심에서는 주차공간이 한정되어 있으므로 주차공간의 배치와 차도와의 연결에 관심을 요한다.

직원들의 근무지로의 출입관리는 쉬워야 하므로 건물의 주변보다는 건물의 한쪽 편이 주차장이어야 한다. 그리고 가능하다면 주차장은 건물로부터 적당한 거리에 떨어져 위치해야 하며 그 장소가 건물로부터 분리되어 있어서 완전하게 주변과 격리가 되어야 한다.

이러한 특성들을 직원이나 근처의 물건을 선적과 하역하는 차량이나 쓰레기 처리업자, 근처 건물의 다른 이용자들에게 설명하여 규정을 준수하게 한다.

또한 직원이나 방문자들이 그들의 차량을 이용하려 할 경우에는 반드시 기업의 재산보호를 위해서 지정된 통로만을 사용하게 한다.

방문객이나 배달원, 서비스요원들은 임시 통행증을 발급하여 자동차에 부착하게 하는 대신에 기업의 중역이나 여러 직원들은 상시 주차 스티커를 사용한다. 스티커나 통행증은 정복 근무자들이 엄격에게 허가되지 않은 차량의 출입을 관리하게 한다.

스티커와 통행증에 대한 엄격한 책임감이 무분별한 통행증의 남용을 방지하고 기업에서 관련 정책이나 절차에 대한 메모나 신호를 통한 전달로서, 출입자들은 기업이 무엇을 원하는지 알게 될 것이다.

주차장은 비상벨이나 긴급 전화 · 조명 · CCTV와 같은 특별한 전략들이 적용될 때 더욱 안전해질 것이다. 특정한 시간에 순찰활동이나 고정된 장소에서 근무는 매우 필요하다. 예를 들어 교대시간 · 휴식 · 식사 시간은 극심한 교통체증을 일으키고 동시에 절도의 기회가 되나 동시에 기업 관리업무의 기능에는 회사근처의 노상에서의 범죄로부터 직원들을 보호할 의무가 있으므로 단지 직원 절도만이 위험한 것이 아니다.

폭행 · 강간 · 강도 · 절도는 주차장에서 종종 발생하며, 이러한 위험으로부터 직원들이나 고객들이 보호되지 않으면 근무사기를 저하시키고 소송이 야기된다. 예를 들면 어떤 병원에서는 늦게 업무를 교대한 후에 보안요원이 차로 가는 간호사를 보호해준다.

때때로 스테레오나 축전지와 같은 여러 가지 개인재산들도 없어지므로 주차된 직원들의 차량들은 보호가 필요하다. 따라서 개인의 보안, 차량의 잠금장치와 같은 추가적인 예방에 대한 직원들의 교육은 손실을 감소시킨다.

여러 형태의 장비는 주차장 보안 프로그램에 도움을 준다. 쿠쉬맨 순찰 차량은 좁은 골목길을 통하여 업무를 수행할 수 있으며, 순찰의 기동성을 증가시키고, 날씨가 좋지 않을 때 피신처를 제공하고, 야간 시계확보를 위해 조명을 부착하고 순찰 차량을 운영하기에 비싸지 않다. 자전거는 또 다른 선택사항이다.

보안 초소와 경비실은 주차장에서 지휘소 역할을 한다. 그곳에는 전화, 휴대용 라디오, 무기, 기록, 주차 스티커와 통행증, 냉·온방 기구와 화장실이 있어야 한다. 그리고 보안요원의 시야를 더 잘 보이게 하기 위해 경비실은 지면보다 적어도 2피트 정도 높게 설치하고 주 출입구나 출입문 근처에 위치하는 것이 효율성을 향상시킨다.

2. 보안요원

일반적으로 보안요원들은 고정된 위치에서 근무하거나 순찰의 임무를 수행한다. 고정된 자리는 사람이나 차량, 물건들을 감시하고 조사할 수 있는 문이나 출구에 위치한다.

고정된 위치는 통신과 CCTV, 경보기들이 감시되는 지휘소로서 통제임무나 차량의 통행을 관리한다. 도보나 차량 순찰은 영내 구역이나 경계를 따라서 전체적으로 실시되는데 침입자들을 저지하기 위해서 특이한 사항을 확인한다.

이러한 사항에는 손상된 보안장치나 경계장벽에의 구멍이나 침입의 증거, 숨겨져 있는 상품, 부적절하게 주차되어 관심이 없이 버려둔 차량, 열쇠가 남겨진 차량, 차량에서 자거나 마약을 사용하는 직원, 막혀진 비상화재 통로, 금연구역에서 담배꽁초, 쓰레기의 누적, 기름이나 다른 인화성 물질의 냄새와 같은 위험한 생태나 이상한 사례는 신속히 보고되어야 한다.

고정된 위치나 순찰요원을 포함한 모든 보안요원들은 해당 조직이나 시설물을 방문하거나 근무하는 사람이나 재산에 대하여 안전한 환경과 안전을 제공하는 것이 그들의 임무이다. 이것은 경찰의 주요업무인 범죄대응과 대비하여, 민간 보안요원은 주요업무는 예방의 역할과 감시와 보고이므로 상호 보완관계이다.

보안요원을 고용하기 전에 주의 깊은 계획이 이 서비스의 최적의 효율을 보장할 것이다. 여기에는 "무엇이 그 장소의 고유한 특징인가? 어떤 재산이 보호를 필요로 하는가? 하루에 몇 시간동안 그 시설물은 개방되는가? 근무하는 직원들은 몇 명인가? 얼마나 많은 방문객과 차량들이 하루에 출입하는가? 특별한 취약점은 무엇인가? 보안요원들이 다른 보안 조치에 어떻게 상호 작용하는가" 등이 우선적으로 고려되어야 할 것이다.

그러나 보안요원의 고용은 많은 비용이 필요하다. 여기에는 급여·보험·제복·장비와 훈련은 매년 개인마다 엄청난 비용이 소비된다.

만약 자체 보안 조직에서 한명의 보안요원이 일년 동안 2천원만이 필요하다면 주변 경계를 위해서는 하루 종일 5명이 필요하며, 매주 7일 동안의 모든 교대를 위해서는 대략 20명의 보안요원이 필요하다. 그러면 이 부서의 총 인건비는 대략 연간 4억원이 될 것이다. 더불어 보안요원들의 업무효율성을 향상시키기 위해서 몇몇의 특별한 조치들이 취해진다. 여기서 가장 중요한 세 가지는 주의 깊은 후보자의 선발·건전한 훈련·적절한 감독이다. 보안 관리진에서는 보안요원들이 그들에게 무엇을 원하는가를 알게 하여야 한다.

정책과 절차·날마다의 임무가 대화로 지시되거나·메모·훈련 프로그램을 통하여 전달되어야 하고 정책적으로 감독자들이 매시간 보안요원들을 확인하도록 명심한다.

불규칙적이고 예상하지 않은 순찰은 침입자들을 방지하는데 도움이 된다. 순환 근무 보안요원은 다양한 임무에 그들이 익숙해지는 동안 피로를 줄여주며, 검사항목을 제공하여 힘든 상황에서 그들이 정신적으로 긴장을 유지하게 한다. 공식적인 항목은 일일보고서와 함께 제출되고, 예의바른 태도와 깔끔한 외모를 가진 보안요원의 통제는 직원들이나 방문객들에게 존경을 받게 된다.

3. 통신과 통제본부

9 · 11테러에서도 증명되었듯이 비상 근무자들에게는 원거리를 교신할 수 있는 장비는 절대적으로 중요하다. 모든 근무자들은 휴대용 양방향 무전기를 갖추어야 하며, 근무자들은 이러한 교신으로 도움을 요청하거나 상급자에게 위험성이나 긴급한 재난에 대해 보고한다. 때때로 근무자들은 통제본부와 지정된 교신을 해야 하는데 이것을 보안 프로그램의 핵심이다.

통제본부는 경보지시계 · CCTV · 모니터 · 문 관리 · 다중 알림장치 · 보안과 교신을 위한 여러 요소들을 구비한 관제용 계기판을 적합한 장소에 위치한다. 비상시에 근무자들은 통제본부로부터 유도를 받기 때문에 항상 통제본부는 안전하게 운영되어야 한다. 통제본부는 무장침입에 대한 강화된 보호, 서류의 파괴, 잠겨진 문이 있는 곳에서의 사고, 지하층이나 지하의 장소, 방화재료로 건축된 것에 대하여 항상 관리통제하에 두어야 한다. 그리고 자동적으로 원거리에서 작동되는 잠금장치, 호출하는 사람의 신원확인을 한 다음 계기판을 작동하여 해지하는 것은 안전을 강화시킨다.

소매점과 같은 장소에서는 손님들이나 방문객들과 같은 일반인에게 가끔 커다란 유리벽을 통하여 통제본부를 볼 수 있도록 허용하기도 한다.

이러한 접근방식은 논란의 여지는 있으나 심리적인 범죄 억제책으로서는 효과가 있으며 방탄유리는 범죄율이 높은 장소에서 효과적이다. 누가 통제본부를 설계하던 간에 인간공학적인 지식에 능통하여야 하며, 인간과 기계 사이를 효율적인 업무수행을 가능하도록 설계되어야 한다.

인간공학은 향상된 근무환경과 피로와 실수를 줄이게 한다. 예를 들어 회전의자와 겹친 계기판은 조작을 쉽게 하도록 하며, 음향학상으로 처리된 통제실은 경보기, 프린터, 다른 장비로부터의 과도한 소음(피로의 원인)을 흡수하고 컴퓨터실을 위해 만들어진 약간 높은 바닥은 확장이나 배선의 변경을 용이하게 한다.

4. 보안 분위기

분위기(aura)는 주위의 무언가와 구별되는 독특한 환경이다. 인간은 무언가에 마음을 당혹하게 되면 어리둥절하게 되고 불가사의한 기분이 된다. 만일 당혹스러운 분위기가 보안 장치나 사람에게서 나타나면, 추가적인 대책이 보안 프로그램의 효율성을 강화시킬 것이나 어떻게 이것은 성취될 것인가가 문제이다. 여기에서 중요하게 요구되는 것은 보강된 관리와 전문가의 필요성이다.

관리진이나 실무자 모두 다 현재의 보안장비가 어떻게 운영되는지, 순찰은 어떻고, 조사절차는 존재하는지, 시스템의 약점과 비밀이 요구되는 사항들에 대해서는 철저하게 비밀을 유지하여야 한다.

일반적으로 범죄에 대하여 더 잘 알게 될수록 실무자들은 더 잘 방어하고 침입 계획에 대한 대책을 세울 것이다. 따라서 이러한 정보가 알려질 때는 항상 신중하게 고려되어야 한다. 보안과 더불어 산업안전과 화재예방 정보는 언제나 누구에게나 중요하다. 그러나 특정한 구역들이 숨겨진 경보장치나 감시장치, 순찰에 의해 보호된다고 알려지면 이러한 신비한 분위기가 예방계획에 도움이 되기도 한다.

보호구역 주변의 보안 게시물은 무단 침입자는 고소된다는 것을 알리는 것이며, 게시물들은 경계선을 따라서 부착하고 입구와 건물 내부에도 부착한다. 이러한 분위기는 강력한 심리적인 억제책이 될 것이다. 이러한 게시물은 침입자(내부인과 외부인)에게 침입을 시도할 경우에 위험을 인식하게 되고 의기소침해지며 침입시 성공에 대한 생각이 줄어들 것이다.

5. 보안 유연성

보안 계획은 결코 정적(static)이지 않으며 유연하여야 하며 침입자들은 반복적으로 약점을 찾기 위해 목표물의 방어대책을 시험해본다. 그러므로 손실은 방어전략들이 침입자의 방법보다 뛰어나면 피할 수 있다.

효율적인 보안계획은 기술의 획기적인 발전과 혁신적인 범죄로부터 끊임없이 위협을 줄이기 위해 계속적으로 변해야 한다. 그리고 첨단과학과 공존하는 보안실무자들은 손실을 억제하기 위해 더 많은 준비(첨단과학기술을 이용한 침입을 방지하기 위한 역량)를 하여야 한다.

어떤 보안계획에서도 사람이 핵심이므로 만약 그들이 동기부여가 될 경우에는 결과물은 확실히 나타날 것이다. 따라서 관리자들은 방호의 주요한 약점을 발견하거나 침입자를 체포할 경우에 개인적인 포상을 하여야 한다. 금전적인 유형의 보상이나 상징적인 보상은 사기를 진작하고 동기를 부여한다.

또한 경계구역 근처의 이웃들은 기업의 보호대책에서 상당한 감시역량에 도움이 된다. 따라서 사려 깊은 선택이 권장되며, 보안 관리자는 개인적으로 이웃을 방문하며 종종 시설물 주변의 한두 명의 거주자는 안전에 도움이 되는 정보를 제공하고 집에 거의 머물러 있는 한가한 퇴직자들은 이러한 기회를 바랄 것이다. 기업이나 조직의 울타리 주위에 있는 부스러기들은 트인 시야를 위해 제거되어야 한다. 회사에서는 실지로 의심이 가는 행동이나 화재와 같은 여러 가지 문제점들을 알려준 이웃에게 작은 보상을 실시한다.

제7장

보안조직의 운영

제7장 보안조직의 운영

지난 20년 동안 가속화된 사회의 변화는 보안관리의 기본적인 임무인 재산의 보호가 단순한 허드렛일이나 기업경영에서 사소한 임무를 수행하는 것이 아니라 중요한 경영관리기능이라는 인식의 변화이다. 이러한 변화는 수많은 고용의 기회를 창출하고 고도의 자격을 갖춘 전문인의 수요를 창출하였으며 보안분야에서 전문성에 결정적으로 중요한 변화를 가져왔다.

보안관리의 초기의 패러다임은 대부분이 군대나 준군대조직의 모델에서 인용되었으며 군대나 공권력에서의 보호기능과 동일시되었다. 그러므로 초기의 보안관리에서는 보안요원과 조사를 통한 물리적인 방어가 주요한 업무로서 강조되었다. 그러므로 보안부서는 수많은 다른 근로자들에게 권위적이거나 가끔은 불쾌하거나 철저히 적대적인 것으로 간주되었다. 또한 보안활동에 대한 정보는 대체적으로 불필요하게 제한되었으며, 이것은 보안부서에 대한 불신을 증가시키는 역할을 하였다. 따라서 오래전의 보안프로그램에서는 보안활동과 다른 관리영역 사이의 발전적인 협조가 거의 없었으며, 비용의 절감이나 적절한 기술의 활용에 의한 생산성의 증가에 관해서도 거의 관심을 기울이지 않았다.

그러나 오늘날에는 현대기술을 이용한 경영관리를 요구하고 있다. 그리고 계속적으로 보안에서의 이러한 개념은 강조되고, 이러한 시스템적인 접근의 가치가 효과적인 재산보호 프로그램의 관리와 개발을 이용한 방법으로서 인식되었다. 이러한 새로운 환경에서의 성공을 위해서는 재산보호전문가들은 반드시 이러한 현대기술을 활용하여야 하고 기업의 기본적인 목적에 직접적으로 보안관리활동이 밀접하게 기여되도록 하여야 한다.

제1절 보안관리조직의 발전

현대 경영학에서의 국제적인 권위를 가진 저술가며 교육자인 피터 드러커(Peter Druker)[1]는 기업의 목적과 임무를 규정하기 위해서 처음으로 가장 핵심적인 질문인 "누가 고객인가?" 라는 질문을 제시하였다. 이것은 보안조직을 기업에 적용하기 전에 보호활동의 목적과 임무를 아는 것은 필수적이며, 여기에 대한 답은 기업활동의 첫번째 절차로서 중요하다. 여기에서 재산보호조직의 명확한 존재의 이유가 설명되어질 것이다. 그러나 약간의 보호조직의 목적은 원래의 목적과 다르게 제안되어 운영되거나 조직된다.

예를 들어, 보안분야의 최고책임자들의 가장 빈번하게 논의되는 주제는 경영관리로서 어떻게 "기업 비즈니스 활동"을 보호할 것인가이다. 이 주제는 보안분야 세미나의 주제로서 토론 프로그램 안건에 빈번하게 나타난다. 또한 많은 보안분야의 논문에서 이러한 문제에 대하여 주기적으로 논의되나, 실제적으로 유용한 제안은 거의 없었다. 아마 이러한 이유는 보안관리에 대한 핵심에 대한 논의가 잘못되어 있어서 발생하는 것 같다. 여기에서 논의되는 문제는 대체적으로 기업 비즈니스와 관련된 일련의 절차를 보호하는 것이 아니라 밖으로 드러난 기업운영 결과와 비교시에 비용을 합리화하기 위한 어려운 프로그램에 대한 논의가 주를 이루었다.

그러므로 관리되는 프로그램을 정당화하려고 시도하는 것보다는, 피터 드러커에 의해 제안된 "누가 고객인가"에 대하여 묻는 것이 더 나을 것이다. 이러한 질문은 경영관리가 단지 고객에 관한 문제만이 아니라 또한 여러 가지에 대한 서비스를 규정한다는 것으로서 손쉽게 명확해질 것이다. 따라서 치열한 기업경쟁에서의 오늘날 보안 조직의 존재의 이유는 기업재산과 생명의 보호라는 대원칙에서 출발하여야 할 것이다.

---

1) 드러커(Peter F. Drucker: 1909~2005) 프랑크푸르트대학 졸업. 금융기자로 활동하면서 국제공법 박사학위 취득하고 1950년 뉴욕대학 교수로 취임했다. 1954년 (현대의 경영)부터 1999년 (내일을 지배하는 것) 비즈니스 위크지가 1999년 올해의 책으로 선정한 (21세기 지식경영) 등을 저술했다. 1971년부터 미국 클레어몬트 대학원에서 사회과학과 경영학을 가르쳤다.

1. 기업보안의 발전

보안이 인간의 기본적인 생명보호나 단순한 경비기능에서 벗어나 조직이나 기업에서 재산보호라는 의미의 활동을 시작한 것은 제2차 세계대전 전후인 1940년대라고 할 수 있다. 이 시기에 미국에서는 무차별적인 사보타주와 스파이행위가 사회의 안정에 심각한 위협요인이 되었다.

따라서 제2차 세계대전 이후의 보안산업이 성장하는 토대가 되었으며, 1960년대의 냉전의 지속과 베트남전쟁, 미국 내에서의 계속되는 요인에 대한 암살은 민간 보안활동을 산업의 한축으로 정착하는 계기가 되었다.

1970년대, 80~90년대의 사회상황인 정부정책에 대한 대규모 항의와 기업의 파업, 범죄와 테러리즘의 범람은 기업 스스로의 자구책으로서 보안 조직의 필요성을 인식하는 시기였으며, 기업경영의 한 부분으로 발전하기 시작했다. 이와 같이 기업자산의 보호가 하찮은 경비업무나 작은 관리상의 책임이 아닌 중요한 관리기능의 하나로서 인정된 이후 보안의 근본적인 변화가 지난 20년 동안 가속되어 왔다. 이러한 변화는 고도의 자격의 갖춘 인력의 수요가 증가하면서 보안 분야에서 전문가의 필요가 필수적인 요소가 되었다.[2)]

〈표 7-1〉 기업보안 업무의 발전과정

연 대	1980년대 이전	1980년대	1990년대	2000년대
기업에서 위상	관리부서에 소속	보안관리자	독립된 부서장	최고경영진(CSO)
업무	기업에서 보조적인 관리업무 (출입통제와 도난의 방지를 주 업무로 함)	기업 경영의 한 부분으로 정착 (주로 물리적인 통제와 물리적 재산의 보호가 주가 됨)	보안관리 업무 (물리적인 통제와 더불어 직원의 부정행위의 예방과 보안감사와 보험 업무가 추가 됨)	보안리스크관리와 정보수집과 분석(글로벌경제 환경에서 기업환경의 급변에 따른 미래의 리스크요소를 예측하여 대응책을 수립함)

2) Timothy J. Walsh, Protection of Assets, Volume Ⅲ, 1997, p. 23-1.

오늘날 이라크가 대량살상무기(WMD)를 보유하고 있다는 이유로 2003년 3월 침략을 한 미국의 기본적인 이유는 앞으로 고갈위기에 처한 석유자원에 대한 매력이 주요한 원인이 되었다고 알려져 있듯, 국가간의 생존을 위한 전략에서도 보듯이 어느 조직이나 국가가 자신의 방위력보다 더 많은 자원이나 매력적인 자산을 가지고 있는 것은 강자의 먹이감이 될 확률이 더 높다.

이와 유사하게 개방화 경제체제 속에서의 기업은 경쟁력확보를 위해 많은 연구개발비를 투자하고 있지만, 이러한 투자는 경쟁자의 입장에서는 좋은 먹이감이 되어감을 의미하기도 한다. 보안의 기본원리는 자신이나 자신의 속한 조직이 가지고 있는 자산가치와 비례하여 자신의 자산을 지킬 수 있는 보호역량이 병행되어야 한다는 것이 기본적이고 명백한 원리이다. 그러므로 자신의 자산의 지킬 수 있는 역량이 없으면, 인간의 본능적인 과시욕을 억제하면서 자신의 자산을 숨기고 경쟁자의 목표물에서 벗어나 있는 것이 한 가지 방법이 될 수도 있을 것이다.

2. 관리적 보안관리의 중요성

기업에서의 보안관리 업무의 중요성은 강조되지만, 기업의 보안업무가 효과적으로 작용하기 위해서는 기업전반에 걸쳐 있는 다양한 보안기능들을 통합적으로 관리 활용할 수 있어야 한다.

통합적인 보안관리는 기술적 기반을 기업에 접목하여 기업의 리스크를 완화시킬 것이다. 이러한 결과로 기업은 기업의 위험요소의 상당부분을 감소시키고 획기적으로 운영비용을 줄이는 것을 가능하게 할 것이다.

여기에서 핵심적인 요소는 다양한 기업의 보안 기반요소를 통합하여 관리하는 것이다. 오늘날 보안 관리진이 직면한 가장 어려운 도전 중의 하나는 산제된 보안 요소들을 통합하는 관리능력의 부족이다.

특히 물리적 보안과 IT보안 시스템의 기술적인 통합의 부족은 실제적으로 모든 기업에 조직적·절차적 허점(gap)을 드러내고, 보안 시스템의 관리비용을 급속하게 증가하게 하는 원인이 된다. 그러나 아직까지도 극소수의 기업만이 통합적인 보안 시스템 전략을 채택하고 있는 것으로 나타났다.

2003년 핑커튼사의 연구에서 알 수 있듯이 단지 2%의 기업만이 물리적 보안과 IT 보안 조직을 통합하여 운영하는 것으로 나타난 반면, 46%의 응답자는 두 조직이 비

공식적인 협조만을 취하는 것으로 응답하였다.[3)]

기업 보안조직과 업무에서 보안정책과 시스템, 솔루션, 훈련 등은 기업환경의 변화에 따라 개선되지만, 관리 또는 통합되지 않는 보안시스템은 허술한 자물쇠만도 못하다. 기업관리 측면에서 관리(management)의 사전적인 의미는 특정한 기업의 업무를 조직하고 통제하는 것이다.[4)]

파욜(H. Fayol)은 관리를 계획하고, 조직하고, 명령하고, 협조하고, 통제하는 것이라고 하였으며, 테리(Terry, G. R)는 관리원리(1960)에서 관리란 최소한 노력으로 최대의 효과를 얻도록 계획하고 이에 필요한 명령을 내리는 과정이라고 하였다. 미국관리협회는 관리란 다른 사람을 통해서 그리고 다른 사람과 함께 일을 수행하는 것이라고 하고 있다.

한편, 경영은 행정이나 관리와 동의어로 사용되는 경우가 많은데, 경영학자인 앤더슨(Anderson E. H)은 이를 개념적으로 구별하여 경영하는 데는 기관(organ)이 있어야 하고, 이것을 운영(Manage)하는 일이 필요한데 기관을 꾸미는 것이 조직(organization)이고, 이를 실제 운영하는 일이 관리라고 하였다.

1) 보안관리

보안이 전통적인 제한적인 활동영역인 경비요원, 펜스, 경보장치와 같은 단순한 물리적 업무영역에서 기업의 경영(혹은 관리)영역에 속하게 된 것은 1980년대 초반이다.

앞에서 언급하였듯이 초기의 기업의 보안 모델은 대부분이 군대나 준군사조직 모델에서 차용하여 활용되었다. 따라서 초기에 보안 기능은 군대나 민간 법집행과 같은 경비원을 통한 물리적인 보호나 조사와 같은 물리적 보호기능이 업무의 대부분을 차지하였다. 그러나 오늘날 대부분의 기업들은 하나의 조직에 기업자산보호와 관련된 모든 기능들을 포함하고 있다. 기업 보안 업무에는 전통적으로 보안 기능으로 인정된 경비업무와 조사업무에 산업보안, 위험관리, 보험관리, 화재예방과 감사업무가 더하여졌다.[5)] 따라서 첨단기술을 활용한 보안 업무에는 관리적인 기법의 적용이 필수적

---

3) Top Security Threats & Management Issues Facing Corporate American; 2003 Survey of Fortune 1000 Companies.
4) Encarta ® World English Dictionary.
5) Timothy J. Walsh, *op. cit.*, p. 23-2.

인 사항이 되었다.

보안관리(security management)는 제한된 보안제원(resources)으로 비용효과적인 방법으로 기업의 재산을 보호하기 위하여 보안원리를 적용하는 것으로서, 보안제원을 통제하고 지휘하는 활동이라고 할 수 있다.

피토리(Peter Pitorri)는 “보안관리를 물리적 보안, 기술적 보안 그리고 인적 보안에 중점을 두고 다루는 것을 말한다고”[6] 하였다. 로우퍼는 보안을 “조직이나 정부의 시설물, 사람, 재산과 장비, 그리고 조직의 정보나 정부의 정보(기밀이나 중요정보)를 보호하기 위한 정책이나 활동, 시스템, 프로그램, 시설물의 통합된 시스템을 말한다고”주장하였다.[7]

2) 손실예방

손실예방(Loss Prevention)은 자연재해, 각종사고, 악의적인 침해와 같은 주어진 손실을 줄이거나 감소시키고, 통제하는데 활용되는 지식의 총체를 말한다. 그러나 보안활동이 기업에서의 역할은 기업의 손실을 줄여서 기업의 생산성에 기여하는 업무라는 것으로 인식된 것은 기업경영에서도 최근의 일이다.

현대기업의 손실은 인위적인 침입과 더불어 조직관리상의 비효율성과 자연환경의 변화에도 많은 영향을 받는다. 따라서 기업의 발전과 안전성을 도모하기 위해서는 기업의 생산성과 효율성을 방해하는 모든 장애물에 대한 체계적인 관리와 대책은 기업경영에서 중요하게 고려해야할 분야가 되었다.

기업에 관련된 각종 손실요인에 대한 간과는 대체적으로 직접적인 손실만을 수치화함으로써 부수적으로 연계되는 간접손실의 영향을 고려하지 않는 것에도 원인이 있다.

3) 리스크관리

리스크관리는 미래에 발생 가능한 위험을 평가하여 기업이 수용 가능한 수준까지 위험의 수준을 낮추기 위하여 대응책을 선정하고 적용하는 공정을 말한다. 기업에서 리스크관리가 중요시된 것은 기존의 수동적인 손실의 관리에서 벗어나 변화하는 환경에 능동적으로 대처하여 미래에 발생할 수 있는 기업의 위협요인을 체계적인 대책

6) Peter Pitorri, Counterespionage for American Business, BH, 1998, p. 71.
7) Carl A. Roper, *op. cit.*, p. 4.1

으로서 최소화하여 기업경영의 불확실성을 제거하고자 하는 것이 하나의 목적이 될 것이다.

1945년 35년간의 일제강점기에서 해방된 이후 한국의 국가방위는 UN군, 특히 주한미군이 상당부분의 역할을 수행해오고 왔던 것이 사실이다.

그러나 반세기 이상 지속된 이러한 군사적인 동맹의 상황이 냉전체제의 종식 이후의 시대변화와 미국의 필요에 따라 최근 가시화되기 시작한 미국의 해외주둔미군 재배치계획(GPR)에 따라 한국정부는 주한미군이 감축될 경우에 대비해 병력 및 작전운용 능력을 전면 수정하고 국방비를 대폭 증액키로 한 것과 마찬가지로, 이러한 변화가 미칠 한반도의 안보위기에 따른 기업의 위기관리에 대한 대비는 필수적이다.

지리상으로 강대국의 첨예한 대립의 경계선상에 위치한 한반도의 국방의 새로운 변화는 대응하기에 따라서는 새로운 위협요인(threat)으로 등장하여, 한국에 대한 외국자본의 투자의 감소와 자본의 유출과 기업신용등급의 변동으로 이어질 수도 있다.

인간과 마찬가지로 기업의 경쟁력과 역량은 위기상황에서 어떻게 위기를 돌파하고 역으로 위기를 기업도약의 발판으로 연결하는가에 따라 기업의 생존이 좌우된다.

이러한 국제정세의 변화가 현재는 기업경영의 변수인 위협요인으로 치부되지만, 관리되거나 준비하지 않으면 내일의 기업생존의 상수인 위험요인(risk)으로 전이되는 것은 시간문제일 뿐이다.

세계적인 기업들은 변화의 시기에 광범위한 정보수집력과 정확한 분석을 바탕으로 하여 변화에 신속하게 대처하여 기업도약의 기회로 삼았듯이 한국기업들도 한반도에 나타난 이러한 변화에 능동적인 대처가 요구되는 시기이다. 리스크는 실제적으로 미래에 발생할 가능성이 높은 위협요인을 말하는 것으로서 과거의 통계나 기업환경의 추이에 비추어 산정될 수 있을 것이다.

그러나 현대기업의 리스크는 과거의 기업리스크와 비교하여 더 대규모적이고 더 불확실하며 더 치명적이다. 따라서 이러한 위협요인에 대한 대비나 위기시 적적한 관리능력의 부재는 곧 기업의 생존과 직결될 것이므로 해당 기업이 직면할 위기에 대한 정확한 자료의 수집과 분석으로 기업의 미래를 담보하는 대책이 요구된다.

이러한 기업에서의 위기관리가 일찍이 보안산업이 보험업무에서 파생되었듯이 기업의 미래에 대한 안전성에 대한 담보로서의 보험의 역할을 하게 될 것이다.

3. 보안전문가의 자질

현대 기업의 보안전문가들은 과거에 경험하지 못했던 매우 복잡한 어려움에 처해 있다. 이들은 급변하는 비즈니스 변화에서 기업활동을 지원하여야 하고 동시에 기업 자산에 대한 더욱 치밀화된 공격을 막아내야 한다.

따라서 이들은 인터넷을 통한 스파이활동(netspionage), 산업스파이, 기업스파이, 적대적 국가, 테러리스트, 사기꾼 그리고 해커의 공격으로부터 효과적으로 기업자산을 지키는 방법에 반드시 능숙하여야 할 것이다.[8)]

페이는 21세기의 리더는 기업의 촉매역활을 하는 사람(catalyst)이나 촉진자(facilitator)의 유형이 되어야 한다고 하였다.

기업의 보안 리더도 다음 목표를 달성하려고 노력하여야 한다.

① 직접적인 보고라인을 넘어선 개인관계의 네트워크를 구축·관리한다.
② 기업의 내외부 역학관계와 미래에 대한 통찰력을 가진다.
③ 최고를 지향한다.
④ 현미경같은 관리방법은 지양한다.
⑤ 누구나 자신에게 쉽게 접근하도록 '열린 정책'을 쓴다.
⑥ 중요한 업무부터 역량을 집중한다.
⑦ 팀이 나아갈 방향을 제시한다.

또한 페이는 보안 리더가 지향해야할 신조(credo) 8가지를 강조하였다.[9)]

① 무엇이 자신에게 최선인가를 결정하고 실행한다.
② 경영자의 관점에서 미래의 변화를 예측한다.
③ 계속적으로 자신의 가치를 평가한다.
④ 보안서비스의 사용자의 목소리를 경청한다.
⑤ 기업의 타부서와 협력관계(partnership)를 유지한다.
⑥ 승리자와 같이 자신감을 가지고 행동한다.
⑦ 장기적인 관점에서 생각하고 오늘에 집중한다.
⑧ 보안업무의 가치를 보여준다.

오늘날 기업의 인적 · 물적 · 지적재산을 보호하는 기업 보안업무는 매우 복잡하므

8) Gerald L. Kovacich, *op. cit.*, foreword.
9) John J. Fay, *op. cit.*, p. 30.

로, 체계화된 배경지식과 광범위한 경험을 요구하는 분야이다.

그러나 대부분의 한국기업에서 생산되는 자료들이 디지털화되어 보관되고 이동하면서 기업에서의 보안업무에서 기술적인 자질의 요구가 증가하고 있다. 그리고 한국의 디지털 데이터와 기밀정보가 모두 정보로 혼용되는 어휘상의 한계가 주는 혼란으로 인하여 기업 보안활동이 전부 디지털자료의 보호관리에 경도되고 있다는 우려도 든다.

기업 보안관리자를 위한 지침서[10]에서는 오늘날 기업환경은 더욱 경쟁적이며 복잡해지고 세계화되면서 보안전문가들이 효과적으로 업무를 수행하기 위해서 보안관리자에게 최소한 요구하는 기능을 10가지로 분류하였다.

① 기술발전에 대한 인식과 컴퓨터에 대한 전문지식
② 뛰어난 의사전달능력(문서와 구두)
③ 기업활동 전체에 대한 충분한 이해
④ 글로벌 기업환경에 대한 이해
⑤ 대학수준의 교육(보안 분야의 전공이 이상적이지만, 형사사법, 사회학, 통신이나 인간관계의 전공교육)
⑥ 뛰어난 업무분석능력
⑦ 프로젝트 팀을 리드하는 역량
⑧ 새로운 역할과 책임에 대한 관심
⑨ 기업업무 영역에서의 해외 근무경험
⑩ 이질적인 문화와 언어에 대한 이해와 경험

또한 보안관리부서의 구성원 중에 감사요원은 회계부정을 조사하기 위해 대학교육수준의 회계지식을 숙지하여야 할 것이다. 이상적인 감사요원의 학문적인 배경은 회계지식 뿐만 아니라 범죄조사지식과 경험이 필요하다.[11] 이러한 내부감사의 허점을 이용한 대표적인 사례로는 한국의 2000년 대우그룹과 미국의 7대 기업에 속하는 에너지 회사였던 엔론(Enron)은 기업회계를 감사하는 회계법인과 유착하여 분식회계(粉飾會計)[12]를 하다가 파산하였다.

10) Gerald L. Kovacich/Edward P. Halibozek, (2003), The manager's handbook for corporate security, pp. 68~69.
11) Philip P. Purpura, op. cit., p. 224.
12) 기업이 자금융통을 원활히 할 목적으로 고의로 자산이나 이익을 부풀려 계산하는 회계를 말한다.

4. 보안책임의 분장

많은 기업들에서는 하나의 조직에 재산의 보호와 관련된 모든 기능을 포함한다. 전통적으로 보안관리의 기능은 경비활동이나 조사와 같은 업무로서 산업안전(industrial safety), 위험과 보험관리, 방화와 감사업무로 연결되어졌다.

이러한 업무의 구분은 다음과 같은 세 가지의 장점을 가져왔다.

① 첫째로, 전반적인 보호영역의 보호를 보장하기 위하여 이러한 시스템적인 접근을 사용하는 것은 더 나은 기회를 가져다주며, 이러한 대책은 이러한 위험요소를 최대한의 범위까지 감소시키도록 고안된다.

② 둘째로, 대체적으로 인원을 중복시키지 않고 적은 비용으로 더 효과적으로 이용하는 것이 가능하다. 예를 들어, 보안요원과 소방의 책임이 동일한 조직에 있지 않으면 보안요원과 소방요원은 중복되어 업무를 수행하게 될 경향이 크다.

③ 셋째로, 주어진 책임과 업무의 내용과 많은 기회가 존재하기 때문에 고도의 자격조건을 갖춘 재산보호 관리자를 고용할 수 있는 기회가 증가한다.

부적절한 조직구성으로부터의 실패의 사례는 재산보호의 책임이 단편적으로 수많은 다른 부서에 산재되어 있는 기업에서 빈번하다. 이러한 기업들은 보안요원의 운영과 보안장치 프로그램은 공장의 기술부서 활동에 속하거나, 계약관리 부분에 공경비에 대한 업무를 각각의 책임으로 수행하며, 안전(safety)책임은 인사부서나 산업관계 조직에서 관리한다. 이러한 산재된 한 가지씩의 직무수행 아래에서는 한 가지씩의 지식을 가진 사람들이 전반적인 재산보호 프로그램에 대한 협조가 없기 때문에 비능률적일 뿐만 아니라, 재산보호업무의 전반에서 업무수행력이 저하된다. 또한 전반적으로 비용도 대부분의 결과에 대하여 중복되는 업무수행으로 인하여 증가하게 될 것이다.

또 다른 함정을 피하기 위해서는 이미 다른 기업에 의해서 적용된 조직구조를 비판없이 답습하는 것을 피하는 것이다. 비록 다른 기업에서 적용되는 시스템이 효과적일지라도, 이미 많은 문제들이 해당 조직에서 논의되었을 것이나, 그것을 새롭게 적용하려는 기업으로서는 알 수가 없다. 그러므로 재산보호 조직은 해당기업의 특유한 필요성에 맞게 고안되어야 한다. 이러한 임무를 성취하기 위한 가장 유용한 방법은 “백지상태(zero base)”의 관점에서 출발하는 것이다. 그렇다면 만약 해당 조직체에 보안기능이나 부서가 없다면 어떻게 기업에 적합한 보안조직을 세울 것인가?

재산보호 활동조직을 확립하거나 기능을 향상시킬 때는 대체적으로 기업체 안에서 이러한 모든 기능을 총괄하는 능력있는 재산호보 전문가를 찾기가 힘들다. 그러므로 몇몇의 기업에서는 운영의 방법과 기업의 필요한 요건과 같은 이러한 문제를 분석해 줄 능력 있는 컨설턴트에 의뢰한 다음, 재산보호활동에 포함될 기능들을 조언받는다.

또한 몇몇의 기업에서는 이러한 조직을 정비한 후에 재산보호 활동을 담당할 유능한 전문가의 채용에서도 컨설턴트를 활용한다. 또 다른 기업에서는 다른 기업에서 성공적인 업무수행능력을 보인 전문적인 재산보호 책임자를 채용하기도 한다. 이러한 전문가의 채용으로 재산보호 전문가가 재산보호 프로그램만을 조직하는 것이 아니라 일반적으로 조직구성 후의 관리업무도 수행하게 된다.

제2절 구성원의 참여와 지원

1. 최고경영자의 책임

어떤 재산보호 프로그램이든지 가장 기본적인 필수조건은 최고경영진이 적극적인 관심을 보이는 것이다. 최고경영진은 계속적으로 재산보호 프로그램이 수행되는 것을 반드시 지원하여야 하며, 모든 단계에서 종업원이 프로그램에 참가하도록 적극적인 행동을 보장하여야 한다.

이러한 최고경영진의 지원의 지침은 기업정책성명서와 발간된 행동절차에 의하여 종업원에게 전달된다. 이러한 자료들은 일반적으로 보안 프로그램에서의 요구사항, 재산보호 프로그램에서 적용이 고려되는 조직의 자세, 이 프로그램에서 구성원이 해야 하는 역할, 보안조직에 위임된 책임과 기능의 대략적인 사항을 제시한다.

또한 보안조직의 권한의 설정에서 업무의 한계는 중요하게 고려될 사항이다. 시민의 권리에 관한 고대 프로이센의 "모든 명확하지 않은 명령은 금지된다"는 사상은 민주적 문화에서도 잘 적용되며 업무한계에 대하여 합리적으로 제한을 규정하지 않으면, 보안조직의 구성원과 감독자는 다른 운영부서 구성원의 권한을 침해하게 될 수도 있다. 그러므로 보안구성원의 행동에 대한 한계가 대부분의 상황에서 요구되며 예상되어야 한다. 그리고 의사결정과정에서 적절한 감독라인을 포함하여 절차가 확립되고 계획이 수립되어야 한다. 폭발물 위협의 처리에서의 대피와 관련된 내용과 종업원의 체포와 고소가 두 가지의 사례로서 두 가지 모두의 결정은 보안 요원이 제공한 정보와 권고에 따라서 적절한 라인관리진에 의하여 수행되어야 한다. 폭발물 위협의 경우에는 책임 있는 내부규정에 따라 대피결정을 하고 또한 또 다른 규정에 근거하여 관리자의 판단하에 비상상황을 관리하는 라인관리자가 명확하게 지정되어야 한다.

체포나 고소의 결정에 관해서도 보안 조직의 권한이 규정되고, 필요한 경영진에게 명확하게 상황을 설명한다. 만약 이러한 절차가 잘 수행되지 않으면 이 상황은 아래와 같은 대학캠퍼스에서 발생한 것과 같이 전개될 것이므로 보안 조직과 조직의 최고책임자에게 엄청난 비난이 솥아질 것이다.

어떤 대학캠퍼스에서 보안조직의 순찰요원이 대학기숙사 내에서 한 학생이 밤에 마리화나를 피운다는 보고를 여러번 하였고 이 보고를 받은 보안최고 책임자는 이 업무를 담당하는 대학의 경영자에게 이 사건을 보고하였다. 그러나 어느 날 밤에 한 보안감독자는 최초의 보고를 한 다음 수일이 지났으나 조치가 없었기 때문에 그 자신이 그 상황을 조치하기로 결정하였다. 그런 다음 그는 지역경찰서에 신고를 하여 마리화나를 피우는 학생들이 가득 찬 방을 부수고 들어가 현장에서 체포하였다. 그 결과 그는 여기에 연관된 학생들에게서 격렬한 항의를 받았다. 이러한 조치에 대하여 대학담당자들은 이러한 행동이 문제를 해결하는 것이 아니라 악화시켰다고 생각하기 때문에 이러한 조치에 강력하게 반대하였다. 그리고 대학 경영자는 보안감독자가 생각하는 것과 같이 이 문제를 무시한 것이 아니라, 외부인(경찰)의 개입이 없이 행정적으로 실제적인 해결책을 찾으려는 과정이었다. 그러나 이미 이 사건은 지방 방송매체를 통하여 널리 알려졌고 대학신문에서도 비중 있게 다루었기 때문에 보안부서와 최고책임자는 매우 심각한 상황에 몰리게 되었다. 그 결과 보안관리부서는 학생들과 학교 측 모두에게서 커다란 신뢰감을 잃게 되었으며, 보안조직의 효율성은 심각하게 손상되었다. 결과적으로 이러한 사고는 조직의 감독자에게 그들에게 주어진 권한의 한계를 미리 설명되었더라면 예방될 수 있었을 것이다.

권한의 제한은 그들의 판단이나 기업의 중요성에 따라서 보안조직의 구성원에 의해 고려되는 것뿐만이 아니라, 이것은 또한 그들 자신을 보호하기 위해서 부과된 제한으로서 이해되어야 한다. 이러한 제한은 보안조직의 활동을 불합리하게 제한하는 것이 아니다. 기업에서의 모든 구성원은 반드시 그들의 제한된 업무의 테두리 안에서 일을 수행하여야 한다. 심지어는 최고경영자일지라도 이사회나 기업 관련법규에 의해 제한을 받는다.

그러나 때때로 이러한 보안조직은 일반적으로 그들이 반드시 라인감독하의 서비스

기능이나 구성원으로서 행동하여야 한다는 사실이 간과된다. 이러한 명확하게 보안조직의 구성원의 권한이 운영라인 감독에 속한다는 것에 대한 간과는 보안조직의 신뢰성을 상실하게 하며 구성원의 비난을 받게 될 것이다.

2. 여러 부서의 참여

재산보호 프로그램이 계획되거나 실행될 경우에 보안조직과 관련된 모든 관계가 고려되어야 한다. 이 경우에 보안조직 외부의 구성원들이 많은 도움이 될 것이며, 만약 그들에게 적절한 동기가 주어진다면 그들의 계속적인 참여는 보안관리업무의 성공적인 완수에 중요한 기여를 하게 될 것이다.

재산보호 프로그램에서의 주요한 목적은 모든 구성원들이 보안 조직의 일부분이 되도록 동기를 부여하는 것이다. 그러므로 개개인의 구성원들을 그들 자신의 업무의 필수적인 요소로서 기업재산의 보호를 위한 책임을 당연시 하도록 고양시켜야 한다. 그러므로 모든 직급에서의 감독자들은 그들의 인식하에 모든 구성원들이 기업에서 추구하는 대로 이러한 책임과 임무를 수행하도록 책임을 진다. 종업원들에게 부여된 이러한 책임의 개념은 재산보호에만 독특한 것은 아니다. 경영진은 종업원들이 성취감을 느끼게 하도록 그들이 책임을 원할 뿐만 아니라 책임을 당연한 것으로 여기도록 강조하여야 한다. 피터 드러커[13]는 근로자의 심리적·사회적 지위가 계속적으로 변화된다는 사실을 강조하였다. 현시대의 근로자들은 더 많은 교육을 받았으며 더 많은 급여를 받는다. 피터 드러커가 지식근로자[14]라고 명명한 그들은 노동력의 분포에서 점차 많은 부분을 차지하고 있다. 이러한 근로자들은 자동화에 따라서 더욱 기술이 뛰어나고 지적이게 되었다. 그러므로 새로운 인간관계의 기술은 지금의 모든 의사결정에서 그들에게 영향을 미치거나 그들의 근무환경에 대한 근로자의 적극적인 참여가 강조되고 있다.

최근에는 근로자의 동기나 성취에 관한 연구나 저술이 널리 출간된다. 대부분의 경영전문가들은 다양한 수준에서 만약 구성원이 업무에서 적절한 동기가 부여된다면 자부심을 가지며 긍정적인 성취를 원한다는 것에 동의한다. 여기에서 더욱이 중요한 것은 종업원을 신뢰할 수 있고 종업원 스스로가 자신의 행동에 책임질 수 있는 것이다.

---

13) Druker, Peter F., Management Tasks, Responsibilities, Practces; Harper and Row, New York, NY; 1974, p. 80.

14) 그들은 스스로를 근로자(worker)로 보지 않고 전문가(professional)로 인식한다.

3. 의사소통의 중요성

의사소통에 대한 주제는 최근에 경영분야에서 어떤 다른 영역보다도 더욱 관심을 기울이는 주제이다. 따라서 모든 기업에서는 계속적으로 의사소통을 증진하기 위해서 노력을 기울이나, 이것에 대한 결과는 항상 기대한 만큼에 이르지 못한다. 종종 이에 대하여 꾸준한 교류의 노력이 기울여짐에도 불구하고 의사소통에서의 상호간의 차이가 기업내부에서 발견될 뿐만 아니라 기업과 외부 단체 사이에도 발생한다.

효과적인 의사소통 방법은 어떤 재산보호 프로그램의 성공에서도 핵심적인 사항이다. 기업의 실패중의 하나가 일방적인 의사소통으로서 발생한다. 예로서 지시는 종업원이나 감독자에게 정책이나 절차의 형식으로 직접적으로 전달되나, 여기에 대한 아무런 피드백을 얻으려는 시도는 존재하지 않는다. 그러나 기업 내의 모든 직급에서의 피드백은 시스템을 테스트하기 위하여 활용하는 가장 효과적인 기법중의 하나이다.

그러므로 사전에 피드백을 얻는 방법들이 시행될 프로그램의 구성에 포함되어야 한다. 기업 내에서는 두 개의 집단이 피드백계획이 고안될 경우에 고려되어야 한다. 하나의 집단은 재산보호 조직의 구성원으로 구성되고, 또 하나의 집단은 그 외의 구성원으로 구성된다. 양집단 모두에서의 피드백은 중요하며 다양한 형태를 취하여야 한다. 비록 이것이 하나의 방법이라도 여기에서는 정형화된 서면양식과 같이 정형화된 것이 아니다. 아마 더 효과적인 기법은 토론을 활용하고 종업원이나 감독자들과 면담을 실시하면 더 효율적일 것이다. 만약 의사소통기술이 피드백에 뒤따라 포함된다면 보안조직 외부의 종업원의 협조와 참여는 고무될 것이다. 또한 재산보호 프로그램이 이러한 제공된 정보에 의해서 규정된 차이나 부족한 점을 바로잡음으로써 더 쉽게 운영되기 위해서 프로그램의 변화와 개정을 가져올 것이다. 또한 여기에서 부적절한 정보가 얻어지더라도 다양한 의사교류 시스템으로서 이것은 쉽게 분류되고 폐기가 가능할 것이다. 보안 조직에서 이러한 효율성과 근로의욕은 종업원들이 이 프로그램에서 자신이 핵심적인 요소라고 느끼고 프로그램에 흥미를 가지기 때문에 프로그램의 성과는 반드시 향상될 것이다.

제3절 보안조직의 인적구성

1. 최고보안책임자의 전문성

재산보호 프로그램의 고안과 시행, 관리하기 위한 최고 전문가의 선발이 프로그램 성공의 핵심요소이다. 그러므로 최고책임자로서의 지식과 능력은 현대적인 경영기법과 방법을 적용하기 위하여 필수적인 자질이다. 따라서 최고보안책임자(CSO)는 반드시 재산보호 문제와 기술에 정통하여야 하고 주요한 핵심은 시스템적인 접근의 이행과 시스템의 관리에 두어야 한다. 그러므로 보안최고 책임자는 조사활동, 보안요원의 운영, 소방과 물리적 보안을 포함한 여러 가지 보안문제들을 다루게 될 것이나, 이러한 개별적인 문제들은 책임자의 시간과 노력의 일부분에 불과하고 기업의 수많은 복잡하고 민감한 보안관리 프로그램은 현대 기업들이 당면한 많은 위험요소를 최소화시킬 것을 요구하므로, 경영자는 광범위한 경영상의 자질을 가진 보안전문가가 이러한 프로그램을 선도하기를 원한다.

이러한 재산보호 구성원의 선발의 한 가지 방법은 특히 ASIS와 같은 전문적인 조직에의 참여의 정도가 한 가지 척도가 될 수 있다. ASIS는 전 세계적으로 38,000명 이상의 회원을 가진 보안관리분야의 대표적인 전문가 조직으로 회원들은 최신의 보안관리기법의 교류를 통하여 자신의 전문성을 향상시킨다.

ASIS가 1977년부터 시행하고 있는 중요한 전문적인 활동은 CPP 프로그램이다. 공인보호전문가로서 이러한 자격을 얻기 위해서는 반드시 상당한 수준의 교육과 경험을 갖추어야 하고, 필기시험에 통과점수를 획득해야 하므로 점차적으로 기업체에서도 CPP 선임의 가치를 인식하고 바람직한 보안관리자의 자격요건으로서 직무규정에 규정하고 있다.

또한 다양한 전문적인 훈련 프로그램이 재산보호 분야에서 근무하는 구성원들의 전문성을 향상시킬 목적으로 ASIS에 의해 제공된다. 이러한 훈련 프로그램에는 특정한 주제에 대한 워크숍, 경영을 목적으로한 과정과 연례 세미나로 구성된다. 이러한 ASIS의 최근 일정은 월간 간행물인 보안관리(Security Management)에 공고되고 상세한 내용은 ASIS로부터 알 수 있다.

따라서 최근의 보안관리가 중요한 경영기능이라는 인식 때문에 책임 있는 보안관리 직위의 지원자가 이 분야에 대해서 전문적인 관심을 기울이지 않는다면 보안관리

분야의 성공적인 전문가가 될 수 없을 것이다.

과거에 정부나 군·경찰에서 보안 조직의 책임자를 선발하는 것이 일반적인 관행이었으나, 대체적으로 그들은 아쉽게도 전에 그들이 경험했던 분야의 보안조직의 활동에 중심을 두는 경향이 있어서, 복잡한 현대 기업의 재산보호 프로그램을 완수하기 위한 관리와 시행에 필요한 광범위한 분야의 기술을 적용하기 부적합하다. 그러므로 이러한 경력을 가진 책임자가 있는 조직은 많은 위험분야가 간과되거나 무시되고 기업은 완벽한 보안 프로그램을 가지지 못하였으므로 전문적인 보안분야에 기여하기 위해서는 당사자의 엄청난 노력과 관심이 요구된다. 물론 정부기관이나 경찰로서의 사전 경험이 특정업무에서는 유용한 반면에 이러한 경력만으로는 민간분야의 보안관리의 적절한 수행을 보장하기에는 충분하지 않다.

2. 보안요원의 급여

보안조직의 직급에 따른 급여와 특전은 재산보호조직에 할당된 기능적인 책임의 많고 적음에 따라 대부분이 좌우된다. 그러므로 더 어려운 업무일수록 더 많은 급여가 주어지며, 더 좋은 자격을 갖춘 지원자들이 그 자리를 지원하게 될 것이다. 최근에는 많은 기업에서 재산보호 조직을 확대하거나 재구성하였다.

경영관리 능력을 가진 보안전문가들은 대규모의 재산보호 조직에서 중간관리자 이상으로서 경험을 갖고 있거나 소규모 부서나 공장에서 관리자로서의 경험을 가지며, 이러한 개인들은 지금 더 상위직위로 진출할 수 있는 성장하는 능력을 기르고 있는 것이다. 보안요원에게 주어지는 급여는 지리적인 위치나 다른 많은 요인들에 좌우되어 다양하게 분포되나, 일반적으로 90년대 미국에서 급여는 대규모 조직에서 고도의 전문적인 자격을 갖춘 책임자들이 80,000달러에서 125,000달러 사이를 받는데 비하여, 소규모 조직에서는 일년에 45,000달러에서 75,000달러 사이를 받았다. 미국 전역에서 소매기업의 전문가와 임원진의 평균급여와 보너스에 대한 보고에 따르면 보안과 손실예방의 최고 책임자의 평균급여와 보너스의 합계는 124,500 달러에 이르렀다.[15)]

보안업무의 복잡성과 전문성이 급변함에 따라 2007년 미국에서 조사된 자료에 의하면 기업이나 조직체의 보안정책의 입안과 이사회에 참석할 수 있는 권한을 가진 최

15) 1999년 소매 기업의 총 급여, Price Waterhouse Coopers,

고보안책임자(CSO)의 연봉 평균은 322,181 달러였다.[16] 그 중에서 하위 25%에 속하는 최고책임자는 253,623달러였고, 상위 25%는 391,373달러의 급여를 받았으며, 유럽의 다국적기업에서의 최고보안관리자의 평균 연봉은 15만 파운드에 25~40%의 보너스를 추가적으로 받았다.

〈표 7-2〉 보안실무자의 연봉[17]

직위 (Position)	평균 급여(dollars)
Security director	67,617
Computer security manager	55,539
Supervisors of investigator	49,916
Security manager	45,537
Fire protection manager	41,589
Investigator	37,762
Supervisor of guard operation	31,494
Security training manager	31,385
Store detective	19,097
Security officer	17,154

더불어 기업에서는 우선 보안최고책임자에게 적절한 보상이 결정된 후에 나머지 보안요원들을 위한 급여의 범위가 확정되게 된다. 이러한 급여의 범위와 지급비율은 기본적인 급여와 급여관리 관행에 따라 시행된다. 그러나 고도의 숙련이 요구되는 전문적인 직위를 얻기 위하여 충분히 폭넓은 분야를 학습하는 것이 중요하나, 자격 있는 현직자를 위한 인센티브를 유지하기 위하여 항상 신속한 승진을 보장하지는 않는다. 다시 말해서 승진에서 주어진 임무에 대하여 괄목할 만한 기여를 한 보안전문가의 평가에서 높은 급여가 단지 유일한 방법은 아니라는 것을 의미한다. 여기에 대한 조사원에 대한 좋은 사례로서, 만약 조사원이 계속해서 심각한 손실취약성에 노출될

16) Foushee Group, Inc., Matlacha, FL.,(2007), Top global security executive(chief security officer), 2007 Security and Compliance Compensation Survey, pp. 23~24.

17) Abbott, Langer & Associates, 1996.

수 있는 기업이 원치 않는 채용지원자를 발견하여 기업의 손실된 재산을 복구하다면 조사원은 많은 급여나 인센티브를 받아야 하는 것은 당연하다.

3. 보고체계

기업의 업무수행에서 최고책임자의 보고체계 또한 중요하게 고려할 요소이다. 이러한 보안 보고체계에 특정한 원칙이나 상급관리자의 어떤 특정한 유형을 통한 보고가 요구되지는 않는다. 이러한 보고체계는 노사관계, 법적체계, 관리적 그리고 심지어는 운영라인에 따라서 수행된다. 이러한 보고체계는 미숙하거나 부적절하게 완성되거나 내용이나 방향을 수정한 것이 아닌 어떤 중간관리자에 의해서 위협이 확인된 보안활동의 즉각적인 보고체계가 중요하다.

기업의 편제에서 보안활동의 민감성과 잠재적인 중요성으로서 요구하는 것은 이러한 보고체계가 상급자의 지시하에 관리되어야 한다는 것이다. 어떤 기업에서나 개인적인 공감대와 양식이 표준적인 조직이론[18]을 준수하는 것보다 성공적인 보안조직의 운영에 있어서 더욱 중요하다.

오늘날 다국적기업에서는 최고보안책임자가 운영담당 부사장이나 기업경영자에게 직접 보안 업무에 관한 보고를 하는 것이 일반화되어 있다.

제4절 보안프로그램의 운영

1. 보안기획

성공적인 보안프로그램을 위해서는 보안기획은 필수불가결한 요소이다. 기획은 누가 사전에 무엇을 어떻게 할 것인가를 결정하고 규정하는 것이다. 또한 기획은 우리가 가고자 하는 목표에서 우리의 현실과의 차이와 다른 방법으로는 발생하지 않을 상황을 가능하게 하는 교량역할을 한다.

또한 기획은 무엇을 하기위한 사전 판단이다. 목표들은 명확히 규명되고 그 목표들

18) Fortune, Security; A Concept and a Management Technique, September 1974, p.47; The Wall Street Journal, "Security; The Essential Corporate Asset, "8/10/78. special supplement on security; Dun's Review, "Corporate Security; Top Management Mandate, "1/80, p. 94.

에 도달하기 위한 대안들이 고려되어야 한다. 기획은 활동과정의 기초를 고안하기 위한 사전에 고려하는 방법이나 기술이다. 기획은 사실, 사고 그리고 목표, 지식, 논리적 사고를 포함하는 지적행위이며, 더 효과적이 되기 위해서 상기의 것이 기획에 포함되면 단순한 예감보다 더 좋은 판단이 될 것이다.[19)]

즉 기획은 정책 결정의 준비과정이며 기획을 거쳐 나온 것이 계획이다. 기획에는 문제인식-목표설정-정보의 수집분석-대안의 작성, 평가-선택의 세부과정으로 구성된다. 아이젠하워는 기획에 대하여 "계획은 아무것도 아니면, 기획이 모든 것이다"라고 했다.

계획이 없는 재산보호 조직의 관리자는 항상 상황에 임하여 이미 경험했던 대로 즉흥적인 대응을 하거나, 그렇지 않으면 거의 피해갈 수 있었을 상황의 문제를 해결하기 위해서 무모한 시도를 한다. 따라서 첫번째 기획단계는 모든 목표와 목적에 대하여 고려하는 것이다. 이러한 조치로서, 가능한 얻을 수 있는 최대한의 조직의 업무에 대한 정보를 수집한다. 이것은 목표가 변화거나 개정됨에 따라 계속적인 과정이다.

일반적으로, 구조화된 감독적인 의사소통의 체인이 항상 이러한 유형의 정보에 좌우되지는 않는다. 어떤 상급 경영진은 보안책임자에게 중요한 정보를 제공하는 것을 망각하거나, 어떤 데이터의 재산보호 운영의 효과에 대하여 깨닫지 못한다. 그러므로 반드시 핵심적인 재산보호 요원은 항상 필요한 정보에 대하여 방심하지 않아야 한다. 이러한 정보의 예로서는, 새로운 공장의 건설이 고려중이거나, 미래에 새로운 재품이 출시될 예정이거나, 제조공정이 변화되거나 중요한 금속이 제조과정 중에 혼합된다는 내용과 같은 것이다. 그러므로 이러한 정보를 입수하자마자, 무엇이 계획되고 있는가에 대해서 인식하고 있는 요원이나 운영요원에게서 필요한 상세한 내용을 얻거나 행동을 취하기 위해서 접촉해야 한다.

재산보호 요원은 절대로 피동적인 태도를 취해서는 안 된다. 거의 모든 조직에서 정보를 수집한 다음에 행위는 개개인이 이러한 정보를 전달하기를 꺼리거나 유용하지 않아서가 아니라, 습득한 정보를 전달하기에는 주어진 업무가 너무 바쁘기 때문에 문제가 된다. 그러므로 정보와 차단되어 이러한 문제가 발생한다는 것을 인식하지 못하는 보안최고책임자는 기업에서 무슨 일이 일어나고 있는지도 알지 못하거나 이것

---

19) Management for Athletic Sport Administration, theory and pratice, Bridges & Roguemore, 1992.

에 대한 적절한 보호대책을 세우지 못할 것이다.

그러므로 정보수집을 포함한 기획을 통하여, 재산보호 조직의 재원과 에너지가 "손실을 통제하거나 회피"와 같은 정확한 목표에 초점을 맞추어야 한다. 이러한 목표를 달성하기 위해서는, 구체적인 업무분장과 더불어 대응프로그램의 실행을 필요로 한다. 그리고 반드시 결과에 대한 명확한 목표가 최종 기한과 명확한 책임성과 함께 확립되어야 한다.

항상 조직은 미래의 문제를 피하기 위해서 현재에 활동하므로 기업은 절대적으로 필요한 명확하게 규명된 현재의 문제에 모든 역량을 투입해야 한다.

그리고 기획은 추상적이거나 비현실적인 것이 아닌 구체적이고 체계적인 의도이다. 그러므로 조직에서는 미래의 문제를 피하기 위한 결과를 얻기 위해서 실제적인 실행을 하여야 한다. 또한 기획은 예상하지 못하거나, 예상할 수 없는 상황에 대처하기 위해서는 반드시 융통성이 있어야 한다.

그러나 어떠한 계획이라도 더 이상 조직이나 개인의 유용한 목적에 기여하지 못한다면 폐기되어야 하고 이러한 것을 가능하게 하기 위해서는 계획은 정기적으로 그리고 조직적으로 재검토될 필요가 있다. 그러나 조직에서는 결과가 예상보다 좋지 않을 경우에는, 똑같은 노력을 배가시키는 경향이 있는데, 그 대신에 기업에 더 이상 어떠한 가치창출을 하지 못하는 계획이나 프로젝트는 폐기하여야 한다. 또한 개개인이 주어진 업무에서 꾸물거리는 경향이 있다는 사실도 인식되어야 한다. 한 구성원이 미래의 어느 마감시간까지 어떤 프로젝트를 시행하는 책임을 지고 있으면, 다른 사람들은 해당 기간 동안에 해당 업무가 수행될 것이라고 기대한다. 그러므로 적절한 과정에 대한 검토가 없다면, 해당업무를 맡은 사람은 단지 프로젝트의 마감에 임박해서 시작하거나 단지 며칠 전에 착수할 수도 있을 것이다.

더불어 개인은 그들이 맡고 있는 역할에 능숙해야 한다. 그러기 위해서는 어떤 목적을 성취하기 위한 이러한 책임감이 명확하게 그들에게 요구되는 것에 대하여 이해되어야 하고, 이러한 요구되는 상황에 대한 방심이 없이 결과를 얻을 것이 예정되어야 한다.

재산보호 조직에서의 기획들은 반드시 기업의 전반적인 목적이나 다른 기획과 항상 연관성이 있어야 한다. 그리고 이러한 목적의 달성하는 데는 반드시 비용효과적인 방법을 고려하여야 한다. 그러므로 수천달러의 비용이 드는 어떤 프로젝트의 제안이 승인이 되기 위해서는, 아무리 긴축 경영기간이라 일지라도, 제안된 프로젝트가 호의적인 비용의 절감이나 기업에 더 많은 보상이 된다는 것을 보여준다면 가능하다. 그러나 역으로 만원을 절약하기 위하여 10만원의 비용이 드는 것을 제안하는 것은 잘못된 기획이거나 무능한 경영관리이다.

2. 훈 련

재산보호 조직에서의 보안전문가는 더 이상 그들의 지식이 보안과 관련된 주제들에 한정되어서는 안 되며, 경영관리 기법이나 방법은 반드시 현대 재산보호 프로그램에 활용되고 인지되어야 한다. 또한 보안전문가들은 반드시 여러 가지 과학기술에 능숙하여야 하며, 이러한 한 가지 분명한 예로서 데이터 처리가 해당한다. 이러한 발전된 기술을 포함하는 다른 분야의 높은 위험에의 노출은 취약성분석 중에 드러나게 될 것이다.

이러한 전문성을 향상을 위한 전반적으로 보안을 전공으로 하는 뛰어난 연구과정들이 지금 수많은 북미지역 대학에 개설되어 있다. 이러한 보안전공 과정은 미국과 캐나다의 대략 200개 대학에서 제공된다. 또한 미국산업보안협회(ASIS)에서도 여러 가지 전문적인 훈련과정들이 교육된다. 그리고 수많은 재산보호 분야에 관한 전문적인 간행물들도 유용하며, 현대의 재산보호 기술을 다루는 많은 전문서적들이 최근에 많이 발간되고 있다.

이러한 여러 가지 훌륭한 훈련 프로그램은 기업 내에서 새롭게 구성되어야 하고 재산보호 조직 내에서 이용되어 좋은 결과를 얻을 수 있을 것이다. 이러한 훈련의 중요성 때문에 훈련에 관해서는 다른 장(제9장)에서 전반적으로 다루기로 한다. 그러나 여기나 다른 곳에서 언급된 한 가지 훈련기법이 보안요원의 적절한 전문적인 모든 훈련을 보장하지는 않는다. 그러므로 전문성의 배가를 위해서는 다양한 훈련기법들이 요구된다.

3. 권한의 위임

기업의 명확한 정책적인 보장을 통하여 최고경영자나 최고경영진에 속한 운영담당 부사장이나 이사(operational director)로부터 보안조직으로의 권한과 책임의 완전하게 보안 조직에 위임되어야 한다.

재산보호활동 그 자체에서 권한과 책임의 위임은 재산보호조직이 항상 하루 24시간, 일주일에 7일간을 쉼 없이 운영되므로 특히 중요하다. 그러므로 권한과 책임이 위임이 명백하지 않게 되었다면, 업무수행시 장애가 발생할 것이며, 즉각적으로 필요한 행동이나 판단이 지연될 것이다.

그러나 소수의 재산보호 조직들에서는 그들의 업무활동의 효과성에 심각한 제한을 받고 있으며 권한이 거의 없는 비효율성이 종종 발견된다.

4. 10가지 관리원칙

재산보호 운영에 대한 관리에서 중요한 전문적인 책임과 권한은 다음의 10가지 관리원칙에 주의하고 익혀야 한다.

① 확실하고 명확한 책임들이 각 관리자에게 부여되어야 한다.
② 책임은 항상 권한과 같이 존재해야 한다.
③ 모든 사람들이 관련된 업무에 대해서는 명확한 이해 없이는 직무책임이나 영역이 변경되어서는 안 된다.
④ 조직 내에서 하나의 직위를 갖는 관리자나 직원은 명확한 하나 이상의 지시에 좌우되서는 안된다.
⑤ 책임있는 경영진의 범위를 넘어선 지시는 하급 직원에게 주어져서는 안된다. 이것보다는 경영진은 의심이 가는 업무를 대신 수행하는 것이 좋다.
⑥ 하급직원에 대한 질책이 언제든지 가능할지라도, 개인적으로 행해져야 하고 하급직원은 동료나 질책을 받는 직원보다 하위의 동료나 책임자의 면전에서의 질책은 금지된다.
⑦ 언쟁은 없어야 하나 책임과 권한에 관한 책임자와 직원 사이의 의견차이가 아무리 사소하더라도 신속하고 신중한 판단이 고려되어야 한다.
⑧ 승진·급여의 변경·징계처분은 항상 당사자의 직속상사인 중간관리자의 승인에 의해서 진행되도록 한다.
⑨ 경영자나 종업원은 동시에 다른 사람에게 도움을 주면서 타인을 비난하는 것은 금지된다.
⑩ 언제든지 정기적인 감사를 수행할 수 있는 권한을 가진 어떠한 경영진이라도 근

무수행의 독립적인 감사가 업무에 도움을 주거나 시설물의 필요성을 보장하여야 한다.

5. 내·외부와의 관계

재산보호 관리자와 구성원은 기업의 최고 운영담당자와 밀접하게 관련되어 업무를 수행한다. 이러한 업무에서의 긴밀성과 다른 구성원들과의 좋은 관계와 운영활동은 절대로 간과되어서는 안 된다. 이러한 긴밀한 관계의 개발과 유지는 계속적인 과정이다. 예를 들어 거의 대부분의 재산보호 요원의 조치는 기업의 재정적인 면에 영향을 미치므로 재정담당자와의 관계는 특히 중요하다. 그러므로 비용이나 자금이 소요되는 어떤 계획을 시행하기 전에 최고 운영담당자에게 사용내역이 제출되어 재정담당자의 반응이나 조언을 구하기 위하여 시행내용에 대해서 관련 재정담당자와 상의해야 한다.

보안과 관련된 외부 기관과의 관계 또한 매우 중요하다. 이러한 예로서는 다른 기업이나 정부, 법집행기관, 그리고 외부의 전문조직이 있다. 그러므로 외부조직이나 활동에서의 문제가 발생하기 전에 재산보호 구성원은 이러한 기관과의 좋은 관계를 유지하기 위해서 노력해야 한다. 대부분의 분야에서 다양한 조직들이 그들 상호간의 이해관계를 가지고 모임을 가지며, 여기에서는 공통의 문제와 관심사들이 논의된다. 또한 이러한 유형의 모임은 대체적으로 점심이나 저녁식사가 수반되고 약간의 참가비를 필요로 한다. 따라서 이러한 모임의 참가를 단순한 사교적 행사로서 간주할 것이 아니라 외부 관련기관과의 필요한 관계를 증진시키는 필수적인 과정으로서 여겨야 한다.

많은 조직들은 외부기관과의 관계를 증진시키고 개발하려는 의도로서 자신의 시설물에 외부기관들의 대표자를 초청한다. 그리고 체계화된 방문일정과 조직의 활동에 중점을 둔 간단한 설명과 더불어 방문자를 위한 점심이나 저녁식사가 준비되고 상호간의 문제들에 관한 유용한 논의가 서로간의 분위기를 부드럽고 친밀감 있게 만들게 된다.

제8장

보안요원의 운영

제1절 보안요원의 자질
제2절 공공기관과의 관계
제3절 기본업무와 구성

제8장 보안요원의 운영

제1절 보안요원의 자질

1. 구성원의 변화

민간 보안 부문에서 초창기 자체 보안조직은 보안요원의 운영 및 단순한 시설물의 보호와 관련되어있었다. 따라서 초기 보안조직은 대체적으로 적은 급여와 업무수행 중에 부상을 당할 수도 있었으며, 회사의 잡다한 업무를 수행하는 전문지식이 없는 감시요원으로 대부분이 구성되어 있었고 업무의 수행수준은 매우 열악하였다.[1]

그러나 제2차 세계대전 중에 기업재산의 보호업무는 매우 중요한 변화를 경험하였으며, 보안조직의 구성원들은 더 이상 단지 시설물의 감시원으로서의 역할에 머무르지 않았다.

보안요원의 업무가 확대됨에 따라 구성원의 능력도 향상되었다. 현재 대체적으로 경비원으로 불려지는 제복 입은 보안요원은 지난 수년 동안 보안의 역할에서 중요성이 증가되었으며, 이것은 고용되는 인원의 증가에 의해 보여지고 있다. 또한 이전에는 보안요원의 대부분이 남성이었으나, 지금은 미국에서의 보안요원 17%가 여성이다.[2]

---

1) Kakalik, James S., and Wildhorn. Soeerl, "Private Police in the United States: Findings and Recommendations," LEAA, Department of Justice, Washington, D.C,, 1972.

2) The U.S. Bureau of Labor Statistics estimated that in 1992, 1.8 million persons were employed in protective services in the private sector. (Almanac, 1994, Houghton-Mifflin, New York, N.Y)

그러나 무엇보다도 중요한 점은 보안요원은 보호계획의 수행에서 단지 한 가지의 업무만을 전문적으로 수행하며 그들이 수행하는 기능들은 진행과정에서 다른 관련업무들과 연관되어 수행되어져야 한다. 처음 보안시스템의 접근에 대한 이러한 지침의 논의에서 인력의 활용이 경비계획에 통합되어야 하고 시스템에 접근하는 다른 측면인 소프트웨어와 하드웨어에 관련된 보안요원의 활동들이 강조되어야 하며, 목표물의 취약성 분석 후에 재원들의 적절한 활용이 중요하다.

그러나 몇몇의 기업들은 재산보호의 문제들을 통합적으로 접근하지 않고 그들 기업에서 단지 경비인력만을 이용하여 재산보호 업무를 수행함으로써 재산보호가 실패하게 되는 원인이 된다. 이러한 기업들은 실패 후에 단지 경비인력만으로는 이러한 문제를 해결하지 못한다는 것을 알게 될 것이다.

오늘날 보안요원의 운용에는 매우 많은 비용이 들어간다. 1993년에 미국에서의 1인당 연평균 비용은 1주일에 40시간 근무하는 경우에 25,272달러에 이르렀다.[3] 또한 매년 인건비의 계속적인 증가에 따라 많은 인원의 보안요원을 고용하고 있는 기업은 기업재산의 보호비용에 지속적인 증가가 예상된다.

따라서 보안요원은 많은 보호 프로그램에서 필요하나 보안요원의 고용은 비용 때문에 사전에 주의 깊게 고려되어야 하며, 기술을 활용한 하드웨어와 전자장치와 같은 다른 보호기술들로 가능하다면 대체되어야 한다.

2. 보안요원의 조건

보안요원들에게 필수적으로 요구되는 자격요건은 무엇보다도 보안 업무를 수행하기 위한 전문적인 지식을 들 수 있으나, 더불어 첫째, 원만한 성격, 둘째, 사람을 다루는 능력과 적절한 태도, 셋째, 말끔한 외모, 넷째, 신중한 행동, 다섯째, 적절한 교육과 훈련 등이 필요하다.

1) 성 격

보안요원은 정직하고 용기가 있으며 잘 훈련되고 충성심을 가져야 한다. 보안요원은 회사와 직원들의 재산과 인명의 관리인이므로 정직성은 매우 중요하다. 보안부서

3) Based on median weekly earnings of full-time guards in the U.S. Department of Labor, Bureau of Labor Statistics, Washington, D.C., 1/93.

의 규정은 모든 보안요원들에게 양심적으로 정직함을 요구하는 내용을 공식적으로 규정하고 있다. 따라서 손실의 예방과 절도에 대한 방어의 실패, 뇌물이나 사례의 수령, 기업규정을 어기는 것을 용인하거나 어떤 잘못된 관행에 연루될 경우에는 해고를 포함한 징계의 원인이 될 것이다.

보안요원의 운용에 항상 포함되는 위험한 요소에는 보안요원이 용기가 결여되는 것으로 업무수행에 치명적인 것이다. 보안요원들은 물리적인 위험상황이나 비상시에 절대적으로 용기를 보여져야 한다. 또한 용기는 기업의 규정을 위반한 모든 것에 대하여 정확하고 전체적으로 보고할 것을 요구하며, 회사재산의 보호원칙을 모든 관련자에게 공정하게 적용할 것을 요구한다.

보안요원의 계속적인 경계심은 필수적이며 이것은 어느 순간에 생과 사의 갈림길을 의미하기도 한다. 순찰과 같은 몇 가지의 계속되는 임무는 일상적인 업무이므로 단조로워지고 소홀해지기 쉽다. 그러나 이러한 일상의 책임의 가장 주요한 목적은 시설물과 사람을 보호하는 것이며 이것은 위험한 상황을 초래할 수도 있으므로 보안요원들은 그들 자신의 보호뿐만 아니라 회사재산과 직원들을 위해서 계속적으로 경계심을 가져야한다.

또한 감독자나 상급자로부터의 모든 지시에 대한 신속한 복종과 적절한 업무수행은 항상 요구된다. 또한 보안요원에게 명확하게 규정된 원칙으로 그들의 근무지를 이탈해서는 안 되며, 업무의 수행에 영향을 주는 개인적인 선입관에 의한 선호 판단의 기회는 허용되지 않는다. 그리고 보안요원은 맡은바 직무와 회사의 업무에 절대로 충실하여야 하며, 모든 판단의 기본은 무엇이 조직에 최상인가에 기초를 두어야 한다. 또한 보안요원은 비밀스런 정보를 누설하지 않아야 한다. 가끔 보안요원의 업무가 단독으로 실시되거나 타인에 의해 감시되지 않으므로, 원만한 성격의 중요성은 업무를 그르치는 것을 방지하고 부정직한 관행을 피하기 위해서 절대적으로 중요하다.

2) 태 도

보안요원은 대체적으로 조직체에서 직원이나 방문객들이 최초로 접촉하는 사람이므로 방문객이나 직원들에게의 태도는 회사의 개인적인 인식에 매우 큰 영향을 주게 된다.

보안요원의 태도와 관련된 3가지의 중요한 요소는 공손함과 절제 그리고 관심이며, 공손함은 다른 사람에 대한 배려의 표현이다. 이것은 쓸모없는 마찰을 없애고 개인적으로 호의적인 협조를 만들게 한다. 다른 사람들에 대한 관심의 표명에 의하여 보안요원들은 모든 사람들의 협조를 얻을 수 있으며, 이것은 업무를 수행하는데 필수적인 것이다. 여러 사람의 질문에 대답하는 것, 방향을 가르쳐 주는 것, 심지어는 교통규정이나 원칙을 요구할 경우에도 보안요원들은 공손함을 유지해야 한다. 따라서 엄격한 태도가 호전성을 유발하는 것은 아니다. 방문객이나 직원들에 의해 반복되는 질문이나 심지어는 이러한 질문들이 무례하게 보일 경우에도 무뚝뚝한 대응은 자제되어야 한다.

또한 절제는 보안요원 훈련프로그램에서 항상 강조되어야 한다. 보안요원들은 서두르지 않고 지나치게 감정적이지 않도록 교육되어야 하며, 절대로 거친 언어를 사용해서는 안 된다. 보안요원은 항상 평온하고 존경심을 불러일으키는 태도를 유지하는 것이 대체적으로 호전적인 태도보다 훨씬 더 효과적인 결과를 얻게 된다. 보안요원에게 주어진 지시 중에는 업무를 수행 중에 정치, 사회 혹은 종교적인 의견의 차이에 대해서는 토론되어서는 안된다는 것이 강조되어야 하고, 다른 사람의 의견에 대한 관용적인 태도가 항상 보여져야 한다. 또한 보안요원들은 그들의 업무의 수행시 개인적인 추정이나 위협적인 태도를 나타냄이 없도록 훈련되어져야 하며, 그들의 업무의 수행시 항상 개인의 감정을 절제하도록 지도되어야 한다.

또한 보안요원은 그들의 업무에 흥미를 유지해야 한다. 그들의 업무에서 흥미나 만족이 없다면, 대중들이나 직원들을 대하는 태도는 불손해지기 마련이다. 따라서 몇몇의 보안규정은 다른 직원들과 마찬가지로 보안요원일지라도 계속적으로 조직에 대한 불평을 하는 만성적인 불평꾼은 해고될 수도 있다고 규정하고 있다.

3) 외 모

깔끔한 개인의 외모는 다른 사람들에게 좋은 인상을 주는데 매우 중요하다. 그러므로 각각의 보안요원은 복장뿐만 아니라 외모도 깔끔하여야 한다. 외모는 해당 조직을 방문하는 방문객에게 좋은 인상을 주며, 기업의 직원들에게 보안조직이나 보안요원들을 더욱 존중하게 하며, 보안조직의 사기를 진작하게 하므로 중요하다. 또한 보안요원 개개인은 타인들에게 쉽게 호의나 혹평을 얻는 영향력을 가지고 있다. 따라서 보안요원의 복장이 군인의 제복과 유사하던 평상복에 가깝던 간에, 보안요원은 항상 깔끔하고 잘 정돈된 모습을 보여주어야 한다. 보안요원들의 나쁜 이미지는 다음의 몇 가지를 통하여 생성된다. 모자를 삐딱하게 쓰고 있거나, 구석에서 담배를 피우는 모습, 호주머니에 손을 넣고 다니거나, 더럽고 몸에 잘 맞지 않는 제복과 소홀하게 관리되는 장비들, 단정치 못하고 게으른 태도와 자세, 거칠고 무례한 업무수행, 외설적인 어투의 사용, 역겨운 입냄새와 체취, 그리고 타인들을 무시하는 태도가 있다.

반면 개인적인 청결한 모습은 깨끗하게 면도한 얼굴과 잘 정돈된 콧수염, 적절한 헤어스타일, 깨끗하고 잘 다려진 복장, 깨끗한 손과 손톱에 의해서 타인에게 자신의 마음가짐을 보여주게 된다.

4) 품 행

보안요원의 업무수행의 태도는 항상 중요한 요소이다. 특히 보안요원이 눈에 띄는 복장을 착용하고 업무를 수행할 경우에는 보안요원은 다른 사람들로부터 존경을 유지하여야 하므로 더욱 강조되어야 한다. 보안요원은 근무 중이거나 제복을 입고 있을 때 그리고 어떤 장소에서나 술을 마시지 않아야 한다. 또한 제복을 입고 있는 동안이나 근무 중의 흡연은 금지되나, 단 보안요원을 위해서 제공된 휴식장소나 공간에서 근무시간 이외에는 허용된다. 또한 보안요원에게는 근무 중 난폭한 놀이나 못된 장난, 타인과 교제를 하는 것에 대해서도 금지되어야 한다. 그리고 근무 중에는 부동자세로 직무를 수행하는 것이 권고되며, 어슬렁거리거나 꾸부정한 자세로 호주머니에 손을 넣고 근무하는 것은 절대로 금지된다.

다음의 사항들은 보안요원의 지침에 포함되어 수행되어야 할 내용을 기술한 것이다.

① 항상 공손하고 친절하게 대한다.
② 보안요원은 자신의 역량 안에서 자신있고 위엄있게 행동한다.
③ 항상 진지하게 행동한다.
④ 항상 조용하고 침착성을 유지한다.
⑤ 쓸데없는 참견을 하거나 허세를 부리지 않는다.
⑥ 편안하게 사람을 대하고 재치 있고 공손하게 응대한다.
⑦ 적개심을 보이거나 상스런 언어를 사용하지 않는다.
⑧ 상사에게나 일반 대중에게 존경하는 모습을 보이고 균형 잡힌 모습을 유지한다.
⑨ 가능한 어떤 상황에서도 냉정함을 유지한다.

⑩ 타인의 조력이 필요시 기꺼이 그리고 즐거운 마음으로 도움을 준다.

⑪ 직무중이나 직무를 떠나서도 행동에서 모범을 보인다.

직무에 관한 지식은 보안요원을 위해서 끝없는 배움의 과정이다. 필수적인 요구사항과 규정, 근무 장소, 개인에게 요구되는 보호방법은 종종 상황에 따라 변하게 된다. 그러므로 보안요원이 시설물에 대하여 완벽하게 이해하고 직무의 측면에서 대외관계를 수행하기 위해서 조직에 대한 완전한 지식을 갖추는 것은 매우 중요한 일이다. 이것에는 직원들이나 외부인에게 공개된 정보를 제공하는 업무를 포함된다.

보안요원은 또한 관련 법령과 규칙 · 회사의 규칙과 규정, 형사사법절차, 산업보안, 소방, 비상계획 그리고 응급구조 등에 관하여 익숙하여야 한다.

제2절 공공기관과의 관계

재산의 보호와 더불어 보안분야에서 보안요원들은 적절하게 교육이 되어 공공기관과의 관계에서 일정한 업무분야에서 기업의 대표자로서의 기능을 수행하여야 한다. 보안요원들은 대체적으로 조직의 구성원으로서 방문객 · 고객 · 납품업자나 직원들과의 첫 접촉점에 위치한다. 그러므로 방문객을 대하는 보안요원들의 첫인상은 조직에 큰 영향을 미치며 조직의 선입감에 영향을 준다. 그러므로 보안요원의 공손함과 능률적인 안내는 필수적으로 갖추어야 할 소양이다.

보안요원들은 가끔 직원들과 접촉을 하게 되거나 그들과 같이 업무를 수행하므로 보안조직과 기업의 다른 부서와의 좋은 관계를 유지하는 것은 중요하다. 그러므로 보안요원들의 부적절한 태도는 이러한 관계에 심각한 손상을 가져오게 한다.

그러나 직원들과의 항상 적절한 관계를 유지하는 것은 보안요원과 같이 집행하는 업무를 수행하는 직원은 다른 사람들에게 전체 중에 일부에게는 기본적으로 반감을 살 수 있는 위치에 있으므로 항상 쉬운 일은 아니다. 그럼에도 불구하고, 잘 훈련된 보안요원은 정중하고 절제되게 행동함으로써, 또한 적절한 판단과 상식적인 처신으로서 이러한 한계를 극복할 수 있다.

모든 보안요원들은 직원들에게 회사의 보안정책에서 요구하는 방침이나 규정들을 엄격하게 지키도록 유도하여야 하며, 또한 직원들을 공평하고 모두가 수긍하는 태도로서 대해야 한다. 보안업무에 수행에서 쓸데없이 참견하고 처신이 부주의한 보안요원이나 타인에게 좋지 않은 인상을 주는 것은 보호프로그램에 역효과를 가져오게 한다. 다시 말하면 보안요원이 그들의 업무를 적절하게 수행하는 것에 직원이 협조하지 않으면, 비협조적인 직원은 징계의 조치로서 적절하게 관리되어야 하고, 또한 보안요원들은 기업의 다른 조직과 마찬가지로 보안조직의 관리자에 의해 적절한 지원이 뒷받침되어야 한다.

제3절 기본업무와 구성

시설물의 물리적인 복잡성, 기업구성원의 인력 그리고 수행되는 업무의 특성은 운영되는 보안요원의 규모에 영향을 미친다. 시설물에서 요구되는 보안요원의 규모는 다음의 세 가지 요인들인 ① 보행자 · 자동차 · 트럭 · 철로의 출입구의 숫자와 그것이 개방되어 있는 시간, ② 순찰이 필요한 건물, 시설물과 공간을 보호하기 위하여 필요한 순찰요원의 인원, ③ 호위가 필요한 인원과 특별히 부여된 업무들에 의해 좌우된다.

보안요원에게 지급되는 수당은 질병 · 휴가 그리고 휴일로 기인한 결석을 보충하여야 하므로, 각 근무장소는 하루 24시간, 1주일에 7일이 소요되므로 한 근무장소에 정규직 보안요원 4.5명이 필요하다. 물론 이것은 보안업무가 1주일에 40시간을 가정한 것이다. 이 인원은 지정된 근무위치에 계속적으로 근무하기 위하여 필요한 보안요원의 총인원은 각 근무장소에 4.5를 곱해져야 한다. 만일 보안부서의 규모가 충분히 크다면 감독위치의 직무는 서기 · 교환원 · 훈련담당자와 예비적인 직원이 포함된다.

대체적으로 보안부서의 기본적인 업무는 ① 출입과 보행자의 이동과 차량의 통제, ② 건물이나 주변의 순찰, ③ 사람이나 제품의 보호, ④ 보안과 화재 노출물의 점검, ⑤ 그 외 특별한 임무 등이 있다.

1. 통 제

공장 보안요원의 주요한 업무는 출입이 허가된 사람만을 시설물 안으로 출입을 허용하고 동시에 허가되지 않는 사람을 통제하는 것이다. 직원과 방문객의 통제에 대하여 보안요원에게 주어진 일반적인 지침은 다음과 같다.

① 모든 직원들이 건물 안에서 자신의 인식표를 착용하도록 확인하고 그 인식표는 항상 볼 수 있도록 복장 밖에 패용하도록 한다.
② 모든 방문객에게는 그들이 공장시설물 안으로 들어갈 경우에 특별히 발행한 임시 출입증의 착용을 확인한다.
③ 적절한 신분확인이 없는 시설물내의 모든 사람을 확인하고 보고한다. 특별한 경우에는 이러한 사람들은 잠시 동안 억류할 수도 있다.
④ 시설물 내로 술이나 불법적인 물품을 가지고 들어오는 사람들이나, 약물에 취한 사람들을 발견 시 보고·통제한다.
⑤ 회사 재산을 가지고 이동하는 사람들에게 사유를 묻고 정당성 여부를 확인한다.
⑥ 개인이 재산을 이동할 권한을 가졌는지, 아니면 재산이 밖으로 나갈 수 있도록 허가되었는지를 시설물로부터 이동하는 모든 재산을 확인한다.

모든 자동차와 기차, 특별한 몇몇의 경우에는 비행기와 선박이 시설물에 들어오고 나갈 경우에도 보안요원에 의하여 확인되어야 한다. 이러한 업무를 보안요원들이 수행하는데 필요한 일상적인 지침은 허가되지 않은 물건이나 사람들이 출입구를 통하여 들어오는 것을 방지하기 위해서, 그리고 이것을 철저하게 통제하기 위하여 차량들을 면밀하게 조사한다. 이러한 조사에는 차량의 앞·뒤쪽의 좌석과 회사나 계약자의 트럭과 택시를 포함한다. 특히 택시나 각 회사와 거래업체의 트럭의 내부는 철저하게 조사해야 한다.

시설물로 들어오거나 나가는 기차의 조사는 다른 차량들과 비교하여 어려운 업무이다. 기차에 대한 간단한 확인은 기차가 들어오기 전에 기차 안에 단지 해당 근로자만이 탑승하고 있는가를 확인하기 위해 실시되고, 시설물을 떠날 때에도 근로자들에 대한 확인이 다시 한번 실시되며, 기관차나 모든 차량에 대한 조사가 더불어 실시된다. 어떤 자동차 조립공장에서는 귀중품이 기관차의 바닥에 부착되어 있는 것을 기차가 떠나기 전에 화물차량의 밑바닥에서 물건이 발견되었다. 이런 훔친 물건들은 시설물이 정리된 다음에 기차에서 옮겨지게 될 것이다.

2. 순 찰

순찰은 보안요원의 업무에서 매력적이거나 흥미있는 일은 아니나 관심을 가지고 수행해야 할 효과적인 업무가 되어야 한다. 순찰시 보안요원은 다양한 부류의 사람들과 장소를 관찰할 기회를 가지게 되며 이것은 통제본부에 많은 양의 정보를 보고할 수 있는 원천이 된다. 이러한 정보는 적절하게 검토되거나 분석될 경우에 기업의 보안 프로그램을 운영하는데 귀중한 통찰력을 제공한다. 또한 부적절한 절차들의 변경을 위해서 위험요소들은 즉시 보고되고 보호프로그램의 결함은 강화되어야 한다.

순찰은 일반적으로 도보와 차량에 의한 두 가지 종류로 나누어진다. 지정된 구역을 순찰하는 동안 보안요원들은 도보이든, 차량을 이용하든 간에 "체계적이고 불규칙적인" 방법으로 종종 왔던 길을 되돌아가거나 예상치 않는 루트를 이용하여야 한다. 보안요원은 사전에 공지 없이 지정된 루트의 사람과 장소를 관찰하기 위해 전략적으로 움직이고 또한 보안요원은 순찰되는 지역에 대하여 정확한 지식을 갖추도록 요구된다.

보안요원은 완벽하게 순찰하는 영역의 지름길에 대한 인식과 막다른 골목, 공사장, 대책이 요구되는 어떤 다른 요소에 대해서도 익숙해져야 한다. 또한 법적인 활동에 대한 것과 구역에서의 위험성에 대한 지식이 요구된다.

주의 깊은 관찰은 순찰하는 보안요원의 주요한 업무이고, 관찰은 지적인 호기심에 의해서 강화되고 이것은 더욱더 개발되어야 하고 보안요원은 주의 깊게 주변을 모든 측면에서 살펴보아야 하며, 무엇이든지 정상적이지 않을 경우에는 보안요원은 이것을 평가하고 필요한 조치를 취해야 할 것이다. 개인을 감시하게 될 경우에는 특별히 주의를 기울이고 정확한 개인적인 특징을 분석하여야 한다. 그러므로 모든 보안요원들은 사람을 확인하기 위한 방법과 기술을 그들이 소속된 조직에서 배워야 한다.

다음의 항목들은 개인이 순찰을 실시할 경우에 끊임없이 관찰하여야 할 가장 상식적인 사항이다.

① 문, 창문, 그리고 안전하지 않는 여러 개구부 들
② 의심스러운 사람과 차량 혹은 환경
③ 혼란스럽거나 불안한 징후나 어떤 구역에 여러 사람이 모여 있는 것과 같은 이상스런 활동, 술에 취했거나 풍기 문란한 사람, 사람간의 다툼, 감정적으로 흥분된 사람.
④ 누수, 위험한 상황을 포함하고 있는 곳의 개방된 문, 화재위험과 잘못 작동된 장비와 같은 위험한 상황들.

3. 호 위

보안요원은 방문객이나 고객들을 호위하기 위한 직무를 수행하게 되나 보안요원에 의한 방문객의 호위는 보안요원을 실제적인 보호업무에서 이탈시키며 근무 장소에서 보안요원의 부재상황을 발생케 하므로 권할 사항은 아니다. 그러나 때때로 시설물 내에서 방문객이 방문하는 곳까지 호위하게 되는데, 이것은 방문자를 개별적으로 보호하는 예외적인 경우이다.

개인이 많은 현금과 기업이나 정부의 기밀문서를 운반할 경우에 호위의 요청에 대한 대응은 적절하게 판단되어야 한다. 또한 보안요원은 신체의 장애나 질병으로 도움이 필요한 사람을 보조하는데 호위가 필요하게 된다. 대체적으로 이러한 업무는 보안요원의 전체업무에서 작은 부분을 차지함에도 불구하고 사안의 중요성과 요인이나 내용물의 가치 때문에 보호가 실시되어야 하며, 이러한 주어진 업무를 수행하는 보안요원은 특히 주의와 경계가 필요하다.

4. 검사와 특별 업무

검사업무는 순찰과 같은 이미 논의된 직무부분의 일부로서 수행하게 된다. 그러나 특별한 검사 또한 수행되게 될 것이다. 보안요원들은 일반적으로 화재위험, 열려진 문, 금고, 창문, 그리고 여러 가지 보안 고려사항에 대한 검사를 수행하게 되며 약간의 조직에서는 보안요원들이 보안검사업무를 수행하게 된다. 이러한 항목들에 대한 검사에 포함될 지침은 효과적인 검사 프로그램의 핵심내용이 될 것이다.

보안요원은 대부분의 시설 내에서 하루 종일, 일주일에 7일 동안의 업무를 수행하기 때문에 특별한 임무들이 그 보안요원이 유용하게 수행할 수 있도록 주어진다. 이러한 업무들은 보안요원들에게 전달자, 교신 진행자 혹은 운전사, 그리고 시설물의 보호와 관련된 정규적인 업무가 아닌 다양한 업무를 수행할 것을 요구한다. 그러나 보안요원에게 요구되는 이러한 잡다한 업무로부터의 보안요원의 업무분산은 기업재산의 보호 능력을 취약하게 하고 근무자세를 태만하게 만든다.

5. 교육과 훈련

1) 교 육

미국에서의 보안요원 개개인의 교육수준은 1972[4]년의 랜드 리포트(Rand Report)와 1976[5]년의 민간경비에 관한 특별보고서의 출판 이래로 엄청나게 변화되었다. 상기의 두 개의 보고서는 민간경비분야의 보안요원들의 전반적인 능력과 교육의 수준을 비판하였다.

그러나 지금은 그들의 직무분야에서 범죄예방에 관한 많은 책임을 민간경비분야에서 수행하고, 많은 조직에서 이전에 보험회사에서 담당한 위험의 대부분을 수행함으로, 적정한 자격과 중요성을 동반한 업무수행능력의 중요성이 증가하였다. 주요한 미국 도시에서 보안요원들의 평균 급여는 시간당 12달러 수준(기타 부수적인 상여금을 계산하기 전의 연봉은 25,000 달러)이므로 최소한 고등학교 교육수준 이상의 사람들에게 매력적으로 보인다. 이 노동력의 구성은 점점 더 젊어지고 있으며, 젊은 지원자들은 의무적으로 고등학교 교육을 수료하여야 한다. 자체 보안조직이나 보안 서비스회사 모두에서 경찰인력의 부업(moonlighting)으로서 업무의 증가가 또한 대부분의 대도시 경찰부서들의 신입직원들의 채용시 요구조건을 고등학교 교육을 마쳤거나 그와 동등한 학력을 요구하도록 영향을 미쳤다.

2) 훈 련

보안요원에 의하여 수행되는 직무에 따라서 훈련프로그램의 내용이나 범위를 결정하게 된다. 따라서 보안요원의 운영에서 정규적인 직무에는 순찰, 좀도둑질의 통제·출입구의 관리·사보타주의 예방과 시설물에 대한 다른 적대적인 행위의 방지가 포함된다. 보안업무 지시의 처음 기간에는 일반적으로 가급적 빨리 보안요원에게 직무의 지시가 주어지며, 추가적인 지시 또한 중요한데, 이것에는 과제와 직무중의 교육·서류화된 지시·업무 지침서와 근무지에서의 지시·근무시간이 재배정된 과정을 통하여 시행될 것이다. 각 일일 업무에 대한 보안요원의 보고시 간략한 지시나 훈련

---

4) Kakalik, James and Wildhorn, Sorrel, "Private Police in the United States," LEAA, Department of Justice, Washington, D.C.

5) Private Security, Report of the Task Force on Private Security, National Advisory Committee on Criminal Justice Standards and Goals, LEAA, Department of Justice, Washington, D.C., 1976.

이 실시된다.

보안요원을 훈련시키기 위해서 사용되는 방법으로는 근무시간표, 학과, 과제, 직무 중 교육, 서면으로 지시와 각 근무지에서의 수행업무를 규정을 포함한 보안요원의 지침서가 이용된다.

주어진 직무를 적절하게 수행하기 위하여 보안요원은 다음의 사항에 대하여 철저하게 숙지해야 한다.

① 보안조직의 규정
② 특별히 지정된 요구사항 들
③ 기업의 규정과 절차
④ 시설물과 사물실의 배치도
⑤ 시설물 보안의 절차
⑥ 안전과 화재규정과 소방절차
⑦ 중요한 구역, 변압기와 장소 그리고 주요한 스위치 기어, 오일과 가스 공급 장소, 위험물질을 포함하는 장소와 같은 취약한 장소
⑧ 모든 부서의 장소와 주요 인물
⑨ 모든 전화와 화재경보 스위치, 모든 화재와 비상출구의 위치
⑩ 모든 계단과 문의 위치, 제품의 저장장소
⑪ 이동식 소화기와 물통, 소방 호스, 소화전, 소화용 도끼와 같은 모든 소방장비의 위치
⑫ 조명 스위치의 장소와 승강기 조절 스위치의 장소
⑬ 통제실의 장소 공기조절기 혹은 환기시스템의 작동 스위치
⑭ 스프링클러 시스템에 물을 공급하는 것을 조절하는 모든 밸브의 장소
⑮ 퓨즈 박스, 전원 통제 스위치, 스팀밸브, 소화전과 시설물 내에서 운용과 기계에 관련된 모든 통제장치의 위치

(1) 총기의 사용

초창기 조사에 의하면 한때 미국 내 보안요원의 약 50%가 무장을 하는 것으로 나타났다.[6] 그러나 무장한 보안요원의 숫자는 1970년대 이래로 점차 줄어들었으며, 많

6) Industrial Security-Plant Guard Handbook, Studies in Business Polcy No. 64, New York,

은 주에서 무장한 보안요원은 주 규정의 자격을 갖추도록 요구되고 있다. 어떤 주에서는 총기소지를 허용하거나 허가를 발급하기 전에 어떤 최소한의 기준에 부합하도록 요구하고 있다. 이러한 설정된 훈련기준에 부합되는 훈련에 소요되는 비용이나 시간들이 많이 요구되므로 많은 기업체에서는 그들의 보안요원을 비무장하거나 기업내부나 외부 경비회사를 이용한다.

보안요원이 무장하던지 않던 간에 총기소지는 논란이 되는 문제이다. 만약 보안요원들이 무장하고 있다면 시설물의 관리는 목표물 연습과 총기의 적절한 관리를 포함한 적절한 훈련의 책임을 진다. 보안요원은 총기를 휴대하기 전에 총기의 능숙한 사용에 관하여 철저하게 교육되어야 한다. 더불어 주기적으로 새로운 훈련이 제공되어야 한다.

일반적으로 과거에 상당히 광범위하게 무장하는 것은 오늘날 다음의 사유에 따라 보안요원이 비무장하는 것으로 합의에 의하여 정착되었다.

① 민간경비는 보통은 법집행기관과 대체되거나 동등한 것으로 간주되지는 않는다. ② 일반적인 산업과 정부시설은 일반적으로 폭력범죄가 발생하는 곳으로 여겨지지 않는다. ③ 총기를 사용할 경우에 나쁜 결과가 공공 이미지를 형성할 가능성과 관련된 사고나 부상, 주요한 시민책임의 위험에 노출되게 된다.

(2) 제복과 장비

제복과 장비의 운용에 관한 관행은 매우 다양하다. 몇몇의 조직에서는 보안요원이 그들 자신의 제복을 스스로 준비하도록 하나, 그러나 대부분은 제복과 장비 모두를 해당 조직에서 제공한다. 일반적으로 오버코트·모자·비옷·장화·모자커버·권총·포박용 밧줄과 그리고 만약 보안요원이 무장을 하고 있다면 탄약 그리고 손전등을 포함한 완전한 제복을 지급한다.

몇몇 조직체에서는 그들의 보안요원들이 그들의 제복을 단지 근무 중에만 착용하도록 통제한다. 그리고 제복이 지급되었을 때 대체적으로 기업체는 제복의 교체가 필요할 경우에 다시 지급한다. 또한 세탁과 수선비용도 일반적으로 고용주에 의해 지급된다.

National Industrial Conference Board 1953, p. 47, and Kakalik and Wildhorn, The Private Police Industry: Its Nature and Extend, 1971, Vol. 2, p. 211.

현대적인 감각에서의 접근방식으로 보안요원들이 권위적으로 보이는 것을 방지하기 위하여, 예를 들어 시민들과 비슷한 복장인 호주머니와 어깨장식이 달린 캐주얼이나 블레이저(blazer)를 착용한다.

(3) 보안조직

많은 보안조직은 군대조직이나 도시 경찰조직과 유사한 형태를 가지고 있다. 따라서 권한과 규율은 지휘계통을 통하여 경비대장으로부터 시작하여 조장과 같은 차순위 직급으로 전달되고, 대리, 선임자 그리고 보안요원으로 전달된다. 물론 대규모조직은 더 상위의 직급이 존재한다. 그리고 작은 시설물에서는 대체적으로 조장이 개인적으로 낮 근무시간동안 보안요원을 감독하고, 밤 근무시간에는 부조장이 업무를 수행하게 된다.

그러나 최근에는 군대나 군대와 유사한 조직모델이 없어지고 기업 감독라인에 따르는 경향이 증가되고 있다. 오늘날에는 신입직책의 근무자를 보안요원(security officer)이라 불려지는 것이 보통이다. 그리고 상급직위는 전통적인 관리조직에 의해 규정된 직책인 대리·관리자·이사 등으로 불려진다.

보안부서의 효율성은 감독자의 관리기술과 적절성에 좌우된다. 그럼으로 만약 보안요원들이 적절하게 교육되지 않거나 긴밀하게 통제되지 않는다면, 보안요원들은 효율적인 보호기능을 발휘하기가 어렵게 된다. 더불어 보안요원들의 업무가 넓은 범위에 걸쳐 있기 때문에 쉽게 산만해지기 쉽고, 이것은 집단의 인력을 관리하는데 다른 감독형태를 요구하게 될 것이다.

보안요원의 감독자는 보안업무의 지식에 대한 지식의 기초와 더불어 경영과 리더십의 역량을 가진 사람이 선발되어야 하고, 그들에게는 새로운 방법의 개발에 뒤떨어지지 않기 위한 특별한 훈련이 주어질 것이다. 몇몇의 조직에서는 그들이 파벌을 형성하는 것을 방지하고, 모든 분야의 보안업무에 익숙해지도록 감독자의 임무를 순환근무시킨다.

(4) 자책경비와 계약경비

보안조직이 기업체를 위해 직접적으로 일을 하는 방법과 독립적으로 계약하는 방법이 있는데 오늘날 많은 논쟁이 되는 사항이다. 몇몇의 조직체에서는 회사정책으로 계약경비를 고용하는 것을 금지하고 있다. 그와 반면에 다른 같은 규모의 기업에서는 전부를 계약경비회사를 이용한다. 이러한 논쟁들은 양측에서 모두 발생한다. 현재의 경향은 직원들의 감원과 아웃소싱으로서 계약경비를 선호하는 흐름이다. 많은 대규모 미국 기업들이 이미 이러한 방법을 채택하였다.[7] 계약경비회사는 경비시장에서 그들의 영향력을 꾸준히 확장하고 있다. Predicasts Research Group의 연구발표에 의하면, 1980년의 미국의 계약경비가 민간경비원의 거의 54%이었으나, 1985년까지 그 숫자는 59%로 늘어났고 1995년에는 69.1%까지 증가할 것이라고 예상하였다.[8]

대체적으로 계약경비회사들은 그들의 서비스를 판매하는 시점에 비용을 절감하는 것을 이용한다. 따라서 이러한 논쟁은 올바른 판단을 그릇치게 하며, 필요에 따라서, 조직체들은 이러한 이유에서 계약경비서비스를 채택하며 낮은 입찰기준의 계약자를 선택한다.

만족스런 업무수행을 보장하는 것은 기업에서는 경비계약을 선택하는 문제이다. 업무수행의 상세한 명세서가 없이, 경비회사가 제공하는 품질의 기준을 선택하는 것은 매우 어려운 일이다.

경험을 바탕으로 한 대략적인 방법으로서 대부분의 계약경비회사는 그들의 근로자들에게 계약비용의 70%를 직접적인 비용과 상여금으로서 지급하고, 예산의 약 20% 정도는 일반적인 행정비용으로서 사용되고, 나머지 10%정도가 총이윤으로 예상된다.

이것은 다음의 대략적인 공식으로서 표현이 가능하다. 고객에게서 받은 서비스의 비용(100%)은 직접노무비(70%)+일반관리비(20%)+총이윤(10%)으로 구성된다 . 이러한 비중은 때때로 현실적인 상세한 계약관계의 반영에 의해 변하게 된다. 그러나 이것은 유용한 지침으로서 고객회사의 협상시 계약경비서비스에 이용된다. 고객들은 총 계약비용을 근거로 하여 대략 보안요원들이 얼마 정도의 급여를 받는지를 추측할 수 있으며, 그들이 기대하는 서비스의 품질에 대한 평가를 할 수 있다. 계약자가 업무수행을 시작한 이후에, 보안요원에게 지급된 비용을 이러한 공식에 대비하여 확인될 수 있다. 이러한 방식의 감사는 경비회사들이 초기에 보안요원에게 지급하기로 했던 급여를 최소한으로 줄여서 대체된 보안요원에게 지급한다는 것으로 알려져 있다. 결과적으로 경비계약자들의 이윤의 폭이 불합리하게 증가할수록, 제공되는 경비서비스의 품질은 형편없이 저하될 것이다.

---

7) 예를 들어, General Motors는 1997년 이후로 그들의 대규모 경비조직을 Pinkerton사와 계약으로 바꾸었다.

8) Private Security Systems: Industrial Study E69, Predicasts Research Group, Cleveland, OH.

(5) 동기유발 비용

직접적으로 지급되는 실제적인 급여와 기본적인 급여에 연계된 회사의 이윤 그리고 약간의 동기유발 형태의 협상관행이 증가하고 있다. 따라서 고객들은 실제적으로 지급된 금액이 적절한 자격이 있는 보안요원들의 흥미를 끌 수 있도록 보장하여야 한다.

동기유발(incentive)의 하나의 형태는 보안요원을 고용하는데 직접적으로 들어간 비용보다 일반적으로 직접 지급된 비율이 더 높아야 한다는 것에 동의하는 것이다. 이것은 계약자들이 더 쉽게 보안요원의 흥미를 끌게 될 것이고 직원들을 더 높은 비율로 한 직장에 오래 머무르게 하며 결과적으로 다른 곳보다 더 원활한 운영이 가능하게 된다. 또한 더 이상의 추가비용을 계약자에게 지출하지 않아도 된다. 더불어 고객은 더 상세한 요구조건을 요구할 수 있고 더 수준 높은 업무수행을 기대할 수 있다. 이것은 나머지 비용이 관리비용과 계약자의 이윤으로 들어가는 대신에 해당 보안요원에게 직접적으로 지급되는 임금비율을 더 높게 책정하는 것에 동의하는 것의 특징이다. 또 다른 인센티브적인 접근은 동등하게 급여를 받는 직업의 이직률에 기초로 하여 계약수준을 최대한 보안요원의 이직률이 낮게 계약하는 것에 동의하는 것이다. 계약자와의 각각의 달에 발생한 이직률을 계약한 수준과 비교하여, 매월 비용을 계약을 기초로 하여 지급하는 것이다. 만일 이직률이 계약 수준보다 낮다면 계약자는 평균급여보다 퍼센트(%)로서 계산된 만큼의 보너스를 더 지급받게 될 것이다. 반대로 이직률이 계약보다 초과하게 되면, 계약자는 정규적인 급여에서 비율 만큼을 공제한 금액을 받는 것이다. 모든 계약수준과 이직률은 각각의 상황과 조건에 기초하여 협상되면 된다. 만약 고객이 매달 낮은 이직률 때문에 보너스를 지급한다 할지라도, 이 비용은 계속적으로 교체되는 보안요원을 훈련시키는데 드는 비용보다 더 작게 소모될 것이다.

6. 법률지식

미국의 법제는 대륙법국가인 한국과는 달리 판례법 체계이며, 이러한 법제하에서 조직이나 기업에서 재산보호활동을 수행하는 보안요원이 지니는 법집행권한과 범위 그리고 합법적인 법적 테두리 내에서의 보안 활동과 불법적인 활동의 한계에 대한 지식을 있어야 한다.

1) 평상시 근무자로서의 보안요원

보안책임자들의 보안업무 수행을 위한 평상시 보안요원의 바람직한 지위에 대한 그들의 의견이 서로 상이하다. 관행적으로 한국과는 다르게 미국에서는 그들의 목적이 경찰관의 직위를 가진 보안요원은 시설물의 밖에서도 경찰관의 권한을 가지므로 심각한 결과를 초래할 수 있다고 지적된다. 시설물 밖에서 행해진 어떠한 행동이라도 보안요원의 고용의 범위 내에서 취해진 것으로 간주되므로, 보안요원의 관리책임을 지는 고용주는 확장된 책임에 노출되게 된다.

그러나 예를 들면 근처 도로의 교통을 관리하는 것과 같은 대리업무를 수행하는데도 보안요원이 필요하게 된다. 보안요원이 대리업무를 수행하게 될 때 실질적인 경비업무로서 그들의 권한의 범위는 일반적으로 엄밀히 제한된다.

이와는 반대로 공조직의 관리자인 지방경찰서장은 평상시 당직경찰을 포함한 모든 경찰관에게 그들의 직무관한의 범위를 숙지시켜야 한다.

2) 체 포

형사사법절차에서 체포는 검사나 사법경찰관 등이 법관이 발부하는 영장으로 피의자를 인치(引致)하기 위한 강제수단이라고 정의한다.[9]

일반적인 체포요건은 다음과 같다.

① 사람을 법에 의해 구속하기 위한 의도를 갖는 것.

② 실제적 혹은 적극적으로 붙잡거나 혹은 구금하는 것.

③ 체포되는 사람 자신이 체포되는 것을 이해하고 있는 것.

보안요원은 언제든지 누군가를 구금하는 것이 업무상 요구되므로, 체포, 수색 그리고 억류에 관한 법에 대하여 철저히 이해하는 것이 필수적이다. 그리고 더 중요한 일반전인 면에서의 사항 중에 여기에 언급된 것은 특히 고려되어야 한다. 가끔 일반 경찰뿐만 아니라 일반 시민까지도 간과하는 것은 영장 없이 체포하는 것이다. 시민에 의해서 체포가 이루어졌을 때 이것은 일반적으로 시민에 의한 체포라고 불린다. 이러한 체포를 그 자신의 안전을 위해서 하는 것은 대리를 필요로 하지 않으며, 법률이 이러한 체포에 대한 기준에 대해 상세하게 규정하고 있다.

시민에 의한 체포는 예외라기보다는 하나의 일반적인 법칙으로 존재한다. 그러나

9) Black's Law Dictionary, 5th Edition, 1979, West Publishing Co., Inc., St. Paul, MN.

수년 동안 시민들은 법집행의 활동으로부터 더욱더 소극적인 경향이 있으며 이러한 법집행기능을 공공 법집행기관에 점차적으로 넘겨주었다.

대체적으로 민간인의 권한은 법상의 문제이나 일반적으로 다음의 한계를 가진다.

① 어떤 범행이든지 체포하는 사람의 면전에서 발생할 것

② 그 사람 면전에서 발생하지 않았을 경우에는 중범죄일 것.

일반적으로 경찰관은 그들 앞에서 발생하는 어떠한 범죄라도 체포할 수 있으며, 혹은 만약 면전에서 발생하지 않았다면, 근무자는 그 사람을 체포할 수 있는 충분한 근거를 가져야한다. 믿을 수 있는 충분한 근거를 가지고 있다면, 근무자는 실제로 범죄가 저질러지지 않았거나 혹은 체포된 사람이 범행을 저지르지 않았더라도 결과의 책임을 지지 않는다.

민간인과 경찰관의 체포에 관한 권한의 구별은 중요하다. 만약 체포한 사실이 잘못되었다면 대부분의 경우에 체포에 관하여 실수를 한 민간인은 용서되지 않는다. 대부분의 사례에서는 민간인은 그들이 옳게 행동했다고 믿는 이유 있는 근거를 가지고도 그들의 행동을 합리화할 수 없다.

비록 몇 개의 미국 주 중에서 이러한 상황을 허용하고 있으나 그 결과는 쉽게 체포당한 사람에 의해서 민사 손해배상소송을 당하게 될 것이다.

또 다른 중요한 구별요소인 미국에서도 영장은 단지 경찰관에 의해서만 발급되며, 그러므로 경찰관이 아니거나 경찰 대리업무를 하는 것이 아니면 민간인으로서 영장 없이 체포하지 못한다. 그러므로 대부분의 조직에서 보안요원은 특별한 예외의 경우가 아니면, 상급자의 동의나 지시에 의해서만 체포하거나 단지 회사 구역 안에서만 실시되도록 지시가 되어야 한다. 또한 민간인에 의해서 체포가 이루어졌을 경우에도, 즉시 경찰이나 경찰서에 넘겨져야 하는 것도 중요한 사항이다. 예외적으로 가장 위급한 상황에서는 체포한 사람을 실제적으로 이러한 상황을 달성하기 위해서 경찰에 넘기는 시간만큼 구류하는 것은 불법이 아니다.

또 다른 주제는 합법적인 체포를 달성하기 위해서 허용되는 보안요원의 물리력의 한계에 관한 체포, 조사, 구류에 관련된 보안요원의 지시에 관한 것이다. 만약 보안요원이 체포할 수 있는 권한이 없다면(범죄가 발생하지 않았거나, 사람을 잘못 알고 체포한 것), 결과적으로 그 보안요원의 행위는 잘못된 체포이거나 폭행의 요건에 해당한다. 만약 보안요원이 살인을 했다면, 이러한 행위는 보안요원의 고의 없는 살인

이거나 살인죄에 해당한다. 따라서 보안요원이 불법적으로 체포하려고 하는 경우에 당사자는 자신의 신체자유를 유지하기 위한 모든 합리적인 물리력을 가지고 저항할 수 있다.

3) 보 험

대부분의 조직체에서는 보안요원이 업무를 수행하는 동안 그들의 관리책임의 가능성을 인식하고 있다. 물론 그들이 전체적으로 보호되는 것이 가능하지 않다면, 개별적으로 형사적인 고발이나 부담으로부터 보안요원이 보호되어야 한다. 그러므로 보안요원들은 그들의 행위에 대한 주요한 책임자로서 위치에 남아있다. 그러나 과거의 사례들은 이러한 사건에서 모든 원고들이 보안요원 대신에 고용주들을 주요한 피고소인이나, 또는 주요한 책임자의 대상으로서 인식하고 있다는 것을 보여준다.

대부분의 기업들은 보안요원들을 위해서 특별한 책임보험을 가입하지 않으나, 기업의 원칙적인 상업적 책임보험의 조항에 의해서 적용을 받는다. 예를 들어 보안요원들이 고용주를 대리하여 업무를 수행하는 장소에서는 제한된 추가적인 범위가 대체적으로 지방정부에 고용된 보안요원의 업무수행에 따라서 지방 정부의 보호를 위해 요구된 보상약정을 통하여 제공된다.

그러나 이것은 단지 공적인 행위만을 보호할 뿐이다. 만약 클레임이 제기된다면 고용회사는 피해자에게 지급된 만큼을 약정회사에 의해 소송당할 수 있다. 만약 이것이 보안요원의 행동에 의해 발생한 손해배상이라면 민사책임을 지게 될 것이다. 따라서 계약 경비회사를 고용하게 될 경우에는 경비회사가 직원들을 위해서 제공하는 보험적용범위의 적합성과 가입을 확인하여야 한다.

고객회사가 보험약관에 의거하여 추가적으로 요구하는 보험의 종류는 보험업자들 가운데 다양하다. 만약 고객이 추가적인 사항에 가입하더라도 몇몇의 보험증서는 피보험자들에게 고객의 실제 관심과는 반대로 의무조항을 부과하는 경우가 있으므로, 최소한 고객은 현재 유용한 계약 대리점에서 보험업자가 발행한 보험증서의 내용을 확인하여 보험적용범위의 동의된 한계를 보여주고, 보험업자의 승낙을 수반하는 어떠한 변경내용이나 보험 적용범위의 취소사항이 발생할지라도 고객에게 고지하여야 한다.

제9장

보안교육과 서비스

제9장 보안교육과 서비스

제1절 교육훈련의 중요성

훈련은 일정한 기능이나 행동 등을 획득하기 위해 되풀이하는 실천적 교육활동으로서, 교육용어로서는 교수(教授)에 반대되는 개념으로 쓰이며, 훈육(訓育)과는 거의 같은 뜻으로 쓰인다. 그러나 훈육보다는 비교적 실제적이고 육체적인 의미가 강하게 포함되어 있다. 특히 엄격성이 강조될 때에는 단련이란 용어를 쓰기도 한다. 미국 기업환경에서의 훈련은 "통합된 행동으로서 기업의 목표를 달성하기 위하여 배움을 촉진하려고 기업이 활용하는 공식적인 절차"라고 정의된다.[1]

전 세계적으로 훈련(training)은 기술의 발달과 복잡화, 기업환경의 변화에 따라서 더욱 중요하게 되었다. 이러한 추세에 따라, 상대적으로 숙련되지 않은 직업은 점차적으로 사라지고, 대신에 정보처리[2]에서의 엄청난 성장을 직·간접적으로 뒷받침하는 지식지향적인 직업으로 대체되고 있다.

이러한 의미는 단지 직장의 다양한 유형의 변화와 정보의 교환이나 개발만을 의미하는 것이 아니라, 전통적인 직업에서의 정보처리기술의 적용을 의미한다. 기업내에

---

1) American Society of Personnel Administrator's Handbook of Personnel and Industrial Relations, "D. Yoder and H. Heneman, Eds., Bureau of Affairs, Washington, D.C., 1979.

2) 주어진 정보로부터 달성해야 할 목적에 도움이 되는 정보를 얻는 과정으로서, 정보전달이 일반적으로 2개의 시스템 사이에서의 수동적인 정보의 이동인데 대하여, 정보처리는 가장 능동적인 과정이다. 인간 그 자체를 정보처리를 행하는 하나의 시스템으로 생각할 수 있다.

서 많은 업무는 공식적으로 직장 내 교육훈련(on-the-job)[3]에 익숙해져서 업무수행이 기계화되거나 혹은 자동화되어서 수행되고, 이것을 넘어선 훈련은 아주 드물다. 그러므로 현대의 실제적인 노동력은 대부분이 기계에 의해 진행된다. 따라서 인간의 직업에의 참여는 공정관리 · 품질보증 · 특정한 기술에 대한 지식뿐만이 아니라 컴퓨터의 사용 · 수학 · 통계학 · 물리학을 포함한 부수적인 기술에 따르는 또 다른 고도의 업무영역에서 급격하게 증가하고 있다. 따라서 개개인 근로자와 집단이 독창력을 과시하기 위해서 요구되지 않았던 문제해결 역량이나 심지어는 초창기 경영조직에서 보편적으로 받아들여졌던 직업윤리까지도 직장에서 변화하고 있다.

이미 직장에서는 직업인이 이러한 변화에 대비하기 위해서나 새로운 업무를 적절하게 준비하기 위한 참여자가 되기 위해서, 실제적인 업무성과를 내기위한 확장된 지식만큼이나 업무의 부분으로서 새롭고 변화된 기술을 배우거나 습득하는 훈련제도들이 정착되었다.

업무수행에서의 이러한 영향력을 명백하게 나타난다. 지난 10년 동안에 총 미국의 근로자들이 41%가 공식적인 훈련시간이 17%나 증가되었다. 이러한 통계에서의 훈련은 교육기관에서 제공된 것을 포함하여 모든 종류의 훈련이 포함된다. 또한 단지 고용주가 훈련에 대한 지원을 한 경우는 동일한 기간동안에 45%가 증가하였다.[4]

보안과 재산보호 분야에서도 직업상의 환경변화의 영향이 있었다. 수많은 인력을 투입하여 수행된 고도의 노동집약적 프로그램인 고정된 근무위치나 순찰업무를 수행하는 보안요원이나 재산보호 요원에서 자동화된 ID카드, 출입통제 시스템, 감시나 비상 대응활동과 같이 교차 훈련된 전문가인 정예화된 요원으로 변화되어 근무지 상황에 대하여 감시 · 지시나 대응을 하게 되었다. 또한 지금의 조사업무는 대규모의 데이터베이스인 컴퓨터를 활용하여 효과적으로 조사하고 가끔은 국제적인 기준의 자료도 조사한다. 이렇게 변화하는 기술의 발전과 더불어 응용기술을 통하여 더욱 소규모의 선발된 인원만이 경제활동에서 새롭게 부각되고 있다.

---

3) 기업 내에서의 종업원 교육훈련방법의 하나로, 피교육자인 종업원은 직무에 종사하면서 지도교육을 받게 된다. 따라서 업무수행이 중단되는 일이 없는 것이 그 특색이다. 이 방법과는 대조적으로 직무수행을 중단하고, 또는 직장배치 전에 다른 장소에서 실시되는 직장 외 교육훈련을 오프제이티(Off-JT: off-the-job training)라고 하는데, 선진 제국의 통계에 의하면 기업 내 교육훈련의 90%는 OJT에 의거하는 것으로 나타나 있다.

4) Report of the American Society for Training and Development in Technical Skills Training, May/June 1994, ASTD, Alexandria, VA.

이러한 기술적으로 복잡한 환경에서의 효율성을 유지하기 위해서는, 상급 재산보호관리자를 포함하여 모든 보안요원들을 위한 훈련의 제공이 필수적이고, 이미 유용한 도구나 기술(컴퓨터, 통계분석, 확률론)의 사용과 곧 새롭게 도입되어 활용될 기술(가상현실, 전 세계적 개인정보통신, 스마트카드 데이터 처리)의 준비가 필요하다. 이러한 훈련은 결과론과 같이 일이 끝난 뒤에 시행되는 뒤늦은 검토가 아니라, 모든 재산보호 활동의 개발과 고안의 단계에서 필수적으로 습득되어야 할 사항이다.

대체적으로 "교육(education)"과 "훈련(training)"이라는 용어에는 의미의 차이가 존재하는데 하나의 핵심적인 요소는 기대대는 결과의 차이라는 것이 교육전문가의 주장이다. "교육"이라는 용어는 만약 학습하는 사람이 다양하고 새로운 목표와 영역의 채득된 지식을 전달하려고 원한다면 교육이라는 용어의 사용이 적절할 것이다. 반면에 "훈련"은 만약 결과가 특정한 종류의 수행이나 대응에 대한것으로 한정될 수 있다면 이러한 과정에 적용된다.[5)]

예를 들어 음악공부는 하나 이상의 악기를 연주할 능력뿐 만아니라 작곡, 기보법(記譜法), 화성과 같은 광범위한 이론을 이해해야 결과를 얻을 수 있다. 이러한 전체적인 과정은 음악교육이라고 볼 수 있다. 그러나 좀 더 한정된 영역인 악기를 연주하는 기능을 습득하는 것은 훈련의 결과이다. 이러한 구별은 이 장을 설명하기 위한 하나의 목적으로서의 필요하다. 그러므로 실질적인 기능의 개발을 목적으로 한 것은 훈련이라고 하는 반면에, 직접적으로 한정된 목적이 필요하지 않는 더욱 일반화된 지식을 습득하는 것은 교육이라고 한다.

대부분의 조직체에서는 ① 기업에서의 모든 직급에서의 감독자, ② 모든 평사원, ③ 보안조직에서 근무하는 직원과 같은 개별적인 세 가지 분야의 보안훈련 혹은 교육을 필요로 한다.

일반적으로 보안조직에서의 평사원은 보안훈련이 필요하나 모든 감독자들이 필요로 하는 수준의 빈도는 필요하지 않는다고 여겨진다. 그러므로 몇 가지의 프로그램은 제한된 인원에게만 제공된다.

이러한 모든 노력들이 유지되기 위해서는 최고경영진의 지원과 보안프로그램의 필요성에 대한 관심이 있어야 한다. 그러므로 조직에서의 모든 관리진은 보안의 필요성을 인정하고, 어떻게 보안프로그램이 운영되는지를 이해하며, 이러한 보안프로그램

5) R. Glaser, Training Research and Education, Pittsburgh University Press, 1962, pp. 4~5.

이 성공하기 위해서는 모든 관리자들이 반드시 자신의 책임감을 당연한 것으로 받아들여야 한다. 이러한 책임감에는 보안취약성들에 대한 인식, 현재 기업위험의 심각성, 다양한 상황에 적응하기 위한 변화의 필요성이 요구된다. 그리고 반드시 특정한 근로자들은 특정한 보안임무를 수행하기 위하여 예를 들어 조합형 자물쇠의 사용법, 문서등록기를 보관하는 법, 트럭 출입문을 작동하는 방법과 같은 것을 배워야 하고 이것을 위해서는 특정한 훈련이 필수적이다.

제2절 교육훈련 방법

1. 기록매체

기록매체에는 정책 · 연습 · 소책자 · 안내서 · 취업규칙서 · 매뉴얼 · 포스터 · 메모와 같이 다양한 것들이 있다. 정신지체자나 관련 장애를 가진 사람들을 위한 미시간대학 연구소의 베르만(Bennet H. Berman)에 따르면 미국 내 직장에서 네 명 중에 한명은 기능적인 문맹인데 이것은 4등급을 넘어선 자료들의 50%를 독해할 수 없는 것을 의미한다. 따라서 작업장 에러의 중요한 숫치는 직무와 관련된 업무의 무능력에 의한 것이 아니라 업무를 어떻게 할 것인가를 이해하지 못해서 발생하고, 많은 직장인들은 고용주로부터의 전달된 메모 · 기업의 사규 · 훈련 매뉴얼 · 다른 활자화된 지시들을 이해하지 못한다.

이러한 문제는 학교에서의 학습능력의 낙제에만 한정되지 않는다. 1960년대 중반의 연방조사에 의하면, 1960년대에 55%의 고등학교 상급생들이 리더스 다이제스트의 이야기를 이해하지 못했으며, 75%는 타임지의 완전한 이해를 못했고, 96%는 새터데이 리뷰를 읽지 못했다.

그러나 이러한 내용의 모든 의미는 단지 600개의 단어들로 구성되었다. 그러므로 최대한 읽기 쉽게 하기 위해서, 기업의 매뉴얼들은 100단어 당 일곱에서 아홉 개의 문장과 각 문장당 12개에서 14개의 단어, 총 음절이 140에서 160개를 넘지 않아야 한다는 지침을 따라야 한다.[6)]

6) Nation's Business, January 1980, p. 30B에서 인용, "Reading Ease Scale" in Chapter 9, Part II, 주석 9에서 참조.

2. 강 의

보안훈련의 일반적인 방법으로서 강의는 특히 훈련 주제에 대한 지식이 거의 없거나 전무한 대규모 인원을 상대로 한 일상적인 교육방법이나 일방적인 의사의 전달이므로 학습에 대한 동기부여로서는 가장 비효율적이다. 이러한 전달방식이 극히 중요한 반면에, 교육자가 얼마나 설득력이 있거나 효과적으로 강의하느냐에 상관없이, 이러한 학습효과는 대체적으로 강의방법이 다른 교육기법들과 결합되지 않으면 효과는 극히 저조하다. 이러한 결과는 강의 중에 학습자가 수동적인 자세로 강의내용을 듣는 것에 거의 신경을 쓰지 않고 주제와 상관없는 다른 생각을 하거나, 심지어는 졸기 때문이다.

이러한 한계 때문에 훈련기관들은 강의가 다른 학습방법들과 결합되거나 대체되는 것이 좋다고 권고한다. 학습자의 참여는 리더와 같이 토론하는 것과 더불어 참석자들이 서로 이야기하는 일반적인 토론으로 분위기가 고양되거나, 청중으로부터의 의견이나 질문을 받음으로써 높일 수 있다. 또 다른 기법으로는 인쇄물을 배부하거나 강의의 말미에 자기 스스로 시험해 보는 간단한 테스트를 통해서 효과를 높일 수 있다.

3. 장비의 활용

일반적으로 목표로 한 교육이 효과를 거두기 위해서는, 주제의 설정·강사·학습자·학습 매개물과 학습환경들이 반드시 오디오-영상장비의 도움으로 밀접하게 통합되어서 이용되어야 한다. 만약 이렇게 유기적으로 통합되어 실시되지 않는다면, 매체의 활용에도 불구하고 교육은 주제에서 벗어나 산만하게 진행되게 될 것이다. 전통적인 강의에서의 학습보조물들은 차트·그래프·슬라이드·테이프·분필이나 칠판과 같은 모델을 포함하였다.

또한 학습의 효율성을 떨어뜨리는 일반적인 문제들은 영상장비들이 너무 작고 복잡하거나, 화질이 불분명하거나, 잘 전달되지 않아 참가한 청중들이 내용을 이해하기에 어려운 환경이나 장소에서 실시될 경우이다.

그러나 최근에는 오디오-비디오 분야에서의 신기술의 엄청난 발전이 있었다. 예를 들어, 지금 표준적인 훈련도구로서 CCTV · 오디오 · 비디오 · CD-ROM이나 전통적인 디스크를 사용한 컴퓨터가 이용된다. 매체를 활용한 특별한 가치는 개별적인 보안훈련이나 소규모 모임의 강사에게는 단지 훈련기간 동안에 기계를 작동시키고 정지시키는 업무만을 하게 할 정도로 도움이 된다. 또한 LAN이나 네트워크 서버를 이용할 경우의 사례에서는 직접적인 강사의 도움 없이도 학습자가 내용을 반복하여 볼 수 있고, 저장된 프로그램뿐만 아니라 각자가 실시간 쌍방향으로 학습에 참가하기도 한다.

보안교육에서의 CCTV가 다른 기법들(발표 말미의 테스트와 같이)과 조합될 때 상당히 효과적인 학습도구가 될 것이다. 만약 발표의 마지막에서의 테스트에서 주제에 대하여 잘 이해되지 않는 것으로 나타날 경우에는 사용된 자료들은 학습자들이 이해할 수 있을 때까지 반복되어 사용될 수 있다.

다양하고 광범위한 보안에 관한 주제를 다루는 필름과 비디오테이프는 거의 모든 유형의 훈련에서 이미 사용되고 있다. 이러한 필름과 테이프는 다른 발표에 단순히 부가되어지는 것이 아니라, 다른 발표된 자료들과 통합된 내용으로서 테이프와 필름이 개설된 학습목적과 부합되도록 주의 깊게 선택되어야 할 것이다. 오늘날에는 보안분야의 수많은 종류의 테이프와 필름들이 다양한 공급처로부터 임대되거나 구매가 가능하고 미국산업보안협회(ASIS) 회원들은 필름을 포함한 관련 도서목록들을 ASIS로부터 활용이 가능하다.

또한 개인용 컴퓨터를 이용한 멀티미디어 공정처리와 전시기술들의 이용을 통하여 피교육자들이 상호 교류할 수 있는 3차원의 표현을 생성하는 것이 가능하다. 이러한 가상현실에서는 피교육자들이 특별한 장치를 조정하거나 입고서, 움직임이나 행동, 반응을 설정된 구성에서 실제적으로는 단지 데이터베이스와 표시장치에서 그래픽 데이터의 존재의 음성적·시각적으로 합성된 것에 피교육생들이 "실제 현실"로서 인식하고 반응한다.

이러한 훈련매개체들의 가치는 확실히 뛰어나며, 각 피교육자들은 실제적인 상황과 같이 반응하고 행동하는 것을 가능하게 된다. 이렇게 습득된 지식은 단지 마음속에 기억될 것이 아니라 현실에 적용되어야 하며, 명백한 실제상황과 같은 연습을 통하여 기능들은 채득되고 강화될 것이다. 따라서 이러한 기술들이 경제적으로 이용할 수 있는 수준이라면, 물리적 훈련프로그램의 대부분의 영역에서 이러한 학습매개체들이 활용될 수 있을 것이다.

4. OJT 훈련

직장 내에서의 훈련(OJT)은 전통적으로 보안훈련기법으로 선호되었다. 이 방법은 일반적으로 비록 이것이 단지 다른 종업원을 활용하는 것이지만, 보안조직에서 조사원, 검사원, 그리고 보안요원과 순찰대를 훈련시키는데 이용되었다. 대체적으로 훈련생에는 경험이 많고 더 많은 지식을 가진 종업원이 지정되고, 학습자는 관찰하고, 질문을 하게 될 것이고, 해당 종업원으로부터 지시를 받는다.

비록 실제 환경에 직접적으로 노출되어 있으나, 이 OJT는 배우는 사람에게는 매우 소중한 기회이다. 그리고 그들은 나중에 훈련된 종업원으로서 이러한 상황을 만나게 되는 기회를 갖게 될 것이다. 또한 배우는 사람은 실제적인 업무에서의 경험을 통하여 자신감이 개발된다.

그러나 학습의 형태로서의 OJT는 몇 가지 한계를 안고 있다.

① 모델이나 경험 있는 수행자가 인식하지 못하는 업무수행상의 결점들을 가지고 있을 수 있으며 이러한 결점은 배우는 사람에게도 전달된다.

② OJT는 경험 있는 종업원이 교육생에게 훈련시간을 투자함으로써 경험자의 업무수행을 방해하거나 느리게 한다.

③ 이러한 배움은 필수적으로 일상적인 업무의 과정에서 발생하는 것이므로 요구되는 훈련을 위한 종업원의 학습일정이나 통제가 어렵다.

이러한 한계 때문에 혼자서 철저하게 종업원들을 훈련시키는 것은 OJT만으로는 보장하지 못한다. 그러므로 몇 가지 방법들이 이러한 결과를 확인하기 위해서 조정되어야 한다. 예를 들어 시험, 구두퀴즈 혹은 실제적인 연습이 배우는 사람들이 실제적으로 업무에서 요구되는 사항과 만족할 만한 방식의 과정에 익숙해졌는가를 확인하기 위해서 프로그램에 포함되어야 한다.

5. 회 의

보안에 관한 주제에 대한 효과적인 회의는 발표자와 참가자 모두를 포함한다. 비록 여기에서는 반드시 리더가 필요하지만, 학습의 대부분은 모임 구성원의 질문과 대화에 의해서 진행되어야 한다. 이러한 기법은 신입직원이나 경험이 있는 직원 모두에게 이용되고, 감독직이나 평사원 모두에게도 효과적이다. 회의의 리더는 가능하다면 모임이 열리기 전에, 모임의 자료를 기초로 하여 학습할 과제의 최소한 개요만이라도 배포하여 주는 것이 회의기간 동안에 참가하는 참가자에게 자료를 검토할 준비가 될 것이다.

회의 리더의 역량은 회의의 성공을 위해서 매우 중요하다. 그의 역할은 적절한 시설과 자료들을 준비할 뿐만 아니라, 진행자로서 모임과 행동을 계획한다. 이러한 회의 리더의 효율성은 다음에 열거한 그의 능력에 달려 있다. ① 토론을 마음대로 좌지우지해서는 안 된다. ② 만일 모임 참가자가 적대적이며, 비협조적이고 사려 깊지 않더라도 신중하고 이해심을 가지고 질문에 대응을 하여야 한다. ③ 회의기간 동안 다양한 교습기법을 활용한다. ④ 참가자의 흥미와 사고를 자극한다.

회의에서는 적절하고 편안한 좌석과 알맞은 필기 여건과 활동공간을 가진 적합한 모임장소가 또한 중요한 요소이다. 이러한 장소는 집단토론을 촉진시키기 위해서 준비되어야 한다. 이러한 모임에서의 최고의 상호교류는 U자형·직사각형·정사각형·원형의 공간이 가져다 줄 것이다. 이러한 장소에서는 정보가 칠판·스크린과 같은 참가자의 정면에 발표되는 것이 가능하고 참가자는 각자가 내용을 보고 타인에게 대응하는 것이 가능하다.

이러한 모임의 도입부에 회의리더는 반드시 이 모임의 이유를 설명하고 기대되는 결과도 알려준다. 동시에 진행자는 참가자에게 자유롭게 생각을 유발하고 흥미를 자극한다. 그리고 회의기간 중에 진행자는 반드시 모임진행이 방해를 받지 않도록 관리하고, 참가자가 제기한 문제를 분명하게 설명할 수 있어야 하며, 질문에 대한 대응이 능숙하여야 한다. 또한 회의진행 중이나 모임의 마지막에 결론을 맺을 경우에 진행자는 반드시 참가자를 위해서 모임의 결과를 정리해 주어야 한다.

6. 토 론

일반적으로 진행자가 어떠한 기법으로 선발되어 토론에 참가하던 간에, 그들의 경험이나 다양한 관점 때문에 선발된 패널구성원과 함께 진행된다.[7] 이러한 진행자의 역할은 문제와 직접적인 질문을 명확하게 정리하고, 패널구성원과 청중간의 상호작

7) 패널토론은 구성원이 많아 모든 사람에게 발언할 기회를 주지 못하여 전체적인 토의가 성립되지 않는 경우 채택하는 토의형식이다. 선발된 토의자들은 단상에서 특정 논제나 문제에 관하여 좌담식 자유토론을 하고, 청중은 적당한 기회에 질문을 하거나 의견을 진술하여 전체 토의가 이루어진다.

용을 촉진시키는 임무를 가진다. 또한 진행자는 발표와 토론에 배정된 시간의 관리와 통제를 하며, 청중의 참여뿐만 아니라 발표의 중요한 요소들을 요약·정리한다.

토론자는 청중의 참여 없이 각 구성원에게 주어진 내용을 발표의 방법을 이용하여 의견을 제시한다. 더 실질적인 학습을 위한 효과적인 방법은 청중이 참가한 가운데 패널구성원에 의한 발표가 조합되는 것이다. 이러한 패널토론의 성공은 진행자의 능력과 패널구성원의 의견제시가 얼마나 청중의 반응을 이끌어 내는가에 좌우된다.

1) 프로그램화된 훈련

인쇄된 교제, 오디오-비디오의 도움이나 개인용 컴퓨터를 가지고 제시되는 프로그램화된 훈련은 신중하게 계획되고 독립적인 단계의 자료로서 발표되도록 고안된다. 그리고 학습자가 혼자 업무를 수행하므로 학습진행과정이 소규모이고, 학생이 정확하거나 혹은 부정확한 대답이나 해결책을 제시하던 간에 태도의 향상을 가져올 수 있고 과정을 통제할 수 있다. 또한 학습자는 이 과정에서 각각 사전단계로서 먼저 학습하거나 이해할 수도 있다.

이러한 방법은 학습의 참가와 제시기법 모두를 결합해야 하고, 훈련기관은 효과적이고 효율적이 되도록 고려되어야 한다. 이러한 프로그램화된 훈련은 학생 당 시간이 적게 소요되고 전통적인 교실에서의 교육방법보다 더 향상된 자료를 이용할 수 있다는 장점이 있다. 그러므로 특별한 전문적 기술의 프그램화된 훈련을 개발하고 고안할 필요가 있다. 그러나 초기에 이러한 방법은 대체적으로 실제적인 투자와 프로그램을 준비하고 연구하기 위한 자금과 시간을 많이 필요로 하나 만약 이 훈련이 적절하게만 준비되었다면 이러한 투자에 대한 결과는 일반적으로 만족할 만하다.

보안훈련을 위한 프로그램화된 자료는 여러 기업들에 의해 자신들의 기업에 적합하게 이용되도록 개발된다. 여기에서의 효과적인 기법은 개인용 컴퓨터를 위한 "지침디스크"를 이용하는 것이다. 이것이 훈련목적에 이용된다면, "지엽적인(分岐)" 일반적인 과정들은 여기에 포함될 것이다. 그러나 훈련생들은 대체적으로 논리적인 선택에서 핵심적인 자료로부터 벗어나게 될 수 있다는 것도 예상해야 된다. 이러한 많은 세부적인 선택에서 디스크는 같은 내용을 포함하므로, 학습자는 이것을 이용하여 많은 성과를 올릴 수 있다. 또한 비디오와 오디오 테이프와 같이, 컴퓨터 디스크는 많은 학생들에게 반복적으로 사용될 수 있다.

2) 통신학습

통신학습 과정은 지금 일반적으로 "원거리학습"이라고 불리어지며, 학습자가 교육과정을 혼자 공부하는 것이다. 여기에 관련된 교재는 훈련조직체에서 읽기와 쓰기로 구성된 과제를 복습이나 피드백을 위하여 학습자에게 보내진다. 또한 때때로 훈련조직체로부터 학습의 교정이나 점수를 측정하기 위하여 테스트를 실시하고, 이러한 결과가 학생들에게 보여진다. 이러한 통신학습 과정은 프로그램화된 훈련에서 언급된 기법들의 일부가 활용된다.

현대에는 매우 다양한 통신학습 과정들이 대학이나 대학교에 의해 제공된다. 이러한 첫번째 보안분야에서의 통신과정이 오하이오 대학교의 통신강좌 부서와 ASIS와의 협력으로 개발되었다. 이러한 과정에서 ASIS의 저술로 잘 알려진 재산보호과정 I "개념과 방법"이라는 통신학습과정이 소개되었다.

더불어 사례연구, 모의 연습, 그리고 게임들 또한 보안훈련에 효과적이며, 역할연기의 실제적인 연습과 다양한 사례연구들이 여기에서 이용되고 논의될 것이다.

제3절 훈련기간

1. 필요한 시설과 장비

모든 교육·훈련에서 학습환경은 학습능률과 관련하여 매우 중요하다. 그러므로 강사나 학습자 모두는 주변환경에 의해 방해받지 않고 신체적으로 편안하게 느끼도록 지원되어야 한다.

다음에 언급한 필수적인 몇 가지 중요한 물리적인 요소들이 최적의 학습 환경을 만드는데 중요하다. ① 조명, ② 음향장비와 주변의 음향관리, ③ 온도조절, ④ 초점에 대한 시선, ⑤ 좌석, ⑥ 천장 높이를 포함한 방의 모양이나 크기, ⑦ 공기의 흐름, ⑧ 한 사람 당 배정된 면적, ⑨ 장비의 위치와 관리, ⑩ 학습장의 입·출구 위치, ⑪ 모든 공기조절기와 여러 통제장치의 위치가 고려되어야 한다.

훈련공간의 넓이는 대략 공간의 길이의 2/3가 되어야 한다. 그리고 조명은 밝아야 하나 빛이 흩어지거나 조명 설비들이 산만하게 배치되어서는 안 된다. 이러한 조명은 환한 천장조명이 바람직하고, 만약 추가적인 자연광이 공간의 측면 창을 통하여 비칠 수 있으면 이용하고, 이러한 자연광은 차단장치로서 조절될 수 있다. 또한 공기순환이나 온도조절은 교실의 공학적인 기준에 적합해야 할 것이다. 이러한 공간이 사무실 용도에서 훈련시설로 전환되었다면, 사람당 높은 조밀도에 적합하게 하기위해서 공기흐름과 온도시스템을 리모델링하여야 할 것이다.

이와 더불어 중요한 것은 강의를 실시할 공간의 정면방향에 대한 시선(sightline)의 중요성이다. 따라서 훈련공간에 부착된 포스터나 다른 지시물은 교육 자료를 보는 것을 방해하므로 제거되어야 한다. 그리고 훈련공간의 벽과 천장의 짜임새의 느낌, 모양, 크기는 좋은 음향효과와 외부의 소음을 최소화하게 하여야 한다.

조명, 공기, 온도 그리고 소리의 조절장치는 강사가 가장 쉽게 접근할 수 있는 장소에 위치한다. 또한 오디오-비주얼 장비통제장치가 공간디자인 내부에 설치되었든 혹은 이동식 이건 간에, 트레이너와 조교가 쉽게 접근할 수 있도록 하여야 한다.

출입문은 공간의 옆이나 뒤편에 위치하도록 하고 하나의 커다란 세트이거나 두개의 문으로 구성되어 커다란 장비들이나 장치들이 들어오고 나갈 수 있도록 설치한다. 그리고 입·출구는 반드시 법규에서 요구하는 사항과 적합하여야 한다. 더불어 훈련공간의 입·출구 장소는 사용 시 혼란이 최소화되도록 좋은 동선의 흐름을 제공하는 모임장소가 되어야 한다.

바닥은 공간의 정렬과 좌석배치로서 최고의 유연성을 제공하도록 평평하여야 한다. 그리고 약간의 공연장의 고정식 좌석과 계단식 좌석은 강의발표의 주요한 제한요인이 되기도 하므로 공간의 어떠한 부분을 올리는 것 대신에 이동식 연단이나 계단식 좌석 상승 장치를 이용한다. 그리고 낮은 연단에 지휘대 같은 것을 설치하여 강사가 강의시에 공간의 뒷면까지 쉽게 볼 수 있도록 한다.

각각의 훈련방법은 서로 다른 환경이 요구되기 때문에, 훈련공간들은 다양한 용도로서 고안되어야 할 것이다. 그리고 여러 가지 공간 안의 조건은 학습 환경으로서 중요한 요소이다.

테이블과 의자와 같은 가구들은 다양한 배치로 정렬된다. 의자들은 편안한 느낌을 주도록 고안되고, 꼿꼿이 앉거나 글씨를 쓰기 위해서 테이블의 사용을 가능하게 만든다. 이러한 견고하고 편안한 의자는 대체적으로 팔이 편안하게 팔걸이에 올려지도록 맞추어야 한다. 그리고 롤러가 달린 회전의자는 대체적으로 푹신하게 제작된다. 테이블은 대체적으로 적어도 24인치 이상의 넓이(최적의 공간 활용을 위해서)와 약 6피트의 길이가 요구되며, 많은 다른 배열에서 위치와 크기는 쉽게 조절되도록 한다.

훈련공간은 현대적인 사무실 장식과 어울리도록 카펫을 포함한 장식을 배치하여, 벽과 바닥을 칠하는 색깔은 "따뜻한"과 긴장감을 주어야 하나, 너무 강렬하여 훈련기자재들과 서로 배치되면 안 된다. 따라서 색상과 장식 재료들은 중간정도의 모습을 띠도록 하고 따뜻한 배경이 되도록 한다. 그러므로 기업 이미지를 좋게 하기 위한 차가운 느낌을 주는 색상 처리방법은 일반적으로 이러한 차가운 분위기가 학습의 효과를 떨어뜨린다.

이동식 칸막이 · 표시패널 그리고 공간 칸막이는 공간을 세분하는데 유용하게 이용된다. 이러한 칸막이들은 택보드나 칠판 같은 재질로 만들어진다. 이때에는 사전에 비주얼 보조물과 표시장치를 위한 충분한 공간이 고려되어야 할 것이다. 그리고 많은 유형의 훈련 재료들과 장비들은 보관할 케비넷이나 충분한 저장선반이 훈련장내에 설치되거나 근처에 만든다. 더불어 장기간의 교육훈련시 휴식시간을 위하여 음료수나 가벼운 스낵들도 유용하게 제공되어야 할 것이다.

만약 훈련공간이 기존의 시설을 리모델링하기보다는 새로운 시설로서 고안된다면, 공간의 크기는 반드시 예상되는 훈련집단의 규모를 고려하여 설계한다. 그리고 전형적인 집단의 크기로서 하나 혹은 두 개의 커다란 공간이 분할될 수 있도록 하여 진행중에 통합되게 한다. 마지막으로, 훈련시설이 새롭게 건설되든 리모델링이 되던 간에, 모든 훈련공간의 건설에서는 충분한 층고를 확보하여 공간의 뒤에 있는 참가자들이 전시물품이나 필름 스크린과 같은 훈련보조물을 쉽게 볼 수 있도록 한다.

2. 교육훈련의 일정

비록 훈련기간은 통상적인 근무시간 중에 일정의 조절이 가능하지만, 때때로 일상적인 업무나 근무시간과 겹치기 때문에 조정에 어려움이 존재한다. 그러므로 몇몇의 기업체에서는 이러한 문제점을 해결하기 위해서 근무시간 이외의 시간을 활용한다. 이러한 조정은 근로자에게 시간 외 수당을 지급해야 할 필요가 있지만, 기업의 업무를 방해하지 않으므로 선호될 것이다.

특히 관리자들은 하루 종일 근무지로부터 이탈하여 호텔이나 리조트 그리고 다른 시설들에서 훈련을 실시한다. 이러한 시간조절은 학습자들이 직장을 떠나서 훈련을 받기 때문에 전화나 다른 문제들로부터 훈련에 방해를 받지 않는 장점이 있다. 또한 훈련을 받는 집단들은 이러한 시설들에서 근무일이 아닌 전 주말이나 일요일 전체를 활용하는 장점이 있다.

또 다른 일정 조정기법은 훈련을 위하여 아침·점심, 그리고 저녁 식사시간을 이용하는 것이 성공적이라는 것이 증명되었다. 근무지 내에서든지 외부에서 이러한 식사가 제공되는 모임에서는 해당 조직에서 식사비용을 지급하게 된다. 이러한 훈련의 모임에서 통상적인 일반적 음식시간이나 식사의 조달이 여의치 않거나 불편할 경우에는 샌드위치나 음료수와 같은 간단한 요기꺼리가 제공된다.

이와 같이 훈련에 식사시간을 이용하는 것은 여러 가지 장점이 있는데 한 가지 장점은 근무시간 이외의 일정을 내어 훈련을 할 경우에 참여자의 급여나 추가수당과 비교하여 음식값에 드는 비용이 상대적으로 작게 소모된다. 또한 식사시간의 이용은 참가자들에게 제공되는 식사가 참가의 유인요인이 되고 이러한 일정은 대체적으로 다른 시간들과 겹치지 않으므로 더 많은 참석율을 기대할 수 있다. 그러나 만약 저녁식사 시간이 훈련으로 예정되었다면 훈련시간은 제한적이 될 것이고 참여자들이 하루종일 근무로 인한 피로감은 훈련성과를 감소시킬 것이다.

3. 강사의 선정

보안분야에서의 상세한 지식과 오랜 경험이 자동적으로 개개인에게 유능한 강사가 되는 자격을 주어지게 하지는 않는다. 실제적으로 보안분야에서는 수많은 상이한 분야가 존재하고 보안감독자의 업무나 시간에 계속적으로 맞물리면서 보안분야의 지도기술에 능숙한 강사가 시간을 내기가 매우 어렵다. 그러므로 대부분의 보안관리자들은 필요한 훈련의 실시와 더불어 훈련 프로그램의 개발에서도 훈련전문가들에게 의지하게 된다.

훈련기법을 포함한 실제적인 지식은 수년에 걸쳐 개발되었으므로 보통의 보안관리자는 대체적으로 이러한 자료들의 존재에 대해서 잘 알지 못할 뿐만 아니라, 효과적인 훈련을 수행하기 위한 훈련기법의 중요성을 인식하지도 못한다. 대신에 이러한 보안최고책임자의 통상적인 해결책은 종업원들이 이러한 일련의 과정들을 경험하도록 일정을 조정하고, 이 과정에서 종업원들의 행동의 변화나 지식의 습득을 기대하는 것이다. 그러나 이러한 체계적인 안내가 없는 과정들은 그들이 원하는 행동의 변화를 거의 얻지 못한다. 이것들이 이러한 전문적인 훈련에 대한 고려가 필요한 일반적인 이유가 된다.

이러한 훈련은 기업내부의 훈련조직이나 외부 조직의 컨설턴트로부터 효과적인 프로그램을 개발하거나 기안된다. 또한 경험이 많은 강사는 조직외부나 컨설턴트와의 계약에 의해서 훈련기법을 얻게 될 것이다.

제4절 고등교육 프로그램

최근에 대학이나 대학원에서도 보안 프로그램의 필요성을 인식하게 됨에 따라서 기존의 경찰행정과 차별화된 경호업무에 편향된 보안 분야의 학위 프로그램이 한국 대학과정에서 90년대 중반부터 시작되었다.

이미 미국에서는 수많은 보안교육기관이 존재하였는데 이 중에서 가장 주목할만한 사례로는 ASIS와 웹스터 대학교가 합작하여 개발한 대학원 과정이 있는데 지금 미국 내에서나 외국에서도 학습이 가능하다.

미국 웹스터대학교와 ASIS 재단은 보안관리분야에서의 전문가를 위해서 두 가지의 대학원 프로그램을 운영하고 있다. 이 프로그램의 주요한 장점은 ASIS 회원들은 그들 업무를 계속하는 가운데 여기에서 요구하는 과정을 마칠 수 있다는 것이다.

ASIS 재단은 ASIS 회원들을 위한 가치 있는 전문성 개발의 기회로서 이 프로그램을 후원한다. 웹스터 대학교는 네 개 나라와 미국전역의 많은 대학원과 함께, 전 세계에 걸친 ASIS 회원들을 위한 대학원 프로그램을 지원하고 고안하여 훌륭하게 제공하고 있다.

이 과정을 마친 학생들은 보안관리분야의 인문학석사(MA)나 보안관리를 전공으로한 경영학석사(MBA) 학위를 받는다. 여기에서는 보안관리를 전공으로 하거나 중점과정으로 한 다음의 과정인 보안관리 · 보안관리에서의 법적 · 인종적 문제 · 보안행정과 경영 · 기업재산보호 · 비상기획 · 정보시스템의 보안 · 행동과학 문제 · 보안관리의 종합적인 연구를 반드시 포함해야 하고, 인문학 석사과정은 학기당 36시간이 필요하고 경영학 석사과정은 학기당 48시간이 필요하다.

그런데 미국의 교육과정과 비교하여 현재의 우리나라 보안(security) 관련 교육과정은 1995년에 처음으로 개설한 이래로 수많은 대학에 개설되어 있으나 대부분이 체육 관련학과에 속해있으면서 보안관리가 미국에서 단기간 전문학원(training school)에서 교습되는 과정인 요인경호(executive protection)를 경호학과라하여 2, 4년간의 정규학위 과정으로 가르치는 것으로 변질되어 교육이 이루어지고 있으며, 보안 관련학과에서 학위과정을 전공한 학생들에게 전혀 학습된 학문분야와 관계가 없는 학위를 수여함으로서 학문의 왜곡과 사회적 보안 수요와의 괴리 등 대표적으로 사회적 수요와 학문분야가 왜곡되어 문제점이 확대되고 있는 것이 현실이다.

1. 생명의 연속성

메즈로우(Maslow, Abraham H.)의 주장처럼 인간이 살아가는데 필수적인 생리적 욕구 다음으로 인간의 삶에 중요한 요소는 안전(safety & security)에 대한 욕구로서 살아있는 생명체인 인간이 불안전성(insecurity)에 대한 두려움을 극복하고서 살고자 하는 욕망은 세상의 어느 것하고도 대체가 불가능한 생명체가 가진 생존의 본능으로서, 이러한 불안전성에 대한 두려움은 죽음에 대한 공포와 더불어 인간이 느끼는 공포 중에 어느 것보다도 우선한다. 원시인들은 자연에 대한 공포와 맹수로부터의 두려움이 그들이 대항하여야 할 가장 어려운 상대였으나 오늘날 지구촌의 인간이 생존에 위협을 느끼는 가장 두려워하는 대상은 무엇보다도 같은 종에 속하는 인간이다.

오늘날 현대인이 생존하는데 필요한 안정성(stability)의 확보에 대한 비용의 지불은 구조화된 변동성과 경쟁이 심화되는 현대인의 삶에서 선택이 아니라 필수적인 기회비용이 되었다. 따라서 어떠한 시큐리티에 대한 판단의 기준에서도 시큐리티 시스템에는 상충관계가 적용됨으로서, 안정감, 편리함, 안락함이나 자유와 같은 달콤함을 얻기 위해서는 피할 수 없는 비용이 부가된다. 현대인들은 일상의 생활에서 자연스럽게 상황의 변화에 따라서 시큐리티에 대한 최고의 선택을 하면서 살아간다. 그러므로 현명하게 이러한 상충관계를 이해하는 것이 시큐리티에 대한 더 명확한 이해를 가능하게하고 결과적으로 최상의 시큐리티에 대한 결정을 가능하게 할 것이다.

2001년에 발생한 9·11테러는 오늘날 지구촌을 살고 있는 현대인들의 시큐리티에 대한 사고를 재고하는 계기가 되었다. 9·11 테러리스트의 작전은 지금까지의 어떤 테러보다도 소규모의 인력으로서 상대적으로 저급한 기술이지만 매우 엄격한 훈련,

고도로 구획화되고 혁신적인 방법으로 최고의 효과를 내었다. 따라서 여기에 대한 현대인의 대응책도 가장 적은 비용으로 최대의 성과를 내는 가장 비용효과적인 방법으로서 불안전성의 두려움으로부터 해방되어야 할 것이다. 이러한 상충관계나 기회비용을 의미하는 트레이드오프(trade-off)는 현대인 일상의 어디에서나 적용된다.

원초적으로 모든 생명체는 살아남기 위하여 존재한다. 그러나 영원히 생존할 수 없는 생명체의 본질적인 한계는 자신의 복제품이라 여기는 자손에게 좀 더 유리한 조건의 유전자를 남기도록 전력을 다한다. 생물학적으로 생물이 후손을 남기려는 섹스행위의 포괄적인 대가는 노화와 죽음으로 귀결된다.[8] 자칭 만물의 영장이라는 인간도 여기에 예외일수는 없다. 인간은 지구상에 존재한 99퍼센트의 시간 동안 소규모 유목 무리를 이루고 식량채집을 하며 살았으며, 인간의 생존에 도움이 되는 어떠한 것이라도 누군가에게 필요한 것이면 필요한 곳으로 이동하는 것이 자연스러운 유목생활의 순환원리였다.[9] 고대문명의 개화에 따라 일정한 지역에 정착을 시작한 현대인의 조상들이 최초의 완전한 도시문명을 이루기 시작한 시기는 불과 3천여 년에 불과하다. 일정한 구역에 정착하기 시작하면서 인간은 제한적이나마 농사를 짓고 가축을 기르기 시작하면서 삶의 안정성과 예측가능성은 급격하게 증가하였으나 과거 유목생활에서 채화된 사냥꾼 유전자를 그대로 물려받은 인간의 집단 간 혹은 집단 내에서의 생존을 위한 서열 투쟁은 또 다른 생존의 불안한 요소로 상존하였다.

모든 생명체가 그러하듯 인간도 생명의 불안전성에 대한 숙명에 따라 자신, 가족, 부족의 생명을 보호하기 위하여 전 생애를 분투하여야 하는 멍에를 짊어져야한다. 초기에는 자연발생적으로 생명의 안전성(security)을 도모하기 위하여 단순히 완력이 강한 장정을 측근에 두고 우두머리의 보호업무를 수행하던 것이 점차적으로 전문화되어 오늘날 "경호원"이란 전문직업군으로 발전하였다. 현대적인 의미에서의 경호는 "경호대상자를 경계하고 보호하는 활동"을 의미하나 상황이나 필요에 따라 매우 다의적인 정의가 존재한다.

그러나 경호에 대한 정의가 무엇이든 간에 경호업무의 목적은 대체가 불가능한 유일한 생명을 보호함으로써 생명의 연속성을 담보하는데 있다. 이것은 경호활동을 통하여 모든 학문과 인간사의 근본인 인간과 생명을 존중하는 인본주의(humanism)를

8) Steven N. Austad/최재천·김태원 옮김, 인간은 왜 늙는가, 궁리, 2010, pp. 174~177.
9) Steven Pinker/김한영 옮김, 마음은 어떻게 작동하는가, 동녘사이언스, 2007, p. 156.

실현하는 것을 의미하므로 경호를 통한 인간사와 사회적인 기여에 대한 가치판단의 논란은 무의미하다.

2. 시큐리티와 경호

Security란 용어는 라틴어의 "securitas"에서 온 것으로서 'se'는 "어떤 상태로부터 벗어나거나 자유롭게 된다" 또는 "어떤 것에서 풀려난다" 라고 하는 의미가 있다. 'curitas'의 어원인 'cura'는 공포, 불안, 근심으로 피해 또는 외부로부터의 공격을 뜻한다.[10] 한국사회와 기업에서 보안이라는 어휘가 일반인에게 회자되어 사용되기 시작한 것은 일반적으로 미국에서의 2001년 9 · 11테러 이후이다.

그러나 우리는 시큐리티의 본래의 의미가 가지고 있는 여러 가지 의미 중에서도 필요에 따라 안보, 경호, 경비, 보안, 보호, 안전, 안전보장 등 용도에 따라 다양하게 사용하여 왔다.

광범위한 보안관리 업무영역 중에서도 기존의 보안요원들과 울타리들 그리고 경보장치 들이 전통적인 보안기능 들의 대표적이었으나, 오늘날 산업화된 사회와 더불어 융합연합체가 증가하게 되었으며, 세계적인 다국적기업에서부터 추가적인 전문화된 회계 · 감사 · 산업안전보건기준들 · 화재방지 · 위험물질에 대한 안전장치 · 보험 · 환경적인 설계, 그리고 좀더 복잡해고 전문화된 분야들이 끊임없이 보안분야의 업무로서 편입되고 있다.

그러나 한국기업이나 사회에서 전문적인 영역으로 보안을 다루기 시작한 것은 극히 최근의 일이며, 보안업무에서 가장 가시적인 활동으로 여겨지는 요인보호(경호) 영역을 중심으로 한국대학에서 90년대 중반부터 개설되기 시작하여 현재는 50개교가 넘는 대학에 설치되었으나, 보안업무에서 극히 일부분을 차지하는 요인경호에 편중되어 교육과정이 시장의 요구와 다르게 구성되어 있다.

이것은 일부 한국기업이나 조직에서 기업비밀보호업무가 디지털자료보호로 호도되어 기업보안이 IT보안으로 운영되는 것과 유사한 현상이다. 이러한 한국에서의 특이한 현상은 대학에 개설된 경호 관련학과는 제한적이지만 보안 분야의 한분야로서 김두현(2004)은 경호학개론[11]에서 경호를 실질적 의미의 경호와 형식적의미의 경호로 나누어 설명하고 있다.

---

10) 조범순/송택구, 현대안전보장론, 인간사랑, 1990, 13면.
11) 김두현, 경호학개론, 백산출판사, 2004, 26~28면.

1) 실질적 의미의 경호

실질적 의미의 경호개념은 경호의 개념을 그의 본질적·이론적인 입장에서 이해한 것이다. 다시 말하면 학문적 측면에서 고찰된 개념으로 경호작용 전체중에서 가지는 공통적인 특성을 추상한 것으로, 경호란 정부요인이나 국내에 체재중인 외국요인 등의 신변에 위해가 미치는 것이 국가치안에 염려가 있는 자, 즉 경호대상자에 대해서 정치적 배경의 돌발적인 폭력 · 불법행위 · 교통사고 등 인위적인 위해, 화재 · 건조물 손괴 · 산사태 등의 자연발생적인 위해 등으로부터 그 신변을 지키고 안전을 확보하기 위한 작용을 말한다.

경찰기관에서 상용되고 있는 경호란 함은 "피경호자의 신변에 대하여 직접 또는 간접으로 가해지는 위해를 미연에 방지하고 제거하여 그의 안전을 도모하는 경찰활동"[12] 또는 피경호자의 신변을 각종 위해로부터 방지하는 경찰활동으로서, "피경호자가 통과하는 연도와 숙박 장소, 열차 및 선박, 항공기 등 필요하다고 인정되는 장소 등을 경계하여 안전을 기함을 목적으로 하는 경비 활동"[13]이다.

경호에 대한 국내 전문가의 견해를 보면 "피경호자가 통과하는 도로와 숙박소, 열차 및 기타 필요하다고 인정되는 장소 등을 경계하여 그 안전과 질서와 친화를 도모함을 목적으로 하는 것으로써 경찰관의 근무 중 가장 중요한 경비근무"라고 설명하고 있다.[14]

결론적으로 경호의 개념을 정리한다면 "경호대상자의 절대적 신변안전을 보호하기 위하여 모든 사용가능한 수단과 방법을 동원하여 위해요인을 사전에 방지 및 제거하기 위한 제반 활동"이라고 할 수 있다.

2) 형식적 의미의 경호

형식적 의미의 경호개념은 경호의 본질적 · 이론적인 개념으로서가 아니라, 현실적인 경호기관을 기준으로 하여 정립된 개념이다. 그러므로 형식적 의미의 경호는 여러 가지의 경호기관에 의하여 행하여지는 모든 작용을 말하는 것이 된다. 즉 제도상 경호를 뜻하는 것으로, 이는 실정법상 일반경호기관의 권한에 속하는 일체의 경호작용을 말하며, 그 작용의 실질적 여하를 불문한다. 형식적 의미의 경호의 범위를 어디까

---

12) 김봉의 외1, 경비실무(일반경비 · 작전), 정문출판사, 1994, 67면.
13) 경찰대학, 경찰학개론, 경찰대학, 1994, 239면.
14) 위준혁, 경호경비에 관한 연구, 동국대학교 대학원 석사학위 논문, 1968, 97면 ; 위준혁, 경호이론과 실제(세계요인 암살사), 청운사, 1968, 119면.

지로 할 것이냐 하는 것을 오로지 그 나라의 입법정책에 따라 다른 것이다.

한국에 있어서는 대통령의 경호를 전담하는 대통령실 경호처와 주요 국내외 요인의 경호를 담당하는 경찰기관의 행정작용은 그 성질여하를 불문하고 모두 형식적 의미의 경호에 해당한다. 우선 과거의 대통령경호실법상의 경호개념을 보면, 대통령경호실법 제2조에서 찾아볼 수 있다. 동법 제1조에서는 "대통령의 경호를 담당하게 하기 위하여 대통령경호실을 둔다"라고 규정하고 그 기관의 설치근거를 규정하고 있고, 제2조에서는 "호위"라 함은 "신체에 대하여 직접적으로 가해지는 위해를 근접에서 방지 또는 제거하는 행위"라고 규정하고, "경비"라 함은 "생명 또는 재산을 보호하기 위하여 특정한 지역을 경계·순찰·방비하는 행위"라고 규정하여 호위와 경비를 경호의 기본요소로 정의하고 있다. 따라서 경호라 함은 호위와 경비가 포함되는 개념이라고 주장하고 있으나, 경비업법 제2조에서는 경비업을 시설경비업무, 신변보호업무, 기계경비업무, 특수경비업무의 전부 또는 일부를 도급받아 행하는 영업을 말한다고 정의하였다. 따라서 경비업무에 신변보호 업무가 포함되고 있는 것으로 보고 있다. 이것은 대표적인 경호경비 관련 법령에서 경호경비의 개념정의의 모순을 내포하고 있음을 알 수 있다.

민간인 총기휴대가 가능하여 경호원에 대한 수요가 많은 미국에서의 경호원의 양성은 전문훈련학교(training academy)에서 단기과정(3~6개월)으로 양성되고 있으며, 더불어 경호원 훈련과정에서의 전문적인 무도훈련이라 할 수 있는 비무장 방어기술은 합숙훈련 150시간 중에 15시간으로 10%를 차지하고 이것은 전체 경호원 훈련과정에서의 비중은 2.5%에 불과하였다.

미국에서 경호원 훈련 프로그램의 목적은 전문적인 경호원으로서의 직업을 얻는데 있으며, 또 다른 목적으로는 요인보호 운전사, 기업안전관리, 안내원 서비스, 호텔이나 카지노 안전관리, 산업과 민간부동산보호도 포함된다.

3. 보안교육과 경호(무도)교육

대학교육은 사회의 변화와 밀접한 관계를 가지고 발전·변화하여야 하며, 질적·양적으로 시대의 변화와 사회적 구조 특성에 영향을 받으므로 대학교육에서 교육과정의 중요성은 더욱 강조되어야 한다.

2005년 조사에 의하면 교육부에 등록된 경호 관련학과는 4년제 대학교 19개, 2년제 대학 28개, 사회교육원 6개 총 53개 교육기관이 운영되고 있었다.

다음의 〈표 9-1〉에서 보듯이 경호 관련학과는 대부분이 체육학부(과)에 속하면서 무술관련 교과목이 전체 교과목에서 차지하는 비율이 평균 약 25% 정도 차지하고 있는 것으로 나타나고 있다.

〈표 9-1〉 한국 경호 관련학과 무도관련 교과목 현황[15)]

구 분	무도관련 교과목	백분율
용인대학교 무도대학 경호학과	무도론, 경호무도 1-8, 호신술 1-4	13개 과목 37%
한서대학교 경호비서학과	태권도 1-4, 유도 1-4, 검도 1-4, 경호무도 1-4	16개 과목 24%
중부대학교 체육학부 안전경호학 전공	무도학개론, 기초무술, 경호무술, 연행체포술, 경호무도	5개 과목 13%
경기대학교 경호안전학 전공	경호무도초급 1-2, 경호무도중급 1-2, 체포호신술 1-2, 경호무도종합 1-2	8개 과목 26%
초당대학교 경호비서학과	무도론, 태권도 1-2, 유도 1-2, 검도 1-2, 경호무도 1-2, 호신 1-2	11개 과목 27%

경호 관련학과에 입학하는 학생들의 경우 대부분이 입학 전에 이미 태권도, 유도, 용무도, 검도 등의 무도 유단자이다. 이들이 입학 후 4년간의 대학생활을 마치고 졸업하는 시기가 되면 대부분이 2-3개 종목의 무술에 7-8단 이상의 유단자가 된다. 이상철(2004)은 경호 관련학과 졸업자를 선호하는 사회적 수요 경향이 용모와 무술을 기본적으로 요구하고 있음에 따라 경호학이 체육계열에 속해 있고, 대부분 교수들이 무도전공자가 많기 때문에 각 대학의 교과과정 중 무도관련 교과목이 차지하고 있는 비중이 높다고 주장하였다.[16)]

그러나 한국 보안산업에서 경호(신변보호)업이 차지하는 비중과 경호업무에서 무술이 차지하는 비중을 보면 결코 이러한 주장은 무리가 있음을 알 수 있다. 즉 대학(교)에서 교육을 받은 전문인력으로서 경호원의 사회적인 수요가 얼마나 존재하는가에 대해서는 크게 회의적이다.

15) 중부대학교 제5회 학술세미나, "정보사회에 있어서 안전경호산업의 대응전략", 2002, 191~194면.
16) 이상철, 제11회 한국경호경비학회 학술세미나, 경찰경호직 종사자 무도교육 발전방안, 21면.

〈표 9-2〉 미국 대학 보안교육과정[17)]

1-2학년 교과과정	3-4학년 교과과정
① 보안학개론(Introduction to Security) ② 비정상적 행동의 심리(Psychology of Abnormal Behavior) ③ 소매점 보안(Retail Security) ④ 효과적인 물리적 보안(Effective Physical Security) ⑤ 위험성이 높은 순찰에서의 생존전략 (Surviving High Risk Patrol) ⑥ 직장폭력(Work Place Violence) ⑦ 형사사법 개론(Introduction to Criminal Justice) ⑧ 전략적 생존전략(Survival Strategy) ⑨ 경찰의 통신기법(Police Communications) ⑩ 범죄수사 실무 (Practical Criminal Investigation) ⑪ 보안요원 훈련(Protection Officer Training) ⑫ 아동 유괴(Child Abductions) ⑬ 병원 보안(Hospital Security) ⑭ 전문적 조사기법(Professional Investigation Techniques) ⑮ 심층연구 (Deep Cover - DEA) ⑯ 주거지의 절도 (Residential Burglary) ⑰ 경호학개론 (Introduction to Executive Protection) ⑱ 폭동의 통제 (Riot Control)	① 컴퓨터 보안 (Computer Security) ② 산업보안 (Industrial Security) ③ 화물보안 (Cargo Security) ④ 학교보안 (School Security) ⑤ 업무용 건물보안 (Office Building Security) ⑥ 심문기법 (Interrogation Techniques) ⑦ 테러에 대한 대응 (Counteraction to Terrorism) ⑧ 호텔보안(Hotel Security) ⑨ 효율적 보안관리(Effective Security Management) ⑩ 교관 개발훈련 (Instructor Development Training) ⑪ 민간경비에서의 형사소송법 (Criminal Law Procedure for Private Security) ⑫ 캠퍼스 공공보안 (Campus Public Safety and Security) ⑬ 테러리즘 (Terrorism) ⑭ 소규모 기업의 범죄예방 (Small Business Crime Prevention) ⑮ 전자상거래의 보안 (Security for e-Commerce) ⑯ 위기 시 협상 (Crisis Negotiations)

따라서 보안교육과정이 지금과 같이 체육학부에 소속되는 것은 심각한 학문의 왜곡현상을 가져올 것이므로 체육학과(부)에서 분리되어 교육되는 것이 이상적이나, 현실적인 대안으로서 시큐리티 교육과정에 독립성이 유지되어야 하고. 학위의 수여도 체육학이 아닌 경영학이나 형사사법 분야의 학위가 바람직하다.[18)]

17) St. John's Univ. 보안학과 학위 과정으로 학과의 명칭은 Department of Security이고 미국 Louisiana주 Springfield에 위치한다.

18) 미국에서 security management를 전공하는 학생은 인문학사(bachelor of arts)와 석사과정에서는 경영학석사(master of business administration)를 수여하고 있다.

〈표 9-3〉 미국 경호원 교육프로그램의 구성[19)]

원거리 교과 과정	시 간	합숙과정	시 간
경호의 원리	50	경호의 원리	31
테러리즘과 폭력의 유형	50	근접경호	45
응급조치	50	방어사격 기법	35
스토킹과 위험한 인간행동	50	비무장 방어기법	15
폭발물의 조사와 규명	50	폭발물의 조사와 규명	8
방어사격의 기초	50	응급조치	6
인간정보의 수집	50	전자적인 보호	4
전자적인 보호	50	스토킹과 위험한 인간행동	6
요인경호 운전	50		
총 시간	450	총 시간	150

김영인(2002)은 한국 경호 관련학과가 체육대학(학부) 혹은 무도대학에 소속되어 있어 체육 혹은 무도 전공과목들이 학과 전임교수들의 전공에 따라 다양하게 편제되어 있기 때문이며, 경호 관련학과에서 주요 전공분야로 다루고 있는 경호학이나 민간경비학 그리고 안전학도 대학에 관련학과가 증가함에 따라 독자적 학문분과로서 학문적 위상을 정립해야 하며, 이것이 교육과정에 반영되어 현장에 접목됨으로써 경비업의 전문화와 전문인력이 양성되어야 한다고 주장하였다.[20)]

더불어 한국경비업의 발전 전망에 비추어 볼 때, 한국 안전산업의 전문인력 양성을 교육목표로 표방하고 있는 대부분의 경호 관련학과 교육과정은 이에 부응하지 못하고 있는 것으로 보이며, 대부분의 교육과정 중 무도 및 체육레저 관련과목이

19) 1980년에 미국 콜로라도에서 설립된 Executive Security International(ESI)에서 시행하고 있는 경호원교육 프로그램이다. 이 과정은 이론과 실무를 결합한 경호원 훈련교과과정을 통합하여 450시간의 원거리 교육과 15일간의 합숙훈련으로 구성되어 있다. 이 프로그램은 의뢰인 보호의 원칙하에 특히 국제적인 경호전문가, 민간경찰 그리고 군사요원의 훈련에 중점을 두고 있다.

20) 김영인, 한국 경비업발전 전망에 따른 경호 관련학과 교육과정 연구, 경호경비연구 제5호, 2002, 90~91면.

48%~54%를 차지하고 있으며, 전공이론 및 실무관련과목에서도 전자기계경비 분야와 정보통신 분야를 응용한 정보보안 및 종합 방범방제 서비스 분야에 대한 관련과목이 소수에 불과하다고 하였다.[21)]

4. 대학교 교육과정

대학(교) 교육이 보안 분야에서 성공하려는 지원자의 욕구와 얼마나 관련이 있는가? 일반적으로 대학교 학위가 직업 또는 승진의 기회를 보장하지 않으나 대학교 학위를 가진 사람은 선호하는 직업을 얻는데 기회가 더 많다.

만약 똑같은 경력을 가진 사람이 같은 보안 자리를 가지고 경쟁하는데, 한 사람은 대학교 학위를 가지고 있는 반면 다른 사람은 학위가 없다면 학위를 가진 사람이 그 자리를 차지할 것이다.

물론 개인의 이력의 여러 가지 특성도 직업의 기회를 향상시킬 것이고 교육과 경험은 가장 중요한 고려 사항이며 훈련 또한 중요하다. 또 다른 두 가지의 고려될 특성은 성격과 상식이고 성격은 다른 사람과 같이 잘 어울리는 개인의 능력을 포함하고 이 요소에 대한 개인의 직업의 선택에서 반 정도의 많은 고려가 있어야 하고 대부분의 사람들이 선호하는 "최고" 직장을 얻기 위한 상황분석을 고려한다. 다음은 한국대학의 경호 관련학과 교육과정과의 차이점을 비교할 수 있도록 미국의 두개 대학의 보안학과(security)의 학부와 대학원과정의 교육과정을 기술한 것이다.

1) 루이스 대학교(Lewis University)[22)] 보안학과

시큐리티와 보안관리학과의 목적은 미국에서 시큐리티와 손실예방은 형사사법 분야에서 가장 빠르게 성장하는 직업중의 하나이며 이 산업에서의 기술의 발전과 법과 조직의 전략과 같은 논점의 변화에 따라, 이 분야에서의 뛰어난 능력을 가진 전문가의 수요를 증가시켰다. 그러므로 형사/사회 사법학과 프로그램의 민간 시큐리티와 손실예방 관리는 이러한 성장하는 산업분야에서 훈련된 전문가의 수요에 부응하고 있다.

---

21) 김영인, 전개논문 106면.

22) 미국 Illinois주의 Romeoville에 위치하며 학과명칭은 Private Security/Loss Prevention Management 이다.

이 학업 프로그램은 민간 보안조사·보안조직과 관리·산업보안과 위험분석과 같은 전문적인 과정을 통하여 광범위한 기초지식을 학생들에게 제공하며 이 학위과정은 주 전공인 39학점을 포함한 총 128학점으로 구성되고 이러한 전공은 전공필수 시간 33학점과 나머지 선택 6학점으로 구성된다. 또한 민간보안산업과 손실예방 관리의 부전공도 제공되며 이것은 21시간의 필수과정으로 구성되고 최대 12학점까지는 이러한 민간보안과 손실예방 관리분야에 현재 근무하는 전문가들에게 '실무경험'으로서 대체될 수 있다.

(1) 인문학사(Bachelor of Arts) 과정

① 필수과정(33 학점) ; 각 3학점
회계원리와 실습, 컴퓨터 소프트웨어의 조사, 보안학개론, 소방학개론, 민간보안조사, 보안조직과 관리, 범죄학, 민간경비의 외부조직과의 관계, 산업보안과 리스크분석, 형법의 원리, 건축설계.

② 선택과정(6학점) 형사/사회사법 과정에서 2가지 과목을 선택한다.

③ 전공자는 민간경비에서의 대외관계, 산업보안과 리스크분석의 과정 중에 하나의 필기 요구사항을 사전에 만족해야 한다.

④ 민간경비/손실예방관리 부전공 ; 보안학개론, 소방학개론, 민간보안조사, 보안조직과 관리, 범죄학, 형법의 원리, 건축설계

(2) 보안학과 교육과정

저학년(1~2학년)	고학년(3~4학년)
① 법의 집행(Law Enforcement) ② 보안학개론(Introduction to Security) ③ 법원체계와 보호관찰(Court Systems and Probation) ④ 건강과 인간 서비스기관(Health and Human Service Agencies) ⑤ 범죄학(Criminology)/범죄심리학적인 유형분석(Criminal/Psychological Profiling) ⑥ 성인의 교정과 가석방(Adult Corrections and Parole) ⑦ 소방학개론(Fire Science Overview) ⑧ 범죄수사(Criminal Investigation) ⑨ 청소년 형사사법체계(Juvenile Criminal Justice System) ⑩ 환경적 보호적용(Environmental Protection Enforcement) ⑪ 가정폭력(Domestic Violence) ⑫ 민간 보안조사(Private Security Investigation) ⑬ 90년대의 살인현황(Homicide in the 90's) ⑭ 테러와 인질의 협상(Terrorism-Hostage Negotiation)/조직범죄(Organized Crime) ⑮ 공항보안(Airport Security) ⑯ 경찰과 공동체 상호작용 기술(Police/Community Interaction Skills) ⑰ 소비자 사기(Consumer Fraud) ⑱ 청소년 폭력(Juvenile Violence) ⑲ 금전적 처벌(Capital Punishment) ⑳ 법적 측면에서의 민간경비(Private Security Legal Aspects)	① 보안조직과 관리(Security Organization & Management) ② 가상 재판(Mock Trial - Forensics) ③ 민간경비(Private Security) ④ 공동체에 기초한 교정조직 (Community-Based Correctional Networks) ⑤ 외국의 형사사법조직(Foreign Criminal Justice Systems) ⑥ 약물-빈도와 남용(Drugs - Incidence and Abuse) ⑦ 수사학(Criminalisitics) ⑧ 교정기관에서의 여성(Females in Prison) ⑨ 매춘, 강간과 관련범죄(Prostitution, Rape and Related Crime) ⑩ 경찰관의 관리감독(Supervision of Police Personnel) ⑪ 빈곤과 도시범죄(Poverty and Urban Crime) ⑫ 소수집단에 관한 사회사법의 역할(Role of Social Justice with Minorities) ⑬ 정보수집(Intelligence Gathering) ⑭ 금융수사(Financial Investigations) ⑮ 민간경비의 공공기관과의 관계(Public Relations in Private Security) ⑯ 기관과 공동체의 관계(Agency-Community Relations) ⑰ 사기와 신용범죄(Fraud and Confidence Crime) ⑱ 산업안전과 위험분석(Safety & Risk Analysis) ⑲ 법과 사회(Law and Society) ⑳ 건축설계(Architectural Design)

2) St. John's Univ 보안학과 대학원 과정(Master of Arts Degree)

① 보안행정관리(Security Administration) : 조직의 원리, 동기와 사기, 보안 최고책임자와 감독자의 역할, 인사관리, 사무실 행정관리, 운영관리, 공공기관과의 관계, 잘못된 관리의 확인.

② 국제적인 어린이 유괴(International Child Abductions) : 소수집단의 국제적인 유괴에 대한 해결책.

③ 선진 보안관리(Advanced Security Management) : 성공적인 마케팅의 계획의 개발, 계속적인 서비스 품질의 보장, 관리전략, 경비 서비스 외주의 원칙, 관련 사례연구.

④ 선진 요인경호(Advanced VIP Protection) : 전수된 기술과 관심사항의 개인간 견해, 보호적 운용, 실무적인 문제 들.

⑤ 기업 범죄 수사(Corporate Crime Investigation) : 기업 범죄수사의 원칙 들, 사기의 분류학, 횡령의 발견, 기업에 대한 범죄, 금융범죄 법률, 형량 선고의 지침, 순응 프로그램, 기업정보에의 접근과 관리 전략, 법적인 주요 문제점.

⑥ 보안요원의 운영(Guard Force Management) : 조직과 기능, 관리, 마케팅과 판매, 인사와 운영, 물류관리와 훈련.

⑦ 대량파괴무기(Weapons of Mass Destruction) : 대량파괴 무기에 관한 미국의 전략, 선진기술의 확산, 위험의 구체화, 국내와 국제적인 물류현황, 군 경험으로부터 어떤 법집행 기술을 얻을 것인가?

⑧ 지식인 범죄(Criminal Elite) : 지식인 범죄의 사회학, 관련 법률, 집행, 원인과 윤리, 구조적, 정치적 개혁.

⑨ 컴퓨터의 활용과 통신 보안관리(Computing and Communications Security Management) : 컴퓨터의 보호와 법적인 책임의 위험, 순응 프로그램, 지적 재산권, 상표와 특허권, 저작권, 정보의 비밀, 기록의 관리, 정보 시스템을 위한 재난대책의 기획, 전자 상거래, 웹사이트, 컴퓨터 범죄와 관련된 법률.

⑩ 정보 시스템 보안(Information Systems Security) : 정보 세계의 환경의 이해, 정보시스템 보안에서의 직업의 개발, 역할과 책임, 정보보안의 전략, 전술적 연례 계획, 정보 프로그램의 개발과 평가, 미래의 도전과 경향.

⑪ 보안관리 컨설팅(Security Management Consulting) : 전문가의 자격, 성공적

인 컨설팅의 토대, 마케팅 서비스, 제안과 계약, 법정 컨설팅, 윤리.

⑫ 디지털 보안(Digital Security) : 디지털 위협의 소개, 위협요소, 보안의 필요성, 암호해독, 컴퓨터 보안, 신원확인과 신빙성, 네트워크 보안, 안전한 하드웨어, 보안전략, 위험성 평가, 보안정책과 대응책, 생산품의 시험과 확인, 보안공정.

⑬ 경비업법(Private Security Law) : 직무의 태만, 경보, 계약, 유죄로 인정이 가능한 상당한 근거, 체포, 조사와 압류, 심문, 물리력의 사용, 권리의 박탈, 함정수사[23].

⑭ 컴퓨터 보안(Computer Security) : 컴퓨터 보안의 이해, 정보의 보호, 물리적 보안, 통신 보안, 시스템의 보안, 위험의 분석.

⑮ 정보의 원리(Principles of Intelligence) : 정보의 특징, 원리와 개념, 정보의 파기와 정책, 국제적 관심, 은밀한 행동, 방첩활동의 분석.

3) 보안 교육

비록 미국에서 경영학위(business degree) 과정들이 보안과 손실예방 코스에서 뛰어난 과정일지라도, 형사사법(criminal justice)학위 과정들이 오늘날 미국 내 수백개 캠퍼스에 있으며, 보안과 손실예방 학위과정의 최고의 배후 원동력이다.[24] 1960년대 후반 중에 많은 경찰학(police science) 학위과정이 법집행(law enforcement)과 형사사법 학위과정보다 발전하였으나, 형사사법과정이 발전함에 따라 제공되는 형사사법 과정의 범위도 발달하였다.

여기서는 기초적인 경찰학 과정부터, 전체적인 사법 시스템과 관련된 형사사법 과정이 제공되기 시작한다(예, 경찰·법원·교정). 그리고 형사사법 학위과정은 광범위한 학문의 분야에 걸쳐서 나타나는 복잡한 문제들에 대한 해결이 요구되기 때문에 여러 학문분야에 걸치게 되었다. 마찬가지로 보안과 손실예방 학위과정도 광범위한 기초지식과 보안 프로그램과 제휴하는 것으로 발달되고 경영과 컴퓨터 분야를 포함하게 될 것이다.

---

23) 함정수사(entrapment)는 통상적인 수사방법으로써는 범죄 현장을 발견하고 체포하기 어려운 지능적 범죄를 수사할 때, 미리 만들어 놓은 함정에 걸려들게 하여 범인을 색출하는 수사방법이다.

24) 기업과 보안산업분야의 시큐리티 전문가의 수요와 관련된 대학(교) 교육 프로그램으로 시큐리티·경찰학 그리고 형사사법을 전공으로 하는 과정이 이미 미국에서는 90년대 초에 546개 대학(교)에 개설되어 있었다. (Russell L. Bintliff, The Complete Manual of Corporate and Industrial Security, Prentice Hall, 1992, pp. 580~599).

(1) 학문연구

보안 연구자에게 묻는 가장 실무적인 질문은 다음과 같다. 범죄·화재·사고로부터 손실을 예방하고 줄이기 위한 가장 좋은 전략을 무엇인가? 이러한 질문에 답하기 위해서 계속되는 평가연구는 덜 유용한 분야들을 배제하는 방법이 성공적인 전략을 강화하는 도구이며 경찰범죄예방 프로그램을 평가하기 위해서 사용되는 평가연구는 민간분야의 범죄예방 전략을 연구하기 위한 기초로서 유용하고 이러한 토대는 민간분야의 보안 프로그램에 대한 평가연구가 제한되었으므로 더욱 유용하다.

추가적인 연구의 방향은 모델 훈련프로그램으로 관련 학위프로그램을 위한 가장 적절한 과정의 고려, 효과적인 직원 선발, 보안산업의 자격과 규정을 위한 모델 지위, 관리 기관의 모델, 서비스나 장비선택의 기준, 서비스와 장비의 평가, 법적인 쟁점과 책임, 공조직과 민간조직을 협동을 증가시키기 위한 전략, 민간 사법 시스템(민간영역의 관리에 의한 고소여부의 판단), 손실 통계를 집계하기 위한 데이터 뱅크, 주거의 결정과 다양한 실재에 의한 보안전략의 이행을 위한 세금공제의 용이성, 컴퓨터와 통신보안, 로봇의 사용과 효과 그리고 여러 가지 기술적인 혁신들이 연구된다.

가끔 실행되지 않는 연구분야는 컴퓨터의 사용과 보안 계획의 해답을 제공하기 위하여 컴퓨터가 만들어낸 통계이다. 일반적으로 기업은 보안 관리자에 의해 결코 보이지 않는 광범위한 분야의 보고서와 통계를 만들어낸다. 따라서 만약 실무자에게 도움이 되는 자료를 만들기 위한 컴퓨터의 프로그램과 보안과 관련이 있는 통계나 보고서를 발췌한다면 판단은 향상될 것이며 컴퓨터 또한 손실율과 차이를 나타내는 지표를 얻으려 노력하는 실무자들에게 도움이 될 것이다.

여기에서의 지표는 판매량 대 감소분, 현금판매 대 신용 판매, A제품 판매 대 B제품 판매, 비율과 지표는 조사할 가치가 있는 가능성 있는 문제점의 원천을 나타내고 컴퓨터 프로그램은 매장, 재조 공장, 창고, 범죄에 가장 취약한 트럭 루트, 화재, 사고의 유형분석을 개발하는데 유용하므로 이러한 데이터는 예상되는 문제나 대책의 수립에 도움이 된다. 이러한 유형분석(profile)은 잠재적인 이윤, 감소분, 상품의 형태, 지리적 위치, 개인의 성격 등 과 같은 특성을 포함한다.

오늘날 작은 정부의 지향에 따라 이전에 정부기관에 의해 수행된 많은 기능들이 민간부분에 의해 수행되며 민영화(Privatization)는 정부업무의 전부나 일부가 이익단체나 비영리단체와 같이 정부프로그램 밖의 조직과 계약하는 것이다. 한 예가 민영교

도소이고 다른 예는 경찰에 의해 잘 보호되지 못하는 주거지역에서의 민간경찰의 활동이고 이러한 개념은 또한 화재방지와도 관련이 있다. 이러한 민간부문의 이익동기와 경쟁은 범죄 · 화재 · 지역사회의 소규모 사건을 처리하는 수행능력을 향상시키며 이윤의 공유 · 보너스 · 격려 프로그램은 민간 분야에서 생산성을 향상시키는 것으로 알려져 있다. 그러면 지역사회에서 언제나 민간경찰의 역량이 공공경찰보다 효율적인가? 포괄적인(경찰 · 화재 · 비상 의료) 민간부문의 역량은 어떠한가? 이러한 질문에 민영화에 내포된 효과에 대한 연구는 엄청나게 중요하다.

그리고 대학 형사 사법과 보안 프로그램의 공유와 연구과정은 여러 가지 교육과정과 마찬가지로, 경영 · 보험 · 보안 · 건축 · 공학학위 프로그램과 같은 가치 있는 정보를 제공할 능력이 있고 여러 방면에 걸쳐 있는 학문의 연구 결과는 가장 유익하다. 그러므로 보안실무자가 해당분야에 대한 적절한 연구가 없으면 보안 실무자들은 그들의 의사결정에 어려움을 겪게 될 것이다.

(2) 훈 련

미래의 훈련의 방향은 크게 미래의 보안 전략과 기술적인 혁신에 달려 있으며, 실무자들은 새로운 대책과 복잡한 장치들의 환경을 어떻게 운영할 것인가를 알아야 할 필요성이 있다. 그러나 보안이 변한다고 하더라도, 오늘날 훈련 프로그램에서 가르쳐지는 중요한 주제인 범죄 · 화재 · 사고에 대한 전략은 아직까지도 훈련프로그램의 핵심으로서 미래에도 동일하게 가르쳐질 것이다.

민간분야의 훈련에 정부가 관여하거나 서비스 실무자들의 더 향상된 공공의 안전을 위해서 통제가 증가할 것이고 훈련의 목적은 실무자들이 체포법 · 조사와 압수 · 무기 · 화재 방지 · 사고예방과 같은 적절한 정보를 습득하도록 보장할 것이다. 따라서 여러 분야에 걸쳐있는 조직은 정부가 명령한 훈련 프로그램을 제공 받기에 더 좋은 선택권이 있다.

미래의 훈련학과목은 전문화된 보안 근무자의 계속 증가하는 목표에 꾸준히 응하게 될 것이며, 이 목적은 철저하게 능력있는 실무자를 배출하여 지역 사회에 유용한 서비스를 제공하는 것으로 보다 큰 양 조직 간의 상호 존중은 경찰과 민간분야 근무자로서 교육 · 훈련 · 급여 · 전문가 정신과 같은 서로 유사한 특징은 공유하게 될 것이다.

또한 향상된 훈련은 예를 들어 제복을 입은 보안요원에 의한 과도한 물리력으로 발생한 것과 같은 많은 비용이 소모되는 책임소송을 방지하게 할 것이므로 훈련기간·훈련강도·관련 주제에 관한 훈련의 질은 책임소송 사례에서 주요한 고려사항이다.

또한 앞으로는 컴퓨터의 도움에 의해 자신의 수준에 맞추어 프로그램 되어 잘 짜여진 훈련은 보안 훈련에 일상화가 될 것이고 이직문제와 계속적인 신규고용은 지속되므로 훈련방법은 다른 업무의 감독업무를 하는 사람이 자유로울 시간에 가르치도록 비용효과적이어야 한다. 더욱이 각자의 학습능력에 상관없이 신입직원은 교육 프로그램에 따라 적용되고 다양화된 훈련프로그램은 각자에게 적합한(Self-paced) 훈련프로그램뿐만 아니라 강의·시청각 자료·역할 연습·시범도 포함한다. 그리고 원거리학습(Distance learning)은 학생들이 멀리 떨어진 지역에서 배우는 것으로 오늘날 점점 일반화되고 있는 학습방법이다.

제5절 구매대행서비스

보안에 관한 연구에서 가끔 무시되는 분야 중의 하나가 보안서비스나 장비들을 선택할 때 어떻게 현명한 구매에 대한 결정을 하는가이다.

보안전문가들은 현명한 소비자들인가에 대한 의문은 최고의 보안계획도 어리석은 구매결정이 이러한 계획에 적용될 때는 쓸모없게 된다는 것이다.

보안관리 서비스는 보안이나 손실예방의 목표를 수행하는 사람에 의한 활동들을 말한다. 일반적으로 오늘날 미국에서의 보안관리 서비스는 계약 경비원이라 불리는 제복 경비원이 보안관리 서비스의 대부분을 차지하고 있다. 장비는 보안을 향상시키거나 손실을 막는 제품이나 장치들을 말한다. 여기에서는 보안 서비스나 장비에 중점을 두나, 소방이나 산업안전(safety)도 효과적인 보안 계획의 중요한 요소라는 것을 명심해야 한다.

대부분의 회사의 경영자들이나 기관의 관리자들은 어떻게 보안서비스나 장비들을 선택할 것인지에 대하여 알지 못하며, 심지어는 어떤 질문을 판매원에게 할지도 모른다. 그러므로 때때로 잘못된 선택과 구매후의 결과에 실망을 하게 된다. 따라서 판매원이 아닌 이 분야의 전문가는 결정을 잘할 수 있어야 한다. 보안 실무자로서 그들의 근무동안에 기업에서 필요한 모든 종류의 서비스와 장비들을 구매하게 될 것이다. 그리고 구매에 대한 의사결정은 경력에 결정적인 영향을 미치며 보안 계획들의 성공이 이러한 결정에 달려있다.

동일한 자금을 가지고 최고의 서비스나 장비를 얻기 위해서는 의사결정에 주의가 요구된다. 그러나 이러한 임무는 여러 판매원들이 하나의 제품에 수없이 존재하고 연간 수십억에 달하는 다양한 시장이 있으므로 결정이 어렵다.

1. 구매서비스의 위험

보안관리 서비스와 장비의 공급자들은 비윤리적이거나 불법적인 행위들에 대한 유혹에 쉽게 빠진다. 공급업자(판매자)는 정보를 잘못 전달하고, 과장하며, 거짓말하고, 심지어 그들이 약속했던 것을 배달하지 않는다. 이러한 부패(rotten apple)현상은 사회의 단면과 같이 보안산업에서도 광범위하다.

공급업자들은 정직한 몇 사람과 대부분의 사기꾼으로 되어 있다고 치부되기도 하며 정직한 공급업자라 하더라도 때때로 당장 돈의 유혹이 있으면 비양심적인 태도로 행동한다. 그러므로 이윤에 대한 판매자의 동기는 구매자에게 숨겨진 위험을 만들어낸다. 경비원 서비스의 계약도 실제로 근무하지 않은 가공된 시간으로 계산서를 보낸다. 또한 이 서비스산업이 매우 경쟁적이기 때문에 몇몇의 회사들은 매우 낮게 입찰을 하며 그들은 이익을 남기기 위해서 고객에게 정직한 서비스를 제공하지 않고서 허위의 계산서를 보내기도 하며 약속된 감독도 이행되지 않는다. 또한 책임보험에 대한 보장도 과장되거나 실제로 존재하지도 않는 경우도 있다.

탐정[25] 회사들은 공공연하게 과장되게 업무를 시행하며, 비밀조사는 조사기간을 늘리기 위해 과장된 주간보고서를 통하여 엄청난 손실이 발생하였다고 고객을 속여서 더 많은 탐정회사의 이윤을 만들어낸다. 이와 같은 여러 가지 종류의 조사서비스가 고객을 농락함으로써 다른 평판 좋은 회사에 악영향을 미친다.

판매원들의 수법은 필요도 없는 장치나 장비를 포함하여 장비를 판매한다. 여기에는 창고에 재고가 쌓여있는 구식 경보장치들을 절도자들이 쉽게 무력화시킨다는 것

25) 탐정(detective)은 비밀사항이나 사정을 은밀히 알아내는 일 또는 그 일에 종사하는 사람으로서 예전에는 염탐꾼이라 하였으며, 전쟁 중에는 밀정·간첩·스파이라고도 하였다. 미국에서는 속어로 '아이(eye)' 또는 '프라이빗 아이(private eye)'라고 하면, 탐정을 가리킨다. 민주주의가 발달한 선진국인 미국, 영국, 프랑스, 일본 등에서는 21세기 유망직종 중의 하나이며 특히 미국은 5만 5천명 이상의 탐정이 활동하고 있다.

을 알지 못하는 구매자들에게 강매하기도 한다. 판매원은 쉽게 다른 근무자들이 필요로 하는 정보를 지워버림으로써 추가적인 설비를 구매하게 하고, 소프트웨어 문제를 야기함으로써 비싼 유지보수 비용을 들이게 한다.

또 하나의 특별한 책략으로는 구매자들의 사고에 대한 두려움을 강화시키는 것이다. 범죄, 화재 그리고 사고의 위험들은 고도의 판매술책과 연관되어 있으며 신문은 판매원들에게 어디서 범죄, 화재, 사고가 발생하였는지에 대한 정보를 제공해주고 판매원은 이러한 불안심리를 이용한다.

그러나 실질적으로 대부분의 보안관리 서비스와 장비판매원은 부정직하지 않으며 많은 공급업자들은 윤리규정을 준수하려고 노력한다. 이 산업에 대한 비판의 초점은 구매자가 구매결정을 할 때 이러한 관행에 대해서 상세하게 조사해야 한다는 것이다.

장비나 서비스가 필요한 경계구역에 대한 사전조사는 구매자에게 정확한 약점과 필요성에 대한 평가에 도움이 될 것이다. 그러므로 만일 구매자가 보안취약점과 필요성에 대한 목록을 가지고 있다면, 판매원은 필요 없는 물건을 강매하려는 시도를 하지 않을 것이다.

서비스나 장비에 관한 정보를 얻으려면 무역 간행물 · 동료들 · 판매원 · 조언자 · 대학이나 훈련과정의 다섯 가지 도움이 되는 과정을 참고한다.

구매할 것이 무엇이든 간에 장점과 단점에 대해서 분석이 될 때, 판단결정능력이 향상되고 실수는 줄어들 것이나, 충동적인 구매나 손실에 대한 감정적인 대응은 이러한 노력을 무의미하게 만든다. 대체로 경영진들은 대규모 손실발생 후에 이러한 충동적인 구매를 하기 쉬우며, 판매원들은 이러한 것을 잘 이용한다. 이러한 충동적인 구매를 피하기 위해서는 구매자는 구매를 결정하기 전에 최소한 24시간은 기다린 다음, 냉정한 상태에서 다음 다섯 가지 중요한 원칙에 근거하여 현명한 구매를 결정하거나 판단한다.

① 구매자 스스로가 조심한다.

② 보호하기 위한 기업의 필요성을 적절하게 평가한다.

③ 관련 정보를 수집하고 최신 정보를 익힌다.

④ 각각의 서비스나 장비의 장단점을 분석한다.

⑤ 충동적인 구매를 피한다.

2. 보안요원 서비스

계약경비회사를 결정하게 될 때, 어떻게 그 회사에 대해 알며, 언제 그 회사가 충분한 역량 있는 회사가 되었는가를 판단하기 위해서 다음 항목은 구매자의 판단 결정을 향상시킬 것이다.

① 계약회사가 등록 · 자격 · 훈련 · 보증과 같은 관계 법령을 준수하는가?
② 계약회사의 책임과 다른 보험의 적용범위는? 기업정책의 사본을 요청하였고, 그 회사를 상대로 계류 중인 소송은 없는가?
③ 계약회사를 상대로 어떤 평등 고용기회에 관한 불만은 없었는가?
④ 계약회사의 재정상태는?
⑤ 계약회사는 고객회사의 요구에 대하여 기꺼이 요구된 서비스를 받아들이는가?
⑥ 계약회사는 추가적인 보안요원을 배치할 능력을 가지고 있는가?
⑦ 계약회사는 조사와 같은 추가적인 서비스를 제공할 수 있는가?
⑧ 구매자가 계약회사의 고용지원서와 계약회사 출판물(명령·규정·훈련책자)을 읽어보았는가?
⑨ 계약회사 사무실에 초대받아 방문한 적이 있는가?
⑩ 지원자를 채용·선발시 배경조사의 유형은? 구매자는 서비스회사가 보안요원이 배치되기 전에 면접을 실시한다는 것에 동의를 하였는가?
⑪ 교대시에 얼마나 자주 감독자가 방문하였는가?
⑫ 어떻게 계약회사는 보안요원의 정직성을 보증하는가?
⑬ 보안요원의 징계문제는 어떻게 관리하는가?
⑭ 일반적으로, 구성원의 사기는 어떠한가? 이직률은 어느 정도인가?
⑮ 훈련의 범위는 어떤가? 훈련프로그램의 주제에는 체포법, 조사와 압류지침 들, 물리력의 사용, 무기, 순찰절차, 화재 방지, 보안, 보고서 작성, 법률에서 요구하는 다른 주제들을 포함해야 한다.
⑯ 어떠한 장비들이 보안요원들에게 지급되는가?
⑰ 어떻게 급여와 연금이 지급되는가?
⑱ 급여/요금의 비율은 얼마나 되는가? 이것은 각 보안요원이 계약금액에서 받는 급여의 총비율이며, 평균치는 60% 중간보다 낮다.
⑲ 위와 같은 모든 답변에 대하여 정직함을 기대하지는 마라. 몇몇의 서비스업체들은 기본적으로 서비스 능력보다 부풀려 과장한다.

많은 보안서비스 회사들은 위험의 많은 부분이 고객에게 있기 때문에 그들의 계약 초안을 선별하여 만든다. 그러므로 반드시 변호사가 계약을 검토하고 변경에 대해 협상을 하며, 양측 모두가 보안서비스 회사의 임무의 범위에 대하여 인지하고 동의하는 것이 중요하다.

계약에서는 보안요원의 인원과 시간, 보안요원의 근무위치와 장비(도보나 자동차, 무전기)에 관하여 명확하게 규정한다. 만약 예를 들어, 침입이 건물의 10층에서 발생시, 서비스회사는 보안요원의 임무가 단지 로비에만 해당되는 것의 계약서를 다시 확인 후 추가적인 서비스가 필요한지를 타진하지만, 보통 고객은 이러한 제의를 거절할 것이다.[26]

계약회사와의 관계시 근무자들의 업무에 대한 관심을 잘 알아야 한다. 서비스회사의 많은 관리자들은 "쉼 없이 계속되는 이직"과 더불어 업무의 "열악한 근무여건" 때문에 업무수행보다는 자신들의 휴가에 관심을 가진다.

열악한 근무에 관한 언급은 계약사항의 약간의 차이에서 발생한 의뢰인과의 계약에 따른 용역비용의 차이며, 이직에 대한 문제는 낮은 임금 때문에 발생하는 높은 이직률을 말한다. 이러한 문제들은 실무자에게는 현실적인 타당성을 갖고 있다. 그럼에도 불구하고 보안관리자가 이러한 "생활의 현실"을 인정하고 안주할 경우 보안요원의 사기는 떨어지며 계약상의 사소한 권리라도 더 얻으려고 보안요원이 관리업무에 간섭을 하게 될 경우에는 이러한 보안요원은 대체 고용하는 것이 최선이다.

3. 유지보수

보안부서 업무수행에서 보안장비의 유지보수의 중요성은 간과되어서는 안 된다. 어느 장비나 장치라도 고장 나거나 수리되지 않을 경우에는 쓸모가 없으므로 항상 가용성을 유지하기 위한 유지보수가 중요하고 여기에서 두 가지의 주요한 정비는 예방과 응급정비이다.

예방 정비는 주기적인 조사와 고장이 나기 전에 부품을 교환하는 것을 말한다. 특별하게 훈련된 기술자는 교환과 부품의 고정, 예비 축전지의 확인을 필요로 한다. 보안 실무자는 신뢰도를 위하여 장치를 확인한다. 이러한 확인은 무장된 문이나 창문을

---

26) John P. Finnerty, "Who's Liable, The security firm of You?" Risk Management Advisor (May 1996), pp. 4~7.

열고 경보 감시실과 연락하여 경보가 수신되는 확인하는 것으로 단순한 과정이고 비상정비는 고장 후에 필히 실시한다.

제조업자와 계약자는 비상시에 적절한 시간 내에 대응할 수 있는가? 제조업자나 계약자는 만약 장치가 수리되는 시간이 길어질 경우에 보안 실무자를 추가로 배치할 것인가에 대한 사항은 고객으로서 이러한 약정을 정비 계약에서 합의하여야 한다. 자체 정비는 만일 자격을 갖춘 직원들이 있다면 가능하다. 이것은 외부인과 협정한 장치의 잠재적인 가능성을 줄여주며 구내에서 정비감독자는 장치가 준비되는 과정이나 가동 중에 도움을 준다. 이러한 감독자들은 새로운 배관이나 문제가 생길 수 있는 전기 작업과 같은 건물의 특성에 능통하다.

또한 정비감독자는 직원들이 기술을 알며 그들이 어떻게 장치를 유지하는가에 대한 학습능력을 가지고 있으며 관리자는 정비나 설치시에 감독자에게 장치의 확인을 지시한다.

4. 구매자의 체크리스트

구매자는 값비싼 방호장비를 구매하기 전에 다음의 점검표에 따라서 각 사항을 확인한다.

① 제품은 무엇에 도움을 주는가?

② 설치, 추가적인 인력, 교육, 정비, 제정적인 부과금, 기타 등을 포함한 제품의 총가격은 얼마인가? 구매자가 대량 구입시, 판매자의 커다란 이익은 가격을 낮게 할 것이다.

③ 경쟁공급업체의 총가격은 얼마인가?

④ 그 제품은 새로운 기술적인 발전을 적용할 수 있는가? 어떠한 수정(update)이 가능한가? 이 경우의 비용은?

⑤ 제품이 설치되는 기간과 작동이 시작되는데 얼마나 걸리는가? 정확한 확정일자를 정할 수 있는가?

⑥ 공급업체는 구매자의 영내에서 시험 가동하는 동안 제품을 조사하는 것을 허용하고, 제품을 구매하기 전에 제품의 특성을 실제적인 성능과 비교하고 평가하는 것이 가능한가? 장치가 적절하게 작동하는가? 기업실무자가 장비를 다룰 줄 아는가?

⑦ 제품의 설치 전후나 설치 중에 제조업체나 계약업체의 누가 이 제품에 대하여 책임을 지는가?
⑧ 제품의 수명은 얼마나 되는가?
⑨ 얼마나 자주 오동작이 발생하나?
⑩ 제품 보증기간은 얼마나 되는가?
⑪ 어떤 정비가 필요한가?
⑫ 제조업체나 계약업체는 예방정비와 비상시 서비스를 제공하는가? 보증기간 중과 끝난 후의 비용은 얼마나 되는가?
⑬ 얼마나 빨리 비상시에 수선공이 대처할 수 있는가? 그들의 사무실은 어디인가? 서비스의 필요시 항상 도움을 받을 수 있는가?
⑭ 교환 부품의 가격은 얼마나 되는가? 그것은 쉽게 사용할 수 있는가?
⑮ 얼마나 자주 예방정비가 실시되는가?
⑯ 설치하는 사람은 현장 조사와 시험으로서 제품이 제대로 작동하는가를 보증할 수 있는가? 시험의 한계는? 비용은?
⑰ 사용자에게 정비와 조사에 관한 보고서가 제출되는가?
⑱ 정비 근무자의 훈련과 배경은 어떠한가?
⑲ 장비의 공급업자와 제조업체의 배경은 어떠한가?
⑳ 공급업자에 대한 정보를 알기 위해 더 좋은 관계부서나 공공기관에 알아보았는가?
㉑ 회사의 신용에 대하여 조사하였는가?
㉒ 공급업체는 적절한 업무수행 자격을 가지고 있는가? 공급업체는 법률에 요구하는 훈련과 등록을 하였는가?
㉓ 공급업체는 현재의 새로운 기술을 유지하고 생산품을 개발하는데 도움이 되는 공신력있는 단체의 회원인가?
㉔ 잠재적인 고객이 질문을 할 때 공급업체는 어떻게 반응하는가? 공급업체의 답변은 적절한가?
㉕ 제품과 관련된 사람들의 배경은 어떠한가? 전문적인 기술자는 고용되었는가? 전기업무는 자격을 소지한 계약자가 실시하였는가?
㉖ 공급업체가 현재 같은 제품을 사용하고 있는 사람들에 대한 요청한 관련 자료를 가지고 있는가? 이러한 관련 자료를 확인하여 보았는가?

㉗ 제품에 관한 정보가 외부인에게 자유롭게 알려졌는가? (절도자들은 제품의 정보를 얻기 위하여 자신이 작가, 기자, 구매자인 것같이 행세한다)
㉘ 이 제품은 독립된 시험기관에 의하여 평가된 적이 있는가? 만일 평가되었다면, 모든 관련 법령과 규정의 기준에 적합한가?
㉙ 이것의 중요한 제품의 특성에 대하여 확인하여 보았는가: 고장 지시계, 보조 전원, 축전지 고장 지시계, 제어 캐비닛, 잠금 장치, 좋은 제품의 장착된 특성(배선 · 나사 · 지지대)
㉚ 어떻게 이 장치는 평가되었는가?

이러한 점검표를 활용할 때 이것의 중요성에 의거한 각각의 항목의 가치를 할당하기에 도움이 된다. 예를 들어, 30점은 매우 중요한 항목(가격)에 주고 5점은 일반적인 중요 항목에 준다.

리스트 각 항목에 따른 공급업체의 등급은 간단하게 1에서 5까지 정한다. 그리고 자신의 고안한 점검표와 등급방법을 활용하여 더욱 쉽게 비교하고 선택하도록 촉진한다.

5. 비밀조사원서비스

기업에서 발생하는 일반적인 손실에 관한 시나리오는 재고조사 후에 높은 재고 부족분에 대한 통계를 발견한 이후의 당황하는 사내 분위기이다. 이러한 일이 발생시, 경영진에서는 이것이 미리 예상된 결과라 하더라도 즉각적인 조치를 원한다. 따라서 외부의 비밀조사를 전문으로 하는 회사를 경영진에 의하여 고용한다. 그 후 비밀조사원은 정규 직원으로서 직원의 비공식적인 집단에 비밀스럽게 끼어서 손실에 대한 정보를 모은다. 따라서 어떻게 계약 비밀조사서비스의 조건이 운영되는가에 따라서 의뢰인은 더 좋은 결과를 얻을 수 있다.

서비스회사의 대표자들은 의뢰인이 비용과 조사가 가능한 기간에 대하여 알아야 한다고 조언한다. 통상 이러한 조사는 6주에서 8주까지 계속되나 성공적인 결과를 위해서는 몇 달이 필요하기도 한다.

이것의 비용은 일주일에 500~1,000달러로 다양하나, 이것은 전문성과 조사원의 인원에 좌우된다. 의뢰인은 서비스 대표에게 조사원 이력의 기본적인 배경과 선발방법(고용과 임무), 훈련, 감독에 대하여 요구해야 하고 조사원들은 신분 보증이 되어 있는가를 증빙하는 서류가 제시되어야 한다.

또한 필요할 경우 그들은 법정에서 증언할 준비가 되어 있는가? 매주 얼마 만큼의 보고서를 의뢰인은 보고받을 수 있는가? 비밀조사원들은 조사경과를 의뢰인에게 보고하기 전에 경과를 수정할 수 있는 그들의 감독자에게 그것을 먼저 보고하기도 하므로 조사보고의 성패는 서비스회사에 의한 투명한 활동으로 기인한다.

감독자들은 잠시 정보가 의뢰인에게 보고되지 않고 보류되었으며, 정확한 정보가 나중에 고객에게 숨겨지지 않았다는 것을 알려야 한다. 손실에 대한 엄청난 결과의 손실보고들은 의뢰인을 두렵게 하고 불필요하게 긴 조사를 필요로 할 것이다. 의뢰인들이 조바심이 나서 왜 조사가 그렇게 길어지는가라고 물을 때, 서비스회사에서는 "사건에 대한 실마리가 곧 잡힐 것이니 몇 주간의 기간이 더 필요하다"라고 변명할 것이다. 만약 감독자의 과도한 압력이 있을 경우, 조사원들은 과장된 보고를 하게 되며, 심지어 조작된 정보도 보고한다. 비록 이러한 관행들이 비밀 조사회사들의 부정적인 이미지를 만드나, 이러한 회사들의 모두가 비윤리적인 것은 아니다. 따라서 현재 비밀조사는 보안의 효율적인 방법으로서 미국에서 광범위하게 이용되고 있다.

6. 보안컨설턴트

왜 경영진들은 보안 컨설턴트의 서비스를 원하는가? 두 가지의 주요한 요인은 ① 경영자는 보안에 대한 지식이 부족하며 회사에 보안 실무자들이 없고, ② 경영자가 보안 실무자일지라도 전문적인 분야에서는 전문성이 부족하다. 그러므로 컨설턴트는 다음의 손실 문제의 해결을 요구받는다. 실제적인 제고보다 적은 부족량의 문제를 차단하고, 영업비밀의 누설, 수많은 작업장 사고들이 여기에 해당할 것이다.

조직에서 처음으로 보안 프로그램의 컨설턴트를 고용하였거나, 정착된 프로그램이 사기나 훈련문제에서 문제가 있을 때에는 엄청난 변화를 기대할 수도 있다.

이러한 새로운 생각은 정체된 조직에 굉장한 효율과 효과를 발휘하며 컨설턴트들은 계약회사와의 협상이나 장비의 구매에서 회사의 대표와 같이 행동한다.

그러나 경영진들은 때때로 그들을 고용하는 것이 경영진의 무능으로 비추어지기 때문에 때때로 고용하기를 주저하며 컨설턴트는 비용효과적인 투자나 구매자의 결정시 신중하여야 한다.

의뢰인은 ① 선택, ② 방향, ③ 평가와 같은 세 가지의 특별한 측면에서 성공적인 상담경험에 관심을 가지므로 컨설턴트 선정의 목적은 이 업무에 가장 적절한 사람을 접촉하는 것이다. 여기에서 경영진은 문제에 대해서 명확하게 규정한 다음 적절한 배경을 가진 사람을 찾아야 한다.

그리고 경영진들은 가끔 가장 편안하고 쉽게 일할 수 있는 개인 컨설턴트를 찾으므로 어떤 특별한 서비스나 장비의 구매와는 관련성이 없는 독립된 사람이 최상이다.

의뢰인은 최종 선택을 하기 전에 세 가지 질문에 답하여 본다.

① 컨설턴트(상담원)의 경력이 이 문제에 적합한가?

② 이 업무를 끝마치는데 얼마의 자금과 시간이 요구되는가?

③ 상담원과 처음 접촉시 그가 이 문제의 해결에 대해 당사자와 직원들에게 설득력을 주었는가?

두번째 단계에서는 의뢰인은 선발된 상담원에게 지시를 한다. 이것은 의뢰인이 상담원을 도와주며 업무와 문제에 대하여 친밀해지는 것을 의미한다. 그리고 상담원에게 선발할 사람들을 소개하고, 영내 구역을 둘러보는 것은 하루의 일과를 편안하게 이용하는데 필요한 시간을 분배하게 한다. 먼저 상담원은 면담을 통하여 수집된 정보·관찰·기록들을 먼저 수집하고 사전에 준비된 조사와 체크리스트 양식은 특별히 문의한 질문이나 장소에 대한 확인을 통하여 중요한 힌트를 상담원 자신이 파악한다.

의뢰인들은 다른 업무들이 몇 주일, 몇 달, 몇 년 동안 계속되더라도 구두로서 매일 진행과정에 관한 조사의 결과를 요구할 것이다.

충분한 정보들이 수집되었을 때 컨설턴트는 문제와 해결책의 가능성에 대해 적절한 파악을 하고 상담원은 의뢰인에게 그동안 발견된 문제점과 권고사항에 대한 보고를 한다. 자연스럽게 컨설턴트는 자문능력이 있으며 담당 경영자는 집행권한을 가지고 있으므로 권고사항을 시행할 책임을 받아들여야 한다.

세번째 마지막 단계는 의뢰인을 위하여 상담원을 평가하는 것이 포함되며 표준적인 개인 평가양식이 몇몇의 관련된 질문과 함께 제공된다(예를 들면, 다른 사람들과 일은 잘했는가, 융통성이 있는가, 명확하게 의사를 전달하는가).

그러나 이러한 모든 과정에서 가장 주요한 질문은 새롭게 밝혀진 문제점은 무엇이며, 그것에 대한 만족할 만한 해결책들은 마련되었는가 이다.

제10장

화재와 재난관리

제10장 화재와 재난관리

제1절 화재에 의한 손실

2010년도 전국 화재발생 현황을 분석한 소방방재청 자료에 의하여, 2010년에는 총 41,862건의 화재가 발생하여 1,891명(사망 303명, 부상 1,588명)의 인명피해와 2,667억 6천5백만 원의 재산피해가 발생한 것으로 나타났으며, 이러한 결과는 최근 3년(평균) 대비 2010년도 화재건수는 13.3%(6,415건), 인명피해 5.5%(648명), 재산피해 9.4%(27,709백만원) 각각 감소한 것으로 나타났다.

구체적으로 2010년 화재발생 건축물중 주거용 건물에서 10,515건의 화재가 발생하여 198명이 사망하였고, 비주거용 건물에서 16,388건의 화재가 발생하여 76명이 사망하여 주거용이 비주거용보다 화재로 인한 사망율이 4.06배나 높은 것으로 집계되었다. 또한 노동부가 발표한 '2009년도 산업재해 현황'에 따르면 2009년 우리나라 산업현장에서는 하루 평균 270여명이 부상(전체 부상자 9만8721명)을 당했고 6명이 사망(전체 사망자 2181명)했다. 산업재해로 인한 경제적 손실액은 연간 약 17조원 규모로 교통사고의 1.6배, 자연 재해보다 16배 높은 수준이다. 사망만인율(1.10)[1]은 OECD 상위권 국가 평균보다 1.8배 높고, 국민소득 2만 달러 시기의 독일 미국 영국보다 2배 이상 높다.

---

1) 사망자수의 1만배를 전체 근로자 수로 나눈 값으로, 전 산업에 종사하는 근로자 중 산재로 사망한 근로자가 어느정도 되는지 파악할 때 사용하는 지표이다.

한편, 미국에서는 1995년의 미국소방협회에 의하면 한해에 1,965,550건의 화재에 대해서 소방서에서 처리하였고, 그 중 구조물에서 발생한 것이 573,500건이 발생하였다. 1998년에는 미국소방관서에서 처리한 화재건수는 1,755,500건으로 매 10초당 1건이 발생하였다.

1995년에 화재로 기인한 민간인의 사망은 4,585명 이었으며, 재산 피해액은 89억 달러에 이른다. 1995년의 모든 구조물 화재의 16%, 혹은 90,500건의 화재는 의도적인 방화거나 의심이 가는 화재였다.[2)]

1998년에는 화재건수만 감소한 것이 아니고 화재로 인한 사망률도 감소하였다. 1998년에 4,035명이 화재로 목숨을 잃었으며 1997년 대비 0.4%의 미세한 감소율을 보이고 있어 실질적인 큰 변화는 없었다고 볼 수 있다.

화재로 인한 사망자 발생과 더불어 1998년에는 23,110명의 시민 사상자가 발생하였으며, 1997년에 비해 2.7%의 완만한 감소율을 보였다. 사상자 수가 적은 이유는 많은 사상자가 소방기관의 기록에 접수되지 않은데 있다.

미국소방협회(NFPA)에 의하면 1998년 발생한 1,755,500건의 화재로 8,629만 달러의 재산손실이 발생하여, 1997년 대비 1.2%의 증가율을 보였으며, 화재 건당 평균 손실도 증가하여 4,915달러로 전년대비 3.5% 증가하였다.

대부분의 재산손실은 건물화재에서 발생하였으며, 총손실 중 6,717만 달러로 평가되며, 이것은 전년대비 5.2% 감소한 것이다.

1. 민간소방 보안조직

미국에서는 수많은 민간 소방조직이 연방정부나 주정부의 활동을 지원하며, 지방소방서는 이러한 비용적인 문제를 최소화하기 위하여 다양한 방법을 찾고있다. 미국소방협회(NFPA)는 1896년에 설립되었으며 화재예방과 진화업무에 많은 영향력을 미치고 있다.

NFPA는 화재에 관한 표준과 규정을 발간하고 이것을 대체적으로 연방이나 주법과 일치시킨다. 여기에서 두 가지 중요한 규정은 국가 전기규정과 생명 안전규정이다. 재산의 소유자, 보험회사, 그리고 다른 유관 집단들이 NFPA 규정의 공식화와 개정

2) Michael J. Karter, Jr., "NFPA's Latest Fire Loss Figures," NFPA Journal (September-October 1996), pp. 53~55.

에 자료를 제공하며, NFPA에 의해 1896년에 처음 발간된 "화재예방 안내서"는 당시의 화재예방의 실무에 관해서 출판된 유일하고 훌륭한 내용으로 지역 화재예방의 필요성을 충족시키는 전통이 있는 책이다.[3] 이러한 긴 출판기간 동안의 주제는 화재의 특성과 작용, 화재의 위험, 건물의 설계와 건축, 물의 공급, 경보장치, 소화약제, 화재방지 장치들이 포함되었다.

보험업자 연구소(UL)는 재료나 제품의 실험과 조사를 통하여 공공의 안전에 기여하는 비영리단체이다. 이 단체는 제품을 테스트하기를 원하는 제조업체로부터 수수료에 의해 운영된다. 매년 UL에서는 안전관련 제품이 UL 안전기준에 부합하는가 테스트한 다음 적합한 제조업체의 명단을 발표한다.

또한 UL의 특정한 부서에서는 보안과 관련된 업무를 다루며, 여기에는 절도의 방지와 신호부서, 재해와 화학약품 부서, 그리고 화재방지 부서가 관련된다. 그리고 UL 대리인은 공장에서 제품의 주기적인 시험을 실시하며, 때때로 UL 요구조건에 따르고 있는지를 결정하기 위해 공장제품의 샘플을 수거하여 테스트한다. 이때 적적하지 못한 제품의 제조업체는 미비점을 수정하든가 아니면 UL 라벨을 제거하여야 한다.

2. 소방부서의 예방활동

여기 내용에서는 주로 화재예방을 목적으로 하기 때문에, 공공화재 예방임무가 가끔 민간부문 보안실무에 포함되기도 한다. 이러한 임무에는 시설물의 계획, 사전 화재방지계획, 공공교육, 안전규정, 검사, 법적인 관계가 포함된다.

1) 시설물계획

9·11 테러에서 보여지듯이 당대 최대의 점보비행기의 충돌에서도 견딜 수 있도록 설계된 세계무역센터 건축물이 화재로 인하여 102분 만에 붕괴되는 현상을 우리는 목도하였다. 따라서 현대의 초고층 건축물은 이러한 테러로 인한 예상치 않은 사고에도 견딜 수 있도록 설계되어야 하나, 비용의 문제가 수반되며, 최소한 건축물에 대해 법적으로 강제되어진 규정의 이행여부를 소방공무원이 새로운 시설물들의 건축계획을 사전에 검토하여야 할 것이다.

---

3) Gorden P. McKinnon, ed., Fire Protection Handbook, 14th ed. (Boston: National Fire Protection Association, 1976), p. ix.

여기에는 한층 강화된 비상구의 방화시설에서부터 스프링클러의 물 공급장치까지 다양한 내역에 관하여 방재전문가인 건축구조전문가, 소방기술자, 시설보안 전문가의 의견이 필요하다.

소방법에 근거한 소방공무원에 의한 현장에서의 검사가 계획의 구체적인 이행을 확인해주며, 화재와 물관련 부서의 공무원은 화재시에 적절한 물의 공급을 보장하기 위해서 새로운 시설물의 물공급 시스템의 원활한 운영에 관하여 관련 정부기관에 권고한다. 이러한 재난 관련 부서끼리의 협력과 계획은 화재를 예방하고 진압할 수 있는 향상된 분위기를 만들 것이다.

2) 화재방지계획

화재방지를 위한 사전계획은 화재가 발생하는 경우에 소방관에게 상당한 도움을 주므로, 체크리스트를 가지고 특정한 건물의 현장조사를 실시한다. 그런 다음 해당 건물에 대한 실질적인 사전 화재 예방계획이 수립된다. 여기에서는 출구, 계단, 소화장비, 위험 그리고 모든 중요한 사항들의 장소를 구체적으로 확인한다. 더불어 건축물의 특성과 이웃한 건물의 특성, 지붕의 형태, 건물에서 최고로 대피하기 쉬운 통로, 직원의 인원수와 같은 다양한 정보들이 화재예방계획 수립에 도움이 될 것이다. 그리고 9·11테러에서 희생된 수많은 소방관의 사례에서도 알 수 있듯이 인명구조원칙에 대한 재정립이 요구된다.

사전 화재방지계획은 또한 훈련하는데 도움을 주나 불행하게도 소방관들은 그들의 관할 구역에서 모든 구조물의 화재에 대해서 준비할 수 있는 시간이 부족하다. 그러므로 소수의 시민이 거주하는 구조물 대신에 좀 더 복잡하고 많은 손실이 발생할 가능성이 있는 구조물인 학교, 병원, 극장, 호텔, 그리고 공장과 같은 것들에 관심을 집중하게 될 것이다.

3) 공공교육

화재예방전략에는 화재문제와 어떻게 화재를 예방할 것인가에 대해서 공공단체나 시민에게 교육하는 것을 포함한다. 만약 시민들이 교육캠페인을 통하여 적절하게 참가하게 된다면 화재를 줄이는 것에 굉장한 도움을 줄 것이다. 공공교육 프로그램은 대중매체나 경연대회, 강의, 그리고 소방서의 순회교육을 이용한다. 구체적으로 건물의 검사시에 화재위험을 지적하고 시민들을 교육시킨다.

4) 안전규정

우리나라에도 무수한 참사와 재난을 경험하면서 화재나 재난시에 최악의 상황을 가정한 수많은 관련규정들이 재난과 소방관련 법규에 기술되어 있다.

오히려 이러한 규정의 복잡성 때문에 관련규정을 집행하는 관계기관과 시설물 소유주와의 수많은 뒷거래가 발생하는 원인이 되기도 하였다.

따라서 관련규정의 엄격성보다는 시행가능하고 준수가 어렵지 않는 명확한 규정들에 대한 홍보와 이행에 대한 지도가 선행되는 것이 효과적일 것이다.

미국에서도 오래 전까지 큰 기업을 포함하여 대부분의 건물이 적절한 화재예방에 대한 고려가 없이 건축되었으며, 도시지역에서의 화재와 관련된 손실을 방지하기에는 건축물 규정은 존재하지 않았거나 건축설계가 부적절하였다.

실제로 1871년에 시카고에서 대규모의 화재가 발생하기 전에, 런던의 로이드(Lloyd)보험회사는 화재에 취약한 건축관행 때문에 보험증권에 가입하는 것을 중단하였다. 그리고 위험성있는 건물과 몇몇 건물의 엄청난 손실은 발생한 화재에 의한 보험료가 높아지게 되자 보험회사들이 화재예방 전략에 관심이 증가하면서 보험판매의 어려움이 증가하였다. 이어서 건물건축과 소방관서의 시설향상이 천천히 뒤따르게 되었다. 화재표준을 정립하는데 비록 보험협회가 중요한 역할을 하였지만, 화재규정을 강화하는데는 정부지원이 필요하다. 따라서 오늘날 지방정부는 화재규정을 적용하기 위해서 규정과 지방조례를 시행하고 있다. 이에 따라 소방공무원들은 법률이나 조례에서 자세히 규정된 기준이나 규정을 이행하고 있는지를 확인하기 위해서 구조물들을 점검하고, 건물주들의 규정의 이행을 강화하기 위해서, 위반시에는 화재위험을 줄이기 위해 대체적으로 벌금과 수정조치를 병과한다.

소방관련 규정은 화재규정과 건물규정의 형식이 있으나 여기에는 종종 화재 조사원과 건물조사원에게 주어진 권한과 책임이 상반되어서 일치하지가 않는다. 일반적으로 건축에서 요구되어지는 것은 건물규정과 연관되므로, 이러한 규정은 건물 조사원에 의해 집행되고 건물규정은 대체적으로 건축에서 요구하는 재료나 지붕, 전기적인 설비, 스프링클러 시스템, 출구, 배기구 그리고 유사한 시설과 관련된 것을 포함한다.

이에 반하여 화재규정은 소방공무원에 의해 집행이 되며, 유지보수와 다양한 화재예방의 상태 그리고 건물의 진압시설(예, 스프링클러)에 관한 것을 주로 다룬다. 또한 화재규정은 위험물질, 위험한 곳에서의 생활, 그리고 화재에 대한 일반적인 예방책을 다룬다. NFPA의 생명안전규정(Life Safety Code)의 목적은 건물이나 다른 구조물 화재로부터 최소한의 안전에 관한 요구조건을 확립하는 것이다. 이러한 요구조건의 예를 보면, 탈출을 위한 출구의 충분한 숫자와 비상시의 탈출을 방해하는 자물쇠 장치의 제거를 포함하나 가끔 규정의 이행에 대한 태만으로 인한 클레임 발생시에 소송에 이용되기도 한다.

오늘날 여러 가지 압력집단(예, 건설산업)은 소방규정을 명문화하는 정부공무원에게 압력을 행사하여 소방규정을 약화시키는 것으로 알려져 있다.

여기에서 파생된 전형적으로 불행한 사례는 초고층 건물에 불이 날 경우에는 상층부에는 스프링클러가 설치되어 있지 않고 소방서에도 그렇게 높은 곳까지 진압할 수 있는 장비가 없기 때문에 사람들이 참변을 당하는 경우가 발생한다.

항상 이러한 참상이 발생한 다음 대중매체가 이러한 비극적인 상황과 정부 공무원의 결탁을 공공시민의 격렬한 항의에 의해서 방송하고, 그 후에 강력해진 화재규정이 출현하는 계기가 되었다.

제2절 화재예방과 진압전략

화재예방은 화재의 발생을 방지하기 위한 전략에 중점을 두는 반면에 화재진압은 화재를 진압하기위한 인원과 장비, 그리고 여러 가지 재원이 필요하다.

다음의 실질적인 전략은 보안 프로그램의 중요성이 특히 강조된다. 그리고 다음의 화재의 삼각도〈그림 10-1〉는 화재에 필요한 요소들이다.

대부분의 화재에서는 연료·산소·열과 그리고 화학적 연쇄반응이 필요하다.

화재에 필요한 세 가지 특성에 화학적 연쇄반응이 추가되면 화재가 발생한다. 만약 이 중에서 한 가지라도 빠지게 되면, 즉 예방전략(예, 좋은 관리나 안전)이나 진압(예, 소화) 가운데 한 가지라도 시행되면 화재는 일어나지 않는다. 열은 점화원으로 간주되며, 연기가 나는 담배, 용접 토치에서의 스파크, 기계에서의 마찰은 화재를 발생할 수 있는 충분한 열을 발생한다.

거의 대부분의 작업환경은 연료, 열, 산소를 가지고 있다. 그러므로 보안 실무자들과 모든 직원들은 전반적이고 철저하게 가연성연료를 격리시키고 열원을 관리하여 화재발생의 기회를 줄이는 조치를 취해야 한다. 그리고 대기 중에서 급격하게 널리 퍼지는 산소에 관해서만 관심을 기울일 것이 아니라 가솔린과 등유와 같은 연료는 열원으로부터 상당히 떨어진 곳에 적절히 격리 · 보관되어야 한다.

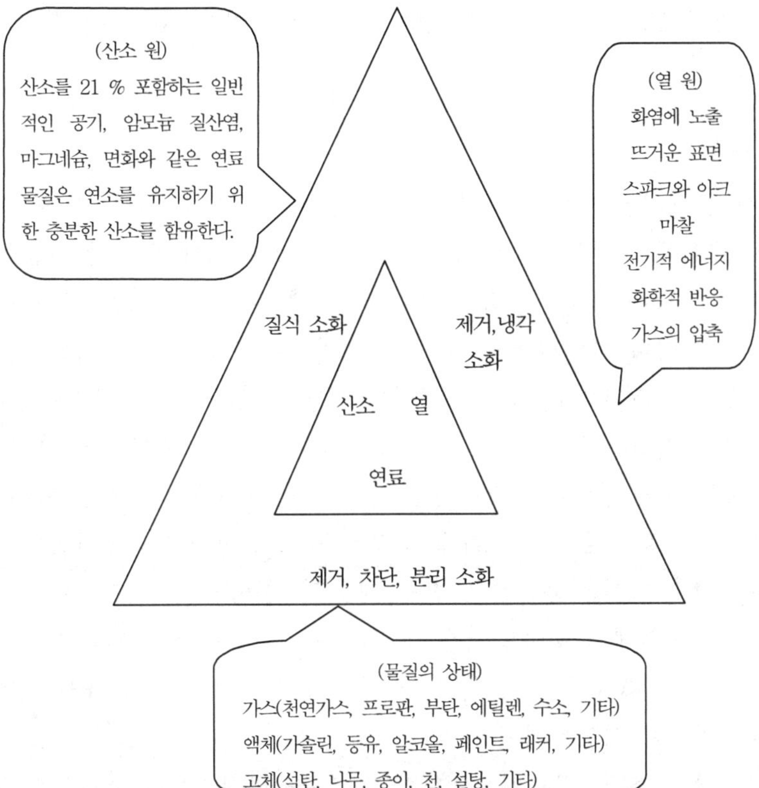

〈그림 10-1〉 화재의 삼각도

1. 화재예방전략

1) 안전점검

화재의 위험을 확인하기 위한 점검과 감사는 화재에 대한 모든 조직전략의 주요 사항이다.[4] 따라서 점검시 체크리스트의 문항에는 다음의 사항을 포함하여야 한다. 새로운 시설 디자인과 공장의 공정은 화재방지 검토를 위하여 적절한 실무자에게 제출되었는가? 직원들은 화재예방과 진압의 정책과 절차에 관해서 주기적인 훈련을 받았는가? 화재 진압장비의 상태는 어떠한가? 공장의 쓰레기, 기름이 묻은 걸레, 다른 인화성 물질은 적절하게 처리되었는가? 전기배선의 상태는 어떠한가? 기계들은 마찰열을 줄이기 위해 적절하게 윤활유가 공급되었는가? 이러한 점검의 주요한 목적은 결함을 찾아내는 것이므로, 점검 후 신속하게 시정되는 조치가 뒤따르는 것이 점검 예방전략의 기본이다.

2) 안전계획

예방점검에서 발견된 사항은 화재 손실에 대한 전략을 수립하는데 도움이 되며, 다방면에 걸친 계획에 참여하는 집단들은 대체로 계획수립에 뛰어난 자문역할을 한다. 여기에 참여한 소방서 직원, 건축가, 기술자, 보험 전문가, 보안 실무자, 기타 관련 분야 사람들은 다양한 아이디어를 제공한다. 기업내 관리조직의 지원도 계획의 진행 과정에서 중요한 요소이므로 적절한 인력의 지원, 재원, 정책과 절차, 관리는 화재예방 프로그램을 강화하는데 큰 도움을 주며 조직에서 많은 변화들이 화재방지와 관련되어 있다. 예를 들어 새로운 제조과정은 추가적인 화재예방 훈련과 화재진압 장치를 필요로 하며, 새로운 컴퓨터실은 화재 방지를 필요로 할 것이다. 다음의 질문들은 화재예방계획을 강화하는데 중요한 지침을 제공할 것이다.

① 능력 있는 직원에게 화재방지를 조정하는 임무를 주었는가?
② 계획들은 주의 깊게 분석이 되고, 자세하게 기록되며, 적절하게 시행되고, 변화에 따라 개정이 되었는가?
③ 스프링클러 시스템, 경보기, 소화기, 호스, 출구신호는 관련규정에 따라서 전략이 수립되었는가?
④ 직원들은 화재시 어떻게 대응하는지를 알고 있는가?
⑤ 화재예방과 진압에 관한 적절한 훈련이 실시되는가?
⑥ 좋은 품질의 화재예방과 진압장비나 장치들이 준비되었는가?
⑦ 공공서비스 기관들과 공공시설들과의 관계는 잘 유지되고 있는가?
⑧ 응급구조 및 의료서비스는 유효하게 제공되는가?
⑨ 화재시 적절한 보험의 적용은 가능한가?

---

4) Sandra L. Breisch, "Is Your Workplace Fireproof?" Safety and Health (July 1989), pp. 40~44.

⑩ 화재와 관련된 사고발생 손실의 경우에 우발상황에 대한 긴급계획(contingency plan)은 유용한가? 화재시 제품은 재빠르게 대체된 장비와 재원을 통하여 유지·보관이 가능한가?

⑪ 큰 손실을 피하기 위해 고가의 물품은 분리 보관되는가?

추가적으로 지역소방서와 관련하여 다음의 질문들이 화재예방계획을 진행하는데 도움을 줄 것이다.

① 소방공무원이 시설물을 방문하여 화재예방과 진압시설들을 조사한 적이 있는가?

② 물의 공급에 관하여 검토되었는가?

③ 사전 화재방지 계획을 확립되어 있는가?

④ 어떤 유형의 공공의 화재방지 기관들이 유용한가?

⑤ 공공의 화재장비들이 시설물까지 도착하는데 얼마나 걸리는가?

⑥ 어느 정도의 빈도로 민·관 합동훈련이 실시되는가?

3) 안전관리

화재예방 프로그램을 위한 몇 가지 안전(safety)전략은 다음과 같다.

① 흡연구역과 비(非)흡연구역을 지정하여 엄격하게 관리되며, "안전"이라는 표지판이 깨끗하게 표시된다.

② 흡연구역에서는 꽁초와 재떨이나 모래 항아리가 준비된다.

③ 장비나 장치들이 선택될 경우에, 평판 좋은 시험기관(예, UL)에 의해 승인된 제품을 선택한다.

④ 보일러와 같은 난방시스템을 사용할 경우에 점화, 사용 중, 소화 시에는 안전을 유지한다.

⑤ 발전기의 안전한 작동의 보장과 과열을 방지하기 위해서 종종 검사를 실시한다.

⑥ 절대로 전기회로에 과부하가 걸려서는 안 된다.

⑦ 번개에 대비한 보호장치를 사용한다(예, 피뢰침).

⑧ 안전에 관한 식견이 풍부한 전기기술자를 고용한다.

⑨ 인화성 물질이나 위험한 재료 가까이에서는 용접장비의 사용을 금지한다.

⑩ 용접중이나 후에 불꽃을 확인한다.

⑪ 안전한 사내분위기를 만들기 위해서 직원들을 교육시킨다.

⑫ 점검을 실시하고 결점을 보완한다.

⑬ 위험한 것들의 운영시에는 화재방지에 대한 준비를 확인한다.

이와 더불어 체계적인 관리는 또 하나의 화재방지전략이 될 것이다. 이것은 건물에 대한 관심과 유지보수, 청결, 재료들의 적절한 배치, 조심스러운 폐기물과 쓰레기 처리, 그리고 여러 일반적인 관리 활동들을 포함한다.

4) 위험한 물질의 운송과 저장

위험한 물질이나 재료로부터 재난을 방지하는 것은 매우 중요한 일이다. 이러한 재료들은 거의 모든 지역에서 사용되며 트럭 · 기차 · 배 · 바지선 · 비행기를 이용하여 운송된다. 그러므로 모든 지역에서 손실발생 가능성을 가지고 있다. 위험한 물질이나 재료의 보기로는 플라스틱, 연료, 부식성의 화학물질(예, 산성물질) 그리고 방사능 물질들이 있다. 이러한 물질의 물리적·화학적 특성과 저장과 운송의 방법, 화재 발생시에 가장 적절한 전략에 관해서는 엄청난 양의 정보가 존재하나 적용여부는 사용자에게 달려 있다.

5) 사상자 발생의 방지

화재예방전략들이 어떻게 수립되었던 간에, 가장 중요한 요소는 부상과 사망을 방지하는 것으로 여기에서 중요한 두 가지 고려사항은 비상탈출과 의료서비스이다. 탈출계획과 훈련은 사람들에게 화재발생 가능성에 대비하는 것에 도움이 되며, 대체적으로 연기와 화재경보는 대피하라는 경고를 보내는 것이다. 이때 비상 탈출 지도와 적절하게 규정된 비상문은 부상과 사망을 방지하는 역할을 한다. 화재시 직원들은 모든 장비들을 멈추고, 지정된 탈출로와 화재 대피로를 이용하고, 승강기의 사용을 피하며, 미리 지정된 지점을 외부에서 알려준다.

직원들이 대피하는 동안에 소방관들이 화재 발생장소로 진입할 것이다. 소방관과 장비는 화재 발생장소로 신속하게 유도되어야 하며, 안전실무자는 군중들의 통제를 실시한다. 만약 부상자가 발생하면 신속함과 비상 의료서비스의 유기적인 체계만이 생명을 구할 수 있으며 불필요한 고통을 방지할 것이다. 따라서 공장에서 직원들이 응급처치에 대한 대처훈련을 실시하는 것과 같은 사전계획은 비상의료서비스를 향상시킨다.

6) 소방훈련

그러나 아무리 많은 계획이 있더라도 훈련이 실시되지 않는다면 화재예방에 대한 전략의 인식은 줄어들게 될 것이다. 따라서 훈련을 통하여 화재예방은 모든 사람의 책임으로 인식되게 될 것이다.

훈련시 직원들은 첫째로 심각한 화재손실의 비참한 결과에 대해서 이해하여야 한다. 이것에는 사람에 대한 손상뿐만 아니라 생산성과 기업재산의 손실도 포함된다. 따라서 훈련의 주제에는 안전, 좋은 관리방법, 위험한 물질과 재료, 대피, 응급처치가 포함된다. 이러한 지식은 강의 · 비디오 · 전시 · 훈련 · 소방 공무원의 초청·소책자·화재예방 표지의 계시를 이용하여 전달되며, 실질적으로 지역 소방서의 지원을 받아 통제된 외부의 작은 지역에서 작은 화염을 발생시켜서 직원들이 진압장비를 이용하여 실습을 실시해본다. 이때에 직원들이 상품(예, 최고의 화재예방 포스터)을 타기 위해서 경쟁하는 것과 같은 화재에 대한 경각심을 장려하는 프로그램은 또한 화재예방의 인식을 향상시킬 것이다.

2. 화재진압전략

화재진압전략의 성공은 주로 치밀한 사전계획과 준비, 장비의 품질, 직원의 준비성에 좌우된다. 다음의 내용은 화재에 관련된 장비와 시설에 관련된 사항이다.

1) 기술과 컴퓨터

감지기는 연기와 온도의 상승 정도를 감지하여, 위험의 분명하면 경보기가 화재의 첫 단계로서 울린다. 그리고 화재는 자동적으로 스프링클러의 물에 의해서 소화되기도 한다.

여기에 사용되는 컴퓨터시스템은 화재에 관련된 다양한 기능을 수행하기 위해서 프로그래밍된다. 예를 들어, 화재의 상세한 부분까지도 보여줄 수 있는 컴퓨터 화면에 CCTV 영상이나 인쇄된 지침서를 보여주며, 화재관련 부서에 알려주고, 건물 거주자들에게 비상방송을 실시하고, 비상조명과 여러 장비들의 작동을 위하여 비상발전기가 기동되고, 스프링클러 시스템의 물의 압력 변화를 감지하고, 어떤 전기 장치나 장비(예, 연기나 화염의 확산을 방지하기 위하여 송풍기를 정지)를 정지시키고, 특정한 부분은 환기를 시키며, 문을 닫고, 거주자를 위한 안전한 장소를 확보하고, 그리고 비상 사다리의 사용을 가능하게 하기 위해서 승강기를 바닥으로 내려놓는 것과 같은 여러 가지 업무를 수행한다.

만약 인간에 의해 화재의 위협과 이러한 판단을 분석하게 된다면, 컴퓨터가 필요한 단 몇 초에 비하여 엄청난 시간을 필요로 할 것이다.

2) 화재와 연기의 감지

많은 기업에서 향상된 재산보호를 위하여 다음의 감지기의 조합을 이용한다.

① 연기감지기는 각종 시설물에 광범위하게 이용되며, 특히 연기를 포함하고 있는 독성 증기나 가스 그리고 연기로 기인한 화재에서 사상자가 가장 많이 발생한 이래로 광범위하게 사용된다. 이 감지기는 연기가 빛의 빔을 차단하거나 연기가 광전지 안에서 빛을 반사하는 굴절실에 들어갈 경우에 광전자 빛의 빔과 감치기가 반응하여 작동한다.

② 이온화감지기는 화재 초기단계에 눈에 보이지 않는 연소물질에 민감하게 반응한다. 이러한 감지기는 초기 경보기능으로서 알려져 있다.

③ 온도감지기는 온도가 어느 수준에 이르거나 온도가 급격히 상승할 경우에 열에 대하여 반응한다. 후자의 것이 온도 상승률 감지기이다. 이러한 온도 감지기는 독립적으로 사용되거나 다른 것과 결합하여 만들어진다.

④ 화염감지기는 화염이나 확산되는 불씨를 감지한다. 이러한 감지기는 인간의 눈에 보이지 않는 화염에 민감하게 반응하며, 적외선감지기 종류는 인간은 볼 수 없는 복사에너지에 반응한다.

⑤ 스프링클러 물흐름 감지기는 열기가 특정한 온도에 까지 올라갈 경우에 녹는 봉연(seal , 封鉛)을 포함하고 있으며, 감지기가 작동하면 스프링클러 시스템에서 물이 흐르며 압력스위치에 의해서 닫힐 때 경보가 작동한다.

⑥ 일산화탄소 감지기는 일반적으로 조용한 살인자(silent killer)라 불리는 일산화탄소에서 인명을 보호하는 역할을 한다. 일산화탄소는 감지하기가 매우 어려우므로 실제로 일산화탄소에 중독되어 졸린 상태의 희생자들을 약물 남용으로 오인하기도 한다.

⑦ 가스감지기는 가연성 가스나 증기를 감지한다. 이러한 장치는 특히 석유화학, 그리고 위험한 가스나 증기를 발생하는 산업에서 효과가 있다.

⑧ 조합감지기는 하나 이상의 화재 발생원인이나 다양한 작동원칙을 이용하여 반응한다. 예를 들어 연기 · 열감지기 또는 온도 상승비율/고정 온도·열감지기를 포함한다.

화재발생시에는 신속하게 소방서에 연락을 취한다. 그러나 때때로 이러한 단순한 일들을 간과하는 경우도 있다. 심각한 화재가 발생시에는 손실을 최소화하기 위해서 지역소방서에 가능한 빨리 연락을 한다. 그러므로 모두가 누군가가 연락을 했겠지 하는 생각을 하고 있는 상황을 방지하는 최선의 전략은 "누가 소방서에 연락을 했는가?"라고 물어보는 것이다. 또 다른 문제는 사람들이 외부의 도움 없이 화재를 진화할 수 있다고 생각할 경우에 발생한다. 이것은 초등진화에서의 소중한 시간을 낭비하는 것이며 시간이 경과한 다음 소방서에 연락이 될 때에는 이미 심각한 위험이 발생한 후이다.

경보신호 시스템에는 자동식과 수동식이 있다. 자동시스템은 사이렌이나 벨이 연기나 화재감지장치 혹은 스프링클러 장치에 부착되어서 연기나 화재에 대해서 근처에 있는 사람들에게 알려진다. 이러한 경보기의 종류를 국부경보기라 부른다. 그러나 자동시스템과 결합되어 있지 않으면 국부경보기는 화재 관련부서에 알려주지 못한다. 자동시스템은 또한 국부시스템과 중앙통제실과 화재 관련 부서에 알려주는 경보기로 구성된다. 오늘날 많은 큰 기업체에서는 연기, 불, 도둑 그리고 다른 경보를 감시하는 자체 중앙감시통제실을 가지고 있다. 반면에 수동 화재경보 신호시스템은 벽에 수동으로 잡아당기는 장소에 부착되고 경보신호가 중앙통제실이나 화재 관련부서에 전달되지 않는 국부경보기이다.

3) 소화기

각각의 특정한 화재의 유형에 따라 사용되는 소화기의 종류는 매우 다양하다. 이것이 화재를 분류하는 것을 가능하게 하는데 도움을 준다.

① A급 화재는 부스러기, 종이, 섬유, 나무, 포장지, 가구와 같은 일반적인 연소물질로 구성된다.

② B급 화재는 가솔린, 오일, 알코올, 청소용 용매와 같은 인화성 액체를 연료로 한다.

③ C급 화재는 발전기, 모터, 퓨즈 박스, 컴퓨터, 복사기와 같은 전기회로나 장비

에서 발생한다.

④ D급 화재는 나트륨, 마그네슘, 칼륨과 같은 인화성 금속을 연료로 한다.

직원들과 보안실무자들은 반드시 적절한 소화기 사용방법에 대한 지식을 가지고 있어야 한다. 만약 잘못된 소화기가 사용된다면, 화재는 더욱 심각하게 될 것이다. 가솔린은 물위에 떠서 불을 확산시키므로 물은 가솔린(B형 화재)과 같은 인화성 액체에는 절대로 사용해서는 안 된다. 또한 물은 전기를 전달하기 때문에, 감전이 발생하므로 전기화재(C형 화재)의 경우에는 물을 뿌려서는 안 된다. 일반적으로 많은 장소에서 다용도 건성 화학소화기를 사용하고, 이것은 A, B, C형 화재에 적용이 된다. 이러한 접근방법은 화재시에 혼란을 줄여줄 수 있으므로 평상시 직원의 훈련은 화재시에 적절한 대응을 하게한다.

소화기는 보안 근무자가 순찰시 적어도 매주 한번씩은 확인하여야 하고, 서비스회사에서는 필요시에는 소화기를 재충전하여야 한다. 봉인은 소화기에 부착되어 소화기가 항상 사용가능함을 보증한다.

4) 스프링클러

스프링클러[5] 시스템은 추가적인 물을 항상 공급할 수 있는 수원을 가지고 일정한 압력을 가진 물을 포함하고 있는 파이프가 천장을 따라서 설치된다. 파이프에 연결된 자동 스프링클러는 특정한 장소에 위치하고 화재가 발생하면 스프링클러 헤드에 있는 봉연이 사전에 조절된 온도에서 터뜨려져서 계속적으로 물이 흘러나오게 되는 원리이다.

오늘날 스프링클러는 효과적인 화재진압전략이다. 미국 국가화재자료센터의 통계에 의하면 자동 스프링클러가 설치되어 적절하게 작동되는 곳이 스프링클러가 설치되지 않는 곳보다 훨씬 평균적인 손실이 적었다.[6] 그리고 NFPA는 자동 스프링클러 시스템의 작동에 관한 기록을 보관하고 있는데, 이 보고서에 따르면 놀랄만한 광범위한 기록이 스프링클러가 설치된 건물의 117,770건의 화재에서 95%가 만족할 만하게 스프링클러가 작동하였다.[7]

5) 스프링클러 소화설비는 영국의 화학자 A. Godfrey에 의하여 1723년에 만들어졌으며, 1874년 자동 스프링클러 헤드가 발명되면서 미국에서 실용화되었다.

6) U.S. Department of Commerce, U.S. Fire Administration, Fire in the United tates (Washington, DC: U.S. Government Printing Office, 1978), p. 54.

반면에 스프링클러 시스템의 대부분의 실수는 인간의 에러에 기인하며, 대부분은 물공급장치가 불이 발생한 시간에 잠겨져 있었던 것이 원인이었다.

따라서 스프링클러 시스템은 화재손실을 줄이기 위한 가치있는 투자이고 낮은 화재보험료의 적용은 실제적으로 이 시스템이 설치되어 있으므로 가능하다. 자동 스프링클러 시스템의 대표적인 종류는 두 가지로 건식 파이프시스템과 습식 파이프시스템이다. 습식 파이프시스템은 물이 항상 파이프에 있다가 열이 봉인을 터뜨리면 물이 방출된다. 이것은 가장 일반적인 시스템으로 적용되고 있으나 시스템의 운영에서 얼염려가 있다. 그러나 온도가 몹시 추우면 파이프가 파손되어 문제가 생기는데, 이때 건식 시스템이 유용하다. 건식 파이프시스템에서는, 스프링클러 헤드가 터질 때까지 파이프에 공기압이 유지된다. 그런 다음 공기가 빠져나간 다음에 물이 파이프에 들어가서 스프링클러를 통하여 나온다.

오래된 건물은 파이프에 이산화탄소와 하론과 같은 화재를 억제하는 화공약품을 적용한다. 그러나 지금의 소방법규는 이러한 화공약품을 금지하였는데 이산화탄소는 산소를 흡수하여 밀폐된 장소에서 인간을 위험하게 하고, 하론은 지구의 오존층을 파괴하기 때문이다.

5) 저수탑과 호스 시스템

저수탑과 호스 시스템은 사람이 수동적으로 불이 발생한 건물에 물을 뿌리는 것으로, 저수탑은 수직 파이프로 건물의 각 층의 출구로 물을 공급한다. 그러므로 다층구조에서는 대체로 저수탑은 저수탑과 호스, 그리고 소방관을 보호하기 위해서 내연성의 소방계단으로 건축된다. 일반적인 장치는 화재에 관한 비상시의 정보가 표면에 쓰여져 있고 벽면 캐비닛에 2.5인치 호스가 말려서 보관된다. 그리고 작은 손잡이 모양의 바퀴와 비슷한 조절 밸브는 물을 흐르게 한다. 따라서 전반적으로 자동소화장치(예, 스프링클러)가 선호되는 시스템이다.

그러나 저수탑이나 호스 시스템도 자동시스템이 작동하지 않거나 없을 경우에는 유용한 설비이다. 그리고 건물의 한 부분이 외부 호스라인이나 소화전이 접근할 수 없을 경우에, 적절하게 훈련된 직원들은 화재를 진압할 역량을 가지고 있어야 한다.

---

7) Percy Bugbee, Principles of Fire Protection (Boston: National ire Protection Association, 1978), p. 170.

만약 직원들이 소방의 책임을 가지고 있다면 훈련은 필요한데 호스를 가진 두 사람이 필요하며, 한 사람은 최대한 호스를 길게 펴고 다른 사람은 물 흐름밸브를 연다. 만약 훈련이 실시되지 않았다면 호스가 펴지기 전에 밸브를 열 경우의 위험을 이해하지 못하고 부상을 당할 수도 있다. 이것은 마치 채찍과 같이 물의 압력에 의해 호스의 꼬인 부분이 펴지면서 누군가를 가격할 수도 있다.

6) 방화벽과 계단통로

방화벽은 계벽(界壁)이나 칸막이벽보다 훨씬 높은 방화효과를 기대할 수 있는 벽으로 건물의 어떤 부분에서 불이 나더라도 그 인접부분으로 확대되는 것을 방지하는 것이 목적이다. 건물을 수직으로 구획짓는데 1,000㎡이내마다 설치한다. 방화벽의 양단·상단은 건축물의 외벽 면과 지붕면으로부터 0.5m이상 튀어나오게 해야 한다. 방화벽에 설치하는 개구부의 폭과 높이는 각각 2.5m이하로 하고 방화문을 설치한다(건축법시행령 제31조). 가옥은 물론 선박이나 항공기에도 연소를 막기 위한 방화벽이 시설되어 있다.

일반적으로 방화벽은 화염의 전파를 방지하기 위해서 건물 내에 설치되며, 이러한 벽은 불에 잘 견디는 재료로 만들어진다. 따라서 방화벽은 몇 시간 동안 불에 견딜 수 있도록 설계되나 방화벽은 출입구와 같은 개구부에 의해 약화된다. 그럼으로 대체로 방화문은 화재시에 자동적으로 닫히게 설계되며, 국가기관에서 인정한 시험연구소가 이러한 문들의 신뢰도를 연구한다.

또한 화재 대피 중에 계단통로(돌로 만든 것)는 대피를 위해서 불에 잘 견디는 대피로를 제공하므로, 일반적으로 소방규정에서 계단통로는 적어도 두 시간 동안 불에 견디도록 규정되어 있다. 그리고 계단통로는 대피하는 동안에 연기에 의한 위협을 줄이기 위해서 환풍기를 설치하여야 한다.

7) 출입관리

비상시에는 전기로 작동되는 문들은 대피를 가능하게 하기위해서 생명안전시스템과 연결되어야 하는데, 안전의 관점에서는 경보상태에서 침입자를 들어오고 나가는 것이 쉽게 허용하기 때문에 이러한 문제가 발생한다. 따라서 이러한 취약점을 보완하기 위해서는 CCTV와 보안요원이 특정한 장소에 배치된다.

건물규정에는 비상시에 출구장치를 이용하여 신속하게 대피하도록 되어 있으나, 외부에서 잠겨진 문은 내부에서 쉽게 열려 도둑이나 불법적인 통행을 허용하기도 한다. 그럼으로 비상시에 신속한 대피를 가능하도록 문은 양쪽에서 안전하게 지켜져야 하고 이러한 취약점에 대한 해결책은 통제된 출구장치가 있다.

통제된 출구장치의 한 가지 유형은 대체적으로 밀친 다음에 15초 동안 경보음과 함께 잠긴 상태를 유지한다. 이러한 지연된 시간은 보안부서에서 대응하는 시간을 제공하기 위한 것이다. 실제로 비상시에는 이러한 장치는 건물의 화재방지 시스템과 연통하여 즉시 열리게 된다.

1985년 Las Vegas MGM Grand Hotel 화재에서 많은 생명 손실의 주요한 이유 중의 하나가 된 보안장치(출구가 잠겨 있었음)의 문제점에 대해서 생생한 사례를 제공했다. 따라서 건물의 계단통로로 통하는 모든 출구들은 통제된 출구장치(panic hardware)를 가져야 한다. 그럼에도 불구하고 한 사례를 보면 어떤 건물의 거주자가 계단통로에서 연기를 만났다. 그러나 불행하게도 그 문들은 각 층의 안전을 확보하기 위해서 계단통로 측에서 잠겨져 있었으므로 그 사람은 다시 출구를 찾기 위해서 건물의 1층으로 가야 되었다. 이때 엄청난 연기가 계단통로를 따라 올라오고 1층에는 출구가 없었으므로 그 거주자는 연기에 휩싸여 사망하게 되었다.[8)]

8) 내연성 건물과 대피훈련

모든 건축물이나 구조물의 재료로서 불에 잘타지 않는 내연성 재료의 중요성은 지난 대구지하철 참사에서 증명된바 있으나, 미국에서도 미국 화재의 예방과 통제에 관한 국가위원회의 보고서에 의하면 "미국의 화재"는 건물의 설계와 건축에서 주요한 약점을 지적하였다.

이 약점의 핵심은 건축가와 건설주이다. 종종 이러한 전문가들은 화재 보호에 대한 심각한 고려 없이 오직 금전적인 관점에서 생각한다. 따라서 건물이 완성된 다음에 보험실무자가 보험료를 결정하는데 화재위험에 노출되어 있는 것을 발견한다. 만약에 어떤 사람이 건물이 건설 중에 수 톤의 가연성 재료가 건물 안으로 운반되었다면, 이것이 사용된 것에 관해서 다시 생각하여 가연성 재료의 사용을 멈추어야 하고, 그 건물을 사용하는 이용자는 건물에 들어가기를 주저하게 될 것이다. 건축이나 가구에서의 나무, 옷 그리고 커튼의 섬유, 카펫, 종이, 세척액 그리고 다른 인화성 물질은

8) Wayne D. Moore, "Balancing Life Safety and Security Needs," Security Technology and Design, January-February 1997, pp. 69~70.

위험한 대신에 강화 콘크리트 또는 보강된 철재 건축물 그리고 내화성의 지붕·바닥·벽·문·창문·카펫·가구 같은 것은 화재 방지에 커다란 도움을 줄 것이다.

화재의 위협을 내포한 조직에서 직원훈련은 굉장히 중요하다. 화재시 가장 주요한 것은 생명에 대한 보호이며, 그 다음 질서 있게 대피하는 도중에 귀중한 재산을 보호한다. 만약 특정한 직원이 화재진압의 책임을 가지고 있다면, 훈련을 통하여 대응조치를 습득시킨다. 그러나 아쉽게도 지역 소방서의 역량은 기업의 공장과 같은 대형화재시 절대적으로 거기에 미치지 못한다. 이러한 경우에 대비하여 기업 내에 민간 소방부서(자율소방대)가 반드시 조직되어야 한다.

9) 화재와 보안시스템의 통합

통합된 화재와 보안시스템이 처음 의도한대로 운영되지 않은 것과 같은 최첨단 기술의 결합에 관한 많은 좋지 않은 사례가 있다. 이러한 혼란과 실망이 누적됨에 따라 각 제조업자들은 상대방을 비난하게 되었다. 그리고 소방기관들은 시스템의 화재경보 부분의 사용승인을 거절하게 될 것이다. 따라서 보안 관리자에게는 불행하게도 그들은 왜 시스템의 제휴에 그렇게 많은 돈을 소비하고도 적절하게 운영되지 않는지를 설명하여야 할 것이다.

다음은 이러한 판단을 개선시킬 수 있는 몇 가지 지침이다.

① 화재와 보안시스템을 통합할 수 있는 판매원의 불만을 들어본다. 그런 다음 이것의 성공을 위해 연구를 시행하고 최종 사용자와 이야기를 나눈다.

② 소방과 보안시스템에 관한 기술이 인정된 기술자를 고용한다. 그리고 그에게 설계명세서와 예산을 제공한다.

③ 그들의 필요한 자료를 얻기 위해서 지역소방서와 접촉한다.

④ 어떻게 통합시스템을 운영할 것인가의 목표를 개발하고 계약부분에 이것을 기록해 둔다.

⑤ 가능하다면 양 시스템에 하나의 제조업자를 이용한다. 그렇지 않으면 제품의 통합을 위해서 제조업자와 계약을 한다.

⑥ 유지보수와 보증에 관한 정확한 정보를 입수한다.

⑦ 통합시스템은 사법권과 규정과 기준의 가진 소방기관과 관계되기 때문에 우선적으로 화재경보 시스템을 개발한다. 이러한 문제 해결은 시스템의 적용, 디자인, 설치의 남용을 관리하지 못하는 안전산업에 관한 잘못된 규정과 기준의 관

점에서 기인한다.

⑧ 미국의 NFPA에 의해 채택된 국가화재경보 규정은 모든 경보 시스템의 최소한의 요구사항을 기술하고 있다.[9)]

그리고 통합시스템이 의도한 방향으로 작동이 될 때, 다음 시나리오에서 보여지는 것과 같이 그들은 생명과 안전시스템에 투자가치를 느낄 것이다.[10)]

① 50층 건물의 화장실 설비 안에 불꽃 연기가 감지되었다.

② 연기가 복도로 들어가서 천장에 있는 연기감지기를 작동시킨다.

③ 온도가 상승하여 스프링클러 시스템을 작동시킨다.

④ 1층의 보안 집무실에서 몇 개의 경보기가 울리고, 근무자가 컴퓨터 화면을 확인한다.

⑤ 19층 연기감지기 작동과 19층 스프링클러 시스템 작동표시를 확인한다.

⑥ 근무자가 소방부서를 호출한다.

⑦ 컴퓨터로 통제되는 건물 모두에 자동으로 방송되는 시스템으로 18~20층의 직원들은 침착하게 화재에서 보호되는 계단통로로 들어가도록 지시하는 방송이 된다.

⑧ 다른 층에 있는 사람들에게도 화재가 공지되고 다음 지시를 기다리기 위해서 가까운 계단통로 밖에서 대기하도록 알린다.

⑨ 전기적으로 통제되는 문은 비상탈출을 위해서 해제된다.

⑩ 그렇지만 CCTV는 해제된 구역에 초점을 맞추고 경비원이 급파된다.

⑪ 소방관이 도착하여 남아 있는 불씨를 제거한다.

제3절 여러 가지 재난

재난 발생시 손실을 줄이기 위한 두 가지 주요한 방법은 사전계획과 훈련으로서 직원들은 어떻게 생명과 재산을 보호하는지를 알아야 한다.

9) Wayne D. Moore, "The Art of Integrating Fire and Security Systems," Security Technology and Design, March 1994, pp. 61~62.

10) Gregory A. Gilbert, "The Vital Signs of Life Safety," Security Management, (January 1997, pp. 32~37.

여러 가지 재난들에는 사고, 폭탄위협, 폭발, 파업, 시민혼란, 사보타주, 공공시설의 마비, 건물의 붕괴, 폭풍(토네이도와 허리케인 · 태풍), 홍수, 눈보라, 지진, 해일 등이 있다. 이러한 재난은 인위적이거나 자연적으로 발생하는데, 화재는 인간의 실수나 번개에 의해서 발생한다.

1. 인위적인 재난

1) 폭탄위협과 폭발

1993년 뉴욕시 세계무역센터[11] 건물(세계무역센터는 국제무역의 중추 역할을 하는 뉴욕의 중심부에 있으며, 동시에 미국경제를 상징하는 대표적인 건물로서, 1990년대 이후 국제 테러단체들의 주요 공격목표가 되어왔다. 1993년 2월 23일 이슬람교 테러리스트들이 이 센터 지하 주차장에 폭탄을 던지는 사건이 발생했는데, 이 사건에 연루된 6명의 범인은 체포되어 종신형을 선고받았지만, 이 테러 사건은 시작에 불과하였다)에서의 폭탄폭발로 6명이 숨지고 1,000명 이상이 부상하였으며, 피해액은 5억 달러가 넘었다. 그리고 2년 후에 오클라호마(Oklahoma)시의 머라(Alfred P. Murrah)[12] 연방건물에서 폭발로 168명이 사망하고 많은 사람이 부상하였다.

실제적으로 폭발의 위력으로 이 건물의 정면은 완전히 파괴되었다. 이러한 사고들에서 보이듯이 폭탄위협과 폭발의 가능성은 오늘날 더욱 심각해지고 있다. 일반적으로 계산된 통계에 의하면 폭탄위협의 98%는 날조(hoax)된 것이나, 나머지 2%의 판단시 더욱 신중한 대처가 요구되고 있다. 지난 10년 동안에 미국에서 실제로 폭발이

11) September 11은 2001년 9월 11일 발생한 미국 뉴욕의 110층 세계무역센터(WTC) 쌍둥이 빌딩과 워싱턴의 국방부 건물에 대한 항공기 동시 다발 자살테러 사건으로, 이날 오전 9시부터 오후 5시 20분 사이에 일어난 항공기 납치 동시 다발 자살테러로 인해 세계무역센터(WTC) 쌍둥이 빌딩이 무너지고, 국방부 청사(펜타곤)가 공격을 받은 대참사를 말한다. 이 사건으로 인한 피해는 4대의 항공기에 탑승한 승객 전원 사망과 워싱턴 국방부 청사, 세계무역센터 사망 또는 실종자를 포함하여 인명 피해만도 3,021 명에 달한다. 경제적인 피해는 세계무역센터 건물 가치 11억 달러(1조 4300억 원)를 포함한 실질적 피해액만도 210억 달러(27조 3,000억원), 테러 응징을 위한 긴급 지출안 400억 달러(약 52조원), 재난극복 연방 원조액 111억 달러(약 14조원) 외에 각종 경제활동이나 재산상 피해를 더하면 화폐가치로 환산하기 어려울 정도이다.

12) 미국 오클라호마 폭탄테러 ; 1995년 4월 19일 미국 오클라호마 시티에서 일어난 폭탄테러사건으로 1995년 4월 19일 오전 9시 5분 미국 중부 오클라호마 주의 주도 오클라호마시티 중심가에 있는 알프레드 머라 빌딩에서 폭탄 테러 사건이 일어났다. 9층짜리인 이 건물에는 마약단속국 등 미국 연방정부의 각 기관 사무실과 탁아소 등이 들어 있었다. 이 사건으로 168명이 사망하고 600여명이 부상당했다.

시도된 횟수는 4배나 증가하였고 해 년마다 3,000건이 넘는다.[13] 그러나 폭탄위협이나 시도, 그리고 실제적인 폭발의 실질적 통계를 수집하기는 해당 조직체에서 위협에 대한 보고를 잘하지 않으므로 쉽지가 않다. 그리고 경찰 기관들은 "사고를 선전하지 않는 것"이 모방범죄에 의한 위협이나 폭발을 방지하는데 도움이 된다고 생각한다.[14]

다음사항은 기본적인 폭탄위협이나 폭발의 위협에 대비하기 위한 전략이다.

① 관리진의 도움을 요청하고 위협에 대비하기위한 계획과 절차를 준비한다.

② 만약 폭탄위협이 전화를 이용하여 있을 경우에 무엇을 요구하는지를 직원들이 알아야 한다.

③ 대피를 위한 기준이나 절차를 확립하고, 대피로 도면을 건물의 잘 보이는 곳에 부착해둔다. 비상시에 경영진에게 대피의 결정은 보안에 대한 고려와 엄청난 인원의 대피로 인한 수천달러의 생산성 손실에 대한 어려움 때문에 특히 힘든 판단이 될 것이다.

④ 의심나는 행동이나 물품과 차량은 관찰하여 보고하도록 모든 직원들을 교육하고 자료를 수집한다. 그리고 무언가 의심이 가는 물건에 가까이 가거나 만지지 않게 한다.

⑤ 각 시설물에서는 독특한 특징과 요구사항에 따라 주차관리와 출입관리를 실시한다.

⑥ 시설물에 들어오기 전에 외부인(예, 서비스 직원)을 확인하고 통제한다.

⑦ 우편물을 선별하고 직원들에게 바로 우편물이 전달되기보다는 선별을 위해서 보내진(발신지) 정확한 장소를 확인한다.

⑧ 침입자에게 노출될 수 있으므로 예상하지 않는 형식으로 순찰을 실시한다.

⑨ 건물의 내부와 외부를 철저하게 점검한다.

⑩ 비상계획과 대응 조직(예, 자율소방대)의 조치를 위한 공공 보안기관과의 연락을 확인하는 예로서 현장과 가장 근처에 있는 폭발물 처리반은 자격과 경험, 대응시간은 얼마나 되는가를 확인한다.

---

13) Mark M. Warrington, "Bomb Threat Exploding," Security, (February 1997), p. 56.

14) David H. Estenson, "Should Bomb Blasts Be Kept Quiet?" Security Management, November 1995, p. 120.

2) 파 업

파업으로 인한 조직의 직·간접적인 손실은 엄청나게 크다. 이러한 파업으로 이한 주요한 손실은 생산의 차질, 기업이익의 감소, 직원이나 고객들의 이탈, 반달이즘, 추가적인 보안 서비스 비용, 법적인 비용이 포함된다. 따라서 파업에 대한 최선의 방어는 사전에 준비하는 것으로 가능하다면 사전에 파업을 예상하고 재고를 확보한 후 파업시 고객들에게 중단 없는 서비스와 제품을 공급한다. 그리고 노사간의 합의가 거의 결렬될 경우에 대비하여 관리진에서는 지역 경찰기관과 연락하여 과격한 노동분규를 방지하고 재산을 보호한다.

반면 보안부서에서는 시설물 주변의 보호에 중점을 두고, 중요 경영진과 그 가족을 보호하며 증거를 수집하고 실제로 파업이 발생한 경우에는 경찰과 민간 보안요원이 대부분의 경우에 같이 일하게 될 것이다.

파업을 하는 근로자나 회사 모두는 자신들의 법적인 권리를 가지고 있으나, 파업시 불공정한 노동관행에 의한 소송을 피하기 위하여 관리진과 보안 실무자는 필수적으로 노동법에 대한 해박한 지식을 가지고 있어야 한다. 그리고 노조활동에 대한 경계와 조사는 노동관계법에 의하여 불법행위이며 이러한 불법행위는 사측의 간섭에 의해서 불공정한 노동관행을 만들며, 자체조직의 권리를 행사하는 직원들을 억압하거나 제재하고, 대표자를 통하여 노조를 집단적으로 매수하는 것을 포함한다. 감시의 한 가지 유형으로 파업근로자의 활동을 사진으로 찍는 것은 불법이나 범죄행위(예, 재산에 대한 파괴나 공격)를 고소하기 위한 증거를 수집하는 것과 같은 행동은 합법적인 방법이다. 이러한 사례로서, 어떤 보안서비스회사가 60,000장의 사진과 수천시간 분량의 비디오테이프를 모아서 불법적인 파업에 대한 증거로서 법원에 제출하였는데, 역으로 사측에 6,400만 달러의 벌금이 부과되었다.[15)]

회사의 재산을 보호하기 위한 사전대비(예, 추가적인 보안요원, CCTV)는 노조활동에 대한 간섭으로 추론될 수도 있는 것이므로 노사간의 긴장기간 동안에는 보안 전략의 시행에 신중을 기해야 한다. 예를 들어 법원에서는 보안요원에 의해서 노조의 모임에 대한 출입을 감시하는 것은 불법이라고 결정하였으며, 심지어 감시(예, 관리진이 감시가 실시되도록 넌지시 암시하는 것)의 "인상을 주는 것"조차도 미국에서는 불법이다.

---

15) Brenda P. Sunoo, "Managing Strikes, Minimizing Loss," Personal Journal, January 1995, p. 58.

3) 시민의 소요

시민들의 데모와 집회의 참가 중에 파괴적인 폭동으로 발전하는데, 데모는 집단으로서 그들의 견해를 표출하는 가장 일반적인 방법이다. 이러한 일반적인 집회에 참가하는 것에 대한 경찰의 사소한 잘못으로 인한 소수집단 구성원에 대한 체포는 때때로 모든 군중들에게 격앙된 분위기가 전파되어 군중들을 흥분시킨다. 이렇듯 시민의 소요의 원인이 무엇이든지 간에, 결과적으로 사망과 부상 그리고 엄청난 재산의 손실을 발생한다.

이러한 소요가 발생할 경우에 경찰만으로는 폭도를 통제하기가 어렵기 때문에 민간 부문은 최악의 사태에 대비해야 한다. 한편, 여름에 높아진 온도로 사람들이 집밖에 모여 있을 경우에 시민 소요의 빌미가 형성되기도 한다. 루머 또한 위험하며, 보안실무자는 사회적 · 정치적 분위기를 소요가 예상하는 징후로서 분석하여야 한다.

4) 사보타주와 정전

일반인들이 공장에서 전선을 절단하는 것과 같이 파괴적인 행동에 의해서 고의적으로 조직체의 업무를 방해하는 행위를 저지른다. 이러한 사보타주[16)]의 위협은 사업장 내 · 외부 모두에서 원인이 된다.

정전은 생산의 장애뿐만이 아니라 보안 대책에 심각한 위협을 발생하게 한다. 전기의 공급이 없으면 경보기 · CCTV · 출입통제 · 전기적으로 작동하는 소방시스템, 전기소방펌프 그리고 다른 시스템들도 모두 쓸모없게 된다. 따라서 이차적인 비상전원(예, 비상 발전기)이 준비되어야 한다.

5) 건물 붕괴

치밀한 건물의 유지보수와 주기적인 점검이 건물의 보안을 보장할 것이므로 다층건물에서 무거운 기계, 무거운 저장물, 그리고 어떤 다른 무거운 물체가 건물 내에 배치할 경우에는, 각 층의 하중의 배분에 대해서 철저하게 연구되어야 한다. 1995년 6월 29일 서울 서초구 서초동 소재의 삼풍백화점[17)]의 한 동이 건물의 설계 시공 · 유

16) 고의적인 사유재산 파괴나 태업 등을 통한 노동자의 쟁의행위를 말한다. 프랑스어의 사보(sabot:나막신)에서 나온 말로, 중세 유럽 농민들이 영주의 부당한 처사에 항의하여 수확물을 사보로 짓밟은 데서 연유한다. 사보타주는 태업에 그치지 않고 쟁의 중에 기계나 원료를 고의적으로 파손하는 행위도 포함한다.

지관리의 잘못에 기인하여 붕괴되는 사고가 발생하였는데 이것이 유지보수와 점검의 중요성을 말해준다.

2. 자연적인 재난

1) 폭 풍

미국에서 토네이도[18](몇 지역에서는 사이클론이라고 불림)는 엄청나게 격렬하고 파괴적인 자연현상으로 가끔은 예고도 없이 발생한다. 또한 허리케인[19](동 태평양지역에서는 타이푼이라고 불림)은 대체적으로 토네이도보다 더 많은 경보가 주어진다. 일반적으로 대서양과 멕시코만 해안에서는 허리케인에 더 취약한 반면에 토네이도는 미국의 전 지역에서 발생한다. 따라서 보안 노력은 지역의 기후상황에 대하여 연구하고 사전대책을 세워야 한다.

우리나라에도 매년 6월과 10월 사이에 연평균 3개정도의 태풍[20]이 엄청난 피해를 끼치고 있다. 이러한 태풍은 한 해에 3개 정도가 우리나라에 영향을 미치며, 태풍 내습이 가장 많은 달은 8월, 7월, 9월의 순이고, 7월, 8월, 9월 석 달 동안에 내습한 태풍 수가 전체의 91%를 차지하며, 아주 드물게 6월, 10월에도 내습하는 경우가 있다.

2002년 8월 31일 태풍 루사로 인하여 영동지역에 내린 폭우로 영동지역의 강릉시를 비롯한 속초, 동해, 삼척 등 각 시 · 군은 사상 최악의 수해를 입었다. 강릉에서는 기상관측 이후 최대인 하루 897.5㎜의 강우량을 기록하면서 도시 전체가 물바다로

---

17) 삼풍백화점붕괴사고는 사망 501명, 실종 6명, 부상 937명이라는 인명피해를 발생한 8·15광복 이후 가장 큰 인적 재해로 기록되었으며, 이 사고를 계기로 긴급구조구난체계의 문제점이 노출되어 119중앙구조대가 서울·부산·광주에 설치되었다.

18) 토네이도는 대규모로 일어나는 용오름현상으로 처음에는 미국의 중부와 동부에 자주 일어나는 것의 고유명이었는데, 지금은 보통 그런 풍계를 가리키게 되었다. 토네이도의 중심부근에서는 100m/sec 이상의 풍속이 되는 일도 있고 중심 진로에 있는 지물을 맹렬한 세력으로 감아올린다.

19) 허리케인은 대서양 서부에서 발생하는 열대저기압으로 싹쓸바람이라고도 한다. 허리케인은 폭풍의 신, 강대한 바람을 뜻하는 에스파냐어의 우라칸(huracan)에서 유래된 말로, 우라칸은 카리브 해 연안에 사는 민족이 사용하던 hunraken, aracan, urican, huiranvucan 등에서 전화된 것이다. 또한 영어로 허리케인이라 할 때는 보퍼트 풍력계급으로 풍력 12 (34m/s 이상)의 바람을 가리킨다.

20) 중심 최대풍속이 17m/s 이상의 폭풍우를 동반하는 열대저기압으로 북태평양 남서부에서 발생하여 아시아 동부로 불어온다. 세계기상기구(WMO)는 최대풍속에 따라 4계급으로 분류하며, 열대성폭풍부터 태풍의 이름을 붙이는데, 한국과 일본은 열대성폭풍 이상을 태풍이라고 한다. 영어의 'typhoon'이란 용어는 1588년에 영국에서 사용한 예가 있으며, 프랑스에서는 1504년 'typhon'이라 하였다. 이 밖에도 아랍어에서 빙글빙글 도는 것을 의미하는 'tufan'이 타이푼으로 전화된 것이라고 추측된다.

변했다. 피해규모도 사망·실종자만도 180명이 넘으며, 피해액은 5조원이 넘는 것으로 집계되었다.

우리나라에 영향을 미친 태풍수(1904~2001년)

월	1	2	3	4	5	6	7	8	9	10	11	12	합계	연평균
횟수	-	-	-	-	1	17	86	113	77	8	-	-	302	3.1

다음의 대책들이 이런 재난시에 유용할 것이다.

① 최대 풍속을 예상하고 건물을 설계한다.
② 일기예보를 청취하고 철저하게 따른다.
③ 필요한 경우에는 제품생산을 중단한다.
④ 지대가 낮은 지역에 직원들을 위한 안전한 대피처를 준비한다.
⑤ 직원들을 유리창으로부터 멀리 떨어지도록 지도한다.
⑥ 폭풍이 불어오는 반대쪽의 문이나 창문들을 열어 놓으며, 압력을 같게 하여 건물의 붕괴를 방지할 것이다.
⑦ 비상전원을 준비한다.
⑧ 교신장치를 확립한다.
⑨ 사전에 물건을 단단히 묶어 두고 손상이나 바람에 의한 피해로부터 회사재산을 보호한다.
⑩ 지역 공무원과 협력한다.
⑪ 약탈을 방지하는 조치를 취한다.

2) 홍 수

물길을 따라있는 저지대는 홍수 때 침수가 되기 쉬우며, 댐과 제방은 이러한 문제들을 줄여주나, 아직 많은 지역에서 위험이 남아 있다. 특히 오늘날 지구온난화(global warming)로 인한 기상이변의 주된 원인으로 생각되는 엘리뇨 현상은 예상치 못한 게릴라성 폭우라 불리우는 엄청난 폭우를 한 지역에 집중하는 사례가 빈번히 나타나고 있어, 사전에 이러한 폭우가 한꺼번에 모이는 저지대에 대한 철저한 사전 방제대책이 필요하다.

홍수 때에 취할 몇 가지 실질적인 조치는 다음과 같다.

① 군 공병대와 같이 협조하면, 상습 침수지역에서는 많은 도움을 줄 것이다.

② 직원들의 안전과 약탈을 방지하기 위해서 지역 공무원과 협조한다.

③ 고립되는 것을 피하기 위해 늦기 전에 홍수지역에서 빠져나간다. 그리고 차량의 연료를 적절하게 준비해둔다.

④ 만약 공장지역에 어떤 팀이 남아 있다면, 음식물 · 담요 · 보트 · 밧줄 · 통신 장비 · 응급처지 상자 · 모래주머니 · 펌프 · 기타의 물품의 절절한 공급을 보장한다.

⑤ 귀중품은 사전에 안전한 장소에 보관한다.

⑥ 공장에서 홍수가 나기 전에 사전 조치를 취한다. 중요한 기록·장비·도구·화학약품은 홍수가 예상되는 수위보다 높은 곳에 보관하고 공공설비를 정지시킨다. 그러나 홍수에 의해서 심하게 더럽혀진 기계나 장비들의 손상을 피할 수는 없다.

3) 눈보라

폭풍설(暴風雪)이라고도 하며 날리고 있는 눈이 공중에서 내리는 눈만인 경우와 일단 지면에 쌓였다가 날리는 눈이 섞여 있는 경우가 있는데, 바람에 날리고 있는 눈이 명백히 내리는 눈이 아니고 땅에 쌓인 눈이 날리고 있는 것으로 판명될 때는 날린 눈(blowing snow)이라고 구별해서 부른다. 눈보라가 강할 때는 수 미터 앞도 보이지 않으며, 강한 바람에 의해서 눈 조각이 날아와 몸에 달라붙고, 바람에 의해서 체온을 빼앗기므로 안개 속보다도 훨씬 보행이 곤란하다. 겨울철에 등산가들이 조난을 당하는 것도 대부분은 눈보라 때문이다.

눈이 내리면 시정이 나빠지는 것은 당연하지만, 아주 약한 눈일 경우는 보통 10km 정도까지는 보이고, 약한 눈일 경우는 5km 정도, 보통 눈일 경우는 700~800m 시야가 보이는 것이 보통이다. 그러나 바람이 강해짐에 따라 시정은 나빠지고, 풍력계급 5(8.0~10.7m) 정도가 되면 약한 눈일 경우에도 겨우 1km 정도밖에 보이지 않는다. 또 강설이 강해짐에 따라 시정은 점점 나빠져서 10m 앞도 보이지 않게 되는 경우가 많다.

또한 눈보라는 강한 바람과 매우 낮은 온도를 동반하고, 대체적으로 일기예보에서 충분한 경고를 미리 얻는다. 그러나 미처 사람들이 적절한 피신처를 찾지 못하여 부상과 사망이 발생한다. 따라서 눈보라가 예보되면, 직원들은 미리 집으로 돌아간다.

그러나 만약 직원들이 업무 도중에 궁지에 빠지면 사전 준비가 중요하다. 음식물과 잠자리 · 온 열기 · 라디오 · 통신장비 · 텔레비전은 이러한 궁지에서 도움을 줄 것이다.

4) 지 진

지진에 의한 지표의 격렬한 움직임은 커다란 손상을 발생하므로 지진이 의심되는 지역에서는 관련 건물규정과 적절한 건물의 내진설계가 손실을 줄이는데 중요하다. 지진으로 인한 재해는 크게 지진 자체에 의한 1차 재해와 지진이 끝난 후 발생하는 부수적인 2차 재해로 나눌 수 있다. 이 중 지진 자체에 의한 1차 재해는 지진발생시 지표가 갈라지거나 침하하여 생기는 지상 및 지하 구조물 붕괴, 도로와 교량 유실, 해안지역의 해일로 인한 각종 피해, 이에 따른 인명손실 등을 말한다. 그리고 2차 재해는 1차 재해로 생기는 화재, 수도 · 전기 · 가스 · 통신 · 유통시설의 파괴와 이에 따른 사회생활 혼란을 말한다. 이러한 지진의 피해로는 건물의 붕괴 · 다리의 파손 · 해안지역의 해일 그리고 부스러기들의 낙하와 설비에 의한 화재가 사망과 부상의 주요한 원인이다. 지진 발생시에 만약 실내에 있다면, 지하실이나 단단한 바닥과 문간 밑으로 피신하고, 반면 실외에 있다면 떨어지는 물체나 전기선을 조심해야 한다.

3. 비상계획과 재난복구

비상계획은 사람과 조직이 재난에서 살아남는 기회를 증가시키는 것에 초점을 맞추며, 재난의 복구의 목표는 조직을 재난 이전으로 회복시키는 데에 있다.

어떤 사람도 모든 조직에 적용되는 재난에서 회복되고 준비되는 계획을 세울 수는 없다. 따라서 각 상황에 따른 특별한 필요성만이 해당 상황을 만족시킬 것이다. 예를 들어 고층건물에서 각층에서 비상시와 대피시에 돕기 위한 사람과 팀을 선발하고 훈련을 시킨다. 이와 유사한 계획이 병원에서도 필요하며, 더불어 직원들은 음식물의 적절한 보급으로 환자들의 보호에 대비하는 것이 필요하다. 태풍의 진행하는 길목에 매장을 가지고 있는 소매 체인점은 지휘소를 설치하고, 태풍의 진로를 매 시간마다 추적하며, 피해가 발생한 매장을 가능한 최대한 빨리 복구하도록 지원을 하여야 한다.

다음의 리스트는 비상기획과 재난의 복구를 위한 기본적인 사항을 제공한다.

① 지구촌 기상이변에 따라 여러 재난의 위협에 관심이 요구됨에 따라서, 최고경영진과 전문성을 갖춘 관리진의 관심과 지원이 요구된다.

② 재난에 대비한 정책과 절차를 준비하고, 지휘체계를 구축한다.
③ 계획과 복구시에는 체크리스트를 활용한다.
④ 부상과 사망의 예방, 재산의 보호, 업무의 연속성에 중점을 둔다.
⑤ 중요한 기록들은 두 개의 장소에 분산·저장한다.
⑥ 재난의 계획은 발생가능성이 높은 것만이 아니라 예상하지 않는 것도 고려되어야 한다. 비슷한 기업 · 기후 · 지리 · 보험 · 위험관리 보고서나 여러 가지 원인에 대해서도 연구를 하여 위험가능성을 평가한다.
⑦ 회사의 재정상태, 매출, 법과 규정의 요구에 따른 각 잠재적인 재난의 영향을 고려한다.
⑧ 재난에 관계가 되는 경찰 · 소방서 · 비상 의료서비스 · 공공설비 · 기타 관련 기관들과 같은 모든 유관부서들을 확인한다.
⑨ 일반적인 통신채널을 이용한 지휘소의 설치를 계획한다.
⑩ 필수적인 서비스인 전기 · 전화 · 컴퓨터 · 물 · 위생물품의 보급중단에 대비한다.
⑪ 불안전한 상태 때문에 정부기관에 의하여 건물의 접근이 통제될 경우를 고려한다.
⑫ 연례 훈련과 예고되지 않은 훈련을 실시하며 취약점을 기록하고 향상시킨다.
⑬ 모든 직원들이 소화기와 같은 장비를 어떻게 사용하는지를 알도록 훈련시킨다.
⑭ 유용하게 사용될 수 있는 직원의 기능(예, 구급법)의 리스트를 집계한다.
⑮ 부상, 가족과 가정의 위급, 수송수단과 같은 직원의 문제를 고려한다.
⑯ 비상절차와 장비는 법의 규정을 지키도록 한다.
⑰ 음식이나 물, 의료서비스의 부족을 대비한다.
⑱ 기업의 위험과 생존을 관리하는데 도움이 되도록 보험사와 같이 협조한다.
⑲ 재난을 복구하는 동안, 업무를 대체할 장소로 이동가능성을 연구한다.
⑳ 복구서비스 회사를 정한다.
㉑ 기업을 복구하는데 절대적으로 필요한 중요한 임무와 사람과 장비의 목록을 만든다.
㉒ 비상시나 복구시에 도움이 되는 사람이나 조직의 전화번호부를 준비한다.
㉓ 비상과 재난복구계획을 작성하고 매년 개선을 위하여 검토한다.

4. 연방재난관리국

비상관리 활동의 광범위한 분야에 미국 연방정부 내의 연결의 중심부서는 연방재난관리국(FEMA)[21]이다. 이 기관은 지역적인 재난에서부터 핵전쟁에 이르기까지 모든 분야의 비상시를 재정적 기술적으로 지원을 제공하는 계획과 준비활동을 포함하며, FEMA는 정부와 민간부문의 모든 수준에 뻗쳐있다.

우리나라도 대구지하철공사 가스폭발사고에 이은 대구지하철 참사와 같은 잇따른 대형 참사를 계기로 재난시 효과적이며 종합적이고 체계적인 재난업무를 수행할 소방방재청이 설치되었다.

미연방재난관리국 FEMA의 주요한 활동에는 다음의 사항들이 있다.

① 핵 사고나 공격에 대한 시민을 보호하기 위한 비상시에 대비한 조정.
② 국가 비상사태시에 재원의 기동에 대한 조정과 정부의 연속성의 확보.
③ 재난시나 재난 전후에 주정부나 지방정부의 지원.
④ 미국 화재관리국을 통한 화재로부터 국가적 손실의 최소화.
⑤ 대통령이 재난이나 비상사태를 선포한 지역에 연방정부 지원의 조정.
⑥ 모든 정부수준에 훈련과 교육의 제공.
⑦ 국가홍수보험의 관리.
⑧ 국가비상사태시에 정부서비스에 들어오는 민간부문의 요인 집단의 모집과 훈련과 국가 방어요원 프로그램의 운영

1) 계획의 적용시기와 이유

① 상당한 사건이 예상될 때(예, 허리케인), 연방의 보조가 필요할 가능성이 있다고 판단될 때
② 사고가 발생한 주지사가 연방보조를 대통령에게 요청할 때
③ 대통령에 의하여 비상사태선언 또는 주요 재난이 발생하였을 때

연방재해 또는 응급보조가 필요하다고 보는 허리케인·태풍·지진·홍수·토네이

---

21) 연방재난관리국(FEMA, Federal Emergency Management Agency)은 Washington D.C.에 본부를 두고 지역별 지방청, 버지니아의 Mount Weather Emergency Assistance Center, 그리고 Maryland에 National Emergency Training Center 등 2,900명 이상의 상근 및 임시직원을 보유하고 있다. 재해가 발생하면 우선 4000여명의 임시 및 계약된 고용인, 타 정부기관 인력 및 자원봉사자들이 재해대응 및 복구사업에 합류하게 된다.

도, 또는 기타 사고와 같은 실제사건에 대응하고, 재해나 응급상황에 대응하여 연방자원을 가동하고, 연방의 활동들을 서로 공조하고, 지방과 주정부, 그리고 개인과 자원봉사기구들의 노력을 확대하기 위한 연방지원을 제공하기 위함이다.

2) 지원이 가능한 자원

① 응급 대응팀과 응급 지원팀
② 신속한 평가를 위한 전문팀 들
③ 통신 의료지원과 보조 도시지역에서 탐색과 구조 활동·응급 전기복구·사고관리와 지역사회 관련 등
④ 통신능력과 장비
⑤ 재해 작전을 지원하기 위한 시설
⑥ 관리와 협조를 위한 전문기술
⑦ 식량을 포함한 공급품 다량의 병에 포장된 물과 얼음 · 천막 · 들것 · 담요와 슬리핑 백 · 기저귀와 목욕 공급품 · 방수천 · 플라스틱 시트 · 이동용 통신 · 손전등과 도구들
⑧ 이동용 부엌 정수기 이동용 화장실과 샤워장비 응급발전기와 같은 장비 및 연방대응계획

제4절 재난관리

1. 기업업무연속성과 재난관리

1) 기업업무의 연속성

2001년 미국 뉴욕에서 발생한 9·11테러는 기업업무 연속성에 대하여 중요한 계기가 되었다. 붕괴된 세계무역센터 내부에 본사를 두었던 금융기관의 재난에 대비한 준비성 여부에 따라서 기업의 생존의 갈림길에 서게 하였다.[22)]

22) 붕괴된 건물 내에 본사를 둔 미국 재무부 채권을 대부분 거래하는 세계적인 채권중개업체인 칸토 피츠제럴드(Cantor Fitzerald)는 본사인력 천명 중 320명이 실종되어 인적손실이 엄청난 반면에 자료백업시스템을 인근에 갖춰놓아 업무의 연속성을 유지할 수 있었고, 뱅크 오브 아메리카(Bank of America)도 빌딩 붕괴 속에서도 백업시스템을 다른 지역에 두고 있었기 때문에 정상영업을 지속하였다.

기업업무의 연속성(business continuity)이란 여러 가지 우발상황에 의하여 기업의 업무가 중단되거나 방해되는 것을 최소화하고, 기업업무의 계속성을 유지하는 것을 의미한다. 이에 대한 기업업무연속성 계획은 기업이 우발상황 발생시 어떻게 관리와 복구를 준비하여 궁극적으로 우발상황 이후에 기업업무를 신속하게 다시 시작하는 것과 관련된 모든 행동을 포함한다.[23]

기업연속성계획(contingency planning)은 우발상황시의 대응과 복구 그리고 기간시설과 중요 공정들의 회복활동, 여러 가지 우발상황시에 근거한 기업의 기본적인 요인들을 위한 계획과정을 의미한다.

페이(John J. Fay)는 기업연속성계획에서 첫번째 단계에서는 원치 않는 사건을 발생을 예방하는데 총력을 기울이고, 이것이 실패할 경우에 파급효과를 최소화하는데 전력하여야 한다고 하였다.[24]

모든 기업이나 조직은 정상적인 기업업무의 연속성을 방해하는 심각한 사고를 경험할 가능성을 가지고 있다. 기업이 경험할 수 있는 심각한 사고에는 홍수나 화재에서 컴퓨터 기능불량이나 정보보안사고까지 매우 다양하다.

기업의 경영진은 만약에 사고가 발생시 최소한의 혼란, 시간, 비용으로 정상적인 상황으로 복구하여야 할 책임을 진다. 여기에는 철저한 준비와 계획이 요구되므로 기업의 경영진들은 반드시 기업의 주요한 재난이나 기업의 주 업무에 방해가 되는 큰 혼란시에 효과적으로 원상태로 복구할 수 있는 계획과정을 개발·유지하여야 한다.

기업업무연속성 과정에서 전통적으로 시큐리티의 역할은 비상탈출계획의 수립과 긴급상황시나 위기상황에 대응하는 일이었다.[25]

2) 재난관리

재난관리란 사전적 의미로서 재난을 예방하고 재난에 대비하며, 재난 발생 후 그로 인한 인적 · 물적 피해를 최소화하고 본래의 상태로 시설을 복구하기 위한 모든 측면을 포함하는 총체적 용어로, 재난의 잠재적 원인(위협)과 재난의 진행, 그리고 재난으로 인한 결과(피해)를 관리하는 것을 말한다.

재난의 종류는 크게 자연재해(Natural Disaster)와 인위재난(Man-made Disaster)

23) Gerald L. Kovacich, *op. cit.*, p. 289
24) John J. Fay, *op. cit.*, p. 244.
25) *Ibid.*, p. 287.

으로 구분된다. 이것을 세분하여 자연재해는 홍수, 폭풍, 지진 등으로 구분되며, 인위재난은 위험물 사고, 폭발사고, 붕괴사고, 교통사고 등으로 구분된다.

존스(David K. Jones)는 재난분류를 재난의 발생원인과 발생현상에 따라 크게 자연재해, 준 자연재해, 그리고 인위재난으로 삼분하였다.[26)]

그러나 Br. J. Anesth는 자연재해를 기후성 재해와 지진성 재해로 분류하고 인위재난을 고의성 유무에 따라 사고성 재난과 계획성 재난으로 구분하였다. 오늘날 기업은 세계 각국에 생산기지를 가지고 있으므로 다양한 자연재해와 인위재난에 노출되어 있으므로 여기에 대한 대비는 기업의 경영관리에 필수적인 요소가 되었다.

〈표 10-1〉 Anesth의 재해분류

대분류	세분류	재해의 종류
자연재해	기후성 재해	태풍
	지진성 재해	지진, 화산폭발, 해일
인위재난	사고성 재난	교통사고(자동차, 철도, 항공, 선박사고) 산업사고(건축물 붕괴) 폭발사고(갱도, 가스, 화학, 폭발물) 화재사고 생물학적 재해(박테리아, 바이러스) 화학적 재해(부식성 물질, 유독물질) 방사능 재해
	계획성 재난	테러, 폭동, 전쟁

〈출처: 비상기획보 제60호, 국무총리 비상기획위원회, 2002.〉

이 분류체계는 현재 각국의 지역재난계획에서 적용하고 있다.

미국에 있어서 긴급상황(emergency)의 관리는 평시의 피해경감과 재해시의 복구를 임무로 하는 연방정부기관인 연방재난관리국(FEMA)의 경우에는 재난관리(Emergency Management)를 위험관리(Risk Management)와 위기관리(Crisis Management)를 아우르는 관계가 성립하는 것으로 본다.

즉, 미국의 경우 재난관리는 Emergency Management에 대응하는 개념으로, 이는 위험관리(Risk Management)와 위기관리(Crisis Management)의 두 측면을 포함하

26) David K. Johns, "*Environment Hazards*", 1993.

고 있다고 생각할 수 있다.[27)]

재난관리의 실제 사례로 일본의 경우를 예를 들면, 지금까지 일본에서 방재는 피해경감을 위한 노력으로 공학적인 측면에서 주로 이루어졌으며, 오랜 기간동안 지속적인 노력을 하여 세계 제일의 수준이 되었다.

이 때문에 일본에서는 지진에 의한 극심한 피해가 발생하지 않을 것이란 환상도 생길 정도였지만, 실제로는 엄청난 피해가 발생하였다. 즉 우리에게 Crisis Management가 사전에 완벽하게 준비되어 있어야 한다는 교훈을 남겼다. Crisis Management는 재해발생 후의 효율적인 대응 및 복구에 대한 것이지만, 그에 대한 준비는 재해발생 이전에 되어져 있어야만 한다. 사전에 준비할 필요가 있기 때문이라 하여 Crisis Management를 Risk Management와 같은 것으로 취급할 수는 없다.

현대기업에서의 위기와 재난은 상존하는 독립변수가 되었다. 따라서 어떠한 조직이나 전문가의 대비로서도 불가피하게 막을 수 없는 자연재해에서부터 각종 이익갈등에서 촉발된 인위적인 재난은 기업의 생존과 직결된다.

이러한 재난에 대한 최선의 방비는 기업이 투자하는 재난에 대한 비용과 미래에 얻어지는 효과와의 정확한 산정이나, 미래에 발생할 이익을 유추하여 미리 비용편익을 분석하는 것은 매우 어려운 업무이다.

결국은 재난시에 기업의 피해를 최소화하여 파국을 피할 수 있는 최대한의 방비는 미래의 변화되는 기업환경을 내다보는 경영자의 의식과 합리적인 투자에 좌우될 것이다.

27) 여기에서 사용되는 리스크의 의미와 비교되는 대단히 포괄적이고 모호한 개념의 위기(crisis)라는 말은 결정적 변화가 목전에 닥쳐 회피가 불가능한 불안정한 시간 또는 일의 상태를 의미한다. 위기의 어원인 그리스어의 '크리나인'(krinein)이라는 말도 분기점의 의미로서 피할 수 없는 갈림길에서 단호한 선택을 해야 하는 고통스럽고, 불확실한 환경이라는 의미이다. 즉 Risk Management란 위험관리의 의미로서 평상시에 행하여지는 피해경감(mitigation)에 초점을 둔 부분이고, Crisis Management란 피할 수 없는 재해시의 복구과정에 초점을 둔 부분이라 할 수 있다. Risk Management의 경우에는 피해의 극심한 정도와 그 발생 확률을 고려하여 가장 합리적인 대책을 결정하는 것이 중요하다. 반면 Crisis Management는 전쟁과 같은 피할 수 없는 재해시 상황에 따라 대응을 어떻게 할 것인가가 문제이고, Risk Management는 재해 전에 과거에 발생했던 재해를 통계적으로 분석하여 미래의 위험에 대하여 최적의 사전예방과 준비를 하는 개념이다.

2. 재난 초기단계

재난(Disaster)이란 일반적으로 천재 또는 인재에 의해 발생하여 대규모의 피해를 발생하게 된다. 재난이 발생하였을 때에는 아직 진상이 밝혀지지 않았거나 상황에 대한 실제적인 특징이 알려지지 않는 재해에 대한 많은 신속한 판단이 필요하게 된다. 이러한 중요한 판단은 여러 해 동안 조직의 운영에 커다란 영향을 미칠 것이고, 몇몇 조직에서는 조직의 생존에 결정적인 영향을 주었다. 만약 이러한 재난에 기업이나 조직이 아무런 계획이나 준비가 없었다면 어떠한 개인이나 조직도 재난에 의한 영향에 압도당하게 될 것이다.

심지어 사전계획이 존재하더라도 재난시에는 임기응변과 유연성의 필요성이 절대적으로 요구된다. 그러나 재난은 다양성 때문에 특정한 사전대책을 세우는 것이 거의 불가능하나 전반적인 기획과 재원의 배치는 실행할 수 있을 것이다. 이러한 적절한 기획은 종종 신속한 회복과 조직의 파멸 사이에 결정적인 차이를 만든다. 그러므로 대부분의 산업과 산업체는 신속하게 정상적인 운영체제로의 복귀가 손실의 관리에서 가장 중요하다.

재난관리의 체계적인 시작은 다음의 사항들과 같은 치밀한 계획의 개발에 따른다.

① 조직과 관련된 비상사태와 재난을 규정한다.

② 재난전이나, 도중, 재난에 따라서 즉시 특정한 임무를 수행하는 조직을 확립한다.

③ 비상시 즉시 재원을 이용할 수 있는 방법과 재난 비상사태에 추가적인 재원을 획득할 수 있는 방법을 확립한다.

④ 비상 재난사태 운영으로부터 정상적인 형태의 조직운영으로 신속하게 복귀할 수 있는 수단을 제공한다.

비상계획을 세우는 경우에 다양한 유형의 활동 중에서 상대적으로 중요한 것은 반드시 알아야 한다. 여기서는 우선적으로 중요한 것과 필요한 재원에 대한 결정이 우선시된다. 각각의 조직에서는 자체조직의 우선순위를 결정하나, 다음의 사항은 일반적으로 받아들일 수 있는 항목으로서 어느 조직에서나 적용될 것이다.

① 인간의 생명을 최우선으로 보호한다.

② 개인적인 부상을 방지하거나 최소화한다.

③ 재산의 손실을 최소화한다.

④ 위험에 대한 노출을 줄일 수 없는 경우에는 재산 손실관리를 최적화한다.

⑤ 가능한 빨리 정상적인 운영으로 복귀한다.

우선순위의 선정에 있어서는 생명의 보호에 관하여 다음의 원칙들이 적용되어야 한다.

① 대피와 피난장소; 모든 재난관리 운영업무에서 사람들이 이동할 수 있는 안전한 장소가 필요하지는 않는다.

② 개인적인 보호; 긴박한 상태인 위험한 구역에 남아 있는 사람은 가능한 잘 보호될 수 있도록 보장한다.

③ 구조와 안정감; 부상당할 위험에 노출된 사람을 도울 수 있는 준비된 수단을 제공한다.

그리고 부상을 최소화하거나 방지하기 위해서 다음의 원칙이 제안된다.

① 사전에 긴급상황이나 조직과 시설물의 특성을 고려하여 부상의 위험을 증가시킬 수 있는 모든 것들을 제거하고 안전한 상황을 조성한다.

② 재난시 업무를 담당하는 사람들이 무지와 서투름으로 인하여 위험에 노출되는 것을 방지하기 위해서 주기적인 훈련을 실시한다.

물리적인 재산들이 위험에 노출되는 것을 방지하기 위해서는 적절한 경영관리기법을 적용하고 귀중품이나 장비들이 위험구역에 집중되는 것을 방지한다. (예를 들어 주요한 기능의 컴퓨터로서 여분이나 예비 컴퓨터가 동일한 화재구역에 집중되어 위치해서는 안 된다) 만약 재난시에 충분한 경고의 시간이 주어지고 장소를 이동할 수 있는 공간이나 운송수단이 주어진다면 귀중품을 재배치한다.

손실관리를 최적화하기 위하여 항상 비상대응시스템(사람 · 장비 · 절차)을 확립하여 위험한 장소에서 신속하게 분산·대피하게 하고 언제든지 운영할 수 있도록 지원된다. 이러한 접근방법은 비상시의 재원으로서 사전에 치밀하게 만일의 경우에 대비하도록 준비함으로써 재배치될 수 있다. 그리고 신속하게 정상적인 운영으로 복귀하기 위해서는 몇몇 집단이나 기능을 재배치하고, 원재료나 장비의 특별한 재공급 전략이 수립되어야 하며, 사전에 짜여진 일정이나 프로그램을 개정할 필요성을 확인한다. 이러한 결정을 하기 위해서는 최신의 정보와 언제나 쉽게 접근이 가능한 데이터가 필요하고, 데이터베이스에 이러한 정보를 유지하는 것은 비교적 간단해야 하고, 이러한 제공된 정보는 정기적으로 개정하고 습득할 수 있는 계획이 필요하다.

3. 사전계획

재난에 대한 사전계획은 절대적으로 중요하다. 재난 중에는 엄청난 혼란이 야기되며 통신수단은 단절될 것이고, 모든 상황은 전반적으로 혼란스럽게 된다. 그러므로 재난관리계획의 목적은 비상사태 동안에 기업이 이러한 상황의 주요한 문제해결에 초점을 맞추는 것이지 혼란으로부터 즉시 질서를 유지하도록 시도하는 것은 아니다. 따라서 모든 예상할 수 있는 통상적인 상황들은 이 계획에서 충분히 고려되고, 비상사태 동안의 행동에 대한 절차는 예상할 수 없는 상황이나 특별한 상황을 관리할 수 있도록 확실히 개발한다.

실질적으로 화재로 기인한 것과 같은 몇 가지 잠재적인 재난상황은 예방할 수 있으며 또는 상대적으로 덜 중요한 조직의 재산이나 개인에 대하여도 잘 기획된 노력을 통하여 최대한 통제될 수 있다. 그러나 계획을 가지고 있다는 것만으로는 자연현상으로부터 기인한 재난을 예방할 수는 없다. 그럼에도 불구하고 비상상황에 대처하기 위하여 취해진 행동은 재난이 비극으로 전개되는 것을 방지할 수 있을 것이다. 이러한 계획은 재난시에 손실을 최소화하기 위한 잘 정돈된 행동과 판단의 기초를 제공할 것이다.

1) 계획의 개발

예상 가능한 재난상황에 대처하기 위한 효과적인 계획의 개발과 시행은 상당한 시간이 요구되는 과정이다. 이러한 과정에는 실제적인 접근이 이루어져야 하고 계획을 완성하기 위해서 충분한 시간이 배정되어야 한다. 특히 계획의 개발과 관계가 있는 데이터베이스를 기초로 한 소프트웨어 도구와 같은 사전계획의 기록에 필요한 역동적인 정보를 얻는 것은 분명히 사소한 관리적인 직무를 감소시킬 것이다. 또한 재난기획 컨설턴트는 중요하게 완성된 계획의 안정성을 보장하는데 도움을 줄 것이다. 그러나 이러한 소프트웨어와 컨설턴트 모두 다 계획준비에서 기업경영진의 책임 있는 참가의 필요성을 감소시키지는 못한다. 사전계획은 비상대응에 대한 특정한 책임을 가진 사람과 대요를 명시하고 가능한 가장 간단 · 명료한 방법으로 표현된다. 이것이 어떠한 의외의 상황에서도 효과적인 대응을 하도록 보장하게 될 것이다.

사전계획에서의 첫번째 조치는 조직에서 "조정 · 통제자"로서 개개인을 지명하고 그들이 이 계획의 책임을 맡게 된다. 이 조정자는 조직의 모든 직급에서 관리진과 종업원과 함께 효과적으로 업무를 다룰 수 있는 능력을 가져야 한다. 이것이 가장 효율적으로 되기 위해서는, 이러한 조정자의 지명이 조직의 정책성명서에 언급되어야 하고, 이러한 성명서에는 조정자의 책임과 권한의 대요를 명시한다. 또한 어떠한 여러 가지 중요한 임무가 주어지더라도 기업의 최고경영진은 조정업무를 조직하기 위한 이 프로그램과 선발된 개개인에 대하여 완벽한 지원을 하여야 한다. 여기에서는 사전계획을 유지하는데 어떠한 착오도 없도록 대체요원의 이름과 직위를 명기한다.

조정프로그램을 개발할 책임을 가지고 있는 개개인은 조직 내에서 조정과 전반적인 방향제시 업무를 시행한다. 그러기 위해서는 조정프로그램을 적절하게 확립하기 위하여 경영진에 의하여 기안된 최적의 정책과 관리지침이 준비되어야 한다.

중요한 부서를 대표하는 위원회는 사전계획을 조정하는데 도움과 권고를 주는 조정자를 임명한다. 대체적으로 이러한 부서로는 법률 · 인사 · 의료 · 운송 · 대외관계 · 플랜트 공학기술과 안전을 포함하는 위원회가 대표한다. 그러므로 평상시와 다른 완전히 새로운 조직이 비상상황을 관리하기 위해서 개발되어서는 안되며 현존하거나 임시적으로 형식을 바꾼 조직이나 평상시 기업의 운영을 책임지는 운영책임자들이 비상시 문제를 처리하여야 한다. 이러한 예로서 "공장 비상사태 조정자"로서 임명된 운영자는 물리적인 부서의 책임 경계구역에서 원활한 재난에 대한 대응이 이루어지도록 보장하여야 하고 이 조정자는 안전책임자나 기술부서책임자와 같이 비상사태에 대한 관리의 책임을 진다.

이와 같이 비상계획의 목적은 비상사태가 발생할 경우에 어떻게 대응할 것인가를 사전에 고려하고 주요한 문제유형의 대책에 역점을 두는데 있다.

2) 외부와의 관계

다른 외부조직으로부터 입수된 정보는 재난계획을 수립하는데 매우 중요한 가치를 지닌다. 그러므로 초기 기획단계에서 조정자는 지역 법집행기관과 소방공무원 뿐만 아니라 비상기획을 책임지고 있는 지방정부의 대표자와의 만남을 가져야 할 것이다. 이러한 만남은 재난상황을 수습하기 위한 조정기획과 도움을 얻을 수 있게 하고, 동일한 지역에서 비슷한 상황을 가진 다른 산업이나 상업조직들과 같이 협조를 가능하게 한다.

3) 상호 원조

공제조합은 비상시에 효과적인 재난관리를 위하여 물자, 장비나 인원의 제공으로 상호 도움을 주기 위하여 자발적인 동의에 의해서 결합된 기업이나 비즈니스와 조직체의 협동조합이다.

이 조합의 목적은 가동할 수 있는 재난관리조직을 확립하여 손실을 최소화하기 위하여 계속적인 운영과 조합구성원의 파괴된 시설들을 빠르게 복구하는 것을 보장하는 것이다. 따라서 공제조합 비상계획은 공동체의 종합적인 비상계획의 일부분이므로 전체적으로 공동체조합의 이익이 될것이다.

산업공제조합의 형성은 대체적으로 다음 단계로서 운영된다.

① 재난기획을 책임지고 있는 지방정부 대표부의 지도나 도움·권고를 얻는다.
② 조직적인 모임에 대표자를 보내기 위해서 지역 산업체·공공시설·기업들을 초대한다.
③ 산업공제조합의 운영에 경험을 가진 자격있는 사람에 의해서 집단을 조정한다.
④ 조합위원을 선출하고 조정자를 지명한다.
⑤ 회원자격과 내규, 교섭과 안전통제, 소방, 교신 등과 같은 공제조합 운영의 다양한 면들을 위해서 계획과 절차를 개발하기 위한 위원을 지명한다.
⑥ 조합원의 주기적인 모임일정을 개최한다.

4) 관리업무의 연속성

재난은 어떤 상황에서건 어느 때건 예고 없이 발생한다. 그러므로 계획은 반드시 최상위의 경영진이 항상 책임을 질 수 있도록 보장하여야 한다. 집이나 여러 전화번호와 같은 중요한 경영진과 연락할 수 있도록 책임관리자의 비상시 업무 인수인계는 항상 준비되어야 한다. 이러한 권한의 위임이 없다면 책임자는 통상적으로 어떻게 행동하는 것이 가장 적절한 것인지 알지 못할 것이다. 그리고 아무도 그들의 업무를 지시하거나 조정하지 않았기 때문에 그들은 아마 올바르지 못한 방향으로 업무를 처리할 것이며, 이것은 초기상황에서 혼란의 야기와 시설물과 인명에 대한 손상의 가능성을 증가시킬 것이다.

따라서 몇몇의 기업에서는 비상시 업무 인수·인계 목록은 금고에 밀봉되어 보관되고, 이것은 단지 매우 심각한 비상사태 시에만 개봉된다. 또 다른 기업에서는 업무

인수인계 목록은 문서화된 비상계획서에 기록되고 여기에는 모든 시간동안에 누가 이 계획의 책임자인가에 대하여 명기한다. 또 한 가지 위원회의 해결방법으로서는 비상시에 항상 의사결정을 내리는 것을 관리자에게 보장하기 위해서 최고경영자가 업무 인수인계의 개정이나 준비에 대한 책임을 진다. 그러나 비상업무 인수인계 규정에는 평상시 예상되는 관리업무의 승계를 반드시 반영할 필요성은 없다.

몇몇 기업의 이사회[28]에서는 기업수준에서 뿐만 아니라 자회사에서도 관리 인수인계 목록을 규정하고 있으며, 이사회의 결정은 결의안의 형태를 가진다. 만약 주주들에 의해 공식적으로 선발되지 않은 위원회의 권한의 문제가 있으면, 이 계획은 비상시에 취해진 행동이 적법 할 것인가를 사전에 법률고문에 의해 검토되어야 한다. 그러므로 몇몇의 조직에서는 대규모 재난 시에는 많은 구성원들이 불참하여 더 이상 정족수를 채우지 못할 경우에도 위원회에 기능을 수행할 수 있도록 하고 있다. 이러한 기업의 규칙은 비상시 위원회가 강력한 힘을 발휘하도록 지원하고 있다. 그리고 위원회 구성원의 일부가 부재중일 경우의 한 가지 해결방안은 남아있는 위원회 구성원들에 의해서 기능이나 행동이 대신되는 것이다.

5) 대체 본부

사전 기획과정에서는 재난의 상황에서 쓸모없는 대책본부를 포기할 가능성에 대한 고려가 있어야 한다. 그러므로 여러 장소에 조직체를 가진 기업을 위한 상식적인 해결책은 통상적인 본부보다는 대체할 수 있는 본부를 지정해야 할 필요가 있으므로 현재 많은 기업들은 특별한 대체시설을 확보하고 있다. 또한 재해계획에는 대체본부의 장소를 기록하고 누가 거기에서 업무보고를 할 것인가와 어떤 상태인가를 규정한다. 또한 보고본부는 종업원들이 그들의 업무의 중요성을 알 수 있도록 업무를 조정한다.

운영업무는 비상대책본부를 설립하는 것에 대한 고려가 있어야 하고 교신은 운영업무를 유지하기 위해서 필요하다. 그러나 실제적인 많은 재난시에는 기업에서 교신이 가장 필요로 할 시기에 정상적인 교신수단이 파괴되거나 손상된다. 따라서 대안으로서 생활무전기와 같은 허가된 주파수대(citizen band) 모듈을 활용하고 휴대폰, 위

28) 이사회(board of directors)란 이사에 의하여 구성되어 회사의 업무집행에 관한 상항을 결정하는 기관으로 계속 열리는 것이 아니고 소집에 의하여 열리게 되는 법률상의 회의체이다. 법령 및 정관으로써 주주총회의 권한으로 되어 있는 것을 제외한 업무집행에 관한 사항은 모두 이사회의 결의에 의하여 행하여진다(상법 제393조).

성전화기, 비퍼가 유용한 해결책이다.

복제된 기록들의 저장을 위한 계획은 대체 대책본부의 기획에 통합되어야 한다. 이것은 조직의 모든 기록이 파괴되는 것을 피하기 위해서 운영업무의 계속이나 상황의 회복을 위해서는 매우 중요하며 필수적으로 고려되어야 하고, 이것은 비상대책본부에 보관되어야 한다〈표 10-2 참조〉. 그러므로 이러한 기록들이 있는 중앙컴퓨터의 유지는 충분한 데이터와 복구장비가 손쉽게 사용되도록 확보하는 것이므로 중요하다.

〈표 10-2〉 중요한 기록들의 표본

지급계정, 수취계정, 감사보고서, 은행저축 데이터, 자산목록, 특허장과 독점판매권, 법인설립 허가증, 보험증권, 재고목록, 차용증서, 법적서류, 허가증, 제조공정 데이터, 임원회의 회의록, 수신 문서, 특허와 저작권, 공인 허가서, 임금대장과 개인 데이터, 연금 데이터, 정책 교본, 설립규약과 법인의 정관, 계약서, 고객 데이터, 채무증서와 채권, 공학기술 데이터, 전반적인 회계원부, 구매주문서, 건물과 각층 설계도, 지급영수증, 판매 데이터, 주주목록, 주식 이동기록, 세금기록, 서비스기록과 지침서, 기계류, 사회보장 영수증, 특별한 특파원, 통계와 운영업무 데이터, 주식 증명서.

만약 대체되는 대책본부가 복제된 기록의 저장에 적합하지 않는다면, 운영중인 화물보관회사를 활용하여야 한다. 그러나 오늘날 많은 기업들이 원거리에 잘 보호되는 저장시설을 가지고 있으며, 이것이 환경적으로 안정되고 방화와 안전을 보장한다. 또한 은행의 금고실도 그것의 보안이 철저하다면 사용될 수 있을 것이다. 그러나 이러한 은행의 대체시설은 어떤 기업에서 은행업무시간이 아닐 때 이러한 기록들을 필요로 할 경우에는 문제가 생기게 될 것이다. 그러므로 대체되는 비상대책본부에서는 비상시에 자금을 사용할 수 있도록 준비를 하여야 할 것이다. 이러한 자금은 비상시에 지체 없이 운영업무를 정상적으로 되돌릴 수 있을 만큼 충분하여야 한다. 더불어 사전에 추가적으로 자금을 융통할 수 있는 절차나 신용거래라인을 확보한다.

6) 공공기관과의 관계

재난은 매스 미디어나 뉴스 소재로서도 비중 있게 다루어지며 이런 기관들은 신속한 정보를 제공해줄 것을 요구한다. 그러므로 재난계획에는 관련정보를 대중매체에 순서대로 공개하는 것에 대한 준비를 하여야 하고, 혼란을 피하기 위하여 가급적이면 지정된 하나의 부서를 통하여 공개된다. 기업체의 대외 홍보부서나 공동체 관련부서가 이러한 역할을 수행한다. 이러한 절차들은 대외관계 부서장의 확인이 필요하고, 새로운 절차는 기업이나 공장 재난조정자에 의해서 개발되어 정기적으로 새롭게 개편한다.

"위기 대처요령"은 대중의 관점에서 어떤 조직이 냉정한 태도로 위기를 관리하면서 신속하게 위기에서 벗어나는 것을 촉진할 것이다. 대중매체를 접촉하자마자, 그들은 준비된 언론 공개내용과 브리핑을 통하여 어떤 일이 발생하였는지를 대중에게 전하게 된다. 그러므로 "노코멘트"라고 대응하지는 말아야 한다.

만약 대중매체의 책임자들이 어떤 조직에서 업무에 협조하지 않거나 적절한 정보를 제공하지 않는다는 인상을 받는다면, 그들은 실제상황에 대한 정보를 거의 알지 못하는 개인을 접촉하게 될 것이며, 이것은 대중에게 루머나 추측성 정보를 퍼지게 할 것이다. 그럴 경우에 해당 기업에 대한 대중들의 생각은 중요한 무언가를 숨기고 있다는 의심스런 반응과 부정적인 인상을 계속적으로 갖게 될 것이다. 그러나 대중매체의 대표자도 왜 해당 기업이 그들이 정보를 얻고자하는 것에 대하여 제한을 두는가를 이해하게 된다면 대체적으로 협조하게 될 것이다. 예를 들어 재난현장의 안정에 대한 고려로서 재해구역에 접근하는 것을 통제하는 것은 필요한 사항이다. 만약에 그렇다면 그 문제에 대하여 해명이 되어져야 하고 해당구역에 있었던 목격자가 상황을 설명하는 것이 적합할 것이다. 그리고 재해현장에서 사망하거나 부상당한 사람들의 명단을 가능하면 빨리 발표되어야 한다(그러나 대중매체에서는 반드시 재해자의 친척들에게 이러한 상황이 대중매체에 발표되기 전에 이러한 정보를 먼저 전해야 한다는 것을 명심해야 할 것이다). 이러한 사상자에 대한 정보의 관리는 대외관계뿐만 아니라 내부 인사관계에서의 측면에서도 중요하다. 그러므로 이러한 정보에 대한 관리방법은 조직내규로 규정되고 재난계획에 명기되어 포함되어야 한다.

재난장면의 사진의 적용범위는 보험의 적용이나 법적인 소송을 뒷받침하기 위해서 중요하다. 재난시 사진과 비디오는 기업의 전문 사진사에 의해 촬영되거나 뉴스 사진기자에 의해 촬영된 사진의 사본을 얻을 수 있을 것이다.

7) 의료와 복지시설

부상자에 대한 가벼운 부상이나 단기간의 치료는 조직자체에 존재하는 시설이나 의료요원을 활용한다. 추가적인 충분한 인원의 확보는 기업에서 의료요원을 돕기 위한 정기적인 활동으로서 훈련되고 지명된다. 따라서 부상종업원을 돕기 위한 응급구조 훈련이 전문적인 의료처지가 실시되기 전까지 부상자를 안정시키는데 능숙하게 되기 위해서 조력자들에게 훈련이 실시된다.

병원은 응급환자의 수를 수용할 수 있는 규모와 처치 가능한 유형을 고려하여 접촉한다. 모든 병원이 모든 유형의 부상이나 질병에 맞는 완전한 처치시설을 갖추고 있는 것은 아니다. 예를 들어, 화상을 입은 환자는 특별한 처치가 요구되나 단지 제한된 수의 병원만이 심각한 화상에 대한 처치설비를 갖추고 있다. 또한 병원경영진은 교대조 종업원과 중요한 관리자와 연락할 수 있는 전화번호를 알려주어야 한다. 또한 병원당국은 부상자의 유형을 고려한 시설물에서 사용되는 화학물질과 여러 물질들에 대하여 관련자에게 알려주어야 한다. 전반적으로 특히 위험한 장소에서의 계획은 현장에서의 "치료 우선순위에 의거한 부상자를 분류"하여 의료요원이 부상자의 초기진단을 할 수 있는 시설들을 포함하여야 한다.

여기에서 또한 고려되어야 할 것은 병원이나 처치장소로의 환자의 이송이다. 그리고 동일 지역에서 가용할 수 있는 구급차의 숫자에 대한 고려와 구급차의 사용에 대하여 구급차회사 대표자와 조정을 한다. 사용가능한 구급차가 부상자 모두를 다 이송할 수 없으면, 비상시의 계획에서 환자를 이송하는데 회사의 차량을 이용하도록 한다.

기업체에 있는 일시적인 치료시설은 지역병원이 환자들을 충분히 수용할 수 없거나 부상자의 특성에 따라 이동하기가 불가능한 경우에 제공되어야 한다. 그러므로 이러한 비상의료시설을 위한 충분한 공간이 재난계획에 배당되어야 할 것이다. 또한 좋은 기후조건하에서는 주차장과 같은 넓은 개방된 공간에서는 텐트를 설치하여 일시적인 의료시설로서 사용될 수 있다. 그리고 발생한 부상자를 적절하게 처치하기 위하여 반드시 충분한 의료서비스가 제공되어야 하므로 이 계획에서는 동일 지역 의료보급시설이나 동일지역의 다른 시설로부터 추가적인 보급을 얻을 수 있도록 한 규정을 포함한다.

더불어 재난시 복지와 종업원의 사기나 그들 가족들은 비상사태의 경우에 심각한 문제에 처하게 된다. 따라서 여기에는 일시적인 음식물의 공급, 숙소, 의류, 재정적인 문제, 의료서비스, 심각한 재난을 겪은 종업원이나 그들 가족들에게서 나타날 수 있는 외상후 스트레스 증후군(PTSD)[29]과 같은 후유증을 방지하기 위한 상담이 필요하게 된다.

8) 경계체제와 경보시스템

재난계획에는 비상상황이 발생할 경우에 해당 시설을 이용하는 사람들에게 경고하는 방법을 신속하게 제공하여야 한다. 이 방법은 가능한 빨리 개개인에게 위험한 상황에 대하여 충분히 경고하여 적절한 행동(예를 들어, 시설물이나 위험지역으로부터의 탈출)이 취해질 수 있도록 하여야 할 것이다.[30] 그리고 건축물이나 화재나 재난에 대한 관계법령은 고층건물이나 다른 특정한 구조물에서 비상시 경고나 교신시스템의 설치를 의무화하여야 할 것이다.

이러한 경보시스템의 계획에서는 주위환경의 소음과 거리에 대한 고려가 반드시 있어야 한다. 또한 만약 비상시에 몇몇이 외부에서 있다면, 내부뿐만 아니라 외부 경보시스템도 제공되어야 한다. 따라서 확성장치나 전화시스템과 같이 존재하는 모든 교신시스템은 내부경고를 위해서 사용될 수 있을 것이다.

한편, 외부 경보시스템은 벨·휘슬·사이렌 또는 확성장치를 이용한다. 그리고 플래시와 같은 시각적인 신호는 소음 때문에 효과적인 음성경고가 방해받는 경우에 외부에서와 마찬가지로 내부에서도 사용된다. 미국 무능력자보호법(ADA)에서는 위치와 가시도, 가청도에 관한 요구사항을 고용주에게 부과하고 있다. 그러므로 해당 시설물을 사용하는 모든 사람들은 경보가 주어졌을 경우에 경고신호가 무엇을 의미하는지, 어떤 행동이 취해져야 하는지를 알아야 한다. 이러한 경보시스템이 실제적으로 경험하기 위하여 종업원이 시설물에 있을 때 주기적으로 시험되어지면 종업원은 경보에 익숙해질 것이다.

9) 보안과 소방

지역경찰이나 소방서비스가 모든 비상사태에 도움이 될 것이라고 당연하게 생각해서는 안 된다. 경찰이나 소방조직은 도움이 필요한 모든 조직을 돕기에는 불충분한

---

29) PTSD(post traumatic stress disorder)는 전쟁, 천재·지변, 화재, 강간 등 충격적인 사건을 당한 뒤 나타나는 정신과적 문제 또는 질환이며 과민반응, 충격상황의 재경험, 악몽 등의 증상이 특징이다. 심한 경우 약물남용, 환각, 직업적 무능력, 대인관계 장애, 자살 등으로 이어질 수 있다.

30) 인도네시아 수마트라섬 주변에서 2004년 12월 26일 발생한 '아체 지진'의 피해가 천문학적으로 불어난 것은 경보체제 미비 등 무방비 상태에서 사건이 발생했기 때문이다. 동·서남 아시아의 연해지역에 지진 후 유례없이 강력한 해일이 밀려들었지만 아무 경보도 발동되지 않았다. 스리랑카·인도 연해지역 등에 지진 해일이 밀려든 것은 해저지진 발생 후 2~3시간 뒤였으므로 지진 발생에 따른 지진해일인 '쓰나미'(津波; Tsunami)의 발생에 대한 경보체계가 갖춰져 있었다면 수만 명의 피해자들의 생명을 구할 수 있었을 것이다.

인력과 통행이 불가능한 도로상황 때문에 완전한 대응은 불가능하다. 그러므로 재난계획은 보안이나 소방임무에 대하여 정규적으로 도울 수 있는 임무가 부여된 추가적인 종업원을 동원할 수 있어야 한다. 따라서 각 조직체에서는 최소한의 한정된 기간이라도 종합적인 자체 대응능력이 요구된다.

화재는 어느 재해보다도 피해의 규모가 가장 크고 거의 대부분의 재산의 파괴를 동반하므로 비상시 손실을 최소화하기 위해서 비상소방대가 조직되어 훈련되는 것이 매우 중요하다. 대체적으로 지역 소방조직은 훈련교실을 실시할 수 있는 능력을 가진 인원과 이러한 서비스를 기꺼이 제공하려고 할 것이다.

더불어 지역 소방관들은 재난 중에 손실을 증가시키는 결과를 가져올 수 있는 위험과 상황을 규명하기 위하여 시설물의 조사를 실시하며 그런 다음 시정조치를 권고할 것이다. 또한 지역 소방관들은 어떤 시설물의 위험한 물질의 저장장소나 배치상황에 익숙해지기 위해서 시설물을 방문한다. 그들에게는 또한 중요한 관리자와 연결될 수 있는 전화번호가 제공되어야 하고 훈련목적을 위하여 주기적으로 건물의 평면도가 갱신되어야 할 것이다.

경찰관은 시설물을 돌아보는데 참가시키기 위해서 초대되어야 하며 출입구를 보여주기 위해서 도면이 제공된다. 경찰관들은 금고와 금고실의 장소와 특히 귀중품과 장비, 현금에 대해서 특별한 대책을 권고한다. 또한 이들에게도 중요한 관리자의 연락 전화번호를 알려준다.

펜스와 장벽과 같은 일반적인 물리적인 보안시설물은 재난시에 파괴되거나 손상을 입는다. 또한 종업원이나 구경꾼에 의한 약탈행위와 같이 어떠한 재난장면도 구경꾼들에게는 관심을 끌게 됨으로 반드시 위험요인으로 고려되어야할 것이다. 그러므로 추가적인 요원이 보안을 유지하고 재산과 조직의 인명을 보호하기 위하여 훈련되어야 한다. 여기에서는 충분한 구성원이 재산과 인명을 보호하기 위해서 남아 있어야 하므로 재난시에 모든 인력이 보안요원과 소방활동에 전부 동원되지 않는 것이 중요하다.

보안업무를 수행하기 위한 임무를 가진 종업원과 관계없는 일반시민을 통제하는 것은 어려운 일이다. 따라서 배지나 종업원을 확인하게 위한 입장허가와 특정 구역에서의 다른 권한을 주는 것은 인원을 통제하는데 도움을 줄 것이다. 또한 조직의 신분확인 카드가 구체적으로 명기되었을 경우에 비상사태에서 다른 형태의 신원확인의 유용성에 대해서도 고려되어야 할 것이다. 여기에는 간단한 완장이나 팔찌같은 것이 비상시 보조물로서 신속하게 지급할 수 있으므로 고려되어야 한다.

경찰이나 소방관서의 전화번호 뿐만 아니라 모든 다른 비상서비스 기관의 연락처가 이런 기관들에 도움을 요청할 경우에 지체되는 일이 없도록 항상 사용가능하게 준비되어져야 한다. 그러나 비상사태 시에는 비상서비스 기관들의 전화번호는 다른 조직으로부터 정보나 도움을 개인적으로 요청하는 수많은 전화에 의해서 불통될 가능성도 있다. 이런 이유에서 비상시에 그들이 사용하는 개인적인 연락번호가 준비되어야 한다. "고도 자동기능 전화"는 이러한 기관들의 번호로 연결되도록 프로그램 되어지고 한정된 디지털입력의 번호에 전화를 걸게 한다. 또한 재난은 많은 사람들이 동시에 재난장소로 전화를 걸거나 재난장소에서 외부로 시도하므로, 하나 이상의 외국어 변환기 전화는 재난대처팀에게 유용하게 사용될 것이다. 이러한 전화는 지역 중앙전화국에서 분리되어 독립적으로 해당 시설에 제공된다.

10) 전원차단과 비상복구

만약 적절하게 전원이 차단되지 않는다면 특정한 기계류, 사업설비와 공정은 재난상황시 위험도는 엄청나게 증가하게 될 것이다. 여기에는 열처리 용광로, 가스 발전기, 증류기, 보일러, 고압실린더, 그리고 고속으로 회전하는 플라이휠과 같은 시설물은 손상을 가중시키는 항목들이다. 종업원들이 시설물로부터 탈출한 후에 이러한 항목들이 통제 없이 계속적으로 작동되도록 방치된다면, 비록 예상되는 재난상태가 구체화되지 않더라도 해당 구역은 심각한 손상을 초래하게 되거나 장비가 파괴될 것이다.

그러므로 전원차단에 대한 특정한 책임요원이 재난계획에서 지정되어야 한다. 그리고 실제적인 전원차단의 임무는 해당 공정에 익숙한 사람에게 주어져야 한다. 몇몇 장비에서의 전원차단은 몇 시간이 소요되나, 홍수 · 화재 · 폭발 · 지진은 이러한 많은 경고의 시간을 허용하지 않는다. 그러므로 이러한 임무에는 경보가 발생시 신속한 주의가 요망된다. 그리고 이러한 전원차단 요원은 비상탈출이 요구될 때 마지막으로 공장을 떠나게 될 것이며, 심지어 경우에 따라서는 공장안에 머물러야 할 상황도 발생한다(이 경우에 상황을 잘 인식하고 있는 운영팀장이 전원차단의 우선순위를 지시한다).

만약 이런 상황이 존재할 경우에는 생존을 보장하는 피난처를 포함하여 최대한의 보호조치가 이러한 요원을 위하여 준비되어야 한다. 이 경우에 요원의 인원은 가능하면 최소한을 유지하고 신속한 전원차단 절차를 훈련한다. 또한 모의 전원차단과 표지(標識)를 단 통제는 훈련의 속도를 향상시킨다. 이러한 신중한 전원차단 절차는 기업의 복구작업에 엄청난 도움과 신속함을 제공할 것이다.

또한 재난복구절차들도 재난계획에 포함되어야 한다. 대체적으로 시설물은 재난에 의해서 완전히 파괴되지는 않는다. 더불어 손실에 대한 초기 견적은 일반적으로 나중에 상세하게 조사가 시행된 것보다 작게 나타난다. 먼지와 카본, 침니(沈泥), 진흙, 점액과 녹이 모든 것을 뒤덮게 되고, 철사들은 꼬이거나 불타게 되고, 구조물은 비틀어지고, 여러 가지 조각들이 구역에 스며들 것이다. 그러나 점차적인 청소와 제거·정리는 복구에 대한 희망을 증가시킬 것이다.

재해복구를 위한 기획에서 고려될 또 하나의 사항은 재해복구에 관한 특별보고서이다. 그리고 만약 복구계획이 세워졌다면 복구는 더 용이하고 효과적이 될 것이다. 또한 비상사태 후에 비상복구, 회복, 구조를 위한 장비보호의 필요성도 매우 중요하다. 필수적으로 이러한 품목들은 정상적인 상황보다는 재난 시에 더 가치가 있게 된다. 그러므로 중요한 복구항목의 리스트는 비상시 업무운영을 용이하게 할 것이다.

재해지역에서는 많은 노동력들이 낭비되거나 장비가 보호되지 못한다. 그러므로 노동력이 너무 빈약하게 분산되어 모든 것을 포기하기보다는 이러한 노력을 한군데에 집중하여 무엇이라도 보존하는 것이 훨씬 효과적이다. 이러한 판단을 내리기는 매우 힘들지만 반드시 이렇게 시행되어야 할 것이다. 그러므로 재난시의 재난대책에는 재난관리뿐만 아니라 복구에도 집중되어야 한다. 따라서 어떤 지역에서나 다양한 물리적 재산의 중요성을 인지하고 있는 관리자와 감독자와 함께 사전에 재난에 대한 검토를 하는 것은 구조작업의 우선순위에 대한 대책을 확립하는데 도움을 준다. 또한 개별적인 재산의 조달이나 교체비용에 대한 것이 평가되어야 할 뿐만 아니라 정상적인 운영으로 복귀할 경우에 손실된 것들의 손실에 대한 영향의 비용도 더불어 평가되어야 한다.

기계도구나 다른 중장비들의 홍수나 화재, 강풍이나 폭발에 의한 손실은 거의 수리가 필요치 않는다. 그러나 발전기, 제어장치, 베어링은 열기나 습기로부터 쉽게 손상을 입기 때문에, 이러한 장비들은 더 광범위하게 사용할 수 있도록 하기위해서 수리의 필요성이 있다. 또한 내구성 있는 표면, 도구, 기계에 사용되는 최고의 합금강은 대체적으로 녹슬지 않을 뿐만 아니라 잘 더럽혀지지도 않는다. 더불어 재해에 의한 기계류의 손상은 숨겨져져 잘 식별되지 않다가 시간이 지난 다음에 본래의 상태로 되돌아와서 운행할 경우에 상태가 명백하게 드러나게 된다. 그러므로 기본적인 기계들이 심각한 손상을 입지 않았더라도 장차 손해를 최소화하기 위한 고려가 초기에 기울여져야 하고 아주 사소한 응급처치라도 적기의 조치가 미래의 처리를 편리하게 할 것이다.

재해계획에서는 비상사태가 중지된 후에 시설물구조의 안전에 관하여 가장 우선시하여 고려한다. 그러므로 공장기술자는 특히 건물구조를 조사하고 건물과 기초에 대하여 확인한다. 여기에서 적어도 한 명의 인원은 건물의 구조적인 취약성을 알아낼 수 있는 기술적인 능력을 가져야 한다.

11) 2차적인 재해

"2차적 재난" 현상의 중요성은 자동차 안전기술자에게는 잘 알려져 있다. 안전기술자는 자동차를 정지하는 데서 발생한 충돌의 첫번째 영향력과 차량의 내부에서 충돌하는 승객에게서 발생하는 2차적인 충돌을 고려하여야 한다. 이와 같이 많은 재난에서는 첫번째 재난보다도 더 많은 손실과 생명을 위협하는 2차 재난이 포함된다. 지진에 뒤따르는 주요한 화재의 발생이나 약해진 댐의 붕괴로 인한 홍수나 전염병의 창궐이 이러한 현상의 예가 될 것이다.

그러므로 2차적인 재해에 대한 사전 평가를 하기 전에 재해지역에 구조나 복구팀을 파견하는 것은 불필요한 추가적인 재난을 초래하기도 한다. 따라서 현재 상황에 기초하여 미래의 위험을 평가하기 위한 임무와 훈련이 반드시 필요하다. 하나의 재난은 상황이 안정되기 전까지는 환경과 상황의 확인, 손실에 대한 노출의 평가에서 불안정성이 계속된다.

재난의 유형에 관계없이, 건물이나 기초는 보강되지 않는 장벽, 위험한 장비, 생명체가 전력선에 노출, 가스의 누출, 위험한 화학물질, 손상된 산소탱크나 용기, 아세틸렌, 수소, 그리고 다른 위험물질을 대해서 자세하게 점검한다. 가스는 주밸브에서 차단하고, 전원은 공장으로 공급되는 인입부를 차단하며, 경고 안내문을 위험한 밸브와 스위치에 부착한다. 이러한 모든 장치들은 철저한 검사가 끝난 다음에 다시 가동시킨다.

재난 중에 사용되는 차량의 통제에 대한 책임은 개개인에게 임무를 주거나 대안이 제시되어야 할 것이다. 재난 중에 조직에서 사용가능한 모든 차량들에 대한 재고가 파악되어야 하고 이것들은 재난계획에 포함된다.

또한 기업이나 차고로부터 임대하여 추가적으로 필요한 차량에 대해서도 사전에 준비되어져야 할 것이다. 그리고 종업원 소유의 차량들도 이러한 계획에 포함되고 사용에 대한 비용을 지급하도록 준비한다. 재난시에 차량들은 보급품이나 모든 재난 파편들을 운반하는데 필요하고, 사람과 구조 장비들을 운송하게 된다.

4. 재난복구시 행동

1) 반드시 해야 할 사항

① 재난발생 후에 가능한 신속하게 비상대책본부를 설립한다.

② 업무에 복귀하는 종업원들을 위하여 간략한 상황에 대한 설명을 하고, 위험지역, 특별한 안전요구사항, 보상, 음식물의 제공, 개개인의 안정, 응급처치에 관하여 조언을 한다.

③ 비상운영체제로부터 정상적인 절차와 운영으로 되돌리기 위한 노력을 기울인다. 사람에 대한 추가적인 책임을 최소화하고, 보급시스템을 단순화하며, 불가피한 선례가 생기는 것을 통제한다.

④ 종업원들을 위한 비상시 근무에 대한 급여에 대하여 고려하고, 회사정책, 재원, 그리고 인근 기업체에서 일반적으로 시행되는 관행을 기초로 하여 결정한다.

⑤ 라커룸과 서비스 공간, 화장실이 사용가능하도록 노력한다.

⑥ 종업원들에게 상황과 복구의 정도에 대하여 정보를 제공하고, 그들에게 주어진 기준에 의해서 직장에 복귀시기를 알려주며, 그리고 복귀시에는 이동시간과 급여비율, 입어야 할 복장의 유형, 도시락을 준비해야 하는지에 대하여 통지한다.

⑦ 위험, 절도, 약탈을 방지하기 위해서 원거리에 위치한 지역을 보호하며, 누가 해당 구역에 들어가는가를 알기 위해서 출입통제를 실시한다.

⑧ 건강과 위생상태를 책임질 사람을 임명하고, 사용이 허가된 식수원, 화장실, 세면기에 표시를 한다.

⑨ 안전업무를 감독할 안전기술자를 임명하고, 이들이 정규직책으로서 업무를 수행하도록 한다. 그러나 흥분과 피로가 더해진 과도한 임무부여는 불필요한 위험을 발생시킨다.

⑩ 일상 업무의 기록을 유지하고, 보험 클레임과 세금공제, 법적인 문의, 임금지급 여부를 종업원에게 확정해주는 것이 필요하다. 그리고 필요한 데이터를 수집하는 사람을 지정하고 사진을 찍는다. 또한 적용여부에 관계없이 현금이 필요한 사용처를 결정한다.

⑪ 비상시는 진정한 창의력만이 많은 문제를 해결할 수 있으므로 비상시의 의도에 부합하는 목적에의 유사성, 차이점과 대안에 관하여 고려한다.

⑫ 열기나 물에 노출된 장비는 사용하기 전에 모든 회전 숫돌과 다른 고속으로 회전하는 장비를 확인하고, 만약 의심이 간다면 제조업자를 부른다.

⑬ 전기 건조기를 사용할 경우에는 내·외부 온도에 대하여 엄밀하게 통제를 실시한다. 절연은 화씨 190~200도 사이에서 파괴된다.

⑭ 오로지 다시 포장이 필요한 것의 외견상의 견적에 대하여 포장이 없는 상품이나 상자들의 청소, 건조, 시험, 그리고 조사를 위한 비용을 평가하고, 이것의 나중에 활용대책과 고객들에게 어떻게 영향을 미치는가를 생각해야한다.

⑮ 많이 손상된 장비는 가능한 수리를 위하여 공장이나 수리센터로 보내고, 복구를 위한 모든 종사자의 효용성과 재능이 요구되며, 보내지 못한 물건들을 보관할 공간이 필요하다.

⑯ 종업원들에게 실제적인 보험이 적용되는 것에 대하여 공지한다. 그리고 보험이 모든 것을 커버하여 아무런 손실이 없을 것이라는 어리석은 생각은 하지 않는다.

⑰ 비상사태시에 즉각적인 대응을 할 수 있는 책임을 부여하고, 일시적인 복구는 가능한 빨리한 다음 다시 정식적으로 재정비되어야 한다. 그리고 가능하면 전체적인 상황에 대한 검사를 다시 90일 안에 실시한다. 예를 들어 난방장치는 가을에 추워지기 전까지 성능이 확인되어야 한다.

⑱ 상황에 대한 첫번째 단계를 평가한 후에 간단하게 다음 단계를 준비할 시간을 갖는다. 그런 다음 이미 예정되었던 일에 대하여 목록을 작성하고 일시적인 비상조직에 대하여 도표를 작성한 다음, 이것을 서로 비교하여 "누군가 확인해야 하는 것이 없는가"를 검토해본다.

⑲ 야간활동에서 중요한 판단을 책임질 수 있는 책임자를 지정하고, 가능한 충분한 보안요원을 배치하고 그들이 보호해야 할 것에 대하여 특정한 임무를 준다.

⑳ 종업원의 심신이 편안할 수 있도록 도움을 준다.

2) 금지되어야 할 사항

① 풍문을 근거로 하여 성급하게 결론을 내리지 않는다. 만약 철저하게 점검할 시간적인 여유가 주어지지 않더라도, 적어도 중요한 결정을 내리기 전에는 상황에 대한 개략적인 사실을 알아야 한다.

② 업무나 구성원에 대하여 과도하게 비판적이어서는 안 된다. 비상시에는 모든 사람들이 긴장하고 피곤하며 불안정하게 되므로 절제하는 연습을 하고, 타인의 노고에 대한 감사를 표하며 명확한 지시를 내린다. 비상시에는 대부분의 업무들이 작업자에게는 새롭고 익숙하지 않은 일이다.

③ 젖은 판지, 문방구, 오염된 기름, 연화된 절단도구, 그리고 많은 기계류와 같이 재생하는데 드는 비용보다 새로운 것으로 대체하는데 소모되는 비용이 더 적게 드는 항목을 복구하는데 소모되는 시간들을 줄인다.

④ 연쇄적인 연소의 위험성을 잊어서는 안 된다. 젖어있는 해진 조각이나 종이와 같은 것은 올바른 조치를 취하지 않거나 연소하기에 적절한 상황이 조성된다면 24시간 안에 다시 탈 수 있다. 그러므로 어둡고 후미진 구석의 종이 저장소 근처에 있는 모든 인화성물질을 제거하여야 한다.

⑤ 너무 오랜 시간 동안 지역의 공공서비스나 원조단체를 기다리는데 시간을 소모해서는 안 된다. 그럼으로 지리적으로 가장 가까운 곳에 위치한 공공서비스 기관에 연락을 취하고, 이 기관은 지리적으로 인접하여야 도움이 될 것이다.

⑥ 너무 빨리 비상대책을 해제하지 않는다. 실제적으로 100% 완전한 상태로의 복구는 통상적으로 생각하는 것보다도 더 많은 시간이 소요될 것이다.

⑦ 긴급한 상황에서 중요한 업무보다 통상의 청소업무와 같은 것에 너무 많은 시간을 소비하지 않는다. 이러한 업무는 나중에 처리할 수 있는 충분한 시간들이 주어진다.

⑧ 재발할 재난에 대하여 대비하여야 한다. 예를 들어 홍수침니는 강바닥을 다시 치솟게 할 것이며 이어지는 홍수는 더 강력한 위험을 만들 것이다.

⑨ 비상사태 초기단계에서 조그만 변화에 대해서는 쓸데없는 이의를 제기하지 않는다. 그보다는 모든 단체들은 복구를 위해서 협조하여야하고 신속하게 정상적인 운영의 상태로 되돌리는데 노력을 경주하여야 한다.

⑩ 과도하게 조심스럽게 판단하지 않는다. 어떤 업무에서 조그마한 손실을 입을 수

있지만, 이것의 중요성에 대하여 모든 시스템이 중지될 경우의 위험이나 비용과 비교해 보아라.

⑪ 비상사태시의 생산손실을 보충하기 위해서라도 12시간 이상 근무하여서는 안된다. 대신에 교태로 근무를 실시하고, 인원이 허용된다면 복구작업과 힘든 노동 후에 휴식을 위하여 휴식시간과 짧은 휴가를 허용한다.

⑫ 참가자 자신들의 건강에 유의하여야 한다. 비상사태 이후에는 구성원에게 관련자 모두에게 더 많은 힘과 용기 그리고 끈기가 요구될 것이다.

5. 후속 조치

계획의 이행에는 비상사태를 대비한 계획의 수립보다 더 많은 연습이 필요하다. 그러므로 이 계획은 반드시 기업체의 운영업무에 통합되어야 하고, 소속 구성원이 모두 훈련되고, 이 계획은 필요에 따라서 평가되고 수정되어야 한다.

1) 훈 련

모든 종업원들과 해당 방문객들에게는 몇 가지 훈련양식이 요구된다. 이것에는 정책을 검토하기 위한 주기적인 종업원의 토론시간, 전문적인 비상대응요원을 위한 장비사용에 관한 기술적인 훈련, 비상탈출 훈련과 종합적인 훈련을 포함한다. 그리고 구역 내에서의 종업원 · 계약자 · 방문객 · 관리자 · 비상대응요원들에게의 정기적인 정보와 훈련의 필요성에 대해서 고려한다.

이러한 훈련에는 다음의 내용들을 포함한다.

① 오리엔테이션과 교육기간에는 정보의 제공과 질문에 대한 답변 그리고 훈련의 필요성과 고려사항에 대한 규정에 대하여 정기적으로 토론된다.

② 탁상훈련에서는 대상관리자집단의 구성원들이 회의실에 모여서 그들의 책임과 비상시 시나리오에 어떻게 대응할 것인가를 토론하는 것이다.

③ 예비적인 리허설에서는 비상관리자 집단과 대응팀이 그들의 비상대응 기능을 수행하는 연습을 한다.

④ 기능적인 훈련에서는 경고, 교신절차와 장비, 긴급 의료대응, 혹은 비상통지와 같은 특정한 기능을 시험한다.

⑤ 비상탈출 훈련에서는 모든 종업원을 고려한 탈출절차가 시험되고 지정된 비상

탈출 통로를 따라서 시행되고, 참가자들은 계단에서의 병목현상과 같은 잠재적 인 위험요인에 대하여 고려한다.

⑥ 종합적인 훈련에서는 가능한 실제 비상상황과 유사하게 재현하여 실시되고, 이 훈련에는 기업체 구성원과 공동체 대응조직을 포함하여 종합적으로 실시된다.

2) 비상계획의 계속적인 갱신

조직에서는 계속적으로 비상계획을 갱신하고 재난 대비계획은 반드시 조직의 변화를 반영하여야 한다. 이러한 비상계획에 대한 공식적인 감사는 적어도 일년에 한번은 실시되어야 하며, 더불어 비상계획은 다음과 같은 상황 이후의 요구에 따라 평가되고 수정되어야 할 것이다.

① 각 훈련이 실시된 이후.

② 각 비상사태가 발생한 이후.

③ 구성원이나 구성원의 책임이 변경된 경우.

④ 시설물의 물리적인 상황이 변경된 경우.

⑤ 정책이나 절차가 변경된 경우.

재난과 관련된 데이터베이스 프로그램과 관련하여 규격화된 재난기획 소프트웨어는 많은 변화의 과정에서 통합을 촉진하고 개정된 계획을 신속하게 전파하는데 도움이 된다.

제11장

리스크관리와 보험

제1절 리스크관리의 개념과 유형
제2절 리스크평가 모델의 5단계
제3절 리스크관리의 최적화
제4절 보험관리

제11장 리스크관리와 보험

제1절 리스크관리의 개념과 유형

기업을 경영하는데 리스크(위험 혹은 위기)를 동반하지 않는 경우는 존재하지 않는다. 특히 세계화란 기업의 리스크 통제가 자신의 손을 벗어남을 의미하기도 한다. 이러한 위기의식의 중요성을 카를로스 곤(Carlos Gohn) 르노 닛산 자동차 사장은 위기감을 체계적으로 유지하는 일은 기업경영에서 매우 중요한 요소라고 강조하였다.

인간은 위기가 눈앞에 닥쳐야 반응하는 인식의 한계는 위기시 적절한 위기관리능력과 평상시의 일정수준의 위기의식의 공유가 변화가 상존하는 오늘날 경영자의 첫 번째 자질로 평가되기도 한다.

오늘날 세계경제시스템은 구조화된 변동성으로 특징져지며, 이러한 새로운 패러다임에 소비자, 기업, 정부가 적절하게 대응하는 것은 어렵게 하고 있다.[1] 전 세계적인 테러리즘과 전쟁, 전염병의 확산은 2004년을 엄청난 불확실성으로 우리들의 불안감의 확산을 재촉하고 있다.

오늘날 기업이 직면한 위기는 재산손실과 수입 감소, 배상책임, 시장환경의 급변에 따른 시장의 상실 그리고 인종국가간 전쟁이나 테러로 인한 다국적기업의 인적·물적 손실 등 여러 가지가 있으며 이러한 리스크요소들이 급변하는 현대의 기업경영 현실에서 기업의 성패에 엄청난 영향을 미친다.

1) IMD World Competitiveness Yearbook 2004, p. 41.

2002년 대한상공회의소가 220개 기업을 대상으로 한 조사에서도 한국기업의 위기관리 수준은 대부분이 초보단계에 머물고 있으며, 위기관리를 일반적으로 금융위기관리로 인식하는 것으로 나타났다.[2)]

그러나 기업 시큐리티 측면에서 미국에서의 2001년 9월 11일의 가공할 테러공격은 공공부문과 민간 모두의 영역에서 리스크관리를 긴급한 논점으로 만들었다. 퍼플러는 리스크를 손실가능성에 노출되어 있는 것을 의미하는 것이라 하였으며[3)], 피터는 유해하거나 손실에 노출되었거나, 이러한 노출된 상태를 의미한다고 정의하였다.[4)]

로우퍼(Carl A. Roper)는 리스크관리란 리스크를 평가하고 피해자가 수용할 수 있는 수준(acceptable level)까지 리스크부담을 줄이기 위한 조치를 강구하며 이러한 리스크수준을 유지하는 것이라고 하였다.[5)] 제임스(James F. Broder)는 리스크관리를 어떤 독립적인 실체(entity)가 가지는 잠재적인 손실에 대하여 규명하고 어떻게 이러한 잠재적인 손실을 처리할 것인가를 판단하는 과정이라고 정의하였다.[6)]

또한 제임스는 리스크관리의 목표는 손실을 발생할 수 있는 수많은 사건들을 대한 종합적인 관리를 통하여 손실이 불가피한 것을 최소한의 비용으로서 효과적으로 리스크를 관리하는 것이라고 하였다.[7)]

헤드(George L. Head)는 리스크관리를 '가능한 최소한의 비용으로 조직에 미치는 우연한 손해의 불이익한 영향을 최소화하기 위해 조직의 자산 및 활동을 계획·조직·지휘·제어하는 과정'으로 정의하였다.[8)]

리스크관리 전문가인 지글리오티는 '리스크관리는 일반적으로 인간의 건강과 안전에 대한 위협을 감소시키고, 대중과 기업의 재산손실을 막고, 정상적인 조직 또는 기업의 활동에 미치는 영향을 최소화하기 위해서 현재의 운영환경을 신속하고, 능률적

---

2) 현재의 위기관리 문제점에 대해 국내기업은 주로 전략적·실천적인 위기관리체제의 미 구축(43.9%)을 지적한 반면 외국계기업은 위기에 대한 사전 감지능력 및 정보 수집력 미흡(35.3%) 등을 주요 문제점으로 들었다. 이러한 응답의 차이는 국내기업의 위기관리가 초보단계에 머물러 있는 반면, 외국계기업의 상당수는 초보단계를 지나 사전대응 등 선진단계로 넘어가고 있는데 기인하는 것이다(국내기업과 외국계기업의 위기관리 실태 및 대응방안 비교조사, 2002, 대한상공회의소).

3) Philip P. Purpura, *op. cit.*, p. 313.

4) Peter Pitorri, *op. cit.*, p. 123.

5) Carl A. Roper, *Risk Management for Security Professionals*, BH, 1999, p. 13.

6) James F. Broder, *Risk Analysis and the Security Survey*, BH, 2000, p. 97.

7) 여기에서의 리스크관리는 시큐리티와 산업보안보다도 더 넓은 영역을 포함하지만, 이 두 영역이 가장 효과적인 리스크관리 프로그램의 토대가 된다.

8) 박은희/정영동 공저, 리스크 관리론, 무역경영사, 1998, 125면.

이며, 효과적으로 다룰 수 있는 조직의 능력'이라고 정의하고 있다. 따라서 기업이나 조직의 생존을 위해 리스크관리는 필수적임을 알 수 있다.

이러한 리스크관리에서 중요한 자연재해 또한 대한민국의 재난에 대한 대비나 시스템을 선진국과 비교하면 2002년 9월 18일 오후(현지시각) 미국 동부지역을 강타한 허리케인 이사벨이 남긴 피해는 비슷한 시기인 9월 12일 한반도 남부를 휩쓴 태풍 매미가 할퀴고 지나간 흔적과 크게 대비 되었다. 매미가 한반도 내륙을 관통하는 데 걸린 시간은 대략 6시간이나 120여명 이상의 사망실종자가 발생했으며, 5조원에 이르는 재산피해가 발생했다. 이에 비하여 허리케인 이사벨은 시속 257㎞의 속고에 15시간을 강타했으나 사망과 실종 30여명에 지나지 않아 한반도 남해안에 상륙한 시속 216㎞의 매미가 6시간 강타하여 발생한 인명손실과 명확한 대조를 이루었다.

이와 같이 한국에서도 엄청난 자연재해들이 계속하여 발생하고 있으나, 여기에 대한 대책은 일시적인 처방으로서 또다른 재앙을 예고하고 있는 듯하다. 이러한 대책의 한계에는 여러 가지 구조적인 문제들이 숨어 있는데, 일차적으로는 이러한 재난을 효과적으로 관리할 전문가집단의 부재를 들 수 있으며, 이러한 전문가 집단의 부재는 국민전체의 안전의식의 결핍으로 나타나 관리 가능한 사건들이 엄청난 피해로 직결되는 악순환을 계속하고 있다.

어떤 조직이나 새로운 수준의 위협에 대하여 국가가 중요한 기반으로 역할을 하고 있다. 예를 들어, 최근에 많은 관심의 초점이 되는 있는 중요한 시큐리티 문제 중의 하나로서 많은 전문가들이 미래의 주요한 위협요인으로서 컴퓨터 네트워크에 대한 위협을 지적하고 있다. 이러한 국가 컴퓨터 네트워크를 포함한 많은 현대의 시큐리티 프로그램은 축소되어가는 시큐리티 재원의 한계에서 이러한 증가하는 위협에 대응하는 수단으로서 리스크관리에 대한 접근을 채택하고 있다.

이러한 상존하는 리스크에 대한 리스크회피(risk avoidance)는 과거에 보안전문가들이 시큐리티에 적용하던 모델로서 리스크의 정도에 상관없이 단지 손실이나 손상을 방지하는데 중점을 두던 것에 반하여 오늘날의 리스크관리는 목표는 다음과 같다.

① 현실적인 위협의 평가나 리스크수준의 비용에 관련되거나 보안전략과 연계된 효과적인 체제를 통하여 리스크관리에 대한 일반적인 접근이나 기준을 모든 관계자들에게 제공한다.

② 리스크관리에 관련된 원칙과 기본적인 개념을 이해할 수 있도록 한다.

③ 특정한 기업이나 조직에 유연하게 적용할 수 있는 체계화되고 분석적인 틀을 리스크평가나 판단에 적용하도록 지원한다.

④ 특정한 기업의 자산에 대한 잠재적인 손실의 영향력, 위협, 그리고 취약성에 관한 구성원 개개인의 인식을 확대하고 개발한다.

⑤ 손실의 영향, 위협, 취약성의 통합된 평가에 근거하여 다양한 보안에 관한 권고사항을 개발하게 한다.

⑥ 잠재적인 손실의 영향, 위협 그리고 취약성에 관점에서 보안의식을 향상시키고 개발한다.

⑦ 손실의 영향, 위협, 취약성 그리고 관련된 재원들에 대한 통합된 평가에 근거하여 최고 경영진들의 의사결정에 도움이 되는 보안에 관한 권고사항에 대한 판단을 가능케 한다.

이와 같은 목표에 의하여 다음의 세부적인 사항을 결정하는 것을 가능하게 한다.

① 조직과 시스템의 약점을 규명한다(원료공급 시스템, 네트워크나 시설물 등).

② 귀중한 재산을 보호하기 위한 비용효과적인 대책의 선정과 한정된 재원의 투입에 관한 의사결정을 위한 합리적이고 방어가 가능한 방법을 제공한다.

③ 리스크에 대한 교류의 강조와 최종적인 의사결정 당국에의 권고에 의한 조직의 보안활동의 성공확률을 높인다.

④ 보안전문가와 핵심 의사결정자의 다음의 의문에 대한 해답을 얻는데 도움을 준다. '얼마 정도의 비용이 보안에 대한 투자로서 적정한가?'[9)]

여기에서의 내용들은 이러한 위협의 전반에 걸쳐서 이러한 평가를 어떻게 검토할 것인가에 대한 지침을 제공함으로써 리스크평가 또는 보안에 관하여 재검토를 고려하는데 관리자에게 도움을 줄 것이다. 다음은 기업의 잠재적 리스크의 유형으로 필수적으로 이러한 리스크관리 모델은 위협에 적절한 대응을 가능하게 할 것이다.

9) 모든 시큐리티 업무에는 손실을 방지하기 위하여 투입되는 비용(input)에 따른 얻어지는 성과(output) 사이의 의사결정자가 수용가능한 균형(trade-offs)이 요구된다.

〈표 11-1〉 기업의 잠재적 리스크의 유형[10)]

리스크의 유형	대응 요점
1. 설비 파손	경영자는 인사나 조직평가에 있어서 안전성의 확보를 중시한다. 투자할 때는 필요성과 효과를 수치적으로 명시한다. 좀처럼 일어나지 않는 사고는 경험만으로는 대응할 수 없다. 사고시에 실제로 기능하는 체제, 설비라는 것을 항상 체크한다.
2. 사원대상폭력	개인의 정보를 타인에게 공개하지 않는다. 사전의 징조를 확실하게 파악한다. 전문가의 의견을 존중한다.
3. 정보 누설	정보 네트워크는 방어시스템 수준에 알맞은 이용형태로 한다. 네트워크를 통한 침입에 주의한다. 디스켓에서 문서까지 일관된 관리를 한다. 최종 성과 뿐만 아니라 정보의 도중과정도 관리를 한다.
4. 환경 오염	환경문제는 자회사, 관련업체를 포함한 그룹전체로 파악한다. 환경, 안전, 보건을 총괄하여 관할하는 조직체제로 한다. 외부감사도 고려한 환경감사를 실시한다.
5. 제조물 책임	철저한 사전 테스트를 실시한다. 알기 쉬운 설명을 의무화한다. 시공책임에서 제조책임으로 인식을 전환한다.
6. 사회적 평판	전문가의 입장이 아니고 시민의 입장에서 설명을 준비한다. 평소부터 문제해결에 대해 노력하고 성과를 올리고 있다는 것을 호소 문제점의 검토나 평가실시를 할 때에는 시민을 참가시킨다.
7. 고용 차별	능력평가 기준을 사전에 명시하여 능력주의를 철저히 한다. 타문화, 가치관을 가진 사원에 대한 준비를 한다. 기업의 존속조건을 명시한다.
8. 제품 변조	신속한 정보공개 체제를 확립한다. 평소부터 안전향상의 위한 기술적인 대응을 검토한다. 최고경영자의 지휘하에 소비자에 대한 대응을 준비한다.
9. 사원 범죄	기업은 가족이 아니고 사회구성원의 일부라고 전제한다. 지금은 허용되어도 법률에 위반되면 범죄로 변한다. 정보취급 담당자는 기술만이 아니라 인격도 심사한다.
10. 지적소유권	관련 법률을 최대한으로 활용하는 노하우를 축적한다. 산업스파이 범죄에 대한 대책을 세운다. 재산이 되는 중요정보를 구별하여 관리한다.

10) 민승규/고현철, 기업의 위기관리, 삼성경제연구소, 1996, 19면 재구성.

제2절 리스크평가 모델의 5단계

먼저 기업의 리스크평가 분석을 하기 전에 사전준비에 상당한 시간이 요구된다. 외부 컨설팅의 경우에는 분석가들은 분석과정에서 어떠한 압박감을 느끼는지를 규명하고 업무의 목표와 핵심을 결정하기 위해서 반드시 요청자(재산 소유자)와의 간단한 인터뷰나 브리핑을 실시해야 한다.

왜냐하면 재산소유자는 조직에서의 그의 재산의 위험한 상태나 그의 재산이 어디에 무엇이 있는지를 가장 잘 알고 있기 때문이다.

또한 분석가는 주주들을 주요한 관심들을 인지하고 그들의 목표를 고려하여야 할 것이다. 왜야하면 주주들은 그들 재산의 보호를 사람이나 조직에 귀속시키기 때문이다.

예를 들어 비록 기업의 최고정보책임자(CIO)가 기업 네트워크를 자기책임하에 두고 있다 하더라도 네트워크의 관리자는 네트워크의 가용성과 무결성에 더욱 관심을 가진다.

이상과 같은 사전지식의 토대에서 분석가는 리스크관리 모델의 5단계[11]를 다음의 5단계에 따라 시작할 수 있다.

① 재산평가, ② 위협평가, ③ 취약성평가, ④ 리스크평가, ⑤ 대응책 선정

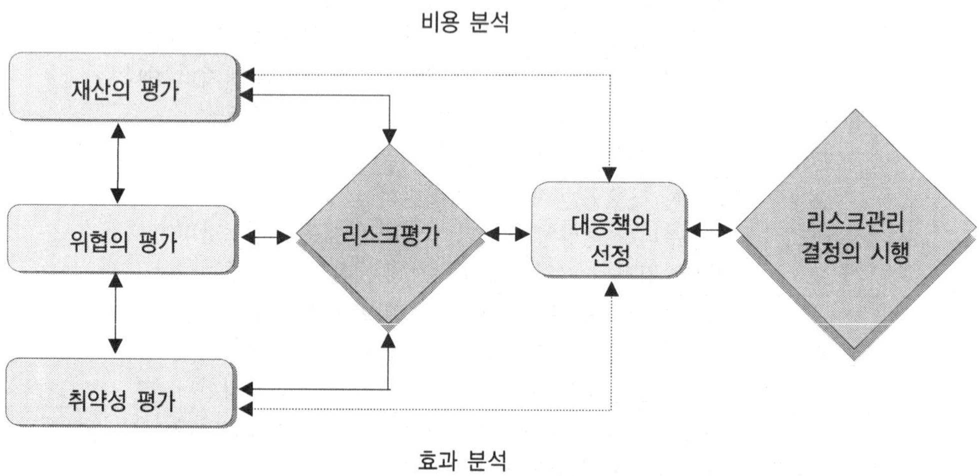

〈그림 11-1〉 리스크관리 공정 5단계

11) Carl A. Roper, The Risk Assessment: Five-Step Risk Management Process, BH, 1999, p. 6.

이러한 리스크관리 5단계의 공정은 기업에게 다음의 사항을 가능하게 한다.

① 기업에서 보호가 필요한 중대한 자산을 무엇인가를 결정하게 한다.
② 중대한 자산에 위협이 되는 다양한 유형을 알 수가 있다.
③ 특정한 위협요인과 관련된 구체적인 취약성에 대한 고려가 가능하다.
④ 계속적인 기업운영을 통하여 원치 않는 사고의 결과나 영향에 대하여 알 수가 있다.
⑤ 특정한 원치 않는 사고와 관련된 상대적인 리스크의 수준을 견적할 수 있다.
⑥ 이미 발생하였던 원치 않는 사고와 유사한 사고를 줄일 수 있고 위기를 완화시키는 활동이나 대책들을 세울 수 있다.
⑦ 다양한 위기완화 전략의 비용효과에 대하여 분석이 가능하다.
⑧ 최고경영진이나 기업의 고객들에게 현재의 리스크분석결과나 대책의 선정과 권고사항에 대하여 전달할 수 있는 전략을 수립할 수 있다.

이와 같은 리스크관리공정에서는 사려 깊은 판단이나 리스크관리 지식을 개발하여 관리정보로서 사용하기 위하여 5단계의 분석적 방법론인 시스템적인 접근이 필요하다.

1. 재산평가

재산평가 단계에서 보안전문가(재산소유자의 조력자와 더불어)는 조직의 임무와 운영에 중요한 재산이 무엇인가를 규명하는데 중점을 둔다. 이러한 재산의 규명과 우선순위의 결정에 따라 조직에서는 가장 중요한 그들의 재원들에 중점을 두는 첫번째 단계를 수행한다.

이러한 대부분의 중요 재산들은 유형(예, 사람, 시설, 장비)이거나 무형(예, 정보, 공정, 평판)으로 구성된다. 오늘날 기본적인 기업운영에서는 정보나 자동화된 공정들이 많은 유형의 재산보다 더 중요하다.

따라서 조직에서는 원재료와 생산된 제품이나 각종 장비와 같은 물리적 재산이나 공정과 더불어 조직의 기능과 구성원에 관한 정보를 포함한 중요한 재산적 정보를 보호하는 것이 필수적이다.

이러한 각각의 개별적인 재산을 보호하기 위해서는 조직에서 보유하고 있는 재산의 파괴나 손상 그리고 손실의 영향과 원치 않은 사건의 유형을 규명해야 한다. 이러한 재산의 모든 가치는 위험성의 영향에 달려 있다.

아래의 〈표 11-2〉는 재산평가의 결과를 기록하는데 사용되며, 재산평가는 다음의 3가지 단계가 여기에 근거하여 진행되므로 리스크관리 분석과정에서 가장 중요한 단계이다.[12]

〈표 11-2〉 재산평가 작업표의 예

재산	원치 않는 사건이나 사고	손실 평가
중요 인물	부상이나 사망에 의한 가용성의 손실	높음
파일 서버	정전으로 인한 가용성의 손실	위험한 상태
고객 데이터	허가되지 않는 내부인의 침입으로 인한 기밀성의 손실	높음
주요한 생산시설	자연재해로 인한 가용성의 손실	위험한 상태
파이프라인	사보타지로 인한 가용성의 손실	중간

2. 위협평가

위협평가 단계에서 보안전문가는 이전에 규명된 재산에 부정적인 영향을 미치는 경쟁자나 사건에 초점을 맞춘다. 여기에서 분석가나 보안전문가는 반드시 연구나 인터뷰를 통하여 얻어진 정보나 신뢰할 만한 데이터를 가지고 직관적인 지식을 대체하여야 한다.

다시 말해서 위협은 기업경영에서 적으로서 고려되어야 할 것이다. 이러한 적들의 일반적인 유형은 범죄, 사업경쟁자, 해커, 외국정보기관, 테러리스트 등이 포함된다. 이러한 적들의 위협이 어떠한가에 대하여 판단하기 위해서 분석가 혹은 보안전문가들은 이러한 위협요인들이 원하지 않은 사건의 원인이 되는 의도나 가능성 그리고 1단계에서 규명된 재산의 유형에 대항하는 성공적인 공격의 과거의 이력(증명된 현재까지의 실적)에 대하여 반드시 고려하여야 한다. 그리고 앞에서 언급하였듯이 기업의 핵심적인 정보와 자동화된 공정은 반드시 중요하게 고려되어야 한다.

12) National Infrastructure Protection Center, Risk Management: An Essential Guide to Protecting Critical Assets, November 2002.

재연재해와 사건과 같은 것은 이것들이 의도된 것은 아니더라도 위협요인으로서 취급되어야 하고, 가상공간에서의 사건들(예 ; 바이러스와 서비스부정 공격)도 또한 독립적인 위협요인으로 취급되어야 한다.

인터넷에 연결된 중요한 네트워크를 가진 어떠한 조직이든지 반드시 대규모 환경에서의 사건에 대하여 경계하여야 할 것이다.

또한 정치적으로 동기가 된 단기간의 격렬한 소요가 발생하게 될 경우에, 이러한 소요 중에 개별적인 조직의 합류에 관계없이 물리적으로나 사이버상의 수단으로 기반구조에 대한 공격이 가해질 것이라는 것을 예상할 수 있을 것이다. 이러한 소요 집단들은 종종 민간이 운영하고 있는 것과는 관계없이 공익설비(수도, 전기, 가스, 교통기관)를 정부의 한 부분으로 간주한다.

또한 세계화의 상징으로서 다국적기업들이나 은행들도 공격의 대상이 된다. 미국과 같은 경우에는 거대한 지구촌에 걸쳐있는 다민족 국가이므로 미국 기업체들은 수많은 이유의 공격으로부터 어려움을 겪고 있다.

따라서 위협요인의 데이터를 체계화하기 위한 분석가나 보안전문가들을 위한 효과적인 방법은 위협평가표 〈표 11-3〉를 활용하는 것이다.

〈표 11-3〉 위협평가 작업표의 예

재산	원치 않는 사건이나 사고	대항 요인	의 도	가능성	이 력	위협의 수준
중요 인물	부상이나 사망에 의한 가용성의 손실	범죄자나 테러리스트	예	있음	드문	낮음
파일 서버	정전으로 인한 가용성의 손실	건축물의 근처	기록 없음	있음	있음, 근처의 장소에서	중간
고객 데이터	허가되지 않는 내부인의 침입으로 인한 기밀성의 손실	네트워크에 접근권한을 가진 하부계약업체의 확인되지 않는 서비스	아님	있음	없음	낮음
주요한 생산 시설	자연재해로 인한 가용성의 손실	지진	기록 없음	있음	간헐적임	중간
파이프 라인	사보타지로 인한 가용성의 손실	항의자	예	있음	빈발	높음

이러한 평가표는 재산평가 작업표로부터 재산이나 원치 않는 사건이나 사고를 나열한 것이다. 조직의 위협을 주는 각각의 대항요인은 다음에 각각의 원치 않는 사건이나 사고의 이유가 된다. 다음으로 분석가들은 원치 않는 사건사고를 이끌어 내기 위해서 알려진 대항요인의 의도와 가능성에 대하여 분석하여야 한다. 더불어 분석가는 원치 않는 사건사고의 원인이 되는 대항요인 과거의 이력에 대하여 상세하게 기록한다. 결과적으로 이 작업표는 효과적으로 조직화되고, 기록되며, 차후 완벽한 분석에 통합될 평가정보로서 활용된다.

3. 취약성 평가

여기에서의 취약성 평가는 전통적인 보안조사와 유사하다. 이 단계에서 보안전문가는 특정한 재산이나 원치 않는 사건사고와 관련된 취약성을 규명하고 특성화한다. 또한 보안전문가는 적절한 보안대책, 개인적인 행동, 상업적인 건축기술의 결핍과 불충분한 보안절차에 기인한 취약한 상황에 대하여 조사한다. 전형적인 취약성은 다음의 내용을 포함한다.

① 보안요원의 부재
② 불량한 출입통제
③ 허술한 소프트웨어의 관리와 서비스계약의 검토의 부재
④ 보안구역에의 확인되지 않는 방문객의 접근

노련한 보안전문가는 시큐리티 시스템이 고안되거나 설치될 경우에 공급업체가 단독으로 적절한 보안수준을 구축할 것이라고는 믿지 않아야 한다.

취약성조사를 전문으로 하는 독립된 계약자에 의하여 제공된 평가는 조직의 가지고 있는 취약성의 객관적인 상황에 대하여 제공하게 될 것이나, 이러한 모든 과정에서 기업의 보안전문가는 처음부터 끝가지 분석평가과정에 참여하는 것이 필수적으로 중요하다.

이 단계에서 보안전문가는 외부로부터의 잠재적인 위해요인을 재산에 대한 내부의 요인으로 간주하여야 한다. 따라서 분명하게 전문가들은 재산에 대하여 연구를 실시하고 "만약 내가 이 시설에 대하여 물리적인 피해를 가하려 한다면, 나는 어떻게 할 것이다 또는 내가 해커라면, 나는 무엇으로 이것을 침입하려 할 것이다"와 같이 침입자의 입장에서 원치 않는 사건사고와 위협요인의 항목들을 나열한 다음 기업재산을 침입할 가능성이 있는 위협요인에 대하여 고려할 경우에 각각의 취약성에 대하여 중요한 정보

는 상대적으로 안전하게 보호될 것이다.

결과적으로 이 단계에서 리스크분석가나 보안전문가는 위협요인에 의해서 가장 쉽게 피해를 입을 가능성이 있는 관련된 취약성 〈표 11-4〉을 규명할 능력을 가져야 한다.

〈표 11-4〉 취약성평가표의 사례

재산	원치 않는 사건사고	취약성	현재의 대책	취약성의 수준
중요 요인	부상이나 사망으로 인한 가용성의 손실	건물에 출입통제장치와 중앙경보시스템이 존재하지 않으며, 불명확한 비상시 대책	문에 간단한 잠금장치와 종합경보 시스템	중간
파일 서버	정전으로 인한 가용성의 손실	광범위한 영역에 걸쳐있는 건물들은 여름에 종종 강풍에 피해를 입는다.	축전지	중간
고객 데이터	불법적인 내부인의 침입으로 인한 기밀성의 손실	기본 데이터에 접근권한을 가진 확인되지 않은 하부 계약업체에 의한 네트워크 서비스	없음	높음
주요한 재품시설	자연재해로 인한 가용성의 손실	강화되지 않는 주요한 건물, 용수와 전력 라인도 강화되지 않음.	기준에 의한 발전기 건설의 시공	중상
파이프라인	사보타지로 인한 가용성의 손실	파이프라인 전체에 걸쳐 접근통제의 미흡, 수많은 양수장소, 순찰요원이 부재.	양수장에 야간 보안요원의 순찰	높음

4. 리스크평가

리스크평가 단계에서는 사전에 평가되었던 모든 것(재산, 위협 그리고 취약성)이 재산의 집합이나 재산에 대한 위협에 대하여 전체적인 그림을 그리기 위해서 종합되고 평가되므로 이 모델에서의 핵심적인 과정이다.

종합적으로 보안전문가는 1~3단계의 작업표를 활용하여 다음의 질문에 대한 체계적인 분석을 통하여 개별적인 분류의 등급을 매겨야 한다.

① 확인된 원하지 않는 사건이나 사고중의 하나에 의하여 확인된 재산이 손실되거나 피해를 입었을 경우에 발생가능한 영향은 무엇인가?

② 위해요인들이 이러한 확인된 재산에 대하여 공격시 가장 있음직한 방법은 무엇인가?

③ 위해요인들이 확인된 재산을 목표로 삼아 공격을 할 경우에 발생가능한 가장 취

약한 부분은 무엇인가?

이 단계의 목적은 각각의 재산의 리스크수준을 도출하기 위해서 어떻게 이러한 각각의 등급들이 상호간에 영향을 미치는가를 평가하는 것이다. 그러므로 리스크분석평가표는 사전에 수집된 정보를 요약하여 이러한 모든 정보를 읽기 쉽고 이해할 수 있는 도표로서 정리하는데 커다란 도움이 된다.

전문가들은 이러한 지침으로서 리스크분석표를 활용하여 한가지의 재산과 관련된 모든 중요한 요인들을 검토해야 하고, 어떻게 각각의 요인이 전반적인 리스크를 증가시키거나 감소시키게 하는지를 이해하기 위해서 필요한 경우에는 관련된 사전의 작업표와 보충 데이터를 필요할 경우에는 되돌아가서 참조한다. 이러한 등급을 종합적으로 검토한 후에 보안전문가나 분석가는 이러한 대응하는 원치 않는 사건사고에 대하여 "위험에 직면하여" 어떻게 할 것인가를 사정에 정통한 판단(informed judgement)을 할 수 있게 될 것이다.

〈표 11-5〉 리스크분석표의 사례

재산	원치 않는 사건사고	손실의 영향	위협	취약성	대책의 선정	리스크
주요 요인	부상이나 죽음으로 인한 가용성의 손실	높음	낮음	보통	중앙접근통제와 경보 시스템, 보안요원, 새로운 비상시 연속계획	낮음
파일서버	정전으로 인한 가용성의 손실	중대함	보통	보통	현장에 발전기 설치, 원격지에서의 사용자 로그기록을 감시	중하
고객 데이터	불법적인 내부인의 침입으로 인한 기밀성의 손실	높음	낮음	높음	엄격하게 통제되는 사용자의 특권	낮음
주요 생산시설	자연재해로 인한 가용성의 손실	중대함	보통	중상	주 건물에 내진설계를 다시하고 현장에 용수저장.	낮음
파이프라인	사보타지로 인한 가용성의 손실	보통	높음	높음	배수장에 24시간 보안요원의 상주, 항공순찰, CCTV	보통

또한 작업표를 교차하여 검토한 다음 분석가들은 어디에 주요한 취약점과 위협이 존재하는가를 알아야 하고, 재산의 모든 범위에 걸쳐서 리스크와 비교할 수 있어야 한다. 이러한 관점에서 분석가는 이러한 리스크 중에 즉시 관심을 필요로 하는 것이 무엇인가 뿐만 아니라 주요한 물리적 사이버 리스크에 대한 고려를 할 수 있어야 한다.

이러한 등급에서 사용되는 용어는 대체적으로 정확성이 떨어진다. 비록 용어상의 등급(낮음, 중간, 높음, 기타)이 주관적이고 조합되기가 어려우나, 이렇게 간략하게 표현하는 것이 보는 사람에 따라서 더 편리할 것이다.

그러나 더 정확한 상황이 요구될 경우에는 수치화된 등급으로서 1~10까지의 등급이 사용될 수 있다. 이러한 수치화된 등급은 분석가에게 평가에서 다른 등급과 같이 조합하거나 겹치게 할 경우에 편리할 것이다.

다음에 표현된 간단한 방정식은 "리스크 = 중요성×(위협×취약성)" 등급이 매겨진 리스크의 수치화된 시스템의 토대를 제공한다.

이 공식에서 "위협×취약성" 부분은 원치 않는 사건사고가 발생할 가능성을 나타내고, "손실의 영향"은 조직에서의 재산손실의 중요성을 나타낸다.

리스크수용기관(기관, 재정 그리고 조직을 가진 사람이 조직을 대신하여 규정된 리스크를 줄이거나 보유하거나 다른 곳으로 전환시키는 것)이 필요로 할 경우에는 단지 재산에 대한 리스크평가가 필요하다. 그러나 대부분의 경우에는 분석가는 또한 리스크수용기관에 다른 선택이나 대책을 권고한다. 이러한 경우에 다음의 단계는 리스크관리모델에 포함된다.

5. 대책의 선정

대책선정을 규정하는 목적은 대책을 가진 리스크수용기관이 대책의 집합으로 재산의 전반적인 리스크에 대하여 수용할 수 있는 수준으로 낮추는 것이다.

이러한 지침으로서 리스크분석표를 활용하여 보안전문가는 어떤 취약성에 중점을 두어 다루어야 하는가를 규명할 수 있다.

특정한 위해요인에 대한 가능한 대책의 효율성의 평가에 의해 가장 비용효과적인 선택을 결정할 수 있다. 리스크수용기관에게 제안된 대책들에서 보안전문가는 최소한 선택사항으로서 2가지 대책을 제공하여야 한다.

여기에서의 각각의 선택은 기대되는 리스크의 비용과 총액을 의사결정자가 꼼꼼한 선정에 의하여 수용하도록 하여야 한다.

여기에서 주의하여야 할 것은 A를 선택하는 대신에 B를 잘못 선택하였다면, 예를 들어 비용의 삭감 측면에서 B의 선택은 장기적인 측면에서 최상의 선택이 아니게 될 것이다. 이것을 중요성 관리평가의 수행에 의하여 발견되게 될 것이고, 비록 초기에 A에 선택이 조금 비용이 더 들어간다 하더라도 결과적으로 B의 선택보다 비용을 절감하게 될 것이고 B의 선택은 비용의 낭비와 중요한 데이터를 잃게 될 것이다. 이것이 리스크분석 업무를 달성하게 하고 의사결정자가 미래에 가장 합리적인 위기관리 결정을 하도록 도움을 준다.

6. 계속적인 평가

상기의 모델은 조직의 위기유형분석의 단 한번의 "스냅사진"의 결과를 의도한 것이 아니라 계속되는 과정이다. 이것은 조직의 커다란 토대의 요소로 뿐만 아니라 조직의 리스크관리의 정보접근으로 포괄하여 재산과 위협 그리고 취약성의 어떠한 변화라도 계속적으로 감시하여야 한다.

그리고 변화가 생길 경우에는 분석가들은 이 모델로 복귀하여 변화를 수용하고 새로운 리스크관리를 가능하게 하고 새로운 대책의 선정을 권고한다.

리스크평가의 계속적인 특징은 조직체에 위기인식 문화를 만들어 내고, 이러한 분위기는 위기수용기관의 판단과 대책의 결과와 적용의 정당성을 인정하고 이해하게 한다. 새로운 곳으로부터 새로운 위협이 나타나면, 이것은 고도의 기술일 뿐만 아니라 수준이 낮은 기술일 수도 있다.

리스크의 결과는 전통적인 탑다운(top-down) 방식에서는 매우 신속하게 전달된다. 그러나 오늘날의 보텀업(bottom-up) 경영방식에서는 기업이나 조직의 리스크인식의 전파가 전통적인 경영방식과 비교하여 상대적으로 느리다. 따라서 계속적인 평가의 과정을 이용하는 조직은 이러한 새로운 리스크는 적시의 방법으로 관리할 수 있고 더 오랜 기간동안 관리하는 것이 가능할 것이다.

결론적으로 리스크관리는 발생할 가능성이 있는 재산이나 재원에 대하여 피해를 주는 위협을 결정하는 체계적이고 분석적인 과정으로서 리스크를 감소시키는 대책을 규정하고 공격이나 사건사고의 중요성을 완화시키는 것이다.

이러한 리스크관리 원리는 전반적으로 제거되지 않는 리스크를 인정하고, 리스크를 감소시킬 수 있는 잠재적인 위협이나 알려진 보호방법을 강화하는 것이다. 이상의 내용에서와 같이 리스크관리에 대한 접근은 재산평가, 위협평가, 취약성평가와 대책 그리고 계속적인 평가와 같이 몇 가지 요소로서 구성되어 있다. 미국 국회에 소속된 회계감사원(GAO)에 따르면 성공적인 리스크관리조직은 최고경영진의 지원과 과정에서의 동참 그리고 "위기수용조직"의 개념을 활용하고 책임감(accountability)을 추적하고 확립하기 위한 절차를 만들어야 한다고 하였다.

이러한 전반적인 접근법은 미국 연방기관, 정부위원회, 다국적기업에 의해 승인되어 사용되고 있다. 한국기업들도 이러한 리스크관리 지침을 활용하여 연속적인 단계에 의하여 보안전문가와 재산관리자는 그들 기업에의 물리적 가상공간에서 리스크를 평가할 수 있어야 하고 적절하게 리스크를 관리할 수 있어야 한다. 더불어 조직의 전반적인 리스크의 감소는 효율적이고 비용효과적인 방법으로 성취되어야 할 것이다.

상기의 리스크관리공정의 내용을 요약하면, 조직들의 중요재산에 대한 보안대책과 취약성의 규명에 대한 필요성의 증대에 따라서 많은 기업들이 물리적 가상적 위협에 대응하기 위한 재원의 효과적인 투자를 보장하기 위한 메커니즘을 찾기 위해서 노력하고 있다.

이러한 리스크관리 모델의 하나의 방법은 재산, 위협과 취약성뿐만 아니라 지속적인 평가 특징을 통합시키는 것이다.

이것은 현재상황에서의 기업들의 리스크관리의 필요성에 부합할 뿐만 아니라 미래의 리스크를 평가하는 것을 가능케 한다. 현대 기업에서의 다양한 리스크요소는 모든 기업의 근원에 영향을 미치므로 제정적인 조건이나 기업운영상 준비와 역량에 관점에서 그들 기업특성에 적합한 리스크평가 기법을 개발하여 현존하거나 미래에 발생가능한 리스크를 통제할 수 있어야 한다.

7. 리스크관리방법

리스크는 재산이 손실되거나 손상을 입을 수 있는 잠재적인 가능성을 의미한다.[13] 시큐리티 전문가인 Philip P. Purpura는 리스크는 손실가능성 또는 실제 발생 여부에 관계없이 손실가능성을 나타내는 일련의 사정이나 손실의 개연성 또는 가능성이

13) Carl A. Roper, op. cit., p. 13.

나 손실발생에 관한 불확실성이므로 범죄·화재·사고는 단지 기업에서만 직면하는 리스크 종류만을 의미하는 것은 아니라고 하였다.[14)]

따라서 유능한 기업가는 모든 손실가능한 위험들에 관하여 능통하여야 하며, 범죄·화재·사고·홍수·태풍의 결과로 기업에 엄청난 방해가 된다는 것을 알아야 한다. 또 다른 위험은 기업의 책임으로서, 예를 들어 고객들이 회사 내에서 낙하물에 의해 부상을 입거나 회사 생산품을 사용하다가 피해를 입는 경우이다.

피할 수 없는 리스크를 다루는 최고 생산적인 방법은 가능한 리스크를 관리하는 것이다. 그러므로 리스크관리 분야가 발전하였으며 리스크관리는 손실위험이 있는 사업을 계속하기 위하여 손실발생 전에 가장 효율적인 관리상태를 만든다.

오늘날 보험은 주요한 리스크관리 방법이며, 리스크관리와 보안은 자연적으로 얽혀있다. 보안은 리스크관리자에게 그들의 업무를 쉽게 만드는 또 다른 방법이고, 보험은 보안 방법들을 더욱 손쉽게 만든다.

역사적으로 보안이나 리스크관리 모두가 보험산업에서 기원이 되었다.

미국 남북전쟁 직후에 화재보험 회사들이 예방조치들을 통하여 생명이나 재산의 손실을 줄이기 위한 화재보험 국가위원회를 만들었다. 이것이 오늘날 보안에서 보험회사와 비즈니스 분야를 통하여 퍼졌으며 리스크관리 또한 모든 산업분야에서 오래된 관례가 되었다.

여기에서 리스크관리자의 역할이 중요하다. 전통적으로 미국기업에서는 외부 보험중개인들을 통하여 보험에 가입하였다. 일반적으로 중개인은 판매자와 구매자를 결합시키며 보험 중개인들은 어떤 회사에서 리스크를 분석하거나 보험 보상 범위계획을 할 수 있는 리스크관리자가 없을 경우에 특히 많은 도움이 되었다.

그러나 모든 업무에서 중개인의 서비스나 자체 손실관리자가 도움이 되는 것은 아님에도 불구하고 손실관리방법은 모든 기업가들에게 적용이 된다.

오늘날 기업의 손실관리자들의 업무는 회사에 다양하게 도움이 되며, 전문적으로 보안이나 보안의 보험이나 화재예방이나 보안의 보험을 책임지고 있다.

리스크관리(혹은 보안) 프로그램 수행의 중요한 고려사항은 그 프로그램이 재정적인 조건에서 최고경영자에게 설명되어져야 한다는 것이다. 따라서 그 프로그램은 비용효과적인가가 중요하며, 재정적인 이익들과 재정적인 보호가 최고경영자의 주요한

---

14) Philip P. Purpura, op. cit., p. 313.

관심사항이므로 리스크관리자는 의사결정시 필히 이 부분을 고려하여야 한다.

리스크관리자의 많은 업무 중에는 원하는 보험적용범위의 내역을 개발하고 보험회사의 대표자를 만나며, 다양한 정책들을 연구하고 최고 좋은 가격으로 가장 적절한 적용 범위를 판단하는 것이다.

보험이 적용될 범위를 완벽하게 이해하는 것은 가장 중요한 일이다. 만일 최고 경영자와 리스크관리자가 보험적용에 대하여 잘못된 이해를 하고 있다면, 최고경영자는 그 손실이 보험이 적용된다고 믿었으나 적용되지 않을 경우에는 기업경영이 위기에 빠지게 된다. 그리고 특정 보험증권으로 배제되는 어떤 일들은 특별한 보험이나 승인이 필요하다. 보험증권에는 무슨 사고인가와 얼마정도나 보험적용이 되는가를 기술하고, 여기에는 보험적용이 되지 않는 사고들도 기술된다. 보험불만에 대한 약정에 대한 양해각서는 누군가에게 손실에 대해서 보고할 때, 보증하는 서류는 불만에 대하여 유효하게 하기 위해서 필수적이다.

이러한 과정이 진행되는 동안에 보안 조치는 보험금을 감소시키는 효과로서 평가될 것이다. 보안을 통한 보험료의 추가적인 감소가 강력한 동기부여가 될 것이며, 리스크관리자들은 여기에 필요한 번거로움 사항들을 보안요원같이 치밀하게 전략들을 검토하여야 한다.

또한 공재조항은 보험비용을 줄일 수 있는 또다른 리스크관리이다. 여기에는 몇 가지의 공제금액(deductible)이 있는데, 일반적으로 보험계약자는 특정된 금액(100만원, 1000만원)까지의 손실에 대해서는 지급해야 하고, 반면에 특정된 금액이상에 대한 손실에 대해서는 보험회사가 지급을 하며, 그 이하는 공재조항이다. 리스크관리자의 계획과정에서 또 하나의 주요한 고려사항은 보험이나 보안 전략들을 벗어난 업무에 기인한 리스크의 총계가 얼마 정도인지 추정하여야 한다. 이 경우에 과도한 보호와 과도한 노출 사이의 적절한 균형이 유지되어야 한다. 여기에서 시큐리티의 가장 기본적인 투자와 이익의 상충(trade-off)관계에 대한 합리적인 판단이 요구된다.

계획과정중이나 최종 결정 전후에 리스크에 대한 적절한 조치가 있어야 하며, 실무자들은 리스크를 다루는 다음의 기본적인 다섯 가지 방법을 고려한다. 여기에는 리스크의 회피, 리스크의 전가, 리스크의 감소, 리스크의 분산, 리스크의 보유가 있다.

1) 리스크의 회피

이 접근방법은 어떻게든 리스크를 회피(Risk avoidance)하는 것이다. 예를 들어 제한된 생산품에 대한 생산이 잠재적인 이익보다 더 많은 리스크가 제조과정에서 잠재되어 있을 경우에는 생산이 취소된다. 또는 어떤 은행에서 해마다 홍수의 가능성이 있는 장소에 지점을 여는 것을 피한다. 또한 리스크 회피는 예상되는 리스크에 일체 관계를 갖지 않을 것, 즉 위험이 따르는 활동을 중지하고 단념하는 것이다. 이와 같이 리스크 회피기술의 최대 장점은 손실발생 확률을 제로로 할 수 있다는 것인데, 동시에 이익획득 찬스도 제로가 된다는 것을 의미한다.

2) 리스크의 전가

리스크는 보험에 전가(Risk transfer) 할 수 있으므로 리스크관리자는 보험회사와 같이 리스크의 적용범위 프로그램을 만든다. 이러한 접근 방법은 보안 조치 대신에 이용되는 것이 아니라 보안을 지원하는 방법이다. 그러므로 보험은 방어수단으로서 최후의 방법이어야 한다. 리스크를 전가하는 또다른 방법은 장비들을 소유하기보다는 빌리는 것이다. 이것은 노후화의 리스크에 대한 전가이다. 이러한 보험에 의한 이전은 대부분의 기업에서 오래 전부터 이용되고 있다.

3) 리스크의 경감

경감(Risk abatement)은 필수적으로 리스크가 보안조치를 통하여 감소되는 것을 말한다. 그러면 리스크들은 제거되는 것은 아니지만, 손실의 강도는 줄어 들 것이다. 예를 들어 화재로부터의 손실은 경보기들이나 스프링클러로부터 감소될 것이다. 보안과 손실경감을 합쳐서 로스 컨트롤이라고 한다.

손실예방은 손실빈도의 감소 혹은 배제를 목적으로 하며, 손실경감은 손실강도의 감소를 목적으로 하는 것으로 주로 해저드(hazard)의 감소 혹은 배제를 행한다.

4) 리스크의 분산

잠재적인 손실은 여러 가지 장소들에 리스크를 분산(Risk spreading)시킴으로써 감소된다. 커다란 소매점에서 운영과 관련된 리스크를 최소화하기 위해 현금 등록기를 분산한다. 또 다른 예로서는 중요한 기록들은 사본을 만들고 원거리의 안전한 장소에 보관한다. 또한 사람・물자・활동을 보다 작은 독립단위 또는 집단으로 분리시킴으로써 리스크 분리(손실규모의 경감)를 꾀한다.

예로서 기업은 생산거점을 분산하기도 하고 재산・부품 등을 여러 업체로 분산하는 등 파멸적인 타격을 회피하도록 노력한다. 영업면에서는 고객 의존도를 하나의 기업당 15%이하로 하기도 하고 신용공여를 하는 경우에도 특정 소수자에게 거액을 공여하는 것을 피한다. 또한 최고경영진이나 특정 프로젝트팀이 이동할 때는 몇 개 그룹으로 나누어 비행기에 탑승시키는 등 리스크 분산을 꾀한다는 것은 누구나 명심하여야 할 상식이다.

5) 리스크의 보유

리스크의 보유(Risk assumption) 측면에서는 어떤 기업이나 자체에서 손실에 대한 책임이 있다. 기업의 방침은 아무런 조치가 취해지지 않는 것이며, 보험도 가입하지 않는다. 이것은 기업에 손실의 위험성이 적기 때문에 기인될 것이다.

또 다른 방침은 손실의 경우를 대비하여 주기적으로 돈을 적립하여 자체 보험을 만드는 것이다. 리스크의 감수는 회사에서 보험을 들지 않았을 경우의 유일한 선택이다. 리스크감수의 경우에는 예방전략들이 필수적이다.

또한 손실이 발생한 경우 자기자금 혹은 금융기관으로부터의 차입으로 보충하는 것을 리스크 보유라고 한다.

여기에는 적극적 보유와 소극적 보유로 구분할 수 있다. 적극적 보유는 리스크를 분석하여 다른 리스크 처리의 방법을 취했을 경우의 장단점을 비교·검토한 다음 리스크의 일부 또는 전부를 보유하는 것이 적절하다는 의사결정이 이루어져 실행되는 것이다. 따라서 기업의 재무력, 손실 데이터의 축적과 분석, 보험료 비용과 손실 예산액과의 균형 등 이익계획에 입각한 기업의사가 작용한다.

이에 반하여 소극적 보유는 기업이 리스크 존재를 인식하고 있지 못한 경우로 무의식중에 혹은 인식하고 있으면서도 무지와 태만으로 적절한 처리를 하지 않고 무계획적으로 리스크의 일부 또는 전부를 보유하고 있는 것을 의미한다.

따라서 리스크의 보유는 리스크관리 관점에서는 결코 바람직한 것이라고는 할 수 없고 회피해야 하며, 리스크를 보유하는 데는 손실을 보전하는 자금조달이 필수적인 요소가 될 것이다.

제3절 리스크관리의 최적화

1. 보안의 비용효과성

어떤 평가라도 미래에 성취될 보안활동의 비용효과성에 대해서 완벽하게 평가하는 것은 불가능하다. 그러나 과거의 경험이나 인근 주변의 업종에 비추어 낮은 범죄발생률을 보이는 것은 해당 보안부서가 업무를 효율적으로 수행하고 있다는 지침이 될 것이다.

그러나 얼마 만큼이 손상이나 파괴 그리고 도난으로부터 보호되었는지를 수치화하기는 어려운 일이다. 그러나 국부적으로나 전반적인 범죄사건에 기초하여 더욱 상세하게 측정된 전체적인 조직의 모든 위험이나 전반적인 산업이 경험한 평균적인 손실, 주어진 특정한 기간 동안에 보안조직 활동에 의한 손실의 감소와 같은 어떠한 수치라도 한계가 있으나 매우 유용하다.

그러므로 이러한 수치에 근거한 판단은 보안기능의 유용성에 대한 실제적인 지침으로서 많은 기여를 하게 된다. 다시 말해서 만약 이전에 언급되었듯이 데이터를 활용한 공식에 의해서 보안운영 비용이 연간 10억원으로 판단되고, 보안활동으로 8억원의 잠재적인 절도나 반달리즘을 예방한다면, 보안부서의 운영비용을 2억원을 삭감해야 하는 것이 타당한가?

그러나 이것은 명백하게 잘못된 판단이다. 왜냐하면 손상이나 손실 그리고 특정한 기간 동안에 줄어드는 보험료율의 감소로 인하여 비용과 유사한 보험부담이 줄어들기 때문이다. 그러므로 보안활동의 가치는 조직에서 수용할 수 없는 리스크에 대한 보험으로서 간주되어야 할 것이다.

보안활동의 역할에 대한 위험과 미국 보험관리협회(RIMS)의 위험기획 그룹에 의해 실시된 기업의 리스크비용의 부분에 관련된 투자에 대한 연구에서 리스크관리를 위한 총비용의 몫이 이러한 영역에서 상승하였음을 보여준다.[15)]

이러한 점유율의 상승은 시큐리티 역할에 대한 경영진의 의식의 증대가 리스크관리의 종합적인 영역으로서 역할을 하여야 한다는 것을 나타내는 것이다.

그러나 비록 이러한 연구가 천만원당 비용을 계산하는 것과 같이 실제적으로 현금이

15) Philip P. Purpura, Modern Security & Loss Prevention Management, (Boston: Butterworth-Heinemann, 1989), p. 202.

나 상품이 손실을 입었을 것을 보호하였다는 것과 같이 명확한 공식을 고안하여 전반적인 규칙으로서 사용되지 못하더라도, 비용효용성에 대한 연구는 보호시스템에 대한 주기적인 검토의 일부분으로서 반드시 실시되어야 한다. 예를 들어 이러한 검토에서는 기능적으로 전기와 상응하는 대체물이나 이러한 조치를 적용할 가능성과 사람(가장 비싼 억제책)을 대신한 다른 기계부품으로 인한 절약을 고려하여야 할 것이다.

2. 주기적인 검토

보안계획이 공식화된 이후에도 조사공정이 계속되어야 하는 것은 필수적이다. 어떤 보안계획이 효과적이기 위해서 반드시 내용을 정기적으로 갱신할 필요가 있으며, 주어진 시설에서 변화하는 환경에 적응하기 위해서 다양한 세부사항에 대하여 정기적으로 변화가 필요하다. 이러한 정기적인 검사만이 기업의 계속적인 보안상황에 대한 평가의 토대를 제공하게 될 것이다.

이러한 일상적인 운영에서 사소한 변경이라도 가시적으로 보여주는 것이 전체적인 조직이나 시설의 보안에서는 의미심장한 영향을 끼치게 된다.

3. 보안관리 파일

조사와 결과보고서는 보안관련 파일을 구축하는데 매우 중요한 부분이다. 이러한 평가로부터 기업의 정규적인 활동의 상세한 현재의 유형을 알 수 있다. 이러한 파일을 활용하여 보안부서는 효율성을 향상시키는 운영을 할 수 있으나, 검사와 추가적인 조사는 계속되어야 한다. 이러한 데이터베이스는 보안문제와 관련된 종합신문에서 기사와 공보·간행물·교제에 의해서 확대될 것이다. 특히 국부적인 중요성을 가진 주제에 특별한 관심을 기울여야 한다.

비록 국가범죄통계가 중요하고 다양한 주제에 대하여 익숙하게 하는데 도움을 주나 지역적인 상황은 해당기업의 보안에 더 즉각적인 영향을 미친다.

이러한 파일들의 내용이 넓어짐에 따라서 이러한 파일의 활용이 보안운영에 더 유용하게 활용될 것이다. 예를 들어 다음과 같이 일정한 유형이 나타나고, 특정한 계절들이 중요하게 되며, 경제적인 상황에 따라 어떤 상황을 예측하게 될 것이다.

① 특정한 날이나 계절에는 어떤 문제들이 많이 발생한다.

② 범죄의 목표물은 더 많은 데이터를 수집함으로서 증거가 된다. 이것은 보안책임자에게 업무수행의 주도권을 쥐게 하는 근거가 된다.
③ 범죄사고나 형태의 유형분석은 형사사건이라도 나타나게 된다.
④ 급여 지급일이나 주말의 범죄의 유형과 작업방식이 명확하게 된다.
⑤ 기업재산에 대한 범행은 특정한 유형이나 특징의 열거가 예상되거나 한정할 수 있음으로써, 보안책임자에게 더 향상된 대책을 가능하게 한다.

특정 시설에서 범행에 관한 데이터의 주의 깊은 수집과 사용은 사려 깊은 보안부서 근무자에게 귀중한 사용도구가 될 것이다. 또한 이것은 기업의 범죄현황에 대한 정기적인 재조사에 중요한 요소를 더하게 되는 것이다.

고장이나 파손에 대한 현재의 재정적인 어려움에서 적절한 보안활동의 제공에 의한 근거자료는 효과적인 보안운영이 더없이 중요하다는 것을 보여준다. 다시 말해서 잘못 고안된 보안계획이나 잘못 운영된 보안조직에서 관리된 파일은 잘 관리된 파일과 비교하여 조직에 엄청난 책임과 부담을 지게 한다.

제4절 보험관리

리스크를 관리하는 한 가지 수단에는 리스크를 다른 부분을 전가시키는 것이다. 이러한 전가시키는 방법 중에 하나인 보험은 보험가입자에서 보험회사로 리스크를 전가시키는 것이며, 보험회사는 가입자에게 정해진 보험약관에 따라 예상하지 않는 사고가 발생 시 경제적인 손실부분을 보상하여 준다.

보험의 상업적 측면은 18세기가 되어서야 완전히 발달했지만, 보험업의 개념 자체는 이미 기원전 18세기 기록에서도 찾아볼 수 있다. 기원전 18세기 경 만들어진 함부라비 법전에 '선박저당계약'에 관해서만 282개 조항이 할애되어 있다. 선박저당계약이란 선주가 항해자금 조달을 위해 배를 저당 잡히고 대출을 받는 것이다. 이러한 보험의 본질은 다수의 보험가입자가 리스크를 공유하는 것이다. 재해의 성격상 누구에게 불행한 경우가 닥칠지도 모르는 상황에서 이를 미리 통제한다는 것은 사실상 불가능하다. 따라서 이런 재난들이 보험제도에 대한 완벽한 환경을 제공했다.[16]

---

16) Against the Gods/리스크, Peter L. Bernstein/안성환, 김성우 옮김, 2008, 한국경제신문사, p.

이와 같은 이유로 아직도 많은 관리자들은 예상하지 못한 비즈니스 손실에 대한 가장 효과적인 방법이 보험이라고 생각하고 있으며, 많은 조직에서 포괄적인 보안프로그램을 대신으로써 보험을 활용하고 있으나 이러한 태도는 두 가지 측면에서 잘못되어 있다.

첫째, 대부분의 모든 재난보험회사들은 범죄보험의 계약에 의한 손실에 의해서 상당한 어려움을 겪고 있으므로, 대부분의 보험회사는 이러한 트렌드에 대응하기위하여 급진적인 조치를 취하고 있다. 보험회사는 보험가입자의 증가된 범죄행위로 부터의 보험금 지급으로 인한 손실의 어려움을 벗어나기 위해서 보험증서를 새롭게 갱신하는 것을 거절하거나 기존의 보험계약을 취소하거나, 보험적용범위의 제한을 설정하고, 상품이나 재산의 현금가치가 높다 하더라도 보험적용범위를 제한하거나 범죄발생율이 높은 지역이나 높은 위험성이 있는 기업의 비즈니스를 배제 혹은 보험료율 증가시키는 조치를 시행하고 있다.

둘째, 발생하는 모든 범죄손실에 대응하여 보험으로써 보증하는 것은 실제적으로 불가능하다. 고도로 치열한 경쟁시장에서 기업들의 숨막히는 경쟁의 참가에 의한 기업 간의 방해와 고객의 신뢰의 상실, 기업의 도덕성 상실에 따른 숨겨진 손실은 즉각적인 파국은 모면하더라도 매우 심각하여 어떤 기업들이라도 시장에서 순식간에 사라지게 하거나 결코 치명적인 손실을 복구하지 못한다.

따라서 보험은 결코 보안프로그램을 대신하지 못한다. 수많은 사례에서 자산은 최소한의 구체적인 보험약관을 넘어선 부분은 합리적인 보안절차에 수립에 의한 전문가의 활동을 통해서 소유주의 이익감소를 최소화하는 것이 최상의 자산보호를 위한 명확한 방법이다. 더불어 전체적인 측면에서 보험가입자가 보험을 가입하면 가입자는 범죄자의 기소나 채포에 대한 관심이 줄어들기 때문에, 이러한 태도는 범죄확산에 일조하는 방향으로 영향을 미친다.

이러한 태도는 결과적으로 보험료를 상승시키는 원동력이 되고 보험가입자의 부담을 더욱 가중되는 악순환을 계속하여야 한다. 따라서 현명한 보험사는 기업이 적절한 보안대책과 보안에 대한 투자를 하지 않으면 결코 보험가입을 승인하지 않으려는 방향으로 보험정책을 수정하여야 할 것이다.

결국은 보험료율(insurance rate)이란 다양한 원인에 의한 다양한 비즈니스와 산업

153.

에서의 전체적인 손실의 경험치를 반영하여 정기적으로 갱신된 보험통계표를 근거로 활용한다.

간단하게 보험이란 보험계약에 의하여 운이 좋은 여러 가입자들의 간접적인 도움으로 손실을 경험한 불행한 소수의 보험가입자에게 작은 비용으로 큰 보상을 지급한다. 이러한 기능을 보험회사가 적절하게 수행하기 위하여 더 많은 숫자의 보험가입자를 필요로 한다. 이것이 리스크를 공유하게 만든다. 그러나 보험가입자가 스스로 적절한 리스크에 대한 관리를 하지 않으면, 결국 이러한 손실은 보험가입자 모두의 부담으로 귀결하게 된다.

보험산업의 기술적인 측면에서는 보안 전문가, 리스크관리자는 물론이거니와 통계학자 · 경제학자 · 재정분석가 · 기술자 · 법률가 · 의사 기타 여러 가지 분야도 포함한다. 보험회사들은 조심스럽게 보험료를 결정하며, 신중하게 계약을 입안하고, 보험회사의 정관을 확립하고(예를 들어, 보험회사를 위해 리스크를 받아들이거나 거부한다) 신중하게 시장에 출시한다.

대부분의 기업에서 리스크 예방개념을 적용하기 위해서 아래의 그림과 같이 자산관리담당 임원을 중심으로 다양한 기능을 수행하는 부서들이 여기에 참여한다. 여기에는 보안요원과 수사업무를 포함하는 보안업무의 일반적인 요소에 화재보호, 산업안전, 감사, 보험관리업무가 속한다.[17]

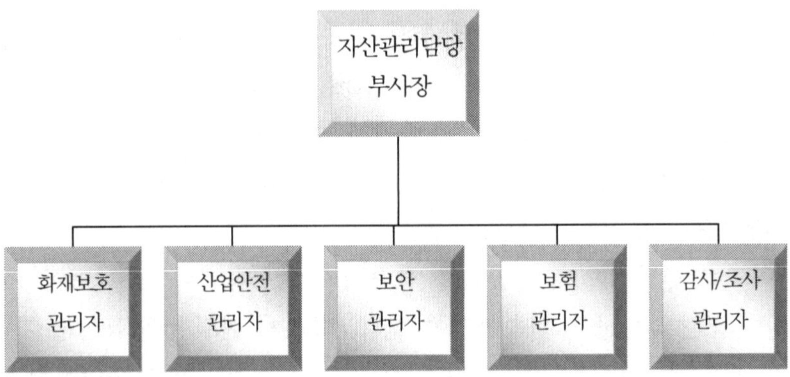

〈그림 11-2〉 자산관리조직

17) Protection of Assets Manual Ⅱ, ASIS, p. 17-4.

기업의 다양한 자산에 관한 보호·관리를 위해서는 개별적인 리스크분야의 관리에 필요한 독특한 자격요건이 요구되므로 전문분야별로 분리되어 관리하는 것이 효과적이다. 오늘날 대부분의 기업에서는 전문적인 관리기법을 활용하고 최고경영진에서 전체적인 업무를 조정하는 역할을 수행한다.

현대사회에서의 보험의 기능은 매우 세분화되고 여러 가지 요인이 복합된 복합체의 성격을 가지고 있으므로, 해당분야의 전문지식에 의지하지 않고는 비용효과에 대한 판단을 내리기가 어렵다.

보험료는 두 가지 주요한 변수에 의지하는데, 지급청구의 빈도와 각 지급청구의 비용이 변수이다. 보험회사에서 주기적으로 보험료를 검토할 때는 가장 최근의 "손실경험"을 바탕으로 한다.

보험산업은 두 개의 강력한 단체의 통제를 받는데 보험회사간의 경쟁과 정부의 규정이다. 보험사간의 경쟁은 가장 좋은 여건으로 구입할 수 있는 보험적용 범위와 보험료를 비교하게 된다. 정부와 사법부에서의 정부의 규제적인 권한은 적절하게 보험가입자들이 보상을 받을 수 있도록 하기 위하여, 각 보험이 가입자에게 지급 가능한 것을 보장하는 책임이 있다. 더욱이 보험료가 과도하거나 불공정하게 차이가 나서도 안 된다.

1. 보안과 보험산업의 역사

보안이나 손실예방에서의 사전 예방적인 투자는 미국보험 산업에서 유래한다. 미국에서 남북전쟁 전에는 보안활동의 이점에 대해 관심이 적었다. 예를 들어, 화재보험 비즈니스에서 경영자들은 화재가 발생하는 것은 일반적으로 보험업무에 좋은 것으로 보았다. 이 경우에 보험료는 과거 손실경험을 근거로 하여 보험가입자들에 의해 보험료가 납부되며 보험금은 해당 보험약관에 해당하는 고객들에게 지급되었고, 더불어 보험회사는 적절한 이익이 기대되었다.[18)]

그러나 계속적으로 엄청난 화재가 발생하여 손실이 발생할 경우에는 보험료가 치솟았으며 화재보험업무의 변화된 환경은 보험회사와 고객 모두에게 고통을 주었다. 보험회사의 경영진은 손실을 보전하기 위해 보험료를 올렸고 고객들은 치솟는 보험료에 불만을 터트렸다. 당시에는 도시지역에 밀집한 목재건축(심지어 목재 굴뚝)이 유

18) 최선태, 기업손실예방론, 백산출판사, 2005, pp. 50~51.

행함으로써 많은 화재를 감당할 수가 없었으며 심각한 화재 재앙은 계속되었다. 따라서 남북전쟁 후에 보안업무는 손실과 보험료를 줄이기 위한 방법으로써 중대한 계기를 마련하였다. 화재보험 회사들은 국가화재 보험업위원회를 결성하였고, 공학자들의 연구를 바탕으로 조사, 연구, 교육을 시행함으로써 보안에 기여하였다. 1965년에 이 위원회는 미국보험협회(AIA)에 통합되었고, AIA의 활동은 미국 건축물 규정의 개발에 관한 것과 화재손실을 줄이기 위한 많은 자치단체에 의해 채택될 모델 규정을 만드는 것이다.

오늘날 모든 보험회사의 경영진들과 기업은 리스크관리에서 보안 활동을 필수적인 업무로 본다. 많은 보험회사들이 그들 자신과 고객들에게 도움을 주기 위해서 보안평가부서를 운영하고 있으며, 고객들이 보험약관에 명시된 보안조치를 성실히 이행하는 경우에는 보험료의 상당액을 줄여주는 기법을 활용한다. 따라서 보험가입자인 고객들은 보험료를 줄이기 위해서 보안활동에 관해서 더 많은 관심을 가지게 되었으며, 오늘날 대부분의 사업에서 경영진은 보안 전략들(예, 재난관리나 화재예방)을 기업의 이익과 직결되는 기능으로 여기고 사전 예방활동에 대한 상당한 투자를 아끼지 않고 있다.

이러한 리스크관리 전략들은 일반적인 보안업무와 함께 보안부서에 의해 관리되고, 그 결과 보안업무의 역할이 획기적으로 확대되었다. 오늘날 화재예방과 산업안전과 같은 분야에서의 보안기능의 확대는 보안보다는 손실예방이나 자산보호와 같은 좀 더 폭넓은 용어의 사용을 유도하는 계기가 되였다.

더 나아가 오늘날 선진국의 보안실무자들은 손실예방이나 손실관리라는 용어의 사용보다는 리스크관리나 자산관리라는 용어의 사용이 증가하는 추세이다. 기존의 용어는 재난이 발생할 경우에 손실을 최소화하는 것과 관련이 있다. 이것은 리스크(risk)에 대한 사전준비나 예방의 의미보다는, 위기(crisis)가 발생할 경우에 위기에서 어떻게 대처하느냐에 중점을 둔 수동적인 의미이다.

예를 들어 교통사고 다발지역에 신호등을 설치할 경우에 대체적으로 교통신호가 차량의 속도를 줄이게 하므로 심각한 교통사고는 줄어들 것이므로, 많은 교통체증과 사고가 발생하는 교차로에 신호등과 유도요원을 배치함으로써 사고를 예방할 수 있을 것이다. 이것은 교통사고가 발생할 경우에 어떻게 신속하고 효과적으로 대처함으로써 생명과 자산의 손실을 최소화하느냐의 관점과는 약간의 차이가 있다.

2. 범죄보험과 보증보험

범죄 손실에 대한 일반적인 보험과 보증보험의 종류는, 임직원 절도와 같은 부정행위, 수표사기, 납치와 유괴, 네트워크 보안, 작업장 폭력, 영업중 절도, 임금대장의 위변조, 영수증의 위조, 금고안의 증권손실, 사무실 절도, 금품강요, 고객자산에 대한 책무, 이송 중 약관에 정한 구역에서 현금과 증권의 손실, 서류위조, 부정행위에 의한 자금인출, 컴퓨터 부정행위, 현금인출과 위조지폐사기, 사용카드사기, 약정된 손실의 수사비용의 보호, 등이 있다.

여기에 채무불이행으로 인한 기업체의 신용을 보증해 주는 신용보험(credit insurance), 계약자의 계약의무 이행을 보증해 주는 이행보증보험(surety bond), 그리고 직원의 개인적 실수나 비행으로 발생할 수 있는 재정적 손해에 대한 보증인 신원보증보험(fidelity bond)이 있으며, 최근에 다양한 형태의 보증보험 상품이 출시되고 있다. 일반적으로 보증(bond)도 보증보험으로 불리기 때문에 일반적인 보험과 같다고 생각하는 경향이 있다. 물론 보증보험도 보험과 유사한 성격이 있어 손해보험 영역의 보험으로 분류된다. 우리나라와 외국의 경우에 보증이 보험의 영역으로 취급되지만 보증과 보험은 분명히 여러 가지 차이점이 존재한다. 그러면 무엇이 보험과 보증의 차이점인가?

① 목적의 차이: 우선 보증은 어떤 행위로 야기된 손실을 지급할 것을 보증해준다는 의미로 발생손실에 대한 보상을 목적으로 하는 보험과는 차이가 있다. 구체적으로는 보험계약이 보험계약자와 보험회사 간의 계약인데 비해, 보증은 보증보험회사와 보험계약자 그리고 피보험자 간의 계약으로 당사자가 언제나 셋으로 구성된다. 예를 들어, 건설공사의 이행보증보험의 경우 건설공사 발주자는 건설공사가 계약기간 내에 완공되지 못할 경우에 재정적인 손해를 본다. 예를 들어, 임대료 손해를 입을 가능성이 있다. 따라서 발주자(피보험자)는 자신에게 발생할 수도 있는 재정적인 손해를 건설회사(보험계약자)에게 담보하도록 요구하게 되고, 건설회사는 그와 같은 재정적 손해를 보증보험(보증보험사)에 가입함으로써 문제를 해결할 수 있다. 만약 건설공사가 계약기간 내에 완성되지 못한 경우에 보증보험회사는 발주자가 입은 손해를 보상하게 된다.

② 보험료 성격의 차이 : 두 번 째 차이점은 보험계약자가 지불하는 보험료의 차이이다. 즉, 일반적 보험료는 발생손실에 대한 기대비용(= 발생확률 x 예상손실)을 의

미하는데 반해 보증 보험료는 단순히 보험계약자(건설회사)의 신용을 대체하는 수수료의 의미를 가진다. 그 이유는 보증보험의 경우 이론적으로 손실 발생가능성을 인정하지 않기 때문이다.

③ 보험회사의 구상권 차이 : 셋째, 위와 같은 보험료의 성격 차이로 인해, 발생 보험손실에 대한 구상권의 유무가 결정된다. 즉, 보험의 경우 보험회사는 피보험자에게 지급한 손실보상에 대해 구상권이 인정되지 않는다. 예를 들어, 자동차 사고의 경우 피보험자가 손해배상책임이 있는 제3자의 손실을 보상하고 그 손해를 피보험자에게 구상하지 못하는 것과 같다. 그러나 보증의 경우 과실이 있는 보험계약자(건설회사)에게 구상권이 존재한다는 것이다. 즉, 보증사고가 발생한 경우 피보험자(발주자)에게 손해를 보상하고 보험계약자에게 이미 지급한 손해에 대해 구상을 한다는 것이다.

④ 담보 손실특성 차이 : 마지막으로 보험이 대상으로 하는 손실은 계약자가 통제할 수 없는 우연하고도 고의적이 아닌 손실을 담보하는데 반해, 보증의 경우 보증회사가 보험계약자의 성실성, 정직성, 이행능력을 보증하는데 이러한 특성은 일반적으로 보험계약자의 통제 하에 놓여 있다는 것이다. 즉, 보증보험의 리스크는 보험계약자가 스스로 통제할 수 있는 리스크가 대부분이라는 것이다.

결론적으로 보증은 만약 어떤 채권자가 저당 잡힌 사람(채무자)으로부터 손실이 발생하면 한쪽 편(보증인)이 다른 편(채권자)에게 배상을 하겠다고 동의하는 법적인 약속이다. 그러나 일반적으로 보험계약에는 양 당사자만이 필요한 반면, 보증계약에는 세편의 당사자가 필요하다. 보증에서 담보보증은 채권자에게 보상한 후에 주 채무자로부터 구상할 수 있는 법적 권한이 있다. 또 다른 차이는 보험은 보증보다 취소가 더 쉽다. 피보험자는 보험료의 미납이나 보험회사에 통보에 의하여 쉽게 해지할 수 있다. 피보험자에 의한 보험계약의 파기나 보험료의 미납은 가입을 취소하는 것으로 보험회사에서 종종 있는 사유이며 책임을 회피하기 위한 보험회사의 법적 대비수단이다. 그것에 반하여 담보보증에서는 계약의 파기나 주 채무자에 의해 발생한 사기라 할지라도 수익자에게 책임이 있다.

일반적으로 신용보증보험은 피보험자를 위하여 부정직에 의한 리스크를 보장하기 위하여 보증보험사에 의하여 직원들의 정직성에 대하여 조사하는 것이 요구된다. 만약 보증보험에 가입한 직원들이 신뢰관계를 위반하였다면, 보험회사(보증보험사)가 고용주에게 약관에 따라 배상한다. 신용보증보험은 ① 사람이나 직원에 따라 특정하게 보증된 개인적인 것, ② 직원들의 모든 종류의 손실을 보호하는 "백지(blanket) 보증"과 같이 두 가지가 있다.

담보보증조험은 본질적으로 어떤 기간 동안에 특정한 활동을 수행하다가 약관에 명시된 조항이 실패했을 때 보상하는 계약이다. 일반적인 담보보증보험의 하나는 건설계약 보증보험이다. 이것은 건설과 관련된 계약자가 건설계약에서 명기한 업무를 무사히 마쳤을 경우에 보험약관의 의무나 부담에서 자유스럽게 된다.

오늘날 선진국에서는 다양한 종류의 담보보증보험이 사법체제에 활용된다. 담보보증보험은 법원에 의하여 다른 사람의 자산을 신뢰성 있게 관리하도록 지명된 사람을 보증한다. 또한 소송보증보험은 피고나 원고에 의한 특정한 이행을 보증한다.

3. 가택침입과 납치

가택침입·강도·절도의 정의를 정확하게 이해하는 것이 보험계약을 연구할 때 중요하다. 업무와 관련하여 타당한 가택침입 보험청구는 무력에 의한 침입에 의한 배타적인 업무에서 자산의 불법적인 강탈을 필요로 한다. 그러므로 강제적인 침입의 흔적을 보여주는 가시적인 표시가 없을 경우에는 가택침입 보험증서가 적용되지 않는다. 강도는 협박이나 무력을 이용하여 다른 사람의 자산을 불법적으로 강탈하는 것을 의미한다. 따라서 무력을 사용하지 않거나 협박이 없을 경우에는 강도는 성립되지 않는다. 절도는 광범위한 가택침입이나 강도를 포함하여 타인의 자산을 훔쳐가는 모든 범죄를 포함하는 포괄적인 의미이다. 이러한 범죄로부터 발생한 손실에 대한 보험의 적용은 제한적이고 특정한 적용에서부터 포괄적인 적용까지 다양하다. 이러한 보험의 예를 들면 다음과 같다.

가택침입에 대한 보험(A safe burglary policy)은 금고나 금고실의 강제적인 침입에 의하여 자산이 강탈되어 손실이 발생한 경우와 관련된 자산의 손실도 적용된다. 이 보험의 보상을 위해서는 강제적인 침입의 증거가 필요하다. 따라서 만일 피해자가 용기(container)를 열도록 강요되었다면, 그들은 보험적용을 위하여 추가적으로 도둑보험에 가입하여야 한다. 그리고 그 용기 밖에 있었던 자산의 절도는 보험적용에서 배제된다.

노출되어 진열된 상품절도 보험(Mercantile open stock burglary policy)은 금고에 보관된 자산뿐만 아니라 상점의 선반에 보관된 것에도 적용된다. 이 보험은 상품의 손실(피해)과 장비 그리고 보안요원 근무시간 후의 절도까지도 적용된다.

상점주를 위한 절도와 강도보험(A storekeeper's burglary and robbery policy)은 작은 소매업종을 위한 종합보험이다. 이것은 일곱 가지 리스크인 ① 금고의 도난, ② 전시된 상품의 도난, ③ 강도나 가택침입으로 인한 장비나 가구·상품·증권·현금의 손상, ④ 주거지나 야간 은행 보관소에서의 증권이나 현금의 도둑질, ⑤ 영내 구역 밖에서의 강도, ⑥ 영내 구역 안에서의 강도, ⑦ 영내 구역에 강제로 침투한 유괴에 적용된다.

다양한 비즈니스에 관한 범죄 보험에서 하나의 일반적인 형식은 3-D 보험으로 알려져 있다. 이 3가지는 포괄적으로 부정직함(dishonesty)·파괴(destruction)·소멸(disappearance)을 의미하며, 이것이 광범위하게 적용되는 보험은 다음의 다섯 가지 부분을 포함한다. ① 직원의 부정직에 대한 보증, ② 절도, 가택 침입이나 약관에 명시된 영역 내에서의 재산과 증권이나 현금의 소멸, ③ 명시된 영역 밖에서의 현금이나 증권의 소멸, ④ 수표 위조, ⑤ 채권의 위조와 같은 다섯 가지 부분의 적용 중에 회사는 모두를 선택하거나 하나만을 선택할 수 있으며, 각각의 한 가지에 적용 금액을 더할 수 있다.

컴퓨터 사기에 대한 범죄보험은 오늘날의 컴퓨터의 광범위한 사용에 따라 기업의 특히 중요한 선택 중에 하나이다. 이 보험은 현금이나 증권 혹은 다른 자산들을 컴퓨터를 이용한 부정한 거래에 의한 절도로 기인한 손실에 적용한다.

이러한 보험의 유용성에도 불구하고 자산에 대한 범죄는 보험금액이 보험가액[19]보다 가장 적은 리스크 중의 하나이다. 이 보험의 견적금액은 일반적인 범죄에서 보증된 자산손실의 10% 이하이다. 따라서 이 보험은 리스크를 수용하는 것이 범죄리스크의 대부분을 커버하는 도구이다.

또 다른 형태의 범죄보험은 강탈이나 납치에 의하여 지급된 몸값으로 발생한 손실에 적용한다. 1970년대에 미국의 가정이나 국제 유괴나 테러리즘의 급증이 이러한 형태의 보험을 필요로 하게 되었다. 미국 은행이나 회사들의 해외의 주재하는 중역들

---

19) 보험가액(insurable value)은 화재보험의 경우, 주택·건물·공장·창고 등이 손실되었을 때 보험계약자가 입게 되는 손해액의 한도가 이에 해당하며, 자동차보험이나 기계보험의 경우 자동차나 기계의 시가가 보험가액이다. 보험은 실제 손해를 보상하는 것이 원칙이므로 부당한 이득을 전제로 하는 것은 아니다. 보험가액을 한도로 보험회사가 지급할 보험금의 한도(보험금액)를 약정하며, 만일 보험금액이 보험가액보다 높으면 초과보험이 되어 그 초과액은 무효가 되고, 동가액이면 전부보험이 되며, 보험금액이 보험가액보다 낮으면 일부보험이 되어, 가입비례에 따라 보상하는 것을 원칙으로 한다.

은 이런 보험의 적용에 특별히 관심을 가진다. 이러한 보험은 중역들이나, 그들의 가족, 약탈자들에게 전달되는 몸값, 협상중인 회사의 무관심과 같은 영역들에 보험이 적용된다.

4. 화재보험

역사적으로 화재보험은 최초로 발달된 보험 중의 하나이다. 여러 해 동안 화재보험은 화재리스크에 대하여 사회의 안정성을 돕는 중요한 역할을 하였다. 그러나 1873년 이전에는 화재보험 약관은 표준화 되지 않았으므로 각 보험회사는 개별적으로 보험약관을 개발하였다. 따라서 약관의 적용에서 누락되거나, 약관의 해석의 차이에서 발생한 오해, 보험회사와 계약자간의 갈등으로 인하여 많은 문제가 되었다. 이러한 개별화된 약관과 그로 인한 결과로 생기는 애매모호함은 미국매사추세츠 주에서 1873년에 표준약관을 정립하는 계기가 되었으며, 7년 후에 이 표준약관은 모든 주의 보험회사에 강제적으로 적용되게 되었다. 오늘날에는 소수의 주에서 작은 변수를 제외하고는 화재보험회사의 문구는 거의 유사하다. 그러나 최근에 이러한 표준 화재보험약관은 광범위하게 적용되는 보험이 증가함에 따라서 그 중요성은 감소되었다.

보험료의 처리절차에 대한 이해가 화재예방에 대한 투자에 대한 결과임을 보여주기 위하여 관련 지식을 가진 리스크관리자와 보안 관리자에게 제공된다. 화재 보험료에 영향을 주는 요소는 해당 사업장과 지역의 화재경보능력, 소방서, 화재발생 시 한번에 재산상의 손실을 최소화하기 위한 급수장치의 출력을 포함한다. 이러한 모든 요소를 산정한 결과로써 1급은 최고의 진압능력을 가지고 있음을 나타내고 10급은 거의 진압능력이 없음을 나타낸다. 따라서 각 지역이 이러한 화재진압능력을 향상시키기 위한 조치에 대한 전략에 대해 보험사의 확신과 스프링클러 장치를 설치하는 것은 투자에 대한 보답을 가져올 것이다.

5. 보험적용범위

보험증권(insurance policy)[20]은 보험계약의 성립을 증명하는 문서로써 보험적용

20) 보험 증권은 보험종목 · 보험금액 · 보험기간 · 보험금을 지급받을 자의 주소와 성명 등이 기재된 본문과 보험계약의 내용을 기재한 약관으로 구성된다.

범위의 토대가 된다. 화재보험계약에서 보험계약의 구성요소를 예를 보면, 모두(冒頭) 페이지, 보험동의조항, 보험의 상태, 형식(개정이나 승인으로도 불림)으로 구성된다. 모두페이지는 보험 가입자의 이름, 적용될 재산의 위치, 보험금액, 보험료를 보여준다. 보험동의조항에는 보험회사와 보험가입자가 동의하는 것이 구체적으로 무엇인가에 대한 요약서이며, 무엇에 대하여 각각이 동의하는가를 보여준다. 보험약관에 필수적으로 기재되어야 할 사항은, ① 보험자가 보험금을 지급해야 할 사유, ② 보험계약 무효의 원인, ③ 보험사업자의 면책 사유로써, 여기에는 보험증권의 적용범위와 한계에 관한 조건과 같이 여러 가지 원인에 기인한 보험무효나 약관에서 제외되는 리스크들과 같은 주제를 포함한다. 형식은 기본적인 화재보험에서 상세하게 기술하지 않는 정확한 상황에 대한 정의, 한계, 배제 등을 첨부한다.

많은 보험계약과 약관이 표준화되어 있으나 보장범위가 상이하기 때문에 개별적인 약관은 보험을 가입할 경우에 주의 깊게 읽어보아야 하나, 너무 장황한 내용들이 기록되므로 사고가 발생하지 전까지는 구체적인 보험약관에 대해서 알지 못하는 경우도 많다. 따라서 이러한 구체적인 약관형식은 특정한 필요성에 대한 맞춤보험에 도움을 주며, 추가적인 리스크에 구체적으로 적용하고, 적용범위를 상세히 명기하므로 상호간의 오해의 소지를 줄이는 역할을 한다.

보험약관에 대한 규제로써, 보험회사의 일방적인 작성 및 일반 보험계약자가 그 내용을 충분히 이해하기 어려워 보험계약자에게 불이익을 초래할 가능성이 있으므로 보험계약자 보호를 위하여 사전에 감독당국으로부터 규제를 받고 있다. 보험사업을 영위할 때에는 사업허가 기초서류로써 보험약관을 금융감독위원회에 제출해야 하며, 보험약관의 내용을 변경할 경우 금융감독원의 인가가 필요하다.

더불어 보험약관의 교부·설명의무로, 보험회사의 계약 전 의무로써 보험계약을 체결할 때 보험 계약자에게 약관을 교부하고 중요한 내용을 설명해야 한다. 약관의 중요한 내용은 보험종류에 따라 다르지만 일반적으로 보험료와 그 지급방법, 보험자의 책임개시일, 보험사고의 내용, 보험계약의 해지사유 또는 보험자의 면책사유 등 계약당사자의 권리·의무와 밀접한 관련이 있는 사항을 포함한다.

제12장

절도와 사기

제12장 절도와 사기

제1절 문제의 심각성

절도와 사기는 의심할 여지없이 기업의 보안실무자들이 일상의 업무에서 부딪치는 가장 심각하고 빈번하게 발생하고 많은 시간을 투자하는 기업부정행위(business fraud)의 대표적인 유형이다. 내부인의 절도에는 좀도둑행위에서부터 위탁금의 횡령과 문서조작을 이용한 자금횡령까지 수많은 방법들이 기업재산을 노리고 있다.

오늘날 이러한 지능화된 범죄는 기업들의 생존에 치명적인 위협요인인 반면에, 구성원의 이러한 배임행위에 대한 완벽한 통제가 어렵다는 것이 문제의 심각성을 더하고 있다.

ACFE(Association of Certified Fraud Examiners)의 조사에 의하면 미국기업 매출의 6%정도가 직원들의 부정행위나 낭비에 기인하며, 그 금액은 연간 4천억 달러에 이른다고 주장하였다.[1] 구성원의 절도에 의한 손실규모는 절도의 규정과 통계가 조사하는 기관마다 상이하므로 정확한 계량화는 어려우나 1985년 미국에서 1,000억 달러 정도로 보고 있다.[2]

절도죄(larceny)는 형법 제329조에서 타인이 점유하는 타인의 재물을 절취함으로

---

1) Robert King, "Employee Screening-Key for Today's Business," Security Concepts(Oct. 1996), p. 15.

2) William C. Cunningham and Todd H. Taylor, Private Security and Police in American: The Hallcrest Report(Portland, OR: Chancellor Press, 1985), p. 243.

서 성립하고, 사기죄(fraud)는 형법 제347조에서 사람을 기망하여 재물의 교부를 받거나 재산상의 이익을 취득함으로써 성립하는 범죄라고 규정하고 있다.

이러한 절도와 사기의 원인이 되는 요소의 상세한 지식에서 부정행위자들이 가지고 있는 가장 상식적인 형태들이 이러한 부정행위를 예방하는 현재의 방법으로서, 어떤 보안 역할이 성공하기 위해서는 결정적인 대책들이 요구된다. 그러나 비록 절도와 사기가 밀접하게 관련되어 있고 이러한 범죄를 수행하기 위한 동기는 상당히 유사하나, 이 두 가지의 손실의 형태를 방지하기 위해서 사용되는 대책들은 대체적으로 상당히 다르게 적용된다.

이러한 절도와 사기는 모든 형태의 비즈니스와 국제교역에서 엄청나게 큰 피해를 주고 있으며, 특히 종업원의 절도와 사기는 대부분의 기업체의 생존에 가장 큰 위협요인이다. 그리고 관리자에 의해 발생하는 사기피해액이 일반 종업원의 약 4배이며, 임원에 의해 발생하는 사기피해액은 일반 종업원에 비해 16배 정도 된다고 한다.

반면에 절도와 사기가 얼마나 광범위하는가를 짐작하는 것과 한국 기업체 전체에서 얼마 만큼의 손해를 입히는가에 대한 정확한 통계가 없으므로, 실체적인 규모를 측정하는 것은 거의 불가능하나, 다음의 미국의 자료들은 이러한 문제들에 대한 한국 기업의 규모를 미루어 짐작하게 한다.

① 미국 상공회의소는 미국에서의 종업원의 절도와 횡령으로 인한 손실은 연간 200억 달러에서 400억 달러에 달하며, 주거침입 · 차량절도 · 강도와 절도죄와 결합된 손실은 이것을 훨씬 초과한다고 추정하였다.[3)]

② 연방수사국(FBI)과 다른 연방 법집행기관들은 사기에서 기인한 총손실은 600억 달러에서 2천억 달러에 이른다고 판단하고 있다.[4)]

③ 미국에서의 연구에 의하면 대략 미국인의 60%가 그들의 일상생활의 어느 순간에 좀도둑질을 당하고 있으며, 매년 2억 건이 넘는 좀도둑 사고가 발생하여 이로 인한 상품의 손실은 대략 116억 달러에 이른다. 더군다나 좀도둑들의 압도적인 대다수는 전문적인 범죄자들이 아니고 사회에서의 평균적인 사람들의 가치관과 기준을 반영하는 사람들이다.[5)]

④ 관리회계사협회의 연구발표에 의하면 기업에서 관리자의 87%가 만약 당사자의

---

3) Robert McGough and Elicia Brown, Thives at Work, Financial World, (December 1990), p. 18.
4) Montreal Gazette, April 23, 1992.
5) Dena Cox, When Consumer Behavior Goes Bad, Journal of Consumer Research 17, no. 2 (1990), p. 149.

행동이 그들 기업에 도움이 되는 기회로서 주어진다면 한번 이상의 사기를 저지를 가능성을 가지고 있다고 지적하고 있다.[6)]

⑤ 1991년의 조사에 의하면 모든 신용카드에 의한 판매액 중에 대략 13%가 사기에 의한 손실이고, 같은 해에 마스터카드는 사기에 의한 손실이 3억 달러를 넘었으며 이것은 1990년보다 42%가 증가한 수치이다.[7)]

⑥ 모든 기업업무의 실패에서 30%는 종업원의 절도와 사기에 기인하고 소규모 기업에서의 범죄 80%가 절도와 사기의 범죄가 차지한다.[8)]

⑦ KPMG의 1996년의 국제사기에 관한 보고서에서는 국제적인 기업 가운데 반 이상이 사기를 경험하였다고 지적하고 있으며(여기에서는 10억 달러 이상의 손실을 경험한 응답자만이 보고됨), 거의 반 정도가 사기가 주요한 사업상의 문제라고 느끼고 있는 것으로 조사되었다. 이러한 결과로서 이 조사에 참가한 많은 기업체에서는 사기예방 프로그램을 실시하고 있었다.[9)]

⑧ 미국에서 건강관리기관에서 사기에 의한 연간손실은 대략 비용의 3~10%이르고 있으며, 이 금액은 1995년의 1조 달러가 넘는 건강관리 비용을 근거로 할 경우에 300억 달러에서 1,000억 달러에 이르는 것으로 추정된다.[10)]

⑩ 사기방지협회(ACFE)[11)]에서 연구된 조사에 의하면 2,600건의 사기사건의 보고와 총 150억 달러가 악용되었다. 그리고 이 조사에서는 범행자의 3/4이 남성에 의해서 저질러졌으며, 관리자나 임원에 의한 손실액은 종업원에 의한 것보다 4

---

6) Selwyn Feinstein, Labor Letter, The Wall Street Journal, Jan. 16, 1990, Section A. 1.

7) Linda Punch, A Banner Year for the Crooks, Credit Card Management, March 1992, pp. 98~104.

8) Richard Andrews, Protecting Business From Internal Theft, Vermont Business Magazine, July 1990.

9) International Fraud Report, November, 1996.

10) Health Care Fraud: Information Sharing Proposals to Improve Enforcement Efforts, Government Accounting Office Report to the House Committee on Government Reform and Oversight, May 1996.

11) 미국의 텍사스 주 오스틴에 소재를 둔 사기방지협회(ACFE)는 1988년에 설립되어 25,000여명의 전문회원을 가진 협회로 북미와 유럽을 비롯한 세계 각국에 100여 지부를 지원하고 있으며, 부정부패 적발, 조사, 방지와 화이트칼라 범죄에 중점을 둔 다양한 교육프로그램을 운영하고 있다. 이 협회에서 시행하는 CFE(Certified Fraud Examiner: 공인부정조사사)란 부정, 사기, 화이트칼라 범죄를 적발, 조사, 예방하는데 고도로 훈련된 전문가로서, ACFE는 이런 CFE 의 자격을 갖춘 사람들로 구성된 전문협회이다. 이들은 증거를 수집하고, 진술을 받고, 보고서를 작성하고, 사기나 부정에 대한 조사를 도와주는 업무를 한다.

배에서 16배 가량 많았다. 또한 직업상의 사기와 권한남용에 의한 종업원 한 사람당 하루에 평균적으로 9달러 정도를 소속기업에 손실을 입혔다.[12]

⑪ 음식점과 간이음식 전문기업에 대한 조사에 의하면 10개의 주요한 기업에서 6,503명의 종업원에 대한 무작위 조사에서, 응답자의 44%이상이 현금이나 상품 혹은 다른 재산을 훔치는 것에 대하여 인정하였다. 응답자의 26%는 그들이 연간 26달러에서 13,000달러를 훔쳤다고 추정하였다.[13]

여러 사람들이 절도와 사기의 문제에 대해서 어떻게 생각하는가에 관계없이 이 두 가지는 매우 중요한 문제를 지니고 있다.

여러 가지 연구에서도 지적되듯이 절도와 사기에 의한 손실은 여러 가지 산업에서 총수입의 0.5%에서 2%사이를 차지하고 있다. 예를 들어 어떤 기업에서 50억 달러의 총매출에서 매출액의 10%의 이익을 얻는 기업의 전체적인 영향을 보면 확실하게 알 수 있다. 이 기업이 총매출에서 1%의 손실이 발생한다고 가정하면(대부분의 기업체에서 이것은 매우 줄여 잡은 어림 수치이다), 이 기업은 이러한 손실을 보전하기 위해서 매출액의 10%인 5억달러의 매출을 더 올려야 할 것이다.

이러한 수치는 산업이나 특정한 조직 자체의 손실경험에 따라 다르므로 발생가능한 손실의 확률은 조정될 수 있을 것이다. 그러므로 절도와 사기의 결과에 따른 수익성에 관하여 설명하는 방법은 이러한 손실의 형태를 규정하고 제안하는데 포괄적인 대책의 필요성을 제기하는 매우 강력한 도구이다.

소매 산업에서의 절도와 사기에 관한 연구의 심각한 결과에서는 70%이상의 손실이 종업원들에 의해서 자행되었다는 것이다. 또한 은행업에서는 대략 손실의 95%가 종업원이 차지하고 있다.

---

12) Gill Geis, Report to the Nation on Occupational Fraud and Abuse, ACFE, December, 1996.

13) Jones, et al, First Annul Survey of Restaurant and Fast Food Employees, McGraw-Hill/London House, 1996.

제2절 범행의 동기

21세기 지구촌은 산업화과정을 넘어서 지식정보화가 급격하게 진행되고 있지만 국가간·대륙간·종교간·인종간의 빈부의 격차는 오히려 심화되고 있다.

역설적으로 세계경제를 개방으로 이끄는 세계화(Globalization)는 오히려 경쟁력이 부족하고 자족경제에 의존하였던 후진국의 경제를 황폐화시키는 결과를 낳고 있다.

이러한 추세에서 낙오된 사람들은 자신의 생존과 상대적인 열등감 해소수단으로서 극단적인 폭력을 통하여 자신의 욕구를 분출하고 있다.

이것은 아무리 지구촌 인간의 생산성과 삶의 질이 개선된다 하더라도 이러한 성과가 특정계층에 한정되고, 여기에서 소외된 사람들에 대한 배려나 관심 없이는 동시대를 살아가는 지구촌의 편안함(security)을 구하기란 요원할지도 모른다.[14)]

태고적부터 사회에서 권력을 가진 집단은 자신의 재산과 생명을 지키려고 더욱 강력한 법과 제도로서 자신들을 방어하였고, 이러한 엄격한 법규들은 날마다의 생존권을 위협받는 소외집단들이 준수하기는 더욱 어렵게 되었다.

영국의 저명한 동물행태학자인 데스먼드 모리스는 인간사회의 가장 큰 문제는 문화적 진보가 유적학적 진보보다 앞서간다는 사실에서 비롯된다고 하였다.

이것은 인간이 본질적으로 일탈행위(성문법규에서 범죄라고 규정하고 있는 것도 포함)를 통제 또는 자제하는 대는 한계를 가지고 있으므로 인간사회의 규정들은 이러한 인간의 생물학적 한계성을 고려하여 제정되어야 한다는 의미로서, 인간은 끊임없이 새로운 환경을 만들어냈지만 아직도 속마음은 털없는 원숭이의 원초적인 본능을 가지고 있다고 하였다.[15)]

그러나 많은 심리학자·사회학자·범죄학자들이 오랫동안 이러한 부정행위와 같은 범죄를 저지르는 개개인의 동기에 대하여 학문적으로 이해하고 설명하기 위해서 많

14) 2000년 UN, OECD, 세계은행, IMF 네 국제기구는 하루에 1달러 이하의 돈으로 살고 있는 지구촌 총인구 60억의 20%에 달하는 12억의 사람들의 수를 2015년까지 반으로 줄이는데 초점을 맞추고 있다고 발표하였다. 그러나 미국 국가정보위원회(National Intelligence Council)가 2000년에 발표한 2015년 지구촌전망(Global Trends 2015)에서는 인구가 72억명으로 증가하는데, 이 증가율의 95%가 개발도상국에서 증가하고, 농업기술의 발달로 2015년 식량생산은 세계인구를 먹이기에 충분하나 식량분배의 문제로서 사하라사막 이남 아프리카의 굶주리는 사람들은 오히려 20% 정도 증가할 것이고, 지구촌 인구의 거의 절반인 30억명이 물 부족으로 시달리며, AIDS 등 각종 전염병이 저개발국에서 창궐하게 될 것이라고 전망하였다.

15) Desmond Morris/김석희 옮김, 털없는 원숭이, 정신세계사, 1991, 56면.

은 노력을 경주하였다. 그리고 이러한 각 분야의 연구로부터 부정행위를 저지르는 사람들의 성격적인 특성과 절도와 사기와 관련되어 가장 빈번하게 나타난 특성을 규명하려 하였고, 왜 특정한 사람들은 부정직하고 다른 사람들은 그렇지 않는가에 대한 설명과 여기에 원인이 되는 사회적 영향력과 환경적인 요소들을 찾으려고 노력하였다.

이러한 대부분의 사회학적·범죄학적인 연구의 초점은 범죄의 방지에 기여하였으며, 특히 폭력의 특성을 이해하는데 많은 도움이 되었다.

그리하여 살인자 들, 성폭행 범죄자와 은행 절도자들의 심리학적인 유형분석에 관하여 알려지게 되었고 최근의 화이트컬러 범죄자들 뿐만 아니라 기업의 재산을 훔치는 종업원들에 관해서도 유형분석이 많이 이루어졌다.[16)]

1. 종업원의 절도원인과 동기

왜 종업원들은 자신이 속한 기업의 재산을 훔치는가에 대한 원인은 단순하지 않으며 매우 다양한 배경적인 이유가 존재한다. 그중에서도 주요한 두 가지 원인으로는 직원 개인의 문제와 환경적인 요인을 들 수 있다.

확실하게 개인이 재정적인 문제점을 가지고 있으면 절도에 대한 유혹에 더 쉽게 노출될 것이며, 환경적인 요인으로서 수없이 대중매체를 타고 전해지는 사회지도층들의 범죄행위는 간접적인 교육효과와 부적절한 사회화의 결과로서 자신의 행위를 합리화(rationalization)[17)]하게 되어 범행의 죄의식을 경감시키게 할 것이다.

종업원들의 근무 장소에서의 절도에 대한 이슈가 마침내 학문적인 관심을 끌기 시작한 것은 1980년대 초에 미국에서이다. 1981년에 미네소타대학의 사회학과 연구원인 클라크(John Clark)와 홀린저(Richard Hollinger)는 3년간에 걸친 종업원의 절도에 관한 광범위한 연구의 결과를 출간하였는데, 여기에서 종업원의 절도에 대한 정의

16) W. Steve Albrecht, et al, How To Detect and Prevent Business Fraud, Prentice-Hall, Inc., 1992.

17) 합리화란 정신분석학의 방어기제의 하나로서, 정신분석이론에서 불합리하고 수용하기 어려운 행위에 대한 이유나 자기정당화를 설명하기 위하여 진실한 동기나 감정을 숨기려는 사람의 시도를 방어기제라 한다. 방어기제란 자아가 위협받는 상황에서, 무의식적으로 자신을 속이거나 상황을 다르게 해석하여, 감정적 상처로부터 자신을 보호하는 심리 의식이나 행위를 가리키는 정신분석 용어로 합리화, 억압, 전치, 취소, 투사, 퇴행 등이 있다.

는 "직업상의 활동과정 중에 종업원에 의해 행해진 공식적인 직장조직에서 재산이나 돈의 이동이나 관리에 관한 불법적인 착취를 의미한다고"되어 있다.

클라크와 홀린저는 종업원의 절도의 원인과 직장에서의 일탈행위에 대한 가장 효율적인 방지대책에 관하여 합의를 도출하기 위하여 노력하였다.

또한 그들은 소매업, 제조업, 그리고 병원과 같은 주요한 3가지 민간분야에서의 종업원의 절도에 대하여 조사하였다. 이러한 과정에서 그들은 범죄학·사회학·심리학·인류학과 보안산업 분야의 광범위한 전문서적을 연구한 결과 다음의 다섯 가지로 세분되지만, 서로 밀접한 연관이 되어 있는 종업원의 절도현상에 관하여 오늘날에도 광범위하게 인용되는 가정을 확립하였다.

여기에서의 다섯 가지 주요한 요인에는 외부적인 경제적 압박감, 젊은이와 직업, 기회, 직업에 불만족, 사회적 통제가 포함된다.

1) 외부적인 경제적인 압박감

클라크의 연구에서 먼저 가장 빈번한 종업원의 절도에 대한 설명으로는 종업원이 알코올, 도박, 불법적인 업무, 또는 유사한 상황에 관련되어 있기 때문에 그들을 고용하고 있는 사용자에게서 절도를 행하며, 이러한 상황을 "인간은 경제적으로 압박감을 받을 경우에 자신의 사회적인 욕망을 성취하기 위해서 불법적인 수단에 호소하게 된다"고 주장되었다.

클라크와 홀린저는 경제적인 필요성의 특성과 훔친 물건들이 이러한 필요성을 만족시키는가에 대한 관계에 대하여도 연구하였으나, 아직 이러한 관계에 대해서는 구체적인 연관성이 확립되지 않았다.

2) 젊은이와 직업

또 하나의 일반적으로 인정되는 이론으로는 젊은 종업원은 전 세대보다는 덜 정직하고 열심히 일하지 않는다는 것이다. 소매업 종업원에 대한 두 가지 연구에서는 상품을 훔치는 행위를 붙잡아 진술을 들었다. 그러나 이 두 가지 연구에서는 이론과는 다른 결과를 젊은이의 통계가 나타났는데 신규 채용된 종업원들이 절도에 많이 포함되었다. 그러므로 이 이론을 확실히 증명할 수 있는 명확한 증거는 아직 존재하지 않는다.

3) 절도의 기회

가치 있는 물품을 훔치기 위한 기회는 보안실무자들에는 종업원의 절도에 있어서 주요한 고려사항들 중의 하나이다. 모든 종업원들은 그들이 업무 중에 한번이나 그 이상의 훔칠 수 있는 기회의 유혹을 받을 것이다. 그러나 이 이론도 또한 결코 1983년 클라크와 홀린저가 연구하기 전까지는 경험적으로 연구되지 않았다.

4) 직무에 불만족

직무의 불만족과 종업원의 절도 사이에 인과관계가 존재한다는 생각은 클라크와 홀린저가 그들의 연구를 수행하기 전까지 대부분의 직장절도에 관한 연구에는 포함되지 않았다. 이 이론은 경영자가 직접적이든 간접적이든 간에 그들 종업원의 인식에 기초한 직무불만족에 대한 책임이 있기 때문에 기업환경은 이러한 절도에 영향을 미친다는 것이다.

5) 사회적 통제

사회적 통제이론은 조직에서 절도자가 집착하던 않든 간에 공식적·비공식적 사회적 구조가 절도자에게 엄청나게 영향을 미치고 광범위하게 인식을 공유한다. 비록 클라크와 홀린저의 연구에 이르기까지 경험적으로 실증되지 않았지만, 이 이론은 개개의 기업의 규범은 직장절도를 방지하는 역할을 한다는 것을 강조한다. 게다가 관리감독자와 종업원 사이의 관계가 종업원의 행동을 부추기거나 방지하는 역할을 한다는 이론화된 연구가 존재한다. 이 두 가지 이론은 조직에서 부정적인 사회적 제재 또는 형법은 조직에서 절도의 결과에 영향을 끼친다는 것을 당연하게 여기는 억제학설과 비슷하다. 따라서 사회적 통제이론의 본질은 종업원들은 만약 그들의 행위에 대한 징계나 발각위협이 약하거나 존재하지 않는다고 인식한다면 더 많은 절도를 저지르게 될 것이다.

2. Clark – Hollinger 연구

클라크와 홀린저는 연구의 결과로서 다른 일탈행위의 형태로부터 절도를 분리하는 것이 매우 어렵다는 것을 알았다. 또한 그들의 3년간의 연구에서 절도와 사기는 광범위하게 행해지나 생산현장에서의 일탈과 같은 심각성에는 사소한 것을 포함한다. 여기에는 불법적인 행위와 연장된 휴식시간과 점심시간, 부적절한 병가의 사용, 다른 종업원을 위한 펀칭카드의 사용, 직장에 늦게 나오거나 일찍 퇴근하는 것을 포함된다.

1) 직원절도의 전염성

세 가지 주요한 산업에 대한 연구에서 대략 1/3의 종업원들이 기업의 재산을 훔치는 것으로 보고되었다. 그러나 대부분의 경우에는 절도는 상대적으로 심각하지 않는 현상이거나 드물게 나타났다.

더군다나 모범적인 종업원은 전혀 어떤 절도도 하지 않는 것으로 나타났다. 그들은 또한 직원절도는 두 가지 분포방식으로 나타나는데 한 가지는 소수의 종업원이 매우 많은 양의 재산을 훔치는 것과 다른 하나는 많은 수의 종업원이 상대적으로 적은 양의 재산을 훔치는 것으로 구분된다. 이러한 현상의 발견은 다른 공동체 범죄에 대한 연구에서 특정한 공동체에서 발생한 재산범죄의 95%는 단지 5%이하의 사람에 의해서 행하여지는 것과 상당히 일치하는 것이다. 또한 이 연구에서는 기업재산에 대한 절도는 단지 종업원의 일탈행위 가운데 적은 부분을 차지한다는 것을 발견하였다.

2) 외부 경제적인 압박감과 직원절도

종업원이 경제적인 압박감을 받고 있는 것이 기업재산의 절도로 이어진다는 것에 대한 증거는 이 연구에서는 거의 발견되지 않았다. 실제적으로 경제적인 압박감을 해결하기 위해서 재산을 절도하는 소수의 집단이 있으나, 연구에 의해 제시된 대부분의 기록과 여러 가지 결과로는 이것을 구성하는데 매우 작은 요소이다(그러나 다른 연구들에서 보이는 경제적인 압박감의 인식과 화이트컬러 범죄 사이에는 매우 높은 상호관계가 있음을 주목할 가치가 있다). 회계원과 관련된 자금횡령에서는 외부인과 또다른 매우 특정한 사고에서 이러한 화이트컬러 범죄의 대부분은 관리자 수준의 사람에 의해 자행되었다. 따라서 대부분의 기업에서 최고로 많은 손실을 안겨주는 것은 실제적으로 관리직원에 의해 저질러진 것으로 나타났다.

3) 청소년과 종업원의 절도

젊은 종업원들(이들의 대부분은 조직에서 재직하는 기간이 매우 짧다)은 나이든 종업원들보다 훨씬 많은 일탈현상을 보임으로서 보안 측면에서 특별히 관심을 기울여야 한다. 또한 젊은 종업원들은 오랜 기간 근무한 종업원들보다 모든 업무영역에서 불만족하는 것으로 나타났다. 클라크와 홀린저는 이러한 이유가 많은 기업에서 임시직으로서 새로운 구성원이나 젊은 종업원들에게 많은 원천징수를 행하고, 부수적인 급부나 특권이 더 장기간 근무한 종업원에게 더 많이 주어지기 때문이라고 생각하였다.

그러므로 단지 선임자들만을 고려한 이런 특별한 배려는 근속기간이 짧은 젊은 종업원들을 상대적으로 무시하는 보상체계를 가지고 있으므로 이들에게 일탈행위에 빠져들기 쉬운 분위기를 만든다. 이러한 책임감의 결여는 명백하게 어떤 조직에서나 근무지에서의 절도나 여러 일탈행위에 대한 제재를 약하게 만들거나 경제사회적으로 장기 근속자의 고용을 기피하게 하는 경향을 가속시킬 것이다.

4) 연구의 결과

클라크와 홀린저의 연구에 대한 평가 후에 다음의 사항들이 보안 실무자에게는 많은 관심을 끌게 되었다.

첫째, 기회와 절도 사이에는 명백한 상관관계가 존재한다는 것이다. 예를 들어 이 연구에서 가장 본질적인 경제적 가치를 가진 상품이나 현금에 무방비 상태로 노출되어 근무하는 소매점 종업원으로서 특히 직업의 직급이 낮은 위치에 있는 부류가 절도를 할 가능성이 훨씬 높다.

둘째, 제조업체의 조립라인의 근로자는 절도를 행할 가능성이 적다. 그러나 기술자, 특히 전자제조부문의 부품파트에서 근무하는 근로자는 절도의 가능성은 적으나, 자신의 집에서 전자장비를 다루는 기술자들의 상당수가 높은 비율의 절도를 행한다고 보고 되고 있다.

셋째, 병원에서는 절도의 대부분이 다양한 분야의 병원업무 중에서도 간호업무에 종사하는 구성원에 의해 행해진다고 보고되었다. 이것은 간호원에 의해 관리되는 재료들의 대부분이 매일 사용되는 물품인 경우가 대부분이므로 특히 취약한 것으로 나타났다.

넷째, 절도기회는 절도에서 매우 중요한 요소이기는 하나, 직무의 관련된 절도의 분포는 모든 부문에 전반적으로 존재하므로 단지 하위직급에서만 재산의 절도에 관여한다는 생각은 잘못된 것이다.

다섯째, 한 가지 가장 일치된 절도에 대한 예고표시는 종업원에게 감지된 조직체의 변화의 발견이다. 이것은 아직 잘 알려지지 않았거나 증명되지 않는 절도에 대한 조직체의 제재나 규정에서 가장 빈번하게 나타난다. 대체적으로 재산보호에 관한 인식을 가지지 않거나 절도에 대응하여 절도를 제재하는 조치를 확실하게 하지 않는 조직체에서는 모든 종업원들에게 이러한 취약점이 노출되어 더욱 많은 절도가 발생하는 빌미를 제공하였다.

여섯째, 절도를 행하는 종업원들의 마음속에 가장 중요하게 고려되는 사항은 조직체의 제재의 필요성이 아니라, 동료집단의 한담이나 비웃음과 오스트라시즘[18]과 같은 근로자들에 의한 비공식적인 사회적 통제이다. 그러므로 명확한 조직체에서의 통제는 종업원에 의한 절도를 간접적으로 방지하는 방법으로서 중요하나, 이러한 활동에는 경영활동이 아닌 개개의 동료 근로자의 예상되는 반응에 의하여 강력하게 강요되는 통제력을 포함한다. 따라서 이러한 동료집단에 의한 제재는 종업원의 절도가 범람하는 것을 방지하기 위한 경영활동에서의 가장 중요한 핵심요소이다.

일곱째, 결론적으로 이 연구의 결과는 업무의 불만족과 절도와의 상관관계에 대해서 지적하고 있다. 그리고 이러한 연구의 결과는 종업원들이 그들의 모든 직장경험에서의 불만족과 관련된 행위는 절도를 행하게 하는데 가장 큰 유인요소이다. 역으로 고용주와 감독자들은 종업원의 절도를 줄이기 위한 방안으로서 종업원의 복지에 대한 고려에 가장 우선순위를 두어야 한다는 것을 의미한다.

5) 소결과 권고

종업원의 절도에 대한 연구에서 나타난 가장 명확한 문제는 다음의 3가지이다.

첫째, 절도로부터 기인한 모든 경제적인 손실과 발생하는 사건을 추적하기 위한 적절한 메커니즘을 갖춘 조직체만으로의 대응책은 충분하지 않다. 이 결과로서 경영진은 통계적으로 확실한 정보에 근거한 전반적인 손실보다는 일반산업과 개개의 기업사이의 손실을 일반화하는 "전문가"의 의견에 전적으로 의존하게 되는 취약성을 내보인다.

둘째, 클라크와 홀린저에 연구에 의해서 제공된 것보다도 개별기업에 적합한 더 많은 경험적인 연구의 필요성이 있다.

18) 오스트라시즘(ostracism)은 고대 그리스의 아테네에서, 시민의 비밀투표로 국가의 위험인물을 10년간 국외로 추방하던 제도이다.

셋째, 종업원에 의한 절도를 방지하기 위하여 노력하는 조직체에 대한 전체적인 메시지는 명확하다. 종업원에 의한 절도를 통제하기 위한 완벽한 보안장치를 설치하는 것은 비용이 엄청나게 소요되며, 이것은 근로자들에게 많은 불만을 야기하게 될 것이며, 종업원들은 절도를 더 합리화하는 분위기를 만들 것이다. 그러므로 경영진은 소속종업원 개개인이 소속감을 느낄 수 있도록 주인의식을 심어주며, 모두가 조직체에 공헌하고 있다는 자부심을 가지도록 진심어린 관심을 보여주어야 한다.

또 다른 확실한 메시지는 경영진은 항상 용인되지 않는 일탈행동에 대하여 명확하게 규명하고 일관적인 제재를 유지하여야 한다. 그리고 종업원절도에 관한 정책은 다시 반복되는 것을 방지하기 위해 공정하고 반드시 이러한 조치에 대해서 모든 종업원들이 납득할 수 있도록 처리하여야 한다. 그러나 종종 이러한 메시지는 신입직원을 위한 오리엔테이션에서만 강조될 뿐 종업원 중에 누군가가 실제적으로 절도를 하다가 발각될 때까지 결코 반복되어 교육되지 않는다. 또한 조직체는 직장에 적용되는 사회의 징계적인 방법의 제재에만 의지할 수가 없다. 그러므로 조직체에서의 개별적인 제재는 해당 기업체만의 문화를 포함하고 모두의 기대감을 명확히 하는 기준을 세우는데 매우 중요한 요소이다. 또한 제재의 강화는 항상 일관성 있게 시행되어야 한다. 그러므로 관리직 종업원에 대한 단 하나의 사건에 대한 호의적인 처리가 모든 정책을 훼손시키는 사례가 될 것이다. 결론적으로 절도에 대한 징계적인 제재는 반드시 모든 사람들에게 공통적으로 평등하게 적용되어야 효용성이 있으며 관리진은 통일된 조직의 징계처리 지침을 준비하여야 할 것이다.

또한 직원에 의한 절도의 분포 중에서 최대한의 관심은 모든 종업원들에게 잠재적으로 부정적인 영향을 미치는 시스템의 설치나 통제보다는 근무장소에서의 절도의 대부분(95%)을 차지하는 5%의 종업원을 찾아내는데 주력하여야 한다. 그러므로 대부분의 조직에서 존재하는 비공식적인 모임에 대한 관리는 이러한 행동을 규명하는데 매우 긍정적인 수단으로서 활용될 것이다. 따라서 조직체에서의 특별한 양식의 환경이 적절하게 적용되면, 종업원들은 공동체 범죄감시 프로그램에서와 동등한 비율인 일반시민들이 70%이상의 범죄를 법집행기관에 신고하는 것과 같은 수준을 나타낼 것이다. 결과적으로 많은 조직체에서 이러한 내부자 고발 사례로부터 상당한 보안효과를 얻을 수 있을 것이다.

제3절 사기나 경제범죄[19]의 동기

화이트컬러 범죄에 대한 가장 괄목할 만한 두 가지 연구의 결과는 서더랜드(Southerland)[20]의 차별적 접촉이론[21]과 크래세이(Cressey)[22]의 공유할 수 없는 욕구이론이다. 그들은 절도와 유사한 형태의 화이트컬러 범죄에 대하여 명확한 결론을 도출하였다.

서덜랜드의 이론은 범죄행위는 범죄환경과 개인의 접촉이 가장 밀접하게 관련되어 있다고 서술하고 있다. 이 이론을 간단하게 설명하면 개개인은 범죄성향을 가진 사람과 접촉하면서 생활하는 과정을 통하여 이러한 관계의 결과로서 당사자도 범죄자가 되어간다는 것이다. 또한 이 이론에서는 범죄성향은 유전되는 것이 아니라 학습되는 것이며, 다른 사람의 사례와 언어의 소통을 통하여 배우게 된다는 것이다. 따라서 개인은 특정한 범죄와 접촉하면서 범죄자의 태도를 따라하거나 유인되거나 합리화를 배우게 된다.

결국 서더랜드의 이론은 범죄행위는 범죄를 저지르기 위하여 필요한 것은 개인의 감정뿐만 아니라 이러한 감정을 정당화하고 개개인의 죄인식의 극복과 그들의 행동에 대한 사회적 반향의 두려움을 정당화하는 것을 배우는 것이라고 주장한다.

1. 상황적 위험신호

① 기업의 비용이 판매량이나 소득보다 더 빠르게 증가하는 것(극단적으로 이러한

---

19) 경제범죄(Economic Crime)란 개인적 또는 단체적으로 금전적 이익을 추구하거나 다른 개인이나 조직으로부터 부당한 이익을 취득하려는 목적을 가진 전문가 또는 특별한 기술을 가진 개인/그룹에 의한 사기나 허위진술에 의한 불법행위(들)를 말한다. 경제범죄의 유형으로는 신용카드 사기, 돈세탁, 통신사기, 보험사기, 사이버사기, 의료보험 사기, 증권사기, 우편, 전신 관련 사기, 지적재산권, 컴퓨터 관련 범죄, ID 도용, 신용카드 사기 등이 있다.

20) E. H. Sutherland and D. R. Cressey, Criminology, 10th ed., Philadelphia, PA, Lippincott, 1978.

21) 차별적 접촉이론(Differential Association Theory)은 미국의 범죄학자 에드윈 H. 서덜랜드(Edwin H. Sutherland)의 비행행위를 설명하는 사회학적 이론으로서 사람들은 일탈유형과의 접촉을 통하여 일탈자로 되어 간다는 미국의 범죄학자 에드윈 H. 서덜랜드의 범죄학 이론으로, 왜 특정한 사람이 일탈적 행위유형을 학습하게 되는지를 설명한다. 범죄는 일반적인 행위와 마찬가지로 학습을 통해서 배우게 되고, 학습은 주로 친밀한 사람들과의 상호작용을 통해 일어난다는 것이 이 이론의 중심 내용이다.

22) D. R. Cressey, Other People's Money: The Social Psychology of Embezzlement, New York, N. Y., The Free Press, 1953, p. 30.

결과는 기업수익에 압박을 가한다).
② 종업원들이 너무 나이가 들었거나 과도한 재고의 보유.
③ 전체적인 사업이나 특정한 사업분야의 극단적으로 빠른 팽창.
④ 계속적으로 위험한 방식으로 기업의 운영.
⑤ 비현실적인 판매량의 할당이나 소득목표를 설정.
⑥ 중요한 현금흐름에서의 문제 발생.
⑦ 부패한 전력을 가지고 운영되었던 조직의 산업.
⑧ 경쟁자에 의한 시장의 잠입이나 기술력에서 현저하게 뒤떨어지는 조직에서 제공되는 생산품과 서비스.
⑨ 높은 비율의 이직률과 장기결석.

2. 운영의 위험신호

① 독재적이거나 엄격한 계급조직, 그리고 비밀주의의 관리 형태.
② 비윤리적인 관리모델.
③ 종업원들을 열악하게 관리하거나, 노동력을 착취하거나 근로자를 학대하는 것.
④ 내부적인 통제에서 느슨한 규칙이나 규율의 적용.
⑤ 과도한 투자 또는 손실의 발생.
⑥ 상당히 많은 소득을 얻을 수 있는 긴급한 수요의 필요성.
⑦ 열악한 회계기록들.
⑧ 거래처와 관련된 무수히 많은 좋지 않은 전례.
⑨ 미로와 같은 조직의 운영구조.
⑩ 합리적인 설명이 없거나 기록이 유지되지 않는 수많은 업무처리.
⑪ 빈번하게 변경되거나 이직하는 중요한 재정담당자나 외부 감사와 법률가.
⑫ 책임소재에 대한 공식적인 통제나 기구구조의 부족.
⑬ 한 사람에 의해 독점적으로 운영되는 경영과 재정적인 판단.
⑭ 사업수행과 교류를 위한 규칙이나 규약수립의 실패.

제4절 모델 보안프로그램

대부분의 대기업에서는 불행하게도 거의 대부분의 값어치 있는 물품들은 욕망이나 기회가 주어졌을 경우에 도난을 경험하였다. 그럼에도 불구하고 몇몇 분야는 다른 분야들보다 훨씬 더 많은 절도나 사기를 당하는 경향이 있다. 다음은 빈번하게 계속적으로 발생하는 절도나 사기의 목표물과 방법론의 개요에 대한 설명이다.

절도와 사기를 예방하기 위해서는 조직이 해당상황에 대하여 수동적으로 대응하기보다는 적절하게 상황을 판단하고 이러한 행위를 줄이기 위한 적극적인 대책이 요구된다.

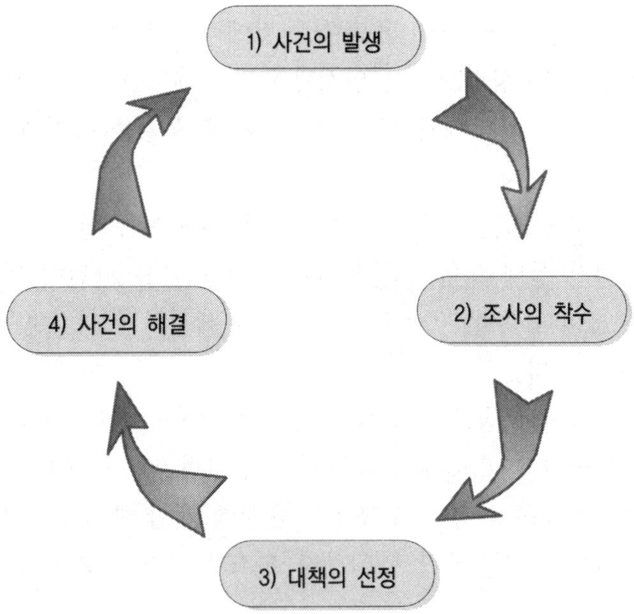

〈그림 12-1〉 기업보안 프로그램의 모델 4단계

기업보안 프로그램 모델에 포함된 4단계 〈그림 12-1〉는 ① 사고, ② 조사, ③ 행동, ④ 해결의 순서대로 절도손실의 상황이 규명되었을 경우에 대부분의 기업에서의 흐름을 보여주나, 이러한 흐름은 때때로 불이행되기도 한다.[23)]

23) W. S. Albrecht, E. A. McDermott, and T. L. Williams, "How Companies Can Reduce the Cost of Fraud," The Internal Auditor, February 1994, pp. 28~34.

이 모델 보안프로그램에는 4가지 단계가 포함된다.

① 절도나 사기사건의 발견

② 조사를 수행할 재원이 확정되고 조사의 착수

③ 조사의 결과에 근거하여 조치나 대책의 수행

④ 문제에 대한 일시적인 강력한 통제나 종업원의 해고와 같은 구성원의 교체를 통한 해결과 같은 여러 가지 방법들

이와 같은 모델에서 조직체는 경영진에 상황이 보고된 즉시 손실에 대한 조사를 착수하는 것이 중요하다. 그리고 조사는 손실에 대한 사실을 규명하도록 신속한 조치와 노력을 취해야 한다.

이러한 의미에서 기업체는 신속하게 일상의 상황모드를 "위기상황"으로 변경하고 신속하게 해결책을 강구한다. 그러나 많은 기업에서는 한번의 사고는 통상적으로 조직체에서 용인될 수 있는 상황으로서 임시방편으로 해결한 다음 지나쳐 버리고 지속적으로 손실의 중요성을 인식하여 어떤 통제절차나 재발을 방지하기 위한 발전적인 조치의 시행을 하지 않는다.

이와 같은 사실상 기업체는 다음 사건이 발생할 때까지 손실에 대한 보안과 관련된 사항에 대하여 잊혀진 상태로 방치되어진다. 그리고 다음 사건이 또 발생할 때에 조직은 단순히 같은 모델과 똑같은 방법으로 사건을 해결하기 위하여 신속한 행동을 취하는 것을 반복하게 된다.

이러한 반복되는 사기와 절도의 문제를 다루기 위하여 보다 상세하게 완성된 모델이 〈그림 12-2〉의 10가지 요소에서 개략적으로 설명이 가능하다.[24)]

이 디자인에서의 핵심은 해당 프로그램 효율성에 대한 예방과 조사 그리고 시험과정이 계속적으로 하나의 포괄적이고 10가지 요소가 상호 의존하여 조합되어져 작동되는 모델이어야 한다.

이러한 개념의 계속적인 효율성의 확립을 위한 기본적인 토대는 종업원과 관리자 그리고 주주 사이의 경력한 상호협력을 바탕으로 해야 한다. 그러므로 여기에서는 역할의 명확한 설정과 보안부서와 인사부서, 법률부서, 내·외부의 원활한 의사소통, 시설관리와 영향력 있는 현장관리자 사이의 책임감을 필요로 한다. 그러나 아직도 많은 기업에서는 조사와 예방의 책임을 어느 부서에서 수행하는 것이 효과적인가에 대해

---

24) Timothy J. Walsh, *op. cit.*, Volume Ⅱ, 1996, pp. 11~16.

서 혼란이 많은 것이 현실이다.

일반적으로 이러한 업무는 내부감사나 보안부서에서 행하는 것이 보통이지만, 어느 경우에도 여러 관련부서의 업무협조에 관한 명확한 역할과 책임에 대하여 구분하는 것이 이 어려운 문제를 성공적으로 수행하는 핵심이 될 것이다.[25)]

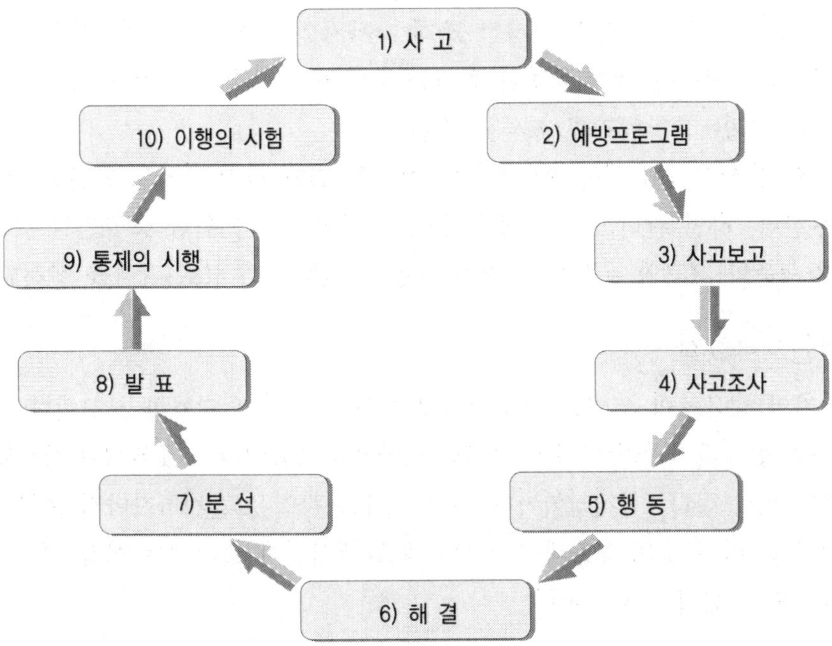

〈그림 12-2〉 10가지 요소를 이용한 보안프로그램 사이클

1. 보안프로그램 사이클

1) 사 고

보안프로그램은 보안의식을 향상시키고 조직에서 손실에 가장 취약한 분야와 유형의 특성에 대하여 종업원들에게 관리능력을 교육하는 것을 포함하며, 이러한 목적을 성취하기 위하여 다음의 사항이 포함되어야 한다.

25) Security Journal, vol. 1, no. 5, "Organizational Structures to Deal with Employee Fraud: A Research Project Funded by ASIS." W. Steve Albert, T. L. Williams and E. A. McDermott.

① 모든 지원자들의 선발하는 과정에서 과거경력에 대하여 조사한다.
② 통제의식은 구성원에게 금지된 행동에 관하여 기술된 정책과 만약 위반사항이 발견되었을 경우에는 적절한 조치가 요구되는 것이 조직전체를 통하여 공유되어야 한다.
③ 기업의 행동지침이 잘 확립되고 전달되어야 한다.
④ 취약점을 알리기 위하여 유사한 전례(당사자의 이름이나 다른 진술자의 공개를 피한다)나 절도나 사기를 행한 종업원에 대한 관리진의 조치를 포함하는 내용으로 주기적인 종업원과의 교류를 갖는다.
⑤ 기업의 관심사항에 대한 종업원들의 참여를 위한 여러 가지의 확실한 교신방법을 강구한다.(라인 관리, 보안, 내부감사, 내부고발자를 위한 종업원의 직통번호).
⑥ 고가제품의 제고와 운영의 보안에 대한 재검토와 수시로 감사를 실시한다.

2) 보안프로그램

보안노력의 효율성의 토대는 절도사건에 대한 신속하고 정확한 보고이다. 그러므로 사고가 아직 발생하지 않았더라도 어떠한 보안프로그램이라도 효율성과 상관없이 정확하게 설명되어야 한다. 실제적이거나 의심이 가는 사건은 발견하자마자 보고되는 것을 보장하여야 하며, 최초의 절도와 사기사건의 발생시간과 보고되는 시간과의 차이가 예방프로그램의 핵심적인 요소이다.

3) 사고보고

이 프로그램에서는 종업원들이 사고를 보고하기 위한 많은 방법들이 가능하도록 촉진하여야 하고, 중요한 것은 종업원들이 실제적인 사건이나 인지한 사건들을 보고할 수 있는 여러 가지 방법들을 보장하여야 한다는 것이다.

4) 사고조사

손실에 대한 보고는 실제적인 조사에 의해 구성된다. 이러한 조사는 관련된 개인이나 부서가 초기에 규명되거나 수사진행에 관한 책임과 역할이 명확하게 규정되면 더욱 성공적으로 수행된다.

5) 행 동

조사를 통하여 고려된 사실은 공정한 검토에 기초하여 조치가 취해져야 한다. 그리고 대부분의 전문가들은 절도나 사기범죄자에 대한 즉각적인 행동이 미래의 손실을 막는 가장 강력한 대비책 가운데 하나라는 것에 동의한다. 또한 징계의 두려움은 절도와 사기에 대한 성공적인 예방전략에서 가장 중요한 대책 가운데 하나가 될 것이다. 만약 종업원들이 명확하게 그들의 업무에서 형사소추의 가능성이 있다고 업무를 이해한다면, 그들은 절도에 참가하는 것을 꺼리게 되거나 또는 사기의 위험을 무릅쓰는 것을 단념하게 될 것이다.

6) 해 결

사건에 대한 최종적인 해결이 여기에 해당하며, 여기에서는 절도나 사기에 대한 책임을 종업원이 알도록 적절한 규율을 고려하고, 실제적인 손실을 파악하며, 적합한 보험회사에 손실을 보고하며, 만약 필요하다면, 조사를 적절하게 종료한 다음 필요한 후속조치를 취한다.

7) 분 석

기업의 손실방지를 위한 투자비용과 효과에 대한 절충점을 찾는 것은 예방프로그램에서의 가장 중요한 것 가운데 하나이나, 가끔은 포괄적인 절도 대책과 사기예방전략과 손실의 분석의 단계에서 무시된다. 그러나 어떻게 왜 손실이 발생하였는가에 대한 관심을 여기에 가져야 하며, 인간과 통제관점 그리고 비용효과적인 조치가 포함된 해결책이 유사한 사건의 재발을 방지하기 위해 취해질 수 있을 것이다. 그리고 주요한 사건이나 손실이 빈발하는 형태에서 인사부·내부감사·재정과 다른 직원의 기능의 참여는 각 전문 분야가 집결된 관점에서 미래의 손실을 방지하기 위해서 요구되는 조치를 결정하는데 매우 중요한 역할을 할 것이다. 또한 보안전문가들은 미래의 의식훈련을 위해서 절도나 사기의 방법론의 세부적인 내용들을 보관한다.

8) 발 표

여기에서는 사건을 객관화하는 것과 전체적으로 기업체 구성원에게 학습과 의식으로 활용하기 위해서 정보를 이용하는 것을 포함한다. 그리고 사건과 그것의 해결결과에 대한 것을 종업원들에게 알리기 위하여 사내신문이나 게시물을 이용한 활용은 전반적으로 사고결과로부터 얻는 이익을 향상시키고, 보안조직이 어떻게 조직체의 가치에 기여하는가에 대하여 종업원으로부터 더 향상된 평가를 얻게 될 것이다.

9) 통제의 시행

여기에서는 미래의 절도를 방지하기 위한 추가적인 조치를 시행하는데 중점을 둔다. 그러므로 여기에는 고가제품이나 구매주문의 특정한 수준 이상의 권한을 부여한 추가적인 보안장치가 포함되어야 한다. 여기에서의 요점은 추가적인 조치가 비용효과적이며 손실에 대한 확실한 분석의 토대에서 시행되어야 한다는 것을 보장하여야 한다. 따라서 만약 새로운 조치가 단순히 비용과 관료적인 번잡한 절차만 추가되고 예방효과가 거의 없다면 여기에서 얻어지는 것은 거의 없을 것이다.

10) 이행의 시험

현존하는 보안조치에 구성원들이 순응하고 있는가에 대한 주기적인 테스트와 감사가 여기에 포함되고, 이것은 내부와 외부의 감사의 협력에 의해 실시되는 내부감사와 기업의 보안부서에 의한 보안검사와 관련된 관리진의 확인을 통하여 성취될 것이다.

2. 절도와 사기의 위험성

과거의 기업은 절도나 기업재산의 무단전용으로 발생하는 손실은 발견되지 않는 전체적인 손실의 결과에서 조그마한 일부분에 불과하다고 치부하였다. 그러므로 기업체들은 오랜 기간 동안 손실에 대해서 방심하기도 하고 심지어는 오랜 기간에 걸쳐서 기업의 안이한 기준이나 기대치를 제시하기도 한다.

예를 들어, 기업에서는 재고량에서 다양한 항목들의 실제적인 수치와 장부의 판매량 사이의 허용되는 부족량을 폭넓게 허용하기도 한다.

그러나 절도와 사기로 인한 손실은 대부분이 부족량에 숨겨져 있거나 용인되는 변동량 이하이므로 거의 문제시되거나 조사되지 않기 때문에 발견되지 않았다. 따라서 오랜 시간 동안 이러한 허용되는 재고부족량이 높아지는 것은 기업에서는 일상적인 것으로 간주되었다.

그러나 직접적인 재산의 손실과 더불어 발견되지 않는 절도는 기업에서 가입한 어떠한 보험의 적용이나 세금공제가 되지 않는 손실이므로 기업체가 이러한 손실을 복구하는 것은 거의 불가능하다.

따라서 절도나 사기예방 프로그램의 요점은 종업원에게 주어진 증가되는 생활의 압박감과 모든 계층에서 절도와 사기를 합리화하기 위한 수많은 술수가 존재하기 때문에 이러한 범죄로부터의 기업의 보안대책은 계속적으로 기업의 경영에서 중요하게 될 것이다. 그러므로 이러한 조치가 준비되지 않았거나 포괄적인 절도와 사기예방 프로그램을 실시하지 않는 기업들은 틀림없이 많은 시간동안 엄청난 손실을 당하게 될 것이다.

결과적으로 기업의 보안전문가들은 모든 보안 전략에 있어서 절도와 사기의 예방에 주요한 관심을 기울여야 하며, 각 기업에 적합한 예방프로그램을 개발하여 계속적으로 개선해 나가야 할 것이다.

제13장

화물보안관리

제13장 화물보안관리

제1절 21세기 화물보안

21세기 현대사회 구조의 변화는 다양하고 예측 불가능한 모습으로 표출되고 있다. 인간은 움직이는 생명체이다. 인간을 포함한 동물이 살아있는 생명체인 식물과 구분되는 것은 자유롭게 움직일 수 있다는 것이다. 만약 인간의 이러한 움직임이 통제된다면 인간으로서 가장 기본적인 활동이 불가능하고 인간으로 존재가치나 살아있음의 의미가 크게 훼손될 것이다. 일반적으로 움직임과 같은 기동성을 상실한 인간을 우리는 식물인간이라 부르기도 한다.

기동성은 인류사를 통하여 문명의 문화적 생명선을 대변하고, 인간에게 경제사회적 생존을 위한 도구를 전달하는 모든 방법을 구성한다. 이러한 기동성은 시간을 통하여 진화와 생존하려는 인간의 생활과 특성을 지원하는 문명의 토대가 되었다.

효과적인 기동성의 수준은 직접적으로 물류지원시스템과 관련되어있다. 이상적인 물류시스템은 공간, 대지, 바다 그리고 공기를 이용하여 사람과 물품 그리고 정보를 효과적으로 이동하기 위하여 안전함, 안정성, 연속성을 바탕으로 한다. 물류시스템은 엔진이 없는 운송, 항공, 도로, 항만과 철로 등과 같은 물리적인 요소와 유틸리티, 위성, 원거리 통신, 정보기술 등 전자적 요소로 구성된 2가지 기동성 요소로 특징져진다.

오늘날 통신기술과 교통망의 발전에 따라 시공간이 축소됨으로써 통신(通信, Telecom)과 교통(交通, Transportation) 서비스의 융합이 가속화되고 있다. 통신과 교통의 융합 서비스, 즉 Transcommunication란 신조어가 인간정주에 관한 UN산하의 위원회에서 탄생하였다. 이 용어는 사회적·물리적인 모든 특성을 가진 기동성(mobility)의 개념이다. 예를 들어 경제적 사회적 평온과 같은 문화적인 이유의 필요성에 의한 이동뿐만 아니라 기본적인 유전학적인 뿌리의 지침이기도 한다. 다시 말하면, 인간으로서 신체적·정신적으로 포괄적인 인간생활의 지원시스템으로써 기동성을 필요로 한다. 따라서 이러한 기동시스템이 개별적 혹은 집단적으로 상실하거나 저하되는 경우에는 즐거움과 자유스러움이 동반하여 감소되거나 경제사회적 평온함이 모두가 손상되게 된다. 이것은 인간, 물품, 정보가 끊임없이 움직이게 하는 안전한 시스템은 절대적인 인간생활에 필수적이다는 것을 의미한다.

그러나 우리는 안전하게 통합된 기동시스템을 갖추지 못하였기 때문에 우리가 생활하는 사회는 상당히 위험한 상태에 놓여있다. 이미 우리는 6백만 명이 넘는 사람들이 자연재해 혹은 인간에 의한 재난에 의하여 고통을 겪고 있다는 증거가 있으며 이러한 경향은 점차적으로 증가하고 있다.

오늘날 우리는 이러한 재난에 대하여 단편적인 관리방법으로 접근하기 때문에 위험한 상황에 처해있으나, 개별적인 운송형태는 다른 것들과 개별적이고 독립적으로 작동하고 다루어지기 때문에 통신기술이나 조직적인 통합의 한계를 내포하고 있다. 결과적으로 물류흐름의 정체상태와 비효율성이 지배한다. 이러한 최적화되지 못한 물류의 흐름은 연간 세계 총생산의 약 5%를 감소시키는 원인이 된다.[1)] 이러한 GDP 통계는 미국과 라틴 아메리카에서 확인된 보고서에 근거한 것이다. 원활한 경제활동을 지원하기 위한 지원시스템으로써의 물류의 중요성은 모든 물류형태의 글로벌 효율성에 영향을 미치는 자연재난과 인위재난의 증가에 의해서 가속화되고 있다. 이것은 재난의 증가뿐만이 아니라 손실과 비용규모의 증가가 기간산업에 미치는 영향이 급격하게 증가하고 있다. 테러리스트에 의하여 상업용 항공기를 조정하여 세계무역센터를 공격한 2001년 9/11테러는 글로벌 경보신호로 대표된다. 이 사례는 물류시스템 자체가 우리의 기간산업과 구성원에게 심각한 손상을 입히게 된다는 것을 보여준다.

만약 자연재해와 인위적인 재난, 그리고 물류정체에 따른 글로벌 연간손실액을 합하면 대략 2.5~4조 달러에 달하게 될 것이다. 이러한 개략적인 수치의 토대는 직·간접적인 손실을 합친 금액이다. 전 세계적으로 지진, 해일, 태풍, 폭우, 한발, 폭염,

1) Transportation Security, Clifford R. Bragdon, BH, 2008.

쓰나미와 같은 자연재난은 상당한 규모의 인구와 관련된 사회기반시설에 심각한 영향을 미친다. 지난 2005년 말 미국 남동부를 강타한 대형 허리케인인 카드리나는 미국 역사상 재연재해로서 최악인 100만 명의 이재민과 860억 달러에 달하는 피해를 발생시켰다.

더불어 이러한 자연재해로부터 파급되는 인명피해도 상당하다. 지진해일인 쓰나미는 대부분이 인도양이나 태평양에서 발생하여 많은 사람들이 살고 있는 해안가에 피해가 집중되고 최근은 인도네시아 반다아체의 지진해일로 인한 인명피해는 20만 명이 넘었다. 이 지진해일은 2개 대륙과 12개 국가에 피해를 주었다. 이러한 쓰나미는 새로운 현상이 아니라 기원전 1480년으로 거슬러 올라가 미노안 문명의 수도인 크노소스(Knossos)시의 파괴에 대한 기록이 남아있다. 2008년 봄의 미얀마의 사이클론은 7만 명의 사상자와 중국에서 5만 명의 사상자를 발생하였다. 오늘날 자연재해는 증가하고 있으며 경제적인 영향력은 실제적으로 급증하고 있다. 지구촌은 경제적인 가치가 있는 거주지, 차량과 도로, 다리, 기간시설 등을 포함하고 있는 인구밀집인 해안지역이 증가하고 있으므로 재정적인 타격도 급증하고 있다.

기업에서 제품을 생산하여 전시장이나 소비자에게 전달하는 운송과정에서의 안전의 확보는 기업내부의 손실방지 못지않게 중요하고 체계적인 절차와 대책이 요구되는 과정이다.[2)]

미국에서 화물운송의 보안에 대한 관심은 1970년대 미 상원 소기업에 관한 특별위원회에서 약 15억 달러의 직접적인 손실이 화물절도에 기인한다고 추정한 이래로 계속 증가하고 있는 보안문제를 내포하고 있다.[3)] 1975년에는 이러한 금액이 23억 달러에 달하였고, FBI통계에 따르면 1990년에는 133억 달러까지 치솟았다. 이러한 금액은 좀도둑질과 보고되지 않은 범죄들은 반영되지 않은 것이므로 총 액수는 보고된 범죄 건수의 5배에서 10배에 달할 것이다.

클레임[4)]과정과 클레임과 소송에 묶여있는 자산, 그리고 분실된 물건으로 발생하는

---

2) LG전자는 2000년 3월 독일 세빗 전시회에 출품했던 60인치 플라즈마 디스플레이 패널(PDP) TV를 도난 당했고, 삼성전자도 2001년 4월 라스베이거스 국제 방송장비전시회(NAB)에 출품하려던 63인치 PDP TV를 호텔에서 도난당했다.

3) "Crime Against Small Business: A Report of the Small Business Administration Transmitted to the Select Committee om Small Business, United States Senate" (Washington, D.C.: Government Printing Office, 1969).

4) 클레임(claim)이란 무역거래에서 수출상 또는 수입상이 매매계약조항에 대한 위반행위에서 발생하는

지하시장에서의 경쟁과 인도불능으로 인한 시장손실들의 합계는 각 1 달러의 직접손실은 2~7달러까지로 추정되며, 이것은 미국국가 경제에서 매년 최소 266억 달러에서 최대 931억 달러의 손실을 발생시킨다.

이 문제의 심각성은 계속해서 증가하고 있으며, 1985년의 첫 4개월 동안의 화물절도 사고당 비용은 평균 5만 달러이며, 이 금액은 1984년 이래로 계속 증가하고 있으며 1990년에는 평균 손실액이 75,000달러로 증가하였다.

상품의 선적은 경제활동에서 가장 중요한 일부분이며 국가의 생존에 있어서도 필수적이다. 1970년에 통계가 확립된 이래로 컨테이너를 이용한 국제운송시스템의 성장은 트럭, 해운 그리고 철로의 확장으로 대륙의 다리로서 운송을 가능하게 되었고, 지구촌 전역으로 운송시스템이 확장되어가고 있다. 이러한 육로 경로는 수백만 달러의 상품들이 철로시스템을 이용하여 지구촌 전역으로 운송된다. 육로교통을 통한 이동에서 이러한 컨테이너의 내용물에 대한 책임은 선주와 철도회사, 운송업자들에게 있다. 따라서 화물의 이러한 이동에서 안전한 관리를 위한 보안에 관한 고려사항은 다양하며, 여기에는 다양한 기관들인 철도경찰, 정부와 지역경찰, 그리고 세관원뿐만 아니라 다른 국가기관들이 포함된다.

1. 화물보안의 역할

미국 교통부(DOT)에서 분석한 근거에 따르면 85%의 상품과 재료가 운송시설의 화물관리 구역 내에서 허가된 사람이나 차량에 의해 입구에서 도난당하며, 이것은 민간부문의 관심이 집중된 안전장치들이 실패하는 가장 취약한 부분이다. 법집행기관들이 약탈자들의 조직화된 방어망과 불법탈취[5]작전을 방지하기 위하여 많은 노력을 하는 것은 사실이나, 그들은 사법권을 동원하거나 더욱 효율적인 정보교환의 수단을 확립하여 약탈을 방지하는 방법을 찾아야 한다. 그러나 화물운송 문제의 대부분은 지금 운송중인 물건을 안전하게 지키기 위하여 사용되고 있는 시스템 내부에 있다.

불평이나 불만 또는 의견차이 등을 상대방에게 제기하는 것으로서 매매당사자간의 상사분쟁으로 인한 구상은 당사자간의 타협에 의해 해결하는 방법과 제3자의 중재에 의해서 해결하는 방법으로 대별할 수 있다.

5) 불법탈취(hijacking)는 운항 중인 항공기를 불법으로 납치하는 행위로서 보통 하이재킹이라 한다. 어원은 미국의 금주법 시대에 밀매자의 위법 주류운반차를 숨어서 기다렸다가 이를 탈취하면서 '하이잭(Hi Jack)'이라고 소리치는 약탈자들이 있었던 데서 유래한다.

그럼에도 불구하고 이 문제에 적용할 수 있는 보편적인 해결책은 없다. 모든 창고, 터미널, 그리고 선적수단들은 자신의 독특한 특색을 가지고 있으며 각각이 어딘가에 약점을 가지고 있으므로 화물보안의 확실한 원칙은 방지대책이 철저하게 적용되고 끊임없이 관리될 경우에 실체적으로 오늘날 운송산업을 괴롭히는 엄청난 손실들을 줄일 수 있을 것이다.

훌륭한 손실예방 관리자는 최선의 화물보안의 열쇠는 잘 조직된 화물관리 시스템이라는 것을 알아야 한다. Louis Tyska와 Lawrence Fennelly가 언급하였듯이 화물손실이 존재할 때마다 화물절도에는 "세 가지 C"가 존재한다.[6]

세 가지 C는 혼란(Confusion), 음모(Conspiracy), 그리고 공통분모(Common denominator; 부정직한 직원)이다. 혼란은 손실의 주요한 요인이며 절도를 줄이기 위한 손실예방 전문가의 대책을 대표한다. 이러한 혼란은 적절한 정책이 존재하지 않거나, 존재하더라도 시행되지 않을 경우에 나타나게 된다.

Tyska와 Fennelly는 다음의 활동들을 혼란변수 중에 가장 중요하게 고려할 수 있는 요소로서 규정하였다.

① 사람들이 들어오고 나가는 것을 특정한 시설만을 이용하도록 하며 이것을 이용하는 사람에는 수선공에서부터 정규근로자까지 모두 포함된다.
② 장비의 다양한 유형의 이동, 예를 들어 트럭 · 기차, 그리고 리프트 트럭 등이 여기에 해당한다.
③ 화물송장 · 선하증권(B/L)[7] · 적화목록, 기타 여러 서류의 다양한 형태의 유출들이 포함된다.

음모는 혼란상황을 이용하며, 두 사람 혹은 더 많은 사람들이 그들의 직책을 이용하고 혼란상황에서 훔치는 결과를 만든다. 두 가지 요건에도 불구하고 공통분모인 부정직한 직원이 없다면 대부분의 주요한 화물 보안손실은 발생하지 않을 것이다. 그럼으로 보안관리자가 화물의 좀도둑질에 대하여 통제할 경우에 직원들에 대한 감시활동은 필수적이다. 그리고 보안관리자는 다양하게 전개되는 변화에 대하여 주의하여야 하며 이러한 가변성의 제거가 절도의 기회를 감소하게 할 것이다.

---

6) Louis Tyska and Lawrence Fennelly, Controlling Cargo Theft (Boston: BH, 1983).
7) 선하증권(bill of lading)은 해상운송계약에 따른 운송화물의 수령 또는 선적을 인증하고, 그 물품의 인도청구권을 문서화한 증권으로서 증권에 기재된 조건에 따라 운송하며 지정된 양륙항에서 증권의 정당한 소지인에게 그 화물을 인도할 것을 약정하는 유가증권이다.

2. 책임절차의 수립

화물 보안에서 가장 중요한 원칙은 책임감이다. 모든 물품의 선적시, 어떤 상황이건 간에 모든 단계에서 화물의 이동시의 책임자를 선정하고, 이들의 업무를 규정하고 운송과정의 책임을 지게 한다. 그러나 화물이 이동 중에 자주 책임자가 변경되기 때문에 책임추적성이 쉽지가 않으나 이것이 화물운송에서의 문제의 본질이다. 그러므로 운송 중인 모든 화물의 안전을 위하여 책임과정을 명확하게 하는 기술을 개발하여야 한다.[8]

1) 송장 시스템

화물운송책임은 주문단계에서부터 시작되어 화주에 의해 수령될 때까지 전가된다. 일반적으로 화물의 통제된 상태의 예로서는 어떤 회사에서 화물의 판매원에게 순서대로 번호가 기록된 판매전표나 송장[9]을 첨부하여 보낸다. 이것은 어떠한 통제일 경우라도 이러한 중요한 형태하에서 유지되어야 하므로 매우 중요하다. 만약에 번호가 없다면 판매전표는 버려지게 될 것이며 현금은 누군가의 주머니에 들어가게 되거나 혹은 그들은 고객이 결코 계산서를 보내지 않을 것이므로 잃어버리게 될 것이다. 그럼으로 이러한 송장에 번호가 기록이 될 때, 책임은 판매원에게 있으며, 모든 송장의 경우가 이러한 절차가 가능하고 판매원이 책임을 지게 된다. 심지어 이러한 형태가 삭제자에 의하거나 물리적인 손상에 의하여 기록이 훼손될 경우에는 거래가 무효가 되거나 청구서 작성 부서로 되돌아와야 한다.

상품은 이러한 규칙적인 송장양식의 기초 위에서 고객에게로 선적하기 위한 유일한 허가사항이 되어야 하며 이러한 양식은 판매원에 의해 수령한 순서대로 기록이 되고 창고나 선적 부서로 보내진 다음 선적 직원은 하나의 사본에 사인을 하고 이것은 선적순서가 기록되는 것을 의미하며 청구서 발송을 목적으로 수취계정 부서로 보내

---

8) 정부는 화물운송의 신뢰도를 높여 화물운송에 따른 피해를 줄이기 위해 2005년부터 화물자동차사업자의 '적재물 배상책임보험'을 의무화했다. 적재물배상책임보험이란 운송사업자(운송주선 및 운송가맹사업자 포함)가 화주로부터 수탁해 운송중인 화물이 사고로 인해 피해가 발생한 경우 이에 따른 화주의 손해를 배상하는 보험이다.

9) 송장(invoice)은 매매계약 조건을 정당하게 이행하였음을 밝히는 판매자(수출업자)가 구매자(수입업자)에게 보내는 서류를 말하며 명세서·계산서·대금청구서를 겸한 선적서류로, 상거래용으로 쓰이는 상업송장(commercial invoice)과 영사송장(consular invoice) 및 세관송장(customs invoice) 등의 공용송장(official invoice)으로 대별된다.

진다. 또한 고객은 상품의 수령을 나타내는 송장사본에 사인을 하고 이 사본은 수취계정 부서로 보내진다.

더불어 운전자는 적재하기 위한 상품수령의 의미로서 선적 직원의 사본에 사인하는 것도 권고된다. 어떤 시스템에서는 송장의 사본이 재고조사나 감사절차를 위해서 직접적으로 서류 보관장소로 보내진다. 또한 되돌아온 상품은 똑같이 반대의 방법으로 관리된다.

이러한 단순화된 시스템에서 각 과정에서 상품에 대한 계속적인 책임이 존재하게 된다. 따라서 만약 무엇인가가 어떤 시점에서 없어지거나 원인불명이 되는 경우에는 그 시점에서 담당자에게 책임이 존재하는 것을 의미하게 된다. 이러한 시스템은 각각의 모든 번호가 기록된 송장들이 엄격하게 관리가 되고, 상품이 단지 이러한 송장의 기초에 의해서 정리되고 선적이 될 경우에만 효과적으로 관리될 것이다.

그러나 폭주하는 주문과 비상시에 이러한 번거로운 서류작업을 회피하려는 유혹이 때때로 발생할 경우가 있으므로, 어떤 회사가 이러한 유혹에 굴복하게 되면 횡령·절도 그리고 청구서의 분실과 같은 손실들이 나타나게 될 것이다.

마찬가지로 운송회사들과 화물터미널 운영자들은 화주로부터 고객에 이르기까지 모든 운영단계에서 그들의 상품에 대한 완전하고 연속된 책임을 유지하여야 한다.

오늘날의 컴퓨터와 바코드 그리고 스캐너의 출현에 따라 도매상의 구매시점으로부터 실제적인 소매 판매점까지의 배급된 상품의 책임과정이 실현되었다. 이러한 바코드를 부착하는 것은 단순히 앞에서 논의된 정보뿐만이 아니라 손실이 발생한 시점에서 상품의 책임을 지고 있는 특정한 사람을 추적할 수 있는 추가적인 정보를 보안부서에 제공하는 것을 가능하게 하였다.

2) 기능의 분리

이러한 시스템은 아직은 운영상의 특징과 규칙적인 재고조사와 감사에 따라서, 혹은 예상치 않은 운영상의 조사와 규칙의 일상적인 업무의 과정으로 확립하는 노력이 없이는 배달의 주문으로부터 기인한 연결고리를 구성하는 구성원들 사이의 공모에 의해 대강 절충되어 처리될 수 있다. 그러므로 화주를 위해서 상품의 포장과 적재나 저장품으로부터 상품을 선정하는 기능을 분리할 것이 권고된다. 이러한 업무의 분리가 공모의 가능성을 본질적으로 제거하는 것은 아니나 선적의 정확성을 추가적으로 재확인하는 것을 가능하게 한다. 그리고 일반적으로, 상품에 대하여 더 많은 사람들이 책임감과 책임을 분담하게 하면 할수록 공모하기는 더 어렵고 복잡하게 될 것이다. 그리고 책임감을 명확하게 확정하기 위하여 짧은 시간동안이더라도 선적의 관리·적재 또한 물품 사인의 확인·탁송과 함께 통과된 선적명세서를 관리하는 각각의 사람에게 책임을 지게 할 것을 권고한다. 이러한 방법에서도 사소한 실수는 피할 수는 없지만 당사자에게 책임을 물을 수는 있으며 명백하게 어떤 잘못된 번호의 실수는 어떤 사람인지 추적할 수 있고 선적 운용의 어떠한 단계에서 발생하였는지 조사되어야 하고 신속하게 다루어져야 한다.

이와 유사하게 검수과정에서도 명세서는 검수 직원에게 전달되어야 한다. 따라서 트럭에서의 하역은 사전에 명세서를 보지 않고 상품검수를 확인한 담당자에 의해서 화물이 하역되고 수량이 확인된다. 그런 다음 때때로 명세서에 기록된 특정한 수량의 검수를 정식적으로 실시하므로 각각의 선적과정은 주의 깊게 확인이 되어져야 한다. 이러한 절차를 준수하면 확인자가 선적된 것이 무엇인지를 알지 못하는 경우에는 그들은 수량을 가지고 농간을 부리지 못할 것이므로 우발적인 절도나 심지어는 의도된 대규모 절도를 방지하게 될 것이다.

3) 운전자에 의한 선적

여러 가지 적절한 책임절차를 가진 많은 회사들에서도 그들 자신의 트럭에 운전자가 직접 선적하는 것을 허용한다. 그러나 이러한 관행은 운전자가 이와 같이 적재방법을 단지 운전자 자신이 관리하도록 방치한다면 어떠한 절도방지 시스템도 무력화시킬 수 있다. 그러므로 이러한 관행은 절대로 허용되어서는 안 된다. 따라서 운전자에게 주어진 물품상자들을 다른 방법으로 확인하는 것이 현명한 통제수단이 될 것이다. 결과적으로 과적에 의한 상품절도와 같은 잠재적인 손실이나 부족한 배달로 인한 미래의 클레임은 사전에 적절한 감독절차의 수립을 포함한 시간적·인적 비용의 투자를 초과하게 될 것이다.

제2절 화물절도

1. 절도의 목표물

운송산업에 관한 클레임 자료의 분석에 의하면 몇 가지 매우 특별한 상품들이 절도자의 관심을 끄는 것으로 나타났다. 여기에 해당하는 주요한 9가지 상품을 보면, 의류·카메라·비디오 장비·자동차 부품·음식물·하드웨어·보석류·전기 장비·담배·주류가 전체 전국적인 손실의 약 80%를 차지하고 있는 것으로 나타났다.

관련된 산업을 분석해보면 의류와 옷감이 22%의 손실, 음식물 17%, 보석류 10%를 차지하고 있다. 이와 같이 상기의 3가지 종류가 전체 손실에서 거의 반을 차지하고 있다. 그러므로 회사, 운반자, 창고운영자는 이와 같은 물품을 취급할 때에는 특별한 주의를 할 것을 권고하고 있다. 여기에 추가적인 12%의 문제는 컴퓨터와 컴퓨터 게임을 포함한 비즈니스 기계와 전자장비의 절도로 나타났다.[10)]

그러나 절도된 물건들은 장소와 상품의 특성에 따라 매우 다양하다. 보통 절도자들은 선적된 의류를 훔치는 것을 선호하나, 만약 가능하지 않을 경우나 그것을 처분할 수 있는 방법이 있는 경우에는 가치가 작은 동물사료 차량과 같은 것이 목표가 되기도 한다. 이것은 절도자들에게는 기회만 주어진다면 무엇이든지 훔칠 수 있다는 것을 의미한다. 그러나 이러한 장물의 시장이 존재하지 않는다면 아무것도 강탈되지 않을 것이나, 어떤 상품에도 시장이 존재하므로 절도자들에게는 모든 물품이 구미당기는 관심사항이다.

따라서 운송산업의 관리자들은 모든 상품이 절도에 취약하다는 것을 아는 것도 중요하나, 동시에 그들이 관리하는 상품의 항목에서 손실이 높은 품목을 알아야 하고, 이러한 상품을 지키기 위해 추가적인 노력을 기울이는 것을 인식하는 것은 매우 중요하다. 더불어 운송수단에서 자동차운송업자는 절도와 관련된 손실의 74%가 피해자이고, 철로와 해운운송업자는 24%, 항공화물 손실은 총손실에서 2%이하를 차지한다는 것을 아는 것도 중요하다.

---

10) 삼성전자는 2002~2003년 영국과 호주 등에서 대량의 수출용 반도체와 휴대전화를 도둑맞았다.

2. 좀도둑

미국 교통부의 분석에 의하면 미국 화물절도의 25%는 좀도둑에 의한 결과이며 사건당 금액은 절도보다 작다. 그러나 정확한 금액은 너무나 많은 이러한 범행들이 보고되지 않기 때문에 산출하는 것이 불가능하다. 이러한 특성의 좀도둑은 일반적으로 충동적인 행동을 내포하며, 발각될 위험이 적고 쉽게 획득할 수 있는 한가지나 두 개의 상품을 혼자서 절도를 시행한다. 일반적으로 좀도둑들은 이러한 상품들을 다시 되팔기보다는 자신이 사용하기 위하여 훔치며, 좀도둑은 조직적이지 않고, 중범죄를 저지르지 않으며 쉽게 훔친 물건을 처분할 수 있는 고도로 조직화된 장물운용에 익숙하지 않는 자를 칭한다. 그러므로 이러한 좀도둑은 항상 발견하기가 쉽지 않다. 그들은 범죄의 기회를 포착하여 시행하므로 범인을 정확하게 적발하거나 나중에 확인을 위해서 증거를 수집하는 과정에서 발견되므로 통제된 상황하에서는 거의 발생하지 않는다. 그리고 일반적으로 좀도둑이 훔친 물건들은 크기가 작으며 몸속에 쉽게 숨겨지거나 운반되고 차 속에 숨겨진다.

좀도둑은 대체적으로 화물열차나 화물터미널에서 환적(換積)화물을 기다리면서 훔칠 물건을 노린다. 이러한 경우를 보면 상품은 다음 운송차량의 도착을 기다리면서 보호되지 않은 상태로 팰릿[11], 손수레, 돌리(낮고 작은 바퀴 달린 손수레) 위에 놓여 있다. 이러한 상태는 좀도둑에게 매우 취약하며 또한 절도자에 의한 더욱 조직화된 계획에는 무방비상태가 된다.

만약 감독이나 보안요원이 즉시 조치하는 것이 불가능할 경우에는 파손되거나 손상된 화물의 경우에는 좀도둑을 초대하는 것과 같으며, 사고로 상자가 떨어져 상자가 열리면서 상품이 파손된 것의 보관에는 상품을 보관하는 일반적인 설비들이 사용된다. 만약 이러한 경우가 발생할 경우에는 주의 깊게 손상을 책임질 사람의 이름을 기록할 뿐만 아니라 현장에서 즉시 이것을 수거하는 사람도 기록한다. 이것이 차후 이러한 조치가 적절한 행동을 취하려 하는 관리자에게 도움을 줄 것이다.

어떠한 형태로 좀도둑이 발생하였던 간에 이것은 엄청난 비용을 수반하게 된다. 비록 각각의 절도사례의 예는 상대적으로 덜 중요하지만, 누적되는 결과는 엄청나게 된

---

11) 팰릿수송(pallet transportation)은 화물수송에 있어서 일정한 크기의 평대(깔판)를 단위로 싣는 방법으로 잡화 중 봉지 또는 상자포장으로 되어 있어 여러 단으로 포개어 쌓을 수 있는 것을 팰릿이라고 하는 평대에 쌓아 포크리프트(fork lift), 즉 지게차로 적하하는 수송방법을 말한다.

다. 수치상으로는 133억 달러의 총 직접손실의 25%가 이러한 사소한 절도의 누적된 금액이므로 엄청난 손실임을 알 수 있다.

3. 좀도둑의 방지방법

여기서는 다시 한번 책임감 있는 관리가 좀도둑에 의한 손실을 방지하는데 중요한 역할을 한다는 것을 강조한다. 만약 누군가 한 사람이 상품의 저장이나 이동중에 각 단계에서 책임을 지고 있다면, 이러한 종류의 절도의 가능성은 실질적으로 현저하게 감소하게 될 것이다.

어디에서 이러한 사례들이 발생하던 간에, 신속하고 정확한 특성의 측정과 이러한 손실의 정도를 아는 것은 이것을 바로잡는 행동을 취하는 귀중한 자료가 될 것이다. 그리고 적절하게 감독된 책임감의 통제는 어디에서 손실이 발생하는가를 관리하는 과정을 따라 적용될 것이며, 심지어 범인을 실질적으로 규명하지 못하는 사례들일지라도 이러한 통제는 시스템에서의 어떠한 취약점이든 강화하게 되며 더욱더 많은 다른 보안대책의 적용이 필요한 문제발생 구역을 발견하는 동기가 될 것이다.

따라서 화물 적재구역에서의 사람의 이동은 엄격하게 통제되어야 하고 모든 소포들은 시설물의 입구의 통제 지점이나 입구에서 조사되어야 한다. 비록 소수의 관리자들은 엄격한 책임절차와 조사하는 것이 쉽지 않다고 주장하지만, 회사의 사기를 손상하는 것을 두려워하는 것은 절도문제에 대해서 직원들이 익숙해지도록 교육프로그램의 목표로 삼고 있다는 것을 지적함으로써 성공적인 보안대책에서 구성원 모두의 역할을 강조하는 것이 사기를 증가시키는 결과를 가져오며, 이러한 보안대책에서 모든 직원들의 도움을 얻게 될 것이다.

모든 보안영역에서 직원들은 즉시 모든 손실을 보고하도록 한다. 그러나 그들은 결코 쉽사리 동료들에게 보고하거나 제보자로서 행동하려고 하지 않는다. 따라서 만약 근로자가 단순하게 손실상황에 대해서 보고하였다면, 더 많은 조사를 진행하는 것은 보안부서의 업무이며 이러한 행동은 즉시 취해져야 한다.

4. 대규모의 절도

여기에서 미국 교통부의 보고를 다시 인용하면, 화물절도의 60%는 한 가지 또는 더 많은 상자의 상품수량으로 구성되어 있으나 만적(滿積)보다는 적었다. 이러한 수량의 절도는 더 이상 좀도둑의 범주에 속하지 않으나, 이러한 절도에는 한 사람이나 혹은 그 이상의 사람들이 이익을 얻기 위해서 공모하고 훔친 물건들은 장물아비들을 통해서 되파는 역할을 한다.

절도자들은 직원이거나 직원이 아닐 수도 있으나, 두 부류 모두가 직접적이든 기대감으로든지 상품의 특성에 대한 정보를 필요로 하므로, 대체적으로 그러한 정보를 알 수 있는 동료를 찾게 된다. 또한 절도자는 어떠한 상품을 훔칠 것인가의 판단을 위해서 화물의 종류가 무엇인가를 알려고 하며 이러한 판단은 상품의 가치와 그들이 거래하는 조직들의 요구에 따라서 좌우된다.

장물의 거래자는 합법적인 비즈니스맨과 같은 유형으로 시장의 변덕스러움에 좌우되기 쉽다. 어떤 특정한 상품은 오늘날 기존의 시장에서 많이 찾을 수 있기 때문에 시장가격이 낮으므로 장물은 차후에 천천히 거래된다. 이러한 장물아비들은 상품을 신속하게 처분하기를 원하는 것은 발각될 것을 우려해서가 아니라(설사 발견되더라도 대량생산된 상품과 동일한 제품을 다른 사람의 수중에 있다면 장물여부를 구별하는 것은 쉬운 일이 아니다) 그들은 일반적으로 보관에 소비되는 경비를 원치 않으며 커다란 저장소를 운용하는 것에 따라서 생기는 타인의 의심스런 시선을 피하기 위해서이다.

5. 상품의 이동

절도자들이 절도목표물에 대한 정보를 입수하게 되면, 그들은 물품보관 장소로부터 상품을 옮기거나 그들의 수정에 접수하기 위한 결정이 필요하게 된다. 이러한 이유 때문에 그들은 대체적으로 창고나 화물터미널의 직원들과 같이 공모하는 것을 시도하게 된다.

이때 화물운송과정에서의 책임감 절차들이 부적절하거나 취약할 경우에는 절도자들은 거의 적발되는 경우가 발생하지 않는다. 그러나 엄격한 보안절차를 운용할 경우에는, 절도자들은 보안요원에게 뇌물을 주거나 혹은 고객회사 직원의 서류를 위조하기도 한다. 또한 심지어 절도자들은 쓰레기장에 불을 지르거나 수로파이프를 파손하는 것과 같은 방법으로 혼란을 야기하여 그들이 절도를 수행할 시간동안 주의를 다른 곳으로 돌린다. 일반적으로 훔친 물건들은 거짓 신원확인 서류와 위조된 선적서류를 가진 절도자들에 의하거나 절도자들과 오히려 자주 같이 근무한 허가된 운전면허증을 가진 사람이 허가된 차량을 이용하여 물품보관 장소로부터 절도자의 수중으로 가져오게 된다.

6. 장물의 처분

대체적으로 장물아비들의 장물의 처분은 통상적으로 어떤 특정한 상품을 어떤 사람에게서 훔칠 것인가를 미리 주문을 받았기 때문에 처분문제는 거의 발생하지 않으며 장물은 관례대로 이미 사전에 판매루트가 결정되어진다.

장물을 처분할 시장이 존재하지 않는다면 더 이상의 절도는 계속되지 않을 것이므로 이러한 이유로서 민간부문의 보안조직과 공공 법집행기관의 상호 유기적인 협력이 화물절도와의 전쟁에서 가장 중요한 부분으로서 관심을 가져야한다. 미 상원의 소기업에 관한 특별위원회의 청문회에서의 가장 중요한 결론은 장물취득인이 절도가 발생하는 배후의 가장 주요한 요소라고 하였다.

심지어 장물아비는 훔칠 물건의 특성을 주문하고 먼저 금액을 지급하며 그 수량만큼을 원한다. 또한 장물아비들은 절도에 끼어들지 않으면서 도둑들을 배후에서 조종한다. 그러나 많은 적발된 사례에서 그들이 물품을 직접 소유하거나, 창고에 보관하거나, 판매한 것은 결코 발견하지 못했다.

결과적으로 작물아비들이 없다면 절도시장은 쇠퇴하게 될 것이며, 배급망도 사라지게 될 것이므로 손실은 극적으로 감소하게 될 것이다. 대규모 소매상에서 발생할 수 있는 또 다른 가능성은 직원들에 의한 상품의 절도자들이 지역 벼룩시장에서 상품을 팔거나 지역신문에 광고를 하는 것이다. 이러한 사례에 의하면 어떤 소매점의 종업원이 전자제품을 훔친 다음 붙잡히기 전까지 얼마 동안 지방신문의 광고를 통하여 훔친 상품을 판매하였다.

그러나 공교롭게도 단지 간헐적인 손실예방 대책만이 대규모의 장물조직들의 운용과 번창하는 절도자의 행위에 대응하고 있다. 그러므로 민간경비의 절도에 대한 즉각적이거나 혹은 완전한 보고와 같은 공공 법집행기관에 대한 어떠한 사소한 도움도 이러한 의심스러운 음모와 싸우는데 도움이 되며, 이것은 모든 기업에 엄청난 이익을 가져다 줄 것이다.

7. 집하 · 발송구역의 운용

화물의 집화 · 발송구역의 운용은 절도자에게 선적 시스템과정에서 어떤 다른 요소들보다도 취약하다. 집하·발송구역의 트럭운전자들은 자유스럽게 시설물의 사람들과 어울리게 되고 이러한 교제는 쉽사리 공모에 이르게 된다. 예로서 검수직원은 도착하지도 않는 상품을 송장확인만으로 수령확인을 할 수가 있고, 선적직원은 송장을 위조할 수 있으며, 그리고 검사자는 트럭에 과적할 수 있으며, 확인되지 않는 많은 분량의 화물을 보관소에서 빼내어 그 결과 운전자의 판단에 따라 마음대로 처분하게 될 것이다.

이러한 절도들은 철저한 책임시스템을 가지고 통제될 수 있으나, 너무나 많은 시설들이 이러한 절차를 적용하는 것에 실패하거나 사실상 손실이 발생한 후에 조치를 취한다. 그러나 계절적인 요인에 의한 기업제정의 압력이 최고조에 달하여 가장 어려운 상황일지라도 손실예방조치를 소홀히 하는 것은 소탐대실과도 같은 어리석은 절약이다.

모든 화물터미널에서 화물을 환적하는 업무를 담당하는 철도 근로자들도 엄청난 양의 상품을 딴 데로 빼돌릴 수 있다. 예를 들어 그들은 쉽게 접근하기 쉬운 활송장치로 차량을 바꾸어 선적을 하면 이미 공모한 대로 절도자들은 이것을 적절한 시간에 빼내어간다. 이와 유사한 장치의 차량이 장물 트럭으로 사용되어 다음날 아침 출발지에서 적재될 것이다. 그러므로 이러한 트럭들이 경비원의 감시하에 지정된 장소에 주차되고 안전하게 잠금장치가 되지 않는다면, 그들은 쉽게 화물을 약탈하게 될 것이다. 그리고 차량의 위치와 안전이 적절하게 감독되지 않으면 운전자들은 그들의 트럭을 다음번 하역을 위해서 적재구역 울타리 밖의 근처에 잠금장치가 되지 않은 상태로 주차해둘 것이다.

이러한 모든 사례에서 전문적인 절도자는 모두가 특별한 임무를 띠고 있으나, 대부분 이러한 침입자는 적발의 위협으로부터 방해받지 않는다. 따라서 그들은 이러한 가능성을 알고 있으면서 더불어 위험을 감수하고 감시를 회피하면서 그들의 절도행위를 해낸다. 그러므로 제품의 생산에서 소비자까지의 모든 과정에서 상품을 허술하게 방치하지 않고 적극적인 보안대책의 수행만이 절도자의 침입으로 인한 손실을 줄이는데 기여할 것이다.

8. 출입통제

화물이 보관된 장소의 입·출구에서는 철저한 보안요원의 감시가 실시되어야 하고 구내, 선적장 그리고 건물의 여기저기와 주변의 순찰활동을 수행하여야 하며 주요한 구역의 통제는 엄격하고 성실하게 감독되어야 한다. 그리고 화물은 통제된 보안 구역에 보관되어야 하고 보관장소는 밀폐되고 경보장치가 설치되며 절도에 대하여 안전해야 한다. 또한 고가의 화물은 화물구역 내부의 고도의 안전이 보장된 장소에 보관된다. 따라서 특별한 잠금장치와 경보기 그리고 통제된 출입관리절차가 이러한 귀중한 상품들을 위해서 가능한 최고의 안전을 제공하기 위해서 이용되며, CCTV의 사용과 다른 감시기술도 동시에 적용이 되어야 한다.

귀중품의 선적은 비밀이 유지되어야 하고, 단지 선적·하역 관계인과 화물을 수송하는데 직접적으로 관련이 있는 직원들만이 그들의 일정을 알고 있어야 한다. 이러한 귀중품의 이동에 관한 전자메일이나 팩스 정보도 관계자 외에는 제한되어야 하고 운반차량의 번호는 차량이 집하장 내에 있는 동안은 덮어 가려져야 한다. 이러한 선적과정에 어떤 식으로든 관계한 직원들은 특별하게 선발되고 차후 신중함과 기밀성의 필요에 대해 반복 교육되어야 한다.

보안요원과 경보감시장치에 의한 적절한 물리적 보안장치는 절도자로부터 시설물을 보호하게 될 것이나, 이러한 대책들은 필히 올바른 운영자와 화물이동 시스템과 철저한 책임절차, 계속적인 관리감독과 같은 모든 시스템이 현재의 현황보고로서 도출되어 안전성을 보장하는 관리자에 이해 지지되어야 한다. 또한 화물운송과정의 모든 단계에 대한 규칙적인 조사에 의해 필요시 즉각적인 대책의 이행은 보안대책 활동의 성공에 필수적이다.

제3절 화물운송의 보안대책

모든 화물회사 · 화주 · 화물터미널 운영자는 재산의 보호를 위한 효과적인 보안관리의 종합적인 실천계획을 입안하는 것은 중요하다. 이러한 계획은 모든 다양한 측면에서 전체적으로 통합되도록 계획하는 것이 상호간에 도움이 된다. 이와 같은 관점에서 서로 다른 여러 회사직원들로 구성된 대규모의 터미널 시설에서의 모든 개별적인 보안계획은 전체적인 보안관리를 위하여 통합되는 것이 개별적인 기업의 재산보호를 위해서도 필수적이다. 그러므로 여기에 참여하고 있는 모든 기업과 관련조직들의 완벽한 협조와 조화가 없이는 안전에 투자된 많은 노력들이 쓸모없게 되고 전체적인 운용에서의 안전은 위협받게 될 것이다. 따라서 이러한 계획은 구역별 보안관리 분류로 확립되어야 하며 건물의 지정된 부분이나 시설물의 전체구역은 통제되고, 별도의 배타적인 구역으로 분류되어야 한다. 이러한 구역 지정은 특정한 구역의 효과적인 통제에 유용하며 각각의 구역은 등급별로 분류되어서 안전을 관리하게 된다.

1. 제한 · 통제구역

제한지역(controlled area)에서는 기업비밀과 중요시설 및 재산에 대하여 직접적인 보호보다는 간접적인 보호를 위하여 울타리, 경계표시, 경비원에 의하여 모든 허가되지 않은 사람과 차량의 진입이나 이동은 제한된다. 따라서 시설물 중에서 종합사무실 · 화물검수장 · 인사부 · 화장실 · 식당, 모든 사람들이 사용할 수 있는 라커룸 중에서 한정된 부분만이 제한지역으로 지정된다. 만약 이러한 시설물의 통행이 제한구역 내부에 위치할 경우에는 몇몇은 배제되기도 한다. 이 제안지역 자체 내부에서의 모든 이동은 항상 감시되고 통제되어야 한다. 그리고 이것은 추가적으로 울타리나 다른 장벽에 의해 표시가 되며, 가능한 이러한 지역으로의 출입은 최소한의 제한된 통행로만이 허용된다.

제한구역(limited area)은 제한지역 내에서 더 높은 보안의 정도가 요구되는 장소를 말하고, 기업의 비밀 및 업무상 필요한 사람만이 출입할 수 있다. 그러므로 물품의 분류, 파손된 상품의 관리, 저장, 상품의 재편성은 이러한 구역 안에서 다루어지며 침해되기 쉬운 기능들이 여기에 해당한다. 제한구역의 설정은 중요한 시설, 위험한 장치 등이 설치된 장소, 즉 통신시설, 전산실 또는 중요한 서류를 취급하는 사무실 등을 대상으로 하며 독립된 지역이라면 철조망, 첨단 경비시설, 특별경계 등이 경우에 따라서 필요할 것이다.

통제구역(exclusion area)은 매우 귀중한 상품이나 물건의 관리와 저장을 위하여 이용된다. 통제구역은 통상적으로 제한구역 내에 저장소·금고실·철골 구조물이나 공간으로 구성된다. 따라서 이 구역에 들어가도록 허용된 출입자의 신원은 엄격하게 제한되며, 통제구역은 항상 감시하에 유지된다. 이러한 구역이 실제적으로 사용되지 않은 경우에는 언제든지 잠금장치가 되어 있어야 하고, 주의 깊은 출입장치의 관리통제가 매우 중요시된다. 이러한 장소로는 연구실·기업비밀 보관소·연구시설·균주 보관실 등 기업비밀시설과 장비가 있는 구역·종합전산실·전산자료 보관실·무기·탄약고와 같은 위험시설 등의 장소를 통제구역으로 설정한다.

모든 직원들은 통제구역을 출입할 경우에는 신원이 확인되고 그들의 권한이 검사되어야 한다. 따라서 각 직원은 배지와 통행권에 의해 확인이 되는 통행시스템을 경유하여야 한다. 또한 이러한 구역은 외부인의 시찰, 참관을 금지하는 것은 물론 지형적으로나 일반적인 상황에서도 외부에서 투시와 감청 및 촬영을 할 수 없도록 차단시설을 설치하고 내부촬영을 엄금하여야 한다.

2. 차량의 통제

제한지역을 출입하는 모든 차량들의 움직임의 통제에서는 내용물을 확인하는 절차가 보안계획에서 필수적이다. 그리고 모든 시설물의 차량들이 제한된 지역을 떠날 경우에 필요시에는 입·출입 관리대장에 기록하여야 한다. 더불어 적재된 화물과 통행증을 검사하여야 한다.

또한 제한지역에 들어올 모든 차량의 경우에는 적절한 서류에 기록하고 확인을 받는다. 여기에서 가장 신속하고 효율적으로 필요한 자료를 기록하는 방법은 하나의 사진으로서 필요한 모든 정보를 기록할 수 있는 레지스코프(Regiscope)와 같은 카메라를 사용하는 것이다. 여기에는 운전면허증 · 트럭 등록증 · 트레일러나 컨테이너 번호 · 회사 이름 · 화물송장 · 배달통지서 · 확인된 시간, 허가하는데 사용된 픽업이나 배달서류와 만약 운전면허증이 없다면 운전자의 사진이 포함되어야 한다.

더불어 적재되어 들어오는 트레일러의 봉인은 확인되어야 하고, 운전자에게는 구역에 들어오고 나가는 시간이 날인된 통행증이 발급되며 통행증에는 픽업이나 배달

장소가 지정된다.

그리고 제한지역에 진입하는 모든 차량들은 입구에서 그들의 통행증을 넘겨주고 차량에 적재한 봉인을 선적서류와 비교하여 확인하며 봉인이 되지 않은 차량은 시설물을 떠날 때 모든 차량의 운전석까지 조사하고 불안전하게 적재된 차량은 때때로 무작위로 보안요원의 감시하에 화물을 확인하고 짐을 확인하기 위해서 하역장으로 되돌려 보내져야 한다. 또한 화물은 부두구역에 있는 동안에는 봉인되어 있어야 한다.

제한지역에서의 적재와 하역은 항상 감시되고 주의깊게 실사되며 전반적인 과정 중에서 특히 낮 시간 동안에 화물손실이 많이 발생하는 부분에 대하여 전체적으로 확인과정이 실시되어야 한다.

3. 보안계획과 조사

또한 보안계획과정에서는 보안구역에 출입하는 출입자들의 확인사항에 대하여 구체적으로 언급하고, 장벽, 조명, 경보시스템, 화재방지 장치, 잠금장치와 교신장치와 같은 물리적인 보안을 위하여 필요한 다양한 구성요소에 대해서도 명확하게 규정하여야 하고 보안요원들을 위하여 전체의 지침서로서 구체적으로 상술되어야 한다. 또한 이 지침서에는 모든 보안요원에게 적용되는 일반적인 규칙과 특정한 위치나 순찰 그리고 특정구역에 적용되는 특별한 규칙을 포함한다.

여기에는 화재 · 홍수 · 태풍 · 정전시의 모든 행동에 대한 구체적이고 특정한 계획과 같은 비상시에 대비한 조항을 포함한다. 또한 누가 비상사태를 선포하는 가도 규정한다.

보안계획이 수립되고 이행된 이후에 주기적으로 시행상의 결점을 찾아내기 위한 재조사를 실시하여 상황마다의 필요성에 따라 유지 · 향상시키기 위한 방법을 개발한다. 또한 보안계획의 외부로의 유포는 제한되고 통제되어야 하며 이러한 보안계획은 잘 기안되었다 할지라도, 계속적으로 주의 깊게 관리 · 감독되지 않으면 시작에서부터 성패가 결정된다.

화물터미널 당국이나 운영회사의 보안관리자들은 그들의 보안감독하에 계속적으로 선적에 관한 조사를 실시한다. 초기조사는 구내통제에 관한 보안계획을 공식화하며, 이것은 운영에서 사소한 취약점도 발견하는 것을 가능하게 함으로서 적절한 대비를 준비하기 위한 필요한 정보를 제공하기 위함이다. 추가적인 조사는 확립된 프로그램의 효율성을 평가하기 위하여 필요하며, 추적(follow-up) 조사는 모든 규정이나 절차가 적절하게 수행되는가의 여부를 측정한다. 또한 추가적인 조사는 시설물에서의 운영절차에서 보안 상황의 추가적인 변경의 필요성을 재평가하거나 보안계획의 특정한 분야의 전문적인 연구를 하기 위해 필요하다.

4. 검사와 교육

이러한 조사와 더불어 필수적으로 전체적인 보안운영을 평가하기 위해서나 변화하는 상황을 확인하는 관점에서 보안계획을 재평가하기 위하여 새로운 계획을 수립하여야 하며, 보안관리자는 보안요원의 업무수행을 확인하기 위하여 시설물을 규칙적으로 확인하고 시설물의 운영상태를 확인하여야 한다. 특히 이러한 검사과정에서는 잠재적인 문제구역이나 화재장비와 경보시스템의 확인하는 것을 간과해서는 안 된다.

보안계획이 성공하기 위해서는 시설물 내에 근무하는 모든 근로자의 전폭적인 협조가 뒤따라야 한다. 이러한 협조는 모든 비즈니스 단계에서 효과적인 보안의 중요성과 계속적인 교육 프로그램에 의해서만이 가능하다.

따라서 모든 근로자는 그들이 근무하는 동안 계속 교육되어야 하고, 보안 프로그램은 현재나 미래에 예상되는 문제점에 관하여 새롭게 개선되어야 한다. 또한 이러한 절차에 있어서 더욱 발전된 과정은 경영진에 의해서 만들어지며, 이러한 프로그램의 상세한 부분은 모든 구성원들에게 직무에서 보안의 중요성에 관하여 근로자를 교육시키는 것에 기여할 것이다.

또한 보안의식을 일깨우기 위한 조언들이나 메모는 모든 사람들의 마음속에 보안의 주제들이 계속적으로 생동하도록 유지하는데 중요하다. 이러한 포스터, 플래카드, 공지사항은 모든 사람들이 이러한 전달사항을 가장 효과적으로 습득하도록 잘 보이는 장소에 게시한다. 더불어 간단한 인쇄물이나 팜플렛은 더욱 상세한 내용을 첨부하여 직원들에게 전달된다.

제4절 환적시의 화물보안

1. 화물강탈의 위험

비록 화물강탈범죄 그 자체는 매우 극적이여서 많은 주목을 받지만, 물건을 가득 적재한 완전한 견인 트레일러의 무장한 자들에 의한 강탈은 전체 선적분야의 손실의 단지 1%만을 차지한다. 그러나 이것을 명확하게 사소한 문제라고 말할 수가 없다. 도리어 이와 같은 범죄는 손실이 발생하는 운수업자에게 단 한번에 엄청난 재정적인 타격으로 범죄의 극악함을 나타내므로 전체적인 비율에서는 미미하지만 화물강탈에 대한 중요성은 매우 중요하다.

그러나 실제적으로 무장한 강탈 위협을 받는 차량 운전자들은 거의 대비를 하지 않고 있다. 따라서 만약 이러한 상황에 처했을 경우에 운전자는 순순히 침입자의 의도대로 따를 수밖에 없다. 결과적으로 화물을 강탈당하게 될 것이며 운전자만이라도 다치지 않기를 바랄 뿐이다. 이러한 상황에서 민간경비가 할 수 있는 일은 거의 없으며, 오히려 이러한 범죄의 발생이 적은 경우가 행운이다. 여기에서의 주요한 문제는 경찰운용에 달려 있다.

만약 화물에 대한 강탈의 위험이 긴박하다고 생각이 된다면, 트럭은 운송 중에 쉬지 않도록 수송일정을 짜거나 높은 위험이 있는 지역근처를 둘러서 다른 길로 운송하여야 한다. 또한 이러한 일정은 야간에 위험성이 높은 지역을 통과하여 지나가는 것을 피하도록 조정되어야 할 것이다. 극단적인 경우에는 트럭들이 두 대가 짝을 이루거나 대규모선단을 이루어 운송하도록 지정되어야 한다.

특히 매우 귀중한 화물은 화물강탈에 취약하므로 회사 차량에 의해 동행하는 것을 고려하고 두 개의 외관이 비슷한 트럭을 운행하면 절도자들의 목표가 된 선적화물 차량을 정확하게 구별하는 것을 어렵게 만든다. 그러나 이러한 절차들은 특별한 경우에만 사용되며 일반적인 적용에는 비현실적이므로 최대한 안전한 보호가 되어야 한다. 그러나 두번째 운전자는 만약 약탈이 발생시에는 약탈에 사용된 차량이나 약탈자를 구별하는 임무 등을 지정해주어야 한다.

상기와 같은 조치에도 불구하고, 화물보안관리는 수송 과정에서 절도의 또다른 예측 불가능한 측면을 다루어져야 하고, 여기에 대한 적절한 절차가 확립되는 것은 화물의 보호하는데 중요하다.

2. 운전자의 자격

운송기관의 관리진이 고려할 주요한 역할은 수송업무에서 운전자의 지정에는 최고의 정직성을 요구한다는 것이다. 따라서 운전자와 조력자를 고용하기 전에 운전자의 이력에 대하여 주의 깊게 사전 조사되어야 하고, 그들에게 이러한 중요한 책임이 주어지기 전에 인사부서와 보안관리자에 의해 치밀한 평가가 선행되어야 한다. 책임감이 없는 운전자는 회사의 화물 전부나 일부에 피해를 끼치게 되며, 그 손실이 의도적이든 운전자의 부주의의 결과에 기인하던 간에 회사에 돌아오는 피해는 동일하다.

많은 사례들에서 보이듯이 강탈의 희생자로서 운전자들이 그들 자신이라고 짜 맞추어 보고한다. 따라서 이러한 보고에서 운전자의 정직성에 대하여 의심할 근거가 없으면 이것을 방지하는 것은 불가능하다. 이러한 태도는 단지 주의 깊은 선발과정과 운전자의 태도와 업무수행의 정기적인 분석으로만 예방할 수 있다. 따라서 운전자의 태도나 생활방식의 어떠한 변화도 주의 깊게 고려되고, 업무에 임하는 운전자 사기의 저하나 기본적인 행동의 변화는 미래의 문제를 예고하는 징조로서 간주되어야 한다.

3. 도로상에서의 절차

모든 운전자는 도로상에서의 예상 가능한 모든 상황에 따르는 절차에 관하여 명확한 지시를 받아야 한다. 운송차량들은 차량을 관찰할 수 있는 조명이 잘 비추는 곳에 주차시키고, 항상 잠금장치를 하고 심지어는 운전자가 차안에서 잘 경우에도 잠금장치를 잠근다. 또한 트레일러는 봉인뿐만 아니라 맹꽁이자물쇠(padlock)를 채우면 이것을 제거하기 위해서는 항상 큰 도구가 요구되므로 높은 보안수준의 봉인이 밤새 주차되어 있는 귀중품의 선적에 사용된다.

운전자는 운송중인 화물의 특성에 대하여 결코 어느 누구하고도 이야기하지 않도록 교육되어야 한다. 한편 절도자들은 때때로 트럭이 정차하는 곳에 어슬렁거리면서 돌아다니다가 화물에 대한 정보를 얻으려고 한다. 따라서 종종 운전자사이의 가장 격이 없는 대화가 트레일러 안에 적재된 고가의 상품에 대한 정보를 흘리게 되고, 이것이 절도자에게 포착될 경우에는 그들의 목표물이 될 것이다. 운전자는 절대로 사전에 계획된 루트에서 벗어나 운전하면 안 되며 강제로 우회하게 되거나 파손이 되었을 경우 혹은 예정된 일정에 맞추지 못할 때에는 운전자는 반드시 가장 가까운 터미널에 즉시 자신의 상황에 대하여 알려야한다. 트럭들은 절도가 발생 시 헬리콥터에 의해 쉽게 구별될 수 있도록 상단부 뿐만 아니라 옆면에도 확연히 구별되는 회사마크와 같은 표식을 페인트로 칠한다.

4. 화물의 봉인

오늘날 많이 사용되는 봉인(seal)가운데 가장 일반적으로 사용되는 것이 금속 철로 유개화차(boxcar) 형태이다. 봉인은 두꺼운 금속벤드로서 이것을 파괴하지 않고서는 차문을 열 수 없도록 하는 방법으로 트레일러에 부착되어 운송화물을 안전하게 한다. 그러나 봉인만으로 그들이 문을 안전하게 지킬 수 있는 어떤 방법도 없으나, 대책으로는 쉽게 터미널 사이의 어느 지점에서 문이 열렸는지 알 수 있는 장치를 설치하는 방법이 있으며, 각각의 봉인은 번호가 부여되고 봉인이 한 부분을 알 수 있게 하여야 한다.

모든 트레일러에 있는 문들 또한 봉인되어야 한다. 이러한 여러 개의 문들을 가진 트럭들이나 트레일러는 언제나 하나의 문을 이용하여 적재되고, 나머지 문들은 거의 사용을 하지 않고 긴 운송기간 동안 단지 하나의 뒷문만이 봉인되고 해지되며 사용된다.

봉인번호는 선적 서류와 마찬가지로 영구적인 운행일지에 기록이 되어야 한다. 또한 선적장의 감독관이나 보안요원은 모든 트럭에 봉인을 붙이고 봉인번호를 기록하는 것에 대한 책임을 진다. 이러한 봉인은 실제적으로 봉인이 파손되지 않고서는 자물쇠의 손잡이가 움직이지 않는 장소에 부착한다. 그러나 약간의 트럭이나 기차의 잠금장치는 너무나 커서 화물의 적절한 봉인을 위해서는 여러 개의 봉인이 사용되기도 한다. 이러한 경우에도 모든 봉인번호는 반드시 기록되어야 한다.

5. 재봉인

트레일러는 배달지역을 따라 여러 번의 배달을 하기 위해서 적재되므로 각 지역에서 정차한 후에 반드시 재봉인을 하여야 한다. 이러한 절차를 수행하기 위해서는 충분한 봉인들이 발급되고 각 배달이 실시된 이후에 트럭에 보관되어야 한다. 이런 경우에는 트럭은 원적지에서 봉인이 된 다음 봉인번호는 기록되고 선적서류에 첨부된다. 더불어 아직 사용하지 않은 봉인들도 기록이 되며 이 번호들은 배달 도착지점에서 선적서류에 첨부된다.

첫번째 검문장소에 도착 시에, 검수 직원은 트럭의 봉인번호를 확인한다. 그리고 모든 상품이 하역이 된 다음, 다음 봉인이 선적서류에 지시한대로 운전자가 아닌 수화인(consignee)에 의해 붙여진다. 이러한 절차는 마지막 도착지점을 포함하여 모든 정차지점에서 동일하게 실시된다. 현재 비어있는 차량에 부착되어 있는 봉인은 원지점으로 돌아온 후에 선적서류와 비교하여 다시 확인된다.

또한 빈 트레일러들도 상품이 하역된 직후에 봉인되어야 한다. 이러한 관행은 선적장에서 이러한 빈 트레일러를 이용하여 불법적으로 제품들을 옮기는 것을 방지하기 위한 것이나 이러한 조치가 통제구역을 떠나는 모든 차량들의 물리적인 점검을 배제하는 것은 아니다.

6. 봉인보안과 기술

모든 봉인은 항상 가장 엄격한 보안조치하에 보관되어야 하며 사전에 아직 발행되지 않은 봉인들은 수령대장에 기록되고 보관된다. 그런 다음 봉인은 순서대로 발행되고 각각의 지정된 사항은 지체 없이 업무일지에 기록된다. 봉인의 공급은 매일 검사되어야 하고, 각각의 봉인에 대한 책임과 주의 깊은 확인과 발행여부가 동시에 실시된다. 따라서 만약 이러한 규칙적인 재고조사가 없다면, 이 전체 봉인시스템은 심각한 문제가 발생할 것이다. 그러므로 이러한 감사에 대한 더 향상된 부분으로서, 사용될 수 없거나 손상된 모든 봉인들 뿐만 아니라 돌아오는 차량에서 수거된 봉인들도 폐기되기 전까지는 기록되고 보전되어져야 한다.

오늘날 대부분의 보안관리 영역에서 기술력이 새로운 상황을 만들었다. 금속과 플라스틱 봉인들이 손상되기 쉬움에 따라 새로운 전자 봉인들이 범행자들이 범행을 시도하기 전에 더욱 발전된 기술적인 정보를 요구하고 있다. 더불어 이러한 새로운 시스템은 봉인의 보관소에서 재고의 분배문제에 관련된 사항들이 불필요하며, 봉인의 안전한 저장을 보장하였다. 이러한 전자봉인은 전자적인 자물쇠와 같이 작동을 하며 버튼의 누름에 의해 감지될 수 있다.[12)]

12) "Smart Tags, Seals Computerized Advantages," Security (March 1997), p. 65.

제5절 봉인시스템과 절차

봉인의 목적은 출입의 증거를 나타내는 것이므로 최고로 잘 제작된 봉인이나 다른 보안장치들은 재산을 최대한 잘 보호하기 위하여 사용되는 절차와 시스템이다. 다음의 양식은 절도나 좀도둑을 방지하기 위한 정확한 시스템과 절차를 개발하기 위한 봉인사용자에게 도움을 주기 위해서 고안되었다.

1. 봉인의 적용

1) 주 문

① 상품을 보호하기 위한 봉인구매의 책임은 단지 한 사람이 맡는다.
② 모든 봉인주문은 주 사무실이나 사전에 고려된 주문장소에서만 발주를 한다.
③ 봉인 제조업자에게는 특정한 사람의 관리하에 주 사무실이나 다른 지정된 장소에만 봉인이 발송되도록 지시된다.
④ 일련번호와 더불어 회사명과 머리글자를 각 봉인에 새겨 넣는다.
⑤ 각 터미널이나 환적시설은 문자 · 숫자 · 색깔로서 기호화된다.

2) 저 장

모든 봉인이나 보안장치들은 불법적인 사용을 방지하기 위하여 허가되지 않는 사람들의 출입이 제한된 통제구역에 보관되어야 한다.

3) 국외운송에 대한 기록

① 국외로 나가는 상품에 대한 봉인의 기록을 위한 업무일지와 또 하나의 분리된 국내의 봉인기록을 위한 업무일지를 동시에 유지한다.
② 두꺼운 표지의 일지를 사용하고, 페이지를 마음대로 뺐다 끼웠다 할 수 있는 것은 피한다.
③ 국외로 나가는 업무일지는 다음의 정보를 포함한다.
㉮ 봉인된 날짜와 시간. ㉯ 트레일러의 번호. ㉰ 화물의 행선지. ㉱ 봉인을 한 사람의 이름. ㉲ 운전자의 이름

④ 만약에 운전자가 화주 소속직원이 아닐 경우에는, 화물의 수량파악과 봉인의 사용이 화주 책임자가 참관한 가운데 실시되어야 한다. 이때 운전자는 선하증권에 기록하거나 선적지시서[13]에 봉인번호를 화주의 선적장에서 기록한다.

4) 봉인의 적용

① 봉인 시스템의 적절한 통제를 위해서, 모든 봉인들은 보안요원에 의해서 적절하게 확인되고 적용된다.
② 행선지나 상품의 가치에 따라 적절한 봉인을 선택하고 절도에 민감해야 한다.
③ 다음의 절차들이 적용되어야 한다.
㉮ 측면뿐만이 아니라 배면까지도 봉인한다.
㉯ 단, 한번에 걸쇠로 봉인 줄(strap)을 묶는다. 따라서 한번 이상 걸쇠(hasp)를 감싸고 있는 것은 문제가 있다.
㉰ 잠근 장치의 외장(sheath)에 봉인을 집어넣을 때 클릭(click)하는 소리가 나는가 확인한다.
㉱ 봉인이 잘 되었는가 확인하기 위해서, 줄을 잡아당겨보거나 봉인부분을 꼬아서 잠금장치 안으로 집어넣는다.

5) 출입구절차

① 모든 운전자는 경비원의 확인에 의해 출입구를 사용한다.
② 경비원은 운전자가 제시한 것에 대한 자료를 확인한다.
③ 경비원은 다음 사항을 기록한다.
㉮ 차량의 번호, 회사, 차량번호, ㉯ 트레일러 컨테이너 번호, ㉰ 봉인의 번호, 색깔과 부호, ㉱ 운전자의 이름과 운전자의 운전면허증 번호, ㉲ 날짜와 시간.
④ 새로운 유형의 속임수를 방지하기 위해서 값싼 물품으로 분류된 선적화물 또한 높은 수준의 봉인이 되어야 한다.
⑤ 경비원은 불규칙적으로 화물의 불시 확인을 위해 다른 색상의 봉인을 이용한다.
⑥ 모든 불시 확인은 다른 보안요원의 입회하에 실시된다.

---

13) 선적 지시서란 화주의 선적 신청서에 따라 선사가 현품을 확인한 다음 운송할 선박의 책임자(1등 항해사) 앞으로 발행하는 화물에 대한 적재지시서를 말한다. 본선의 선적 책임자는 이에 따라 선적지시서 목록을 작성하여 본선 내의 적치계획을 수립하여 적재한 다음에, 본선 수령증을 작성하여 화주에게 교부한다.

2. 봉인의 파손

① 만약에 최종적인 목적지에 도착하기 전에 봉인의 파손이 필요할 경우에는 다음의 자료가 기록되어야 하며, 특히 도로상의 정거장에서 중요하다.

㉮ 봉인을 파손한 사람의 이름, ㉯ 봉인을 파손한 이유, ㉰ 봉인을 파손한 날짜와 시간, ㉱ 파손된 봉인의 일련번호, ㉲ 대체된 봉인의 일련번호, ㉳ 봉인의 파손시 목격자의 이름.

② 파손된 봉인에 대한 보고서는 운전자의 출발지가 얼마나 원거리인가에 상관없이 국외 터미널의 터미널 관리자나 보안요원에 의해 보존된다.

봉인이 제거되기 전에 봉인의 완전함을 확인하기 위해 물리적인 확인이 반드시 필요하다. 다음의 절차들이 봉인의 제거할 경우에 권고되는 사항이다.

① 단지 권한을 가진 보안요원만이 봉인을 제거할 수 있다.

② 국내 봉인업무일지에 봉인의 외견상의 이름, 일련번호, 모든 부호의 정보를 기록한다. 그리고 처음 봉인에 관한 송장을 확인한다.

③ 봉인에 새겨진 이름, 일련번호, 모든 보호관련 정보를 이에 대응하는 선적 서류들과 비교한다.

④ 봉인을 제거하기 전에 길이가 짧아졌거나 거짓으로 봉인되지는 않았는가를 확인하고 이상한 표식이나 손상되지 않았는지도 확인하다.

⑤ 봉인의 머리부분이 파손되지 않았는지를 확인하기 위해 봉인을 좌우로 당겨보거나 흔들어본다.

⑥ 어떠한 미세한 이상이 발견되더라도 이러한 상태를 접수한 사람에게 보고하고, 국내 봉인업무일지에 기록한다.

⑦ 훼손된 상태의 봉인과 함께 접수된 모든 선적품은 반드시 사전에 관리한 부서로 통지되며 만약 추가적인 이동이 요구될 경우에는 다시 봉인한다.

⑧ 절도와 관련된 어떠한 증거라도 보안부서에 보고되며, 시간에 관계없이 즉시 조사가 시작된다.

3. 추가적인 보안대책

다음의 조치들은 봉인관리 프로그램을 강화하고 절도의 가능성을 방지하기 위해서 시행된다.

① 잠금장치나 경첩(hinge)은 문을 보호하고 잠금 핸들은 불법적인 봉인의 제거 없이는 움직이지 못하게 한다는 것을 확인한다.

② 상품 · 터미널 · 창고 · 공장 · 국내와 국외의 선적 · 시간에 따라 서로 다른 색상이 부호화된 봉인을 사용한다.

③ 하역 후에 빈차로 되돌아오는 운전자가 개인적으로 트레일러를 사용하거나 허가 없이 화물을 운송하는 것을 방지하기 위해 다른 색깔의 봉인을 사용한다.

④ 불법적으로 오래된 봉인의 사용을 방지하기 위해서 봉인의 색상을 주기적으로 변화시킨다.

⑤ 지방에서의 회사선적상품의 트레일러 적하(積荷)와 두 번 이상의 정차시에는 각 정차 이후에 다른 색깔의 봉인으로서 트레일러의 보안성을 유지한다.

1) 고도로 안전한 봉인장치

① 전통적인 금속이나 플라스틱 봉인이 항상 효과적인 것은 아니다.

② 매우 튼튼하고, 자동으로 열쇠가 잠기고, 일련번호가 부여된 케이블이나 무거운 금속봉인 자물쇠의 개발은 물리적인 보안을 제공할 뿐만 아니라 봉인의 보안성을 보장한다.

③ 고도로 안전한 봉인장치의 이용은 다음의 영역에서 사용이 권장된다.

㉮ 고도의 안전이 요구되는 선적, ㉯ 철로 · 선박 · 항공이나 각종 수송기관을 이용하는 선적, ㉰ 국제적인 선적, ㉱ 높은 범죄율의 지역에서의 선적이나 저장 혹은 차량의 주차.

④ 고도로 안전한 잠금장치를 제거하기 위해서는 매우 튼튼한 케이블이나 볼트 절단기가 필요하다.

㉮ 절단도구의 사용은 매우 조심스럽게 다루어져야 한다. ㉯ 운전자는 특별한 경우가 아니면 절단기를 휴대하는 것을 허용해서는 안 된다.

2) 자물쇠

봉인의 주요한 기능은 원거리수송에서 화물을 보호하기 위함이다. 그리고 자물쇠(padlock)[14]의 기본적인 기능은 지역적인 배달에서 화물을 지키기 위함이다. 다음의

14) 패드록은 일반자물쇠와는 달리 강한 외부충격에도 견딜 수 있도록 고안되었으며 자물쇠의 단점을 보완하고 시큐리티 안전성을 강화하기 위해 고안되어 자물쇠와 유사한 기능을 가지지만 문의 몸체 중간

패드록 절차는 패드록의 효과적인 사용으로 보안 프로그램을 보장하기 위해서 확립되었다.

① 열쇠와 패드록 관리업무일지가 만들어진다.
② 두꺼운 표지의 일지를 사용하고, 페이지를 마음대로 뺐다 끼웠다 할 수 있는 것은 피한다.
③ 열쇠와 패드록 관리대장은 다음의 사항을 포함해야 한다.
ⓐ 열쇠와 패드록이 사용된 날짜와 시간. ⓑ 트레일러의 번호. ⓒ 화물의 목적지.
④ 모든 열쇠와 패드록들은 번호가 정해진다.
⑤ 마스터 키는 두 명의 특정한 사람에 의해서 엄격하게 관리된다.
⑥ 자물쇠는 케이블이나 체인을 가지고 트럭에 단단하게 고정한다.
⑦ 패드록은 열쇠의 분실을 방지하거나 각각의 사용 후에 수동적인 잠금을 보장하기 위해서 열고자 할 경우에 열쇠는 통합·관리되어야 한다.
⑧ 모든 자물쇠와 열쇠 그리고 열쇠와 패드록 관리대장은 안전한 장소에 보관되어야 한다.
⑨ 플라스틱과 금속 봉인의 추가적인 사용은 패드록 보안프로그램을 더욱더 강화시킬 것이다.

3) 트레일러 킹핀 잠금장치

트레일러의 중심핀(kingpin)[15]의 잠금장치는 터미널 지역에서의 절도와 도로상에서 트레일러로부터 분리되어 비상사태가 발생할 경우에 최고의 안전한 보호를 제공한다. 트레일러의 킹핀의 잠금장치가 다음과 같이 적절하게 수행되면 화물의 강탈을 방지하는 대책을 제공하게 될 것이다.

① 킹핀이 적용되었던 아니던 간에 안전 적재 기록부를 유지한다.
② 킹핀 잠금장치와 열쇠는 번호가 부여된다.
③ 열쇠와 자물쇠의 관리가 유지된다.

에 설치되어 키를 삽입하게 되면 문이 열리는 장치로 오늘날 대부분의 아파트나 출입문에 설치되어 사용되는 잠금장치이다.

15) 킹핀(king pin)은 자동차의 조향장치를 구성하는 부품의 하나로서 자동차의 스티어링 너클(steering knukle)을 앞 차축에 고정시키는 핀이다. 스티어링 너클과 앞 차축을 고정시키는 방법에는 엘리옷 형과 역엘리옷 형이 있으며, 역엘리옷 형이 많이 사용되고 있다. 킹핀은 캠버 각을 작게 하기 위해 보통 어느 정도의 각도를 주고 있다. 이것을 킹핀각이라고 하며, 6~8°의 범위이다.

④ 앞에서 언급된 모든 보안절차들을 따른다.
⑤ 직원들이 킹핀을 쉽게 사용할 수 있도록 단순한 디자인을 가진 킹핀을 선정한다.
⑥ 계속적인 사용과 오랜 내구성과 더불어 효과적인 자물쇠 연동장치를 유지하기 위해서 킹핀의 청소와 정비를 주기적으로 실시한다.
⑦ 분리된 안전한 적재구역을 유지한다.
⑧ 안전한 적재구역의 운용을 보안요원이 쉽게 볼 수가 있어야 한다.
⑨ 매우 귀중한 화물을 취급하는 모든 트레일러는 반드시 킹핀 잠금장치와 안전한 구역에서 보관한다.
⑩ 킹핀 잠금장치는 적정한 크기로 원형이 다섯번째 바퀴에 잘못 접속되는 것을 방지하며, 주조되거나 강철을 입히지 않고 단조(鍛造)되어 만들어진다.
⑪ 킹핀 잠금장치의 설치여부를 운전자에게 미리 알리기 위해서 방송이나 전자적인 중계표지를 부착한다.

제14장

21세기 보안 이슈와 대책

제14장 21세기 보안 이슈와 대책

제1절 기업기밀의 보호

미래학자 앨빈 토플러는 권력이동(power shift)에서 권력은 무력에서 자본으로 그리고 미래에는 지식으로 이동할 것이며, 산업스파이가 21세기에 가장 큰 산업 중 하나가 되고, 정보 전쟁과 날로 늘어가는 경제 · 금융스파이가 이 세기를 특징지을 것이라고 주장하였다.[1)]

기업이 보유한 중요한 자료(sensitive data)를 가장 넓게 정의하면, 만약 권한이 없는 사람에 의해 획득되었거나, 재난에 의해 파괴되거나 혹은 잃어버릴 경우 기업에 상당한 피해를 발생시키는 원인이 되는 개인 또는 기업이 소유하는 기밀로서 이러한 정보는 일반적으로 엄청난 가치(예, 비밀 공식)가 있고 기업동력의 근원이다. 또한 우리는 개인의 사생활을 포함하고 있는 정보를 보호하는 것을 잊어서는 안 된다. 이것에는 신용 · 의학 · 교육, 그리고 다양한 법률에 의해 보호되는 여러 가지 기록물을 포함한다.

① 중요한 정보(sensitive information)의 일반적인 형태는 제품 디자인 · 금융 보고서 · 공학적인 데이터 · 세금 리스트 · 연구데이터 · 의론인과 고객의 정보 · 거래의 비밀들 · 개인의 기록들 · 특허 정보 · 컴퓨터 프로그램 · 오일이나 광물질 탐사 지도 · 손실예방 전략·합병과 계약 정보 등의 사항들이 스파이활동에 의해 획득된다.

---

1) 앨빈 토플러/이계역 옮김, 권력이동, 한국경제신문사, 1990, 35~45면.

② 영업 비밀(trade secret)은 특정인만이 추정적으로 알고 있는 기밀로서, 비밀 공정은 판매하기 위한 재품을 생산하는데 이용되며 이것에는 각 단계의 공정에 특별한 성분을 포함되게 될 것이다. 가장 유명한 영업비밀은 코카콜라의 제조 공식이다. 영업비밀을 가지고 있는 사람은 경쟁자로부터 비밀을 유지하려는 조치를 취해야 할 것이고 만약 직원이 경쟁자에게 비밀을 누설하려고 한다면, 법원은 금지 명령을 내리고 경쟁자에게 비밀의 사용을 금지하도록 하며, 또한 금전적인 손실을 보상 받게 될 것이다.

③ 특허권(patent)은 발명이나 디자인에 대한 보호를 제공하며, 만약 그 권리가 경쟁사에 의해 복제되었다면, 특허법을 위반한 것이거나 소송이 발생하게 한다. 그러나 경쟁자들은 가끔 교묘하게 특허권을 회피한다.

④ 상표(trademark)는 어휘와 상징 · 로고 · 디자인 · 제품이나 서비스가 상식적인 원천에서 비롯됨을 규정하는 슬로건을 포함한다. 이러한 예로서 맥도날드의 황금 아치를 들 수 있다.

⑤ 저작권(copyright)은 창작자나 출판자에게 그 작업에 대한 배타적인 권리를 주어 최초의 작업(작품)을 보호한다. 이러한 보호의 형태는 책이나 잡지 · 음악 작품 · 영화 · 컴퓨터 소프트웨어 프로그램을 포함한다.

흔히 우리가 살고 있는 21세기를 지식정보의 시대라고 한다.

그러면 정보(情報)란 무엇인가? 정보가 기록으로 처음 나타난 것은 기원전 이집트의 군사 기록에 있고 정보의 개념을 19세기 초 프로이센의 군사전략가인 Carl von Clausewitz는 그의 저서 '전쟁론(On War, 1832)'에서 '정보란 적과 적국에 관한 우리들의 지식의 총체를 의미하며, 전쟁에서 아군의 계획 및 행동의 기초를 이루는 것이다'라고 정의하고 있다.

우리의 경제 자체가 하루가 다르게 지식 혹은 정보 기반체제로 변화되어 가면서 기업에서의 정보의 중요성은 기업경영의 핵심이 되고 있다. 더구나 인터넷과 같은 통신수단의 발달로 그러한 변화는 점점 더 가속화되고 있는 것이 현실이다.

이제는 지식이나 정보가 무엇보다 주요 기업의 중요자산이 된 것이다.

그러나 아쉽게도 우리가 사용하는 정보보호에서의 정보[2]에 대한 개념정립은 사용

2) 정보화촉진기본법에서의 "정보"라 함은 '자연인 또는 법인이 특정목적을 위하여 광 또는 전자적 방식으로 처리하여 부호 · 문자 · 음성 · 음향 및 영상 등으로 표현한 모든 종류의 자료 또는 지식을 말한다'라고 정의하였다.

하는 기관이나 용도에 따라 의미가 가변적이다. 한국에서 정보는 군사용어[3]로 사용되었든 것이 오늘날에는 사회전반에 걸쳐 사용되고 있다.

영어와 정보기관에서는 첩보(information)와 정보(intelligence)[4]사이의 의미의 구별이 확실하나 한국기업이나 사회에서의 일반적인 개념의 구별이 불분명하다.[5]

오늘날 우리는 영어의 'information'을 대체적으로 정보라는 용어로서 사용하고 있다. 그러나 우리나라 어휘로의 정확한 개념정의가 되지 않은 상태에서의 편의에 의한 부정확한 어휘의 사용은 'information security'를 기업비밀[6]보호로 여기는 한계성을 노출하기도 한다.

독일의 재상이었던 비스마르크가 '모든 것을 보호하려고 하는 것은 아무것도 보호하지 못한다고' 하였듯이, 일반적으로 알려진 바에 따르면 수집된 정보(information)에서 가치 있는 분석정보(intelligence)로 분석·가공되어지는 확률이 극히 미미하듯이, 기업에서의 보호하여야 할 객체의 등급별 분류는 기업비밀보호업무에서 필수적이다.

현재 우리가 정보보호(혹은 정보보안)에서 사용하고 있는 정보(information)의 일반적인 의미는 'computer data'나 'digital data'의 의미로서 전산화된 데이터의 의미에 가깝고 정보(information)[7]의 사전적인 의미는 '수집된 사실이나 지식'인 반면에 분석정보(intelligence)[8]는 비밀정보(secret information)의 의미로서 첩보(諜報)의 사전적의 의미인 '적의 정세를 정탐하여 알려 줌, 또는 그 보고'의 의미에 가깝다.

따라서 관련 전문사이트에서는 'information security'를 어떤 불특정의 조직내외부의 사람에 의한 의도적이거나 사고에 의한 전산화된 데이터를 오용으로부터 보호하는 과정이라고 정의하고, 비록 정보보호(information security)가 엄격하게 기술

---

3) 정보는 일본의 명치시대(1876년)에 일본인들이 프랑스의 군사교본을 번역할 때 "적의 정세를 보고한다"는 '적정보고(敵情報告)'에서 글자 한자씩을 따서 만든 말이다.

4) 국가정보원(NIS)이나 중앙정보국(CIA)과 같이 정보기관은 정보를 'intelligence'라 칭한다.

5) 혹자는 'information'을 정보라 칭하고, 'intelligence'을 분석정보라고 칭하기도 한다.

6) 기업비밀이란 기업이 보호하는 모든 비밀을 의미하는 일상적인 용어이고 영업비밀이 법률적인 용어이나, 황의창(2001)은 영업비밀과 같이 비공지성, 비밀성이 있는 정보이기는 하나 기업활동에 유용한 정보에 한정하지 않고 기업의 비밀에 속하는 정보이면 무엇이든지 모두 포함하는 인상을 주는 용어라고 하였다.

7) ① knowledge ② gathered facts ③ telephone information service ④ making facts known ⑤ computer data: computer data that has been organized and presented in a systematic fashion to clarify the underlying meaning ⑥ formal criminal accusation, Encarta®, World English Dictionary © & (P) 2004 Mocrosoft Corporation.

8) 외국정부나 군대, 경쟁기업이나 범죄자에 관한 비밀계획이나 활동에 관한 정보를 말한다.

적인 문제만을 의미하는 것은 아닐지라도, 기술적인 측면(방화벽, 암호화 등)은 정보보호에 가장 중요하다고 언급하고 있다.[9)]

이렇게 영어권 국가에서 철저하게 구별된 'information'과 'intelligence'를 의미하는 어휘의 부재와 혼용하는 언어상의 한계점과 불편함은 크다.[10)]

이러한 정보(information or intelligence)라는 어휘의 혼용으로 인하여 일반적으로 기업이나 사회에서는 정보보호를 조직이나 기업의 비밀(trade secrets)보호와 동일시하기도 한다. 이러한 우리의 언어상의 한계로 인하여 안타깝게도 수없이 회자되는 '정보화사회'[11)]에서의 정보의 정확한 개념은 없고 혼란만 커질 뿐이므로 원어(영어)그대로 칭하는 것도 개념상의 혼란을 방지하는 방법이 될 수도 있을 것이다.[12)]

〈표14-1〉 정보와 첩보의 비교[13)]

구 분	정보(intelligence)	첩보(information)
정확성	객관적으로 평가된 정확한 지식	부정확한 견문지식을 포함
완전성	특정한 사용 목적에 맞도록 평가, 분석, 종합, 해석하여 만든 완전한 지식	기초적, 단편적, 불규칙한, 미확인상태의 지식
적시성	정보사용자가 필요로 하는 적시에 제공되어야 하는 적시성이 특히 요구	시간에 구애받지 않고 과거와 현재의 것을 불문
사용자의 목적성	사용자의 목적에 맞도록 작성된 지식	사물에 대해 보고 들은 상태, 그 자체의 묘사이므로 목적성이 없음
생산과정의 목적성	첩보의 요구, 수집 및 정보의 생산, 배포 등의 과정을 거치면서 여러 사람의 협동작업을 통하여 생산	협동작업이 아닌 단편적이고 개인의 식견에 의한 지식

9) http://www.csoonline.com/glossary/term.cfm?ID=986.

10) 언어의 한계는 사고의 한계라고 언어철학에서 말하듯 '언어는 현실을 해석하고 의미를 부여하는 도구이고, 언어의 한계는 곧 상상력의 한계이다. 언어활동이란 사람과 사람사이의 의사소통일 뿐만 아니라 바로 무엇을 자각하고 의식하는 사고활동 그 자체이다.'

11) 정보화 사회라는 개념을 최초로 주장한 사람은 1962년 미국의 경제학자 프리츠 마흐럽(Fritz Machlup)으로, 지식산업이 주도하는 '지식사회'의 등장을 예견하였다. '정보사회(Information Society)'라는 명칭은 1960년대 우메사오타다오(梅棹忠夫), 하야시 유지로(林雄二郞) 등의 일본학자들이 명명(命名)한 것으로 전해지고 있다. 정보화촉진기본법에서의 정보화의 정의는 정보를 생산·유통 또는 활용하여 사회 각 분야의 활동을 가능하게 하거나 효율화를 도모하는 것을 말한다.

12) Inforsec(information security)를 정보보호라 부르는 것보다는 디지털 데이터보호나 전산자료(전자화된 자료)보호로 칭하는 것이 실질적인 원어의 의미에 가까울 것이다.

13) 임상곤, 정보분석론, 백산출판사, 2003, 51면.

일반적으로 정보원은 4가지로 대별하여 사용하는데, 여기에는 인간정보, 신호정보, 영상정보, 과학기술정보로 분류한다.

정보기관에서의 정보(intelligence)[14]는 신호정보, 영상정보, 인적정보, 과학기술정보, 교신정보, 의학정보, 사진정보, 컴퓨터정보, 전자정보, 기술정보, 루머정보, 레이저정보, 전화정보, 공작정보, 전자광학정보, 레이더정보, 적외선정보, 외국정보기관정보, 핵정보, 음향정보, 생물학정보로 세분된다.[15]

기업비밀 중에는 특허권이나 실용신안권의 요건을 갖추지는 못해도 여전히 재산상으로 중요한 지적자산이 있다. 또 특허권의 요건을 갖춘 것이라고 해도 특허권은 보호기간의 제한이 있고, 또 특허를 받는 과정에서 기술이 공개되기 때문에 다른 사람이 쉽게 모방할 우려가 있다는 단점이 있으므로, 이것을 피하기 위해 아예 특허출원을 포기하고 비밀로 유지하는 경우도 있다.

세계최고의 브랜드 가치를 가진 코카콜라의 향료복합물 제조법은 특허를 받은 것은 아니지만 백년이 넘도록 극소수의 요인들 만에 의해 그 비법이 전수되고 있다.

이와 같이 특허의 대상이 되기 어렵거나 아니면 의도적으로 특허를 받지 않는 기술을 영업비밀이라고 하거나 노하우(know-how)라고 하는데, 이것은 현대 사회에 있어서 매우 중요한 재산 중에 하나이다.

그러나 모든 기업정보는 비밀에 속하나, 모든 비밀스런 정보가 개인이나 기업이 소유하는 것은 아니다. 예를 들어, 어떤 직원들의 파일에서 비밀스런 사람의 데이터는 비록 기업에서 비밀로 다루어질지라도 기업의 정보는 아니다.

기업비밀[16]은 그것을 알지 못하거나 또는 그것을 이용한 경쟁자에 대하여 이익을 얻을 수 있는 기회를 그들에게 제공하는 어떤 기업에서 이용되는 모든 방식이나 패턴, 장치나 정보의 편집으로 구성된다. 이것에는 화학합성물의 분자식, 생산품의 제조공정, 기업에서 취급하거나 보관하는 원료들, 기계나 다른 장치들의 유형, 고객들

14) 정보는 크게 인적정보(Humint), 신호정보(Sigint), 영상정보(Imint), 과학기술정보(Masint) 4가지로 나눈다.

15) Carl A. Roper, op. cit., p. 59.

16) 영업비밀은 법률적인 용어이고 기업비밀은 기업이 보호하는 모든 비밀을 의미하는 일상적인 용어이다. 영업비밀을 포함한 넓은 의미의 비밀이 기업비밀이다. 영업비밀은 특허처럼 보유한 그 자체를 보호해 주지 않는다. 따라서 불법 부정한 행위가 개입되지 않는 한 공개되면 누구나 그 정보를 활용할 수 있으므로 독자적인 사용가치를 잃게 된다. 따라서 영업비밀은 비밀로 관리하는 것이 가장 중요한 과제이다.

의 리스트가 여기에 해당할 것이다. 이것은 예를 들어, 계약에서의 비밀입찰의 조건이나 수량 혹은 어떤 직원들의 급여, 계획되거나 수행된 안전에 관한 투자, 새로운 정책의 공표일로서 확정된 날짜, 새로운 모델이나 유사한 것에 대한 출시와 같은 비즈니스를 수행하는 과정에 일어나는 단순하거나 일시적인 이벤트와 같은 다른 기업비밀과는 다르다. 또한 기업비밀은 기업을 운영하는데 계속적으로 이용되기 위한 장치나 공정을 말한다. 예를 들어 일반적으로 이것은 어떠한 제품을 생산하기 위한 공식이나 기계와 같은 제품의 생산과 관련이 되어있다.

그러나 제품의 판매나 기업의 다른 운영과 관련된 할인을 결정한 규약, 리베이트나 가격표에서의 다른 용인된 사항, 특별한 고객들의 명단, 부기의 방법이나 다른 사무실 관리와 같은 것은 포함되지 않는다. 더욱이 최근의 기업비밀에 관한 법적인 정의는 미국의 통일영업비밀법(Uniform Trade Secret Act)의 조항에서 찾을 수 있다.

'기업비밀'이 뜻하는 것은 공식, 패턴, 편집물, 프로그램, 도안, 방법, 기술이나 공정과 같은 것을 포함한 정보를 의미한다.

① 여기에서의 정보는 독립적인 경제적인 가치, 실제적 또는 잠재적인 것, 일반적으로 알려지지 않은 것, 적절한 수단에 의해서나 이것이 노출이나 사용으로부터 경제적인 이익을 얻을 수 있는 타인에 의하여 이미 획득될 수 있는 것이 아닌 것으로 한정한다.

② 또한 해당 기밀을 유지하기 위한 상황 하에서 타당한 노력의 대상들이 포함될 것이다.

이러한 두 가지 접근에서의 첫 번째는 어느 기업에서 이용되는 정보일 것을 요하나, 통일영업비밀법은 이러한 요건조건을 포함하지 않고 있음을 주목해야한다. 이러한 중요한 차이는 그들이 이 법의 조항에 관하여 관련 책임자가 다음과 같이 언급하고 있다.

"기업비밀"의 정의에서는 "계속적으로 어떤 기업에서 사용된" 기업비밀이 요구된 불법행위 정의의 재록으로부터 합리적으로 벗어나 있다. 이 법안에서 제안된 광의의 정의는 기업비밀을 적용하거나 이용하여 얻을 수 있는 방법이나 기회를 아직 갖지 못한 원고(plaintiff)의 보호에 적용된다.[17)]

그러므로 기업비밀의 본질적인 요소는 첫째, 다른 사람들에게 일반적으로 알려진

---

17) Taken from Commissioners' Comments to Section 1 of the Uniform Trade Secrets Act.

것이 아니며 둘째, 이것의 이용이나 소유로부터 사용자가 어떠한 이익을 얻을 수 있는 것을 의미한다. 따라서 비밀이 되기 위해서는, 정보는 틀림없이 일반적으로 다음의 사항에 부합해야한다.

① 해당 비밀이 무엇인가를 확인할 수 있어야한다.
② 공공의 출처에서 이미 얻을 수 있는 것이 아니어야한다.
③ 해당 비밀을 보호할 수 있는 직무를 가진 사람에게만 이것을 보유한자에 의해 발표되어야 한다.
④ 해당 비밀을 발표하는 사람은 이것이 비밀이라는 것을 알아야한다.
⑤ 비밀의 소유자는 이것의 불법적인 발표를 방지하는 것에 대한 목적을 가지고 있어야 한다.

지적자산의 침입행위를 칭하는 스파이 행위의 다양함과 마찬가지로 산업스파이 그 자체에 대한 명확한 용어정의는 존재하지 않는다. 이 용어에 대한 장황한 정의와 이러한 전체적인 설명은 너무 장황하므로, 오히려 더 이해의 혼란스러움을 가중시킨다.[18)]

만약 누군가가 기업이 기밀정보를 가지고 있다면, 이것을 법적으로 영업비밀(trade secret)라고 하며, 이것은 지적재산의 하나이며, 비밀로서 유지하기 위해서 상당한 노력을 하여야하고, 만약 누군가에 의해서(경쟁기업의 하나) 불법적으로 이것이 복사되거나 탈취 되었다면, 해당 기업은 산업스파이의 희생자가 된 것이다.

이러한 비밀에는 화학공식, 특허신청정보, 마케팅계획, 비즈니스 확장계획, 고객리스트, 가격결정정보, 새로운 제품생산정보, 생산일정, 새로운 기술 도면, 새로운 고객 예상리스트, 기존 고객리스트 등 어느 것이나 상관없다.

1996년 미국의 경제스파이법(EEA)의 통과 이래로 FBI는 그들 내부의 업무의 편리성 때문에 스파이[19)] 행위를 몇 가지로 세분하였다.[20)]

연방수사국은 경제스파이(Economic espionage)란 미국 기업을 상대로 한 외국정부나 정부가 관련되어 수행된 스파이 행위라고 규정했으며, 산업스파이(Industrial espionage)는 다른 기업들에 대해서 외국이나 국내의 기업들에 의해서 수행된 영업비밀의 절도라고 규정하였다.

---

18) 통상적으로 사용하는 spy는 행위자를 의미하고, espionage는 스파이 행위를 의미한다.
19) 스파이의 어원은 '멀리 본다' 또는 '숨겨져 있는 것을 목격 또는 발견하다'라는 의미의 고대 프랑스어 'espier'가 변화한 것이다.
20) Steven Fink, Sticky Fingers, Dearborn, 2002, introduction p. 2.

미국 국가방첩센터(NICX)는 국회에 보고하는 보고서를 작성하는데 미 법무장관이 경제스파이에 대해서 정의한 "재산적 경제정보 또는 핵심적인 기술, 경제정책에 대한 정보, 중요한 금융과 기업 인수나 비밀스런 접근이나 불법적인 행위"를 사용하였다.[21] 이렇게 세분한 이유는 비록 연방수사국내에서 2개의 부서의 업무가 중복되기도 하지만, 2개의 연방수사국 부서인 국가보안국과 범죄수사국에서 구분하여 범죄를 수사하기 위함이었다. 이러한 목적을 위하여 아주 명료하게 하자면, 두 가지 용어의 활동은 경제스파이법(EEA)에서는 산업스파이라고 정확하게 규정되지는 않았다.

이와 대비하여 기업스파이(corporate espionage) 활동은 때때로 공정한 경쟁적인 정보의 수집으로서 간주되고, 예를 들어 경제스파이나 범죄의 유형이 아닌 공개된 정보의 수집으로부터 지식을 얻기 위하여 수행되는 행위를 의미한다. 실제적으로 오늘날 많은 기업들은 법적인 위반 없이 항상 다른 경쟁자의 정보를 수집하고 기업스파이 활동을 수행한다. 그러나 점진적으로 가치 있는 기업정보의 수용자는 실제적으로 그 결과물이 깊숙한 경제스파이 영역을 넘어서 얻어진 것이라도 그들 자신이 가지고 있는 정보가 단순한 "경쟁적인 정보"의 결과물이라고 법집행기관을 속이려는 시도가 증가하고 있다.

기업스파이 활동과 경쟁정보의 수집이 기업들에게 약간의 피해를 주는데 반하여, 경제스파이는 더욱 심각하고 확실히 많은 비용을 치르게 한다. 1999년에 전 FBI 국장 Louis Freech는 냉전이 끝난 이후로 경제스파이는 미국 국가안전에 가장 큰 위협요인이라고 말했다.[22] 오늘날 경제스파이의 엄청난 피해와 두려움은 상식적인 것이다. 그러므로 실제적으로 경제스파이전에서의 싸움은 어떤 비용을 치르고서라도 반드시 이겨야하는 전쟁이다.

대체적으로 대부분의 기업들은 이미 경제스파이에 희생자이나 단지 이러한 사실을 알지 못하고 있는지도 모른다. 총에 의한 부상이 즉각적인 고통과 외부적인 출혈을 발생하는 것과는 다르게, 경제스파이는 마치 암과 같이 고통과 내부적인 출혈이 지연

---

21) 2001년 국가방첩센터의 '경제정보수집 및 산업스파이에 대한 연례 보고서'

22) 미국은 2001년 1월에는 기존의 국가방첩체계를 해체하고 FBI, CIA 등 유관기관에 대한 조정권을 갖는 국가 최고 방첩기구인 CI-211이 설치하여 산업스파이 색출활동을 강화하였다. 더불어 민간기구로 산업보안협의회를 구성해 22개국에 설치된 지부와 3만 여명의 회원에게 산업보안과 관련한 각종 정보를 제공한다.

되어 나타난다. 그러므로 우리가 이러한 “출혈”을 볼 수 없으므로 기업이 이러한 손실은 알기까지는 오랜 시간이 걸린다고 미국 경제스파이 전문가인 Steven Fink는 말했다.[23)]

제2절 산업스파이 방지대책

(10가지 방법과 대응책)

① 산업스파이 활동의 주요한 구성원은?
경쟁업자, 납품업자, 조사요원, 기업정보 컨설턴트, 동일한 직장에서 경쟁하는 동료, 거만한 상사, 의심스런 동업자, 언론, 노동 협상가, 정부기관 등

② 왜 상대방의 목표물이 되는가?
자금과 권력의 불법적인 감시활동(스파이 활동) 이면의 주요한 두 가지 요인이다. 따라서 당신이 다른 경쟁자보다 부와 영향력이 증대함에 따라서 당신은 상대방의 목표물이 될 것이다.

1. 관리적 대책

1) 쓰레기 뒤지기

대형 쓰레기통의 조사, 배출된 쓰레기의 분석, 쓰레기통 뒤지기에서 가치 있는 정보를 찾아내기 위한 쓰레기를 뒤지는 모든 행위를 말한다. 이미 버려진 쓰레기를 뒤지거나 훔치는 것은 불법이 아니므로 모든 버려지는 문서조각들은 분쇄되어 버려지는 것이 조직의 정보 보호공정에서 주요한 과정이다.

이러한 취약성을 방지하기 위한 권고사항은 다음과 같다.

① 모든 버려지는 서류는 파기되도록 독려한다.
② 조직상황에 가장 적절한 파쇄기를 구입한다.
③ 고도의 보안을 위해서는 교차파쇄기를 사용한다.
④ 컴퓨터 작업에서 발생한 대규모 쓰레기는 중앙 파쇄기가 필요하다.

---

23) Steven Fink, op. cit., Introduction p. 3.

⑤ 스파이는 당신의 책상 서류함에 보관되어 있는 비밀서류를 항상 노리고 있으므로, 사용 후 즉시 파기한다.
⑥ 쓰레기 파기업체가 재활용을 할 우려가 있으므로 재활용전에 파기하도록 확인한다.
⑦ 복사본과 중역실의 자료도 파기되는 것을 확인한다.
⑧ 너무 큰 파쇄기를 구입하지 않도록 한다. 이것을 실제로 잘 사용되지 않는다. 따라서 모든 사람이 사용가능한 파쇄기를 구입하여 몇 개의 책상 옆에 편리하게 사용하도록 하는 것이 더 효과적이다. 그리고 고객의 프라이버시를 보호하기 위해서 고객의 자료도 파기한다.

2) 도청장치

전자적인 감시장치인 도청장치는 스파이행위의 가장 악랄한 방법으로서 가장 은밀한 비밀이 목표가 된다.

이러한 도청에 대비한 권고사항은 다음과 같다.

① 반드시 알아야 할 필요가 없는 타인에게 이러한 의심스러움에 대하여 논의하지 않는다.
② 의심스런 지역에서 의심스런 내용에 대하여 의논하지 않는다.
③ 의문점을 자기 혼자 해결하려고 하지 않는다.
④ 정품이 아닌 스파이 감시장비를 구입하는데 돈을 쓰지 않는다.
⑤ 전문가의 도움을 받아 도청방지기 또는 탐색, 방어장비를 활용한다.
⑥ 주요 회의장과 주요 사무실은 수시로 도청탐색을 하고 주요 대화는 라디오 등을 켜놓고 하며, 가능한 지하실에서 실시한다.
⑦ 주요 사무실 등의 청소는 직원이 직접 하거나 반드시 입회한다.
⑧ 사무실에 외부 방문객을 혼자 두지 않는다.
⑨ 출장 중 호텔에서 주요 대화나 통화를 하지 말며 행동에 주의한다.
⑩ 선물받은 집기, 사무용품, 신변잡화는 사용하지 않는다.
⑪ 통신시설 사무집기의 유지보수는 확실한 업체에 의뢰하고 부품 등은 사전에 검사하고 수리보수에 반드시 입회한다.
⑫ 전화회선 단자함을 수시로 점검한다.

3) 가장된 스파이

사무실 주변이나 구역 내부에서 기술적인 업무를 수행하는 사람은 누구든지 업무의 순서와 신분증명서의 사진을 확인한 후 일을 수행하도록 한다. 그리고 실제적으로 해당 작업이 누구에 의하여 요청되었는지와 꼭 필요한 작업인지를 확인한다.

① 전화기술자, ② 컴퓨터기술자, ③ 사무용품 수리업무, ④ 폐지 재활용업자, ⑤ 청소요원, ⑥ 전기기술자 등이 스파이가 일반적으로 가장하는 업무이다.

기업 내에서 이러한 방문자들이 자신의 업무를 수행시 가능하면 직원들의 근무시간 안에 그들의 업무를 끝마치도록 요구한다. 이러한 전문적인 스파이들은 대담하게 언제든지 공기조절기 수리공 등으로 가장하여 간단하게 조직내부로 잠입함으로 외부계약자와 비인가 된 회사의 직원은 절대로 비밀정보가 보관된 장소를 배회하게 하여서는 안 된다.

이러한 상황에 대한 대책은 다음과 같다.

① 실제적으로 많은 자물쇠와 경보장치들이 외형상으로는 정상적으로 보이나 작동하지 않는 경우가 빈번함으로 정기적으로 자물쇠와 경보장치를 점검하고 항상 이러한 장비들이 작동하는지 확인한다.

② 주통제장치가 오랫동안 고장난 상태라면 즉시 이러한 문제점을 고치고 이러한 자물쇠를 변경하고 새로운 시스템을 구축하고 카드키 시스템의 적용도 고려한다.

③ 이러한 보안문제가 발생시에는 전문 컨설턴트와 상의하나, 그들이 직접 제품을 판매하는 업자일 경우에는 신뢰도가 떨어지므로 주의한다.

4) 구성원의 부주의한 모임

회사 밖에서의 모임, 회의, 무역박람회, 세미나 등은 스파이에게 완벽한 침입의 기회와 정보수집의 기회를 제공한다.

따라서 기업 종업원들에게 이러한 문제에 대하여 경고하고 다음과 같은 사항을 간단하게 설명한다.

① 회사 밖에서의 모임은 스파이활동의 주요한 목표물이 된다.

② 스파이들은 비도덕적이고 불법적인 방법들을 사용하기도 한다.

③ 보안부서는 24시간 동안 회의장의 접근을 통제한다.

④ 전자적인 도청 감시장치를 사용한다.

⑤ 모임의 참석자들은 항상 신분증명서(ID)를 패용한다.
⑥ 자신의 컴퓨터나 서류가방을 두고 자리를 이동하지 않는다.
⑦ 문서화된 재산적 정보는 항상 보안조치 아래에 둔다.
⑧ 재산적 데이터는 반드시 보안구역 내에 둔다.
⑨ 공공장소에서 업무에 관련된 내용을 이야기하지 않는다.
⑩ 당신에게 도움을 주는 이방인을 호의를 거절한다.
⑪ 의심스런 행동은 즉시 보안부서에 보고한다.
⑫ 직원들에게 재산적 정보에 대하여 규정하여 알려준다. 기업의 제품, 생산방법, 고객, 계획 등에 관련된 정보는 일반적 지식이 아니므로, 만약 이러한 정보가 경쟁자의 수중에 넘어가게 되면 경쟁이익과 기업이익의 손실을 초래하게 된다.

5) 사소한 부주의

때때로 우리는 아주 사소한 부주의로서 중요정보를 노출한다. 다음의 사항들은 우리가 얼마나 빈번하게 정보를 노출하는가를 나타내는 예이다.
① 잠겨지지 않은 사무실, 책상서랍과 서류 보관서의 노출
② 밤새 방치된 비밀 서류
③ 공개되거나 공유된 단순한 비밀번호
④ 전화번호부는 급여만을 제외하고 모든 내용을 알려주는 것이다.
⑤ 책상 위 명암철에 남겨 둔 신용카드, 주민등록번호, 그리고 특정인의 전화번호 등
⑥ 실제로 내부 사정을 모르는 사람으로부터의 전화 물음에 대한 응답
⑦ 알려진 잡담 속에 포함된 중요한 주제들.
이러한 사소한 부주의로 인한 항목은 끝이 없다. 그러므로 어떤 일을 행할 시 한 번 더 생각한 다음 시행에 옮긴다면 이러한 항목을 줄일 수 있을 것이다.

6) 구성원의 배신행위

신뢰하고 있는 직원에 의한 스파이행위는 가장 위험하고 강력한 피해를 주는 스파이 유형 중의 하나이다.
이러한 스파이행위에 가장 취약한 직원의 유형은 다음과 같다.
① 불충분한 급여와 승진에 불만을 가진 직원
② 도박습관, 불가피한 개인적인 상황 또는 약물사용으로 인한 대규모의 빚을 진

직원
③ 노동/경영문제에 관련된 직원
④ 기업가 기질을 가진 직원

이와 같은 구성원의 배신행위를 방지하기 위한 권고사항은 다음과 같다.

① 이러한 직원은 중요정보에 접근할 수 있는 시간과 기회를 가지고 있으므로 도청장치를 주기적으로 검사한다.
② 의심이가는 경우에는 선별적으로 거짓정보를 흘려보낸 다음 어디에 그들이 나타나는지 감시한다.
③ 모든 신입직원에 대한 배경조사를 실시하고 주기적으로 중요정보에 접근할 수 있는 모두를 검사한다.
④ 주의 깊게 전직 임직원을 감시한다.
⑤ 구성원의 실업기간을 확인한다.
⑥ 밝혀진 고용기간에 대해서 언급하지 않는다.
⑦ 자신의 수입에 맞지 않는 분수 넘치는 생활을 하는 사람은 기업의 비밀을 보유한자가 추가적인 수입이 있다는 징후이다.

2. 기술적 대책

1) 기술을 이용한 스파이활동

과학기술의 발전은 우리들에게 많은 통신의 편리를 제공함과 동시에 휴대폰과 같은 기기는 불행하게도 스파이활동에 새로운 기회를 제공하였다.

다음은 통신기기들의 중요한 취약성을 열거한 것이다.

① 자동응답기 : 간단한 2~3개의 디지털 암호를 사용하여 원거리에서 가정에 메시지를 남길 수 있다. 그러나 대부분의 많은 사용자들은 새로운 기기에 입력된 암호를 변경하지 않고 사용한다. 이러한 몇 가지 장비는 원거리에서 청취할 수 있는 기능을 가지고 있으므로, 주의 깊게 사용설명서를 참조하여 사용법을 숙지한다.
② 보이스 메일[24)] : 비즈니스용 자동응답기 또한 감시가 가능하므로, 가능하면 긴

24) 음성을 사용하는 전자우편 시스템으로 기존의 전화통신의 최대 약점은 상대방이 없으면 통화가 불가능하고, 기록을 남길 수 없다는 점이었다. 그러나 정보기술의 발전으로 음성을 디지털화하여 저장할 수 있게 되었기 때문에 이를 응용한 여러 가지 서비스를 개발하게 되었다. 음성우편은 음성사서함이

비밀번호를 상용하고 주기적으로 변경한다.

③ 팩스 Ⅰ : 몇몇의 팩스기기는 복사과정에서 검은 필름의 1회용 롤을 사용한다. 여기에서 사용된 롤은 모든 수신된 팩스의 내용을 포함하고 있다.

④ 팩스 Ⅱ : 팩스 송신 1시간 후에 수신하는 것은 봉투 없이 메일을 수신하여 방치하는 것과 같다. 중요한 메시지들은 통상적으로 근로자나 보안요원들이 그들의 지루한 업무과정에서 구내를 배회하다가 그들에게 노출되게 된다. 따라서 팩스의 보관장소를 따로 만든다.

⑤ 무선 마이크로폰 : 모임에서 발표자들은 무선 마이크로폰을 사용하는 것을 선호한다. 그러나 불행하게도 이것의 사용은 400미터 정도의 거리에서 명확하게 수신할 수 있다. 따라서 공적인 모임에서는 이것의 사용을 금하는 것이 좋다.

⑥ 구술기계 : 대체적으로 초안을 찢어버리거나 파일 복사본을 보관한 다음 보안이 된 봉투로서 원본을 보낸다. 그러나 구술된 테잎은 취약한 상태로 비서의 책상위 같은 곳에 방치된다.

2) 해킹 & 크래킹

개인용 컴퓨터, 랩탑 컴퓨터, 스마트폰, 네트워크와 원거리 접속만을 특별한 목표로 하는 산업스파이 활동이 최근 들어 만연하고 있다.

따라서 구성원 모두는 그들의 컴퓨터에 주요한 데이터가 보관되어 있을 경우에 왜 보안조치가 필요한지 인식해야 한다.

산업스파이 침입 후의 대체비용은 단지 개인의 손실에 그치는 것이 아니라 다음과 같은 노고들이 고려되어야 한다.

① 귀중하고 경쟁력 있는 비밀스런 데이터

② 이러한 자료를 수집하기 위하여 투여된 시간

③ 이러한 자료를 다시 복구하기 위하여 투입될 시간

④ 기업의 모뎀전화번호와 주 컴퓨터 비밀번호는 대체적으로 드라이브에 보관될 것이다.

따라서 이러한 정보가 노출될 경우, 기업은 다음의 사항에 취약하게 된다.

라고도 하며, 전화를 걸어 상대방을 찾았으나 부재 중일 경우 필요한 음성 내용을 저장하도록 한 다음, 상대방이 전화를 받을 수 있을 때 이를 들을 수 있도록 하는 서비스를 말한다.

① 주 컴퓨터 데이터의 파괴와 대량의 자료 절도
② 바이러스, 트로이목마 등으로 인한 사보타주

이와 같은 해킹을 방지하기 위한 권고사항은 다음과 같다.

① 보안책임에 대한 구성원 상호간의 의식을 개발한다.
② 외부인에 의한 컴퓨터에의 물리적인 접근을 차단한다.
③ 소프트웨어에 대한 접근을 제한하고 우수한 비밀번호를 사용한다.
④ 재료, 디스크, 백업 등에 관련된 컴퓨터를 보호한다.
⑤ 사용 중인 단말기는 이동시 항상 끈 다음 이동한다.
⑥ 의심스런 침입이나 변경된 데이터는 즉시 보고한다.
⑦ 컴퓨터를 사용하지 않을 경우에는 중요한 데이터는 이동시켜 놓는다.
⑧ 플로피나 광학 디스크와 같은 메모리 장치를 보호한다.
⑨ 부주의하게 중요한 자료가 손실되는 것을 방지하기 위해서 다른 곳에 복사해 둔다.
⑩ 삭제명령에 의지하지 말고 초기화(포멧)를 시행한다.
⑪ 컴퓨터를 폐기하기 전에 디스크를 안전히 삭제한다.
⑫ 사용하지 않는 컴퓨터는 네트워크와 접속을 종료한다.
⑬ 컴퓨터를 사용하는 전화선은 접근보호가 필요하다.
⑭ 정품이 아니거나 빌려온 소프트웨어의 사용을 금한다.
⑮ 정기적으로 모든 데이터를 백업시켜 둔다.
⑯ 구성원이 퇴직하기 전에 사용했던 컴퓨터의 하드디스크를 재포멧한다.
⑰ 타인이 무슨 이야기를 하던 간에 당신이 알지 못하는 사람에게는 시스템보안에 관하여 말하지 않는다.

3) 휴대폰의 취약점

휴대폰이나 무선전화기는 도청에 가장 취약한 기기이다. 우리가 알고 있는 일반적인 상식과는 반대로, 이러한 기기를 통한 대화의 청취는 정지되거나 방해 없이 일반적으로 매우 명확하게 들을 수 있다.

휴대폰을 통한 모든 대화를 명확하게 들을 수 있으므로 휴대폰의 사용시에는 각별한 주의가 요구된다. 휴대용 무전기의 교신은 수백 마일 밖에서도 청취가 가능하다.

휴대폰이나 무선전화기 교신의 감시는 불법이나 자신의 비밀이나 프라이버시를 법에 의지하여서는 안 될 것이다.

컴퓨터를 이용한 휴대폰 도청의 새로운 기술은 모든 과정이 자동적으로 이루어진다. 이것은 인간의 도움 없이 휴대폰 간의 통화를 24시간 동안 특정 전화번호를 감시하는 것을 가능하게 하였다.

자동차에서의 전화교신을 보호하려면 다음 사항을 주의한다.

① 특별한 프로젝트를 확인하려면 대화시에 이니셜이나 비밀스런 어휘를 사용한다.

② 일반적이고 관심을 끌지 않는 어휘를 사용한다.

③ 회사 이름이 들어있지 않는 번호나 다른 정보로 간주된 번호를 사용한다.

가정용 무선전화기는 1마일 정도 밖에서 수신이 가능하다. 따라서 가정용 무선전화기는 단지 수신용으로만 사용할 것이 권장된다. 이것의 보안을 향상시키려면 통상적인 유선전화기로 바꾸어 사용하는 것이 유리하다. 그러나 만약 불가피하게 무선전화기를 사용하게 된다면, 디지털 스프레드 스펙트럼 기술을 사용한 900Hz 주파수내에서 작동하는 것을 사용한다.

그리고 다음의 사항을 고려하여야 한다.

① 상대방의 전화는 감시될 수 있다.

② 여객기와 기차내 전화는 도청될 수 있다.

③ 여객선의 전화도 도청될 수 있다.

④ 위성을 통한 장거리 전화는 도청될 수 있다.

⑤ 극초단파 무선국에 연결된 장거리전화는 도청될 수 있다.

4) 업무용 전화의 취약성

다양한 모습을 가진 업무용 전화들이 산업스파이에게 다양한 도청의 기회를 제공한다. 업무용 전화는 그 자체가 전원과 내장형 마이크로폰과 스피커를 부착하고 있어서 다양한 목적을 수행하며, 도청기를 숨길 수 있는 충분한 공간을 제공한다.

전화보안의 체크사항은 다음과 같다.

① 전화기가 설치된 장소는 고도의 보안을 유지한다.

② 메인 전화스위치로 직접 전화 거는 것을 통제한다.

불법적인 전화시스템에의 접근의 위험은 다음과 같다.

① 스위치의 프로그램이 해독된다.

② 다음의 것들이 접근하도록 비밀 프로그램을 다시 작성한다.

ⓐ 무료전화, ⓑ 음성사서함(비밀번호 유출), ⓒ 통화중 강제할입 가능(통화중인 회선에 프로그램을 활용하여 상대방이 인지하지 못하도록 끼어들어서 통화내용을 도청한다), ⓓ 브리지 도청의 생성(도청대상 회선에 물리적으로 직접 연결하지 않고 프로그램상으로 도청대상 전화에 걸려오는 전화를 다른 회선과 연결하여 도청한다), ⓔ 모든 전화통화의 기록들을 감시할 수 있는 통화기록관리(SMDR)를 감시한다.

업무용 전화기의 취약성을 방지하기 위한 권고사항은 다음과 같다.

스위치가 외부의 귀환 유형 모뎀라인과 연결된 다이얼 호출방식 모뎀을 정기적으로 바꾼다. 이러한 배치로서 구내교환전화(PBX) 연결에 권한을 가진 전화번호에만 제한되게 한다.

① 현장에 프로그램화된 단말기를 보호한다.

② 시스템 관리자는 신뢰할 만한가.

③ 도청에 대한 주기적인 검사를 실시한다.

④ 중요구역에서 사용되지 않는 모든 선로를 제거한다.

⑤ 설치된 소프트웨어에 대한 불시의 감시를 실시한다.

⑥ 음성사서함과 스위치접근 비밀번호는 고도로 비밀을 유지한다.

⑦ 모든 의심스런 전화나 이상한 음성메일은 전화시스템 사용자에게 물어본 다음 즉시 보안부서에 보고한다. 더불어 이러한 것들은 시스템의 서비스를 훔치려고 침입하려는 해커들의 징후이기도 한다.

제3절 테러리즘과 요인경호

1. 테러리즘의 개념

미국에서 3천명 이상이 사망한 것은 남북전쟁 이후 2001년 9·11테러가 최초의 경우이다. 미국을 제외한 지구촌 국가의 군비의 합친 것보다도 많은 국방비를 퍼붓고 있는 국가가 아주 독특한 항공기 납치 테러라는 비대칭적(asymmetric) 기법의 테러리즘의 희생이 된 것은 테러리즘에 완벽하게 대항하는 것의 어려움을 나타내는 본보기이다.

현대의 테러리즘은 국제질서를 규정하는 새로운 개념으로 자로잡고 있다. 테러란 용어의 어원은 '깜짝놀라게 하거나 소스라치게 하다'라는 의미의 라틴어 동사 Terr(ere)에서 유래한 것이다.[25)]

테러리즘의 일반적인 의미는 어떤 정치적 목적을 달성하기 위하여 직접적인 공포수단을 이용하는 주의나 정책, 폭력적인 공포정치 또는 암흑정치를 말하며, 일반적으로 테러(terror)라면 테러리즘을 뜻한다.[26)]

테러는 위협 ·폭력·살상 등의 끔찍한 수단을 수반하므로, 테러·테러리즘·테러리스트라는 말들은 사람들에게 공포와 전율을 느끼게 한다. 테러리즘에 대한 개념과 정의에는 시각과 관점에 따라 약간의 차이와 이견이 있어 왔다.

같은 사건을 보면서도 관점에 따라서는 테러리즘으로 규정하기도 하고, 또 어떤 경우에는 일반범죄로 취급하기도 하며, 다른 시각 즉 특정집단에서는 애중적(愛衆的)·애국적인 행동으로 평가되기도 한다. 따라서 테러리즘에 대한 견해는 합의적 정의를 기대하기 힘든 것으로, 테러리즘을 연구하는 사람들이 각자의 주장이나 이론에 따라 설명하고 있는 실정이다.

이와 같이 테러리즘을 어떻게 정의할 것 인가에 대하여 일반적으로 일치된 정의는 존재하지 않으며[27)] 여기에는 수많은 정의가 존재한다. 따라서 여기에서는 테러리즘

---

25) The Random House College Dictionary, Revised Edition, 1980, p. 1357.

26) 'Terrorism'이란 용어는 18세기 말부터 사용되기 시작했는데, 그때는 주로 대중의 복종을 확고히 강제할 목적으로 행해지는 정부의 폭력 행위를 일컫는 말이었다. (노암 촘스키, 해적과 제왕, 황소걸음, 2004, 9면).

27) James M. Poland, "*Understanding Terrorism*," (Englewood Cliffs, NJ: Prentice-Hall, 1988), pp. 9~11.

을 공포 · 위압 폭력 혹은 정치적 · 종교적 · 형사적인 목적을 위한 공격적인 전략들의 이용이라고 정의하고, 일반적으로 테러리스트들은 대체로 고도의 훈련과 기동을 지니고 있다. 또한 테러리스트들은 대체적으로 그들이 주장을 나타내기 위해 최대한 대중 매체를 이용하며 기습과 폭력의 수행으로 특성지워진다.

테러리즘의 영향의 다양한 정의는 어떻게 이것이 측정되며, 증가나 감소하는가의 여부이다. 미 법무성과 CIA에서 근무한 경험이 있는 존슨(Larry C. Johnson)은 많은 정부관리나 민간분야 전문가들이 테러리즘이 증가할 것이라는 관점을 가지고 있으며, 이러한 관점은 공공의 인식과 동일하므로 반대하는 관점이 없다. CIA의 조심스러운 분석과 FBI의 데이터에서 보여주듯이 테러리즘은 국내에서나 국제적으로나, 10년 전에 비해 증가하지는 않으나 더욱 치명적이라고 주장한다. 1987년에 665건의 국제 테러리스트 공격이 있었으며, 1995년에는 440건이 발생하였다. 이 숫자는 강력한 정책, 국가 지원 테러리즘에 대한 제재, 해외에서 증가된 FBI와 CIA의 운영능력, 소연방의 붕괴에 따라서 감소하고 있다. 정치적인 주장을 하는 테러리즘이 감소하고, 세계무역센터나 오클라오마 시의 폭발과 같은 것은 복수를 보여주는 것이라고 지적하고 존슨은 대량파괴 무기의 사용가능성은 위험요소들을 증가시킬 것 이라고 언급하고 있다.[28)]

미국 에너지부의 보안 프로그램에서 근무했던 리더(Stephan H. Leader)에 따르면, 테러리즘의 좁은 의미의 정의가 하급 직원들을 대변하였다. 반면 핑커톤 위험평가 서비스에 의해 수집된 통계는 더 넓은 정의를 기초로 하므로 국무성의 테러리즘의 사건보다 더 많은 건수를 보여준다. 그러나 모든 측면에서 기업분야가 해외에서의 테러리즘 공격의 주요한 목표가 될 것이라는 것은 동의한다.[29)]

2. 테러리즘의 역사

테러를 역사적으로 더듬어 보면 인류의 기원까지 거슬러 올라간다. 구약성서 창세기 제4장을 보면, 인류의 시조 아담이 나온다. 그는 두 아들을 두었는데, 큰아들은 카인, 작은아들은 아벨이다. 카인은 동생 아벨을 시기한 나머지 동생을 쳐 죽였다. 이것이 인류사상 첫번째 살인으로 기록되었으며, 학자에 따라서는 카인을 최초의 살

28) Larry C. Johnson, "*The Fall of Terrorism*," Security Management (April 1997), pp. 26~32.
29) Stefan H. Leader, "*The Rise of Terrorism*," Security Management (April 1997), pp. 34~39.

인자이며 테러리스트로 보는 견해도 있다. 이후 인류가 집단사회를 이루면서부터 테러리즘은 강한 자의 통솔도구, 공포정치의 수단으로 악용되어 왔다. 테러리즘이란 용어는 1789년 프랑스혁명 당시 혁명정부의 주역이었던 J.마라, G.J.당통, 로베스피에르 등이 공화파 집권정부의 혁명과업 수행을 위하여 왕권복귀를 꾀하던 왕당파를 무자비하게 암살·고문·처형하는 등 공포정치를 자행하였던 역사적 사실에서 유래한다. 즉, 단순한 개인적인 암살이라든지 사적 단체에 의한 파괴 등이 아니고, 권력 자체에 의한 철저한 강력지배, 혹은 혁명단체에 의한 대규모의 반혁명에 대한 금압 등을 일컫는다.

프랑스에서는 자코뱅의 공포정치에 대한 1794년 이후의 테르미도르 반동, 1815년 혁명 후의 루이 왕조에 의한 보나파르트 파에 대한 탄압, 1871년 파리 코뮌의 패배 후, 이들에게 가해진 베르사유 파에 의한 대량학살 등은 백색 테러리즘의 예이다. 이에 대하여 앞서 예를 든 자코뱅의 강압지배는 적색 테러리즘이라 불리는데, 혁명을 추진하기 위한 강권정치, 반동파에 대한 탄압 등은 1917년의 러시아혁명에서도 자행되었다. 그리고 히틀러와 무솔리니의 지배확립의 과정, 독재정권 수립 후의 공산주의자 또는 유대인 등에 가해진 잔인한 박해도 테러리즘의 예이다. 이와 같이 테러리즘은 혁명의 과정에서 발생하는 정치현상이다. 1937년 국제연맹(League of Nation)에서 개최된 '테러리즘 방지와 처벌에 관한 회의'는 국제적 차원에서 테러리즘의 개념을 정의하고자 모인 첫번째 시도였다. 그러나 참가국의 이해가 엇갈려 안건은 채택되지 못하였다.

다만, 이때 열린 회의에서 테러리즘을 "한 국가에 대하여 직접적인 범죄행위를 가하거나, 일반인이나 군중들의 마음속에 공포심을 일으키는 것"이라고 규정하고, 국가원수의 배우자에 대한 살상, 공공시설 파괴 등을 테러리즘에 포함시켰다. 테러리즘은 "정치적 목적이나 동기가 있으며, 폭력의 사용이나 위협이 따르고, 심리적 충격과 공포심을 일으키며, 소기의 목표나 요구를 관철시킨다"는 네 가지 공통점을 지니고 있다.

3. 테러리즘의 대책

테러리즘에 대한 대책을 고려할 경우에, 첫번째로 고려할 사항은 폭탄의 사용을 넘어선 테러리스트들에 의해 사용된 방법들이다. 테러리스트들은 화학과 생물학무기[30]의 원재료는 자유스럽게 혹은 암시장에서 구입할 수 있다.

1991년에 미국의 극단론자 집단은 연방 법집행 공무원들에 대응하기 위해 생물학 약품인 리신[31]을 재조하고 그것의 사용에 대하여 논의하였으며, 1995년에 한 미국 시민이 체포되기 전에 메리랜드(Maryland)사로부터 3개의 선(腺)페스트[32] 물약 병을 구입하였다.[33]

현대 테러리즘에 가장 우려되는 것은 테러리스트들이 대량살상무기인 생화학무기와 핵장비를 구입하거나 제조하며 또는 재래적인 폭탄 사이에 쉽게 방사능 물질을 숨길 수 있으며, 건물의 환기시설은 치명적인 물질들을 퍼뜨릴 수 있는 쉬운 방법이다. 이와 같이 테러리즘의 한 형태로서 제품을 매수하는 것은 죽음·부상·공포 그리고 기업에 심각한 경제적인 손실을 발생하게 한다.

오늘날 인터넷은 선별된 무기들을 만드는 정보를 얻는 정보원의 보고이며, 다양한 집단들이 앞선 그들의 기술을 보여주기 위해서 전술에 관한 소책자를 발간한다. 예를 들어, 낙태 반대 주의자들은 강력 접착제를 이용하여 낙태 실시 병원의 문에 소책자를 부착하여 낙태병원의 문을 열지 못하도록 하거나, 집 지붕의 낮은 부분에 구멍을 뚫거나, 문 앞 편지 보관함 안에 호스를 끼어놓는다.[34]

테러리스트들의 전략은 우편시스템과 전화, 이 메일(E-mail)이나 컴퓨터 시스템을 포함한다. 사이버 테러리즘[35]은 테러리즘을 저지르기 위하여 컴퓨터 시스템을 이용하

---

30) 질병 매개체를 포함한 생물학적 작용제에 의해 생물을 살상가해하는 무기로서 세균무기의 개념이 확대된 것으로, 세균바이러스리케차(rickettsia) 등으로 사람·가축·식물을 살상 또는 고사시키며, 폭탄포탄 등에 넣어서 살포하거나 음식물에 혼입하는 방법으로 공격한다. 대량살육의 가능성이 많아 비인도적이라는 이유에서 국제법으로 그 사용이 금지되어 있을 뿐만 아니라, 1975년 3월 29일에 발효한 국제조약에서는 개발·생산·저장까지도 금지하고 있다. 그러나 많은 국가에서, 보복사용의 가능성과 방어방법의 연구를 구실로 연구개발이 촉진되고 있다. 오늘날 개발된 생물학적 작용제는 수십 종에 달하며, 대인용으로 사용되는 세균에는 장티푸스·콜레라·페스트·디프테리아 등의 균, 바이러스에는 뇌염·유행성독감·천연두·뎅기열(dengue)·황열병(黃熱病)의 병원체 등이 있다.

31) 리신(ricin)은 피마자(Ricinus communis: 아주까리)의 종자에 존재하는 알부민의 일종으로 치사독인자와 혈구응집인자를 가지는 독성 단백질이다. 분자량 77,000~85,000이다. 몸무게 20g인 생쥐를 24시간 내에 치사시키는 최소단백질 질소량은 0.25μgN이다. 열처리, 0.5% 포르말린 처리, 단백질분해효소 처리 등으로 독성을 잃는다.

32) 림프절 페스트(bubonic plague)는 페스트 환자의 약 90~95%를 차지한다. 잠복기는 1~6일이며 발병한지 2일 이내에 서혜부 (70%), 액와부(20%), 경부(10%)에 동통이 수반되는 림프절 종창이 생기며, 이 장소는 벼룩에 물린 부위와 일치한다. 비특이적인 증세로는 발병과 함께 오한, 발열(39~40℃), 구역, 구토, 설사 등이 생기고 맥박이 빨라지고 환자는 불안해 하다가 의식이 흐려지기 도 한다.

33) FBI, Terrorism in the US, 1995 (Washington, D.C.: U.S. Government Printing Office, 1997), p. 14.

34) Pro-Life Terrorism: A How-To," Harper's Magazine (January 1995), p. 19.

35) 사이버 테러리즘(cyber terrorism)은 컴퓨터 통신망상에 구축되는 가상공간인 사이버 공간을 이용한

고 오늘날 대테러 방법과 컴퓨터 보안은 국제금융거래를 혼란시키거나, 원거리에서 생명의 손실을 발생시킬 수 있는 제약회사의 조제법을 변경시키는 사이버 테러리스트에 대하여 필적하지 못함에 대한 논의가 활발하다. 따라서 이것에 대한 대책은 사이버 테러리스트의 세계를 조정하거나 침투할 수 있는 전문가들을 포함하여야 한다.[36]

여기에 언급한 내용은 일반적인 몇 가지의 테러리즘에 대비한 전략들이다.

① 영국의 테러리즘 전문가 폴 윌킨슨(Paul Wilkinson)은 "테러리즘과 싸우는 것은 축구에서의 골키퍼와 같다"고 말했다. 이 말의 의미는 당신이 눈부시게 수백번의 상대방의 득점을 막았으나, 사람들은 당신이 허용한 단 한번의 장면만을 기억한다는 것이다.[37]

② 정부는 테러에 대한 정보력을 증강하고 테러리스트 집단에 침투한다.

③ 적에 대한 의식을 유지하는 것은 테러리즘의 모습을 드러내게 만들 것이다.

④ 다양한 조직체들에 의해 임차된 건물에 대한 주의깊은 관심을 기울인다.

⑤ 테러리즘과 테러리스트들의 방법 그리고 술책에 대해서 직원들의 관심을 향상시킨다.

⑥ 출입관리, 투광성 물질, 여러 가지 물리적 보안, 화재 방지, 시설물의 보호를 주의 깊게 계획한다.

⑦ 테러리스트들이 선호하는 목표들에서 테러리스트의 공격을 방지하기 위해서 테러리스트들의 "추적"에 엄청난 보안비용을 소모하나 새로운 목표는 새로운 방법으로 공격되므로 보안대책들은 새로워진 위협에 항상 "뒤쫓아 가는"것이 될 것이다.

폭력행위를 가리키는 용어로, 컴퓨터 통신망을 이용하여 정부기관이나 민간기관의 정보시스템에 침입, 중대한 장애를 발생시키거나 파괴하는 등의 범죄행위. 미국 등 정보화 선진국에서 인터넷과 같은 범세계적 컴퓨터 통신망을 이용한 각종 범죄단체의 테러 위험성이 현실화되고 있기 때문에 사이버 테러 또는 사이버 테러리즘이 지구촌의 새로운 공동관심사로 부상하고 있다.

36) Barry Collin, "The Future of CyberTerrorism," Crime and Justice International (March 1997), pp. 14~18.

37) Leader, "*The Rise of Terrorism,*" p. 39.

4. 요인 경호기획

국내에서나 외국에서 기업은 납치 · 유괴 · 암살 · 폭격 · 사보타주의 목표가 되어왔다. 테러리스트들은 그들의 이유인 돈을 얻기 위해서나, 기업이나 정부의 정책을 변경시키거나, 여론을 변경시키기 위해 이러한 방법들을 이용한다. 또한 조직범죄 집단도 이러한 범죄행위에 참여한다. 그러나 테러리스트와 비교하여 그들의 목적은 거의 항상 돈이다. 요인에 대한 공격은 라틴 아메리카, 중동, 유럽에서 일반적이다. 그러나 미국이나 다른 나라에서도 요인에 테러리스트의 공격을 받기 쉽다. 성공적인 테러리스트의 기술들은 한 나라에서 다른 나라로 퍼지면서 이용된다. 이것은 왜 기업들이 사건에 대한 상세한 내용이나 심지어는 테러리스트의 출연에 대한 정보의 발표하는 것을 꺼리는 이유 중의 하나이다. 여러 유수한 기업체들이 과거에 테러리스트의 공격을 당한 경험이 있다.

요인 경호 프로그램의 중요한 시작은 위기관리 기획과 팀을 개발하는데 있으며, 상당한 연구와 가변성에 대한 인식이 계획과정을 향상시킬 것이다. 만약 비용효과적이라면 둘 이상의 학문분야에 걸치는 집단의 연구가 프로그램에 크게 도움이 될 것이다. 그 집단은 최고경영자들과 보안 관리자, 전 국가요원, 대테러 전문가, 정치분석가, 보험전문가, 법률 협상가로 구성이 된다.

만일 이러한 단계들이 준비되지 않았다면, 기획의 초기단계에는 상위 경영진들이 요인들의 경호의 필요성을 확신해야 하고, 상위 경영진의 확신의 부족은 대중매체를 통하여 테러리즘이 보도가 될 경우에 확신하게 될 것이다. 그러나 요인 경호의 비용효과적인 설명과 경영진에게 잘 준비된 발표에 대한 책임자는 보안 관리자이며 뒤따르는 예산배정은 경호활동을 이상적으로 실행할 수 있도록 지원되어야 한다.

초기 기획은 취약성 부분과 대책들을 명확하게 규정하여야 한다. 여기에는 어떤 요인이 테러리스트의 목표가 될 가능성이 있는가? 어디서? 언제? 어떤 단체들이 토착 테러리스트인가? 그들이 이용하는 방법은? 특정한 나라의 사회적 · 정치적 상황은 어떠한가? 과거 테러 사고에서 특정 정부는 어떤 역할을 하였는가? 이러한 질문들에는 연구와 정보의 수집이 필요하며, 정부·경찰조직의 협조 또한 필요하다.

기획은 테러 공격시의 정책이나 절차의 확립으로 구성되며, 적절한 권한이 배정된 특정한 중역이 의사결정과 전달의 조정에 도움을 주고 손실을 줄이는데 명백한 역할을 하게 될 것이다. 만약 인질이 붙잡혔다면, 이러한 준비가 없이 해당 기업은 대응팀을 조정하는 사이에 초기 대응기회를 잃게 될 것이다.

경호기획 단계에서 요인 경호 프로그램의 정도에 따라 많은 사람들이 훈련과 교육 단계에 들어가고 여기에는 요인들, 그들의 가족, 보안 근무자(예, 관리자 · 경호원 · 사복 근무자)가 최고로 우선된다. 그러나 운전사, 시중드는 사람, 정원사, 그리고 공무원 또한 예방전략, 개인 보안, 인식과 의심스러운 상황의 보고, 폭탄 협박이나 우편 폭탄, 방어운전과 같은 기술을 포함하는 테러리스트의 기술이나 대책에 대한 지식이 있어야 한다. 그러나 대부분의 회사 내의 보안 근로자들은 요인경호를 실시할 수 있는 전문가들이 아니므로 경호전문 컨설턴트를 활용하여야 할 것이다.

5. 일반적인 보호전략

테러리스트들이 관심을 갖는 잠재적인 소재들은 노출되지 않아야 하며, 그들의 신원 · 관계 · 직위 · 주소 · 전화번호 · 재산, 또는 적들에게 유용한 어떤 정보도 공표되지 않아야 한다. 미래의 여행계획이나 사회적인 활동에 관한 공개를 피하는 것이 현명한 것이다. 그리고 위험에 처할 경우에는 다른 사람과 전화통화를 할 경우나 식당에 있을 경우에는 주의를 해야 하고 중요한 정보를 폐기할 경우에도 조심하여야 한다.

1) 예상 가능한 패턴의 회피

유명한 이태리의 정치가 모로(Aldo Moro)[38]는 습관적인 행동에 기인한 고전적인 방식으로 1978년 암살되었다. 모로는 완벽하게 자신의 일정이 노출되었다. 그는 근처의 교회에 참석하기 위해 아침에 그의 집을 출발하곤 했는데, 납치되던 날 오전 9시 바로 직후에 그는 사무실로 가는 중이었다. 이 노선은 다른 대안이 있었음에도 매일 동일했다. 비록 모로에게는 5명의 무장한 경호원이 있었으나, 그들은 불행한 최후를 맞았다. 저격수같은 정확한 사격으로 특징지어진 이 공격은 테러리스트들이 모로의 차량의 진로를 막은 다음 그리고 뒤따르는 경찰차도 차단하였다. 그리고 좁은 길에서 4명의 총을 가진 테러리스트들이 장애물 뒤에 숨어서 사격을 가했으며, 이때 80발의 총알이 경찰차에 박혔다. 이 결과로 3명의 경찰과 모로의 운전사, 한명의 경호원이 숨졌으며 모로는 차에서 끌어내어져 납치되었다. 그리고 거의 2달 후에 모로는 로마의 차 안에서 시체로 발견되었다.

---

38) 모로(Moro, Aldo, 1916~1978)는 이탈리아의 법학자이자 정치가로서 1978년 3월 '붉은 여단소속의 테러단원에게 납치당하였다가 5월에 시체로 발견되었다.

2) 테러리스트의 술책의 인식

일반적으로 테러리스트 집단은 요인의 거주지나 사무실을 시설물의 점검이나 무언가를 고친다는 핑계하에 침입하려고 시도한다. 따라서 수리공이나 공무원 입장을 허용하기 전에 고용주에게 전화를 하여 확인이 되어야 한다. 그리고 학교에서는 요인의 가족에게 전화를 한 사람을 확인되지 않으면 요인의 자녀에 관한 정보를 주의해서 알려주어야 한다.

오늘날 경호원을 고용하는 것은 민간 보안분야에서 성장하는 산업분야이며, 경호원은 주의 깊게 선발되고 훈련되어야 한다. 그리고 요인의 주변에 있는 다른 직원들(예, 시중드는 사람이나 정원사)도 악의적인 목적을 가지고 채용시 자신의 이력을 숨기지 않았는지를 조사하고 요인의 경호 프로그램을 위한 적절한 장비는 방탄조끼와 의복총기 · 통신장비 · 무장차량을 포함한다. 그리고 요인의 개인 파일은 회사 본부의 안전한 장소에 보관되며 만약 납치가 발생할 경우에 이러한 데이터는 중요하다. 파일의 내용에서 중요한 것은 요인의 이력서 · 가족구성원 · 관련된 직원들의 사진 · 이름 · 지문 · 목소리 테이프 · 자필서명 샘플이다.

3) 사전 보안 체크리스트[39)]

① 차량 대형이 도착하는 정확한 장소는 어디인가? 이 도착지에서는 군중, 하차지점을 내려다보는 지역 또는 다른 차량들과 관련하여 어떤 종류의 문제의 발생이 예상되는가?

② 자동차들을 안전하게 주차할 곳은 어디인가? 자동차의 보안은 피경호인이나 요인경호의 연장이라는 것을 명심한다.

③ 자동차 행렬을 마중하고 방문하는 동안에 피경호인을 수행할 사람은 누구인가? 변경이 생기면 어떻게 통보받을 것인가?

④ 건물로 들어가는데 이용되는 정확한 도보상 경로는 무엇이고 경호측면에서 이 동선에서는 어떤 종류의 문제의 발생이 예상되는가?

⑤ 몇 명이 개별 엘리베이터를 담당할 것인가? 경호원은 피경호인과 함께 어떤 방법으로 건물에 도착할 것인가? 피경호인이 10명의 사람과 함께 여행할 경우, 그

39) Ron Johnston, How to manage the risk of personal protection(1997), 97 서울 국제 시큐리티 포럼, 69~74면.

리고 엘리베이터가 작아서 6명만이 탈 수 있다는 것을 알았을 경우, 이것은 피경호인과 함께 엘리베이터를 탈 사람이 누구인지 그리고 누가 수행할 것인지를 모든 사람들에게 알려야 할 그러한 사항이다. 모든 사람들을 동시에 엘리베이터에 타게 하는 것보다는 이것이 훨씬 안전하다. 어떤 경우에 심지어 경호원은 각 엘리베이터에 탑승할 개개인에 대한 정확한 리스트까지도 준비할 필요가 있을지도 모른다. 이러한 것들은 미국 백악관 경호실의 실제표준 업무이다.

⑥ 엘리베이터를 마지막으로 점검한 때가 언제인지? 엘리베이터가 검사받았다는 것을 전혀 예측할 수 없거나 점검이 매우 오래되었다고 여러분이 판단한다면 주최측에게 또는 그 건물경호 담당자에게, 방문하기 전에 엘리베이터를 점검하도록 제안하는 것이 매우 현명한 방법일 것이다.

⑦ 행사장 주변은 어떠한가? 몇 명이 그곳을 안전하게 지키는가? 너무 많은 사람이 모이게 되면 경호원이 피경호인을 안전하게 피신시킬 수 있는가?

⑧ 개인 통화를 위해 피경호인이나 요인이 이용할 수 있는 가장 가까이에 전화는 어디에 있는가?

⑨ 가장 가까운 화장실은 어디에 있는가? 가장 가까운 전화나 화장실의 위치를 아는 것이 피경호인의 안전에 구체적으로 영향을 미치지 않을 수도 있으나, 확실히 경호원이 그 장소에 대해 알아야만 원활한 행사가 진행될 것이다.

⑩ 피경호인이 사적인 모임을 갖기를 원한다면 그러한 모임에 적당한 가장 가까운 공간은 어디인가?

⑪ 소화기는 어떠한가? 소화기는 어디에 있고 어떻게 접근할 수 있는가?

⑫ 가장 가까운 소방서는 어디에 있는지, 그리고 그곳의 전화번호는 몇 번인가? 그 소방서에서 여러분이 있는 곳까지 도착하는데 걸리는 시간은 얼마나 되는가?

⑬ 화재경보가 화재를 알린다면 경호원은 무엇을 할 것인가? 경보가 그 건물의 먼 곳에서 발생한다면 피신할 것인가? 화재경보는 피경호인을 안전한 곳으로 내보내라는 사전 경고가 될 수도 있다는 것을 명심한다.

⑭ 가장 가까운 병원은 어디에 있는지, 그리고 병원의 전화번호는 몇 번인지, 운전사가 그 병원까지 가는 길을 알고 있는가?

⑮ 가장 가까운 경찰서의 전화번호는 몇 번이고 당신이 있는 곳까지 오는 정상적인 대응시간은 얼마나 걸리는가?

⑯ 여러분의 일차 대피로는 어떻고 일차 경로가 막히면 대체경로는 무엇인가? 이들 경우에 대해서는 눈을 감고도 잘 알 수 있어야 한다. 옆방, 뒷 복도 및 서비스 구역을 통과하는 것도 무방하다. 어느 방이든 건물이든 빠져나갈 수 있는 비상퇴로를 항상 확보하고 있어야 한다.

⑰ 연설을 포함하여 총 방문시간은 얼마나 되는가? 이것은 당신의 차량이나 자동차 대형의 위치를 잡는 것을 도와줄 것이다.

⑱ 지휘본부 또는 안전한 공간을 필요로 하는가? 만일 필요로 한다면 당신이 이용할 방은 그리고 필요한 장비는 무엇인가? 이것은 호텔에서 투숙시 특히 중요하다.

⑲ 전기설비와 공기 흡입구가 어디에 위치해 있고, 그것들이 고장나는 경우에 대체전력이 그 장소에 있는가? 대체전력이 없다면 긴급조명이나 손전등이 있는가 확인한다.

⑳ 그 장소나 방문지에 대해 가장 잘 알고 있는 그곳의 책임자를 만났는가? 그 사람은 당신이 그 장소에 신속히 익숙해지게 함으로써 여러분의 시간을 절약시켜줄 것이다.

㉑ 전체적인 보안계획을 수립하기 위해 경찰서, 소방서 또는 건물의 청원경찰을 만날 필요가 있는가? 같은 장소를 방문할 가능성이 있는 또 다른 피경호인이나 요인경호원과 조정작업을 하는 것은 어떠한가?

㉒ 주최자나 그 스탭진과 함께 그 행사에 대해 논의하고 계획적으로 그 방문의 여러 측면을 판단하였는가? 피경호인을 대리하는 주최자 및 스탭진은 일정 진행과 관련하여 완전히 다른 생각을 갖고 있을지도 모른다는 것을 인식한다.

㉓ 도착지와 출발지를 직접 답사하였는가? 대부분의 공격이 자동차에 탑승하거나 하차할 때 발생되기 때문에 특히 중요하다.

㉔ 다행히도 방문시 경호원을 도와주는 추가적인 경호 조치가 있다면 그 사람들이 도착시, 방문 도중에 그리고 출발시 어디에 위치하게 되는지 결정하였는가?

㉕ 많은 군중이 예상된다면, 도착하고 출발하는 장소에 차단장치가 있는지, 그리고 그것을 어디에 둘 것인지 결정하였는가? 경호원은 확실히, 피경호인이 리무진을 타기 위해 돌연히 차단장치를 건너서 올라가는 것을 원치 않을 것이다.

㉖ 운전기사들은 행사장의 기동로에 대한 모든 경로에 철저히 익숙해져 있는가? 운전기사가 그 곳을 백번 왔다 갔다 했더라도 행사가 있기 전에 그 장소에 대한

주경로 및 예비경로를 둘러봐야 한다.

㉗ 주경로가 정해졌다면 예비경로는 어떻게 설정되었는가? 지금까지 그 장소에 대한 전체 경로에 대해 언급하였고, 이제는 경로를 왕복하는데 소요되는 시간에 대한 것을 결정해야 한다.

㉘ 자동차 대형이 경로를 따라갈 때 가장 취약한 구역을 어디고 경호원은 그 문제를 어떻게 최소화할 것인가? 예를 들어 자동차 대형이 기차선로를 지나갈 예정이라면 기차가 여러분의 경로를 지나가도록 예정된 시간이 언제인지 알고 있는가?

㉙ 방문하게 될 장소 또는 구역을 실질적으로 완전하게 사전에 점검하였는가? 경호원이 이렇게 직접 검측을 완료한 후에는 경호책임자나 피경호인이 물을 수도 있는 모든 질문을 예상해 보아야 한다.

㉚ 경호원이나 또는 다른 경호그룹이 보안 구역으로 들어가는 체크포인트를 설정하였는가? 그렇다면 그러한 체크포인트로 들어가는데 필요한 요건은 무엇이고, 피경호인이 들어갈 때 사용할 수 있는 요인(VIP)용으로 특별히 남겨둔 통로가 있는가?

㉛ 사용하거나 또는 필요한 기술 지원수단이 있는가? 여기에는 X-레이기, 금속탐지기 및 폭발물 탐지장비가 포함된다.

㉜ 그 장소에서 경호원은 피경호인을 가까이에서 접촉하게 될 직원에 대한 신분확인을 할 권한을 가지고 있는가? 민간업계에서는 거의 이루어지기 않지만 정부차원에서는 거의 매번 수행되고 있다. 백악관의 피경호인과 아주 가까이 있게 될 사람들의 신원을 조사한 결과 많은 범인들이 붙잡혔다.

㉝ 데모나 항의에 대비하여 비상계획을 세워 놓았는가? 특히 특정 장소에서 어떤 데모나 항의가 계획되었는지 그리고 어디서 개최될 것인지 알아두고 그래서 사전에 데모자들을 접할 경우를 피할 수 있도록 하는 것이 더 현명하다.

㉞ 발생하게 될지도 모르는 긴급 대응이나 피난에 대비한 완전한 계획을 세워 놓았는가? 가장 중요한 것 중의 하나는 “당신이 있는 곳에서 가장 가까운 병원이나 의사에게 어떻게 가느냐?” 하는 것이다.

㉟ 비상 차량을 위한 장소를 결정하였는가? 이 차량은 건물의 뒤쪽 하차지역이나 건물의 반대쪽에 단지 한 대만 주차되어 있지만 공격이나 데모 또는 트럭의 화재와 같은 예상치 않은 사건이 경호원의 일차 자동차 대형을 막게 되는 경우에

사용될 수 있다. 그 비상 차량을 사용해야 한다면 여러분의 피경호인이 새로운 관점으로 경호를 볼 것이다.

㊱ 음식물이 구입되고 준비되는 방법을 계획하고 그리고 점검하였는가? 정부 조직은 물론 회사에서 사용하는 가장 보편적인 방법은 임시적인 검색방법인데, 이는 단순히 연회나 특별 행사의 모든 참석자들을 위해 준비된 음식 중 임의로 하나의 접시를 고르는 것을 의미한다. 룸서비스의 경우에 음식을 경호원에게 배달시키거나 또는 비서진에게 배달하게 하여 피경호인의 스위트룸으로 들여보내는 것이 최상의 방법이다.

㊲ 무선 및 전화통신을 계획하고 이행하였는가? 소규모 경호요원들에 대해서 조차도 무선 전화기 · 휴대폰 또는 호출기가 이용될 수 있는 장소에서 또는 그 주변에서 그러한 기기들을 검사하는 것이 중요하다. 이들 통신수단 중의 어떤 것이라도 문제가 있다면 경호요원과 자동차 대형의 다른 구성원과 계속 연락하기 위해서 대체계획안이 세워져 있어야 한다.

㊳ 경호원은 신분증명이나 자격증명의 요건을 결정하고, 그러한 요건이 무엇인지 알아야 할 필요가 있는 모든 사람들에게 알렸는가? 경호원의 피경호인 및 스탭진이 어느 행사에 나타났는데 적절한 신분증명을 갖고 있지 않거나 또는 경호의 측면에서 피경호인은 적절한 신분증명을 가졌지만 경호원이 갖고 있지 않다는 것을 발견했다면 경호원이 생각하기에 얼마나 당혹스럽겠는가?

㊴ 그 장소에 보도진이 있는지, 만약에 있다면 어디에 위치시킬 것인지 결정하였는가? 피경호인이 사진을 찍히거나 인터뷰하기를 원하지 않는다면 피경호인은 아마도 다른 입구로 도착해야 할 것이다.

㊵ 물품관리에 대해서 계획하였는가? 외국으로 여행하는 경우 피경호인의 여행상 요구사항이 특히 중요하다. 화물 · 장비 · 보조직원 및 호텔과 휴양처를 포함한 숙박의 안전에 대해 계획해야 한다.

경호원이 공격 · 사고 또는 난처한 상황에 대한 가능성을 성공적으로 최소화하기를 바란다면 보안계획을 잘 세워야 한다. 피경호인에 대한 문제를 최소화하기 위한 모든 것을 행한 후에, 경호원들은 이들 문제 중에서 하나라도 발생하더라도 적적한 대응준비가 되어 있는지 확인해야 한다. 다시 말해서 경호원들은 계획되지 않는 것에 대하여도 준비해야 한다.

4) 가정에서의 보호

요인의 집에 대한 조사는 물리적인 보안 취약점을 발견하는 것이다. 이러한 결점들은 출입관리, 적절한 조명, 절도 방지 자물쇠, 문, 침입자를 방지하는 창문, 침입 경보, CCTV, 경비견, 제복경비원에 대한 투자를 통하여 개선하고 이러한 고려는 재무장하기까지의 대응하는 시간을 제공한다. 또한 고도로 위험한 가족을 위해서는 "안전한 방"이 최고의 대안으로 이 안전한 방은 집안에 강력한 문과 다른 침투하기 어려운 특성을 지닌 강화된 공간으로 구급 재료는, 식량, 욕실이 유용한 시설이며 전화와 양방향 무전기, 외부감시 본부에 연결된 비상 버튼이 조력자를 찾는데 도움이 될 것이다. 또한 만약 무기가 방에 준비되어 있다면 적절한 훈련이 무기를 사용하기 위해 필요하다.

다음의 사항들은 집이나 가족에게 보호에 대한 조언이다.

① 집의 문이나 편지함에 이름을 써놓지 않는다.
② 리스트에 기록되지 않는 전화번호를 준비한다.
③ 기대하지 않는 소포를 받을 경우에 조심스럽게 조사한다.
④ 이방인에게 정보를 제공하지 않는다.
⑤ 알지 못하는 사람이나 밖에서 서성이는 사람을 조심하고 조력을 요청한다.
⑥ 외부로부터 사람이 쌍안경을 가지고, 아니면 도구 없이 내부를 관찰할 수 있는가에 대해 창문을 확인하고 두꺼운 커튼을 친다.
⑦ 창문이나 문은 항상 안전한가를 확인한다.
⑧ 아이들에게 낯선 사람의 입장을 허용하지 말고 외부인에게 정보를 제공하지 말라고 교육한다.
⑨ 아이들이나 성인들에게 보호에 관해서 교육한다.
⑩ 아이들이 집을 떠나 있을 경우에, 그들이 어디에 있는지 누구와 같이 있는지를 확인한다.
⑪ 아이들의 친구들의 주소와 이름을 기록해둔다.
⑫ 아이들에게 낯선 사람이 차를 태워주는 것을 권유할 경우에 거절하라고 가르친다.
⑬ 필요하다면 아이들에게 호위(escort)를 제공한다.
⑭ 아이들에게 어떻게 도움을 요청하는지 가르친다.

5) 사무실에서의 보호

거주지에서의 물리적인 설정과 마찬가지로, 보안은 요인의 사무실에서도 중요하다. 다음은 한 조사에 의한 강화된 요인경호의 개선대책을 나타내는 것이다.

① 사무실의 창문은 커튼이 쳐지고 방탄재료로 만들어진다.
② 사무실 책상에 숨겨진 경보버튼을 설치한다.
③ 접수된 편지와 소포에 대한 정책이나 절차를 확립한다.
④ 속임수에 의한 입장을 조심한다.
⑤ 몇 가지 통제에 의해 사무실까지의 접근을 감시한다.
⑥ 방문자와 동행한다.
⑦ 근무시간 외의 접근, 청소원이나 정비원은 제복의 경비원과 CCTV에 의해 감시된다.
⑧ 직원들에게 교육과 훈련을 시킨다.

6. 여행 중의 공격

역사적으로 테러리스트들은 요인(정치인)들이 여행 중에 공격하는 경향이 있으므로 보안 실무자들은 다음 대책들을 고려한다.

① 눈에 띄는 리무진의 사용을 피한다.
② 차량을 정기적으로 정비한다.
③ 항상 자량의 연료는 절반 이상을 유지한다.
④ 무장된 차량을 이용한다.
⑤ 차량에 침입이나 손대는 것을 방지하기 위한 경보기를 설치한다.
⑥ 전화나 양방향 무전기는 대응을 촉진하며, 특히 비상시에 중요하다.
⑦ 원격조정 전자식 차 시동장치는 원거리에서 차의 시동을 건다. 이것은 폭탄을 작동시키며, 만약 폭발물이 설치되었다면, 운전자와 요인이 반경 안에 들어오기 전에 폭발하게 한다.
⑧ 차량 안에 폭탄 탐지장치의 설치를 고려한다.
⑨ 헤드라이트 지연장치는 시동이 멈추고 나서 1분 후에 헤드라이트가 자동으로 꺼지도록 한다.

⑩ 차량 뒤에 부착되어 있는 높은 강도의 라이트는 차량이 추적하는 것을 방지한다.
⑪ 차량안의 전자적인 "신호발신장치"는 라디오 신호를 보내서 요인의 차량이 납치될 경우에 어디에 있는지 확인할 수 있다.
⑫ 물리적인 안전과 함께 자동차 주차장을 보호한다.
⑬ 지정된 주차 공간의 사용을 피한다.
⑭ 문 · 가스 뚜껑 · 후드 · 트렁크 잠김상태를 유지한다.
⑮ 차량의 열쇠를 관리한다.
⑯ 차량에 개인 전용화된 번호판 혹은 회사 로고의 사용을 피한다.
⑰ 차에 타기 전에 차량 안과 밖을 살펴본다.
⑱ 만약 필요하다면 요인을 태우려고 할 경우에 운전사는 협박당하고 있다는 신호를 알고 있어야 한다.
⑲ 자동차 편승 여행자, 곤궁에 빠진 모터리스트, 혹은 사고를 돕기 위해 차를 멈추지 않는 것이 함정에 빠지지 않게 하고 도움을 요청하기 위해서 전화를 이용하나 계속 운전한다.
⑳ 운전사와 경호원을 선발하고 훈련시키고 요인과 그 가족을 포함하여 교육한다.
㉑ 추격을 따돌리는 운전사의 훈련은 중요하다.
㉒ 만일의 사용에 대비하여 차량에 무기를 준비한다.
㉓ 여행 일정계획의 비밀을 유지한다.
㉔ 상대방이 예측할 수 없도록 한다.
㉕ 대체노선과 더불어 노선을 완벽하게 파악한다.
㉖ 안전벨트를 착용한다.
㉗ 만약 추적당하고 있다면, 전화로 도움을 요청하고 계속해서 경보음을 울리면서 멈추지 않는다.
㉘ 비행기를 이용할 경우에는, 회사 비행기 대신에 상업용 비행기를 이용하라. 이것이 회사에서 많은 안전조치를 취하는 대신에 상업용 비행기가 더 안전할 것이다.

7. 유괴 보험

오늘날 기업들은 유괴된 요인과 교환하기 위한 엄청난 몸값에 대비하기 위해 유괴 몸값 보험에 가입하여 매년 수백만 달러의 보험료를 이러한 보험에 따라 보험회사에 지급한다. 물론, 보험회사는 보험료를 줄이기 위해 어떤 보호기준을 요구할 것이며, 보험회사는 테러리스트들이 보험에 들어있는 회사의 요인을 목표로 삼기 때문에 이러한 보험을 계약하는 것을 꺼린다. 더욱이 이러한 보험은 가끔 만약 보험을 들어있는 회사가 보험의 존재를 노출할 경우에 취소할 수 있는 조항이 포함되어 있다.

그러나 보험은 방어(요인경호)의 여러 방법 중에 마지막 대책의 하나로서 고려될 것이므로 보험은 보안전략의 예비전략과 같다.

유괴가 발생한 후에 계획과 훈련의 가치가 분명해진다. 누구 유괴자의 전화를 받든 간에 기꺼이 협조하겠다는 의사를 표현해야 하며 전화를 받은 사람은 희생자와의 통화를 요청하는 것이 계략을 감지하는데 도움을 줄 것이다. 인질이나 유괴자에게 인질의 생일, 어머니의 처녀 때의 이름에 관한 질문을 하는 것은 계략을 알아내는데 도움을 줄 것이며, 미리 정해진 암호들이 효과적이다. 수신자는 전화를 받은 후에 적절한 권한을 가진 사람에게 알리며 만약 소포나 편지를 받았다면, 수신자는 조심스럽게 다루며, 다른 사람이 손대는 것을 제한하며, 권한이 있는 자에게 알린다.

그들 스스로 유괴사건을 해결하려고 하는 사람은 이미 위험한 상황을 더욱 악화시킬 것이므로 보안 실무자와 공공 법집행기관(예, 경찰)이 수사나 정보수집, 협상에 뛰어나므로 전문가에게 의지한다. 이러한 전문가들은 첫째로 인질의 안전을 우선으로 하고 두번째로 범행자의 체포를 고려하나, 많은 외국의 경우에는 때때로 이 우선순위가 뒤바뀌기도 한다.

따라서 사전에 유괴 이후의 대응에 대한 회사원칙이 정해진다. 이러한 원칙에는 누구 통지하는가, 누가 희생자의 가족에게 알리는가, 몸값의 지급에 대한 기준은 무엇인가, 누가 현금을 모을 것인가, 누가 어떻게 전달할 것인가와 같은 일반적인 것에 대한 대응을 정한다. 이러한 원칙들은 더 이상 납치된 장소를 혼란스럽게 하지 않으며, 다음의 전화에 대해 도청을 할 것인가 말 것인가, 아니면 녹음을 할 것인가, 어떻게 외부인에게 완벽한 비밀을 유지할 것인가, 또한 사진을 찍어서 이익을 얻으려는 다른 사람이나 단체의 방해를 방지하기 위한 납치자와 암호의 사용을 상세하게 정한다.

이때 기업의 위기관리팀은 회사의 대응과 납치자 사이를 조정하는 권한을 가지며 테러리스트들은 언제든지 행동을 저지르기 때문에 팀 구성원들은 항상 호출에 대비해야 한다.

다음은 인질의 가장 기본적인 행동지침이다.

① 버둥질치거나 유괴범과 논쟁하지 마라.
② 안정된 상태를 유지한다.
③ 모든 상황에 대비하여 마음의 준비를 한다.
④ 이동하는 방향 · 이동시간 · 속도 · 경계표 · 소음이나 냄새를 기억한다.
⑤ 납치한 자의 특성을 기억한다(예, 외모의 특징·말투·이름).
⑥ 특히 유리에 지문을 남긴다.
⑦ 자신을 구조하려는 시도를 기억한다.
⑧ 성공할 기회가 없는 탈출을 시도하지 않는다.
⑨ 노여움, 분노 등 인간의 본능을 억제하고 인질범을 몰아세우지 않는다.
⑩ 협상시 인질범의 눈높이에서 대화를 진행한다.
⑪ 협상시 교통수단, 인질교환 등은 절대 제안하지 않는다.

제4절 약물의 남용과 직장폭력

약물의 남용은 개인이나 타인에게 해로움을 주는 특정한 약물들을 사람이 남용하는 것으로 이 문제는 매우 광범위하고 미국에서만 수백만의 사람들이 약물을 남용하고 있다.

특히 직원들에 의한 약물남용은 여러 가지 차원에서 역효과가 가중되며 개인이나 타인에게 손해와 더불어 조직에 손해를 미친다. 다음은 약물의 남용에 따라서 나타나는 현상이다.

① 직원의 행동은 의사의 처방이나 의사의 처방이 필요 없는 약의 사용으로 변화될 수 있다.
② 직원들은 근무장소에 불법적으로 구입한 약을 사용한다.
③ 사용자는 불법 약을 자신의 습성을 유지하려고 다른 사람에게 판매하여 비용을 만든다.
④ 어떤 직원은 일을 시작하기 전이나, 점심시간, 휴식시간에 술을 마시거나 마리화나를 피운다.
⑤ 조립라인에 근무하는 근로자는 단조로운 업무를 견디기 위해 어떤 형태의 약물을 남용한다.

⑥ 직원은 "고무된 기분"을 얻기 위해서 본드나 공업용 또는 청소용 액체를 흡입한다.

⑦ 어떤 직원은 자신의 마약 습관을 유지하기 위해 중요한 정보나 제품을 훔친다.

⑧ 기계 기술자나 기계 작동자는 취한 생태에서 위험한 장비를 운전하다가 사고의 원인이 된다.

⑨ 어떤 직원의 약물남용 때문에 제품의 생산이 늦고 실수의 원인이 된다.

⑩ 어떤 직원은 알코올이나 다른 약의 부작용으로 인하여 자주 결근하게 된다.

미국 보건부의 연구에 따르면, 미국 근로자의 불법적인 마약 사용은 1980년대 중반 이래로 반 이상 감소하였다.[40] 그러나 이러한 문제로 파생된 생산성의 손실은 해마다 340억 달러로 추정된다.

약물남용에 예외인 직업은 없으며 약물남용은 육체노동자 계급에서 정신노동자 · 감독자 · 관리자 · 전문직에까지 광범위한 고통을 주고 있다.

1. 약물남용의 원인과 대책

어떤 사람이 왜 누구나 약물남용을 원하는가를 물었다. 그러나 이것에 답하기에는 매우 어려우며 약물남용의 동기는 매우 다양하다. 여기에는 단순한 일상이나 견디기 힘든 문제에서 탈출하기를 원하거나 자신감을 북돋우기 원하는 사람들이 약물에 탐닉하고 동료집단의 압력은 또 하나의 원인이 되며, 개인적인 연구나 정신적인 통찰이 어떤 기분의 전환을 위한 약물을 선택하는 원인의 하나이다. 예를 들어, 트럭 운전사나 학생은 긴 시간을 일하거나 어떤 목표를 성취하기 위해서 흥분제를 남용하게 된다.

사리에 밝지 못한 관리자들은 일반적으로 직장에서의 약물의 남용을 무시하나 보안의 많은 분야에서 불행한 사건이 발생하게 되면(예, 마약관련 범죄 · 생산성의 하락 · 약물의 남용으로 인한 사고) 이러한 관리자들은 당황하거나 감정적으로 대응한 결과 불필요하게 경력자들이 해고될 것이며, 체포에 대한 위협, 그리고 고소까지도 가능하게 된다. 이것을 방지하기 위해서 처음 약물남용의 조짐이 있기 전에 행동이 취해져야 한다.

다음은 직장에서 약물남용에 대한 행동요령이다.

---

40) "New Study Examines Drug Use by US Workers," The Big Issue (January-April 1996), p. 11.

① 생각이나 대책을 수립하기 위한 전문가 위원회를 설치한다.
② 고용에 관한 법률 전문가에게 법적인 조언을 구한다.
③ 규모가 큰 회사에서는 약물남용 전문가를 고용하거나 아웃소싱은 또하나의 방법이다. 또한 지역 정부지원의 알코올 약물남용 처치기관들과 접촉한다.
④ 직원들의 다양함에 대한 정보를 포함한 정책들을 준비하고 정책은 약물의 남용과 알코올에 대한 회사의 대응에 초점을 둔다. 여기서는 약물의 남용과 관련된 안전관계 업무수행·소변 분석과 같은 방법으로 약물을 억제 긍정적인 시험의 결과 약물문제를 치료하기 위한 방법을 찾는 직원들의 책임·유용한 지원·기밀성의 중요성을 포함한다.
⑤ 교육과 예방 프로그램은 직원들이 약물남용과 정책을 이해하는데 도움을 주고, 삶의 선택과 건강 그리고 행복을 판단하는데 정보를 준다.
⑥ 감독자들이 약물남용에 관하여 적절하게 인식하고 보고하도록 보증한다.
⑦ 약물검사는 잘 계획되어야 하고 다음의 질문들이 포함된다. 무슨 유형의 시험인가? 누구에 의해 시험이 실시하는가? 속임수를 방지하고 정확성에 대한 보장은 어떻게 하는가? 비용은? 누가 시험을 받는가? 무엇 때문에 이 시험이 필요한 상황인가? 시험실과 직원들은 법에 의하여 자격을 갖추고 있는가? 법적인 문제는 고려되었는가?

1) 근로자 지원 프로그램(EAPs)

미국에서는 1940년도에 처음으로 직장에서의 알코올 남용의 문제를 억제하기 위하여 제안되었고, 오늘날에는 공조직이나 민간조직에서 수천 개의 근로자 지원 프로그램이 존재하며, 여기에서는 약물남용, 우울증, 결혼이나 재정문제를 종합하여 다양한 방식으로 접근한다. 이러한 프로그램은 근로자들의 자발적인 참여, 심각한 사례의 소개, 기밀성으로 특징지워진다. 또한 EAPs의 목표는 근로자가 직장에 머무르도록 돕고, 고용이나 훈련비용을 절약하게 한다.[41] 미국 노동부에 따르면, 고용주들은 일반적으로 그들이 EAPs에 투자한 1달러마다 기업은 5~16달러를 절약하게 된다.[42]

---

41) John M. Ivancevich and William G. Glueck, Foundations of Personnel, 4th ed. (Homewood, IL: Richard D. Irwin, Inc., 1989), p. 813.
42) William Sessions, "The War in the Workplace," Security Management (August 1989), p. 102.

2) 마약남용금지법

1989년에 효력을 발생한 연방 마약남용금지법은 마약이 없는 직장을 만들려는 취지에서 제정되었고, 이 법은 양수인들은 작업장에서 불법적인 물질을 금지한 정책들과 의사를 교환하거나 준비하고, 연방업무의 계약자들(최소한 2만5천 달러)은 약물인식 프로그램을 만들며, 약물을 남용한 근로자들을 위한 재활과 인가를 요구하며 연방 계약자들과 인가는 순응하지 않는 사람과 과도한 직장 약물 확신자는 치료를 중지할 권한이 있으며, 연방 등록부는 추가적인 정보를 제공한다. 만약 관리자가 직장에서 약물남용이 의심되거나 불법적인 약을 사용할 경우에, 비밀조사원의 조사로 남용의 규모를 감지할 수 있으며, 이 경우에는 마약 테스트가 필요하다.

우리나라도 대검찰청 마약부에서 발표한 통계만 보더라도 적발된 마약사범은 히로뽕[43]으로 대표되는 향정신성의약품(向精神性醫藥品)[44] 사범의 지속적인 증가에 따라 1999년에 만명을 넘은 이래로 계속적으로 증가하고 있음을 보여주고 있다. 이와 같이 우리나라의 경우에도 개방화·세계화에 따라 많은 외국인들의 입국과 허술한 통관절차를 이용한 외국의 조직범죄들의 마약을 거래하기 위한 경유지로서 우리나라가 이용되고 있으며, 청소년들에게 많은 영향을 주는 연예인들의 마약복용으로 인한 계속적인 사회문제는 우리나라도 이제는 마약문제에 대하여 심각하게 대비하여야 할 상황임을 단적으로 보여주고 있다.

〈표 14-1〉 연도별 마약류 사범 단속현황(단위 : 명)

구분	1996	1997	1998	1999	2000	2001	2002	2003
사범수	6,189	6,947	8,350	10,589	10,304	10,102	10,673	7,546
대마	1,272	1,301	1,606	2,187	2,284	1,482	1,965	1,608
마약	1,235	1,201	892	923	954	661	790	1,211
향정신성 의약품	3,682	4,445	5,852	7,479	7,066	7,959	7,918	4,727

43) 필로폰(Philopon)은 각성제인 메탄페타민에 속하는 상품명으로 화학식 C100H15N HCl. 각성제의 대명사처럼 쓰이며, 암페타민과 함께 각성제 단속법의 적용을 받는 각성아민에 속한다.

44) 환각 각성 및 습관성 중독성이 있는 의약품으로 환각을 유발 발동시키는 물질도 모두 여기에 속한다. 특히 환각제의 경우, 실제로는 존재하지 않는 소리가 들리거나 물건이 보이고, 또는 냄새를 느끼는 등 병적 현상을 야기시키는 작용물질이다.

3) 알코올 중독 처치

우리나라의 주류소비량은 외환위기 이후 계속 증가하고 있으며, 우리 사회는 음주에 대하여 지나치게 관대하며, 폭음이 빈번하고 술을 강권하는 등 잘못된 음주문화가 상존하고 있다.[45)]

미국에서도 알코올은 가장 남용되는 약물로서 알코올 중독자(Alcoholic)는 술을 먹지 않고서는 일상의 업무를 수행할 수 없는 사람을 말한다.

국가 과학아카데미는 술문제의 의학적 · 사회적 · 산업적 비용은 매년 600억 달러에 달하며, 여기에는 최소한 196억 달러의 생산성 손실도 포함된다. 제너럴 모터스(General Motors)가 5년 동안의 연구 끝에 70% 회사직원의 병가와 사고가 술과 관련된 문제로 기인한다는 것을 발견했다.[46)]

미국에서 알코올 중독자의 인원은 900~1,500만명으로 추정되며, 이러한 숫자에는 수백만의 알코올 중독과 비슷한 증상을 가진 사람은 제외된 숫자이다. 대체로 알코올 중독자는 가족 · 친구 · 의사, 그 자신에게 알코올 중독의 문제를 숨긴다. 알코올 중독의 몇 가지 주요한 증상은 가슴앓이 · 메스꺼움 · 불면증 · 진전 · 고혈압 · 아침에 기침 · 간의 비대화이다.

그러나 오늘날 많은 직장인들은 더 이상 문제를 숨기지 않으며 알코올 중독을 발견하면, 상사가 관리자에게 보고하고 상황의 진행에 대한 승인을 얻은 다음 문제를 정확하게 아는 국가와 민간의 관심이 정보를 제공할 수 있다. 알코올 중독자와 알코올 중독에서 회복된 사람의 조직인 무기명 알코올 중독자(Alcoholics Anonymous, AA)은 술 문제를 가지고 있었던 사람과 대부분의 조직들에서 가장 성공한 사람들에 의해 운영되며, 근로자는 "도움을 주는 요원"에게서 내·외부 정책이나 절차, 그리고 고용주가 당사자에게 기대하는 회복의 단계에 대한 충고를 해주고 일반적으로 건강보험의 혜택이나 회사 무능력자를 위한 수입이 적용된다. 그러나 근로자가 도움을 주는 감독자의 권고와 배려를 무시하거나, 업무 수행의 부진으로 인하여 해고가 될 수 있으므로 이러한 실업의 위협은 많은 알코올 중독자에게 상황의 심각성을 인식하게 하고 처치를 받아들이게 한다.

---

45) 엄동욱 외3, 직장인 음주행태와 기업의 대책, 삼성경제연구소, 2004, 요약 1면.

46) Earl Selby and Miriam Selby, "Business's Battle Against Booze," Reader's Digest (September 1981), p. 108.

한국에서도 음주로 인한 경제사회적 비용은 약 14.5조원으로 2000년도 GDP의 2.8%에 해당한다는 연구가 있다.[47]

여기에서의 비용은 질병치료에 따른 의료비, 생산성 감소의 손실, 조기사망으로 인한 생산력 손실, 재산피해와 그리고 각종 행정비용과 알코올 소비지출로 구성된다. 〈표 14-2〉는 국가별 음주로 인한 경제사회적 비용을 비교한 결과이다.

〈표 14-2〉 국가별 음주로 인한 경제사회적 비용[48]

국가	기준연도	GDP 대비 비율	비 고
한국	2000	2.8	전현준 (2002)
미국	1992	2.3	Harwood, et al. (1998)
일본	1987	1.9	Nakamura, et al. (1993)
캐나다	1992	1.1	Single, et al. (1998)
호주	1992	1.0	Collins & Lapsley (1996)
영국	1983	0.5	McDonnel & Maynard (1985)

상기 〈표 14-2〉에서도 알 수 있듯이 한국의 음주로 인한 경제사회적 비용은 다른 선진국과 비교하여 월등이 높음을 알 수 있다. 그러나 국내에서는 이러한 음주로 인한 심각한 피해[49]에 대한 인식과 대책은 미온적이다.

이에 비하여 선진국들은 일찍이 근로자 지원프로그램을 도입하여 시행하고 있다. 국내기업들도 신속하게 음주문제에 대한 대책을 마련하여 종업원의 건강증진과 생산성 향상을 도모하여야 할 것이다. 그리고 정부도 선진국 수준의 음주규제 방안을 강구하고 주류소비자 보호의 강화 등을 통해 기업의 노력을 지원하는 것이 바람직하다.

---

47) 전현준, 음주의 경제사회적 비용 추계, 연세대학교 보건대학원 석사학위 논문, 2002, 65~67면.

48) International Center for Alcohol Policies(1999.8), "Estimating Costs Associated with Alcohol Abuse,"

49) 2003년 통계청 사망원인통계결과에 의하면 우리나라 40대의 사망원인 중 간질환이 2위를 차지하고, 정신질환으로 분류되는 알코올사용 장애자가 2001년 기준으로 220만명에 이른다고 보건복지부 조사결과 나왔으며, 강력범죄자를 대상으로 조사한 결과에 따르면 범행시 음주상태인 경우가 52.1%로 조사되기도 하였다.

2. 약물남용의 유형

다음의 네 가지 용어의 설명은 다양한 약물의 남용 부류에 대한 인간의 영향을 이해하는데 도움을 줄 것이다.

① 심리적인 의존(Psychological dependence) : 사용자들은 약물에 편안한 기분이 들기 위해 너무 많이 의존하여 이것이 계속적인 사용을 하는 원인이 된다. 불안정감이나 과민성은 의존한 약물의 박탈에서 기인한다.

② 탐닉(Addition) : 어떤 약물들은 심리적(육체적)인 탐닉을 유발한다. 이런 현상은 몸이 약물에 익숙해지면서 발생되며, 몸에서는 약물을 섭취한 상태가 "정상"으로 받아들여진다. 따라서 만일 약물이 몸에 없으면 극단적인 육체적인 불안정감이 생긴다.

③ 내성(Tolerance)[50] : 어떤 약물을 반복적으로 사용한 후에, 차츰 몸은 약물에 익숙해지게 되며 처음에 느꼈던 편안함을 느끼려면 점차 많은 양의 약물이 필요하게 된다.

④ 금단현상(Withdrawal)[51] : 당사자는 육체적·심리적인 불안감을 겪으면서 몸이 약물이 없음에 익숙해진다. 탐닉은 대체적으로 고통을 피하기 위해 약물을 섭취하나 금단현상으로 죽을 수도 있다. 그러나 증상들은 사람과 약물마다 다르며 탐닉자의 생활은 가끔 이러한 금단현상을 피하기 위해 어떤 방법으로든 다시 약물을 찾게 되기도 한다.

약물의 유형에는 마취제·진정제·흥분제·환각제·흡입제와 같이 5가지 유형이 있으며 다음에서 상술된다.

1) 마취제(Narcotis)

마취제[52]는 아편과 그것의 파생물 그리고 동등한 합성물질을 포함한다. 이 분류에

50) 내성(tolerance)은 균이 약물에 대하여 가지는 저항현상을 말한다. 세균이 각종 약제에 대하여 저항성이 강한 균주로 변했을 경우에 그 세균은 내성 또는 약제내성을 가졌다고 한다.

51) 금단현상(withdrawal symptoms)은 약물 만성중독자가 약물섭취를 끊었을 때 나타나는 정신 및 신체상의 증세이다. 술·마약과 같은 신경친화성이 강한 물질을 상용하면 대개 기벽을 수반하는 습관성이 생기며, 그 사람의 소질과 약물의 종류에 따라 사용을 중지하면 심신 양면에 독특한 증세를 나타내는 것을 말한다.

52) 마약(narcotic)은 모르핀·코카인·아편(阿片) 등과 그 유도체로서 미량으로 강력한 진통작용과 마취작용을 지니며 계속 사용하면 습관성과 탐닉성이 생기게 하는 물질이다.

속하는 약물은 헤로인, 모르핀, 코데인, 메타돈 등이 있다. 이러한 약물들은 고통을 감소시키거나 수면을 유도하기 위해서 사용하고, 사용하는 방법에는 주사·삼키는 것·흡입이 있으며, 심리적으로나 육체적으로 의존하는 것이 전형적이며, 잠재적인 고통도 있다.

헤로인은 미국 내에서 가장 심각하게 불법적으로 남용되는 약물로서 많은 사람들이 사용하고 있으며, 1960년대와 1970년대에 엄청난 규모의 재산범죄가 헤로인 중독자들에 의해 저질러져서 특히 문제가 되었고, 수십만의 중독자들이 그들의 중독 약물을 구할 돈을 얻기 위해 갖가지 범죄를 저질렀다. 그때 이후로 많은 헤로인 중독자들이 메타돈 중독자로 바뀌었고, 중독자들은 메타돈을 허가된 진료소에서 구입한다. 그러나 많은 "길거리" 중독자들은 아직도 헤로인을 선호하며 범죄성향을 가지고 있다. 또한 중독자들은 가끔 소독되지 않은 주사기를 공유하여 사용하므로, 불행하게도 중독자들, 그들의 섹스 파트너, 그들의 유아들 사이에 AIDS 바이러스 전염되고 이것이 주요한 위생문제를 유발한다.

2) 진정제(Depressants)

진정제는 몇 가지 종류로 구분된다. 바르비투르(barbiturates, 진정 수면제) 약제는 페르바르비탈(phenobarbital)과 세코바르비탈(secobarbital)을 포함하고 진정제는 밸리엄(Valium)과 리브리엄(Librium)을 포함하며 논바르비투르(nonbarbiturate) 최면제는 근육이완제(methaqualone)를 포함한다. 기타 진정제는 알코올과 클로로포옴(chloroform) 을 포함한다. 이러한 진정제는 중추신경계에 영향을 주며, 진정제가 불안을 진정시키기 위해 처방되는 대신에 바르비투르는 일반적으로 불면증에 처방된다. 다른 진정제들은 수술에 앞서 사용되며, 이러한 약들을 남용하면 심리적·육체적인 의존에 빠지게 되고, 투여를 중지시키면 고통스럽고 생명에 관계되기도 한다. 진정제들은 잠재적인 고통을 가지고 있으며, 이러한 약물들은 입으로나 주사로 투여되고 이것들은 의사의 처방에 의하거나 불법적인 방법을 통하여 구해진다. 진정제의 증상은 알코올을 이용하는 것과 비슷하며, 졸림 증상과 불분명하게 말을 하고, 방향감감을 상실하며, 잘 자라지 않는 미성년자·과민성·느린 반응을 나타낸다.

3) 흥분제(Stimulants)

흥분제에도 몇 가지 종류가 있는데, 카페인 · 암페타민(중추 신경을 자극하는 각성제)·코카인이 가장 일반적인 것들이다. 이러한 약물들은 중추신경계에 영향을 미치며 일반적으로 복용 후에 곧 정신을 바짝 차려지나, 불안감과 과민성은 장기간 복용의 특징이고 잠재적인 고통이 있으며 의존에 민감하다. 카페인은 커피 · 차 · 콜라에서 발견되고 향상된 각성작용 뒤에는 불면증 · 위의 자극 · 초조감이 엄습한다.

암페타민은 흥분제로서 삼키거나 주사로서 광범위하게 사용되며 기면 발작(지랄병에 의한 발작 · 만성 수면)을 위해 처방된다. 이러한 불법적인 암페타민은 일반적으로 합법적인 방법으로 얻어지며 이것의 남용은 흥분과 말 많음·과민성·위축된 미성년이 특징이고, 법적으로 코카인은 마취제이나 생리학적으로는 흥분제이고 값도 비싸다.

코카인의 사용의 역사는 흥미로우며 코카콜라의 재료로도 사용되며 프로이드[53]도 이것을 가지고 실험을 하였다. 사용자들은 코카인을 코나 주사로 흡입하였고 남용의 증상은 암페타민과 비슷하나 더불어 코 점막이 손상되고 잠재적인 환각과 호전적인 행동이 나타났다.

크랙(Crack; 코카인을 정제한 환각제)은 구운 소다와 물을 섞어 염산염을 제거하기 위해 가열하여 만든 코카인 염산염으로부터 공정된 흥분제로서 조약돌 크기의 크리스털이 남는데 이것을 크랙이라 부르며 다양한 장치로서 연기를 낸다. 이것은 코카인보다 싸고 흡입되는 코카인보다 좀더 빠르게 흡수되므로 널리 보급되어 있다.

4) 환각제(Hallucinogens)

환각제는 몽환의 상태와 공포 그리고 비이성적인 행동을 하게 한다.

이러한 환각제를 예를 들어보면 LSD(lysergic acid diethylamide) · PCP (pentachoorophenol) · 메스칼린(mescaline)·실로시빈(psilocybin; 미국 서남부의 버섯에서 추출된 환각제)이 있다.

마리화나는 그 자체로 한 가지 약물로 분류되거나 때때로 환각제로 분류되기도 하나, 작용은 LSD와는 다르다. 마리화나와 이것에서 파생된 해시시(hashish;인도 대마 잎으로 마든 마취제)가 광범위하게 이용된다. 남북전쟁 이전에 로프를 만들기 위한 대마의 광범위한 경작 때문에, 마리화나가 거의 모든 주에 걸쳐서 야생하며 오늘날에는 매우 많은 사용자가 있기 때문에 마리화나의 이용이 논쟁의 대상이 되었고 많은 주에서 위법자를 처벌대상에서 제외하였다(예, 소액의 벌금만을 부과한다). 마리

53) Freud, Sigmund(1856~1939), 오스트리아의 신경과 의사이자 정신분석의 창시자이다.

화나의 이용의 효과는 개인과 효능에 따라 다르며, 이것에는 심리적인 의존이 거의 없으나 드물게 심리적인 의존도 가능하고 내성에 관한 연구는 결론에 이르지 못하고 있다. 오늘날 미국에서는 수백만의 사람들이 이따금 즐겁고 편안함을 느끼려고 마리화나를 피운다.

LSD는 반문화(counterculture)[54] 젊은이들에 의해 1960년대에 유행하였고 이것을 사용하면 환각을 일으키는 경험을 제공한다. 그러나 그 효과는 매우 다양하고 이것에는 심리적인 의존이 없으며 아름답거나 끔찍한 색다른 환각들이 이것을 이용함으로써 발생한다.

5) 흡입제(Inhalants)

휘발성의 화학물질의 흡입으로 중독의 결과를 낳는 것으로 이것은 자기 자신의 의지로 발생하거나 좋지 않은 환기 때문에 발생한다. 따라서 중독증상의 원인이 되는 모든것에 대한 인식이 모든 직원들에 의해서 이해되어야 한다.

휘발성의 화학물질 두 가지는 휘발성 용매와 마취제이며 휘발성 용매는 다양한 아교와 액체 용매를 포함하며, 청소 유체 · 페인트 · 신나 · 페인트제거제가 있다. 마취제는 병원에서 수술 용도로서 사용되고 웃음 가스(Nitrous oxide)와 에테르가 마취제이다.

기분을 바꾸거나 "고양된" 상태를 원하는 사람은 흡입제를 모으거나 플라스틱 가방에 가스를 넣은 다음 숨쉬기 전에 코나 입을 그곳에 대고 용기에서 직접 호흡하는 것은 약물을 흡입하는 또다른 방법이다. 이것은 심리적인 의존은 거의 없으나 간혹 내성과 심리적인 의존이 되기도 한며, 그 효과는 수없이 다양하고 중독된 사람에게서 화학적인 냄새 · 졸림 · 마비 · 환각증상이 발생한다.

3. 직장폭력의 실태

직장폭력(workplace violence)에 관한 두 가지 중요한 질문은 ① 직장폭력을 어떻게 규정할 것인가, ② 직장폭력을 어떻게 측정할 것인가로서 직장폭력에 대한 정의는 어

---

54) 사회의 지배적인 문화에 정면으로 반대하고 적극적으로 도전하는 하위문화(subculture)의 의미로서 어떤 집단의 문화가 그 사회의 지배적인 문화와 크게 대립될 때 이 문화를 일반적인 하위문화와 구분하기 위하여 J.M. 잉거가 도입한 개념이다.

떻게 측정하는가 뿐만 아니라 대책비용에도 영향을 준다. 이러한 직장폭력의 일반적인 정의는 "한 근로자가 다른 사람을 공격하는 것"에서부터 "직장에서 일어나는 모든 폭력"에까지 다양하므로 비용도 미국에서 42억 달러에서부터 360억 달러에 이른다.

1993년의 미국 법무국 통계(BJS)에 따르면, 1억 2,100만명의 미국 근로자중에 직장에서 1,063명이 살해되었으며, 이중에서 1/3의 희생자는 자영업자이고, 단지 1,063명 중에 59명만이 동료나 전직 동료에 의해 살해되었고, 이중 가장 큰 비중을 차지하는 것은 강도에 의해 남성이 살해된 경우이고 여성은 다른 유형의 직장관련 부상보다도 더 많이 폭력의 희생으로 죽은 것으로 나타났다.

미국 북서 국가생명보험회사의 연구에 따르면 미국 정규직 근로자의 25%가 과거 12개월 동안에 직장에서 괴롭힘을 당하거나, 위협을 당하였으며, 이중 50%는 직접 경찰에 신고하였다. 이 연구로 미루어볼 때 일년에 약 2백만 건의 물리적인 공격이 직장에서 발생한다.[55] 이러한 문제를 전망해볼 때, 미국 법무부 통계가 언급한 매년(직장에서 필연적으로 일어난 사고가 아닌 사건) 성인 1,000명당의 비율은 다음과 같다. 사고 220, 개인 도난 61, 폭행 31, 죽음(모든 원인) 11, 강도 6, 암으로 사망 3, 살인 0.1건이다.[56]

명백하게 직장폭력(예, 살인·폭행·강간) 사고들은 1990년대 초반에 직장폭력 문제에 향상된 관심을 가지기 전에 발생하였다. 따라서 우리가 통계와 문제점을 눈앞에 보는 것이 문제에 관한 방법의 기회를 갖고 인식하고 헤아리는데 도움이 될 것이며 문제의 증가나 감소를 측정하는 것은 부족한 자료를 가지고 방지계획을 세우는 기초자료로써 도움이 된다.

미국은 많은 문제에 대한 올바르고 정확한 통계를 유지하고 자유스럽게 추세를 공표하는 것으로 알려져 있는데, 국제적인 관점에서 볼 때 미국이 정확한 자료를 모으는데 최선을 다할 때 다른 나라들에는 미국이 가장 폭력적인 사회로서 보여질 수도 있을 것이다.

55) T. Trombly, "An Epidemic of Workplace Violence," Forum (Winter 1995), p. 2.
56) "Workplace Violence: A Growing Exaggeration?" Security (January 1995), p. 9.

4. 직장폭력의 예방전략

다음의 항목은 직장 내 폭력을 다루는 전략들을 항목들로서 조직들은 사람만이 아니라 재산을 보호할 책임이 있고, 그렇지 않으면 소송이 일어날 것이다. 여기의 몇몇의 전략들은 다른 보호문제에도 적용될 것이며, 그것은 안전비용을 정당화하는데 도움이 될 것이다.

① 폭력예방을 계획하거나 이러한 사건들에 대응하기 위한 위원회를 설립한다. 여기에서는 보안 · 인사부서 · 심리학 · 법 분야의 전문가를 포함한다.

② 직장폭력을 방지하기 위한 OSHA 지침들을 고려한다.

③ 정책이나 절차를 확립하고 위협의 문제와 모든 직원들의 폭력에 관해 의견을 나눈다.

④ 비록 인간의 행동에 대해서 정확하게 예상할 수는 없으나, 채용 지원자들을 심사한다. 법에 의해서 어떤 특정한 질문들은 제한되나, 그럼에도 불구하고 이러한 내용은 질문 되어져야 한다. 이러한 질문에는 당신이 경험했던 가장 힘든 상황은 무엇이었으며, 어떻게 극복하였는가? 당신의 업무에서 경험했던 가장 심각한 사고는 무엇이었으며, 어떻게 대응하였는가?

⑤ 직장 내 폭력을 방지하기 위한 전략으로서 약물남용 시험을 고려하며, 미국 법무부 통계는 폭력범죄와 약물남용과의 관계를 보여준다.

⑥ 문제를 가진 직원들을 알아내도록 관리자들이나 감독자들을 훈련시키고, 그들을 인사부서에 보고하고 갈등의 해소와 비폭력적 대응을 훈련에 포함시킨다.

⑦ 폭력행동의 기록은 그것의 재발을 방지하는데 도움을 준다. 폭력적으로 될 수 있는 근로자는 보통 25~45세 사이의 남성이며, 개인간의 갈등의 기록을 가지고 있거나 혼자 지내는 경향이 있거나 과대망상증이나 우울증의 정신적인 문제 경력을 가지고 있고 또한 무기들에 대해 매혹을 느낀다.

⑧ 관리자들이나 감독자들은 해고와 같은 직장의 근로의욕 저하에 대해 민해야 하며 약물남용과 가정이나 제정적인 문제들 또한 직장에 영향을 준다.

⑨ 만약 어떤 사람이 직장에서 화를 내게 된다면, 당신이 그 문제를 해결하는데 도움이 된다는 관심을 표시하고 상대방의 말을 들어주고 말다툼으로 이끌어서는 안된다. 그리고 동정심이 아닌 감정 이입을 보여줌으로써 화냄의 정당함을 인정

한다. 말을 천천히 그리고 부드럽게 하며 현장의 목격자를 확보한다. 또한 흥분한 사람과 안전한 거리를 유지하고 안전하지 않다면 추가적인 안전조치를 강구한다. 그리고 만약 위협이나 무기를 가지고 있다면 경찰을 부른다.

⑩ 외부인들(예, 방문자, 사이가 나쁜 부부, 강도)이 폭력의 원천이 될 수 있으므로 보호 프로그램을 포괄적이어야 하는 것을 명심한다.

⑪ 만약 폭력사태가 발생시, 사전에 준비된 위기관리계획은 매우 귀중하게 적용 될 것이다. 그렇지 않으면 비상상황 직후에 위원회가 만들어지며, 첫 대응자(예, 경찰·119구조대)들이 구역에서 그들의 임무를 마치면 피해를 입은 직원들이나 그들의 가족들을 도와준다. 한 큰 기업체에서 회사 보안책임자가 총격을 당했을 때 관리방안이 미비되어서 큰 혼란이 초래되었다. 이때 보안과 회사공장을 조사하기 위하여 즉시 위원회가 구성됨과 더불어 물리적 보안과 훈련의 비용과 의식 · 출입관리 · 경계를 강조한다.[57]

57) Philip Purpura, "When the Security Manager Gets Shot: A Corporate Response," Security Journal (July 1993), pp. 150~157.

부 록

Security Survey(부정행위 진단)

Ⅰ. 위험신호
Ⅱ. 재산관리
Ⅲ. 소액 현금
Ⅳ. 현금 지출
Ⅴ. 현금 항목
Ⅵ. 임금대장
Ⅶ. 선적과 입금
Ⅷ. 판 매
Ⅸ. 구 매

부 록 Security Survey(부정행위 진단)

Ⅰ. 위험신호

항 목	내 용	양호	불량	비고
1	조기 출근하는 직원은 없는가?			
2	늦게까지 사무실에 머물러있는 직원은 누구인가?			
3	과도하게 자신의 체구보다 큰옷을 입가 다니는 직원은 없는가?			
4	창문 옆에 놓여있는 사다리와 상자들은 없는가?			
5	과도한 휴식시간이나 티타임, 사적인 통화를 하고 외출을 빈번하게 하는 직원은 없는가?			
6	관리자가 다가오는 것에 대하여 민감하게 반응하는 직원은 누구인가?			
7	컴퓨터기록의 삭제를 포함한 기록물들의 내용의 변화는?			
8	직원이 아닌 이방인과 은밀하게 대화하는 직원은?			
9	자신의 업무에 대한 타인의 도움을 거절하는 직원은?			
10	자신의 휴가 가는 것을 미루거나 거절하는 직원은?			
11	여러 번 휴가일정을 변경하는 직원은?			
12	빈번하게 개인적인 문제를 일으키는 직원은?			
13	다른 직원의 수입에 불만을 가지는 직원은?			
14	매우 열심히 특정한 자료를 수집하는 직원은?			
15	최근에 자신에게 걸맞지 않은 비싼 물건을 구입하는 직원은?			
16	빈번하게 회사 규정을 지키지 않는 직원은?			
17	단체규정보다는 자신의 원칙만을 고수하는 직원은?			
18	빈번하게 공급업체를 변경하는 직원은?			
19	다른 직원들에게 많은 빚을 지고 있는 직원은?			
20	일밖에 모르는 유형의 직원은?			

21	소액의 돈을 우습게 여기는 직원은?			
22	너무 많은 개인적인 전화가 오는 직원은?			
23	개인적인 전화를 다른 사람이 듣지 못하게 하는 직원은?			
24	청구서에 대한 고객의 불만이 많은 직원은?			
25	업무에 관한 통상적인 질문에도 민감한 직원은?			
26	특정한 문서들은 숨기는 직원은?			
27	뚜렷한 소명 없이 채권내역을 장부에서 지우는 행위는?			
28	수취항목의 감소는?			
29	원재료 구입은 증가하나 생산은 제자리인 경우는?			
30	일반직원보다 근무시간이 많은 직원은?			
31	채권자가 항상 특정직원과의 거래만을 원하는 경우?			
32	방문자가 사유를 밝히지 않고 특정직원을 방문하는 경우?			

Ⅱ. 재산관리

항목	내 용	양호	불량	비고
1	조직에는 재고관리시스템을 갖추고 있는가?			
2	실제적으로 주기적인 제고관리를 실시하는가?			
3	재고조사와 관련된 장비들은 공급업체와 관련된 사무실로부터 재고조사와 관련 없는 장소로 분리되어 있는가?			
4	화재, 절도, 횡령 그리고 다른 유형의 손실에 대하여 적절하게 커버하기 위해서 보험약관을 주기적으로 검토하는가?			
5	재고조사를 시행할 경우에 기업에서 사용 중에 재고목록인출을 가리키는 특정한 청구형식을 사용하는가?			
6	재고목록에 대한 책임은 신뢰할만한 직원들에게 주어졌는가?			
7	재고조사는 안전한 구역에서 실시되는가?			
8	재고 조사시에 접근통제는 실시되는가?			
9	재고조사 구역은 다른 부서와 구분되어 있는가?			
10	재고조사 구역은 파손이나 화재, 날씨, 오렴과 같은 물리적인 손상으로부터 보호되는가?			
11	여분의 제품들은 즉시 판매되는가?			
12	여분의 제품들의 판매를 위해서 결산기록은 엄격하게 통제되고 관리되는가?			
13	부스러기의 판매와 활용이 가능한 물품은 서로 분리된 부서와 구매, 생산이나 판매부서가 개입되지 않도록 관리되는가?			

14	재산의 구성이 유가증권이라면 이것들은 안전한 구역에 보관되는가?			
15	적어도 두 명의 기업안전요원이 유가증권의 통합보관을 관리하는가?			
16	경리부서는 유가증권, 은행권 그리고 다른 고가품의 보관을 위해서 상세하게 기록을 유지하는가?			
17	유가증권에 관한 기록을 갱신되어 유지되는가?			
18	만약 기업이 담보물을 보유하고 있다면 이것에 대한 면밀한 기록이 책임 있는 경영진에 의해서 유지되는가?			
19	담보물은 주기적으로 확인되는가?			
20	유가증권과 담보물을 일정하게 균형을 유지하는가?			
21	가지고 있는 유가증권은 회사의 이름으로 적절하게 배서되었는가?			
22	리스, 모기지, 계약에 관한 중요한 비즈니스 서류는 금고에 안전하게 보관되는가?			
23	중요한 비즈니스 서류들은 책임 있는 임원이 보관하고 있는가?			
24	사소한 절도는 허용되거나 기업이 감수한다는 분위기가 형성되는 것을 엄격하게 금지하는가?			
25	비록 손실이 감소하더라도, 계속적으로 사소한 감소량도 용납되지 않는다는 것을 언급하는가?			
26	손상되거나 제고로 남은 제품의 가격인하는 최고경영진에 의해서 결정되는가?			
27	판매된 상품이 "그 상태로" 정상적인 가격으로 뒤돌아오거나 반품되는 것을 피하기 위해서 은밀하게 상품에 표시를 하는가?			
28	반품된 상품은 단지 확실한 영수증이 첨부된 경우에만 허용되는가?			
29	반품이나 반환에 관한 기업정책은 눈에 잘보이는 곳에 공고되고 판매원에게도 교육을 시키는가?			
30	현금 환불은 감독자에 의해서 조정되는가?			
31	반품된 상품은 상태를 확인 후에 즉시 판매대에 다시 진열되는가?			
32	기업은 우편에 의한 수표의 환불에 관한 정책을 가지고 있는가?			
33	기업은 고객의 신용상태에 대한 정책을 가지고 있는가?			

Ⅲ. 소액 현금

항목	내 용	양호	불량	비고
1	기업은 주기적으로 소액현금에 대한 보관방법에 대한 분석을 하는가?			
2	이러한 자금은 사무실 금고에 보관되는가?			
3	포장된 상태의 자금을 활용하여 지급하는 것은 금지되는가?			
4	이러한 자금은 책상서랍에 보관되는 것을 금지하는가?			
5	사무실금고가 사용할 수 가없을 경우에는 자금은 자물쇠가 부착되어 바닥에 고정이 된 금고상자에 보관되어 이 상자가 통째로 옮겨지는 것을 방지하는가?			
6	이러한 잔돈에 접근이 가능한 사람은 책임 있는 당사자로 제한하는가?			
7	점심시간과 같이 감시가 소홀한 시간에 잔돈을 모두나 일부분이 가지고 가지 쉽다는 것을 염두에 두어두고 있는가?			
8	소액현금의 보관에 대한 정책을 채택하고 있는가?			
9	소액현금관리의 엄격한 정책의 유지에 대한 고려로서 주기적으로 확인되는가?			
10	만약 수중에 있는 소액현금이 허용량을 초과하여 부족할 경우에 주기적으로 분석되는가?			
11	이러한 노력이 소액현금의 사용을 감소시키는 역할을 하는가?			
12	기업은 사전에 소액현금기금을 기초로 자금액의 정확한 기록을 유지하는가?			
13	사전에 인쇄된 소액현금 영수증이 사용을 권장하는가?			
14	소액현금수량의 유형이 영수증에는 수기되고 수치가 기록되는가?			
15	소액현금사용자에 의해 영수증에 서명이 되는가?			
16	소액현금의 사용에 의문이 제기되는가?			
17	소액현금사용 파일의 사유는 영수증과 같이 첨부되는가?			
18	상환수표가 발행될 경우에, 최고경영진은 소액현금영수증을 무효화하는가?			
19	소액현금이 상환될 경우에 상환수표는 기금을 담당하는 개인이 인출하는 것을 확인하는가?			
20	회사는 소액현금기금을 개인적으로 현금과 일치시키는 것을 방지하는 정책을 가지고 있는가?			
21	만약 수표가 반드시 현금화되어야 한다면 적절하게 승인되었는가?			

22	만약 수표가 반드시 현금화되어야 한다면, 최대한 빨리 그에 상응하는 자금이 소액현금으로 되돌아오는가?			
23	사전에 개인적으로 쓰인 약식차용증서(IOU)를 수락하지 않는 회사정책을 수립되어 있는가?			
24	이런 정책이 수립되어있다면 회사는 적절한 영수증이나 증빙서류를 요구하는가?			
25	소액현금기금은 매일 확인되고 균형이 유지되는가?			
26	확인과 균형을 맞추는 과정에는 지급에 참여한 사람은 배제되는가?			
27	소액현금기금은 우표를 사는데 사용되지는 않는가?			
28	이러한 구매에 사용되는 수표의 편리성을 결정하였는가?			
29	수액현금과 인지를 사는데 사용되는 기금은 따로 분리되었는가?			
30	인지기금은 소액현금을 담당하는 관리자와는 다른 직원에 의해 관리되는가?			
31	만약 현금이 인지를 사는데 사용되었다면, 인지를 사는데 쓰인 금액만큼의 영수증을 발행하도록 우체국장에게 요구하는가?			
32	소액현금기금은 종종 감사가 실시되는가?			
33	이러한 감사는 예고 없이 실시되는가?			

Ⅳ. 현금 지출

항목	내 용	양호	불량	비고
1	기업은 모든 지급은 수표로 이루어진다는 정책을 가지고 있는가?			
2	모든 수표에는 일련번호가 기입되는가?			
3	훼손되거나 무효화된 수표에 대한 계정을 운영하는가?			
4	훼손되거나 무효화된 수표는 월간상황으로 회수된 수표와 함께 서류철에 기록되는가?			
5	백지수표를 보관하기 위한 보안대책은 존재하는가?			
6	현재 사용되는 수표책은 안전한 금고에 보관되는가?			
7	주기적으로 수표책을 역으로 누락된 수표가 없는지 확인하는가?			

8	여분의 수표책은 사용중인 것과 분리되어 안전하게 보관되는가?			
9	기업은 수표에 서명하는 절차가 확립되어 있는가?			
10	명기된 수량을 초과한 것에 대해서는 두 사람의 서명이 요구되는가?			
11	회사정책은 백지수표에 서명하는 것을 금지하고 있는가?			
12	모든 수표는 전동타자기나 수표발생기를 통하여 발행되는가?			
13	모든 수표는 공급업체에 서명되어 발송되기 전에, 책임 있는 직원이 해당 항목에 대한 내역이 지급되어도 된다는 내용을 확인하는가?			
14	기업은 팩스를 통한 서명을 금지하고 있는가?			
15	기업은 우편을 통한 수표의 발송절차를 규정하고 있는가?			
16	동일한 사람이 수표를 발송하거나 수표의 수표재고메일을 확인하는 업무를 수행하는 것을 금지하는가?			
17	공급업체에서 수표를 수령할 경우에 통지를 요구한다는 내용을 각각의 수표에 첨부하여 발송되는가?			
18	수표는 직접 전달하는 것을 금지하는가?			
19	회사정책은 먼전 현금을 지급하는 것을 금지하고 있는가?			
20	회사정책은 발생된 수표를 현금으로 결제하는 것을 금지하는가?			
21	적정한 시간 내에 돈이 예금되지 않으면 해당수표는 무효가 된다는 조항을 수표에 표기되어 있는가?			
22	수표용지는 다른 것으로 대체가 불가능하도록 특수한 재질로 된 것을 사용하는가?			
23	은행잔고조정을 다루는 방법을 유지하는가?			
24	이러한 잔고조정을 수표발행과 관련이 없는 직원에 의해서 수행되는가?			
25	누가 은행잔고를 준비하는가?			
26	지급이 예정되지 않은 많은 액수의 수표를 처리하는 절차가 존재하는가?			
27	책임 있는 경영진에 의해서 수행되는가?			
28	이러한 절차가 수행되기 전에 경과시간에 대하여 규정한 정책이 있는가?			
29	공급업체에게 왜 수표가 은행에 맡겨지지 않았는지 확인하는가?			
30	주기적으로 되돌아온 수표에 대한 조사시스템이 운영되는가? ① 낯선 공급업체에 대하여 확인하는가?			
31	날짜와 금액의 변경이 있는가 확인하는가?			

32	불법적이거나 부적절한 서명을 확인하는가?			
33	은행의 적절한 해제에 대하여 확인하는가?			
34	모든 영수증은 지급이 승인되는가?			
35	수표를 발행하는 직원과 분리되어 업무가 수행되는가?			
36	영수증은 회사에 서비스나 제품이 제공되었는가에 대하여 주의 깊게 확인하는가?			
37	수표에 쓰인 발행번호의 아이템과 송장번호를 확인하는가?			
38	수표에는 "지급완료"나 "일부분 지급"과 같은 표시가 되어있는가?			
39	만약 수표가 일부분만 지급되었다면, 대차대조표에는 수표에 대한 내용을 명확하게 기술하는가?			

Ⅴ. 현금 항목

항목	내 용	양호	불량	비고
1	회사에서는 주기적으로 각자가 관리하는 현금영수증을 확인하는가?			
2	외부업체에 의해 업무가 수행되었다면 철저한 배경조사를 실시하는가?			
3	업체는 보증보험에 가입되어있는가?			
4	회사에서는 어느 한사람의 담당자가 관리할 수 있는 최대한도를 확립하고 있는가?			
5	회사는 주기적으로 최초로 현금이 수령된 장소로부터 현금의 흐름에 대한 것을 도표로 나타내는가?			
6	수표와 현금은 곧바로 사무실로 배송되는가?			
7	만약 우체국으로 배송된다면 책임 있는 직원이 수령하는가?			
8	다른 배달되는 우편물은 우체국에서 관리되는가?			
9	매일 수령되는 우편물에 대한 책임은 개인에게 있는가?			
10	도래하는 현금과 수표의 머무르는 비율은 동일한가?			
11	거액의 현금과 유통증권은 단지 사무실에서만 관리되는가?			
12	사무실보안의 적절성에 대하여 고려하는가?			
13	주기적으로 사무실 입출·입의 용이함에 대하여 관심을 기울이는가?			

14	현금을 다루는 사무실은 다른 시설물과 분리되어 보호되는가?			
15	사무실의 출입은 허가되지 않으면 금지되는가?			
16	우편물에 특히 현금이나 양도성 증권과 같은 것이 포함된 경우에는 책임 있는 직원이 우편물을 개봉하는가?			
17	직원은 약정을 가입하였고 완벽한 배경확인을 확인과 같은 중복된 확인과정을 거치는가?			
18	도래하는 영수증은 한명이상의 직원이 계산하는가?			
19	도래한 영수증이 계산된 다음 특별한 형식에 목록으로 만들어지는가?			
20	또 다른 책임 있는 직원이 정확성에 대하여 확인하는가?			
21	도래한 영수증의 최종책임은 최고경영진에게 위임되어 있는가?			
22	현금 계산에 관한 업무의 책임은 순환하는가?			
23	모든 현금의 지급은 영수증을 받은 즉시 행하는가?			
24	송금은 주사무실에서 실시하는가?			
25	송금이 주사무실이 아닌 곳에서 실시되는 것은 금지되는가?			
26	현장대리인이 우편물을 수집하는 것을 금지하는가?			
27	우편물의 수집경로를 다양화하는가?			
28	융통성 있는 수집시간을 활용하는가?			
29	고객의 계좌에 개별적으로 모두 접근이 가능한 명단을 가지고 있는가?			
30	현금등록기를 사용한다면, 담당자를 신뢰할 수 있으며 담보가 설정되어 있고 마지막 교대자는 등록기를 명확하게 계산을 하는가?			
31	책임 있는 직원이 등록기 열쇠를 보관하는가?			
32	등록기는 수납원이 아닌 책임 있는 직원이 정산하는가?			
33	수납원은 잘못된 판매에 대한 것을 금전등록기에 기록하는가?			
34	관리자는 취소된 판매에 대한 기록을 요청하는가?			
35	등록기는 자체 보관된 테이프 롤을 이용하여 영수증을 인쇄하는가?			
36	분리된 영수증은 판매원에 의해 기록되는가?			
37	영수증은 등록기에 의해 정당화되는가?			
38	고객은 항상 유용한 영수증을 수령하는가?			
39	초과되는 영수증을 제출하는 수납원에 대하여 긴급확인을 실시하는가?			
40	예고 없이 감독자에 의해서 주기적으로 등록기를 점검하는가?			

41	등록기를 확인하는 것은 특정한 예정된 일정에 의해서 수행되는 것을 피하는가?			
42	현금등록기는 다른 새로운 판매에 대한 기록이 되기 전에 완전하게 정리되는가?			
43	등록기가 수납원에 의해서 종결된 경우에 관리자에 의해서 모든 상황이 확인되고 난 다음 수납원은 각각의 종결상황에 대하여 영수증을 발행하는가?			
44	부족분은 기록되고 담당 수납원에 의해서 서명되는가?			
45	등록기의 부족분에 대한 제한은 있는가?			
46	부족분이나 과잉분에 대한 기업정책은 있는가?			
47	등록기 영수증에는 명확하게 가계이름과 판매일자가 표시되어 있는가?			
48	등록기 주변의 상인이나 장애물을 제거하고 수납원이 명확하게 잘 보이도록 유지하는가?			
49	수납원과 고객과의 사이의 신호에 대하여 경계하는가?			
50	그때그때 필요한 양을 구매할 경우에는 전문적인 대리 구매원이 업무를 수행하고 정확한 수량을 구매하고 그때의 수량이 많을 경우에는 기록하여 두는가?			
51	현금을 다루는 종업원은 호주머니가 없는 유니폼을 지급하는가?			
52	새로운 레이저 등록기는 읽는 장치에서 항목이 제거된 다음 기록에서 없어지므로 주의를 기울이는가?			
53	등록기의 정확성에 대한 외관검사를 통하여 주기적으로 대리 구매업자의 물품을 다시 확인하여보는가?			
54	등록기에 있는 소액현금의 보관에 관한 정책을 가지고 있는가?			
55	시큐리티시스템을 지사로 전송하게 되면, 등록기현금보관소에 지연전 송장치를 가지고 있는가?			
56	입금전표와 현금등록기총계가 일치시키는가?			
57	만약 업무 중에 많은 현금흐름이 방생한다면, 하루에도 여러번 예치하는가?			
58	예금전표는 세개가 한조로서 발급되는가?			
59	예금전표는 한개는 소유하고 다른 두개는 은행으로 보내는가?			
60	예금사본전표는 다시 회사로 우송되는가?			
61	우송된 전표는 예금을 준비한 직원이 아닌 다른 책임 있는 직원에 의해 수령되는가?			
62	모든 수표에는 즉시 "단지 예금에만 사용"이라는 직인이 찍어지는가?			
63	판매영수증과 같이 표시되는 환수정책을 운영하는가?			
64	판매정책에 예외가 발생할 경우에는 관리자에 의해 허가되고 영수증위에 기록되는가?			

Ⅵ. 임금대장

항목	내 용	양호	불량	비고
1	장래에 사원이 되려는 지원자에 대해서는 철저하게 조사하는가?			
2	관리자는 지원자가 자신의 배경에 대한 데이터를 충분하게 제공하였는지에 대하여 관심을 가지는가?			
3	지원자의 이력의 차이를 조사하는가?			
4	직원채용과 이직에 대하여 확인하는 방법이나 장치가 운영되는가?			
5	상급 감독자는 작업보고서를 준비하는가?			
6	직원이 채용될 경우에 업무에 대한 정확한 지침이 되는 업무지침설명서가 이용되는가?			
7	출퇴근시간 기록용지나 업무보고서을 활용하여 임금대장이 준비되는가?			
8	확인준비업무와 임금대장계산기능은 서로 분리되어 운영되는가?			
9	임금대장은 감독에 의하지 않거나 다른 직장동료와 접촉하지 않고 직원에 의해서 준비되는가?			
10	채용, 일시해고, 해고, 휴가, 병가, 인사이동에 관한 기록이 최신의 자료로서 사본과 함께 유지되고 부서장에 의해서 확인되는가?			
11	배포되지 않는 임금명세서는 책임자의 책임 하에 만들어져서 임금대장과 관련되지 않고 보관되는가?			
12	이사진의 메모는 임금인상의 정당함을 인정하는 효과가 있는가?			
13	현금으로 임금이 지불된 경우에 직원은 영수증에 서명하는가?			
14	이사진이 잘 알고 있는 직원에 대해 예고 없이 주기적으로 임금명세서를 배부하는가?			
15	예고 없이 임금명세서가 배포될 경우에 책임이사는 지급에 대하여 확인하는가?			
16	만약 어떤 직원이 임금대장을 받을 수 없는 경우에 회사정책은 동료직원이 부재자를 대신하여 임금명세서를 받을 수 없도록 명시하고 있는가?			

Ⅶ. 선적과 입금

항목	내 용	양호	불량	비고
1	선적구역을 도로로부터 격리되어 있는가?			
2	선적부서는 책임관리자가 존재하는가?			
3	모든 선적부서 직원은 보정에 가입되어 있는가?			
4	상품에 회사로 들어오게 되면 하역을 주의 깊게 감독되는가?			
5	상품은 숫자가 세어지고 확인되는가?			
6	중요상품은 즉시 현장에서 확인되는가?			
7	항상 외부로 나가는 상품에 대한 포장은 안전하고 적절하게 유지되도록 확인하는가?			
8	라벨은 안전하게 부착되는가?			
9	라벨은 선적과 관련이 없는 부서에 의해서 준비되는가?			
10	라벨은 주문과 일치되는지 확인하는가?			
11	담당직원의 책임을 부여하기 위해서 서명하는 형식을 사용하는가?			
12	화주가 화물을 이상이 없다고 확인한 다음 선적서류에 시간이 날인되고 서명되는가?			
13	만약 컴퓨터 데이터가 사용된다면, 화물송장정보는 즉시 컴퓨터에 기록되는가?			
14	선적이 시설물에 시작된다면 화물송장의 복사본은 다른 본사본과 분리되는가?			
15	선적량이 대규모라면 봉인된 화물컨테이너를 사용하는가?			
16	만약 봉인된 컨테이너를 사용하는 경우에 봉인번호는 화물송장에 기록되는가?			
17	헐거운 상자는 선적전에 안전한 장소에 보관되는가?			
18	선적서류와 화물은 같이 이동하는가?			
19	화물차량은 봉인되고 봉인번호는 기록되는가?			
20	화물운전자는 규정된 이동경로에서 이탈되는 것은 금지된다는 지시를 받는가?			
21	운전자는 허가되지 않은 승객을 태우는 행위가 금지된다는 것을 아는가?			
22	화물차량에 명확하게 화물에 대한 인식표와 차량의 측면이나 정면에 번호가 표시되는가?			
23	화물이 확인될 경우에 확인자는 화물의 수량에 대하여 모르게 하는가?			
24	손상된 화물은 즉시 안전한 구역으로 이동되는가?			

25	반입된 물건이 어느 시간동안 보관이 될 경우에 저장장소는 서류에 기입되거나 다른 적절한 방법으로 기록되는가?			
26	화물저장소의 내부구역과 외부구역은 물리적으로 분리되어 있는가?			
27	선적구역에서 화물의 출입문은 사용하지 않을 경우에 언제나 시건되는가?			
28	직원차량은 선적구역 근처에 주차되는 것을 금지하는가?			
29	화물 수탁자의 대리인이나 운전자의 신원은 적절하게 확인되는가?			
30	화물 수탁자의 운전자에 대하여 어떠한 의심이 갈 경우에는, 선적요원에게 수탁자에게 운전자의 신원을 확인하도록 지시하는가?			
31	운전자와 운전면허증의 사진을 찍는 장비의 사용이 가능한가?			
32	선적을 진행하기 위해서는 적어도 두 명이 필요한데 한명은 저장소에서 물건을 끌어내고, 다른 사람은 운전자로부터 배달영수증에 서명을 받은 후에 선적하는 것을 진행하는가?			
33	선적감독자에게 선적절차를 감시하도록 지시하고 도움을 제공하며, 항상 현장에 상주하도록 하는가?			
34	가급적이며 예고 없이 주기적으로 저장소에 대한 물리적인 제고조사를 실시하는가?			

Ⅷ. 판 매

항목	내 용	양호	불량	비고
1	모든 판매 송장은 순차적으로 번호가 매겨지는가?			
2	백지송장은 단지 허가된 사람만이 분배하는가?			
3	송장번호는 특정한 사람에게 지정되도록 기록되는가?			
4	배포되지 않은 송장은 안전한 장소에 보관되는가?			
5	만약 어느 백지송장이 분실되었을 경우에는 예고하지 않은 주기적인 감사를 실시하는가?			
6	기업의 책임자가 기업가격표에 대비하여 송장가격을 확인하는가?			
7	선적서류와 대비하여 판매 송장을 확인하는가?			
8	화물이 선적된 다음에 서적서류들은 일상적으로 경리부서로 보내지는가?			

9	장외시장에서 현금판매가 시행되었을 경우에는 고객은 일련번호가 기입된 매상전표를 받는가?			
10	이러한 거래를 위한 백지송장은 안전한 장소에 보관되는가?			
11	기업 송장에 관한 현금판매전표의 이와 유사한 안전한 분배절차는 시해되는가?			
12	업무 중에 현금등록기가 사용될 경우에 "현금 항목"분야에 관한 안전한 절차에 관한 개요가 실시되는가?			
13	기업운영의 주요한 방법인 대출(신용제공)이라면 회사정책은 각각의 새로운 고객의 전한 신용확인을 하는 정책을 운영하는가?			
14	회사정책은 매년 최소한 3차례이상 고객신용을 다시 확인하는가?			
15	기업은 고객이 제공한 신용정보에 의지하지 않고 기업자체에서 보유한 정보에 의해서 고객의 신용을 평가하는가?			
16	고객에 대한 감사로서 신용, 할인, 환불 등을 제공하는가?			
17	신용에 대한 주기적인 감사가 실시되고 고객과 더불어 확인되는가?			
18	신용송장은 순차적으로 번호가 기입되는가?			
19	경리부서는 모든 가격과 연체승인에 대하여 확인하는가?			
20	경리부서는 판매 송장과 함께 선적주문서를 확인하는가?			
21	경리부서는 수취계정시산표의 월간종합을 실시하는가?			
22	수취시산표의 부본은 신용관리부서로 보내지는가?			
23	종합장부통제계정과 무역수취계정장부는 월간 균형을 유지하는가?			
24	재산의 판매, 잡동사니의 판매, 지급만기연장과 같은 기타 수취계정들은 무역수취계정과는 별도로 분리되는가?			
25	수치계정은 정기적으로 정리되는가?			
26	정기적으로 정리된 수취계정은 신용부서로 전달되는가?			
27	악성채무에 관한 결손처분을 다루는 직원은 다른 회계기록에 접근하지 못하도록 하는가?			
28	직원이 고객과 만나게 된다면 고객은 결손 처리되었다는 사실을 확인할 수 있지 않겠는가?			
29	악성채무가 상환될 경우에는 다른 직원에게 이 일을 맡기는가?			
30	악성채무의 결손처리를 담당하는 직원에 의해 작성된 결손처리항목은 정리되어 기록되는가?			
31	선적인 시행된 다음 송장은 즉시 고객에게 보내지는가?			
32	주요한 고객에게는 매월의 수지현황을 통보하는가?			

33	이러한 상황은 현황을 준비한 직원이 아닌 다른 직원에 의해서 통지되는가?			
34	수취현황을 준비하고 보낸 직원이 아닌 다른 직원이 수취에 관한 모든 매일을 직접 수령하는가?			
35	수취계정시산표에 대비하여 고객의 소요량은 확인되는가?			
36	수취계정에 대하여 독립적인 확인을 할 수 있는 권한을 가지는가?			
37	이러한 확인은 외부감사에 의해 실시되는가?			
38	외부감사는 예고 없이 실시되는가?			
39	고객으로부터 외부판매인으로부터 지급이 승인되지 못하도록 하는 정책을 운영하는가?			
40	판매원에 의해서 물품이 배달된 경우에, 배달물건에 대한 금액의 지불을 금지하도록 하는가?			

Ⅸ. 구 매

항목	내 용	양호	불량	비고
1	구매주문은 일련번호가 매겨지는가?			
2	청구서는 일련번호가 매겨지는가?			
3	구매와 청구서 양식은 안전한 장소에 보관되는가?			
4	백지양식은 주기적으로 확인되고 수량화되는가?			
5	백지양식은 프린터에서 수령되면서 수량 확인이 되는가?			
6	구매가격은 경쟁력이 있거나 경쟁가격에 좌우되는가?			
7	구매, 수령, 저장기능은 서로 다른 사람에 의해 관리되는가?			
8	구매요청에 대한 승인은 발주한 직원이 아닌 다른 책임자에 의하여 승인되는가?			
9	수령된 물품은 품질과 수량이 확인되는가?			
10	수량과 품질에 대한 확인은 구매부서와 관련이 없는 책임자에 의하여 실시되는가?			
11	도착한 물건과 비교하여 구매주문은 확인되는가?			
12	판매자의 송장이 도착하면 구매주문과 수령된 보고서와 비교하여 확인되는가?			
13	모든 보고서가 확인된 다음, 다른 직원에게 준비확인을 위해 전달되는가?			
14	최종직원에 의해 수표가 우송되고 구매부서 직원에게 이것은 전달되지 않는가?			

15	송장, 주문, 다른 관련 자료에는 수표가 발행되자마자 “지급됨”이라는 문구가 찍어지는가?			
16	모든 전표, 기록, 상황설명서에 대한 주기적인 심층조사를 통하여 지급이 이중으로 되지 않도록 주의하는가?			
17	청산결제방식 대차표는 주기적으로 공급업체를 위해서 확인되는가?			
18	대차표는 외부감사에 의해서 확인되는가?			
19	되돌아온 특정물품은 적절하게 관리되는가?			
20	회사의 상품을 구매한 직원이 있을 경우에는 이러한 구매실태는 엄격하게 감시되는가?			
21	만약 종업원이 공급업체로부터 물건을 구매할 경우에는 이러한 구매는 분리되어 엄격하게 감시되는가?			
22	공급업체 주문기능과 재고확인과정이나 나중의 지급과정은 서로 분리되어 운영되는가?			

참 고 문 헌

〈국 내〉

김두현, 경호학개론, 백산출판사, 2004.
민승규/고현철, 기업의 위기관리, 삼성경제연구소, 1996. 11.
성태경, 부정·사기에 대한 현황과 대책, 대성사, 2003.
임상곤, 정보분석론, 백산출판사, 2003.
최선태, 기업보안핸드북, 진영사, 2008.
황의창, 부정경쟁방지 및 영업비밀보호법, 세창출판사, 2001.
왕빈/정광훈 옮김, 손자에게 직접 배운다, 휴먼니스트, 2004.
Alvin Toffler/이계행 옮김, 권력이동, 한국경제신문사, 1990.
Colin Wilson/황종호 옮김, 잔혹 Ⅰ,Ⅱ, 하서, 1993.
Desmond Morris/김석희 옮김, 털없는 원숭이, 정신세계사, 1991.
Fred W. Rustmann Jr./박제동 옮김, CIA주식회사, 수희재, 2004.
James Bamford/곽미경 옮김, 미국가안보국, NSA 1, 2, 서울문화사, 2002.
James Dale Davidson 외1/김만기 옮김, 대변혁, 동아출판사, 1993.
Klaus Schwab/장대환 감역, 21세기 예측, 매일경제신문사, 1996.
Peter Schweizer/황건 옮김, 국제산업스파이, 한국경제신문사, 1993.
Phillip M, Childs/정형근 옮김, 세계경제전쟁, 고려원, 1994.
Robert Wright/박영준 옮김, 도덕적 동물, 사이언스 북스, 2003.
Shimshon Bichler 외1/홍기빈 옮김, 권력자본론, 삼인, 2004.
Stan Davis 외1/한성호 외1 옮김, 정보경제, 박영출판사, 1993.
William Blum/조용진 옮김, 미군과 CIA의 잊혀진 역사, 녹두, 2003.
William V. Kennedy/권재상 옮김, 첩보전쟁, 자작나무, 1999.
Zbigniew Brzezinski/김명섭 역주, 거대한 체스판, 삼인, 2004.
_____, 제국의 선택, 황금가지, 2004.

〈국 외〉

Bruce Schneier, Beyond Fear-Thinking Sensibly About Security in an Uncertain World-, Copernicus Books, 2003.

Carl A. Roper, Risk management for security professionals, BH, 1999.

Charles A. Sennewald, CPP, Effective Security Management, BH, 1985.

Charles E. O'hara/Gregory L. O'hara, Fundamentals of Criminal Investigation, Sixth Ed. Charles C. Thomas, 1994.

Charles P. Pfleeger, Security in Computing, Prentice Hall, 1989.

Department of the Army, Intelligence, Field Manual 2-0, May. 2004.

DOD/EIA, International Energy Outlook 2004, April. 2004.

Gene Laczniak and Patrick E. Murphy, "The Ethics of Corporate Spying", Security Management 24, 1980.

Goldman Sacks, Dreaming with BRICs: The Path to 2050, Oct. 2003.

Hinke T. H., DBMS Technology vs. Threats. In Database Security: Status and Prospects, Elsevier Science, 1988.

IMD, IMD World Competitiveness Yearbook 2004, May. 2004.

James F. Broder, CPP, Risk Analysis and The Security Survey, Second Edition, BH, 2000.

John J. Fay, Encyclopedia of Security Management-Techniques & Technology, BH, 1993.

John M. Carroll, Computer Security, 3rd edition, BH, 1996.

John Nolan, Confidential, Business secrets, Getting theirs-keeping yours, Yardley-Chambers, second edition, 1999.

Katherine L. Herbig/Martin F. Wiskoff Espionage Against the United States By American Citizens 1947~2001, July. 2002.

Lawrence J. Fennelly, Handbook of Loss Prevention and Crime Prevention, Third Ed. BH, 1999.

Mary . Smith, Crime Prevention Through Environment Design in Parking Facilities, National Institute of Justice, April 1996.

NICX, Annual Report to Congress on Foreign Economic Collection and Industrial Espionage-2002, Feb. 2003.

NIST, Computer Security, June. 2001.

Olson I. and Marshall A., Computer access Control Policy Choice, Elsevier Science, 1990.

Peter Pitorri, Counterespionage for American business, BH, 1998.

Philip P. Purpura, Security and Loss Prevention, BH, 1998.

Rita C. Summers, Secure Computing threats and safeguards, McGraw-Hill, 1997.

Robert J. Fisher/Gion Green, Introduction to Security, Sixth Ed, BH, 1998.

Russell L. Bintliff, The Complete Manual of Corporate and Industrial Security, Prentice-Hall, Inc. 1992.

Sarah V. Hart, Crisis Information Management Software(CIMS) Feature Comparison Report, Oct. 2002.

Silvana Castano 외3, Database Security, Addition-Wesley, 1995.

Stephen P. D'Arcy, Enterprise Risk Management, May. 2001.

Steven Fink, Sticky Fingers, Managing The Global Risk of Economic Espionage, Dearborn, 2002.

Tim Grance 외5, Guide to Information Technology Security Services, Oct. 2002.

Timothy J. Walsh, Protection of Assets Ⅰ, Ⅱ, Ⅲ, Ⅳ, The Merritt Company, 1996.

Tom E. Male, Espionage's Most Wanted, Brassey's, 2003.

UN, Global Challenge·Global Opportunity, Johannesburg Summit 2002, Sep. 2002.

William C. Cunningham and Todd H. Taylor, Private Security and Police in American: The Hallcrest Report, Chancellor Press, 1985.

William C. Cunningham et al., Private Security Trends: 1970~2000, The Hallcrest Report Ⅱ, BH, 1990.

찾/아/보/기

■ 최선태(崔善泰)

現 경남대학교 법정대학 경호비서학과 교수(이학박사, CPP)

[저서]

안전관리론, 2002, 백산출판사

기업손실예방론, 2005, 백산출판사

기업보안관리전략, 2008, 진영사

기업보안핸드북, 2009, 진영사

21세기 산업보안론, 2009, 진영사

[논문]

기업 안전관리 업무의 전문화에 관한 연구(박사학위 논문)

산업보안 전문자격제도에 관한 연구 외 다수

한국 산업보안 교육과정의 정립에 관한 연구